ECONOMICS

行为和实验经济学经典译丛

经济学理论与认知科学

微观解释

[美] 唐·罗斯（Don Ross） 著

贾拥民 译

ECONOMIC THEORY AND COGNITIVE SCIENCE: MICROEXPLANATION

中国人民大学出版社
·北京·

行为和实验经济学经典译丛

总　序

经济学作为一门经世致用之学，从其诞生之日起，就与复杂的社会经济现实发生着持续的碰撞与融合，并不断实现着自我的内省与创新。尤其在进入20世纪后，经济学前期一百多年的发展，使得它此时已逐步具备了较为完整的逻辑体系和精湛的分析方法——一座宏伟而不失精妙的新古典经济学大厦灿然呈现于世人面前。这座美轮美奂的大厦，巧妙地构筑于经济理性与均衡分析两块假定基石之上，而经济学有赖于此，也正式步入了规范化的研究轨道，从而开创了它对现实世界进行解释与预测的新时代。

然而近几十年来，随着人类经济活动的日趋复杂与多样化，对经济世界认识的深化自然亦伴随其中，以新古典理论为核心的主流经济学正受到来自现实经济世界的各种冲击与挑战，并在对许多经济现象的分析上丧失了传统优势。这些“异象”的存在构成了对主流经济理论进行质疑的最初“标靶”。正是在这样的背景下，行为经济学应运而生，这也许是过去二十年内经济学领域最有意义的创新之一。

什么是行为经济学？人们往往喜欢从事物发展的本源来对其进行定义。行为经济学最初的产生动机是为了满足解释异象的目的，即从心理学中借用若干成熟结论和概念来增强经济理论的解释力。因而一种流行的观点认为，与主流经济学相比，行为经济学不过是在经济学中引入心理学基本原理后的边缘学科或分支流派。然而，行为经济学近年来的一系列进展似乎正在昭示它与心理学的关系并不像人们初始所理解的那样。如果把它简单地定位为区别于主流理论的所谓“心理学的经济学”，则与它内在的深刻变化不相对应。为了能够对它与主流经济学的关系做出科学准确的判断，首先必须了解它是如何解决主流经济学所无法解答的问题的。

主流经济理论丧失优势的原因在于，它所基于的理性选择假定暗示着决策个体或群体具有行为的同质性（homogeneity）。这种假定由于忽略了真实世界普遍存在的事物之间的差异特征和不同条件下认识的差异性，导致了主流理论的适用性大打折扣，这也是它不能将“异象”纳入解释范围的根本原因。为了解决这个根本性的问题，行为经济学在历经二十多年的发展后，已逐渐明晰了它对主流经济学进行解构与重组的基本方向，那就是把个体行为的异质性（heterogeneity）纳入经济学的分析框架，并将理性假定下个体行为的同质性作为异质性行为的一种特例情形，从而在不失主流经济学基本分析范式的前提下，增强其对新问题和新现象的解释与预测能力。那么，行为经济学究竟是怎样定义行为的异质性的？根据凯莫勒（Colin F. Camerer）2006年发表于《科学》杂志上的一篇文章中的观点，我们认为，行为经济学通过长期的探索，已经逐渐把行为的异质性浓缩为两个基本假定：其一，认为个体是有限理性（bounded rationality）的；其二，认为个体不完全是利己主义（self-regarding）的，还具有一定的利他主义（other-regarding）。前者是指，个体可能无法对外部事件与他人行为形成完全正确的信念，或可能无法做出与信念相一致的正确选择，而这将导致不同的个体或群体会形成异质的外部信念和行动；后者是指，个体在一定程度上会对他人的行为与行为结果进行评估，这意味着不同的个体或群体会对他人行为产生异质的价值判断。在这两个基本假定下，异质性行为可较好地被融入经济分析体系之中。但是，任何基本假定都不可能是无本之木，它必须具有一定的客观理论支持，而心理学恰恰为行为经济学实现其异质性行为分析提供了这种理论跳板。这里还要说明一点，心理学的成果是揭示异质经济行为较为成熟的理论与工具，但不是唯一的，我们也注意到神经科学、生态学等对经济学的渗透。

经济学家对行为心理的关注由来已久，早在斯密时代，就已注意到了人类心理在经济学研究中的重要性。在其《道德情操论》中，斯密描述了个体行为的心理学渊源，并且展示了对人类心理学的深刻思考。然而，其后的经济学研究虽然也宣称其理论对心理学存在依赖关系，但其对心理学原则的遵从却逐渐浓缩为抽象的经济理性，这就把所有个体都看成了具有同质心理特征的研究对象。而实际上心理学对人类异质心理的研究成果却更应是对经济行为异质性的良好佐证。因此，我们所看到的将心理学原理纳入经济学分析的现状，实际上是对开展异质经济行为分析的诉求。但需要留意的是，经济学对心理学更多的是思想性的借鉴，而不是对其理论的机械移植，并且经济学家也正不断淡化着行为经济理论的心理学色彩，因此不能简单地将行为经济学视为主流经济学与心理学的结合形式，也不能将行为经济学打上心理学的“标签”。心理学的引入不是目的，只是手段，它自始至终都是为主流经济学不断实现自我创新服务的。

我们还想着重强调的一点是，行为经济学对心理学原则的引入和采用与实验经济学的兴起和发展密不可分。在行为经济学的早期研究中，来自心理学的实验方法扮演了十分重要的角色，许多重大的理论发现均得益于对心理学实验的借鉴，甚至许多行为经济学家如卡尼曼（Daniel Kahneman）等人本身就是心理学家。然而，实验经济学与行为经济学在范畴上有着根本性的不同之处。罗文斯坦（George Loewenstein）认为，行为经济学家是方法论上的折中学派，他们并不强调基本研究工具的重要性，而是强调得自这些工具的研究成果在经济学上的应用。而实验经济学家却更强调对实验方法作为分析工具的认可和使用。类似于计量经济学可理解为经济计量学，实验经济学也可理解为经济实验学，它是经济学实验方法的总称，并且是行为经济学的重要实证基础来源。只有当来自实验经济学的实验结果被凝练为行为经济理论，才完成了经济研究从实验层面向理论层面的抽象与升华。与行为经济学相比，实验经济学似乎更接近经济学与心理学之间的边缘学科，它具有更为浓厚的工具性色彩。

现在，我们可以初步对行为经济学与主流经济学的相对关系做一评判了。纵观行为经济学的发展简史和其近年来的前沿动态，我们大胆地认为，近二十年来逐渐兴起的行为经济学不是区别于主流经济学的分支流派，而是对主流经济学的历史顺承与演进，是主流经济学在21世纪的前沿发展理论。行为经济学的产生、发展乃至日益成熟，正体现了它对主流经济学从内涵到外延上所作的量变调整与质变突破——它通过借鉴心理学的相关理论，并从实验经济学中获取实证支持，而将个体的异质性行为纳入了经济学的理论体系并涵盖了以往的同质性分析。同时，这也意味着行为经济学并未把主流经济学排除于它的理论体系之外而否定其理论逻辑，而是使主流经济理论退化为它的特例情形。故而凯莫勒曾畅言："行为经济学最终将不再需要'行为'一词的修饰。"然而，这并不意味着主流经济学将会退出历史舞台。事实上，新古典理论仍然是行为经济学重要的理论基础来源和方法论来源。以新古典理论为核心的主流经济学作为更广范畴下的行为经济学的一个特例，将成为经济学研究不可或缺的参照理论。

鉴于行为与实验经济学近年在国外的迅猛发展及其对经济学科的重要意义，以及国内该领域相对滞后的研究现状，我们为国内读者献上了这套经过慎重选译的丛书。这套丛书囊括了近年来国外长期从事行为与实验经济学研究的学者的主要论著，读者从中既可了解到行为经济学各种思想发端和演进的历史踪迹，又可获得翔实丰富的实验方法论述及其成果介绍。同时，我们还专门为读者遴选了一些反映行为与实验经济学最新前沿动态的著作——这些著作涉及了宏观经济学、微观经济学、金融学、博弈论、劳动经济学、制度经济学、产业组织理论等领域。它们由于经受验证的时间较短，也许并不成熟完善，但却能使我们的研究视野更具有前瞻性。我们衷心地希望海内外读者同仁能够不吝赐教，惠荐佳作，以使得我们的出版工作臻于完善。

贺京同　汪丁丁　周业安

2009年仲夏

致谢

像本书这样一本跨学科的著作，需要采取一些特别的措施来保证其质量，不然作者就会像一个愚笨的外行或观光客一样，经常露出马脚。唯一能保证本书质量的只能是来自它所涉及的各学科同行的细细评鉴。然而不幸的是，这种批评再怎么多、再怎么细，也不可能消除书中所有疏漏。因此，虽然已经从许多哲学家、经济学家、认知科学家那里得到了极其无私的帮助，我还是做好了自己可能会身陷上述尴尬局面的心理准备。如果那样，就让批评来得更猛烈些吧。

Harold Kincaid 和 David Spurrett 阅读了本书的全部初稿，并提出了大量的意见和建议。这本书篇幅不小，而且读起来也不容易，他们为此投入了非常多的时间，我不能不表示深深的感激。

还有不少人士曾经阅读和评论过本书的部分章节，他们是（排名以字母表顺序为序）：George Ainslie，John Collier，Dan Dennett，Paul Dumouchel，Dan Hausman，Yannis Ionides，Brian Kantor，Philip Mirowski，Alex Rosenberg。他们都是非常忙碌的人，因此我确实需要对他们再三致以谢意。Andy Clark 和 Robert Frank 对我以前发表的论文以通信和出版物的形式发表过评论，这些论文也被部分地融合到了本书当中，因此，本书的观点也因为他们而得到了不少改进。

2001 年、2002 年和 2003 年在开普敦大学（University of Cape Town）经济学院举办的研究生研讨会上，我的学生们也曾经阅读、讨论、批评过本书的主要章节。他们的努力也使本书增色甚多。

本书部分内容曾经在美国哲学学会东部分会（American Philosophical Association Eastern Division）、加拿大哲学学会（Canadian Philosophical Association）、南非哲学学会（Philosophical Society of Southern Africa）和"逻辑、方法论与科学哲学国际大会"（International Conference on Logic，Methodology and Philosophy of Science）等会议上宣讲。我还曾经应邀在科学哲学杜布罗夫尼克年度研讨会（Dubrovnik Annual Workshop）、加拿大英属哥伦比亚大学（British Columbia University）、卡尔顿大学（Carleton University）、杜克大学（Duke University）、夸祖鲁-纳塔尔大学（University of KwaZulu-Natal）、魁北克蒙特利尔大学（I'Université du Québec à Montréal）和罗德斯大学（Rhodes University）对本书的一些内容作过报告。我感谢在这些报告会上认真听讲，而且提出了很多批评的听众。

第 5 章的部分内容曾经发表在《斯坦福哲学百科全书》（*The Stanford Encyclopedia of Philosophy*）"博弈论"条目下（http://plato. stanford. edu/）。我感谢《哲学研究》编辑部允许我在此重印《为什么人都是非典型主体》（"Why People Are Atypical Agents," *Philosophical Papers*，vol. 31，no. 2，March 2002）一文中的某些内容；感谢《理性与社会》编辑部允许我在此重印《诚信只是一致性——答罗伯特·弗兰克》（"Sincerity Is Just Consistency: Reply to Robert Frank," *Rationality and Society*，vol. 16，2004，pp. 307 - 318）一文中的某些内容；本书还包括了我发表于《语言科学》上的论文《社会个体相互协调的元语言信号》（"Metalinguistic Signaling for Coordination amongst Social Agents," *Language Sciences*, vol. 26, 2004, pp. 621-642）的某些内容，我在此感谢《语言科学》编辑部的授权。

感谢 Dan Dennett 和麻省理工学院出版社的 Tom Stone，本书的诞生，与他们的鼓励是分不开的。

还要感谢麻省理工学院出版社的 Judy Feldmann，他的编辑工作既细心又有效率；还要感谢 Jessica Lawrence-Hurt 对这个出版项目的组织和管理。

我最需要感谢的是我的妻子 Nelleke Bak 教授，我欠她的实在太多了：她校对并编辑了全部的手稿；当我在世界各地漫游时，是她代我处理了与本书有关的编辑事务；我长期待在国外，她也十分体谅；当我只知道坐下来思考效用最大化问题时，是她支撑着我们的生活，使我们安然度过了动荡期并日益改善。这本书的许多想法都是在与她的讨论过程中涌现出来的，而且有许多愚蠢的想法在真正面世之前都被她这个精准的"过滤器"过滤掉了。如果有些荒诞的观念最终还是出现在了这本书当中，那也只能怪我顽固不化，因为那都是我不顾她的反对执意为之的结果。

唐·罗斯

目 录

第1章　导论：经济学的未来与统一科学

哲学的和历史学的

本书是一项两卷本研究计划的第一 1
部分，该计划从经济学与其他行为科学分支学科的关系的角度来研究经济学（该研究计划的第一卷是“经济学理论与认知科学：微观解释”，第二卷是“经济学理论与认知科学：宏观解释”）。与通常思路不同的是，本研究计划并没有从一开始就假定“经济科学”已经存在或可能存在。

当然，现实中确实存在着所谓的“经济学”研究，它涉及多种多样的活动，消耗了非常可观的“人时”（person

hours)。大部分经济学研究活动都与对现实政策的分析以及由此衍生的争论有关，另外一部分则主要与对各种社会福利变量和个人福利变量的度量，以及对这些变量之间的相互关系的探究有关。至于这些可以区分开来独立地加以考察的变量，则都与可观察的数据有关。在任何一种有意识地提供预测的理论体系内，变量及其关系要保持相对稳定，不然就不能为不同的情形提供参照系。这种理论体系就是一门科学，我们所说的经济学也是如此。本书提出的一个主要问题就是：要使经济学这一学科成为一门健全的经验科学（a sound empirical science），需要怎样的一种解释框架（如果存在这种解释框架的话）？

在此，我必须把提出这一问题的着眼点阐释得尽可能清晰一些。在实践中，绝大多数“经济学”活动都是极有价值的，对此我毫不怀疑。根据达斯古普塔（Dasgupta，2002）提出的强有力的理由，我认为对经济学的许多攻击——无论是从通常流行的大众观点着眼的，还是从哲学的、社会学的角度出发的，抑或是意识形态化的——都是错误的，因为它们都忽视了真正的关键点，即认定一门科学（经济学）是好的科学还是坏的科学，标准在于任务领域（task domains）中基于实践的经验判断，而不在于该学科的参与者能否以哲学上严格的、经得起反驳的、明确的公式来把基本理论框架表达出来。因此，本书的目标，绝不是要去告诉经济学家，他们应该从根本上改变方向了。这并不是“方法论”一
2 词在经济学文献中的通常含义。本书讨论的是经济学理论。对于经济学这种理论，本书将予以细细探询的一个问题是，（如果有的话，）它所进行的、用于指导实践的合理经验探究（empirical inquiry）属于哪种类型？即使据以构造解释的理论可能导致某些误导性的推论，实践本身也往往（或通常）可以很顺利地自我展开。这种想法是完全符合一致性原则的。

这种情形在最细致的科学哲学中实属常见。然而，这种探究也并不是纯粹的科学哲学问题，它是一种理性重建活动，无需更多、更进一步的现实动机。虽然我并不想把本书写成一本“经济学理论基础”之类的著作，但是，我仍然想去探索经济学理论与各相关学科的理论基础之间的联系，因为已经有越来越多的“实践型”经济学家承认这些学科与他们的日常研究活动实际上是相关的。我已经发现大量可以证明这种关系存在的各种各样的事例，因此我相信我的研究对于那些认为他们应该进行实证研究的经济学家来说，很可能是有意义的。当然，我这样说，并不是在提倡另一次“范式转变”。我绝无这个意图。

广义地说，对于一门学科，要为它建立一幅内在一致的、连贯的“学科图景”，有两种策略：第一种是哲学的策略（philosophical strategy），第二种是历史学—社会学的策略（historical-sociological strategy）。在有限的理想情形下，第一种策略就是，围绕一门学科是怎样组织成一个相互紧密相连的命题系统的这一核心问题，把整个理论体系呈现出来。其中，有些命题是关于经验世界的（或者说它们至少试图建立起一些关于经验世界的命题），另外一些命题则是有关其他命题之间的逻辑关系和证据关系的。这一策略最关键的地方在于如何试探如下问题的可能答案：哪些命题是整个学科结构中必不可少的关键命题，哪些命题则是可有可无的；同时，当这一学科被应用于实证案例时，那些被认可的逻辑关系和证据关系有多大的权威性和可靠性。另一方面，同样在有限的理想情形下，第二种策略是，构造故事并为之提供一些理由：为什么人们会偏爱有关一门学科的某种特别的叙事（它可以解释这门学科发展过程中参与者的活动）。这一策略至关紧要的一点是，当需要判断谁可以被视为该学科的参与者，谁又不是的时候，如何为这种判断辩护？而且，在不同时期，典型的参与者及其活动会发生怎样的变化？为什么会改变？

上面我在刻画这两种策略时，描述的是有限的理想情形（limiting 3
ideals）。我认为，要想比较全面地了解一门学科，需要同时混合运用这两种策略。当然，如何突出重点同时又保持双方兼顾，需要高度的技巧，这里有很大的自由发挥的空间。

在本研究中，哲学的策略被赋予了某种解释优先性（explanatory priority）。但是，这并不意味着我支持如下的假设：历史上推动学科发展的，更多的是逻辑动机而不是心理动机和社会动机。（当然，我也不支持相反的假设。）这只不过是研究主题的一种选择，因为本研究想回答的问题是：经济学是关于什么的？它所研究的对象是不是清晰的？它的研究领域是怎样与其他很明显与之密切相关的学科领域区别开来的？至于经济学这门学科为什么能发展起来，它是如何发展成现在这个样子的，这些并不是本研究所主要关注的问题。

尽管如此，本书的前半部分仍然是按时间顺序来叙述的（当然是有选择地）。既然我瞄准的主要是哲学的目标，而非历史学—社会学的目标，为什么还要采取这种阐释方式呢？答案如下所述。近来在知识史（intellectual history）研究领域中，有一种非常强烈的张力，它出现在“辉格党式”的历史叙述和“后现代主义”的历史叙述之间。前者

(whiggish) 讲述的是一些进步的故事（当然，它也允许出现若干“走进死胡同”、“误入歧途”，以及“浪费时间”的片段）。科学哲学家（比如说我自己）倾向于采取“辉格党式”的叙述方式，不过这只是因为我们想努力去挖掘出深层的逻辑结构，而逻辑结构要成为一个结构(structure)，必须保证大体上连贯一致。因此，有关的故事必然是一种建构（construction）。这种叙事的目的与这种哲学态度相符。有些历史学家和社会学家之所以会想当然地认定这种做法过于幼稚，只不过是因为他们囿于学科偏见不能自拔，或者坚持了一种不那么真确的经验假设——逻辑从来不会促进理论的发展。

然而，假设一些事物符合目标，并不意味着一切事物都符合目标。以经济学来说，最自然的一种叙述就是讲一个“辉格党式”的故事，比如说可以讲数理模型和技术是如何发展起来的故事。随着时间推移，经济学中的数理模型和技术都变得越来越复杂了，对这个事实，没有多少人会提出严肃的反驳。更进一步说，既然能够被人们充分理解的命题之间的关系应该是透明的——这正是数学的优点之一，那么较早的分析技术与较晚的分析技术之间的关系，也就算不上是典型的猜想或诠释学解释（hermeneutic interpretation）问题了，虽然要明确地说明它们需要
4 付出很大的理论努力。本书有相当一部分内容是按时间顺序来叙述的，它们就是围绕着微观经济学分析工具的改良进程来组织的。

不过，我并不会提出一种“辉格党式”的假说，说这种改良所带来的效应，对于经验科学来说，必定是有益的、重要的、深刻的。恰恰相反，我将提出一个问题，一个批判性问题：这些不断改良的技术手段，是不是真的将改进经济学对更深刻的经验规律的探索呢？我在这里所说的“改进”（improving）一词，是在其宽泛意义上使用的，“改进”是指描述得更准确、细节更丰富，同时便于给出更有力的解释。整个故事叙述完毕之后，在本书最后一章，我将重新回到这个哲学问题上来，以对其进行更严肃的讨论。

无论是从哲学的角度，还是从历史学—社会学的角度，对经济学思想都有一个共同的批评，这已经是老生常谈了：那些把持着经济学学科范式决定权的人，对精致的数理分析技术始终如一地、毫不含糊地表示赞赏，而对理论对于经验现象的回应能力却不怎么在意。并不是所有学科都是如此，不过就经济学而言，这种现象正是我以这种方式来展开研究的原因。任何同意上述观点的人，只要不站在极端的后现代主义立场

上，都可以发现，有关经济学分析工具的发展历史，确实可以讲一个辉格党式的故事；同时他们也应该会同意，提出这个问题——技术改良是不是真的足以代表其他方面、其他意义上的进步？——是开始一个哲学性探究（philosophical inquiry）的最自然不过的方式了。

这里所说的“极端的后现代主义”（extreme postmodernism），是指那种认定哲学探究永远不可能成为一种有很正当理由的活动（a well-justified activity）的后现代主义态度。（事实上，极少后现代主义者会这么极端。在这里我只是设立一个极限状况作为参照。）后现代的叙述与“辉格党式”叙述恰好形成鲜明的对照。我们永远不会，也永远不必指望会在一个后现代的叙述中找到任何目标因素，它最多只会反映短期的社会力量的冲突。在后现代叙述中，哲学态度必定是一种幻想，因为从它的立场来说，如果我们努力做到诚实、不欺骗自己的话，那么理论能够发现的一切只不过是在权力体制允许的空间内的随机漫步而已；如果有逻辑可言的话，知识史也不过就是一件该死的事情接着另一件该死的事情。但是我认为，我们接下来的研究是有价值的，当然这也就意味着这种极端的后现代主义走得太远了。但我不想就此争论过多。我认为以下结论是理所当然的：推理、论证、对于事实真相及其解释的强烈的好奇心，所有这些，对于某些观念和智力投资能否从竞争中胜出，必定是有作用的，而且是非常重要的作用。

当然，我不会有意忽略所有后现代主义观点的价值。我的研究将被 5
设定为一场对话，这是一场与两位当代经济学评论家的对话，他们将在我的“棒球场”上提出问题，相互诘难。（这并不意味着读者为了跟上我的思路，需要先去研读他们两位的著作。）其中一位是哲学家，他对经济学的发展只与非政治性的目标有关这种观点深表怀疑，我们将会在本章下一节“遇到”他。另一位是经济学史学家菲利普·米罗斯基（Philip Mirowski），他具备后现代主义者的敏感性。我现在先来介绍一下米罗斯基在这个对话中的角色。

大多数主流经济学家，与大多数主流哲学家一样，在面对后现代主义观点的时候，都会有些不自在，他们在阅读米罗斯基这类历史学家的著作时，甚至可能会觉得十分愤怒。这是因为，一位后现代主义者不相信任何一种支配性的隐喻必定为真，不相信它可以排除所有其他的可能性；他只是随意地选出一两种隐喻，就继续讲述下去，然后看将会发生些什么。① 这种叙事态度在思维方式比较传统的人看来，是不负责任的、投机的，其所能得到的结果与严肃的历史相比，就像小报与《泰晤士报》（*The Times*）或《经济学家》（*The Economist*）相比一样。作为一个例子，读者可以参见宾默尔（Binmore）在《经济学方法论杂志》（*Journal of Economic Methodology*）上发表的对米罗斯基的评论。② 在此，我将引用米罗斯基（Mirowski，2002）的《机器梦想》（*Machine Dreams*）一书中的一个例子。《机器梦想》的第 6 章叙述第二次世界大战后经济学思想发展与计算理论及计算机科学发展之间的关系的历史，这是一个“社会学”的知识史故事。其中，米罗斯基讲述了博弈论的一次范式转变：20 世纪 50 年代以后，冯·诺依曼（von Neumann）和摩根斯坦（Morgenstern）的研究进路被约翰·纳什（John Nash）的纳什均衡观念所取代。在叙述的时候，米罗斯基采用了凯勒（Keller）首先引进来的一种比喻，说后者（纳什均衡观念）代表着一种偏执狂症候，因为它认为“战略问题”的解决之道在于分析者要在头脑中把整个社会世界内在化（internalizing the entire social world）——包括所有主体在全部可预见的将来的一切动机。读者不必过分在意这个说法的细节，因为本书不会再重新把它作为讨论的主题。我在这里引用它只是想说明一个问题：为什么米罗斯基以至一般的后现代主义者的观点，很难被绝大多数经济学家承认为严肃的学术贡献。虽然米罗斯基在给一个技术性观念下了“偏执狂”这种论断意见的时候，是很小心的（Mirowski，2002，pp. 338－339），因为这很敏感，更何况这一思想是由一个生活被可怕的心理疾病摧毁的人（即约翰·纳什）提出来的。无论怎么说，在最近的经济学发展史上，纳什均衡是一个极其强大的数学
6 思想。那么，把它称为一种病态人格和（或）心理病症的表现，是不是真的很荒谬？

这一问题引出了本书的主题：我们对于我们作为分析者所做的一切应持何种态度（attitude）——不管我们是哲学家、经济学家、历史学家

---

① 我这样说并不意味着一个优秀的后现代主义学者必定是完全异想天开的。一些隐喻可以长期存续下去并用以创造具有启迪性的叙事；另外一些则不然。我的意思只是说，要为一个后现代主义者辩护，就需要选择某种隐喻，而这个比喻通常要比那些更传统的学术显得浅薄一些。

② 宾默尔对于我下文中将要描述的米罗斯基对待纳什的例子有些不屑一顾。我一直都希望与宾默尔保持一致，但是我还是得说明一点，他对米罗斯基的命题的总体解释是不准确的，这一点米罗斯基在同一期杂志中对宾默尔的回应中也正确地指出了。

还是行为科学家。后现代主义者都很敏感，乐意去尝试各种叙述的可能性，把对逻辑的过分尊重视为一种矫揉造作。我当然认同这种态度。但是，一些后现代主义文本，特别是其中出自英美后现代主义者之手的文本，是可怕的、具有自我毁灭性的——当这些后现代主义者忘记了他们自由选择隐喻时的相对随意性，并把这些隐喻作为政治威胁和道德恐吓的基础时。然而不管如何，叙事隐喻（narrative metaphor）是组织和重组我们的观念图景的基本工具，在此基础上我们才有可能提出新的洞见。让一些有见识的思想史学者——米罗斯基当然是其中一位——去自由探索和体现各种可能性，是很有益的一件事。我认为，如果传统的评论者能够学会更宽容一点，他们就会好受得多。

不过，如果我们这些身处观众席中的人，觉得同样有自由在后现代主义者提出的那些隐喻当中漫不经心地挑挑拣拣时，后现代主义者固有的知识论取向也不允许他提出反对。事实上，我发现凯勒把纳什均衡比喻为偏执狂症候这种说法并不像米罗斯基所认为的那样，很有说服力、很有启发性，这也正是本书中不再出现这个隐喻的原因。我与米罗斯基还有其他一些争议，对于他的观点，我会在这本书中给予更严肃的对待。现在先指出一点就够了：与他争论是很值得的。我在本书一开头就提到他，就是因为我发现他关于经济学理论在过去半个多世纪以来想要（其实大多数时间内最多只是一半有意一半无意地）得到什么的整体图景的描述是有意思的、有说服力的。在本书下面一节，还将出现其他一些人物，他们的观点与米罗斯基的全景图一起，为我打造了一个对话的情境。

接下来，我将会在这里先列一下米罗斯基的“远大理想”，这些也是我很乐意去跟进的东西。经济学是关于通过某件东西或其他东西来最优化某件东西或其他东西的科学，在某种意义上，任何东西，只要能够令经济学更精确，都可以接受。在经济学发展历史的不同时段上，被最优化的东西是不同的：物质财富、心理满意度或某种效用（效用有多种解释）。完成或尝试完成最优化任务的主体，可以是一般的人或者像家庭和企业这样的集体，也可以是在特定环境中的人或企业，还可以是人 7
或者企业的一部分（这取决于不同的解释需要）。当我们研究经济学思想时，我们就是在研究优化理论（theory of optimization）。20世纪以后，经济学对最优化研究的核心越来越集中到某种条件下的最优化计算上来了。计算是什么？前几个世纪的理论经济学家对此只有一种不准确的观念，事实上他们深为这一概念而困扰。然而，当代任何一种科学理论，不仅仅是优化理论，还包括一般的演化理论、发展理论和动态理论，其定义特征（defining feature）都是一样的（而且在某些方面、某种意义上必须是）：清楚地表明是什么系统在计算、计算的是什么信息、是怎样计算的。

近来，有关经济学的基础、方法论、范围、合法性等问题的各种争论的大部分都是围绕着它与相关的邻近学科的关系来展开的。就微观经济学而言，这些邻近的研究领域主要与心理学和演化理论有关。现在，心理学、演化理论等研究领域已经开始以“认知科学”（cognitive science）的名义组合到了一起。（因此，我这个两卷本著作就是属于这一类研究。）在第二次世界大战以后，认知科学之所以得以出现，恰恰就是因为要想理解对于环境条件的心灵反应、行为反应，要想理解学习过程，不求助于爆炸性增长的有关信息处理的理论和技术是不可能的。

米罗斯基记录了在这个更广阔的历史过程中经济学家的作用，他把他们描述为一群被拖着前行的人。据米罗斯基所说，经济学家经常在至少有一只脚仍然沉陷在泥淖当中不可自拔时，就迫不及待地要去亦步亦趋地跟随他所称的“半机械人科学”（cyborg sciences）的前进轨迹。他的叙述有非常强烈的个人风格，而且充满着浓重的讽刺意味——甚至往往是漫画式的，因此经常被那些很严肃的学者解读为对经济学这门学科本身的不恭。然而，他们这种反应是把米罗斯基用来表达信息的媒介与他要表达的信息本身混淆起来的结果。正如库恩（Kuhn）和拉卡托斯（Lakatos）曾经强调过的，使一门学科成为科学的关键在于，其成员是否一贯地努力试图用尽可能少的新理论工具去解决尽可能多的新现象。经济学家在面对展开于他们面前的新的观念时，要像其他学科的科学家一样，尽力保持某种连续性，这是他们将要做的，也是应该做的。我把这作为一项更具针对性的正当性理据——当我就经济学的现状和未来提出我的批判性问题时。我的论述从勾勒经济学在一个维度上的持续发展的历史开始，这个维度就是经济学中数理分析技术的改进。

我将会把米罗斯基那些涉及面很广的论点概括一下，并以之作为本书开篇这一节的结束；在本书的最后，我又会回过头来，对这些论点进
8 行更详细的讨论，到那时，把我自己的解释与它们进行对比才不会显得为时过早。现在，我把它列出来，只是作为我叙述的出发点。

在米罗斯基叙述的故事中，英雄是约翰·冯·诺依曼。冯·诺依曼是一位极其出众的博学之士，在现代科学技术已经如此发达的环境中，

他是独一无二的，堪称最伟大的一位工程师。米罗斯基把冯·诺依曼说成是许多原理的发现者，而正是这些原理将把经济学带入精确科学之途。米罗斯基认为，冯·诺依曼之所以能够做到这一点，恰恰是因为他是经济学界之外的一个人，没有义务去尊崇经济学的历史，他有强大、独立的权力基础的支持（包括冷战军事力量）。在米罗斯基笔下，对冯·诺依曼来说，经济学的目标就是要将动态计算理论贯彻实施于工作机（working machine）上，以此来发现可以计算出来的相对最优是什么，它又是通过什么系统组织原理、在怎样的环境当中计算出来的。因而，米罗斯基把经济学描述为一种沿着冯·诺依曼开辟的道路前进的职业，经济学家们仍在蹒跚学步却急不可待地要奔跑前进——虽然他们也一直在尝试所有可能的其他方法。这正是前面所述的米罗斯基所持的滑稽腔调的源头所在。

特别的一点是，根据米罗斯基的说法，经济学家们在这样做的同时，却试图对计算理论的一个核心结论视而不见，那就是哥德尔不完全性定理（Gödel's incompleteness theorem）。他们不考虑计算的有效性问题，他们只知道追随布尔巴基（Bourbaki），他们所追求的是可能性证据（possibility proof），而非构造性证据（constructive proof）。为此，他们竭尽全力地维护新古典均衡理论，这种努力因函数论和拓扑学的最新进展所带来的强大理论分析能力而得到了加强。一般均衡概念和纳什均衡概念被说成是第二次世界大战以来经济学理论领域两个最大的成就，但是，根据米罗斯基的理解，它们都只是静态的不动点（static rest point），在一个大型的、资源有限的经验系统中，是不可能实时地计算出来的；而且更重要的是，在足够一般的情形下，不动点甚至不可能被唯一地识别出来——即使采用了各种高效的构造性技术。

在本书后面的章节中，我将为上述概念的理论中心性（theoretical centrality）提供辩护，而且我也不会被米罗斯基说服，认为21世纪合理的经济学应该是哥德尔式的。不过，这些都是我们前进路上在将来的某个时候才会遇到的议题。在这里，我首先得为自己的探究设置一个目标区域，为此，我想以米罗斯基的“未来经济学理论的五大可能前景”为焦点。它们本身就构成了一个富有想象力的并且又为人们所熟知的框架，可以把当前各种争论中呈现出来的不同观点整合起来，同时又与米罗斯基自己那特别有争议性的思路相对独立。我很高兴自己能够利用他 9
们建立起来的这个目标空间，来寻找我自己的道路。

米罗斯基开玩笑地把未来经济学理论第一个可能的前景称为“贾德

的复仇”（Judd's revenge），这种经济学前景是用计量经济学家肯尼思·贾德（Kenneth Judd）的名字来命名的。这种可能的未来的经济学与认知科学完全不相关。经济学家只需要运用计算技术（越来越繁难复杂的计算技术），去研究理性主体身上将发生的事情；但是他们能够获得并消化所有最新型的机器提供的信息，其速度至少要与这些机器一样快（或者，在某些情况下必须同步完成）。米罗斯基指出，这种未来的经济学利用计量经济学推断来贯彻混合理性（conflating rationality）观念（Mirowski，2002，p. 451）。根据目前经济学界的人力资源的配置情况来看，这种活动至少将成为未来经济学的一部分，这一点应该不会有什么疑问。如果它支配了经济学的未来，那么与建立在别的基本观念基础上的其他可能的经济学前景相比，这样一种未来经济学最值得“自豪”的一个方面将表现在它与其他相关的邻近学科相互分离的彻底性上。米罗斯基根据自己以前的批评所定下的基调，认为经济学走上这种道路后将使它与自身之外所有相关的东西完全分离，其中甚至包括真实的人类经济本身。

在本书中，我将在适当的时候为经济学应当与其邻近学科分离这种观念进行辩护——当然只是在特殊的情形下，并且是在相对的意义上。我想提出来的一个观点是，在许多时候，经济学是能够按照我建议的方式与其相关邻近学科在某种限度内保持独立的，并不会陷入米罗斯基所警告的那种危险当中。不过与此同时，米罗斯基把“贾德的复仇”说成是“通往无关之路”（a path to irrelevance），我认为这也是有道理的，而且我也将为它提出一些理由，一些与哥德尔不完全定理没有特别关系的理由。

米罗斯基把他所说的第二种经济学未来的可能称为“刘易斯归来”（Lewis redux），这是以理论经济学家阿兰·刘易斯（Alain Lewis）的名字来命名的。米罗斯基从刘易斯的著作中总结出来的结论是，经济学形式上的不完全性具有决定性的重要意义，这是他特别强调的。在这种未来的经济学世界中，经济学家大量地应用计算理论，却在相当大的程度上忽视了认知科学的其他内容。（这种做法的一种掩饰或许是：他们认为计算理论原本就不属于认知科学整体中的一部分。）这些经济学家利用函数理论和拓扑学构建出一条绕着哥德尔定理前行的小径。米罗斯基把肯尼思·阿罗（Kenneth Arrow）目前持有的观点看做这种思路的主要代表。此外，斯卡夫（Scarf，1973）设计出了一个从近似值推演出一般均衡的斯卡夫过程，也令阿罗等人深受鼓舞、信心倍增。①

在本书中，我认为这种规划确实可能为经济学的进步做出非常有益 10
的贡献，我也将为它给出一些辩护理由。不过我认为米罗斯基的看法也是正确的，他认为，这种未来的实现要求经济学与认知科学分离，这对经济学本身来说不见得是好事。我的论辩有赖于对认知科学的一种特殊的哲学解释，它是米罗斯基从未想到过的。

在米罗斯基笔下，经济学第三种可能的未来被称为"仿真者西蒙"(simulatin' Simon)，这里所说的西蒙当然是赫伯特·西蒙（Herbert E. Simon）。在这种假想中的未来经济学的世界里，经济学研究大规模地与人工智能研究结合起来，以达到这一计划的发起者（西蒙）的目标。正如米罗斯基正确指出的，这种前景已经在相当大的程度上成为现实。米罗斯基引用了爱泼斯坦（Epstein）和阿克斯特尔（Axtell）的著作《成长中的人工社会》(*Growing Artificial Societies*)，说它是近期最有代表性的一个研究（Epstein and Axtell，1996）。这种研究思路的动机是很直接的：如果我们假设生物学上的各种大脑是主导着经济行为的根本原因，那么通过在各种抽象水平上模拟大脑，应该可以去观察它们在特定的限制条件下完成些什么。这种方法与人工智能（artificial intelligence，AI）结合在一起，它并不一定需要狭义的人工智能那种符号处理概念，这与联结主义者与人工社会的模型相反（see Langton，1995；Levy，1992）。这种仿真经济学中一个有待解决的问题是：要保证仿真的相关性和有效性，它应该抽象到什么程度？也许这些仿真可以忽视所有工具性细节——传统的人工智能就是那样的；又或者，也许我们只能引导一些装备了神经网络的人工主体去学习仿真社会中的某种规律性，观察它们的偶然遭遇，试图从中发现关于经济行为的一些有意思的结果。

米罗斯基并不怀疑，经济学要想以任何一种形式为增进我们对行为的理解做出贡献，则经济学与认知科学以上述这种方式的融合都是必不可少的一部分。只有对生物系统的观察再加上某种自上而下的理论不可能造就真正的行为科学。不过，米罗斯基进一步强调说，经济学不可能

① 正如米罗斯基（与我的个人通信中）所指出的，我对他叙述的历史进行极端简略的复述，把阿罗与刘易斯结合到一起，这有被人误解的危险。根据米罗斯基的说法，阿罗是把刘易斯的观点的新颖性亲手埋葬掉的几个人之一。但是，米罗斯基还说，阿罗和其他人是通过"驯服"的方法来完成这个工作的，这也就是说，磨去其激进主义的棱角使之兼容于新古典主义。被米罗斯基当作经济学的一个可能前景的正是这种被驯服的刘易斯理论。

只由这类研究组成，因为仿真自身有产生过多的特殊模型和专为特例而设计的“实践”规律的倾向，而且它在改进方法以增进一般理解（general understanding）方面却没有多大成效。对于这种效应，一位科学哲学家或许可以试着给出一个基于一般认识论原理的解释，但这不是米罗
11 斯基想做的。米罗斯基的核心论点是，如果没有强大的目的性（这种目的性在工程学中体现为市场或军方对特殊功能产品的需求，在科学研究中体现为探索解释性的一般规律），仿真研究就会倾向于只产生对它自身有意义的结果，而且呈现回报递减规律；在仿真过程中，确实会发生一些事情，但是要怎样去刻画到底发生了什么、为什么会发生，人们并不清楚。

我赞同米罗斯基这个观点，而且我还想补充一点。单纯依赖仿真还会导致的另外一个问题是，它原本试图发现行为模式的基础，但这些行为模式却被认为是从动态过程中涌现出来的，甚至可以分解还原为仿真系统的模块化内部组成成分。当然对于工程学来说，这是一个很自然的思路，因为对不可分析的完全处于黑箱状态的整体进行仿真，肯定所得甚微，即使我们可以建造出这些东西。① 在本书的第 6 章，我将以行为科学哲学为基础，对各种个人主义经济模型展开一系列激进的批评，并将在这些批评的基础上，给出直接从内在地支配着单个主体的行为模式推导出来的经济学一般规律之所以值得怀疑的理由。当然，确实可以直接对某个社会系统进行仿真——只需要把其中的个体作为相对地非结构化的节点即可（see Kennedy and Eberhart，2001）。经济学研究到底可以在多大的程度上围绕这种仿真来展开，对于这个问题，我们将在讨论米罗斯基提出的第五种经济学未来时，再来论述。

米罗斯基所说的经济学第四种可能的未来则是从“丹尼特的危险观念”（Dennett’s dangerous idea）激励衍生出来的结果（这里仍旧采用米罗斯基惯用的贴标签做法），这种未来是用心智哲学家、自然哲学家丹尼尔·丹尼特的名字来命名的。在这种未来的经济学中，经济学理论与演化认知科学主流研究前沿真正地、完全地融合到了一起。它不仅运

① 大体上，我们可以认为：某些联结主义心智模型模拟的输入—输出函数刻画了生物系统的行为特征，即使我们不能理解它们所做的究竟是什么，因为相关的功能分解是不可能真正表达清楚的。这种模型对于确证关于哪种学习系统能够做些什么的直觉来说是非常有效的，但是如果得不到未来不同类型的研究的进一步补充，它们是不可能建构出决定性的解释的——即使对属于自身领域中的现象也是如此。更详尽的例子，请参见肯尼迪和艾伯哈特（Kennedy and Eberhart，2001）的有关论述。

用人工计算设备去模拟生物主体，还对这些主体进行建模，就像它们确实就是可计算设备一样。这种未来的经济学

> 正式宣告：运用人工智能方法可以总结出一些运算法则，再把它们与对演化理论的某种特定的理解结合起来，就有可能得到一种宏大的包罗万象的理论，这种理论的最终目标则在于维持如下观念：所有人类行为都是无论如何也要实现约束条件下的最大化。……理性选择理论（它可能指简单的最优化，也可能指博弈论）自然而然地（非自我意识地）被当成了生物有机体和机器的信息处理过程的统一范式，因此计算机和人都一样，都是用于型构另一种文化基因（meme）的一种文化基因。……只要完成这个挑战最终极限（death-defying）的惊险一跃，同 12
> 时规定演化是无处不在的、符合运算法则的，并且假设文化基因可以脱离身体的束缚自由翱翔，那么人们就可以很容易地类推出如下结论：在这个蹦极跳（bungee-jump）活动中，指派给经济学家的任务就是去发现新古典版本的理性经济人是如何解决他在日常经济活动中面对的各种各样的最优化问题的。这样，新古典经济学就顺顺当当地再次被一门统一科学所吸收，这也将会使维也纳学派逻辑实证主义者心满意足。(Mirowski，2002，pp. 533－534)

如果说前述第三种可能的未来经济学已经逼近我们，那么它肯定必须与第四种可能的未来经济学相竞争。[①] 根据米罗斯基的鉴别，与丹尼特的危险观念有关的研究思路包括（不必顾及它们所属的确切学科门类是什么）：有关数量有限的自动机之间的竞争的模拟博弈模型，卡莱（Kalai，1990）和宾默尔（Binmore，1987，1988）的研究工作就属于这个方面；演化博弈理论；实验经济学和行为经济学；运用遗传算法或神经网络方法进行的经济动力学建模；桑塔费研究院（Santa Fe Institute）所进行的大部分研究工作。所有这些其实很难再被当作是难得一见的前卫观念了；事实上它们代表了微观经济学领域在过去10年到50年间的绝大部分创新工作。在称这些为一个“可能的未来”的时候，米罗斯基实际上是在暗示：他怀疑从长期的角度来看，这些创新能不能持续。他说，这主要是因为他怀疑那些已经被训练成为经济学家的人是不是真的有能力充分理解认知科学，并为之做出贡献（Mirowski，2002，

---

① 当然，只有当第三种未来被解释为一个所有人都只从事零敲碎打的仿真研究的“帝国”时，这些未来相互之间才是互不兼容的。米罗斯基显然并不愿意自己所描述的这种未来就是这种样子。出于解释的需要，他描述的都是极端情形。

p. 535)。

米罗斯基在他的著作中多次强调，使他对这种经济学可能未来产生矛盾心理的真正原因在于，它恰恰是以对新古典经济学的个人主义王国的核心地位的解构为起点的；他认为这是一件好事，不过要控制在适度的范围内，但是，它很快就会超出对历史上形成的过度强调个人主义的倾向进行必要的纠正的限度，进而导致自我的大规模消解（wholesale dissolution of the self）。为了表明上述这种情况为什么会发生、又是怎样发生的，米罗斯基引用了肯·宾默尔（Binmore，1994，1998）的例子，后者利用博弈论把自己的模型与主体哲学（philosophy of agency）联系起来时所采取的各个步骤，被米罗斯基视为自我消解的最突出的证据（Mirowski，2002，pp. 515－516）。在宾默尔的模型中，单个主体的决策从长期上看是与系统的动态特征无关的：主体是在系统层面的动力机制的驱使下进行自我塑造，并执行给定的均衡策略的，系统的动态特征也不是主体选择的策略的相机功能（contingent function）。

米罗斯基用丹尼特名字命名的这种经济学的未来是非常有意思的。不过，在他的著作中，米罗斯基并没有提及如下事实：对自我概念的修正早就成为一股强大的潜流，它与意向性、意识、演化、自由意志等研
13 究领域都有松散的联系。对于这些，我将在第7章中进行详细讨论。只要我们理解这一点，丹尼特的所有特殊研究纲领就都会显得比其批评者眼中所见的更有道理。进一步说（正如我将论证的），丹尼特的自我理论具有强大的说服力，至少在短期中是如此。事实上，绝大多数正在研究与自我有关的课题的认知科学家都吸收了丹尼特的观点，他们所做的无非是更详细地阐述它而已，不管他们对这种状况是满怀感激之情还是相反。

我们将会看到，把丹尼特所做的工作解读为想要消解或抹除自我概念，这是一种很深的误解。恰恰相反，我将证明，丹尼特的理论之所以能够取得成功（与其他哲学观点通常的遭遇相比，这种成功是非同寻常地突出的），最好的解释在于，他给出的用来思考自我问题的方法确实是有史以来第一个系统化的方法，它能够充分利用并公平地对待所有与这一概念有关的经验证据及其所蕴涵的丰富性和微妙之处。米罗斯基著作中包含的各种文本证据（textual evidence）表明，他对于经济学不同领域中各种主题的论著都有天才的理解能力（而且我必须补充一点，他对于未发表的通信等其他与经济理论近期发展有关的边缘性材料中的东西，也有一种特殊的“侦探”才能），但是，显然米罗斯基没有能把这

种能力扩展到现在正处于迅猛发展中的一个哲学分支的有关文献上，这个哲学分支被称为“道德心理学”（moral psychology）。我认为，他这个不足也体现在对他自己所称的经济学第四种可能的未来的评价上面。他说，他怀疑这种评价的基本资源最终将会“为了经济学成为科学这一目的而冻结于……那个位于代表性经济主体两耳之间的理想化计算机（即大脑）的凹槽内”（ibid.，p.564）。我理解丹尼特的主体理论和意向性理论是怎样被误解的——以一种与这种批评相一致的方式，这要放在20世纪70年代哲学大争论的背景中去看。不过，正如我们在本书第2章可以看到的，我们不可再维持这种完全向后走的姿态了。我将在第6章和第7章充分展开这个问题，并讨论一些有关的细节。

如果丹尼特的思想之所以被认为是危险的，就是因为它威胁要否定自我的话①，那么米罗斯基想要的这种论断②在下文中将会遭到断然反驳。然后到了本书的第8章，我们就能够提出如下问题：这对于宾默尔及其同行进行的那种经济学研究的前景究竟有什么意义？

不过，我还是对米罗斯基这种论述风格表示赞赏，因为它从来不会自许要做客观理性的声音（Voice of Objective Reason）的公正无偏的传达者，而把作者应该承担的义务隐藏在后面。米罗斯基总是直截了当 14
地告诉读者他在做什么，他就像是一位与读者身处同一个房间内的真实的对话者。对于某些敏感的学者来说，这似乎有些粗鲁；事实上，它确实是粗鲁的——当它表达了作者的自负心态的时候，而这正是米罗斯基的情况。如果你是一个彻底的法国式后现代主义者（a postmodernist in the good French sense），而不是一个不地道的耶鲁式（the bad Yale sense）后现代主义者，这一切就是很自然的。不过，我认为它将会引

---

① 从另一种意义上说，丹尼特本人将很乐意看到自己的观点被认为是“危险的”，也正是在这种意义上，丹尼特称达尔文的观念是“危险的”，即对于那些早已经被确立下来但显得过分简单而且沉闷的关于人的思想体系以及它们的实存境况（existential situation）来说是危险的。这种危险，我们不妨多一些。

② 米罗斯基（在与我的个人通信中）还说：“说丹尼特‘危险’当然只是一种戏谑之辞，但是，我这样说，并不仅仅是因为他关于‘自我’问题的观点，还在于他使人们形成了一种印象：一些人工智能研究成果，再加上一些被断章取义的演化理论，就足以支持古典经济学理论的有效性。我坚持认为这是荒谬的，事实上，人工智能与演化理论彼此之间恰恰构成了相互投影的关系，它们是在20世纪50年代从运筹学中分离出来的，都是在计算机时代孕育成熟的，它们各自独立的研究领域建立起来的时间并不太久，现在再度相逢，却经历了一种重新认识带来的震撼。这种危险把家族相似性（它有历史上的原因）错误地当成了一种有效的验证（这并不具备有效性）。”我这本书将花费很大的篇幅去论证这种家族相似性背后的深层逻辑。因此我希望米罗斯基认为我的论点也是危险的。

发某种争论，当然如果争论有助于澄清问题，也未尝不是好事。因此，即使不能自我吹嘘说我能够完全自如地跟随米罗斯基这种风格，现在我也应该把我自己的底牌显露一下，以表示对他的敬意。我这个研究（包括规划中的全部两卷著作）将扩展米罗斯基所说的第四种经济学未来的图景，当然，这并不是说我将会把米罗斯基所说的第二、第三种经济学的未来和他自己最喜欢的第五种经济学的未来（见下文）完全排除出整个图景之外。在我的研究中，有两位知识英雄，他们是宾默尔和丹尼特。在这一点上，我与米罗斯基之间形成了对照，虽然在一些人看来这也许不是很合适。接下来的叙述有点戏剧性，虽然这并没有超出亨利·詹姆斯（Henry James）与米罗斯基笔下的达舍尔·哈米特（Dasheill Hammett）相互对比的程度。到最后，宾默尔和丹尼特将登上巅峰，向我们说明怎样把经济学理论与更宽泛的认知科学和行为科学融合起来。

读者现在应该很清楚，为什么我在本书一开篇就先介绍米罗斯基的观点，并把他作为两个对话者之一了。最后让我们来简略地看一下他所说的第五种可能的经济学未来前景，这也是他自己最心仪的一种经济学未来了，它被称为“标卖冯·诺依曼”（vending von Neumann）。米罗斯基公开宣称，冯·诺依曼是他心目中的知识英雄。这种未来的经济学将非常看重市场分类观念。市场类型包括或涉及瓦尔拉斯的均衡调整（Walrasian tatonnement）、夏普里-舒比克（Shapely-Shubik）联盟、各种类型的单边统一准拍卖、双边票据交换所式的拍卖等，对这些市场类型要应用不同形式的计算工具。在有关计算理论的数学中，不同类型的工具根据其逻辑力量的大小分别归属于不同的层次等级。我们知道，在乔姆斯基（Chomsky）的著作中，不同类型的语法单位要根据形式语言学的规则纳入一个生成能力（generative-power）等级体系当中。同样，我们也可以尝试提出一个一般理论体系，它可以告诉我们哪一种市场类型能够模拟或生成其他市场类型，并对这些市场类型进行比较，同时还可以比较它们在信息处理能力和在给定特殊资源配置问题上体现出来的效率。也就是说，经济学理论可以发展为一种市场计算理论（a computational theory of markets）。米罗斯基相当有说服力地论辩道，这种未来的经济学将使冯·诺依曼在20世纪早期的逻辑学、数学革命中形成
15 的学科抱负真正得到实现。当然，冯·诺依曼当初并没有将他这个雄心用市场类型这种分类学术语表达出来，因为有关理论基本上是在他去世之后才发展起来的。

在本书的最后一章，我将会指出，米罗斯基所描述的这种冯·诺依曼式的未来经济学并不会像他想象的那样将成为“丹尼特的危险观念”引导下的那种未来经济学的竞争对手，恰恰相反，它们是完全相容的。事实上，根据我和我的同事的研究，丹尼特的意向行为物理学理论与社会科学和自然科学是完全一致的（Ross，2000；Ross and Spurrett，2004a；Ross et al.，forthcoming）。我的目标是要证明：如果我们接受丹尼特的自我理论和意向行为理论，同意宾默尔关于市场兴起的广义社会动力学博弈模型，那么“标卖冯·诺依曼”这种经济学前景将会变得更成功、更美好。因此，我将把米罗斯基的第四种未来和第五种未来融合为一个综合的经济学理论模型，并使之成为一门统一科学的组成部分。是的，我希望维也纳逻辑实证主义者的心灵将因此感到温暖。只要人们的目标不是将经验知识（empirical knowledge）还原为“感觉数据”（sense data），那就不是一件坏事。一幅前后一致的学科世界图景是科学追求的最大目标，在本章的后半部分我还会为此辩护。

根据计划，所有上述这些目标将最终体现在一个两卷本的系列著作当中。在第一卷（即本书）中，我关注的中心是微观经济学与意向行为理论的关系。因此，在宾默尔和丹尼特这两位知识英雄中，本书将更多着墨的是第一位（丹尼特），而不是第二位（宾默尔）。第二卷将讨论宏观经济学与其他有关社会动力学的学科之间的关系，届时宾默尔的研究将成为最强有力的推动因素。

到目前为止，我一直在要求主流经济学家控制住他们那紧紧握住扳机的手指；事实上，我的研究至少有一部分是受到他们与米罗斯基的对话的启发的结果，我没有立即把他们介绍给读者，实在有些难为情。然而，我也已经表示过，在理解一门学科的历史的时候，我自己对辉格党式的规则的忠诚度要大大超过米罗斯基。因此，我将会先花较长的篇幅（前两章）来重述微观经济学理论从杰文斯到当代博弈论的发展历史，我所采用的叙述方式将会表明，为什么我最终的综合模型应该理解为是对新古典核心洞见的恢复，而不是补充。这样一来，我对各种因素的鉴别并非一成不变，不过必定不会采取一种后现代主义者的做法。它属于枯燥无味的科学哲学。是的，本书的背景还涉及另外一些时代相对久远 16
一点的知识英雄，他们中有些人曾经工作于维也纳。

科学与人类世界

米罗斯基的叙事方式取决于一些规范性预设。其中之一是假设在"科学的"和"人道的"研究范式之间存在冲突，他认为后者是一种"好的力量"，他还认为这是不证自明的。另外，还有两个附加的、同时也是标准的预设，它们对于加强这种立场也很重要，而且支持了米罗斯基对丹尼特的危险观念的讽刺（如我前面所引）。第一个附加假设是，所有渴望建立一门统一科学的"逻辑实证主义者"都必定在有理智的人当中名声不佳。这也是他第二个附加假设的部分理由。米罗斯基的第二个附加假设是，我们把自己看做道德悲喜剧当中的热心人物的这种观念，也即自休谟时代以来我们一直把自己当作善良的老式人物这种观念，对于我们维持自己世界观的一致性有很大的作用，这是科学不可能取代的。

我坚决反对所有这些预设前提。本书的评论者当中，肯定会有人指责我过于"科学主义"；有鉴于此，我决定干脆说得更明白一些，让他们指控起来更方便一些：我在本书中所捍卫的经济学前景就是"科学的"。从某些方面来看，我这样说近似于在我自己所居住的亚拉巴马州的市政会议中站起身来声称自己是一位自由主义者。显然，我做第二件事（称自己是一位自由主义者）的时候是不会脸红的，我做第一件事的感觉也完全一样。我不认为任何人已经给出了合理的理由，证明是自由主义导致了社会退化（social degeneration），同样我也不相信为科学主义辩护就必定会使自己走向《1984》的极权主义或《美丽新世界》（*Brave New World*）的虚无主义。这些只是对科学主义的一种魔咒。

科学往往可以赋予我们有关实在性质（nature of reality）的令人惊叹的思想。物理学告诉我们，可能存在着无限多个宇宙，我们处身其中的只是其中一个；两个相互之间并不存在物理接触的粒子也可以影响彼此的性质。从演化生物学中，我们得知鸟类是恐龙唯一生存到现在的后代。地理学家则揭示，地壳构造板块如果继续维持当前的运动轨迹，将导致的一个结果是澳大利亚最终将与阿拉斯加发生碰撞。受过现代教育的人都习惯于如下观念：至少在世界的因果性后果不受人类主体活动的
17 影响的场合下，我们拥有的"常识"假设和生活"原理"是系统性地不可靠的，不能用来指导实践。"日常生活智慧"这一层次的概念，无论

从其时间维度还是空间维度来看，都过于简单、不具备代表性，不能成为直接通往普适的真理的窗口。至少在物理学、地理学、天文学、微观生物学等学科的范围内，情况确实是如此。

很久以来，我们对于实体世界的认知安全感一直都在被不断侵蚀，甚至遭到嘲弄，这一过程甚至显示出了某种规律性，到如今已经持续了至少四个世纪，对于许多人来说，这段时间已经足够长了，足以令他们变得对此习以为常。虽然面对特定的科学发现，我们还是会为之惊喜兴奋，但是比起 17 世纪的祖先来，人们早就变得不那么会惊喜了。有识者召唤要对回归日常生活这种所谓的智慧抱一种成熟的怀疑主义态度，但是在一个相当大的范围内，流行观念乃至某些“专业意见”仍然在继续抗拒。当科学家告诉我们一些非同寻常的、深刻的、违背人们直觉的、与我们自己的经历有关而且足以揭示我们日常行为的基础的发现时，许多人都会怀疑甚至排斥。当人们被告知，空间之所以从几何上看是欧几里得式的，那只不过是因为我们生活在整个空间的一个非常小的部分当中，他们往往很难理解；这就像告诉一个一生都生活在内陆沙漠的人说，我们这个星球的大部分都被水所覆盖一样困难。不过这些还不是完全难以想象的事情。但是如果有人想说服我们相信：由于我们每个人的个性都是围绕着反思性决策（reflective choice）建立起来的，因此对于心智如何发挥作用、我们自己行为的起因究竟是什么这类问题，我们仍然陷于根本性的困惑当中，那就完全是另外一回事了，因为从原则上看，这是一种认知不恰当（epistemically inappropriate）。不管如何，我们一直在直接地感受着作为我们自己行为基础的因果过程。一个间接的、来自第三方的看法怎么可能比主体自己对这种过程的了解还要更灵敏？

哪怕是那些最顽固地信奉主观经验的人，要把他们带到这个滑坡谬误（slippery slope）的上半段也并不是非常困难。许多人都同意他们的大脑必定是他们的思想的物理基础——至少在某种意义上、一定程度上是如此。他们还会进一步承认他们的直接经验并不能解释有关大脑结构和功能的信息。为了了解大脑，我们必须采取一种第三方的视角，这就像我们要了解银河系一样。因此，如果某个超然独立的科学家告诉你一些你自己不能“从内部”了解到的有关你的大脑的东西，这也就意味着这位科学家告诉你的是一些有关你自己行为的因果基础的信息，而那些信息是你不能通过内省方法来发现的。

不过，这个“滑坡”的表面还是露出了一些凸起物，让人可以抓握 18

一下。要对这些微妙的论断（the claims of the sophisticated）保持怀疑主义的态度，有许多微妙的方法（sophisticated way）。最有力的同时也是所有其他方法的至关重要的基础的一种方法如下：第三人称科学（third-person science）在它所讨论的世界的某些方面的性质和结构确实独立于我们的思维和经验时，往往诉诸常识，将之作为最后的王牌。但是，宇宙就是具有那些性质，无论它们是不是超出了人的想象力，因此感知能力有限的生物所得到的有关结论，最终可能被证明是错误的，甚至可能是严重错误的——即使其推理过程是合理的。这并不是什么认知神秘主义。同样地，对于大脑也是如此。我们都知道，虽然大脑的出现或许依赖于我们在进化链条上的祖先们所采取的某些偶然的决策，但是，这些祖先从来没有去选择过大脑的重量、颜色以及大脑的基本神经生化结构。然而，就人类的经验和行为而言，却是有根本性差异的。人的心智与自我，既是个体建构也是社会建构，它部分地但决定性地由思维和反思（thought and reflection）及其因果性后果所构成和塑形。同样的过程也发生在人类的经济结构和政治结构上。一个个体将会成为一个民主党员、一个爵士乐爱好者，还是一个性格内向的人，这基本上取决于在他自身经历中有关各种结构和人的概念是如何组织起来的。但是有人仍然坚信，至少在某种程度上，对于人的深层天性，只能由人自己从内部去得到一个原则性的理解，而且这种理解可以部分地用符合日常经验的范畴和语言来表达出来。或者，在最低限度上，这确实是许多评论家的说法。

这种视角的作用绝对不会因为看起来过于简单而受到限制。它最近得到了拥有极大影响力的哲学家约翰·瑟尔（John Searle）的强有力的明确辩护。瑟尔不仅讨论了我们思维的内容问题（Searle，1992），也谈到了构成我们社会结构的各种元素的意义（Searle，1997）。托马斯·内格尔（Thomas Nagel）也撰写了文章，雄辩地批驳了“无角度的视角”（view from nowhere）的可能性，所谓“无角度的视角”，是一种想象中的、像神一般超脱的角度，独立于任何特殊的、有限的观点。内格尔认为这也许是客观科学的理想认知境界（Nagel，1986），但是他接下来马上争辩说，即使在物理学中，科学家的认知也没有达到理想境界；人们在考虑心智及其产物时则更加无法持完全超脱的立场（Nagel，1974）。在人文科学界和社会科学界，瑟尔和内格尔拥有许多支持者。我将把这一“学派”的观点称为“人类中心主义的”（anthro-
19 pocentric），只要它坚定地秉持如下观念：当考虑与心理内容和社会结构有关的问题的时候，“（对我们来说，）看上去是”与“是”实际上相当于同一件事情。

然而，就在这个人道主义的王国内，就有值得注意的不同意见存在。演化心理学家、经济学家以及各种具有“结构主义”倾向的社会科学家——事实上，正如米罗斯基已经看到的，绝大多数受他所称的“丹尼特的危险观念”影响的人——都在怀疑：要理解社会过程或行为，追寻主观的“深刻见解”（包括主体间性）真的是一条能够产生丰硕成果的道路吗？

在本书及其后续著作中，我将阐述并捍卫一种综合的反人类中心论的观点，它把新古典经济学的核心洞见与演化认知科学、行为科学统一起来。这样一幅画面的根本含义在于：人们这种用来对意向的、行为的、社会的现实进行分类的对话型的“民间”图式，即使可以转化为足够科学的描述形式，一般来说也是不可取的。①

在上一节我曾经指出，在一开始我将把这项研究定位为与两种竞争性的观点的对话。其中的一种就是米罗斯基的观点，我们在上文已经对它有所了解。另一种观点则更像一种“陪衬”，我对它的反对更直接、更彻底、更全面。像我这样将研究领域在如此宏大的层面上进行划分是有好处的，这样就可以将它与某种明显有关联，同时又把基本分类看得一成不变的观点对比，然后进行反向评估。这样一来，至少能够在一定程度上保证所批判的目标不会是一个“稻草人”。（当然，米罗斯基也提供了类似的但可能有细微差异的东西。）哲学家约翰·杜普雷（John Dupré）最近出版了的一本著作，一开篇就把我在这里所说的这些东西——即演化行为科学与主流经济学是存在着深刻互补性的学科（Dupré，2001），它们都适合于一种非人类中心主义的解释模型——称为“科学主义”，并且试图把它理解为它们原先的伙伴学科的资源都已经耗尽所导致的结果。杜普雷这本书的核心任务就是要证明，这种“联盟”所导致的是一种坏的科学：它是由原本就模糊不清的形而上学思维驱动的，启动它在伦理上是危险的。不过，即使是杜普雷，也不能不同意这种联盟是自然的、重要的。与此相对照，我这本书的目的，就是要表明为什么它是自然的、重要的；它们又是怎样才变得自然的、重要

① 哲学界的读者很容易认为这暗示着某种“取消主义”的策略。然而，本书下面几章将会表明，事实不然。虽然我希望科学能够进行大规模修订（甚至消除）某些基本的通俗的意向性本体和社会性本体，但是我并不认为它们会全部消失。

的；而且，与杜普雷的观点恰恰相反，我将为它的科学性和形而上学价值（虽然相对来说较少一点）提供辩护，并为之欢呼。（至于其规范价值，则将在本研究计划的下一卷，即《宏观解释》中再来讨论）。

20 这本书的主要目的并不是对杜普雷（或米罗斯基）的观点进行回应。对于他们就某个具体问题的看法，如果与我的结论直接相关，我将在论述过程中给出某种答复，当然，我也会以同样的方式对待其他人的观点。杜普雷反对演化认知科学与经济学之间的互补性结盟的核心依据最终依赖于一种关于世界在何种程度上具备因果结构的形而上学论点，但是在我看来，尽管在这本书的各个地方都会涉及纯粹哲学问题，我还是不会把形而上学的零点地带（ground zero）作为自己的出发点。[1] 我之所以要把自己的对立面早早地摆出来，是因为杜普雷和我恰好站在分界线的两边，这是一条有关科学和人类现象性经验之间的适当关系的分界线，它绝对是一条具有根本重要性的界线。后面各章节将会涉及围绕某些具体经济理论观点的大量争论，对这些争论的评述都将取决于这个界线问题是否在事先就已经得到了充分关注。

哲学家一直把科学研究看做一种为了得到有关结构和过程的本质的深刻见解而进行的活动，这是一个历史悠久的传统。现在，“本质”（essence）这个术语在不同的情境中意味着不同的东西。就这一点来说，我反对本质主义。然而，在其最广泛的意义上，科学总是有本质主义的一面，而我整个研究就是建立在这种最广泛的基础之上的。这种观点是说，科学理论的作用就是要把我们关于一般现实的各种观点组织起来；理论研究的方法，就在于把实际原因与结构性关系隔离出来，因为后者的一般性是相对于人们所关注的特定事物和目标而存在的，在因果观察中很可能观察不到。我们不妨以生物分类学为例略作说明——这也是杜普雷最喜欢的主题之一。对于绝大多数非专业人士来说，他们或许从来也不会想到洋葱和大蒜是不是都属于百合科这个问题（当然事实上它们是）。对此，杜普雷已经给出了详尽的解释（Dupré，1993，pp. 17－36），他说，这是因为人们出于自己具体的、实际的目标，极少需要对这种事实保持敏感——洋葱和大蒜是不是都属于百合科这个问题与农夫、厨师和园丁没有什么关系。因此，日常语言中的分类体系也不会涉及这一事实。如果顾客需要一袋百合种子，种子店的店主却给了他一袋洋葱种子，那么这个店主肯定会被认为是愚钝之人，因为他违背了英语

① 对杜普雷的形而上学命题最好的反驳是斯普莱特的文章（Spurrett，2000）。

的使用规则，更一般地说，他也违背了交往的惯例。然而，洋葱属于百合科，这在生物分类学家看来却是完全正确的。也正因为如此，普通大众把科学家看做沉迷于神秘的事实真相的人。但是，究竟是什么东西保证生物学家的分类是正确的，而园丁的分类就不对？说到底，其实唯有 21
园丁的用法才能完美地代表有关日常英语语义学的相关事实。对这一问题我们可以作如下的回答：将洋葱和大蒜归类于百合科植物，可以告诉我们一些与进化过程有关的东西，而在生物学内，利用进化论观点就可以把几乎全部与结构有规性（structural regularity）有关的性质都系统地组织起来。园丁的分类体系（如果有的话）则完全忽视了这些规律性，因为它对于她的目标来说并不重要。

在这里，“系统地”（systematically）一词有重要意义。在一定意义上，园丁的分类也是有“系统”的。她或许会把花的外表形状相似的植物归为一类，她也可以把生长在类似土壤条件下的植物归为一类，还可能把需要相同灌溉用水才能开花的植物归为一类，当然也可能把价格相近的花归为一类。但所有这些，都不符合我在这里所用的“系统地”一词的含义。我这样说的意思是，园丁眼中的各种维度的相似性，都不是在一个有关植物自身的根本性的、信息可压缩的结构性模式的基础上产生的。相反，它们都是有关园艺的、信息可压缩的社会学模式和心理学模式的产物，因此，与这些相似性更加相关的是社会科学家的理论体系而非生物学家的理论体系。社会科学家们关心的是园丁的行为，而生物学家感兴趣的是植物。因此，园丁的“思想体系”，如果按照其组织对象（即植物）来界定的话，与科学没有任何相同之处。

贯穿本书始终，我都会在技术意义上来使用“体系”（system）一词，以强调上述这个区分。这也就是说，当涉及对所涉及的各种结构有规性进行组织的原则时，我将会很谨慎地使用“体系”这个术语，即只把它用于描述那些能够在真实人类历史中发生的人类心理目标和社会目标的转型过程中存活下来的原则。虽然人类心理目标和社会目标的转型过程是激烈的，但是它不可能完全根除人们对存在于所有事实之间的客观因果关系和结构关系追根究底、力求“知其所以然”的意愿。在这种意义上，一个科学分类体系反而是容易受到批评的，比如说，它很可能被攻击为人类中心主义的、纯粹操作性的。相反，园丁的分类架构则没有面临这种批评的风险。

只有接受存在着独立于任何人类目标的客观事实这一点，体系性（systematicity）才能避免成为一个完全不切实际的空想。对于这一点，我在本书中不会再多作讨论，因为任何一项哲学研究都不可能是关于所有哲学课题的研究，而且我原本就认为基要实在论立场（basic realism）是理所当然的，我打算直接接受这种立场。读者如果对于作为我的预设的这种基要实在论观念有兴趣、想了解有关的细节和为它所作的辩护的
22 话，请参见哈金（Hacking，1983）和米勒（Miller，1987）的著述。不过，对基要实在论如果过分强调，也有转变为教条主义地、愚蠢地否定大量事物都存在着相关的社会建构这一明显事实的危险，至于如何有效地防止这一点，哈金给出了许多有意思的东西（Hacking，1999）。我本人当然不会否认这种事实。

下面这个例子应该有助于澄清我给"系统思维"（systematic thinking）这个术语所附加的特殊含义。爱因斯坦对空间和时间进行了重新定义，他之所以要这样做就是受到了使这些概念非人类中心主义化的要求的推动，这也就是说，爱因斯坦想把时空观念脱离原来那种作为"通俗的概念基础"（folk conceptual basis）的个人经验（由一个在空间上居于中心位置的主体去改变其相对于其他个体的位置，并由它来记录这一过程中各个时间单元上的变化详情）。在爱因斯坦的相对论中，空间和时间被定义为公理性的前提假设（axiomatic postulate），这使得它们的应用不再敏感于具体的参照点。随着物理科学的发展，有朝一日爱因斯坦的理论也可能被修正甚至被抛弃，但是，仅仅因为心理变化或社会变迁（它们与我们当前立场的演化发展一道发生），而没有科学上修正物理学理论的动力，是不可能引发这种理论修正的。我们或许会违背这个规定性理想（regulative ideal），甚至可能不得不违背它，因为我们不可救药地迷恋于我们的社会关系。对此我们不会觉得陌生，因为它正是社会科学理论家经常强调的观点。这种论调与如下断言是完全相容的：不管制度上是否完美，客观性仍然是科学所关心的最适当的规定性理想。因此，只要爱因斯坦的理论仍然保持其在物理学家当中的权威性，任何人使用"空间"、"时间"这两个概念的方式如果与爱因斯坦的定义不相容，那他们就不能"系统"地运用这些概念。①

为什么我要以如此迂回曲折、拐弯抹角的方式来定义"系统"这个

---

① 当然，一个在哲学上很谨慎、很自觉的工程师——或者历史学家——也可能采用以前某个理论提供的系统化时间和空间观念，比如说牛顿力学的时空观。但是，在那种情况下，我们都会预期到，这些概念其实是隐含地以爱因斯坦的时空观为参照的，因为我们知道，正确地描述世界的方式是爱因斯坦的，而不是牛顿的。

概念？为什么不直接说系统就是结构——需要我们去辨别是不是与人类
目标有特别关系的结构？答案是，没有任何特定目标的知识观念是不可
能的。长度达半光年的粒子智能云（intelligent cloud）不会也不可能注
意到我们注意到的一些模式，因为演化过程中不同的选择条件决定了它
们与我们的目标大相径庭。在这个严格限定了的范围内，我赞同内格尔
的观点：我们不可能去追求彻底的观点无偏性（perspectivelessness），
那几乎是一种想象中的神性。在本书中，我将重点关注各种各样的经济
形态问题，这些问题对于那些基本上没有在自己喜欢消费的资源上体验
过显著的稀缺性的生物来说可能是隐性的（虽然我几乎想象不出，如果
不存在这种稀缺性，智能生物怎样才能演化出来，因为没有选择压力的
话，智能生物似乎是很难出现的——至少在其演化的初始阶段，几乎肯 23
定是这样）。这样一来，“不从特定人类立场出发的视角”（view from
no particular human place）与“无角度的视角”就有相当大的不同。不
管怎么说，前者才是我在本书中所需要的。这仅仅是因为，虽然所有
研究的历史都呈现出以现实考虑为基础的一面，但是，真正超脱于这
种现实考虑的是一种规定性理想，它才是我们要设计出一些制度去尊
崇的对象。（某些“一本正经”地不喜欢科学及其作用的人或许会认
为我们不应该设计出这种制度，但那是另外一种思路了。）我们已经
建立起了追求这种理想的基本的制度性机制（institutional mecha-
nism），那就是匿名的同行评议和监督体系，它被用来审查那些试图
把与理论证成（theoretical justification）有关的证据和论断增加到科学
文献库的行为。

与这个基本制度性机制有关的是一个第二位的，但也是非常重要的附加机制：许多学科（包括认知科学和经济学）的科学家都大量运用数学。应用数学往往出于统计性的目的，而且可以满足精密度量的需要。但是，这并不是全部原因。自然语言及其造成的差异是演化的产物，它们受到文化和遗传选择之间的互动的影响——它们深深地彼此嵌入并相互强化，共同编码了对于民间理论（folk theory）极为重要的种种语言差异。这里所说的民间理论，是一种非科学的社会—认知结构，它也可以将那些对于特定人类目标有重大意义的各种关系组织成整体。数学语言与自然语言有相当大的不同，这种区别反映了数学推理与实用推理（practical reasoning）之间的差异。数学推理从一组严格固定的程序性概念（procedural concept）开始，对于具体应用目标来说，这些“不动点”有着绝对的权威性，它们决定了数学语言能够表达什么、不能表达

什么。如果我们怀疑或许存在着某种特殊的结构性事实，但却不知道如何用数学语言表达出来，这并不能说明这种事实真的不存在，这种情况只是意味着：在我们可以说我们已经相当肯定我们想要声言的结构性事实就是那个推定事实（putative fact）之前，必须进行更多的研究——可能是逻辑的，也可能是实证的，还可能既是逻辑的，又是实证的。

科学这种性质表明，对于什么可以视为一个系统，什么不可以当作一个系统，是有一些实际限制的——在我打算在这里说明的那种意义上。一个事物，如果想成为一个系统，它所包含的内部因果关系和外部因果关系必须是原则上可以度量的——当然必须利用某种明确可构想的、物理上可行的（因此也是有限的）度量工具。在这里，明确可构想（explicit conception）意指：它是用某种数学语言描述的，而且与自然
24 语言相比，其抽象程度已经足够高，足以保证这种描述可以用来当作一个（相对）可靠的蓝图，任何熟悉这种语言的人都可以凭借这个蓝图制造出这些度量工具来。请注意，这并不是说，必须是逐字逐句地、完全以形式语言描述出来，在这里，我并不想公开宣扬逻辑实证主义。我的观点与逻辑实证主义相比，要更中庸一些。我想表达的只是，要想测试交流中信息的明晰性，最好的方法就是看这一信息的接收者能够在多大的限度内利用这一信息来完成他原本不能完成的工作。在科学领域，首要的超交际活动（extracommunicative activity）是有关因果性能力（causal capacity）① 度量的协议的发展，它使不同场合中对因果性能力的度量保持一致。在这个范围内，虽然每个人都被嵌入在不同文化当中，但是只要他们能够具备相互交换度量这种能力，并且能够核实这种信息传输的有效性（其途径是通过获得可以共享的推动世界小步前进的能力），我们就能够令人满意地证明，他们确实在交流某种最低限度的无噪信息（noise-free information）。

如果像实证主义者所说的那样，面对意义我们都将变成主观主义者的话，那么上面这种观点就可能很难与实证主义区分清楚。不过，近来

① 我在这里追随卡特赖特（Cartwright，1989）的做法，使用了“因果性能力”一词，不过，我只是把它作为一个概念“占位符”，因为根据我和斯普莱特的深入研究（Ross and Spurrett，2004a，b；Ross et al.，forthcoming），我相信任何对于系统性的、一般性的因果关系的信念都依赖于某种错误的科学观念。在上述文献中，我和合作者对因果性能力概念运用别的、更系统化的术语进行了分析。在本书中详尽地讨论这里面所涉及的细节问题需要占据过多的篇幅，这很可能是得不偿失的，因为我当前的任务是讨论与经济学有关的问题，读者如有兴趣，可参阅有关文献。

在心智哲学家当中，追随语义外在主义（semantic externalism）道路几乎已经成为一个普遍的原则。至于何谓语义外在主义，我将在下一章中详细介绍。据此我坚持认为，人们有能力知道自己正在给自己发送一些相对无噪信息，而这种能力是从人们知道自己正与其他人交流一些相对无噪信息的能力中派生出来的。① 如果有人愿意接受如下一点：主体间的共识（intersubjective agreement）是客观性的最佳测试——或许还是最后的甚至是唯一的测试，那么在进行系统性描述的过程中，数学表达能力之所以被认为非常重要的理由也就应该很清楚了。

什么东西可以视为一个系统？之所以要对“系统”施加如上所述的种种限制，既是一种操作性需要，也是一种认识论意义上的谨慎原则的要求。这样说绝不是在声称某种形而上学的观念，比如说“这个世界是数学的”。（我不明白这一种推定事实到底有什么意义，或许只有柏拉图学派的思想家才能理解。）对于什么可以被视为科学概念、什么不可以被视为科学观念，还有来自实践方面的重要限制。例如，许多社会科学家对有关权力关系体系的问题都曾经作过大量论述。而且我也不怀疑，社会权力是有用的、重要的，因为我们确实需要讨论如下这些问题：斯大林渴望权力；在人口统计学的意义上，南非白人所拥有的经济权力相对于南非黑人来说是不相称的；等等。在各自所属的相对于重要的人类目标系统（真实的、可度量的系统）的著作上下文情境里，这些论断都是对的。但是问题在于，我确实坚信交流体系是真实系统，依赖它，人 25
们对科学的信息掌握越来越好；而对于有关权力关系的系统，我却不知道它们是不是真实系统，因为从来没有人曾经给出过可以度量它们及其因果性后果的综合性的、有明确构想的工具。（博弈理论家构建模型分析过的讨价还价能力，是一个比社会学家所说的“权力”概念更严格的概念。）当然，在未来很可能出现这种工具。但是就目前而言，我想说的是，把权力关系作为基本结构的那种社会科学还不能算是“系统的”。

对于什么是“系统的”、什么不是“系统的”，翻来覆去地论述了这么多，其核心要点到底何在？我并不是说所有非系统性的东西都是没有用处的，我也不是说它们的用处与我所说的系统性的东西比起来要小一些，我更加不会说那些讨论不可化约的权力关系的社会学家得到的名望和金钱报酬必须比物理学家少。在这里，我的本意只是试图标记出一个

① 这种观点最重要的哲学来源是维特根斯坦那著名的“私人语言论证”。我赞同，并向读者推荐佩蒂特对这个问题的讨论（Pettit，1993，chapter 2）。

界线，这个界线对本书的目标来说是一个中心环节。为了说明它的意义，最好还是再一次回来看一下我的一位对话人——杜普雷的观点。

杜普雷对演化认知科学和经济学（特别是对它们的融合）怀有敌意，因为他对任何试图对人类行为进行（我上述意义上的）系统性解释的一般研究计划都持敌视态度。他这种态度实际上要比初看上去更加意味深长。（根据他所说的东西来看，）杜普雷并不反对就人类行为的各个方面分别提出系统性解释，当然条件是这些解释不能被精心地统一起来，进而与人们对于在特定人类目标下所驱动的行为的一般的、通俗的理解产生全面冲突。杜普雷所用的“统一的”（unified）和“全面地”（comprehensively）这两个词很关键。如果我们只是零敲碎打地对行为的各个方面分别进行系统化解释，那么就不能宣称这种解释比基于自我认识的通俗理论更优越，因为后者的全部要点在逻辑上也是统一的——统一于一个一般的、符合经验法则（rule-of-thumb）的、有实际用途的概念的基础上。零碎的系统化解释或许可以通过一种渐进的方式逐步地改变这种自我认识（当然其具体途径是天生地不可预测的），但是杜普雷也没有说他对此会觉得不安，这一点其实相当奇怪。（不过，我还是怀疑，许多认为他这种观点有吸引力的人确实会担心，也不会喜欢这种变化。）杜普雷反对的是那种有意识的、有哲学上的动机的，那种着力于构建一种总体性的、系统化的行为解释的努力，这种活动的目标是为了完成某种修正主义的统一（revisionist unification）。杜普雷称之为“帝国主义”。杜普雷指出，这种帝国主义同时还代表着一种误入歧途的、具有形而上学特征的科学，以及一种道德上堕落的政治学。任何曾经在人文主义者当中周旋过一段时间的人，都知道杜普雷这种指责有许多同情者。

26 如上所述，被杜普雷指控为“帝国主义”的科学活动（目前）两个主要的危险驱动力正来自演化认知科学和新古典经济学这两门学科。杜普雷还认为，最危险的还是当它们的力量结合起来的时候，因为没有一门学科能够宣称仅凭自身就可以为一个真正的普适帝国打下坚实基础。然而，当它们联合起来以后，就可以构筑一个实实在在的势力范围，这才是杜普雷担心的地方。这也是他同意米罗斯基的观点，认为丹尼特的思想很“危险”的原因。（不过我们在上文中已经看到，米罗斯基认为丹尼特的思想很危险的理由虽然也与此有关，其实更主要的原因却是因为米罗斯基担心人的自我观念会因此受到影响。）

杜普雷关于认知科学和新古典经济学的联合威力的描述相对来说仍

然是简略的、印象化的。他认为自己的结论是有事实基础的：认知科学和新古典经济学有一个共同的立场，即它们在阐释社会动力和道德意志力的时候，都想拆人文主义的自我形象的台；而且它们在表达这种相近的态度的时候，都使用了同样的技术性语言，这种语言就是一定约束条件下最优化的工具——微积分；它们都认为道德评价不会产生恰当的或直接的作用。例如，典型的经济学家把主体看做某种“被发现的偏好束”（found bundles of preferences）的化身，只知道无休止地尽其所能去实现最优化，当然这是限制条件下的最优化，要服从信息不完美和主体自身处理信息能力有限带来的约束，也要服从于它们的环境所施加的外部约束（包括其他主体的最优化努力所带来的约束）。不过，经济学本身还有一些空白处有待填补，尚不足以充分体现出“帝国主义”特点，这是因为经济学家有一个传统，即他们都会强迫自己对“被发现的偏好束”最初是如何出现的这个问题保持职业性的沉默。进一步说，对于将行为政策从偏好和最优化方案中剥离的机制，经济学家的典型处理方法是，把它封存入黑箱（根据米罗斯基的说法，这些是不可能拥有内部机能的黑箱）。因此，这里也存在另一个妨碍经济学实现其无边无界的帝国主义梦想的障碍。这样一来，经济学家或许不得不承认自己没有办法独力统治行为解释的整个领域。但是这并没有关系，因为演化行为科学可以成为他们所需要的最佳战略伙伴，来充当统治这个世界的双巨头中的另一个。演化认知科学家声称，他们发现的一系列解释图式，恰恰可以解决经济学家不能征服的那些困难。这也就是说，演化认知科学家将告诉我们，各种偏好模式是如何出现的；他们还将告诉我们，“心智是如何工作的”（Pinker，1997）。而且，演化认知科学家也打算运用的正是经济学家最关键的那个最优化逻辑，只不过这个最优化是发生在演化适存度锦标赛（fitness tournament）这个情境中的最优化。

前面所述的内容给人一种初步印象：这两门学科结合后将拥有极为 27
强大的“统治力量”。在本书下文我将指出，这种印象大体上是正确的。不过，我的初始前提假设是：我们并不知道，对于它给认知领域或道德领域带来的承诺或威胁，能不能进行准确的评估；事实上对此我们不能抱什么希望，除非我们能够获得全部策略的全部细节。前文中描述的只是一个广义的概念框架，许多地方仍然存在着内在不一致和张力，需要补充逻辑相容的具体的解决方法，并寻求妥协之道。我们为了穿越这个可能系统的迷宫而选择的路径对于“帝国主义伙伴关系”的可靠性和合意性不仅仅是重要的，而且事实上可能意味着一切。某些在逻辑上可能的道路在认识论上却失败了，另外一些可能使我们看不见提高人类生存境况的可能性，还有一些则在上述两方面都错了。这就是为什么杜普雷像我一样都看到“帝国军团”到来了，但他却认为要对它们宣战，而我则想为它们的到来而欢呼。（至于米罗斯基，似乎更喜欢嘲笑它们，因为他希望它们自我毁灭。）

在本研究中，直到我能够很好地解释它怎样才能最好地发挥作用之前，我将尽量延缓推出经济学与演化认知科学的伙伴关系的总体图景。因此，完整的正面评价将出现在本研究计划第二卷的结尾，不过读者在本书快结束的时候，就可以看到其初步的轮廓了。这样一来，要对杜普雷和米罗斯基给出全面的回应，还需要等待一段相当长的时间。我们将阐明把经济学与演化认知科学这两个学科结合在一起的内在的哲学问题。无论如何，我都很有信心在这一漫漫长路上艰苦前行，我们的兴趣不会跌落，因为有意思的东西太多了。

接下来我将会让我的“对话者”退回到舞台幕布之后，“休息”一段时间，不过在此之前，还得先让我就他们所偏爱的隐喻表达方法说上几句。在前面几段中，我采纳了杜普雷的“帝国主义”隐喻，不过在那样做的时候，我一直有意地采取了一种略带点儿开玩笑的、反讽的姿态。事实上，我们完全可以把同一现象看成一种与帝国主义隐喻恰恰相反的、以世界大同主义（cosmopolitanism）为基础的完全形态（格式塔）。对于许多人来说，与作为其对立面的帝国主义一样，世界大同主义也只是一种理想状态，而且也是值得担忧、必须予以抗拒的。但凡一个系统的主要作用和维系动力都在于排除其他生产性的可行选择时，它就必定是坏的，那就是帝国主义。但是，系统也可能是解放性的：当它把我们拖离各种相互排斥的困惑造成的陷坑（我们是分成一群群地、分别地跌落进去的）的时候；当它引导我们把那些原本没有明确解决方法的问题一个一个地解决掉的时候；当它提醒我们如果把问题看做更基本的、更一般的挑战时就可以找到生产性的资源的时候。本书的最终目标
28 就是要为增进我们对行为的理解提供一个“世界大同主义”的基础。

我把我接下来要给出的解释说成是利用认知科学来更新和辩护新古典主义（neoclassicism）。许多经济学家很可能会认为这分明是一种奇谈怪论，因为本书最终呈现给大家的画面与通常所说的新古典主义有极大的不同，而且它将抛弃大量在新古典主义者看来早就被普遍接受的定见。比如说，我将拒绝如下观念：人类个体（一般而言）都是最大化期望效用的理性的人。事实上，我完全反对个人主义，无论在方法论上还

是本体论上都是如此。人将不会再被描述为是普遍自私的。我认为演化动力学的地位更重要，在决定经济行为的因果性因素当中，它所占的权重比发生在经济主体头脑中的审慎的、理性的计算还要多很多。所有这些，听上去与当前许多人正在推进的“行为经济学”或“演化经济学”研究计划中的一些内容十分接近，而这些内容正是反新古典主义的经济学研究纲领的实质部分，比如说鲍尔斯（Bowles，2003）的观点就是如此。需要强调的是，我正在推销的观点实质上是为新古典主义辩护的，而且我确信自己对此是“执迷不悔”的。甚至还可以说，其实我比这还要“恶劣”，因为我还假装自己是与那些装备了长枪大炮、准备轰击新古典主义的人站在同一战线上的，而实际上我只是吸收了这些更真诚的反抗者的全部论点。

我在这一节中已经解释了我的哲学立场，它可以解释并帮助读者理解我那明显带有修辞色彩的、有些怪异的偏好。贯穿全书，我都会不断地提到，当前对于经济学中新出现的实验的、行为的、演化的研究方法涌现出了一股巨大的热情，它的出现是有正当理由的，而且正是这种热情使经济学理论与演化认知科学结成了自然的联盟。基于下述两个理由，它似乎是革命性的。首先，它提供了一个比较参照系（comparative reference），使新古典主义的图景看上去更像是一幅历史久远的滑稽漫画。其次，对于有思想的经济学家来说，这种漫画不能令他们信服，而且在这个范围内，当前这种“范式转变”已经经常与否定系统性的重要意义的修辞性言辞联系起来。这也就是说，新的行为经济学家当中出现了一个趋势：他们中的有些人（或许是有意地，或许只是出于哲学上的天真）建议采取一种超经验主义的方法论原则（hyperempiricist methodological principles），根据这种原则，最好的研究工作无非就是简单地把有关人们在经济环境中做了些什么的事实堆积起来。如果这群能言善辩之士获得了胜利，必将导致经济学作为一门学科的基础被完全侵蚀，最终它将沦落为应用社会心理学的一个分支。那种做法的结果实质上是把新古典经济学中全部重要的东西都抛弃掉了。有些学者正在组 29
织抵抗，以避免这种结果的出现，我将为他们的努力提供辩护。

因此，可以把本书看做对新古典主义的一个辩护，这一辩护从两个角度展开并将呈现出双重意义。首先，我将会对新古典主义的历史（在它与哲学有关联的范围内）给出一个哲学意义上的解释——即阐明为什么这一历史几乎成了新古典消费者理论的“独家”历史，目的是用它来与上述漫画式的新古典主义图景相对抗。我将努力去搞清楚新古典主义

（我称之为“成熟的”新古典主义）是怎样与个人主义联系起来的。不过，我的结论或许会多少有点出乎人们的预料：这种情况的出现是一个简单的哲学错误所导致的——我在下文将会给出一些理由。这个哲学错误就是把人看做原型性的主体（prototypical agent），在这一问题上，认知科学或多或少要更正确一些。其次，我将会明确地指出，新古典主义对经济学理论许下的承诺的核心，即经济学是有关稀缺条件下最大化的系统性的科学，这一点与最深刻精妙的认知科学哲学的契合程度，要远远超过强调非系统化的超经验主义。

我将在本书第 3 章研究新古典主义的历史。在我看来，新古典主义的创建者莱昂·瓦尔拉斯（Leon Walras）的思想是最具备体系化特性的，但他在本书中所受到的关注，却比同时代的 W. S. 杰文斯（W. S. Jevons）少得多，而后者的思想其实是相当混乱的。我之所以这样处理，是因为本书讨论的是经济学与认知科学的关系，需要对这一百多年来理论经济学家对于心理学的态度承担更多责任的，是杰文斯而不是瓦尔拉斯。不过，在此也不妨顺便简略地指出一点，我在本节中概述的哲学启动原则与瓦尔拉斯表述的那些原则十分相近，这或许有助于充实我选择新古典主义色彩作为队服的颜色的理由。

瓦尔拉斯的《纯粹经济学要义》（*Elements of Pure Economics*, 1874/1954）的前四章（“课”）用于讨论一些有关科学哲学的论题。下面先简略地评述一下它的内容。首先，瓦尔拉斯批评了斯密和萨伊（Say）划定的经济学适用范围——他们认为经济学只适用于实践问题和规范的企业，而不是一门系统性的科学。我赞同这一观点，并将会在第 3 章中对它进行扩展。瓦尔拉斯接下来对“科学”、“艺术”和“伦理研究”进行了区分，我基本上赞同他这个框架，并将用当代的术语在本节中为它进行辩护。瓦尔拉斯在给科学与伦理研究划界的时候，还坚持认为存在一种更基本的在先区别（prior distinction），这就是说，在研究中，必须先区分清楚以下两组关系：理性主体和事物之间的关系，以及理性主体和其他理性主体之间的关系；用现代经济学术语来说，前者就是所谓的参数关系（parametric relation），后者就是非参数关系（nonparametric relation）。这一区分及其哲学意义和作用，也将在本书中得到重新表达和强调。我将在第 8 章讨论大脑的经济学模型与人类自
30 我的经济学模型的区别，并指出这种差别对于理性概念的维系起到了至关紧要的作用——即使从绝对的自然主义角度来看也是如此。最后，瓦尔拉斯在《纯粹经济学要义》中还为他这种“纯粹”的经济学理论类型

学（theoretical typology）的效力进行了辩护，他认为这能够使经济学挣脱有关人类和社会的通俗的民间理论或直观经验的束缚，把经济学概念建立在数理分析的基础上。这也是本书打算积极提倡的东西。

现在，在那些提倡采取行为的、实验的、演化的经济学研究方法的学者当中，称自己的知识取向（intellectual orientation）是后瓦尔拉斯的，已经成为一种时尚。他们这样做的理由很清楚。行为证据和演化推理对于经济学理论的重要性当然是不言而喻的，我对这一点的强调不亚于他们中的任何一个，但是，我并不同情他们这种贴标签的偏好，也不同情他们所鼓吹的对待经济学理论的历史的态度。

本书的论证策略

本书将提出一个新颖的辩论性命题（因此本书绝对不是一部只能起沟通桥梁作用的概览性著作）。任何人在写作像本书这样的一部跨学科著作时，都不能不面对读者定位问题，这是一个相当微妙的问题。科学知识之所以要以各学科分科的形式组织起来，部分理由是因为这样做更有效率。如果我们希望经济学家同时也是认知科学家，那他们的经济学研究反而可能无法深入；反之亦然。如果我想利用认知科学来改造经济学，那么很显然我应该首先把与经济学有关的认知科学理论作一个恰当的总结，然后才能利用其概念体系和术语。如果我的目标是想从经济学的视角来重述认知科学，那么与上面这个过程相反的另一种过程可能是合适的。但是，在本研究计划中，我试图完成的目标比前述两个目标更加宏大，这就是说，我想通过对这两门学科之间边缘地带的一些问题的反思，阐明同时与这两个领域相关的一系列理论问题。表面上看来，要完成这一野心勃勃的目标，需要先为经济学家写一本认知科学入门书，再为认知科学家写一本经济学入门书，因为只有完成这两项工作后，主要的研究工作才可能展开。然而，如果真的这样做，我就必须要求这两个专家群体都进行相当可观的知识投资，而这需要他们对从本书中最终能得到的回报抱有很大的期待才行。无论对谁来说，想在一个研究计划中满足如此巨大的期望，都未免太过于狂妄自大了。

幸运的是，还有第三种可行的学科视野，让我可以尝试同时向上述两个读者群体发表意见。这个学科就是科学哲学。现在许多经济学家和
认知科学家都怀疑哲学家是否拥有讨论任何对他们的学科有价值的话题 31

的能力。在科学家群体中普遍流行的一种观点是，哲学家总是有改造科学的冲动，但他们这种尝试能否成功是很值得怀疑的，因为哲学家对科学的改造是以某种假想中的特殊的形而上学和（或）认识论见解为基础的，而事实上这些所谓的深刻见解却是对真正的科学实践的自负、无知，再加上想象力匮乏产生的混合物。我同意这种看法。关于这一个“不那么重要”的社会学问题的讨论，可以参见我和斯普莱特的分析(Ross and Spurrett，2004b)。这也告诉我们，科学哲学研究中涉及某种特殊东西，当它不是特别好的时候，它就倾向于不好；但是这种情况并不影响如下事实：在人们寻求潜在的统一主题时，好的科学哲学可以提供一个用来考察各独立学科的更广阔的视野。

如果我们想从科学中得到的东西就是更高的预测能力以及对我们的实际环境更有效的控制的话，那么统一的科学（科学的统一性）是否存在就不重要。事实上，对于那些异常冷静的、专门追求实际效果的人来说，追求哲学上的统一是一种令人讨厌的行为动机，它只能引导人们去考虑并提出各种限制，从而给经验研究的自由推进设置障碍。但是我相信，对于一门科学，如果从始至终都不能指望它能够赋予我们一个一般的、虽然可能时不时都需要进行修正的世界观，那么绝大多数的人都有理由觉得失望。在这里，我并不想与那些对自己的信念无比坚信的纯粹实用主义者争辩，说他们应该改弦易辙。因此，如果哪位读者确实不在乎由各门学科分别给出的分离的科学知识能不能（以及如何才能）结合在一起，以产生一个大于部分之和的总体，那么他现在可能就应该把本书放下了——我怀疑这种读者阅读这本书的机会成本是不是太高了。但是，对于那些希望科学可以告诉我们一些有关现实本质的启迪人的心智的东西的读者，我将对他们说，只要真正负责任地对待科学哲学（而且只有这样），他们的希望就肯定不会落空。证之于历史上以及当代最值得效仿的那些杰出学者的思想和经历，比如说亚里士多德、休谟、雷亨巴赫（Reichenbach）、卡尔纳普（Carnap）、迈克尔·弗里德曼（Michael Friedman）、韦斯利·萨蒙（Wesley Salmon）、菲利普·基切尔(Philip Kitcher)，我坚信事实确实如此。

把负责任的哲学（responsible philosophy）和烦扰人的哲学（annoying philosophy）区分开来的关键在于，哲学家首先必须关注的是如何促进科学知识的增长，而不是如何去提出这种那种假想的“主义”。我刚才提到过的那些哲学家有一个重要的共同特点，那就是他们都信奉这种优先次序，事实上还有许多哲学家也都可以加入这个名单，只是因为我怕自己显得过于武断、过于偏重个人品味，而没有说出他们的名 32
字。（不过，我希望他们理解：在一本书的一开始，劈头就是一个长长的哲学家名单，那可能会令读者觉得厌烦。）

因此，在下面，我将以对哲学家说话的方式对经济学家和认知科学家说话。这是我在本书中的一般叙述方式。在下一章中，我将首先确定一个明确的哲学背景，从中引出具体的观点，然后概述认知科学家需要了解的经济学基本知识，并向经济学家介绍必需的认知科学知识。尽管已经预设了一种超级学科（superdisciplinary）立场，这项工作依然是极为复杂和困难的。如果我要把每一个深奥难懂的、容易引起争议的经济学（认知科学）概念都向认知科学家（经济学家）解释清楚，那么本书的篇幅将会极其庞大，它的内容也将变得无比沉闷。另一方面，如果我将经济学概念和认知科学概念的精微之处都蒸馏干净而只剩下卡通化的或干巴巴的简化形式，那么不论经济学家还是认知科学家都不会认为我的论述有说服力，因为他们才是这些概念的专家。面对着这种两难困境，我在接下来几章中所做的一切相当于一个交叉推进的跑步运动员。有的时候，我主要与经济学家对话，认知科学家对于有关内容只需粗略地一掠而过即可，不过我同时会敦促认知科学家相信我的保证：书中涉及的有关经济学理论即便可能与通俗的表述存在一些技术性的差异，令他们觉得复杂深奥，但主要的逻辑却绝不会隐藏在背后。在另外一些地方，我则会请求经济学家暂时充当因果关系的“旁观者”，同时我也将着力消除认知科学家的疑虑：我不会歪曲或篡改任何重要的内部问题（inside issue）。虽然本书中充斥着各种假说，但我依然满怀信心：经济学家和认知科学家都是非常聪明的人，他们能够正确地从上下文语境给出的线索中推导出很多的东西。

对于不同的读者来说，本书下面几章的易读性各不相同。因此，人们可能希望作者给读者一些提示：书中哪些地方读起来会比较困难（也许还会使读者觉得枯燥乏味），哪些地方比较容易理解。下面我就来说明一下本书各章节的内容是怎样组织起来的。

第 2 章给出了我后面各章中的观点所依据的所有纯粹哲学理论和术语。专业的心智哲学家和科学哲学家只需快速地略读一下即可，他们肯定不会觉得有任何障碍；但是其他领域的读者很可能会发现这一章中所用的语言相当不直观，往往令人费解甚至沮丧。不幸的是，关于人类、

心智和行为的日常概念之所以会产生、演化，并非出于系统化研究的目
33 标，这样一来，这些令人沮丧的专业术语也就不可避免了。因此，我不会为这一点道歉。不过，为了尽可能地帮助非哲学专业的读者，我把将在本书中发挥重要作用的每个术语都用粗体字标明。这可能会使页面看上去不那么美观，但是，当读者读到后面记不清楚某个令他费解的术语的准确含义时，就可以很方便地返回前面这个术语出现过的地方，搞明白它在整个体系中的含义。我并没有试图把每个术语都定义得非常清楚，因为我认为这样做反而会导致更多的语义上的扭曲。正如维特根斯坦（Wittgenstein）所强调的，意义取决于使用（meaning is use）。这就是我为什么在每个关键的哲学术语每次出现的时候都把它用粗体字标明，而不是仅在它第一次出现的时候标明的原因（不过仅仅在第 2 章中如此处理）。这一章中出现的哲学术语都是严格地限制在哲学领域内的含义上使用的，这样，在将来把它们应用到经济学和认知科学领域中时就有了一个很好的参照点。

第 3 章介绍经济学理论及其历史，这一章与第 5 章，对非经济学专业的读者来说可能是本书最困难的部分。我很担心认知科学家和哲学家能不能轻松地把握这一章的内容。不过，我希望他们至少对一点会觉得满意：我已经尽我所能地在跨学科穿透性（interdisciplinary transparency）的长处与不断出现的阐释性离题的坏处之间进行了实事求是的权衡——当然，我不敢说我已经做到了完全的平衡。经济学家肯定会发现我的叙述中出现的一些阐释性离题是不必要的、沉闷乏味的。而认知学家和哲学家有时也会因为我要求他们掌握的东西太多而愠怒。如果最终的结果是，没有任何人觉得这一章能够达成理想的“世界大同主义”，那么我只能请求大家认同一种世界大同主义式的妥协。

第 4 章则重新回到哲学上的论证。经济学家和认知科学家都可能会觉得这一章有时候显得有点沉重，而且或许他们都不可能认为这一章的观点是完全有说服力的。不过，实际上并非如此。我不认为哲学家仅靠自己就能够构建出任何具备经验显著性的理论，而本书恰恰是关于科学这个主题的。不管怎么说，第 4 章是很重要的，如果读者跳过这一章，那么就会误解后面的内容。哲学所追求的是建立清晰的概念体系。本书提出了一种很不寻常的、具有明显倾向性的理解经济学理论及它与邻近学科的关系的框架。为了做到这一点，它需要一些新颖的概念区分。读者如果不去仔细地阅读第 4 章，并同时参照我在第 3 章中构建出来的历

史情境，他们感觉到的主要论题就会显得比我自己原先所设想的要含糊得多。因此第 4 章可能会让许多读者觉得不耐烦，但这是一种必要的投 *34*
资，读者在本书的后面章节中将会得到回报。

第 5 章再回头来讨论经济学，不过在这里关注的是行为的、实验的、演化的经济学。这属于理论前沿领域，但是读者对于经常发生争论的理论前沿文献反而可能会更熟悉一些；总之，不管他们的学科倾向如何，最终都会发现一些自己感兴趣的主题。在本章中将会出现很多技术性相当强的经济学术语，如果读者自身不是实验经济学家或者博弈理论家，那么理查德·塞勒（Richard Thaler）的《赢者的诅咒》（*The Winner's Curse*，1992）、迪克西特（Dixit）和斯基思（Skeath）的《策略博弈》（*Games of Strategy*，1999）会是相当有用的参考书。

第 6 章、第 7 章和第 8 章将应用来自于认知科学哲学的概念去研究第 5 章结束时提出来的一系列基本经济学理论问题。这几章从头到尾对不同背景的读者都没有什么特殊要求。第 6 章到第 8 章也是本书论证的重心所在。读者在前面几章中的投资在这几章中将得到回报。我希望经济学家将会找到一种全新的思考方式，认真考虑演化认知科学对他们学科的一些基本概念的意义；同时我也希望认知科学家和哲学家能够发现一个新的试验场（经济行为的分析），来检验他们以往熟知的那些认知一科学观点。

最后，出于对称性的考虑，第 9 章将回到本章介绍过的这两位“对话者”的观点，并且在与他们的观点比较中给出本书的总体结论。该章还展望了本研究计划的第二卷的内容：通过把宏观经济学与社会认知科学和社会行为科学结合起来完成最后的解释任务。

因此，这是一条漫长的道路。阅读本书，对大多数读者来说从一开始就是一个艰难的旅程。我希望他们最终将会发现这是值得的，因为我们将会到达一些很有意思的地方，而且得到一个非同寻常的综合性观点。

第2章 哲学入门：意向立场功能主义与真实模式

意向性

35 我们在上一章中谈到，米罗斯基认为丹尼特关于演化和自我的理论观点带来了一些后果，而我则予以否认。在本章中，我将阐释丹尼特的意向性理论的真正含义，以此来说明我与米罗斯基之间的分歧。**意向性**（intentionality）是一个基本的哲学主题，但是米罗斯基并没有去讨论它。杜普雷是哲学家，他自己也写过有关意向性的著作（Dupré，1993），不过他却赞同米罗斯基的观点。我认为这是因为杜普雷对哲学家关心的另外一个重要主题——**分体论**（mereo-

logy）的理论观点是错误的。（特别是，我认为他错误地把合一与还原当成了一回事。）接下来我将依次讨论这些主题，它们彼此之间是密切相关的，因此虽然它们各占一节，但实际上是不能截然分开的。

虽然丹尼特的**意向性**理论和意识理论是独立地分别提出来的，但是它们之间有千丝万缕的联系。这两种理论都是对自然世界中相关的现象是如何发生的所进行的解释，部分是概念性的哲学分析，部分是经验的、达尔文式的解释。这就是说**意向性**理论和意识理论都是用来创立一种**意向行为理论**（theory of intentional behavior）的，或者用更直接地与经济学有关的“行话”来说，它是一种主体理论。所有这些构成了关于哪些类型的主体拥有自我的一系列经验假说的逻辑基础。丹尼特的总体哲学观点中有一个方面非常突出，他认为，虽然主体在自然界中是非常普遍的现象，远远超出了人类行动所及的范围，但是拥有自我的主体（agents-with-selves）构成了一个独特的、数量上很少的、具有非同一般的性质的子类。大体上这个子类是由具有典型认知能力的、非婴儿智人种（homo sapiens）组成的。此外，拥有自我的主体还可以成为更大规模的互动的参与者（他们可能意识到了这一点，也可能没有意识到这 36
一点）；同时他们自身也形成了一些互动模式，对此，其他没有自我的主体通常是意识不到的。哲学中的**分体论**之所以与此有关，是因为这些处于不同“阶层”的主体之间的关系并不是（像有人所希望的那样）跨等级还原或分解的关系。

上面这一段话浓缩地概括了本书以及本研究计划下一本书中将要用到的背景性概念包（conceptual package）。它不能只归功于丹尼特，更进一步说，本来就不应该仅仅因为丹尼特在什么地方也说过类似的话，就假设我的论证是有理的。下文中，当我从丹尼特那里（以及别的学者那里）借用了某个具体的结论或观点时，我会做出说明。但是，这个概念包在总体上是“丹尼特式的”这种说法也是正确的，因为它不仅可以代表哲学领域内丹尼特在相关问题上产生的影响，而且它已经被应用于与认知科学有交叉关系的许多领域内，这些领域包括人工智能、动物行为学、意识科学、发展心理学以及人格心理学等，这说明丹尼特的思想在方法论方面所发挥的直接影响已经远远超过了其他哲学家。对此，我和布鲁克最近出版的一本论文集（Brook and Ross，2002）已经给出了证明。在本书中，随着讨论的深入我将给出更多更具体的证据。

我所称的丹尼特式概念包，是由许多概念性的命题和经验型的命题交织而成的。根据奎因（W. V. O. Quine）于 20 世纪 50 年代、60 年代提出的自然主义哲学观念，我和丹尼特都认为任何想要严格地分离观念因素和经验因素的行为都必定是专断的：经验科学的一个重要方面恰恰就是对概念的澄清，而且对自然主义者来说任何哲学命题最好都有某种具体的经验后果。在决定哪些东西应该被选择出来包括在本章中时，我先对更纯粹的哲学材料与基本上属于认知科学的那些材料进行了粗略分类。因此本章并不会详细地展开讨论丹尼特关于意识、自我、主体等问题的理论观点，当然这些问题没有一个是只用哲学方法就能够完全解决的。不管如何，读者应该有信心可以从本章中得到某些有价值的概念工具——它们是历经了无数哲学争论、从千锤百炼中得到的。

在专业哲学家的专属领地之外，说一个行为是**意向性**的，也就是等于说主体之所以参与这个行为是有一定理由的，而且这个理由必须是她
37 自己的理由。我们在本书中将不会使用这种宽泛意义上的**意向性**概念，因为在本书后面各个章节中，日常生活中的主体、理由、对主体的原因、主体的原因等这些概念中所包含的各种模糊性、具象性、不确定性都必须加以提炼并消除掉。哲学家所研究的**意向性**是一个理论性的、非日常生活性的概念，他们从一开始关注的就是它的诊断特征或辨别要素(diagnostic feature)。这就是说，**意向性**领域与通过信念、欲望以及其他所谓的**命题态度**（propositional attitudes）来进行解释和预测的那个领域是同延的。[①] **命题态度**这一术语要表达的要点是，赋予一个主体某一信念或欲望（即提出某个具体的命题），就是断言主体处于状态 x，并且与 x 有一种特定的态度性关系（attitudinal relation），即她相信或渴望那个 x。

例如，如果一个人想解释送快递的人为什么要把包裹放在前门之外而没有放在门阶上，或者想预测送快递的人将把包裹放在前门之外还是放在门阶上，那么他就可能会说“送快递的人相信收快递的人家中有一只恶狗，她不想被咬一口”。或者，不妨再举丹尼特举过的一个例子(这是一个容易引起争议的例子，但是非常重要)：人们也许会这样去解

① 其他生成命题态度的情感或情绪——比如说“恐惧”、“担忧”、“疑虑”等，是信念和欲望的亚种，抑或是其他独立的但不那么核心的命题态度生成者，这在哲学家当中是一个非常有争议性的问题。不过，因为这个问题与本书的主题并不怎么相关，我将略过这个问题。我还想回避的是，围绕着“知道”的各种具体问题，从语法上和实际效果上看，“知道”起的作用与态度类似，但是它有一种特别的、奇异的性质——“知道”的运用者一方应该对理由、真理以及确定性有所承诺。有关这个主题的哲学文献早已汗牛充栋，但是，我将绕过这些文献，因为我认为知识的概念与自然主义哲学或科学没有什么关系。

释一部正在下棋的电子计算机所下的一步棋："它想早点让对方的皇后出来，而且相信如果出这个兵以后就能够移动皇后"。要预测电子计算机的行为，人们必须认为它有赢得国际象棋比赛的欲望，相信它了解国际象棋规则、知道什么是好的策略，并能够理解对手的合理反应。援用信念和欲望的互动网络来解释、预测行为和（或）系统的状态这种做法经常被哲学家称为"俗成心理学"（folk psychology），它通常可以被模型化为某种理论或类理论。这也就是说，我们可以对俗成心理学进行下面这种理论一般化处理：如果一个人想要得到 x 结果，而且相信 y 是会带来 x 这种结果的一种好方法，同时不担心 y 会带来的其他结果（其他结果即使有害也不会超过 x 的可欲性），并且相信她能够做 y，那么她就会去做 y。

哲学家和经济学家往往都会建议，上述这种俗成心理学的一般化要想变得更加精致，微观经济学的"公理"是必不可少的。新古典经济学家所说的"偏好"看上去就像"欲望"的理论形式，"预期"就像附加了明确的概率值的"信念"（Rosenberg，1992）。而且更直接的是，只要哲学仍然是认知科学的核心学科之一，在认知科学中信念和欲望的一般化状态本来就应该是一个重要的主题。因此像本书这样，在一本关于经济学和认知科学的著作中对**意向性**的论述会占到如此重要的地位，读 38
者应该不会觉得惊奇。

现在让我们来讨论丹尼特关于**意向性**问题的具体观点。许多人，包括许多哲学家都认为在前面所述的下棋计算机的例子中，假设计算机拥有信念和欲望只是一个操作意义上的虚构，就像假设电影中的角色真的在害怕会被包围着他的异形吃掉一样。这种虚构在这两种情形中都是必不可少的，如果你不断地提醒自己说，演员其实没有危险，那么你就享受不到看电影的乐趣了；如果你不把那台电子计算机当成一个真正的国际象棋好手看待，那么你也无法预测它将会做什么。但是人们或许会认为把这种虚构太当真可能会导致现实感的缺失。在计算机的例子中，这种看法与机器缺乏内省意识（introspective consciousness）的观点很接近，他们认为"真实的**意向性**"是与内省意识不可分割地联系在一起的。特别地，要开始剖析"一个**意向性**理由必定是主体'自己'的理由"这个通俗观念，一种非常传统的、极其普通的方法是，假设一个主体对某种信念或欲望的明确意识与她是否拥有**意向**这一事实之间有非常重要的联系。但是，丹尼特完全反对这种思路，他指出，如果下棋的电子计算机足够高级，那么我们就可以而且应该实实在在地（而不仅仅是比喻性地）赋予其**意向性**。用丹尼特自己的话来说，我们应该对它采取一种“意向立场”（intentional stance）。丹尼特承认，如果不对意识和**意向性**本身进行一些看上去令人惊奇的，但其实有非常大说服力的理论分析，这种主张看上去就像是不可信的。丹尼特一生的主要学术研究就是要推进意识理论和**意向性**理论。这是两种有互补性的理论。

如果告诉经济学家要真正理解关于经济学学科基础的种种争论，需要关注一些与意识本质有关的隐含假设，他们很可能会大吃一惊，因为，他们也许认为，即使任何主题都是适合他们研究的对象，这也肯定不是。然而，正如我们将在后面几章中看到的，我们发掘出来的有关意识的各种未经检验的假设及其对人格概念和主体概念的影响，恰恰是解开经济学发展历史上大量理论争论和方法论争论背后的谜团的钥匙。读者如果再仔细思考一下我下面这两个带修辞色彩的问题，这种看法可能会变得不那么令人惊讶：除了在未经检验的假设中寻找之外，人们还可以在哪里找到这样一个钥匙呢？而且，在经济学家经常实实在在地认为
39 是自己分内之事的那些领域内，未经检验的假设是否更加可能出现？

虽然哲学家可以宣称自己才是某些非常抽象的概念的专家——比如说**意向性**；但是，如果他们宣称自己也是意识问题的专家，那就不合情理了。在这个问题上，人们肯定会同意，正是理论化了的实证科学给出了绝大多数的与意识有关的事实。因此，要发展出任何一种令人满意的意识理论，我们必须逐渐地从哲学领域过渡到认知科学领域。这也就是为什么我将会把有关问题的详细讨论放到第 6 章的原因。

就目前而言，我们的焦点仍然是**意向性**。我们将以丹尼特的**意向性**理论为背景来讨论**意向性**问题。他提出这一理论时所处的情境与人们对于心灵（心智）在自然界中的地位这一问题的长期探索历史有关。在 20 世纪以前，绝大多数哲学家都相信心灵是这样或那样的非物理实体（nonphysical entities），根据这种观点，信念和欲望可以被想象为某种实际的“精神”状态。然而，当心灵—身体二元主义开始被哲学家和心理学家拒斥后，把二元论的精神状态用物理状态所取代似乎就不可避免了。在这个问题上，人们可能很容易就会想到如下这种观点：每种特定的**意向**状态，即每种特定的**命题态度**状态或“精神状态”，都可能与某种特定的大脑状态相吻合，这样一来，用神经科学的语言就可以直接地界定它、描述它了。对这一观点作进一步的外推（因为这个推断将直接有利于俗成心理学与科学理论的统一），事实上就会表现为一种极大的理论野心：把每种**意向**状态类型都和神经科学状态一一映射起来。不

过，这种希望总会遇到一些逻辑和观念上的困难。一种大脑状态怎么可能是“关于”一种无限的对象的类（class of objects）——比如说“橙色的东西”呢？或者更糟糕的是，它怎么可能是“关于”一种无限的抽象的对象的类——比如说“民主国家”呢？毕竟，大脑中没有什么东西是橙色的；而且，表面证据表明，假设大脑内潜在的编码工具（包括神经突触的电位、神经受体、神经递质，等等）的某种可能的排列可以直接象征性地表达民主这个概念的各组成部分和内在结构关系，是十分荒谬的，因为民主的含义受到社会环境的约束，在缺乏明确的限制条件的情况下，民主到底意味着什么是不清楚的。（这种担忧的要点是：试图通过研究人的大脑去搞清楚“民主”意味着什么，这种做法是否合理?）此外，数千年来，人们利用**意向性**概念就能够相当好地解释和理解彼此的行为和关系，他们（一般）并不会直接去观察大脑的状态——包括他们自己的。

1949 年，哲学家吉尔伯特·赖尔（Gilbert Ryle）试图解决这个僵 40
局，他争辩道，心智概念以及所有使之更充实并具体化的精神亚概念（mental subconcept），包括**意向性**概念，都是源于可观察的行为模式的建构。根据赖尔的观点，精神状态即我们以为我们自己直接感知到的内在状态，实际上是关于我们的行为倾向（behavioral dispositions）的判断。我们在进行这种判断时很有效率、很自然，以至于它们就像内在感知一样。赖尔这种观点就是所谓的逻辑行为主义（logical behaviorism），在 20 世纪 50 年代，它很自然地被解释为当时在心理学领域中占主导地位的操作行为主义（operational behaviorism）的一个“伙伴”。而且，正如我们将在下一章中讨论到的，它随后还被萨缪尔森引入了经济学当中。丹尼特是赖尔最著名的学生，理解丹尼特的学术思想的一个途径就是看他是如何把逻辑行为主义的核心思想与那种认为心灵是一种信息处理器的观点结合起来的。在这里，米罗斯基应该可以开心地笑了，因为我们似乎有了一个可以证明他的主张的完美例子。另一项尝试则发生在分析哲学的中心地带，有人试图提出一个对于处在“半机械人科学”压力下的新古典经济学来说十分“亲切”的原理。我们将会看到，与米罗斯基的看法不同，我相信这种努力是成功的。

接下来继续引用米罗斯基的叙述：哲学中有关半机械人（cyborg，或称“生化人”）的争论用众所周知的**功能主义**（functionalism）的话语来表达的话会更清晰。在 1969 年前后，当丹尼特出版他的第一本著作时，认为**意向**状态的类型与大脑状态的类型相吻合的**功能主义**正受到连续不断的攻击。**功能主义者**争辩道，如果心智—大脑同一论是正确的，那么大脑结构有显著区别的两种生物，就永远不可能共享同一个信念——比如说，二加二等于四。与前面提到过的、传统上对于我们把神经因素视为直接的象征工具这种想法是否过于富于空想的顾虑比起来，这种反对意见更为直接、更不含糊。说海豚、任何可能的外星人或半机械人不可能掌握命题“2+2=4”，这不可能是一个概念上的真理，除非它们恰好拥有与人一样的神经状态。（不过，为什么大脑不能用硅“制成”，而必须由原生质构成呢？）**功能主义者**继续论辩道，关于某一个给定信念的**命题内容**（propositional content），必定是那个信念在一个一般**意向**状态网络中的作用的函数。同样地，“民主”的意义也应该是它在整个观念体系中发挥的作用的函数，当然这种作用在由不同“运用民主的人”组成的不同社会中是不同的。为了领会这一点，不妨考虑另外
41 一个略带修辞色彩的问题：如果一个人对独裁统治和寡头政治完全没有任何概念，还能说他已经精通了“民主”这个概念吗？①

功能主义者最大的哲学议题是**表征**（representation）问题。**命题态度**（propositional attitudes，实际上，更一般地说，心智状态）的独特性质在于，它们是（以某种方式）关涉世界上发生的事件的状态的。一般认为，心智哲学的主要任务，就是要解释这种“关涉性”（aboutness）意味着什么。“关涉性”也就是哲学家所称的“**意向性**”本身。一种理论分析要使人觉得满意，必须与某个关于它是如何在自然界中发生的经验故事（至少看上去是真的）相一致。在早期**功能主义者**提供的解释中，往往想当然地认为**表征**问题必须有一个**内在主义**（internalism）的背景假设。不管实体相互作用形成的互动网络属于哪一种可能的类型，如果构成这些互动网络的实体不赋予自身某些在一定的基本层次上独立于它们所处情境的象征性含义的话，又如何可能成为**意向性**意义的承担者呢？如果心智状态在行为中起着一种因果关系上显著（causally significant）的作用——这就是说，如果身体之所以在某些时候做某些事情，是因为心灵以某种对它们自身来说有意义的方式要求它们这样去做——那么如果某种基本的内在状态表征（用语义学的术语来说，即意义授予）属性不是内在于某种物理状态的话，这一过程又是怎样完成

① 请读者注意，在这里重要的问题在于，人们是不是拥有这些概念并不等于（至少不是直接等于）他们用这些词句来描述这些概念。比如说，在许多现代西方国家中，“政治家、金融家、首席执行官、官僚”都可能被人们用来思考或表达“寡头”这个概念。

的呢？如果这些属性不与实体性质相一致的话，一种状态怎么可能因为自身的**意向性**属性，就拥有因果力量（Kim，1998）？对二元论的否定也只不过是说不存在已知物理定律不能解释的原因，即物理学在因果关系上是完备的。**内在主义**（internalism）的主旨是说，因为要完成因果性的工作**意向性**属性必须正当地（通过某种特定关系或其他方式）附属于一些物理性质，还因为物理性质必定拥有独立于情境的一致性条件（context-independent identity condition），所以至少某些核心**表征**状态必须是有意义的，而且其意义的**表征**必须借助于一些严格地**内在**于思维主体的心理动态过程的、不随外在环境（包括社会环境）的变化而变化的条件。在我们继续讨论下去之前，请注意两个有关**内在主义**的事实：(i) 它的根本逻辑依据是关于物理原因的形而上学原子主义；(ii) 它直接与逻辑行为主义抵触。

20 世纪 70 年代，人工智能（AI）研究与认知科学的融合更加广泛，这刺激了对上述问题的深入研究。（米罗斯基式的故事仍在继续：半机械人救兵来了。）当我们制造出了（传统的符号处理式的）电子计 42
算机后，似乎也就可以制造一些能够实施有规律性的物理行为的机器人了，它们借助于通过原子、电子的状态建立起来的关系来执行任务，这种探索是有意义的。至于这些任务是怎样完成，也并不神秘：计算机是由程序控制的，而程序正是设计出来对电子化的句法状态及网络中的各种内部、外部条件之间的关系进行建模的，只有借助于从系统描述层面上的输入—输出连接的总体**功能性**关系中俘获的同构性，这些状态才能分别具备各自的象征性。希拉里·普特南（Hilary Putnam）在一系列经典的论文中（大多数收集在 Putnam（1975））指出，我们可以把心灵理解为程序，从而解决**意向性**问题。普特南论述道，他这个建议已经通过了一个关键的测试，即它能够处理前面提到过的**意向**状态的多重可实现性（multiple realizability）问题。这也就是说，只要我们认识到它们实现的网络是功能性同构，我们就可以理解两个物理构造不同的系统（比如说，人类的大脑与一个可执行任务的半机械人）是怎样拥有共同的**意向**状态的：因为它们运行同样的句法程序（syntactic program）。

普特南这种计算功能主义，也被称为"图灵机功能主义"（Turing-machine functionalism），不久之后就遭到了一系列建立在人工智能领域和神经科学领域的实践研究成果的基础上的批评。批评者指出，生物学上的大脑不像电子计算机，它是由大规模并行处理器组成的，而不是由分等级地堆叠起来的、按照某种条件—动作具体规范运行的一系列串行执行器所组成。这些并行处理器的状态转换完成得更好，而且这种转换是多维编码空间的向量转换，而不是数字的、符号对符号（symbol-by-symbol）的句法原子的替换。对于这个问题，请参见丘奇兰德（Churchland）所作的论辩性的综述（Churchland，1995）。1970 年以来，对于普特南的观点，人们在实践经验的引导下进行了许多修正，指出，心灵即程序这种看法并不只是一个技术上的错误，因为心灵与真实生物学系统可实现的那种主体直接相关。（米罗斯基又要笑了。）然而，哲学家并不一定会指责通过参考大脑状态的模式与物理因果规律性之间的在功能上的同构性来解释**意向性**这一核心概念。这也就是说，确实是可以把心灵理解为程序的，不过需要把程序解释为一个包罗万象的东西。这个核心概念是**功能主义**为哲学家指出来的；而且这样建构起来的**功能主义**仍然是心智哲学领域中占主导地位的工作假说。

在前面我已经指出，一种关于**意向性**的理论，要想令人满意，就必须与某个具有表面上真实性的关于意义的自然起源的经验假说相一致。
43 要在表征问题上引入普特南的答案，我绕过了一个许多读者（包括这个领域的初学者）都会想到的问题。我说过，我们在把**意向性**意义归因于我们设计出来的计算设备的全局状态转换和某些局部状态转换时，不会有什么实际操作上的困难——事实上只会发现这有很多实用价值。① 但这种观点在早期受到了传统功能主义者的反对，最直接、最著名的反对来自瑟尔（Searle，1980）。瑟尔说，**意向性**意义可以归因于计算设备的状态转换这一“事实”并不能解释**意向性**，因为我们把**意向性**意义归因于人造物品的这种做法附属于如下事实：我们早就已经有了意向中的解释器。我们的机器自身对这种解释则一无所知，正是在这关键的一点上，它们不能成为我们的模型。这种反对意见指出，它们的**意向性**是我们自己的**意向性**的派生物。但是，要解释**意向性**就必须告诉我们它最初是怎样出现的，而不是当我们已经拥有了它之后再怎样来模拟它。因此，这些反对者的结论是，把心灵当作程序，并没有解释心灵是什么这个问题。

在我看来，丹尼特的理论贡献，是回应这种反对意见的关键的第一步（Dennett，1987，chapter 8）。自然选择像人类工程师一样，是一位设计者，虽然它与工程师有一点不同——它不能预见到什么。达尔文的著作之所以改变了我们对所有生物学过程的理解，就是因为它向我们说

---

① 在联结主义的体系中，往往不清楚怎样解释局部状态转换的意义。

明了没有思维能力的自然过程是怎样构建出各种**功能性**机器的：眼睛、心肺以及**意向性**系统。大自然的程序——心灵，也是在选择压力下演化的：因为环境中那些对于维持复杂生命系统非常重要的参数的变化完全不可预测，所以通过意向表征可能得到的策略弹性和学习行为带来的往往只能是一种有效的适应（effective adaptation）。当然，选择性适应策略的例子非常多：蛤蜥建立起的堡垒足以抗御最强烈的震动；昆虫和鱼类经常大批量地繁殖，这样即使绝大多数个体都丧生了，只凭运气也还是能够保证有足够的基因得到继续复制；类似的例子还有很多。然而，如果人们都同意：只要有充分的时间和空间，仅凭自然选择就可以构建出高度复杂的、具备综合适应能力的机器，那么原则上也就没有理由认为它在制造出照相机和增氧机之外就制造不出计算机来。

许多哲学家都认为（e. g.，Fodor，1996），丹尼特这一回应恰恰漏掉了问题的核心。他们指出，如果我们是自然生成的计算机——而且这就是一切，那么我们在我们自身状态中找到的**意向性**意义就只不过是一种幻象。我们想象自身的某些状态就相当于想象“路上有一只大象”一 44
样，但是，在丹尼特看来，我们各种自身状态中并没有哪一个真的意味着某个比这种类型的状态在演化上所意味的东西更具体的东西。更进一步说，我们不能再把状态的意义当作内在固有的了，相反，它们必须由解释者赋予。因为自然选择本身是没有意图的，所以如果有关解释与用来最大化期望生物适存度的行为控制方式的相关程度都相等的话，那么，被追问的这一状态的意义到底是“路上有一只大象”、“路上有一只大动物”，还是“路上有一个我搬不动的巨大的、危险的障碍物”，也就不存在所谓自然事实（natural fact）。（读者将会看到，所有这些都只不过是通过一种对于“路”的解析的各种可能信息的相似运用，轻轻地触及到了问题的表面。）不过，反对意见仍然存在：我们希望一个**意向性**理论能够把一个状态与其他状态区别开来，而且要达到我们各自实际拥有的、只是语义上有细微区别的思维允许的最高限度，如果没有做到这一点，就错失了我们这个哲学问题的核心。一般来说，一个告诉我们怎样避开大型的、危险物品的理论并不能告诉我们一种想法是怎样与大象或一个类似于大象的个体有关的。此外，它似乎还使得**意向性**成为一种附带现象性质（即不能在物理世界中发挥因果作用），因为在否认意义是内在地附着于系统中某种物质的、情境依赖的状态的同时，它也就违背了**内在主义**。

当然，丹尼特的理论原本就是有意要违背**内在主义**的。事实上，正如我在前面已经指出过的，如果想建立一个与逻辑行为主义相容的理解**意向性**的基础的话，它必须如此。丹尼特用来回答瑟尔的异议的是他所称的**意向立场功能主义**（intentional-stance functionalism）。**意向立场功能主义**把瑟尔的初始假设颠倒了过来：要想解释半机械人是如何能够拥有像人一样的**意向**状态的，就不应该设想它们的**意向**是否以某种方式内在于其**内在状态**，我们需要做的是，去解释我们的**意向**状态是怎样被阐释者归因的，就像那些半机械人的**意向**状态一样。现在米罗斯基应该笑得合不拢嘴了：果不其然，丹尼特的危险观念似乎是建立在人其实不过是电子机器人这一假设的基础上的。这样一来，自我的湮没显然也不会太远了——即使目前这事还没有发生。难道不是吗？

在这里，我想先停下来对一部分经济学家作一些说明，他们认为米罗斯基把战后经济学发展历史描述为一种“半机械人的历史”这种做法是疯狂的。不过，在本书中我将会指出（当然是以一种更传统的、不那么“疯狂”的方式），他的核心见解至少在一种意义上是正确的：人到底是不是（精巧的、复杂的）机器这个问题，是理解现代经济学理论的
45 核心所在，任何想为现代经济学理论提供辩护的人，都不得不面对这个核心问题。我并不奢求一个满腹疑虑的、未能被米罗斯基说服的经济学家，会马上接受我这个主张（仅仅因为我声称如此）。为什么我认为它是正确的？我是怎样认识到这一点的？答案将会慢慢地、水到渠成地浮现出来。我的第一步就是先把这个问题放入其哲学背景内考虑。**内在主义者**对传统**功能主义**的反驳是正确的：如果**功能主义**的成立取决于能否在原子式的物理状态中找到内在的、情境依赖的**意向性**意义，那么**功能主义**就必然会失败，因为本质上有意义的物理状态完全是一个神秘主义的东西。不过，事实上丹尼特关键的主张恰恰也是如此（请再一次参见他 1987 年的著作的第 8 章），他说，一般而言，本质上有意义的物理状态这一概念必定是神秘的。他的**意向立场功能主义**理论所面对的最大挑战在于，必须在不求助于内在意义的前提下解释清楚意识和自我，他所做的，绝不是像米罗斯基所说的那样，要消解意识和自我。根据下文中将提出的一些理由，我认为丹尼特已经（以他自己的方式，当然是在得到了朋友们的一些帮助的前提下）很好地应对了这个挑战。

在第 5 章中，我们将会看到，在当代经济学思想发展的潮流中，一些顶尖经济学家之间所发生的一些激烈的理论争论，其实都与丹尼特面对的这个挑战有关，不过经济学家应对这个挑战的方式不同，而且他们所用的术语往往使其中的逻辑联系模糊不清。这种情况恰恰为米罗斯基

的观点的有效性提供了更多的支持证据。我们将发现，近来经济学家内部发生了争论：一方坚持传统的人道主义的主体概念，其预设是**内在主义**；另一方则基于（哲学家曾经清楚地论证过的）**内在主义**的失败对此进行了回应（这同时也意味着，他们没有采取**意向立场功能主义**）。反对传统人道主义的主体概念的立场就是所谓的**取消主义唯物论**（eliminative materialism），或者也可以干脆把它称为**取消主义**（eliminativism）。最简单地说，根据**取消主义**的理论立场，类似**命题态度**这类东西根本不存在。在第 4 章和第 5 章，我将会证明，在经济学家就应该如何更好地理解什么是经济学这个问题而展开的各种争论中，所有这些哲学中处理**意向性**问题的“通用选项”都出现了。**取消主义**是一种形而上学，它使自我消散无踪，这正是米罗斯基所担忧的，因此，他所说的“危险的”经济学前景研究确实是有可能的。但是，米罗斯基没有意识到**取消主义**与**意向立场功能主义**之间的区别，正因为如此，他才错误地把丹尼特（以及宾默尔，还有演化博弈论）与他所称的“危险”的经济学未来联系了起来。与米罗斯基不同的是，我对人道主义并没有什么规范承诺（normative commitment），所以我在危险一词上面加了引号。46
无论如何，我最终的观点如下：**取消主义**并不能为经济科学提供合法化基础，而丹尼特的理论则可以。这是事实。因此，米罗斯基和其他的人文主义者完全有理由不必那么紧张，他们大可以放心地松口气了。

因此，我的研究思路是：经济学有两种潜在的哲学基础，即**意向立场功能主义**与**取消主义**，理论经济学家必须在它们之间进行选择，我将把这个选择过程呈现给读者，并描绘出每种选择对经济学理论的影响。不过，这种选择只能建立在**内在主义者**对**意向性**的解释不可能成功这一假设的基础上。这样，就必须先解释清楚为什么**内在主义**会失败。出于另外一个理由，即当代经济学中对于人道主义的辩护恰恰是以**内在主义**为基础的，对**内在主义**为什么必定会失败做出解释也是重要的，我们将在第 4 章中给出相关的细节。最后，我在第 6 章中将说明为什么丹尼特的“危险”观念与个人主义是不相容的（这与米罗斯基的理解刚好相反），对**内在主义**的批判将为我的论述提供恰当的背景。因此，我们在这里要预先进行一些哲学解释的演练。

那么，有关**意向性**内容，**内在主义**的错误究竟是什么？上面已经指出，现代科学形而上学中的原子论传统一直在鼓励如下观念：句子以及更大容量的内容媒介（vehicles of content）必定是由基本的意义构成要素以及它们之间的关系组成的，比如说，词构成了句子。在现代认知科学哲学的语境中，这一观念又出现了新的形式（不过是被扭曲了的）。有人曾经认为，如果一个人的思想是因为它具有意义而变得有效的，那么个体的某个大脑事件必定对计算程序有贡献：借助于某些固有的内在性质，大脑事件可以作为程序中的句法标记（syntactic token）而发挥作用，并且以此为基础，某些语义属性（semantic property）将合乎语法地随之产生。① 要确证这一基本论断，还有一个根本性的前提，即致使这一切发生的那个实体必须有内在的因果性能力（causal capacity）。由这个假设出发，就可以很自然地推导下去：如果意图可以导致行为，那么至少有一些语义属性是只借助于内在的心理事实而发生的，它们绝不会依赖于外在的环境因素——特别是社会事实。这一结论必定是正确的，不然**意向**状态就根本不可能导致任何东西。金（Kim，1998）为这种观点提供了最清晰、最有力的辩护。

得到了这种“拼死”捍卫的**内在主义**反而在实质上成了一种施加于基本**意向性**的个体化条件之上的形而上学约束。如果要用它来为在认知科学中被福多（Fodor，1980）加上了“**方法论唯我主义**”（methodological solipsism）标签的某个学派来“颁布许可”的话，那么与之最直
47 接相关的学派是行为主义学派。② 行为主义是**内在主义**的一种操作性表达。如果某个大脑状态可以凭借其语义属性对行为表现出因果上的显著性，那么我们通过把大脑从它的环境中隔离出来进行研究，就应该能够在原则上辨识出这些属性。对此，福多最喜欢的说法是，大脑将被放在可计算性这个层面上进行研究，即如果将大脑视为一个软件，我们就可以从中找到足够多的（形式）句法属性，来确定其基本语义属性。**方法论唯我主义**还有另外一个更加直接的还原主义形式，它假设我们可以根据神经属性来确定语义属性，这里所说的神经属性或许是相互连接的神经突触区域间的一种可向量转换（vector-transformational）的属性。

从 20 世纪 70 年代中期以来，**内在主义者**不再辩称所有语义属性都

---

① 哲学家说，对于某个事物、属性或关系，定义一种类型 X 和另一种类型 Y，如果对于任何一种情形 x_i，都存在着一个 y_i，而且若 y_i 的状态没有发生变化的时候，x_i 的状态就不能发生变化，那么类型 X 就“附着”于类型 Y。在描述似乎存在于心智与大脑之间的依赖关系时，这是一种相当流行的概念。虽然就我目前的论证目标而言，我可以不讨论这个概念，但是事实上我怀疑这种概念能不能在哲学上起到什么作用，我和斯普莱特的文章（Ross and Spurrett，2004b）解释了其中的原因。

② 怀疑认知科学中的方法论唯我主义与经济学中一贯受到景仰的方法论个人主义之间最终存在着某种关系的读者是对的，下文中我们将看到这一点。

必定是内在固有的。在普特南（Putnam，1975）与克里普克（Kripke，1972）二人分别独立地提出自己的观点后，语言哲学家们就已经普遍承认语言学意义的一个方面——所指（reference）——不可能完全在个体言说者的“头脑”中确定下来。至少就固有名称（proper name）以及那些被认为对科学至关紧要的“自然类别”用语（它们对我们的目标来说更重要）来说，他们都同意这一点。术语“榆树”（elm tree）指的是有某种特定遗传结构（genetic structure）的一类树的全部，而且仅指这类树，绝大多数使用英语的言说者都相信确实如此。但是，绝大多数言说者并不知道这种遗传结构究竟是怎样的，而且不能从榆树的其他性质来推导出这种遗传结构。也就是说，一个人可以很好地使用“榆树”这个术语，即便他不能把榆树与其他树——比如说，山毛榉——区别清楚。在这个例子中，决定“榆树”这个术语的所指意义（referential meaning）的部分因素是存储在社会中而不是个体的心理中的；更准确地说，它依赖植物学家的权威，我们不论什么时候谈到榆树时都要以之为基础。这样，即使根本不知道榆树究竟是什么，一个个体也能相信她所讨论的东西确实是与榆树有关的，这是因为她所处的社会作为一个整体知道什么是榆树。任何人，只要认为这个论辩是有说服力的，她就不可能是一个完全的**内在主义者**。事实上，到了 1980 年前后，绝大多数哲学家都已经接受了这种观点（这种倾向早就以这样或那样的形式表现出来了）。

然而，福多（Fodor，1987）仍然想坚持**内在主义**。他试图把所指意义与其他语义属性分离开来，然后把所有其他语义属性都当作与个体行为的意向因果有关的属性。不过，这种立场已经被证明是不稳固的。在一系列有影响的论文中（特别是发表于 1986 年的论文中），泰勒·伯 48
奇（Tyler Burge）对一些源自维特根斯坦（Wittgenstein，1953）的一般性地反对语义**内在主义**（semantic internalism）的观点进行了推广。维特根斯坦曾经指出，“如何正确地运用一个词”的严格标准取决于当时所存在的社会规则，因为如果没有这种规则，不管在一般情况下还是任何具体情形下，一个个体言说者都将无法判断到底她所使用的是带有例外 E_1，E_2，…，E_n 的规则 R；还是带有例外 E_1，E_2，…，E_{n+1} 的规则 R'；只有外在于言说者的个人正确性标准的某种东西才能让她做出肯定的判断。[①] 伯奇的贡献是，他注意到，维特根斯坦的结论意味着语义

---

① 要把这个论点表述得有充分的说服力，需要非常高的技巧。我推荐对此心存疑虑的读者参阅佩蒂特对这个问题的阐释（Pettit，1993，pp. 76 - 106）。

外在主义（externalism，**内在主义**之否定）是可以普遍地扩展到语言的各种因素的，而不仅仅限于指称各种各类自然事物的名词、术语。这样，只要公共语言的语义与**意向**状态的内容确定有关，总体上看，**方法论唯我主义**在行为科学中就是不可能成立的，至少在语义上可以清楚地区分的**意向**与行为解释相关这个范围之内是如此。① 而公共语言的语义与**意向**状态的内容确定的相关性是毫无疑问的，因为我们从一开始就要给**意向**状态赋予个性化特点，而所用的正是公共语言。伯奇这个观点确实是难得一见的有价值的创见，而且在事实上已经被哲学家几乎一致地接受了。当然这在哲学中只是一个不寻常的特例。即便是福多本人，最终也放弃了**方法论唯我主义**（Fodor，1994），而且麦克莱洛克（McClamrock，1995）还证明，事实上我们大可以把**方法论唯我主义**看成一种实质上已经死亡的论调。我有一篇论文（Ross，1997）对此进行了进一步的讨论。

不过请注意，对**方法论唯我主义**的否定本身并不意味着形而上学**内在主义**也是错误的。虽然一位科学家如果不注意环境变量（特别是社会因素）就不可能使一个**意向**状态个体化，但是，某些**意向性**属性必定是合法地与某些固有的、内在的系统化属性同延的（两者伴随着发生，或前者可以分解为后者），原因在于上面讨论过的因果效力（causal efficacy）问题。这是金（Kim，1998）的观点。然而，要发现这种**内在主义**是怎样与任意一门科学联系起来的，并不容易。有人或许也会提出如下这种论辩，不过它实际上意味着**取消主义**：如果社会科学和其他行为科学必须通过**意向性**属性才能使状态个体化，而**方法论唯我主义**不能做到这一点，那么社会科学解释中预设的状态类型似乎不大可能映射到实际上具有因果效力的那些状态上去。金在总体上否认这种观点，但是马拉斯（Marras，2002）却断然地反对他这种否定。不过，没有科学家
49 会真正严肃地对待建立在一个纯粹的形而上学论证基础上的**取消主义**理论解释；要说服他们，需要的是真正意义上的进步，即必须能够使他们在解释和/或预测上取得成功，或者至少能够让他们在自己的学科内实

① 需要有一些限制条件，以保证“内在主义”在语言学中所包含的一种含义不会与这里讨论的问题直接相关。乔姆斯基（Chomsky，2000）曾经鼓吹“内在主义”，以对抗“外在主义”哲学家。但是，他当时处在一种特殊的情境中：他认为哲学家所理解的语义完全不可能成为明确的研究对象。我在这里将不会考虑这种立场，这是因为，社会科学都肯定要涉及系统性地区分开来的各种类型，如果真的采纳了乔姆斯基提出的苛刻的科学概念，那么除了形式语言学之外的所有社会科学学科都不会有任何前景。

现局部的概念上的统一。① 无论如何，正如我和斯普莱特所表明的，金为**内在主义**提供的形而上学辩护取决于一些关于因果作用的俗成假设（folk assumption），但它们在任何一门学科中都找不到支持，包括那门只要它们有任何合理基础就应该为它们辩护的学科——基础物理学。

因此，在这里我不会再花时间去攻击纯粹形而上学**内在主义**。不过，在本章后面的内容中，当我讨论有关**分体论**（mereology）的一些问题时，我还会进一步掏空它的基础。接下来，为了不至于离题太远，我将在如下的前提假设下继续讨论**意向性**问题：与行为科学和认知科学都不无关系的**内在主义**，在**方法论唯我主义**崩溃后，将不再构成一个重要的问题。

讨论**意向**状态的内容的时候，即使否定了**内在主义**也不会鼓励行为原因的神秘论解释，因为一个主体既然采取行为就不可能对她自己在任何意义上都不拥有的信息敏感。我们在第 7 章、第 8 章中将提出关于经济主体的理论，到时必须时刻注意这个要求。**外在主义**的要点在于，**意向**状态的内容——至少在与**意向性态度**挂钩的范围内——不能被直接理解为神经的状态（或纯粹句法结构上个体化的状态），即使在原则上也不行。任何一个**意向性态度**归因，如果要想具备任何科学上的重要性，必须着力在所涉及的主题、环境特性、解释者的预期模式之间找到某个具备“三角”结构的规律性。举例来说，如果我告诉你“比尔相信正在下雨”，那么我就在做这样一件事情：我运用了一些你我共同拥有的指称工具（referential apparatus），使你能够预测或解释比尔（为什么）要在出门之前带上一把雨伞。我是在帮助你，让比尔处在某种环境中，而正是这种环境控制着比尔行为中我们此刻感兴趣的那些东西。在这种交流中，最重要的是你和我共享着一种外在于你我的语义结构，虽然我们都不能控制它。（请注意一点，比尔自己则不一定必须是这种语言的使用者。）

丹尼特的**意向立场功能主义**理论是对心智的概念性解释，它与关于**命题态度**的内容的**外在主义**立场最相称、最一致。现在我们开始明白
了，我之所以说米罗斯基在这个哲学问题上的立场是一种倒退，是因为 50

① 在本书第 5 章中我们将看到，基于这种理由，取消主义对于一些重要的经济学家来说是很有说服力的，罗森伯格（Rosenberg，1992）运用金这种形而上学论证方法为经济学中的取消主义辩护，但是他把这当作他自己对最初根据经济学的实际科学记录得出的取消主义结论的哲学解释当中的一部分。

他把丹尼特及其追随者的观点与那种认为评价的基本资源最终将会“为了经济学成为科学这一目的而冻结于……那个位于代表性经济主体两耳之间的理想化计算机（即大脑）的凹槽内”（2002，p. 564）的观点等同起来了。我在上文早就指出了这一点。米罗斯基所述的乃是**内在主义者**的看法。但是丹尼特却是认知科学哲学中开创性的也是最有影响的倡导**外在主义**的学者。要将他的心智理论、主体理论、自我理论应用到经济学当中，认识到这一点是非常重要的。

丹尼特把用来实现行为预测和行为解释目标的三角结构**意向**关系称为主体针对某个系统“采取**意向**立场”。对人、对某些动物采取**意向**立场在预测中往往是有效的——至少在某种程度上，现在已经没有什么人会怀疑这一点。很清楚，这也是人们在日常生活中协调自己的计划和预期的主要途径。不过，丘奇兰德（Churchland，1981）以及其他**取消主义者**指出，（1）这种预测能力是很狭隘的，它只能用于一类动物即智人种当中，它只在特定的时间和地点上有效，而且任务性质和目标范围都会受到严格限制；之所以有这些局限性，是因为（2）它不能在任何因果关系的节点上刻画自然，因而导致的结果是（3）它对真正的科学解释没有什么贡献。根据**取消主义者**的看法，基于**意向**立场的俗成心理学也是如此，就像俗成（或亚里士多德学派的）物理学一样：它是有用的，但是只在严格的限定条件下有用；它只在从一般人类目标中抽离出来的受到严格限制的一些领域中有效，却不能超越这一领域而一般化，因而作为对整个世界结构的解释，它是错误的。（一个正确的理论，它的目标之一就是解释为什么通俗理论在一定范围内可以成功，但是这将不可避免地牵扯到神经科学与演化历史学。）**取消主义者**喜欢用处在俗成心理学与“魔鬼附体论”（demonic possession theory）之间的某种类比为工具来描述前科学时代欧洲一些地区那些在社会中被边缘化的未婚妇女的状况。与全然没有任何专门理论时的情况相比，“魔鬼附体论”确实表现出了更好的预测能力，但是它的主要部分恰恰是错误的，因为根本没有女巫。类似地，根据**取消主义者**的看法，也不存在真正的信念或欲望。

取消主义令绝大多数人都印象深刻。刚刚接触它的人，往往觉得不可思议。一些哲学家曾经试图从先验逻辑的立场出发去驳斥它。例如，
51 有人指责说，**取消主义者**似乎想努力证明不存在信念，丘奇兰德（Churchland，1979）对此进行了非常有说服力的回应。但是，丘奇兰德这种策略与本书的预定立场是不相容的（我们已经在本章的第二节讨

论过这个问题）。是不是真的存在某种能够比**意向**立场理论更成功地进行预测和解释、与科学的其他方面更好地整合起来的系统化现实的方法，这是一个经验性问题。如果这样一种理论真的存在，那么**取消主义**就是正确的，不管人们在给定的社会心理和历史条件下会不会、能不能停止运用**意向**立场理论。（我们在第 1 章中曾经讨论过园丁的语义纽结是有一定理由的，但与洋葱是不是属于百合科植物无关，这里这个问题恰恰与此类似。）如果存在某个针对**取消主义**的事例，它必定是经验性的。（米罗斯基似乎是理所当然地认为，反对**取消主义**的各种规范性假设并不能起到比先验逻辑推理更多的作用。如果可能的话，用各种俗成概念来取代心灵、人、自我等概念，我们面临的境况可能反而会变得更好。谁知道呢？）

经济学家已经习惯于围绕着偏好、信念和信息等概念打转的那种理论，他们或许会以为**取消主义**对他们的职业来说是一种灾难。然而，我们在第 5 章中将会看到，近来一些重要的经济学家急于将他们自己所献身的这门学科“净化”为某种关于理性主体的俗成观念与生物学上的个体之间的一种映射，在他们那里，**取消主义**成了一个很有吸引力的东西。如前所述，这一事实恰恰证明，米罗斯基所说的没有自我的经济学确实很可能发生，这是一个严重的问题，虽然我们已经看到，他错误地把丹尼特、宾默尔以及演化博弈论与这种未来联系了起来。因此，虽然我最终将拒斥**取消主义**，但是在掉头而去之前仍然会沿着通向它的道路走上一段相当长的时间。基于经验事实，我将指出，俗成心理学确实追踪到了某些重要的规律性的东西，但是把它作为一个直接的人类模型则是错误的。在经济学理论的某些应用中，理性经济主体被认为是人性的某一方面的理想化，这些应用有没有解释现实的能力？许多人都持怀疑态度，而我将为这种怀疑主义提供一些理据。

不过，与丹尼特一样，我不是**取消主义者**。如上所述，要否定**取消主义**，最基本的根据必定是经验的；然而，将丹尼特的思想与**取消主义**思想在各自所强调的重点之间的区别进行一些概念性的辨析，是将他的立场呈现给非哲学家的一种有效的方法。根据丹尼特的观点，**取消主义者**与**内在主义者**在命题内容问题上犯了一个共同的错误，这就是说，他 52
们都过分执著于如下观念了：任何关于现象的理论，要想是正确的，必须给出能够在所有度量尺度内度量所有关键变量的方法。而要解释这个问题，我们需要先考察另一个主要的哲学主题，这就是我曾经提到过的分体论。

分体论

我们将通过对福多的思想进行进一步反思来导入**分体论**（mereology）这个主题。福多反对运用达尔文式的方法来解释**意向性**，他说这会导致**意向**状态的语义内容无法确定。为了说明这个问题，我们不妨再回过头去分析前面那个例子——有人说他相信“路上有一只大象”。为了运用丹尼特所称的“直觉泵”（intuition pump）来揭示各种不同的哲学预设，我们将在这个例子中加入更多的想象出来的细节。假设你和我正站在一个能够俯视大路的小山丘上，看到一辆路虎越野车沿着这条大路驶过来。由于我所处的位置较好，在司机还没有看到她的车子前有一只大象的时候，我就看到了；但是，你是站在一丛灌木的后面的，因此看不到大象。现在，我和你都看到司机在转弯处紧急刹车，于是你问，“发生了什么事？”“为什么她要刹车？”我的回答是：“因为她刚刚看到了大路中间站了一只大象。”现在不妨假设你对我的回答完全满意，不再问更多的问题（至少不再问有关司机急刹车的动机的问题）。

你是否满意我的答案，极为关键的一点是：你知道司机是一个人，而且你了解某些关于人的东西。如果这辆汽车之所以没有偏离道路，是因为它被一个装配了照相机的自动驾驶仪控制着，那么如果我只对你报告说大象在我的观念上存在，只会引发你更多的问题：比如说，比让汽车维持在道路上行驶要复杂得多、有意思得多的人工智能程序问题。你所知道的有关人的一些东西，使你对我的回答感到满意，这是你所关心的，如果一位哲学家也为此烦扰，那么他很可能就会硬要你说出某些更基础的一般常识：人们通常相信他们清醒时在良好的外界条件下感觉到的证据，人们相信撞向一只大象会导致伤害和破坏，人们一般都有避免此类事故发生的强烈意愿。这也就是说，你需要搞清楚典型个人及其情
53 境之间存在的某些俗成心理学关系，而且你这样做，需要通过把许多**命题态度**赋予一般的典型个人，这当然包括我们举的例子中这个作为典型个人的司机。

现在让我们集中关注这些**命题态度**中的其中一个。你在某一时点上跟那位哲学家说，“她（司机）相信大路上有一只大象”。你这样说

是因为你确实相信这句话描述了事实。那么，哪种事实是可描述的？是关于什么东西的事实？你当然不会认为事实真相取决于司机是否大声地对自己说“路上有一只大象”，或者取决于她内省意识中闪现了那句话（不管它可能的意思是什么）。无论如何，你都会因你的**命题态度**被接受而觉得高兴，即使司机是一位只会说祖鲁语的人。这就是为什么如果你对于**意向性**内容持**内在主义者**的立场，那么你就必须像福多以及其他许多人那样做出如下假设：在司机大脑中发生了某个神经过程，这个神经过程是用来标记在某种非公共的思维语言（language of thought）中的一个句子的；不管这个句子的具体形式是“There's an elephant in the road”，还是“Kukho indlovu emgwaqini”，都表达着同一个立场。

然而，我们也可以设想如下情境：假设你对 20 世纪 80 年代和 90 年代以来的认知科学文献比较熟悉，并且出于我们已经讨论过的原因，你不是一个**内在主义者**。你认为你对司机的**命题态度**是正确的，因为存在着一个有关语言的社会事实的网络，而且人和大象的行为都服从长期有效的规律，你只是在这个网络中挑选出了一个可重复发生的节点；同时网络本身作为一个整体是可以说明的。至于那位打扰你的哲学家，他很清楚地知道这个相关的网络的存在，当你吸引他的注意时，他可以挑选出网络中的同一个节点。

如果这个哲学家是一位**取消主义者**，他将会同意上面这些内容，只有一点例外——你运用了“正确的”一词。与丹尼特的观点完全相反，他将坚持认为你应该用某种少一些形而上学野心的说法来取代它，比如说“对于交流是有用的”。万幸的是，如果你是一位优秀的**外在主义者**，你将会承认，你的态度是否确切地归因于司机的一组微观神经状态并不重要，你并不是在直接地谈论一个从环境中孤立出来的司机，司机的大脑也不是处于完全封闭中的。但是，**取消主义者**接下来还会说，“她相信路上有一只大象”这一特定表达方法是针对一个很高的精确水平的，其程度超出了你的证据的证明力。为什么不用“大型动物”来代替“大象”、不用“前方”来代替“在路上”呢？事实上，如果那个司机是一
位只会说祖鲁语的人士，那么你也应该庆幸，因为你归因的属性能够被 54
解读为某个具体的、具有文化特异性的关于大象和道路这类客体对象的祖鲁式观念；同时因为作为一个合格的**外在主义者**，你并没有理由把相

关的**意向**关系当作语义上无关的东西排除掉。[①] 假定你拥有证据，你的归因可能会立即变得太精确；如果同时给定你所了解的有关意义、思想、行为的一般动态知识，你的归因又会显得不够精确。它不能恰如其分地刻画自然。虽然它对某些粗略的实践目标来说，已经足够了，但它仍然不是准确的。

以上扼要地重述了福多对丹尼特从演化的视角来解释**意向性**的初始资料的反对理由。当然，他并不认为自己的异议是**取消主义**的。但是，他的观点确实意味着操纵性的**内在主义**（dirigiste internalist）[②] 与**取消主义**有一个非常重要的共同点，而这是丹尼特的思想不具备的。这个共同点就是，对于现实，存在着一个最终的、真实的、微观水平的描述，在这个等级上所有事实真相都是确定的。或许在实践中我们永远不可能真的达到这种描述水平，但这只是因为我们的度量手段永远都不够好；通常认为，它们可以变得越来越好——事实上，这正是科学进步的一部分。根据推测，如果我们从恰当的本体类别（ontological category）开始，那么我们的度量能力就可以随着我们的描述类别（descriptive category）的改进而提高，但这决不会发生在再类别化的过程当中。**内在主义者**认为随着我们对大脑的了解越来越多，信念和欲望就可以通过这个改良测试（refinement test）。**取消主义者**以及丹尼特则相信它们不能。但是**取消主义者**与丹尼特不同，他们认为改良测试必须有一个合理的形而上学原理作为其基础，**命题态度**不能通过测试导致他们否认**命题态度**归属的真实性。

西方哲学起源于前苏格拉底思想家。他们最主要的观念是：表象是不能持久的，现实是统一的，因为从根本上说，一切东西都是由某种基础性的基本质料构成的。水、空气、火是基本质料最初的候选者，现代

① 在讨论这种事情时，西方人往往假设来自非西方文化的人肯定会把外来观念吸收到他们所说的所有东西里面去，这并不是一个适当的立场。把“There's an elephant in the road”（路上有一只大象）翻译成祖鲁语是“Kukho indlovu emgwaqini”；反过来再把这句祖鲁语翻译成英语则指“big problem”（大问题）。我们将会看到，这种情况有特别重要的哲学意义。这个祖鲁语句子的语义直接吸引人们注意到英语翻译者抽象掉的人类实践中的问题。用祖鲁语来归因相关信念就会自动地同情司机本人，而用英语来归因则只会同情其认知状态。但是，如果认为由这种区别必定可以分辨出说英语的人与说祖鲁语的人，那么也将是一个错误，一个内在主义者的错误。祖鲁司机不（一定）是“外在”的。她的文化就是要求在刻画情境时强调不同的地方；对于这一点，任何从事语言翻译的人只要努力，应该很容易就能够体会到。

② 我不能肯定用这个标签来指称前面那些在因果关系上仍然坚持内在“观念”的人是不是更好，比如说福多。

科学则倾向于更抽象的东西，即物质，最终则是物质一能量。对实在事物的研究中，逐步向下归结，最终得到某个由一种统一的质料组成的基本单元，而这个过程中出现的特定的表现形式则被称为“态”，这就是**分体论**的思路。如前所述，这是西方形而上学的核心。因此**取消主义**在用这种方式来解释现实的时候完全不用担心（因为很多人都犯过同样的错误）。如果在收集了更多的微观事实证据后，所有已经从命题的角度识别出来的信念和欲望的内容仍然是不可穿透的，无法进行更贴切的测
度——对于开放的、健全的**外在主义者**来说也是如此，即使他们拥有大 55
量关于大脑与语言历史及行为倾向的微观事实——那么**命题态度**就会成为哲学家所称的“**分体论**上的虚悬晃荡之物”（mereological danglers）。不过，当我们了解了更多的内容之后，就会明白，他们不能把问题简化为某些可以更确切地度量的东西，这种无能导致他们自己在离开统一科学很远的地方就搁浅了。

在我看来，与**分体论**主张有关的各种议题将在哲学方向上越来越深入。那些想学到一些经济学与认知科学知识的读者对此会觉得有些震惊。看起来，为了在**意向**立场理论与**取消主义**之间进行选择，似乎必须先去尝试许多容易引起争议的、最深奥的、纯粹哲学的东西。我已经说过很多次：这一选择对于经济学的基础以及经济学与认知科学之间的关系而言，都是至关重要的。

如果对于**分体论**和理论间**还原主义**（intertheoretic reductionism）的有关问题没有一个清楚的观念，那么就不必指望能够说清楚经济学与认知科学这两门特殊学科之间的一般关系了。这是我所担心的。为此，必须采取某种非形而上学的论辩方式。我在这里将要做的是，为非哲学家提供一个概念性的纲要，并表明自己的立场（我的立场吸收并超越了丹尼特的思想）。下面我将简单地描述一下我采取这一立场的依据。本书中我不会从正面来为这一立场辩护，读者如果对具体的论证过程感兴趣，请参阅我已经出版的其他论著。

首先，我们必须区分两种**还原**，它们有不同的意义，当然它们相互之间也有联系。**分体论还原**（mereological reduction）是用来表明一个本体论上的领域（即一个由各种对象、事件和关系组成的网络）是如何由另外的领域（通常是“较低等级”的）所组成的。例如，人们或许会试图把化学中研究的各种对象、事件和关系还原为在微观物理学中研究的对象、事件和关系。在某种特殊情形下，这种**还原**，还可能涉及**理论间还原**（intertheoretic reduction），例如，一些得到了确证的化学理论

可以用微观物理学的语言重新表述，或者，可以将它们从某些已经得到了确证的微观物理学理论中推导出来。（请注意，**分体论还原主义**是一个直接属于纯粹哲学的主题，而**理论间还原主义**则是一个逻辑语言学的
56 纲领。）如果某个领域中所有关于对象、事件和关系已经得到确证的理论都以**理论间还原**的方式还原为另一领域中的理论，这一过程本身就构成了相应的**分体论还原**可以存在的一个论据。对于一个相信对经验进行理论总结是我们通往真理的唯一系统性途径的**逻辑经验主义者**（logical empiricist）来说，在**理论间还原**之上再加上**分体论还原**是没有必要的。与之相反，一个**科学实在论者**（scientific realist）则认为我们有理由基于最好的解释来推断对象、事件和关系的网络是独立存在的，因此允许如下的可能性存在：我们或许也可以为一个**分体论还原**提供很好的形而上学辩护，而无须涉及相应的**理论间还原**。理论中的对象、事件、关系如果不能根据我们有充足理由的形而上学信仰进行**理论间还原**，那么它们就会成为“**分体论**上的虚悬晃荡之物”，被排除出我们的本体论之外，这也就是我们变为**取消主义者**的时候。

我们可以用一个与**取消主义者**常用的例子类似的例子来详细解说这些区别。让我们再次设想一个用来解释某些人类行为类型的魔鬼附体理论。一个**逻辑经验主义者**将出于以下两个理由中的一个或两个而拒斥这种理论以及它所运用的术语“女巫”：其一，这个理论本身的内在不一致性是无可救药的；其二，从可观察性的角度来看，“女巫”是一个无法操作的概念。一个**实在论者**可能出于第一个理由（而不是第二个理由）将“女巫”作为一种非现实的标识而取消掉，不过她这样做一般都是因为另外的理由，她会指出，一般来说超自然的实体总是与存在不相容，因而“女巫”肯定不适合成为信念的对象。有的哲学家可能会争辩说，在理论不应当涉及超自然实体这个意义上，如果运用**理论间还原**的方法，有关女巫的理论从整体上是可以修复的，那么我们就可以说女巫这个概念还是可以挽救的，即把它作为一种根本不具备超自然性的存在物。但是，真正的事实恰恰是，这种“女巫”理论并不能以这种方式还原为任何已经得到充分确证的理论。一旦你取消了被恶魔附体这个性质，就完全不能用剩下来的东西来对全部女巫进行一般性的陈述了。因此，我们取消了这一信念对象类别。“女巫”没有在任何真正的节点上起到刻画自然的作用；根本不存在女巫。这也是丘奇兰德提倡的用来处理**命题态度**状态的立场。

57 如前所述，在本书中我预设的哲学立场中，其中有一个正是**实在**

论。因此，从现在开始，我将不再过多涉及**逻辑经验主义**的观点，以简化关于**分体论**的讨论。不过，在前文所述的那个意义上，**逻辑经验主义者**是可能成为**取消主义者**的，这一点与我将在第 3 章展开的对经济学理论的讨论不无关系。因此，当我说萨缪尔森这位持松散的（不那么严密的）**逻辑经验主义**哲学立场的经济学家为了保证最大程度的内在一致性，在面对**命题态度**时变成了一位**取消主义者**的时候，我要表达的意思是，他拒斥那些不可能具备操作性的信念。不过，在这里我首先关心的是丹尼特的心智理论与丘奇兰德式的**取消主义**之间的关系。他们的思想都依赖于**实在论**，因此在**实在论**预设前提下建立起来的这一框架有助于简化讨论。

我也将回避有关**理论间还原**问题的具体细节。哲学家们已经发展出了多种不同的理论，来描述它在逻辑上的结果（see Marras，2002）。这种还原是极为复杂的。科学发展的历史和科学实践的现实是不是体现了**理论间还原**的特征？或者说它有没有为**理论间还原**提供某个（或一些、许多）事例？这在哲学家当中是一个极具争议性的问题。概念表述的精确程度不同，在推断还原中允许发生部分失败的容忍度也随之发生变化。举例来说，经典力学是不是要还原为相对论部分地取决于人们是不是认为经典物理学真的需要某种实体性的以太，如果是的话，则还要取决于它是不是对相对论之所以摒弃这一观念有决定性的影响。

我可以绕开所有这些内容的理由在于，无论是**取消主义者**还是**意向立场功能主义者**，通常都根本不用依赖任何关于**理论间还原**的发生频率的观点。**理论间还原**或许很普遍，或者很罕见，不过这都无关紧要。对于**取消主义者**和**意向立场功能主义者**之间的分歧来说，真正有重要关系的是：人们是不是认为科学的统一过程就应该存在于向一般**分体论还原**的终点前进的过程当中？这是一个纯粹的形而上学问题，与围绕着**理论间还原**的那些认识论上的、逻辑上的问题不同。

我们在前面已经指出，西方哲学中相当大的一部分都是建立在以下假设前提下的：一个统一的世界观能否获得，在于**分体论还原**能否不断向前推进。第二次世界大战后，科学哲学中这种观点的经典表述体现在保罗·奥本海姆（Paul Oppenheim）和希拉里·普特南（Hilary Putnam）于 1958 年发表的论文当中。他们试图用事实来证实如下直觉：在自然的层面上，关于世界的观念是经由科学进步历史提供的经验证据 58
建立起来的。他们这种努力的方向是正确的。受当时居主导地位的**逻辑经验主义**的影响，他们对这种证据从**理论间还原**的角度进行了解释，但是就本书当前的目标来说，他们观点中的这个方面并不重要。关键之处在于，对他们来说，早在 1958 年，科学将承诺并实施一系列**还原**的观念似乎就已经在经验上被证明是正确的了：社会群体的性质将通过分解为多细胞有机体的性质而得到说明；多细胞有机体的性质则分解为细胞的性质；细胞的性质则分解为分子的性质；分子的性质则分解为原子的性质；原子的性质则分解为亚原子微粒的性质。我这本书的主题也可以用来作为这种信念的一个例子。根据奥本海姆和普特南的假说，关于社会群体行为的宏观经济学也应该**分体论式地还原**为心理学，而心理学则是一门关于多细胞有机体的科学。在本书中，在各个基本等级之间的**还原**也将随处可见；因此如果存在着一门与宏观经济学有明显区别的微观经济学，那么它应该属于宏观经济学**还原**过程的第二个等级的学科领域，这样一来，宏观经济学**还原**为心理学就是通过微观经济学这个中介来完成的。

我认为上述这个图景已经为绝大多数读者所熟悉，目前为止它仍然是关于统一科学的主导性的流行观点（虽然在特别会赶时髦的新闻界的推动下，或许已经开始为复杂性与“涌现”所取代），它也是**取消主义者**（和**内在主义者**）所依赖的。在第 3 章中，我们将会面对经济学家当中的一些杰出的**取消主义者**，他们的观点隐含地假定微观经济学和**命题态度**心理学都应该直面**“取消”**问题，因为如果直接依据生物学概念的话，宏观经济学规律将会被“清零”（cash out）。这些主张源于对奥本海姆-普特南的级联式展开的**分体论还原**的信念，以及**理论间还原**在已有的理论之间遭到了失败（如微观经济学和**命题态度**心理学、更低等级上的其他任何东西之间）的看法。如前所述，这正是标准的**实在论取消主义者**的逻辑。

不过，与丹尼特一样，对于奥本海姆-普特南的级联式展开的**分体论还原**，我也是一个怀疑论者。这种怀疑主义的基础完全是经验的。对于我和丹尼特来说，自奥本海姆和普特南发表那篇论文以来，各门科学的进步并没有证实他们提出的存在于各个级次之间的**分体论还原**（或**理
59 论间还原**）。种群生物学（population biology）（包括演化宏观生物学（evolutionary macrobiology））还原为细胞生物学（cellular biology）的前景十分暗淡（Keller，2001；Kitcher，1984），这也就堵塞了将多细胞有机体在**分体论**上**还原**为细胞的途径。在下一个**还原**级次上，金凯德（Kincaid，1997）指出，细胞生物学中的关键性现象（如信号序列）的表达是多重的，它们表达为不同的氨基酸序列，而且这些序列在不同的

环境中发挥着不同的作用，这样一来，细胞生物学层次上的性质和关系的网络就不能通过参照分子生物学层次上的性质与关系而得到完整的解释。对**分体论还原主义者**的假说带来了更深刻的冲击的是，将化学还原为物理学（即将分子层次的性质还原为原子层次的性质）的希望完全落空了，这样**分体论还原主义者**最喜欢引用的理想例子的根基也就不复存在了。**分体论还原主义者**经常想让我们相信：一个水分子的性质与以某种特定的方式组合起来的两个氢原子、一个氧原子相同（see e. g.，Kim，1998，p. 84）。但是，现在的科学研究表明，一定的液态水不仅仅是由单一的 H_2O 单体分子构成的，在任何时候，它都会包含一些聚合体分子，如 $(H_2O)_2$、$(H_2O)_3$，这几类分子之间在快速地相互转变，维持着一定的统计平衡（statistical equilibrium）条件（van Brakel，2000；Millero，2001；Ponce，2003）。如果我们把这些 H_2O 聚合体分子也算做水，那么水的实现方式就是多重的。对于**还原主义者**来说，更糟糕的是，化学家认为可以用来确定一种物质的同质性或异质性、判断它是属于化合物还是纯净物的那些程序只是一些试验，其关键环节无非是将某个标本分解为不同的组成成分，并观察各组成成分之间的比例在相变过程中是不是保持不变（Needham，2002；Ponce，2003）。这些程序是用来探寻关系的或命题的属性的（即一份标本会发生什么变化），而不能用来确定它是由什么构成的。关于这些程序的解释，庞塞（Ponce，2003，p. 145）的结论是，“在化学动力学的范围内，化学类别不是根据其微观结构或微观组成成分来区分的，而是依照其宏观物理性质（包括其行为属性或命题属性）来区分的”。

本书所有论断都建立在一个最根本的背景假设的基础上：我确信当经验科学与形而上学直觉观念发生冲突时，必须抛弃的是后者。因此，我断言，前面这些证据，以及其他大量类似的证据，已经驳倒了**分体论还原主义**。我在上面所举的例子并没有涉及与奥本海姆-普特南所说的还原过程中两个最高等级（社会群体和多细胞有机体）有关的领域之间的关系，这是有意的，因为本书从整体上来看，本身就是有关这两个等级 60
的扩展案例研究。读者现在应该可以知道这些论述将会引向什么地方了。

在某种意义上，对**分体论**不利的这些经验事实可以说是为我第二位对话者杜普雷的“磨粉机”而预先准备的石子。如果统一科学的唯一道路是**分体论还原主义**，但是它却失败了，那么我们是不是仍然不至于只能拥有一个哲学上不统一的世界观？如果真是那样的话，当一位生物学家告诉园丁否认洋葱是百合是错误的时候，前者是不是凭借了一种建立在没有正当理由的**还原主义**假设基础之上的权威性？毕竟在园丁的视野范围内，百合是五彩缤纷的花当中的一种，而洋葱不是花，因此洋葱不是百合。这种解释**分体论还原主义**的方法与19世纪的涌现主义（emergentism）学说产生了共鸣，后者近来在科学记者的笔下又重新变得时尚起来（see，e.g.，Johnson，2001）。根据这种观点，更高等级的组织和越来越高的复杂性给世界带来了新的性质和关系（包括因果关系）的网络，而且不存在另外的、超出那些更高等级的有关情境之外的决定性因素。涌现主义（无论是19世纪的，还是现代的）往往倾向于违背物理学的因果封闭原则（causal closure of physics），因为这一原则通常只是一般**还原主义**的一个结果。物理学的因果封闭原则是说，不存在不涉及物理变化或行为的变化或行为。请参见斯普莱特（Spurrett，2000）关于这个问题的综述。

杜普雷的论述策略的核心部分是试图强行要求人们在根本性的科学分裂与最激进的**取消主义**——取消所有发生更高等级上的现象——之间进行选择（Dupré，1993）。这种**取消主义**的激进程度近乎不可想象，它认为任何超出亚原子物理学的经验主张都是错的。杜普雷有意地以双关语提出来的科学分裂假说，在形式上看来是一个有可能是真的形而上学假说。但是，杜普雷根本没有看到在这两种选择之外其实还有别的选择：由丹尼特（Dennett，1991a）提出，并经我和其他一些人（下文将予以引用和讨论）在大量论著中加以扩展的另一条出路。不过，他这种“辩证法”确实表明，丹尼特的**意向性**理论之兴衰是与某种有关**分体论**的形而上学论题分不开的。如果对统一科学的焦虑迫使我们追求心理状态的**分体论还原**，那么福多对丹尼特的**意向性**理论的反对就将是决定性
61 的——即使它将导致与福多自己的意图相反的**取消主义**而不是部分的**内在主义**。另一方面，如果人们并不是非得同意**分体论者**的强烈主张不可，那么我们也就没有理由认为我们有关大象的某个归因必须找到它映射在大脑中的准确内容，说只有这样才能保证这个归因是正确的。自然选择可以解释为什么我们主体对任何东西都能够拥有信念，同时社会事实将解释为什么这些信念确实是与大象有关的，而不仅仅是与“大型动物”有关的。一个主体的信念之所以是一个特别地关于大象的信念，是因为这一信念的归属可以最有效地预测她的行为模式——它不仅仅是一个有关大型动物的信念，也不仅仅是一个充塞着她无法区分的生物学特征差异的信念。之所以如此，是因为“路中的大象”这个短语能够获得它所意指的语义内容正是阐释者和预测者组成的社会成员在历史过程中

交汇到了这个意义之后带来的结果。这就是**意向**立场得以特征化的全部（相关）事实。不要问主体大脑中发生的哪个事实使“大象”成为一个比“大型动物”更好的描述，因为不存在这样的事实。**意向**归因的精炼（refine intentional attribution）并不是靠向下钻探（drilling down）得到的，而是通过变得更开阔（going wide）来完成的，即要进入到社会环境与生物历史、文化历史当中去。**意向立场功能主义**相信，**命题态度**之为真，不是在于描述大脑中的模式，而是在于社会交流模式的描述。根据丹尼特的观点，事实真相总是模糊不清的，因为人们总是采取朝向他们自己的**意向**立场，而且把这错误地解释为内在观念，即所谓的内省。因此，杜普雷等**还原主义者**忽视了一个真正的事实：他们正在按照社会关系背景网络来构建自身。只要我们还没有把自己交托给**分体论还原主义**，那么就没有理由说这些关系不可能在逻辑上、因果关系上先于个体属性。

但是，我们在摆脱了**分体论还原主义**之后，如果又放弃了对科学统一性的关注，那就相当于刚离开福多的煎锅，就又投身于丹尼特的火炉了。在下一节同时也是有关“哲学预备知识”这一章的最后一节，我将要说明的是：如何在倒掉洗澡水的时候保住孩子。

真实模式与意向立场

现在假设你正在试图构造一个心灵。可以设想，要完成这项工作，要点在于将那些导致自然选择过程造就出心灵的结构性压力模拟出来。因此，你需要一个控制机制或机器人，它能够灵活地引导一个复杂系统安然地应对环境中发生的你不可能事先预测到的意外事件。如果你是一个**内在主义者**，你或许会认为你必须把所有你认为这个机器人胜任工作 62
所需的无数信念和欲望都一个一个地内置在机器人内部。或者，如果你相信这个系统通过利用某些普通公理和某个学习程序能够最终自行建立起这些信念和欲望，你就会认为它需要拥有一大批在物理上相互区分开来的象征标志（symbolic token），每一个都代表一个原始的**意向状态**（利用它们可以组成其他**意向**状态），然后它才能从内部进行操纵。[1] **反**

---

① 这些都是主要的再现模式，在经典的人工智能领域，每种都有自己的拥护者。海耶斯（Hayes，1979）提倡第一种方法，而纽厄尔和西蒙（Newell and Simon，1976）则建议第二种。

内在主义者，无论是**意向立场功能主义者**还是**取消主义者**，则指出这两种方法没有一种能够真正构造出人类智能的模拟物，因为它们都需要对环境意外事件进行非常准确的预测，而这超出了人类的能力。**外在主义者**强调，外部世界储存着大量的信息，一个能够恰当地对各种给定的外界输入模式做出反应的系统就能够获得复杂的行为能力，它只需要运用不那么严格的代表性原则（Clark，1998）。而且，如果一个系统的反应模式能够随着时间推移而被环境塑造，即系统能够通过学习获得新的性质，那么只要它还拥有一个符号化的簿记系统（symbolic bookkeeping system）——比如说语言，那么它就可能会试图记录自己的动态变迁情况。用来记录的标记本身可以用文字形式储存在世界上，也可能储存在其他系统的活动产生的网络中。（这正是**外在主义**观点的体现。）然后，这些标记本身又可能触发进一步的活动。举例来说，我可以促使你下这个判断：你相信温斯顿·丘吉尔（Winston Churchill）喜欢白兰地，方法是说“温斯顿·丘吉尔喜欢白兰地”（在这里用的语言是英语）。事实上，亲爱的读者，我在这里做的也只不过是同一件事。如果你以前从来没有那种想法，那么你对这个句子准确地刻画出来的内容是不是有某种信念就没有什么要紧。但是现在的关键是你有，而且我们都知道这一点。

在许多人工智能产品当中，尤其是在那些运行在所谓“联结主义体系结构”（connectionist architecture）基础上的人工智能产品当中，并没有把每个信念都存储在其内部电路中彼此分开的物理地址内（通过这些信念我们就能够可靠地解释和预测其应对行为）。相反，这些行为是配置于整个系统当中的各种信息活动模式之间彼此互动的结果。来自神经科学领域的（仍在快速增加的）越来越多的证据表明，至少就我们的想象中承担一般的认知功能的那部分大脑来说，其工作方式也是如此。如果确实如此，那么你的大脑也就不存在某个针对有关丘吉尔和白兰地的信念进行编码的特殊状态了（一位神经科学家可以固定下来指明其位
63 置的那种状态）。正如我们已经看到的，**取消主义者**从这里得出的结论是你根本没有信念。丹尼特的观点则正好相反，他指出你的信念恰恰就存在于如下事实当中：你整个行为倾向系统（system of dispositions）就是要使你的行为与那个信念相一致，并与拒绝相信的东西不一致。当你想知道你到底是不是真的具备那个信念时，你就采取了朝向你自身的**意向**立场，而且只要有任何一个哪怕是最简单的行为（比如说用英语问你自己一个问题），你就马上可以断定你确实是这样。这与我们用来判

断计算机相信某些有关下棋的“信念”的程序属于同一类型：我们使计算机进入一个游戏状态，然后从它的行为去寻找某些正确的模式。现有的下棋计算机与人类棋手的主要差别（这和我们正在讨论的问题有关）在于，人类棋手采取了朝向自身的**意向**立场，而下棋的计算机则没有。根据丹尼特的看法，这对于判断下棋计算机有没有意识来说很有意义（我们将在本书第 6 章详细讨论这个问题），但并不意味着下棋计算机没有真正的**意向**状态。“有**意向**状态”（真正的**意向**状态，只有加上了“真正的”的**意向**状态才有意义）就是要展现出一定的行为模式，而且如果没有认识到这些行为模式正是由被讨论的这些**意向**状态所索引（indexed）的，这些行为模式就不能被预测或解释。

上面一段的最后一句直截了当地阐明了**意向立场功能主义**的核心主题。把这一主题与我们在上一节中讨论过的有关**分体论**的各个问题联系起来，我们就知道必须强调一点：这个句子中的“不能”（can't）必须用带着某种形而上学力量的方式读出来。如果我们对复杂系统采取**意向**立场的唯一原因就是因为它们对环境的行为反应与它们内部的微观过程之间的因果关系网络过于复杂，超出了我们的解释能力，那么我们也就不得不接受杜普雷的做法，即在**取消主义**与科学分裂之间进行非此即彼的二选一。为了说明这一点，不妨假设我们之所以必须要运用**意向**立场，只是因为我们在认识上存在局限性。对于客观性（立场独立性）这个科学理想的追求，可能会使我们认为任何东西都应当只有真正意义上的科学描述，虽然就实际目标来说动机是不可或缺的。这就是**取消主义**。另一种选择是，我们可以追随杜普雷的做法，把对“真正的”科学的这种限制看做将哲学之“车厢”错置于社会—制度之“马”的前面的结果。如果人们对于**意向性**现象采取一种科学的制度化立场（这是能够做到的），那么我们就应该把**意向**心理学看做一门科学。不过，既然我们不能把它还原为其他学科，我们最终能够得到的结局也就只能是科学**不统一**的结局。而且，我们应该学会接受并忍受，甚至沉湎于本体论多元主义。（杜普雷把它称为“杂交”，这听起来更有趣一些。） 64

那么，人们怎样才能去理解**意向**立场的不可或缺性呢？他们应该以一种比认识实践感（epistemic-practical sense）更强烈的感受去理解**意向**立场的不可或缺性的依据又是什么呢？这个问题是丹尼特多年以来艰苦的理论探索的中心之一。丹尼特的理论立场经常被别人与**工具主义**（instrumentalism）联系起来，这种思想对于那些读过米尔顿・弗里德曼（Milton Friedman）关于方法论问题的著名论文（Friedman，1953）

的经济学家来说，应该是很熟悉的。[1] **工具主义者**认为，在评价理论的时候，理论是不是具备合乎情理的本体论基础并不重要。比如说，即使理论所要一般化的对象只是那种属于**分体论**上的虚悬晃荡之物的信念与欲望，也不要紧。**工具主义者**认为，理论只是用来生成正确的预测的可靠工具。但是，依靠**工具主义**无从对杜普雷的析取论（disjunction）做出回应，它只是在转弯抹角地回避问题实质——对一切有关的形而上学考虑耸耸肩表示不屑。丹尼特无论如何都不可能会接受**工具主义**[2]，因为**工具主义者**必定会否认解释力在评估理论时的重要性，而在丹尼特看来，那些使**意向**立场变得极为关键的东西中，有一部分正是理论的解释力。

我已经在别的地方论述过（Ross，2000），虽然丹尼特很明显想避免而且需要避免杜普雷式的析取论，但是他自己在这方面的努力却没有能取得完全成功。在论文《真实模式》（“Real Patterns”）当中，他已经很接近于发现一个具有决定意义的深刻见解了，但却未能系统化地将它全面拓展（Dennett，1991a）。在一系列论文中（Ross，2000；Ross and Spurrett，2004a；Ross et al.，forthcoming），我与合作者充实了丹尼特的思想，将它发展成为可以替代构成了杜普雷式析取论的那些组成成分的完整替代方案。如何从丹尼特的观点发展出我自己的观点，涉及某种需要在“自己人内部”解释清楚的问题，在这里我将略去所有的论证细节，而直接把有关结论描述出来，同时也会简略地说明一下这样做的具体动机。

我上面所说的“丹尼特具有决定意义的深刻见解”是指他认识到，**取消主义**的根基就在于将因果概念当作一种形而上学的基本原则（metaphysically fundamental）（至于信息概念可能更加如此），因此它可能在承诺某种统一科学的前景。不妨设想如下情况：联邦储备委员会主席（有意地）到处暗示不日将加息，从而导致股票市场价格下跌。在这时，导致市场下跌的原因，并不是什么神秘的东西，而是因为联邦储备委员会主席的暗示当中所包含的信息被不同的交易者所获得了。这一信息从内容上看比这位主席发表的特定言论所要传达的具体信息还要抽象；此
65 外，如果这位主席对不同的人说了稍微有所不同的东西，也不会有什么

---

① 我们在第 4 章中将会看到，经过细致的哲学分析可以发现，弗里德曼事实上最终并没有成为一个一贯的工具主义者。但是，要从他雄辩的言辞下发现这一点需要相当多的努力。

② 对于围绕着工具主义的“辩证法”，请参见 Dennett（1993）。

区别。我们针对市场价格下滑这一现象所能得到的最高水平的预测和解释是通过获得这位主席传播的信息线索而做出的，他释放这些暗示是有**意向性**的，而且知道将被足够多的关键交易者得到，然后通过某种途径发挥影响，最终会得到他想要的结果。他告诉某人的信息，无论是比较详细的，抑或是不那么具体的，都可以用来针对我们观察到的现象的因果性后果（causal consequence）进行解释或预测（虽然有某种区别）。关键在于，最后这个事实与阐释者和预测者的认识局限性（epistemic limitation）没有任何关系。这就相当于说，对于一个火星人来说，即使她拥有的物理学知识和神经科学知识比我们更高级，如果她不能获得有关联邦储备委员会主席的**意向**行为信息的正确内核（以及有关利率与投资之间的关系的宏观经济反应模式的知识）的话，她仍然会错失最好预测和解释所需的真实模式（因为**分体论还原**是错误的）。决定何为正确、何为错误的是有关世界的结构的各种事实，而不是有关火星人的认识能力的事实。

多亏了香农（Shannon，1948）的开创性研究，我们得以利用在物理上可度量的术语来理解信息。从香农的基本观点出发，人们进行了大量的理论修正，已经发展出了许多可供我们选择的具体诠释方法，不过对此本书不会着墨过多。在下文有关的论述中预设了其中的一种诠释，对于这种诠释的具体内容，请参见巴维斯和塞利格曼的论文，以及我和合作者即将发表的论文（Barwise and Seligman，1997；Ross et al.，forthcoming)。联邦储备委员会主席将在 1 月 6 日提高利率 1 个百分点，这一消息所包含的信息比特数要超过如下新闻：他将在本月的某一时间提高利率水平，但是具体加息幅度则还未确定。这是因为前者排除了更多的事件状态，比如说 1 月 3 日。这也就是说，前者的先验条件概率（prior conditional probability）更低。信息要从信源传输到接收者，必须沿着某个实际通道，并且经历一个真实的时空过程。一个信息通道（信道）可以输送的信息的比特数，是其噪声的函数。噪声也可以用比特数来度量。一个给定的信息源中有什么信息是可以从信道的接收端得到的，或者说接收者能够得到多少在客观上可用的信息，接收者能否从接收到的信息中抽取一些东西来完成进一步的工作，这是一个实质性的问题。

有关信息通道的网络的许多客观事实都是由总体时空结构决定的。举例来说，连接非类时（non-timelike）地联结起来的时空区域的信道 66

是不可能存在的[①]——因为我不可能接收到处在我所在的光锥面（light cone）之外的任何信息。任何东西、任何人也不可能接收到来自黑洞内的信息，或宇宙大爆炸之前的信息——如果这些确实就是如物理学家所称的奇点的话。[②] 对于位于特定的时空区域之外的接收者来说，有些信息不可恢复地耗散掉了。因此，或许 21 世纪没有一个人可以知道滑铁卢战败时拿破仑的头发究竟是超过了 1 200 根还是不足 1 200 根。如果提取信息所需的计算时间超出了宇宙的生命期限，那么就不可能在信息的发送者和接收者之间建立一个信道。还有许多类似的限制。因此，与信息可用性（informational availability）有关的事实是物理上的事实（信息的可用期间不仅是相对于给定接收者效用函数时的实际成本与收益而言的），而且它们是物理事实这一事实本身也是一个形而上学的事实。熵（entropy）是用来度量信息的耗散的；负熵（negative entropy，negentropy）则指某些系统（比如说生命系统）所做的用以减少其所处环境中的熵的工作。

既然信息在物理上是有意义的，那么我们就可能拥有（而且我们确实拥有）一种与物理学相统一的信息理论。这一理论能够告诉我们许多东西，其中之一就是对给定的位串（string of bits）来说，算法可压缩性（algorithmic compressibility）是有限度的。例如，对于我当前所处的物理位置，可以用英语进行松散的、不那么严格的描述，这种描述可以压缩为用相对论中的四维时空坐标表示的一个字符串，但是它却不可能被压缩为只有两个或三个坐标的某种表示。这是一个事实，而不是一个依赖于个人观点的解释。在计算理论所关注的许多事情当中，就包括各种信息模式在可压缩性方面的一般性质和限制。（米罗斯基最心仪的经济学未来因此将会成为这种“客观研究”的一个分支，因为它将来要研究的就是这些一般性质和限制被应用于不同市场类型时的情况，这可以被理解为信息处理的某些类型。）

如果注意到对因果关系的分析往往是在信息传播的意义上进行的，那么就可以在哲学上对上述这些概念关系进行极具启发性的扩展。一些信息处理过程传递着先前阶段的信息，另一些则不。萨蒙（Salmon，1984）指出，只有前一类信息处理过程才有可能是因果过程。沿着雷亨

---

① 虽然量子现象当中显然存在着非局部性的联结，但是想用这些以经典比特的方式来发送信息却是不可能的。

② 最新有关黑洞的弦理论解释表明它们或许根本不存在。

巴赫的思路（Reichenbach，1957），我们可以把这用符号传输的术语表达出来。如果没有具体明确的结构保存（structure preserving）活动（最终是结构建构活动），熵最后将会把对象上携带着其历史信息的符号标记完全抹去。根据定义，简单地说，所谓结构就是某种抗拒熵的东 67
西。因此，只要符号仍然保存着，我们就拥有结构。科学的目标就是去发现自然中的各种结构。我们之所以能够发现这种结构，是因为我们本身就是相当复杂的信息转换和信息处理的系统，能够探查、记录并有系统地度量符号传输过程。这就是萨蒙想作的因果关系分析，在某种更一般的意义上，这是一种关于什么是因果关系的理论。

这一哲学上的扩展使我们能够用客观信息的概念清楚地表达一种**统一**观念，而无须求助于**分体论还原主义**。请努力把整个物理世界想象为一个信息通道的网络，其拓扑结构可以在不同的尺度上进行检验。例如，在我们前面的例子中，各种信息通道把联邦储备委员会主席的暗示与股票市场的下跌联结起来了。我们用不着去探究隐藏在他的言论之下的微观过程，就可以确定这些暗示在因果关系上的后果，要做到这一点，只需要去比较真实世界中的信息通道与在某个可能世界中的通道就可以了——比如说，他可能会在一个新闻发布会上宣布某个具体的利率变化。用这种方式就可以打开通往不同事件集的通道。

根据这种概念，要解释某一个拓扑结构，我们必须找它所包含的所有经验上可能的信息通道，正是这一事实使我们能够获得统一性。比如说，描述宇宙总体以及可能发生的事件的拓扑结构的物理学，实质上就是确定了一个不可能通道的无限集，并将它们排除出去，从而为所有其他科学划定了范围。这种限制关系与科学本身的制度性、历史事实是一致的：没有一门具体科学可以（在时间 t）与在物理学中已经（在时间 t）基本达成一致的问题发生冲突。但是，某一具体学科提出的解释从来不会被要求便于进行**分体论还原**。我们确实需要有一个一致的单一拓扑结构，但是这并不意味着**分体论还原**，原因是什么？答案在于，某一尺度上的信息通道一般来说并不是由更小尺度上的信息通道所构成的。在一个尺度上的噪声，在另一个尺度上可能就是信息；反之亦然。现在我们不妨假设联邦储备委员会主席在传递他的暗示时咳嗽了，那么他的词句和咳嗽声在一个尺度上都属于同一个微观过程的一部分，而且都提供了有关他的声带的某些信息，利用这些信息，有人或许能够预测他在1月6日是否有感冒症状。但是，对于想预测他关于股票市场的意图的
人来说，这些咳嗽声不过是噪声而已。在所有尺度上都有一个一致的单 68

一信息拓扑结构，这种要求甚至不需要假设信息通道所穿过的拓扑区域的边界条件必须在所有尺度上都排成直线。因此，各种不同的科学可以对同一物理过程进行交叉分类而不会陷入彼此之间的冲突。但是，交叉分类会阻碍**分体论还原**。

请注意，这里论述的这些东西并不能解决下面这个哲学上的难题：**命题内容**的交流等抽象过程怎样才能转弯成为类似“按下一个按钮”这种具体事件。要解决这一问题，需要就各种不同的因果概念在一开始到底意味着什么展开冗长的分析，对此读者可以参见我和斯普雷特的有关论文（Ross and Spurrett，2004a；Ross et al.，forthcoming)。不过，还要请读者注意的是，虽然在这些论文中，我们把前述萨蒙的因果关系理论抬得相当高，把它作为一种重要的理论见解，但是我们并不认为它是一个整全的理论。我只是在解释某些概念关系的过程中提到了萨蒙的理论，而不是断定它就是真理，更不是说它可以构成本书理论论述的前提。在此，我所关心的是：在本书中我自己对于还原主义的工作态度是什么，又是如何显示出来的；同时我还需要表明，我是根据什么理由而采取了这种态度的。因此，就当下此刻的目标而言，对于因果关系，只需这样说就已经足够了：单一拓扑结构的要求排除了超自然因果关系的可能性，因为超自然因果关系意味着信息通道可以偏离拓扑结构的表面（在表面以上飞翔或在表面以下钻洞）。所有可能的因果关系都是一个可能的信息关系集的子集，同时所有实际的因果关系也都是一个实际的信息关系集的子集。如果这些子集的界线标定的原理没有得到陈述并运用，那么也就没有提供任何有关因果关系的理论（我已经在本书以外的另外地方完成了这项工作）。上面讨论的这些内容，其实无非是一个“许可状”，它让我得以将一些不一定可以分解为微观物理学上的因果关系的因果关系纳入我将在下文展开的论述当中。当然，这与具体学科的科学家们（包括经济学家和非内在主义认知科学家）所讨论的因果关系是完全一致的。这正是关键所在。

现在，被我们提到桌面上的概念已经足够多了，终于可以陈述“丹尼特式”的存在论了——这种提法是我本人引进并予以捍卫的（Ross，2000)。“丹尼特式”的存在论的内容如下：

存在是作为一个真实模式的存在；一个模式要成为真实的，当且仅当

(i) 它至少在一种物理上可能的视角下是可投射的（projectible）的；而且

(ii) 它对至少一种事件的结构或实体 S 的结构的有关信息进行编 69
码。这种编码在信息理论的角度来看，要比对 S 的位映像法编码更有效率；同时至少在一种物理上可能的视角下可投射的模式当中，如果编码不从这种特定的视角恢复过来，S 就必定有某一方面是不可追查的。

根据这一理论，我们在一定情况下确信是**真实**的某种特定**模式**是否能够**还原**为另一种模式，就成了一个有条件的可能事件和经验问题。这一理论坚持认为任何模式的现实性问题并不取决于任何人类中心主义的理由，这是关键所在。之所以如此，是因为要考虑一个模式的可投射性必须放在物理上可能的视角下，而不是放在某个基于人类的概念能力或认知能力的人工物品的视角下。这样，如果存在着一个物理上可能的视角，使得我们当前的工作本体（working ontology）所认识到的某些现象，可以在另一种可选的本体论下更有效地呈现出来，那么我们当前的本体论就是错误的，不管我们有没有意识到（或者应不应该意识到）这一可选择的可能视角的存在。

这是我拒斥杜普雷的分类假说的基础，因为它允许把那些动机是人类中心主义的、不过有一定用处的模式都算作**真实模式**，而它们显然没有统一性。在我看来，**取消主义**只是一个经验性的假说——它本应如此。只要还存在着其他**真实模式**有待于我们去发现（而且只有在这种情形下），就会使得那些以本体论形式表现出来的理论显得多余。如果我们现有的**意向**心理学或我们当前的经济学也是如此，就可以而且应该被取消。因为存在论必然要求统一，所以我们对于经济理论与认知科学之间的关系以及它们彼此之间的相互限制作用的担心就有了合法性。然而，因为**分体论还原**确实不要求**统一**，所以我们并不需要通过直接把一个领域的本体映射到另一个领域的本体上来解释各领域间的关系，而且也不要求我们因为一个微观经济学理论不能维持这样一种映射就要取消它。最后，我把这个理论（“丹尼特式”的存在论）作为我哲学上的承诺的基础，这样读者就可以理解我是出于什么样的理由才把**意向**状态（即信念与欲望）当作科学研究的真实对象来讨论的，而无须假设它们能够领会别人的**内在**状态。

接下来，我把这一章的所涉及的概念总结一下。首先，我基本上同
意米罗斯基的观点，即 21 世纪初期经济学的关键问题涉及的是它在逻 70
辑上与认知科学联系起来的方式。与米罗斯基一样，我也在由规范的信息理论与计算理论给出的观念空间中寻找这种联系。不过，与米罗斯基不同的是，他所担忧的那个将丹尼特、宾默尔与演化博弈理论联系起来

的经济学理论纲领，却正是我要倡导的（同时他考虑的其他一些规划，也可以起到有益的支持作用）。他说，这个纲领恰恰维护而不是替换了新古典经济学的核心哲学前提，对此我表示同意，虽然在找出这一极具争议性的核心哲学前提的内容到底是什么之前，他这种说法在很大程度上不过是一个空洞的主张，因为完成这项工作需要付出相当大的努力。（这一工作将占据本书第 3 章和第 4 章的全部篇幅。）我自己的解释强调的是连续性，因此它将是辉格党人式的而不是后现代主义的。在本书中，后现代主义还将在第二种意义上遭到拒斥：与杜普雷将行为研究与其他科学研究领域割裂开来的做法不同，我坚持如下观点，即要想证明经济学确实是一门科学，它必须与其同源的学科统一起来。不过，我不会通过学科还原或追索附生性（supervenience）的方法来寻找这种统一。恰恰相反，我将探寻作为经济学对象的各种真实模式，这些模式只有一个限制，即它们必须是天然地与当前认知科学和行为科学的发展趋势相称的。我与米罗斯基和杜普雷都不同的一点是，我不会预先假设任何赞成人文主义的规范性前提，尽管如此，在我这个非还原性的认知科学与经济学的统一框架内，自我的概念最终仍将浮现出来，而且是已经得到了解释的并且被具体事实所证实的，它不应该被牺牲掉。

第3章 新古典微观经济学的独立

作为独立科学的经济学

哲学家丹尼尔·豪斯曼（Daniel Hausman）追随约翰·斯图亚特·穆勒（John Stuart Mill）强调指出，从事经济学研究的人认为经济学是独立于其他研究人类行为（以及一般行为）的学科的一门科学（Hausman，1992）。只要我们的观点是没有过分脱离现代工业社会的现实世界，经济学家这种态度或许就不会令我们觉得惊讶。我们都知道，现代社会中生产和消费的因果关系处于不断的变化当中，极其复杂，而且几乎所有人的绝大多数活动都在实质上 71

受其支配。但是如果只从这个角度观察，那么经济学似乎更像工程学的一个分支而不是科学的一个分支。我们和我们的祖先已经（通过有意设计或偶然地）建立起了一个极端复杂的社会机器，我们的生活和社会结构都受其规制。对于这个社会机器的运行，我们自然而然地就会产生很大的兴趣，即对它进行监视、预测，并尽我们所能地去控制它。这种关注从根本上说是实践性的，而不是科学性的。它可能会引导我们产生一种期待：经济学应该与其他各门有关行为的科学——心理学、社会学和伦理学——发生某种关系，就像工程学与物理学和化学之间的关系那样。这也就是说，经济学是一门应用学科，本应该与基本理论学科保持一致；但是为了获得在某个领域内的控制权，它（根据我们自身的有限目标）保持着独立性。

在通俗读物中，把经济学解释为社会工程学是很普遍的现象。那些抗议和抱怨经济学对政治学影响太大的人，甚至可怜巴巴地到处寻找掌握着“生杀大权”的人，希望他们施以援手。他们显然是被工程学的图景吓坏了，他们的发言人试图表达的信息是：经济体系原本是人类构造
72 出来的一架“机器”，但是它已经异化，除非我们有足够强大的意志力，并保持政治上的一致性，不然就不能从根本上对它进行重新设计，甚至可能不得不听从它的指令。另外一种观点则与此相反，它认为，“经济现实”与自然现象类似，有自身的性质，应该在社会中发挥影响。这种观点遭到了嘲讽，被说成是一种“经济决定论”（economic determinism），甚至简直是一种道德上的失败（moral failure）。

毫无疑问，否定自由意志可以完全控制经济过程并不意味着赞同经济决定论，正如承认工程师不能直接让宇宙以另外一种方式运转并不意味着（形而上学意义上的）物理决定论一样。这里面的逻辑实在是再清楚不过了，其实不必多说。但是，绝大多数经济学家的视角与刚才勾勒的那种流行观点有深刻的区别。对于经济学家来说，有一些特殊的因果规律性支配着同样特殊的经济变量之间的关系，这是一个客观事实。在这里，“支配”（govern）一词是在科学的意义上来使用的，或者用第1章中定义的术语来说，是在“系统”的意义上来使用的。这种看法并不必然意味着从对每个可能世界的拓扑结构都会产生实际的信息后果（因果后果）这个角度来看，上面所说这些规律是普遍的，因为可能存在着一些可能世界，在这些可能世界中没有任何一种相关变量是实体化的。但是，在如下意义上，这些规律是普遍的：如果对于任何系统来说，“如果 x，那么 y”这种形式的一般规律为真，那么 x 所获得的系统信

息当中，必定携带了与 y 的概率相关的信息，这与任何人的意愿无关——不管其意愿是希望有普遍性的规律还是相反。[1]

依据我们在上一章中概述的形而上学框架，这种客观性需要从两个方面来加以捍卫（无论这种捍卫是谁给出的）：经济学一般规律必须既是真的，又是在纯粹哲学上非冗余的（metaphysically nonredundant）。[2] 在这里，我将集中关注第二个要求。在世界的形而上学结构这一根本层面上，独立地支配着经济领域的普通原则的存在性远非自明之理。被耗费在经济变量的度量上面的大量资源本身并不能构成这一原则的证据。许多人一生都用来学习并应用那些支配着汽车工程的规律，他们这样做有显而易见的、合情合理的理由，尽管没有人假设存在着一个汽车科学形而上学。那么，为什么在考虑经济机器的时候，情况就应该有所不同？为什么经济学就不可以是应用心理学和应用社会学混杂在
一起的一个“摸彩袋”（grab bag）呢？ 73

我本人倾向于把这个问题当作一个哲学上的问题，它是可以回答的，不过需要规范性证成（normative justification）——或者是逻辑的，或者是经验的；至于原因，已经在上一章中讨论过。哲学评价对经济学随着时间流逝给出的不同解释很敏感，因此，接下来的内容是一个知识史的叙述：我将简要描述经济学中各个独立主题随着时间的发展过程，并视需要随时加入一些有关的哲学内容，不过主要的外部评价则放在后面。在这里，我将只关注这些独立主题可以应用于经济学和心理学之间的关系时的情况，因为我认为微观经济学不仅仅是某个更一般的个体行为理论的一个特别分支。（对经济学与社会学的关系的评估将是本研究计划第二卷的内容。）出于这个原因，我的知识史叙述将不会试图去描述整个经济学理论的历史。我特别关注的是对消费者和消费行为建模的经济理论，至于关于经济行为的其他方面，包括生产，只会偶尔涉及。

---

① 这种说法看上去或许像意味着对南希·卡特赖特（Nancy Cartwright，1989）的命题的否定。卡特赖特的命题是说，为了使应用于经验事件之间的关系的一般结论为真，就必须一直都附加其他条件不变（ceteris paribus）的限制。不过事实上，我这种说法并不会否定卡特赖特的命题。这里的 x 和 y 可以用来指卡特赖特所称的“因果性能力”。如果 x 所指的一系列因果性能力的实体化触发了 y 所指的因果性能力所处环境的变化，那么这就可以适用于一个事件，即使在那个事件当中，y 所有典型的、可度量的效应都被抵消性的反向影响所阻止掉了。

② 我和本内特（Ross and Bennett，2001）给出了一个非常初步的直接辩护。本书以及本书的续篇将给出更全面的辩护。

前经济学

对一门科学的历史的介绍往往容易给人一种印象：该学科在形而上学方面有一种对比性“诊断性状”，即非显而易见性（nonobviousness）。在实践领域，一项新技术对于人类目标的重要性彰显出来后，与控制它有关的工程专业知识就会获得独立地位，并得到改进。与之相反，真正意义上的科学领域有些时候对于外界的探访者是不可见的。如果过去曾经有过某个时期，人们认为一切因果关系都是“活”的，那么可以肯定物理学和生物学都不可能出现在这个时期。我们还可以举另外一个例子，朱利安·杰尼斯（Julian Jaynes，1976）有一个很著名的观点，说在荷马（Homer）时代，古典西方世界中还没有人能够理解心理学上的因果关系，虽然他的这个论断在历史学上可能不那么正确，但是它至少是前后连贯的，值得为之争辩一番，不过我本人对此没有任何意见。从注重实际的、适合于特定情境的俗成概念体系的角度来看，科学领域似乎有一种“隐形的倾向”，这恰恰是因为适当的科学研究领域是一般化的——如果不是必须在逻辑上“普遍的”话。只有当我们开始抽
74 象的探索、开始追寻模式的同源性（homology of pattern）时，才能辨识出它们。

现代经济学家应该理解经济学领域的这个关键特点，它是人类知识史上的一个重要事实。古代西方社会的人并没有清晰地领悟抽象领域的东西的能力。例如，我已经在别处讨论过（Ross，1994b）古罗马人的情况，戴克里安（Diocletian）皇帝时期的古罗马人对于通货膨胀现象很是迷惑不解，但是他们从来没有把它与由于需要铸造出大量硬币来收买时常叛乱的士兵而导致的货币供给扩张联系起来；他们也没有领会，控制价格法令与市场上商品的匮乏是有因果关系的。当然，这与古代人的认知能力有关，他们所缺乏的是对宏观经济运行模式的感知。那么，一个关于微观经济关系的类似观点能不能成立呢？

亚里士多德用得很多也讨论过很多的一个概念被人们翻译为“经济学”（economics），它在语源学上也确实与“经济学”一词有关。① 不过，亚里士多德这一概念的原意与现代经济学家所用的经济学一词有本

① 要了解亚里士多德对经济学的更多讨论，请参见他的《尼各马可伦理学》（*Nicomachean Ethics*）第 5.5 节和《政治学》（*Politics*）第 1 卷第 8～10 页。

质上的区别。与数字化思维（digitalized thought）诞生以来的其他人一样，亚里士多德很清醒地看到：人们都想得到许多东西，而且在通常情况下他们需要花费某些资源（包括时间）才能得到这些东西。[①] 亚里士多德所处的社会已经有相当发达的、处于准法律阶段的财产权观念，他认为个人财产的维护是一项很重要的实践活动，因为有许多种力量——不仅仅限于其他人贪得无厌地攫取财产的欲望，都会在一些特定的情形下侵蚀个人财产。然而，在亚里士多德的论述中，没有任何迹象表明他曾经设想过经济领域也拥有自身独特逻辑的可能。他对经济事务的思考局限于严格的实践问题上，具体来说，他所关注的是一位明智的市民如何才能审慎地处理与维护同自己财产有关的事务，在使财产发挥最佳效果的同时又不至于让管理财产的焦虑过度地支配生活。如果亚里士多德的"经济学"思想在今天编成书出版，那么将它们归入商务类或"自助"类，要比归入经济科学类更合适。

斯科特·米克尔（Scott Meikle）是研究亚里士多德经济学的顶尖学者（Meikle，1995，2001），他令人信服地指出并分析了亚里士多德概念化经济学的问题的方法与现代经济学的问题和方法之间存在的形而上学上的核心差异。[②] 米克尔指出，对于亚里士多德来说，人类行为的集合中只有一个特殊的子集与经济目标的追求有关，同时这些目标反过来也是通过它们与物质享受水平和财产维护的不同关系而得以凸显出来的。从这种角度来看，如果我们把"货币"这一概念看做在广义上对某 75
个特定社会中贮存财富的各种传统手段的总称（虽然这与现代经济学理论中各种狭义的货币定义有很大不同），那么说亚里士多德的经济学是"货币科学"就很合适。亚里士多德将会同意这种隐喻。当然在这种宽泛的"货币科学"当中，不可能存在真正的科学，它只是一种实践的技艺。

经济学这一概念在当代的通俗用法仍然与这里所阐述的亚里士多德的用法大体上一致，这在许多其他学科领域中也是如此，比如说物理学、生物学和心理学。经济学家的声音在大众媒体上无处不在，他们的意见和建议所涉及的仍然主要是有关如何最大化私人和公共物质财富的议题。绝大多数经济学家都是以提供这种建议作为自己的谋生手段的。既然如此，他们甚至可能认同亚里士多德式的经济学定义——至少在他

① 正如米罗斯基（Mirowski，1989）所强调的，当经典力学使耗费的资源在我们的观念中被同质化为类似于"能量"的东西时，经济学发展史上一个关键时刻就来临了。

② 请参见米克尔的文章（Meikle，1995，2001）。

们显得不那么深思熟虑的那些时候是这样。不过，米克尔（Meikle，2001）指出，对于经济学的学科范围和研究领域，现代经济学理论隐含的预设不仅与亚里士多德的观点有深刻的不同，而且与人们日常对于一般社会生活的本体论预设（ontological presupposition）也有极大的区别。（米克尔还认为，这种区别存在的理由大体上与杜普雷所说的相似。）要理解现代经济学理论当中隐含的这种看法，最好的途径是追溯它在知识史上演化的过程。我们所讨论的知识史本身也是非常复杂的，存在着很多争议，必须小心对待；但是，本书并不是一本历史著作，而且我必须尽力在叙述历史的同时保持思维活跃，因为我的目标是哲学上的，因此我在此要提请读者注意一点，在讨论经济学理论的发展过程时，我对文献的组织有很强的逻辑化和线性化特点，这种倾向甚至可能超出了文献本身的准确性所允许的范围。在本章和之后几章，我将捍卫微观经济学的学科范围，证成它自身目标的适当性。为了使这一主题真正清晰地凸显出来（特别是对经济学家而言），我不得不为它建立一个历史参照系。这样，接下来将呈现在读者面前的，是一个相当纠结的历史。（米罗斯基则站在一旁观望，或许他还会提醒我们说根本没有其他类型的历史。）

边沁与感觉主义

正如米克尔所强调的，对于亚里士多德来说，存在着无数种资源，它们都是有价格的，其中许多都是独特的，独特的资源也是最重要的。更进一步，人们赋予行为和对象的价值则是由（在人们意图中的）它们的用途决定的。与之相反，对于现代经济学家来说，价值则
76 是一个与“效用”同质的变量，在具体论证时价值是通过一个主体想最大化的东西而得以具象化的。这意味着历史上发生过一个基本的概念转换（conceptual shift），它发生在19世纪末期所谓的边际主义革命过程当中（虽然我们将会看到，这个概念转换当时并未全部完成），这场革命导致了新古典经济学的兴起，也正因为如此，这种经济学古典主义才是“新的”。

相比之下，那些所谓的古典政治经济学家们（亚当·斯密、大卫·李嘉图、萨伊、马尔萨斯、穆勒和马克思都是古典政治经济学的重要人物）对资源价值却没有一种清晰的共同看法。因此，关于是什么使经济

活动与其他类型的行为得以区别开来，也就不存在一个可以用来与亚里士多德的观点和新古典观点进行对比研究的明确的"古典观点"。古典经济学家都相信，政治行为中压倒一切的当务之急是（而且必然是）保证社会物质财富维持在某个最低水平之上，因为这是维持社会稳定和秩序所必不可少的；同时，他们还拥有一个共同的信念，即在现代国家当中实现上述目标要比在古代城邦国家和封建王国当中复杂得多。因为古典经济学家都更强调社会整体的组织而不是个人和家庭，所以他们的理论比亚里士多德的理论更加不像俗成心理学的应用。[①] 此外，就像米罗斯基（Mirowski，1989）强调的那样，在他们那里，使经济学（在现代意义上）变得科学化的过程开始了，因为他们集中关注的是经济过程中是否存在一个保留数量；对他们来说，这个数量就反映着交换价值。然而，由于精力都被有关物质财富及其维持的具体问题占据了，他们在经济学经验问题上都采取了亚里士多德式的视角。从这种角度来看，我们可以发现经济学哲学发生了两次主要的视角转换，而现代经济学就是这两个转换的产物。第一次转换发生在19世纪70年代，并在之后的30年内扎下根来；第二次转换则是在20世纪三四十年代由一些顶尖的经济学家所发动的。

我们的故事从杰里米·边沁（Jeremy Bentham）开始，他的著作是新古典经济学哲学基础最贴切的根本源头。[②] 对于价值来源，边沁采取了激进的主观主义立场，这足以把他与亚里士多德和绝大多数古典经济学家清楚地区别开来（虽然它与斯密的价值哲学的具体关系是相当复杂的）。新古典经济学家把价值主观主义当作自己的总体哲学承诺的基石，这一点是再明显不过的了，无论从形而上学角度还是从历史角度来看，都无须多辩。主观主义既可以表述为形而上学命题，即事实上不存在客观价值；也可以表述为哲学命题，即人类行为主要是由主观地推导

① 斯密和休谟对经济学的心理学基础都有着非常浓厚的兴趣，而李嘉图和马克思对经济学的心理学基础的兴趣则要少得多。

② 米罗斯基（Mirowski，1989，pp. 205－207）不赞同这个所谓的共识。这部分是因为边沁的影响对新古典经济学的创始人之一杰文斯的重要性远远超过了对另一个创始人瓦尔拉斯的影响，也超过了对埃奇沃思、帕累托和费雪等人的影响。但是，基于我将要采取的叙述历史的方式的可靠性给出的理由，我认为关于价值的心理学主观主义应该被认为是新古典主义最核心的信念之一。这样一来，当然边沁就是很重要的了，即使他的影响在许多时候显得更为曲折一些：他是先经由穆勒，再经由艾耶（Ayer），然后影响到战后新古典主义者，而不是像一般历史学家通常所假设的那样，直接通过杰文斯影响战后经济学家。

77 出来、享受到的各种估定的价值所推动的，而不是由客观地给定的价值所推动的。在这两种意义上，边沁都是当然的主观主义者①，不过，绝大多数新古典经济学家对于形而上学上的主观主义都是职业上的不可知论者，同时他们对哲学上的主观主义的解释也各自有稍许差别（这一点我们很快就会看到）。从哲学上说，这两种表述都是重要的，而且有深刻的联系。就目前而言，因为我们的目标在于经济学与哲学的分离，所以我们的兴趣将暂时只限于那种作为一种有关动机的描述性假说的主观主义。

边沁以及追随他的功利主义者有一个很著名的主张：他们认为所有人类活动从根本上看都是由快乐最大化和痛苦最小化的努力所推动的。这一论断也有两种阐释：它既可以被看成一个有关人类心理学的经验性假说，也可以被当作一个关于目的性行为的逻辑假设。这也就是说，一方面，人们可以把边沁的观点解释为对享乐主义者如下论断的支持：人受到他自己对各种感觉的强烈欲望或厌恶所驱使；另一方面，人们也可以把边沁的观点解释为某种动机主观主义的宣示，而“快乐”或“痛苦”只是一种标签或位置标志符，用来代表把一个人的价值客体（object of value）与她的怨恨对象区分开来的任何东西。作为一种哲学理论，感觉主义的享乐主义要比动机主观主义更加明确，而且它是描述性的（而不是规范性的），它在逻辑上独立于规范主观主义。边沁首先是而且最主要是一位倡导民主的鼓动家，他给予最深切关注的是后者，因为他对规范主观主义有一种政治上的认同，将它当作构成民主的一部分。至于他所赞同的哲学上的主观主义的特殊性，边沁则要谨慎得多。

边沁是一位休谟式的经验主义者，在这个意义上，从他个人的观点来看，他毫无疑问是一位感觉主义者。对于休谟式的经验主义者来说，任何东西如果不能最终还原为一个感觉，心智就根本不能对它做出任何反应。在这里，有必要强调一下休谟在论及因果感觉主义时，是极尽其咬文嚼字之能的。休谟的心智模型受到了牛顿力学的启发。休谟说所有

① 米罗斯基（Mirowski，1989）把边沁从古典政治经济学家的行列中排除出去，而将他增列为新古典主义者，这是因为边沁自己说“货币是度量快乐或痛苦最好的尺度”。这似乎夸大了边沁在这个问题上的观点，因为许多新古典主义者在许多情形下都把货币当作最重要的效用表征物，但是他们都不会形而上学地把货币价格等同于主观价值系数。不过，米罗斯基也很重视如下事实：边沁与新古典主义者不一样，他不怎么关心如何依据现代物理学的样子来改造经济学的问题。这是对的，但是，应该怎样才能说明他的价值主观主义对经济学家没有产生重要影响呢？并不清楚。

观念——在休谟那里，这就等于在说所有心智内容（mental content）——最终都是由感觉在表面上受到的冲击所导致的。我们不能把他这个说法解读为一种隐喻。休谟式的心灵确实被假设为一种共鸣箱，在这个共鸣箱里面，从感觉冲击转化而来的各种力量彼此冲突，这些冲突的累积效应则体现出规律性，从总体上说，有了这些规律就足以解释或预测一切思想了。[①] 边沁接受了这个心智模型，把它当作 78
他所赞同的一般经验主义哲学工具箱的一部分。然而，正如米罗斯基（Mirowski，1989）所强调的，边沁可能并没有真的理解它的经典力学基础。

休谟认为自己的著作已经为最终的心智科学构建了一个框架。当然，这个框架即使真的有科学性，也是在牛顿力学意义上的科学性。这就意味着，它将包含一些方程组，用来推导一系列感觉刺激的观念性（在现代意义上，即语义的）后果，在推导过程中，要用到某种对力进行数量化的标准度量方法。如果拥有了这样一个体系，那么我们就能够对不同人的心理内容所包含的各种“力”（或者用休谟自己的话来说，各种“活跃度”）进行对比性度量，这其中就包括对动机的度量。这样一来，完全休谟式的心理学将允许对效用在人与人之间进行精确的数量化比较，也就是说，能够对人们对于各种可感知的结果的欲望或厌恶的相对强度进行精确的度量。

边沁究竟在多大程度上拥有与休谟一样的对于未来的科学心理学的（观念上的）强烈信心，这是一个可以争论的问题。不管如何，在我们目前的语境当中，最需要强调的一点是虽然边沁基本上接受了休谟的心智模型，但是他在论述经济学涉及的心理学基础时，还是相当小心的——他尽量不去引用这门还没有成为现实的科学的内容。在他关于效用的组成成分问题的身后遗作中（Bentham，1859/1954），边沁把效用分解为五个“元素”或“价值维度”：强度（intensity）、持续时间（duration）、相近性（propinquity）、确定性（certainty）和广度（extent）。尽管边沁断言，从引导行为的作用的意义上说，强度是这些维度中最重要的一个，不过，他又说，“在这五个维度中，第一个维度（强度）不容易准确地表达出来，而且它也很难度量。但是其余四个则不然。”（Bentham，1859/1954，p. 443）边沁为了证成上面这个论断的后半部分，花费了大量的篇幅，但却从来没有回头来论证前半部分（即

① 参见 Ross（1991）。

效用强度的难以表达和不可度量）。① 我们或许可以假设这是因为边沁认为它肯定是正确的，至少在当时的科学知识和技术水平的背景下，它是正确的。

因此，边沁相信，一方面个体的目的性行为是受她体验到的基数效用所指引的，这也就是说，主观地感受到的效用水平就其强度而言是不同的；但是他同时又相信，另一方面，这些基数上的区别不能通过内省
79 或对决策行为的观察而进行比较性的度量。这样，对于上面引述的边沁的观点，最自然的解释就是他有意地在是否可以对效用进行客观度量这一问题上保持了科学上的不可知论，不管他自己本人对于休谟式的研究路线有多么向往。

早期的新古典经济学家与“半亚里士多德主义”

通常认为，边沁的上述态度也就是19世纪70年代新古典经济学的各位奠基人所采取的态度，曼德勒（Mandler）的论文也反映了这种观点（Mandler，1999，pp. 112 – 117）。② 这并不奇怪。正如罗宾斯（Robbins，1998）所指出的，新古典经济学在英国的主要思想源头威廉·斯坦利·杰文斯（William Stanley Jevons），在写作有关他的经济学研究的心理学基础那一章时，很显然手头就有一本鲍尔林（Bowering）所著的《杰里米·边沁的著作》(*Works of Jeremy Bentham*)，其内容就包括“经济人的心理学”。(杰文斯亦步亦趋地采用了与边沁一模一样的论述顺序。）在有关偏好强度对动机的重要性的问题上，杰文斯几乎重复了与边沁完全相同的话。他说：“我决不会说我们能够拥有直接度量人类心灵感受的方法。我们很难去设想一个单位的快乐或痛苦究竟是什么，但正是这种感觉在不断地堆积起来后推动着我们去买去

① 我认为边沁并不想他自己为人熟知的效用观点成为一个被政策制定者过分拘泥于字面意义来对待的“计算问题”。20世纪30年代那些批评边沁的经济学家很少注意到这一点；但是与此同时，他们却正试图找到敏感于实际计算的各种原理。对于边沁与新古典主义的关系问题，米罗斯基（Mirowski，1989）和我阅读的是同样的材料，却得出了与边沁全然不同的看法，这就是主要原因。是的，帕累托和费雪等人在疏远感觉主义的过程中，也反对边沁主义，在这一点上，米罗斯基的观察完全正确；但是，我的观点是，他们与后来的罗宾斯与希克斯，都误解了边沁：事实上边沁也不怎么关心心理学。这一误解很关键。

② 如本页脚注1所述，米罗斯基（Mirowski，1989）实际上也接受了这一点；但是他与帕累托和费雪一样都没有看到这正是边沁的态度。

卖、去借入去贷出、去劳动去休息、去生产去消费。”(Jevons, 1871, p. 13)

杰文斯的目标是发现一种在给定单个主体的情况下应用微积分来对需求水平、稀缺状况、生产可能性等因素之间存在的关系构建模型的方法，事实上正是这个目标在推动着经济学的发展。时至今日，这仍然是微观经济学的主流与核心——至少从它与心理学的关系的角度来看。① 正是在这种语境中，在边沁心理学的假设前提下，杰文斯不断地以某种方式围绕着如下事实打转：人们对基数效用（即与不同结果联系在一起的快乐与痛苦的不同强度）做出反应，但是从他们的行为本身我们只能推导出序数意义上的效用度量方式，这也就是说，我们只能对他们对结果的偏好进行排序。对于杰文斯来说，解开这一循环问题的钥匙是边际原理，这一原理是说，一个理性主体将以如下这样一种方式来分配她在各种资源上的支出：给定自身预算约束的条件下，她不可能通过放弃任 *80*
何一种资源的一个边际增量去换取另一种资源的一个边际增量这种方法来改善自身的状况。杰文斯的理论体系，尤其依赖于一个需要独立地被证成的原理——边际效用递减原理。但是，在他的理论中，这个原理取决于内省推理（introspective inference），杰文斯以为当时的科学心理学已经建立了内省推理的基础。在杰文斯之后，对于经济学基础的研究的历史，在很大程度上就是由下述问题所支配了：在假设边际原理（不管边际效用是不是递减的）成立的基础上，通过对决策行为的观察，主体的行为当中有多少是能够预测和解释的？

杰文斯在因果关系上完全信奉他当时所处时代的经验心理学（那是相当原始的），这对于与经济学独立性有关的经济学思想的发展似乎是一个不祥之兆。我们已经看到，对于亚里士多德和古典经济学家来说，经济学需要关注的是人类行为中与物质享受和财富的获得及维系相关的那些方面，但是物质财富的拥有和享受只是人类所追求的客观价值集合中的一个（较低等的）成员。因此，对亚里士多德来说，一些活动是经济上的，或者说具有经济性的一面；而另一些活动则不然。与此相反，杰文斯和其他早期的边际主义者对所有人类目标都进行了概念化，使它

① 这一条件是很重要的。我并非不同意米罗斯基（Mirowski, 1989）的看法，他说新古典主义研究纲领同样也着眼于赋予经济学一个类似于19世纪中叶的物理学那样的场论（field theory）。这与我说的东西完全相容。一般推测，早期新古典主义者相信如果心理学能够成为一门令人景仰的学科，它也必须形成一个场论，而且他们研究领域中的点测量方法将可以测量个体主体拥有的、与其经济属性具有可公度性的那些属性。

们可以同质地还原为效用最大化这一普遍目标，因为（根据定义）任何一个人的任何消费都会增进其效用，这样他们就隐含地扩充了经济学的领域，把全部目的性行为都包含在内了。边沁已经明确地表示有意用他那“广泛的、可扩充的”效用概念来包涵所有可能的动机。杰文斯在着手定义经济活动的目标时，扩展了边沁的这个观念。杰文斯把经济活动的目标称为“商品”（commodities），他说：“我们应该把任何对象、物质、行为和服务都理解为商品，它可以为我们带来快乐，或者替我们抵御痛苦。”（ibid.，p. 41）这种概念上的商品包括物质商品，但并不仅仅限于物质商品。根据杰文斯的观点，经济学的范围包括了对一切商品交换与商品分配的研究，因此它不可能囿于狭隘的物质交易。杰文斯与边沁一样，认为价值等同于主观效用，所以在他看来，价值不可能单独地存在于任何单纯的物质投入要素当中，比如说土地或劳动；而在斯密、李嘉图、马克思等人的古典经济学当中，这些却是首要的价值来源。

正如曼德勒所证明的，早期新古典学家花了相当长的一段时间后才完全理解上述理论主张的含义（Mandler，1999）。杰文斯最终也意识
81 到了这一点，这是不可避免的，因为边沁在这一点上的立场是显而易见的。杰文斯认为，可以“把任何引发我们某种特定行为的动机都称为快乐，而把任何阻止行为发生的动机都称为痛苦”（Jevons，1871，p. 31）。但是，杰文斯接下来马上对自己提出了一个问题，如何面对套套逻辑反驳（tautology objection）？因为人们将会指出这不过是循环论证，这个问题与新古典微观经济学的心理学基础的充分性有关，时至今日它仍然是怀疑主义者最关注的问题（e. g.，Sen，1987）。杰文斯担心，如果人们太过于按字面意义来理解边沁，那么就“不可能否认一切行为都是由快乐或痛苦推动的”（Jevons，1871，p. 32），如果真是那样的话，用一个人最大化自己效用的意愿来解释其行为，就不过是一句空话。因此，杰文斯向后退缩了一点，他最终采取了一种半亚里士多德主义（semi-Aristotelian）的立场，把快乐划分为两类：“高级的”、“低级的”，前者包括了道德上的、利他的动机；后面则严格限于物质的、感官上的满足。与这种物质幸福有关的行为才是经济学研究的适当领域。杰文斯的伟大继承者马歇尔在这一点上也追随了杰文斯的立场，而且因为马歇尔的《经济学原理》（*Principles of Economics*，1890）在后来的数十年间都是标准的经济学基础教科书，所以直到 20 世纪 30 年代为止，半亚里士多德主义的经济心理学观点一直都被当作新古典的正统观

念。请注意，这种观点不仅意味着否定形而上学意义上的主观主义，而且意味着对于心理学上的主观主义是否真的如边沁所设想的那样对所有行为都普遍成立也持一种怀疑主义的态度。

不过，虽然上述这种半亚里士多德主义的立场一直是正统观念，它在新古典经济学发展早期也不是没有遭到过反对。一些在哲学上警觉性比较高的评论家注意到，半亚里士多德主义观点遵循的是一种含混的观念，即各种"尊贵的"或"高级的"意愿具有某种一定意义上的形而上学特殊性，而这与由休谟发起和推动、被边沁采纳并一直贯穿于整个思想传统的自然主义动机观是不相容的。例如，杰出的新古典主义理论经济学家威克斯蒂德就已经很清楚地认识到这一立场是不稳固的（Wicksteed，1910），他指出，对一位经验主义者来说，"高级的"快乐与"低级的"快乐之间的区别完全是一种"特殊安排"（ad hoc）。与杰文斯不同，威克斯蒂德并不想利用模棱两可的话语来隐瞒真相，他说，边际效用最大化原理可以包含的动机的范围，包括"一切有关个体的渴望或厌恶的动机，不管是物质的还是精神的、个人的还是社会的、当前的还是未来的、实际的还是空想的"（Wicksteed，1910，p. 32）。至少在威克斯蒂德这里，我们可以看到，在经济学的范围这个问题上，亚里士多德式观念已经被决然抛弃了。这正是米克尔所强调的。

搞清楚这个转换对于理解经济学的独立性问题的历史学阐释是十分 82
关键的。根据一个享有盛誉的、广泛传播的哲学传统——在这一传统中，既包括康德（Kant）的许多后实证主义的理论著作[①]，也包括我在下文将会讨论到的关于行为与认知问题的现代形而上学阐释，虽然"行为"领域从总体上来说可以成为一门完全独立的分析科学的适当的研究对象，但是这不可能是通过对某个特定目标（比如说物质财富）的追求过程进行研究的方式来实现。这也就是说，对于一组系统化的逻辑关系来说，更广泛的行为领域可以成为其合适的候选应用对象；而若要将之用于更狭隘的、直接瞄准物质需要的满足的行为领域，则不过是一种根据实际人类目标把一系列互相关联的事物形而上学地、武断地拉扯在一起的做法。许多经济学家迷恋于主体在总体上是独立的逻辑分析的适当对象这一观念，而且把这当作一个事实来为经济学的独立性辩护。不过，现在他们已经不再公开地宣传这些观点了，因为一个世纪以来人们对这种信念的批评从未止息。在下一章中，我将为他们的"顽固"立场

① 具体例子参见 Castañeda（1975）和 Aune（1977）。

提供辩护，而且鼓励他们公开承认这种立场，因为一种有关意向性行为的系统化科学，确实是可能存在的，而且这门科学就是经济学。

但是，就目前而言，直接得出这个结论有些操之过急了。目的性行为可以解释为一类同质性的、自成体系的过程，不过，这个观念必须与各种有关什么东西从因果关系上看可能导致这样一个过程的特定观点区别开来。威克斯蒂德以及那些与他拥有同样观点的同时代经济学家在哲学上仍然是休谟式的。也就是说，他们认为偏好和欲望的相对强度是一种真实的精神力量，支配着目的性行为的因果关系，即使这种力量在实践中是无法度量的。这种观点，在 20 世纪早期是非常容易遭到攻击的，因为当时流行的是实证主义和行为主义心理学对无法度量的因果原理根本不屑一顾；更纯粹的实证主义者甚至对任何因果原理都丝毫不放在眼内。除此之外，这个时期经济学的进步主要体现在经济学家对边际分析的逻辑工具的逐步改进上，这使基数效用论在经济学理论当中遭到了孤立（它被认为只在认识论上有一定作用），事实上，理论经济学家已经为清除它做好了准备。

在本书中，我们不可能详述上述发展过程当中的所有细节，但是这一道路上的一个里程碑则必须提一下，这就是无差异曲线分析技术。① 早在 1881 年，埃奇沃思就已经向人们表明如何用无差异曲线这一分析工具来表达杰文斯的边际主义理论。无差异曲线被广泛运用的背后，隐藏着主体的效用曲线是可以构造出来的观念：如果一个主体能够始终一致地对自己的偏好进行排序，并能够辨别针对特定的产出水平，什么时候她自己是无差异的，那么，只需要将她对一种能够提供效用的稀缺商品的需求水平标示在 y 轴上，同时将她对另一种可以用来替代这种商品的类似商品的需求水平标示在 x 轴上，我们就可以画出她的效用曲
83 线（的一部分）。任何学过一年经济学课程的人对这种分析技术都很熟悉。这个示意图所在平面上的每一点都代表两种商品的消费数量之间的一个比值。这些点所构成的集合的某些子集满足无差异关系，即主体将不会再去花费任何精力或其他成本来从这些子集中的某一点移动到另外

① 在这里，我再一次采用了曼德勒（Mandler，1999）的观点。在我看来他对这段历史的分析是目前最有权威的一个，不过我也认为它还可以得到一些补充，这需要注意米罗斯基（Mirowski，1989）的贡献。他们两个人所叙述的故事可能被认为是不相容的——事实上，除非米罗斯基宣称的心理学与新古典主义知识史无关的论调能够放低下来，否则他们就是不相容的——但是我认为正是因为他们强调的是不同地方，才使得他们的观点能够解释对方所忽略的问题，不过要充分地说明这一点需要等待另外的恰当时机。

的点上去。如果我们假设边际效用递减，即对于任何商品来说主体从消费更多商品中得到的效用在边际上是下降的，那么每条通过任何一个无差异点子集的曲线都将凸向原点。那么，任何两种商品组成的多条无差异曲线当中，主体将根据哪一条来决定消费？这取决于它们相对于她可以消费的所有其他商品的总存量的价值，以及她的收入。我们可以找到一种商品，这个主体对它的边际需求既符合其总收入预期，又满足她对全部可以提供效用的商品集合中的商品所进行的无差异配对。在这里，可用精力与时间都可能是相当理想的约束条件①，不过出于实际工作中度量目标的考虑，往往用货币来充当这种理想化的“计价单位”（numeraire）。如果用货币代替这两种商品中的一种，结果得到的无差异曲线簇就可以刻画她在每种可能拥有的收入水平下对另一种商品的需求——不同的收入水平有相应不同的无差异曲线，唯一的限制是我们的理想化条件（比如说，所有有关这个主体的需求的信息都可以用货币价格来表达，就是一个理想化条件）。在这里，读者需要注意的是，虽然经济学家在表明自己的立场时可能会说，在构建无差异曲线时用不用货币作为计价单位并没有什么实质不同，因此这种用法并不代表他们认同半亚里士多德主义的假设，不过，在他们的内心深处却很可能真的想那样做。米罗斯基（Mirowski，1989）曾经强调指出，许多经济学家在忘记自己的历史之前，从来不会有这种想法，当然埃奇沃思也不会。

就当前我们讨论的目标而言，埃奇沃思的无差异曲线分析技术的关键之处在于，运用它们就不需要在作为初始假设的无差异判断后面再附加基数效用假设，这一点是费雪（Fisher，1892）在其著作中首先系统性地阐明的。这也就是说，要构造无差异曲线，需要假设我们可以比较边际效用的“信号”，但这些效用的任何定化的数量或总额能不能度量则无关紧要。② 费雪证明，在达到均衡（即主体不能通过改变消费来增 84
进自己的满意水平时）的那些点上，相对价格水平可以严格地由无差异曲线的斜率决定。因此，如果我们可以推导出所有消费者的所有消费束

① 米罗斯基（Mirowski，1989）的主要命题是新古典主义的核心承诺之一是它从字面上应该是关于能量问题的，这种理解问题的方法在物理学中已经在 19 世纪晚期被抛弃。在我看来，这是一个能够产生丰硕成果的、有意思的可能性，但是它并不是无差异曲线逻辑上所依赖的那个东西。

② 用更技术性的术语来说就是，我们假设只有对相对效用的测量才是单调变化上唯一的。

的无差异曲线族，我们就能够在完全不知道基数效用大小的情况下进行经济学分析。帕累托（Pareto，1909/1971）把这种理论向前更推进了一步，他指出既然无差异曲线可以在主体被观察到的决策行为序列的基础上建立起来，那么我们要进行微观经济学分析也就无须从任何有关效用的独立度量开始了——如果效用被解释为某种心理因素或心理系数的话。

但是，正如曼德勒（Mandler，1999）已经证明的，在效用是不是一种心理“力”这个关键问题上，无论费雪还是帕累托，他们的反实在论立场都没有能真正贯彻始终。费雪的理论有一个先在假定：一个主体从某种特定商品中得到的效用往往独立于她从其他商品中得到的效用，而且这种区别是有意义的；但是与此同时，如果效用是可以分离的，那么它们必定代表着某种真实的“力”。① 帕累托的做法也类似，而且他至少在一个地方实际上维护了对无差异指标的基数效用论的解释（Mandler，1999，p. 121）。米罗斯基（Mirowski，1989，pp. 222－241）正确地指出，一方面，费雪的理论有把个体完全地消解为基本心理实体的内在压力，因为他从物理学中引入了场隐喻（field metaphor），这样一来，偏好性质就从根本上变成了统一的效用场对商品空间的波动，因此再在个体之间划出界线就没有内在基础了；另一方面，因为早期的新古典主义者希望为总体福利的改进留下一定的空间（这种说法使我有时空错置的感觉），所以他们是参照对工作的怨恨心理来解释负效用的。米罗斯基认为，这破坏了将效用类比为能量的准确性，因为物理模型中能量的关键性质在于它是可以储存的。因此根据米罗斯基的解释，费雪是通过强加了一价定律（law of one price）才得到数学上的封闭性的，而这在本质上相当于“禁止”系统中的各种运动。因此看起来推动他们创新的动力，很可能既不是有关心理学和主体关系的直觉性认识，也不是因为动机状态不可观察而导致的哲学上的不安，而是对表达的简约性的追求（这往往表现为数学的优雅形式和美感的吸引力）。
85 在21世纪初，到处弥漫着实证主义的气息，在这种氛围中，沿着表达简洁性道路上前进的任何一步都必定会被理解为本体论简单性（ontological simplicity）方向上的一个胜利，因为实证主义者对形而上学的拒斥至少部分地意味着，在本体论意义上的解释（ontological interpretation）当中，超越、超出表达惯例的任何努力都永远不可能是合理的。

① 对此有多种可能的心理学解释，请参见曼德勒的论述（Mandler，1999，pp. 117－120）。

这种理解事物的方式在20世纪30年代几乎有扭转乾坤的力量，它也撕裂了经济学理论。

与其他许多学科中发生的情况一样，20世纪30年代在经济学理论发展的历史中，堪称方法论的十年。几乎所有顶尖经济学家都至少发表过一篇关于经济学（是否可能、是否应该）与“功利主义”（utilitarianism）决裂的文章。[①] 但是，他们的表达方式导致了相当大的混乱。在20世纪30年代，经济学家所说的“功利主义”通常是指感觉主义的享乐主义。然而他们之所以发动这一战役，真正的剑锋所指，却是心理学上的基数效用论，这就是说他们所针对的是如下观念（不管它被包含在哪种类型的经济学理论当中）：主体必须通过对体验到的各种不同的基数效用水平进行比较才能决定他们的消费行为。至于我刚刚提到过的混乱至少发生在两个方面。首先如上所述，边沁一直要求自己保证自己在感觉主义是否能够或者应该在应用经济学中发挥作用这个问题上保持足够的科学上的谨慎，为此他不惜付出最大的努力。因此我认为他的感觉主义假设其实只是他的主要理论当中的一些附带性的东西。功利主义的本质在于它把关于价值的激进主观主义与某种民主观念联系起来，从而要求道德上的反父权主义（antipaternalism），并且用相等权重偏好来计算社会公益。这些规范性问题显然是直接从30年代理论土壤中成长起来的新福利经济学的核心议题，所以把针对感觉主义和/或心理学上的基数主义的方法论“叛变”说成是对功利主义的拒斥是一种误导性的做法。[②] 其次，正如我们在威克斯蒂德那里已经看到的，要成为一位基数效用论者而又不成为一个感觉主义的享乐主义者是完全可能的；但是20世纪30年代及以后的许多经济学家似乎都假设反对后者就意味着反对前者。很久以来，就不再有人会严肃地为感觉主义的享乐主义进行辩护了，因此要提出并维持反对它的观点似乎很容易。但是这种情况反而使20世纪30年代发生的争论的真正目标（心理学上的基数主义）的含义变得模糊不清，这导致了另一个后果，即20世纪30年代后另一批理论经济学家的真正的实证主义立场也变得模糊不清了。

20世纪30年代经济学领域中最重要的理论成果是由希克斯和艾伦 *86*

① 参见 Bergson（1938）、Samuelson（1938）、Hicks（1939）、Kaldor（1939）和 Robbins（1938）。

② 罗宾斯（Robbins，1938）也很清楚地认识到了这一点，他指出规范功利主义是独立于心理学基数主义的；罗宾斯反对后者，而对于前者他是隐晦地赞同的。

(Hicks and Allen，1934）完成的。他们的出发点是帕累托的发现（我们在上面已经讨论过），即只要有了基于无差异曲线的偏好示意图就足以预测消费行为了，而且无差异曲线本身也不一定只能从效用函数中推导出来。前面我们已经解释过无差异曲线并不包含基数效用可比性假设（这不在初始无差异判断的范围之内），既然如此，利用构建无差异曲线的各种充分、必要的元素也就可以推导出效用函数，而且从反基数主义的立场来看，对效用函数的任何理论上的运用都可以解释为在理论上无害的。此外，希克斯和艾伦还证明，需求函数的凸性并不要求边际效用递减的基本心理学假设，他们引入了边际替代率递减规律，即一个主体愿意用来交换她现有商品存量 y 的一个增量的 x 商品的数量随着她所拥有的 x 商品存量的减少而递减。凸性作为基本假设，有两方面的重要性。首先，它至少在大体上是可检验的行为规律，因为它不用直接参照内在满足度水平。其次，在某些时候它通过一种逻辑上的论证就可以得到证成，而不用再求助于某些心理学上的理由。即使出现例外情况，也只是因为存在着主体可能理性地决定仅仅消费一种商品这种可能性，而且这本身也可以认为符合归谬法（reductio ad absurdum)。但是，基于一些理由（在下文中这些理由将会逐渐变得清晰起来），从终极意义上说，如果这种解释只是为了从一种具有实质的心理学性质的效用概念转换为另一种具有实质的心理学性质的理性概念，那么就算不上是一种有效的论证。不过，就目前而言，它的重要性在于它起到了典范作用，有标志性意义，它其实是一个信号，表明经济学家对于理论进步具有坚定信念，而且在很大的程度上，理论进步就在于为他们最喜欢的“公理”找到一些无须依赖于感觉主义的正当理由。

上面最后一点则有助于说明，虽然“反功利主义”这个标签并不能准确地描述20世纪30年代理论经济学家的哲学抱负，但是他们确实不会仅仅关心表达上的简洁性这么肤浅。正如我们已经看到的，对效用的相对强度度量的怀疑主义态度在边沁和杰文斯那里就可以看到，因此，无差异曲线分析技术被采纳这个事实本身并不必然意味着某个重要的哲学上的转换。20世纪30年代反功利主义运动（这一运动持续到了20世纪四五十年代）的倡导者在某种程度上都是或多或少的逻辑实证主义者。这种论断是许多人都熟知的，对当代新古典主义的批评者来说尤其
87 如此。然而，人们在做出这种论断的时候，往往忽略了实证主义本身是一个非常复杂的哲学观念的集合体这个事实。各种标榜为实证主义的哲学学说在各自的历史上都经历过自成体系的内在发展过程，因此包含着

程度不同的诡辩成分，并且承担着各自的学术责任。[①] 此外，这些通常与实证主义联系在一起的观念并没有一个共同的哲学动机，因此，它们的兴起和衰弱也不是同步的。20 世纪三四十年代受实证主义影响的那些经济学家对于实证主义哲学本身复杂性认识和把握程度参差不齐，因此，虽然改革经济学学科是他们的共同事业，但是他们的认识论基础并不一样。在此我想再强调一遍，我并不是奢望自己能对经济思想史做出什么原创性的贡献，我只是在努力构建一个平台，以便把一系列哲学上的新议题与理论经济学家以及他们的批评者都熟悉的那个背景联系起来。我决意弃绝历史学家的困惑这类借口，因此将只对两位最著名、最有影响的方法论倡导者，即莱昂内尔・罗宾斯（Lionel Robbins）和保罗・萨缪尔森的思想进行分析，以简化对反功利主义的实证主义哲学基础的检验。在下文中我将把反功利主义称为“序数主义”，因为这种表达更准确。基于历史的、逻辑的理由，我将从罗宾斯开始讨论。

实证主义基础：莱昂内尔・罗宾斯

直到今天，对于许多经济学家来说，什么是经济学这个问题的“官方”答案仍然是罗宾斯在他的《论经济科学的性质和意义》（*Essay on the Nature and Significance of Economic Science*，1935）一书中给出的。[②] 这本书是围绕着对罗宾斯自己的经济学定义的捍卫来组织的。罗宾斯把经济学定义为“从目的与用以满足目的的稀缺手段之间的关系来研究人类行为的一门科学；而稀缺手段本身是有多种可选用途的”（Robbins，1935，p. 16）。如果我预先申明我在本书中将捍卫罗宾斯这

---

① 比如说可以参见爱德利森（Addleson，1997）的著作，他反对与主流经济学有关的一个研究计划，他称这个计划为均衡解释，之所以反对它是因为据他所说它依赖于实证主义。我在对爱德利森这本书的书评中指出（Ross，1998），他几乎完全不理解实证主义作为认识论和形而上学发展历史中的一个片段到底是什么，而且他似乎只把实证主义想象为一两个与某种实证主义有关的命题，这样也就排除了任何与实证主义可能相关的其他哲学观点，排除了任何可以宣称为受到这些观念激励的东西。这当然是一个极其令人震惊的恶劣的历史叙述，而且其逻辑性也同样糟糕，但是它确实是现在许多反对新古典主义的文献的典型代表。

② 罗宾斯于 1935 年出版的是《论经济科学的性质和意义》的第二版，其第一版出版于 1932 年。罗宾斯在第二版做出的修改从哲学上看是很重要的。不过，本书不可能对此涉及过多。出于讨论的需要，我采用了该书第二版，这一版也是大多数经济学家通常习惯阅读的那一版。

一定义，说它从根本上来看是正确的，只需要进行很少的修正，即放弃“人类行为”中“人类”一词，这或许有助于读者理解接下来将要展开的讨论。不过，这是本书的总体目标，就目前而言，我的焦点在于罗宾斯自己对他这个定义的基础和含义的解释。

罗宾斯这个定义所依据的第一个哲学原理是很清楚的：他假设一门真正的科学必须具备最广泛的逻辑空间，以容纳以它为基础从中推导出可检验的预测的各种可能性。正是基于这个原因，他极力反对我上面讨论过的杰文斯和马歇尔等人所持的半亚里士多德主义立场，根据他们这
88 种立场，经济学规律只适用于一类内容受到某种限制的偏好。因此，罗宾斯追随威克斯蒂德的立场，接受了行为及其可描述性在经济学逻辑的意义上看是同构的观点。不过对于后来发生的争论（包括当代仍在持续的争论）的明晰性来说不幸的是，罗宾斯对威克斯蒂德的认同是建立在与科学认识论有关的一系列实证主义观点的基础上的。

有人称罗宾斯是一个实证主义者，但这种做法很容易引起争议。例如 B. 考德威尔（B. Caldwell）对 20 世纪经济学方法论的历史性回顾中就是把特伦斯·哈奇森（Terence Hutchison）看成实证主义者，而把罗宾斯作为一个对照性的人物（Caldwell，1982）。这正好可以作为我所说的必须严肃对待的实证主义的动态复杂性的一个例子。我认为早期实证主义的思想根源是康德主义，在这一点上我追随了迈克尔·弗里德曼（Michael Friedman）的观点——他强调科学的逻辑基础是纯粹现象的公理化体系（Friedman，1999）。考德威尔强调罗宾斯的经验主义倾向，从而把罗宾斯放到了实证主义的对立面①，在我看来，这种做法实在太过独特了些。事实上，经济学家表达出来的实证主义也处在不断的发展中，这和一般实证主义在哲学家当中的情形是一样的；而且随着时间的推移，其总体方向表现为越来越多地倾向于经验主义，康德主义的成分则越来越少。关于这一点，在本章下面讨论萨缪尔森的思想时，我还会再次涉及。对于我将在第 4 章中予以捍卫的那些认识论命题和形而上学命题而言，对这个问题的讨论其实只是一个重要的开场白。

罗宾斯对半亚里士多德主义观点的批评是以实证主义为基础的，这

① 考德威尔对有关这段历史的资料的组织有很强的内在一致性，这种一致性通过强调罗宾斯与奥地利学派的方法论主张的关系而得到了进一步的强化，奥地利学派的观点有深厚的康德主义色彩。但是，一旦像弗里德曼那样把康德主义者与实证主义者之间的鸿沟轻轻抹去，所有这些就都显得合乎情理了。

一点在他对一类特别的论争对手的攻击中显示得最清楚，他们就是那些鼓吹对经济学进行历史学家式的解释，使之类似于叙事社会学（narrative sociology）的那些人。罗宾斯早期的学术经历使他下决心勇敢地面对与经济学中的历史主义和制度主义的斗争，这两种思潮主要源于德国。罗宾斯否弃这两种思潮的基础就是实证主义的如下实质要义（“实质要义”就是说，在实证主义发展的历史中，它作为核心论点从来没有被放弃过）：一组理论论断只有在反映了存在于宽泛的假设与具体明确的、可检验的预测之间的逻辑上透明的关系的范围内，才可能是科学的。（罗宾斯批评制度主义没有满足范围广度标准。）事实上，在第 1 章中我们对罗宾斯这种观点就不陌生了，因为它就相当于在说科学的目标瞄准的是系统性。实证主义者通常的解释是，一个理论要成为“科学的”，就必须可以在形式上表达为一个公理化的规律体系。虽然罗宾斯从来没有在《论经济科学的性质和意义》一书中表明他已经走得如此之
远，但是他确实不时暗示，彻底的公理化和规律的普遍性就是适当的 89
（极限）理想情形之体现。[①]

罗宾斯进一步详细论证道，因为许多人们想得到的稀缺品都不是物质的，而且并不能满足人们在物质财富方向的自私性兴趣（selfish interest），所以狭隘的亚里士多德式经济学理论不可能包含任何一个同时具备广泛性和明晰性，并可以对精确预测产生重要作用的一般性规律。因此，经济学不可能是研究物质财富积累原因的科学，它最多只是附带性地研究一下这个问题。对于罗宾斯来说，毫无疑问这就是必须否定古典主义的根本理由，而且在他看来，科学的经济学与此前的政治经济学中展开的前科学研究的区别也就在此。

那么，罗宾斯如何来处理经济学与心理学的关系呢？再一次，他坚决地坚持了早期（康德式的）实证主义的核心论点。他认为，经济学理论成为科学的潜力取决于如下两个关键事实：（i）偏好排序事实，即人

① 对此最强烈的一个暗示出现在罗宾斯在该书第 102～103 页给出的一个很长的脚注中间，他批评马歇尔的局部均衡分析混淆了严格的公理化证明的可能性。这也是罗宾斯最可爱的地方：因为一方面，他在道德上赞扬马歇尔，说马歇尔通过回避特别繁难的推理，使务实的读者保持了对经济学的兴趣（罗宾斯本人也承认马歇尔是具备很强的数学推理能力的）；而在另一方面，他又从科学基础的角度对马歇尔这种做法表示遗憾。罗宾斯这种态度隐含地承认，在区分真正科学的系统性理由与实践性理由之间存在着对立的一面，如果把公理化当作真正的科学的标志，就不可能不承担显得对马歇尔不敬的风险；而罗宾斯本人是不想对马歇尔有任何不敬的。

们能够而且确实对自己的偏好进行排序，而且可以在相当长的一段时间内维持这种排序（时间长到足以完成一系列相关的行为决策）；（ii）稀缺性事实，即并不是所有被排序的偏好都能普遍地得到满足。就心理学在罗宾斯的经济学理论中的作用而言，与之相关的是上面两个事实中的第 1 个。消费主体的无差异曲线能够画出来，也要感谢它；而且只要有了它，无差异曲线是不是从效用函数推导出来，确实是没有什么关系的。那么，需要知道决策主体是一个动态稳定的偏好排序者这一事实的，到底是这个主体本人，还是只有正在研究她的经济学家？对这个问题，罗宾斯始终含糊其辞。然而，下面一点他却说得很清楚：我们之所以知道上述事实，主要是因为我们能够内省，这并不需要严格的行为上的基础。行为主义被罗宾斯说成是一种“古怪的教义”（Robbins, 1935, p. 87）。他认为行为主义有许多局限，如果坚持它就会严重地阻碍对事实本质的认识。罗宾斯论辩道，这是因为构成了经济学主题的是偏好与稀缺性之间的关系，而这种关系体现为在内省上自明的决策过程（ibid.，pp. 85－90）；之所以如此，是因为我们在正常状况下都能够理解在所偏好的各种稀缺对象之间审慎地进行选择这种内在心理体验，从而知道经济学分析确实是可以应用于一组真实的经验现象的。基于同样的理由，罗宾斯告诉我们，享乐主义从描述的角度上看是错的（descriptively false）（ibid.，pp. 84－86）。

90 罗宾斯这样说，并不意味着他认为经济学理论的目标在于描述决策的因果机制——这是适合于哲学研究的领域。恰恰相反，他认为经济学研究的是决策的抽象逻辑（abstract logic），这可以在关于纯粹事实的形式演绎过程中辨认出来，因为在用来满足偏好的各种稀缺对象之间进行选择必须服从某种约束条件。如果享乐主义是真的，那么它就应该是一个关于决策的因果基础的命题，而不是一个有关决策原理的命题，因此根据罗宾斯的看法，一个基于享乐主义基础的经济学诠释，不仅是一个事实错误，而且还是一个概念错误。罗宾斯强调指出，经济学分析的结论，不可能是任何关于决策机制的特殊理论的“人质”，它就存在于它作为一门科学的独立性的适当基础当中（ibid.，pp. 83－84）。

正如我已经指出的，这种观念完全符合实证主义关于怎样才是一门具有适当基础的科学的观念。根据这种观念，一门科学应该由一系列对观察得到的证据事实从逻辑上进行推导得到的结果所组成。更进一步，关于观察得到的事实之为事实的实证主义辩护最终必须是内省式的，因为我们唯一一种应该拥有的不必借助他物为中介就可以直接进入的观察内容就是内心体验（inner experience）。实证主义哲学家石里克（Schlick，1933/1979）对这种观点的论述堪称经典，他指出，内心体验内容的任何一个外在投射，都是对外在的、自我维系的各种性质和过程做出的某种论断，其大意无非是说外在的对象和过程导致了各种体验，这样就涉及一种建立在某个不可证实的形而上学假说的基础上的推论跳跃（inferential leap），因此不可能是科学的一个适当的组成部分。这正是康德式的实证主义的核心观念。这种观念最纯粹的极端表达形式，就是不相信任何因果判断的科学意义的怀疑主义。而这就回到了休谟的主张，事实上这种主张也是当代形式上更精巧的新实证主义所坚持的。比如说，范弗拉森（van Fraassen，1980）就把因果假说描述为“异想天开的东西”。

没有任何理由相信罗宾斯受到了维也纳学派实证主义的直接影响。不过，要请读者记住的是，我在这里研究的是哲学问题，而不是知识史。[①] 罗宾斯清楚地表达出来的那个经济学科学观恰恰与早期实证主义的科学观十分契合。这也就意味着，根据罗宾斯的“菜谱”烹调出来的“经济学大餐”是一个基于内省基础的自足的演绎体系。请注意，因为心理学被罗宾斯认为与因果机制和因果关系有关，所以一个严格的实证主义者可能会认为心理学与经济学相比，其科学性仍然是不可靠的。从这个角度来看，罗宾斯所努力证成的经济学独立性命题不仅仅是作为一 91
个方法论上的策略而出现的，它也是哲学上的迫切需要所致。

要搞清楚对本书所讨论的当代经济学议题利害攸关的东西究竟有哪些，我们需要把目光从罗宾斯身上移开一会儿。人们可能会设想：如果经济学真的被看做一门有关决策的抽象逻辑的科学，那么要改良它、深化它的最自然的途径应该是对“形式”理性选择理论进行苦心经营。这也与观察到的事实一致，因为经济学家确实在这样做，他们也确实为这一事业做出了主要的贡献，20 世纪 40 年代以来，他们与哲学家一起把理性选择理论推到了一个极为精巧的程度，这肯定远远超出了罗宾斯当初的预见力。不过，经济学家和哲学家在分别为理性选择理论添砖加瓦

① 如果可能，我愿意将这种影响的历史描述得更充实一些。正如考德威尔（Caldwell，1982）所强调的，罗宾斯受到了奥地利学派方法论学者的直接影响；而且这些学者所生存的那个环境也正是维也纳学派兴起的环境，这也就是说，他们在技术能力上是不存在什么薄弱环节的，他们沉湎于康德主义认识论和形而上学当中，急切地想为科学划界，将它从始于奥地利随后席卷全球的政治非理性主义的噩梦中唤醒。因此，罗宾斯的观点与“官方”实证主义之间的关系是一个有关“共同原因”的故事。

的时候，各自所依据的动机基础却是不同的。总是要进行非常宽泛的一般化思考的哲学家把理性选择理论看做规范理论的一个分支，它能够给出“一个理想的主体应该做些什么”这个问题的部分答案。与此形成鲜明对照的是，经济学家经常把理性选择理论看做描述性科学的组成部分，用来分析经济主体在事实上做了些什么——在给定他们都是理性的假设条件下。这样一来，经济学家对理性选择理论的运用方式就可能会遭到一些抨击（而哲学家则可以轻松地避开类似批评），因为人们并不是像他们所假设的那样理性的，而且这是事实。然而，从另一方面说，理性选择哲学家们（而不是经济学家）则必须对如下的忧虑做出回应：把理想状态的理性放在第一位（相对意义上的），这种做法是不是具有规范上的适当性（normative appropriateness）？而且，如果人们被弗兰克等人的研究（Frank et al.，1993）所说服的话，上述这两类批评就可能会聚到一起——它们告诉人们理性选择理论是一种描述性工具，并鼓励人们尽力使自己的行为与之保持一致，因为这是一种合乎规范的行为倾向。

这些都将是本书第5章将要展开讨论的问题。就目前而言，我们关注的是它们与罗宾斯关于经济学的研究领域应该是什么这个问题的观点的关系。这很重要，因为如果一位经济学家确实把形式理性选择理论看做行为经济学的描述性内容的一部分，他就可能很轻易地就认定自己是在罗宾斯的观念设定的经济学范围内进行研究的（在给定我们已经讨论过的这种观念的内涵的限度内）。然而，这个结论可能下得过于仓促了。罗宾斯为之辩护的经济学独立性命题的真正隐含意义在于，选择作为一种心理学上的过程，是一个黑箱；而经济学必须有意地让这个黑箱维持关闭状态。正是从这种观念出发，罗宾斯没有建议经济学家把对自己的审慎选择过程的内省继续深入进行下去，他说他们需要做的是，只是从
92 逻辑上确定相对于给定的偏好排序、给定的环境和给定资源预算约束，哪些行为将会使一个主体的偏好满足程度最大化。对于罗宾斯来说，唯一（可以得自内省的）与经济学有关的心理学事实是人们确实审慎地进行选择。罗宾斯没有经过论证就直接断言，如果经济学是关于经验事实的，那么真实的审慎选择行为的存在就是必不可少的。罗宾斯认为，必定是审慎选择把有序偏好与行为联系到了一起，这是不证自明的，因为实在他想不出还有另外的什么东西能够完成这个任务。这些与他在《论经济科学的性质和意义》一书中以及其他地方的观点也是一致的。

但是，现代认知科学并不支持如下观点：形式理性选择理论涉及的

那些带有神秘色彩的原理，与一般的经济学理论发现相比，需要更多地通过持续不断进行的、仔细的内省才能确定。对这个问题，我们将在下面的章节中进行更详尽的讨论。有鉴于此，人们或许会试图把经济学对理性选择理论的运用建立在罗宾斯式的实证主义的基础上。他们的论证方法如下。与经验有关的经济学是建立在人都是其有序偏好的最大化者（至少是近似地）这一假设基础上的。一个主体只能期望在她的行为符合理性选择理论可以给出的最佳规范性结果这个限度内来使自己的偏好得到满足的程度最大化。因此，（实证主义）经济学家就可以而且应该假设人们有动力去学习这个理论：只要她们能够通过练习或正式的教育克服自己在计算能力上的局限性，她们就将会这样去做；而且她们将会调整自己的行为，使之向她们所理解的这个理论靠齐。她们或许仍然会通过对自己本人的选择过程的内省来从成功经验中学习，但是同样很可能的是，她们或许会对自己采用一种行为主义的态度，即去比较她们自己的可以观察到的行为与规范的理性选择理论所推荐的结果之间的异同，一旦发现不一致，就对自己的决策模式进行调整，这样她们就可以一步一步地使自己的行为与理性的理想状态不断趋近。

上述这个论证将会削弱罗宾斯关于经济学独立性的观点，因为它蕴涵着一个需要心理学家去检验的预设，这就是人们会试图通过某种方法使自己与理性的理想状态保持一致。事实上，罗宾斯本人在某些时候也可能潜在地以同样方式削弱了自己的独立性观点。这也就是说，我们可以将他所断言的东西理解为一个凡俗的见解：日常观察所得往往可以让 93
我们消除对人们在追求偏好最大化过程当中是不是真的有理性这个问题的疑虑。如果这确实是罗宾斯的观点，那么它将会阻碍科学心理学（或新心理学）与经济学的分离——只要心理学不会削弱从日常观察中得出的结论。今天，在心理学家和哲学家当中，极少有人相信科学心理学一般地证明了通俗心理学规律的有效性，尽管他们中的一些人或许对俗成心理学的基本概念工具仍然有一定好感。因此，在这个意义上，在给定他自身对心理学的信念的情况下，罗宾斯以一种自己没有意识到的方式亲手削弱了自己的经济学独立性论点。

然而，如果对罗宾斯的观点进行更细致的考察，就会发现上述解释是不能成立的。罗宾斯的态度非常明确，也很坚定，他认为经济学并不依赖于而且绝不应该认为它依赖于人们是不是完全理性的效用最大化者这个假设（Robbins，1935，pp. 92－94）。罗宾斯说：

与目的相关联的手段或许是稀缺的，即使那些目的彼此之间是相互

> 不一致的时候也是如此。交换、生产、经济波动，所有这些都发生在一个人们并不知道自己正在做的那些事情的全部意义的世界当中。比如说，在希望能够立即最大限度地满足消费者需求的同时，却又用关税等手段去阻碍外国商品进口，这就是不一致的（在这种意义上，即不理性的）。然而，这种情况经常发生，而且又有谁能说经济科学不能完全解释这种情况所导致的结果呢？（ibid.，pp. 92－93）

在这里，有人或许会提出反对意见，说罗宾斯的例子并不能证明他自己的观点，因为支持关税的人可能对某些东西的评价比“最大限度地满足消费者需求”更高，而且它们可能是相互有竞争关系的。或许真是这样，不过对我们来说，这里真正重要的是罗宾斯自己的信念，即经济学理论并不需要假设其分析对象拥有理性地最大化任何他们想要的东西的能力。

罗宾斯还考虑过两种“要求不那么高”的理性概念，认为它们或许可以成为经济学理论的一部分。他说：

> 如果只用“理性的”这个术语来表示“一致的”的这个意义，那么这种假设确实进入了某种特定的理论建构当中。在均衡状态下可分商品的相对重要性等于其价格这个鼎鼎大名的规律确实包含着每个最终选择都与其他任何一个选择相一致这个假设，而这个假设的意义，就相当于：如果我偏好A更甚于偏好B，偏好B更甚于偏好C，那么我偏好A更甚于偏好C。总之，在完全均衡的条件下，从“内部套利活动”中得到更多利益的可能性被排除掉了。（ibid.，p. 92）

94 这实际上表达了一种在日后将变得十分著名的观点，即最小经济理性的核心就是偏好的可传递性（transitivity of preferences）。但是，罗宾斯本人含糊其辞的说法则是有误导性的，因为他只提到这些东西“进入了某种特定的理论建构当中”。不管如何，如果要对偏好进行排序，偏好的可传递性就是必需的性质。罗宾斯将偏好是（或者至少经常是）有序的这一“事实”放入了神坛，把它作为经济学之所以可能并拥有经验意义的两个基本假设之一。就目前而言，我们只需要记住罗宾斯确实在尽自己最大的努力——事实上，简直超出了他自己的能力——来尽量减少经济学家对理性的承诺。

然而作为假设的“最小行为一致性”的确切范围究竟是什么？对这个问题进行了曲折反复的理论“腾挪”后，罗宾斯最终确定了他认为正确的最小必需条件：

当然，在某种意义上，理性这个词的用法可以使人们有理由声称至少在人类行为具备某种经济属性时可以假设某种理性——在这种意义上它就等价于“目的性”（purposive）……行为到底是不是有目的性的，如果对这个问题还要争论的话，那么经济学所研究的手段—目的关系也就没有任何意义了。因此，如果不存在目的性行为，那么就可以认为不存在经济现象。但是我这样说并不意味着所有目的性行为都是完全一致的（即使在最低限度上）。（ibid.，p. 93）

上面这段话包含了很多哲学上的含义。首先，它是在本体论而不是在认识论的意义上说的。这也就是说，如果目的性行为不存在，那么就（可以认为）不存在任何经济现象。但是，很显然人们可以想象在不存在目的性的情况下心理行为仍然存在（至少在罗宾斯的内省主义的心理学意义上），这样一来，罗宾斯的经济学独立性命题就有了一个本体论上的而不仅仅是方法论上的转折。但是，如果我们把这一段话与前面引用过的那一段话放到一起作为一个整体来看的话，那么我们就需要继续追问经济现象到底是怎样依赖于目的性行为的存在而存在的，因为它已经不再依赖于偏好可传递性所代表的最小行为一致性了。我提出这个问题并不需要去辩驳罗宾斯上面这段话的最后一句，因为很显然目的性行为在不存在完全一致性的时候也可以存在（我们将在下一节中更详细地讨论这个问题）。然而问题在于，如果行为甚至不能揭示出可传递的偏好结构（比如说通过被研究的行为序列），那么人们怎么可能辨别出行为中的目的性呢？举例来说，如果一个人要把石头当作不存在目的性的系统的范例，那么他这样做的行为证据只能在于如下事实：如果确实可以根据石头所在的位置把石头“想位于什么位置的欲望”归因于石头，那么只要重力作用的影响被剔除在外，这个系统就不会表现出任何可传递性（除非是偶然地、巧合地、大略地），这是因为，在给定不存在任何把石头当作主体看待的诱惑这一事实下，只有重力作用的影响可以解释石头行为中所有明显的可传递性。 95

但是正如我们已经看到的，罗宾斯不赞成行为主义，而且我们现在可以认定，对于他本人对他自己所定义的经济学的理解来说，对行为主义的否定是至关重要的，这决不是偶然发生的。对于我们上面所评述的罗宾斯的一系列观点，如果要把它们理解为一个彼此一致的体系，就必须接受他假设的一种看上去有些牵强的逻辑可能性：关于自身行为的理性化，一个人虽然可能找不到任何可传递性的表达形式，但是可以内省地意识到自己在关注一些目标，即可以在事实上意识到被排序的偏好。因为对罗宾斯来说，事实证明目的性的根源在于意识而独立于行为，没有目的的行为在观念上仍然可以与用有序偏好表达出来的有目的性的存在相容。因此我们相信石头没有目的的基础本质上并不是行为上的，我们相信这一点，其实是基于一个事实性的信念，即石头没有意识。

这种解释与罗宾斯紧接着上面那段话之后说的东西很一致：“可能确实需要强调的是，目的性行为对自身存在的意识越强烈，它就必定越一致。”[1] 就我们可以寄望的实证主义者来说，很难找到其他会表达一种比这更康德式的情感的人了，因为历史上的逻辑实证主义是康德的纯粹哲学和认识论与关于因果关系的休谟式的怀疑主义相调和的产物（Friedman，1999）。这种情感对于当代认知科学与行为科学来说，也是同样怪异的，更不用说动物行为学了。不过，不管我们怎样定义“意识”，我们都会同意人的意识要比黄蜂更强大。但是，如果一个人预测行为的方法是从单纯的关于偏好一致性的假设出发进行推导，那么他关于黄蜂的行为的预测记录将会极大地优于关于人的行为的预测记录（Ross，2002c）。事实上，昆虫是新古典微观经济学近乎完美的研究对象。因为一只昆虫的目标与行为反应之间的关系是硬连线的（hard-wired），而且只在一些数量有限的、可以明确列举出来的、严格模式化的、确定的维度上敏感于环境变化。经验地确定这些维度后，就可以挑
96 选出一些稳定的、可以用来构建经济学家研究的那种逻辑关系的变量。运用昆虫学家发现的控制性规律就可以构建出一只昆虫的预算约束和条件—反应清单，在这个基础上，再要从中推导出它的效用函数就只是一个简单的技术问题了。因此，我们就在生物学上的昆虫个体与行为端正的经济主体之间建立了一种一对一映射，而且终昆虫一生，都不会发生偏好逆转现象，因此我们不需要去解释由此导致的令人失望的效用最大化结果。

当然，我们不需要假设昆虫也体验着某些与审慎决策有关的东西，我们在这方面受到的诱惑要少得多，但这正是要害所在。罗宾斯为经济学找到的内省主义认识论基础恰恰在如何为微观经济学最好地发挥作用找到适当的条件这一点上出了错，当然这里所说的微观经济学指的就是

---

① 读者或许会担心罗宾斯会撤回他对经济学的一致性承诺的否定，那么请注意他的下一句话：“但是，这并不是说经济学总是从一开始（ab initio）就是一致的，也不是说一般经济学结论必须如此限制在所有不一致都被消除掉的行为范围之内。”

在行为一致性假设基础上简单地运用逻辑分析。关于这个问题，我在第6章中还要详细讨论。现在，我先强调两点。第一，把罗宾斯的康德式直觉颠倒后只会削弱他对经济学的范围的界定，其中一个方面就是他把经济学定义为对人类行为分析的科学的理由消失了。第二，他把我们带到了行为主义的方向，而这是罗宾斯本人原先明确地表示反对的。这样也就把我们的注意力吸引到了通行的实证主义态度中存在的一些重要的内在张力上来了，它们正是序数主义革命的触发因素（至少是部分地）。我们已经指出过，无论从它对形而上学的立场上看，还是从其哲学心理学上看，经典实证主义都有很深的康德主义色彩。不过与此同时，它所坚持的认识论上的证实主义立场又使它很自然地接近心理学上的行为主义，后者曾经盛极一时，尤其体现在 20 世纪四五十年代最重要的后实证主义者对认识论做出的贡献中——比如说赖尔（Ryle，1949）、维特根斯坦（Wittgenstein，1953）和奎因（Quine，1953）等人。实证主义哲学中这股竞争性思潮也体现在罗宾斯的《论经济科学的性质和意义》一书中，而且对该书发挥的影响至少与对他更偏爱的“经典”实证主义的影响一样大。

我在前面已经指出过，在新古典经济学关于因果关系的方法论学术传统中，对享乐主义的感觉主义的反对和在阐释效用函数时为序数主义而发动的斗争往往会聚到一起成为同一种立场的两个方面。现在我们又看到罗宾斯用经典实证主义来证成他的反享乐主义观念，反享乐主义是关于心理学上的因果关系的，它被认为与实证主义经济学无关。不过罗宾斯的《论经济科学的性质和意义》前四章中并没有提出什么可以有效 97
地反对基数效用论的东西——这是到目前为止我们所关注的。不管怎么说，如果经济理论的经验意义依赖于人们对审慎决策现象的内在意识过程，为什么经济学家还必须忽略与之密切相关的俗成心理学内省主义教条呢？因为根据这种教条，这种决策（通过逻辑上的包含关系而不是因果关系）取决于对目标导向的欲望的相对强度的评估。既然已经设想人们从现象上体验到的自己的偏好是有序的，那么再去假设人们体验到的偏好只能是有序的，那就是一种奇怪的做法了。一个可以拿来作对比的例子是休谟，他很明确地指出，我们对于各种结果都会产生一定的情感，不同结果对应的情感的“鲜活”程度不同，而我们就是从对这种情感“鲜活”水平的现象上的意识出发推导出我们的偏好排序的。为了支持自己这个观点，休谟还谈到了俗成心理学的常识。罗宾斯从来没有涉及这个问题，因此很显然他并没有注意到对他来说很重要的“日常”心理学知识如果要理解为与严格的序数主义相容的东西，那么无论在观念上还是在历史上都将是相当怪异的。无论如何，罗宾斯确实认同序数论，而且与他惯常所用的带有修辞色彩的语调相比，在这样做的时候，有时他的话甚至显得相当激烈。[①] 我现在可以说，这种态度已经接近于某种哲学上的精神分裂症。

严格地说，序数论作为一个命题，其准确含义是，效用函数应该只用那些在单调递增变化情况下保留下来的性质来刻画。边际效用递减不是这样一种性质，这正是 20 世纪 30 年代的主流经济学家为什么看到它被希克斯和艾伦（Hicks and Allen，1934）取消后会如此开心的原因。他们用来取代边际效用递减的边际替代率递减规律，即消费主体为了交换另一种商品 y 而愿意付出的商品 x 的数量将随着其所拥有的 x 商品的存量的上升而减少，这一性质保证了需求曲线的凸性[②]，却无须考虑这一事实的任何感觉主义的或其他因果关系上的心理学基础。这也就意味着它是行为的。就此而论，正如曼德勒（Mandler，1999，pp. 85－96）所主张的，在评价序数论的可能动机的强度时，我们需要区分杰文斯所理解的边际效用递减规律和它的更弱的形式——曼德勒所称的“心理学上的凹性”。前者说的是主体内省地意识到了特定商品的边际效用在边际上递减的比率，而心理学上的凹性则指仅仅意识到了边际效用递减这种性质的存在。曼德勒通过如下方法使心理学上的凹性可操作化：
98 “在任何一点 x，任何一条与 x 相交的直线代表的心理学上精确的偏好效用表示的集合都是非空的，而且包含了所有这个主体在那条线上的偏好的凹性效用表示。换句话说，主体虽然在各个方向上都可以体验到边际效用的递减，但是却不包括进一步反映非序数性质的心理反映；在任何一条直线上任何代表主体偏好的凹函数在心理学上都是精确的。”（ibid.，p. 87）这个扩展定义允许对它与传统的边际效用递减规律进行比较。曼德勒证明，与杰文斯的边际效用递减规律相适应的效用函数集合转换得到的是这些心理学上的凹性函数的一个子集，因此后者是一个更弱的假设。不过心理学上的凹性仍然不是严格的序数。

虽然罗宾斯的经典实证主义认识论使他无法否定哪怕是更强的非序

① 比如说，罗宾斯《论经济科学的性质和意义》第 56 页的脚注 2（Robbins，1935）。

② 希克斯和艾伦都知道这个原理不可能是具有完全一般性的；在出现互补品的情况下这个原理通常不能成立，比如说杜松子酒、味美斯酒之于嗜好马提尼酒的人的情形。但是，如果假设这个原理的基础是实证的而不逻辑的（这恰恰是他们自己的假设），那么就没有什么决定性的根据能够用来反对人们简单地把它当成大量极限情形的可能集合。

数的性质，但是它在实践上推动着他去赞同心理学上的凹性。不管怎样，罗宾斯坚持认为内省告诉我们的东西远远不仅仅限于感觉的感受性，因为我们确实意识到了我们在对自己的偏好进行排序这个事实。因此，像罗宾斯那样排斥我们同样能够意识到性质上的边际效用递减的可能性的做法完全是一种特殊处理（ad hoc）。罗宾斯本应把心理学上的凹性作为一个比边际替代率递减更优先的原理，虽然后者初看上去似乎仅仅符合行为主义的假设——似乎是某种“古怪信条”的表现。

不过从历史上看这没有什么好奇怪的，罗宾斯当然不可能知道曼德勒的区分，事实上他肯定根本没想到它。但是即使是这样，我们也可以问他一声为什么不，因为这一区别几乎完全类似于罗宾斯本人对仅仅意识到偏好的顺序与意识到偏好排序的基数性质两者之间的区分。罗宾斯的著作没有给出任何提示，但是我们在这里感兴趣的是实际的逻辑关系，而非罗宾斯的学术传记，因此是时候做一些哲学方面的推理了。

让我们这样来接近问题的实质吧。对于一个严格的序数论者来说，他可以用什么论据来支持希克斯和艾伦所偏爱的边际替代率递减规律呢？绝大多数微观经济学教科书仍然赞同希克斯和艾伦，其中有许多甚至还暗示边际替代率递减规律有经验的基础，因此它已经成了那些口头上支持波普尔式的或拉卡托斯式证伪主义的经济学方法论者的心头之好。但是这反过来也使它成为从哲学角度对经济学进行批评的靶子，比如说豪斯曼（Hausman，1992）和罗森伯格（Rosenberg，1992）等人都提出了严厉的批评。他们观察到，经济学家对由互补品的存在导致的 99
边际替代率递减规律的反例的处理与其他例子没有什么不同①，就像它们只是某种极端状况而不是否定性的反例一样。不过，在 20 世纪 30 年代波普尔的观点在经济学家中间流行开来之前，为边际替代率递减规律辩护的标准论证是基于逻辑上的理由而非基于经验上的理由，其主要论据是：如果允许某一商品的边际效用（无限地）上升，那么理性主体模型就无法将偏执狂型的消费行为（即通过只消费那种商品来使效用最大化）排除出去。但这种论辩被认为是一种归谬法。就目前我们的论证目标来说，不必在意它究竟算不算一个好的理由，要点在于它捍卫凹性的方法恰恰正是通常捍卫偏好的非循环性的方法，即它是经济学理性定义

---

① 请参见上页脚注 2。

的一个方面。我们在上文中已经看到，罗宾斯在逻辑上无法回避偏好的非传递性，虽然他确实曾经努力想避免讨论这个问题。在《论经济科学的性质和意义》一书中的某一节，虽然罗宾斯没有直接讨论与理性或序数论有关的问题，但他确实明确地援引了边际替代率递减规律的逻辑辩护理由——或许是由于他的哲学警觉性有所下降的结果吧。

要用一种对罗宾斯的论辩有利的方式来构建上面这些东西其实也不难。如果凹性就像偏好的非循环性一样，确实是经济理性不可缺少的一个方面，那么边际替代率递减规律就是比杰文斯的边际效用递减规律更好的一个假设，因为前者更一般而且在认识论上更适切。然而，相对于罗宾斯自己的心理学上的康德主义来说，边际替代率递减规律并不优于心理学的凹性，这也就是说心理学上的凹性并不要求比罗宾斯已经出于其他原因而认同的额外的或更具体的经验假设。心理学上的凹性显然是罗宾斯原本应该更喜欢的一个性质，而且与他最主要的思想有哲学上的一致性。但是，罗宾斯最终的理论体系却并没有包括它，因为他恪守对于一门科学理论的一般性与公理化体系（即系统性）的承诺，超出了他与经典实证主义者共享的心理学康德主义。

这正是实证主义哲学一般演变过程的一种反映。将系统性置于比哲学心理学更优先的位置，为罗宾斯的经济学认识论准备了一个光滑的斜坡，最终滑入了行为主义，这与 30 年间一般认识论的哲学发展情形十
100 分类似，都是从康德式的实证主义转向奎因的思想；当然，前提是如果经济学的行为主义基础能够保持或提升其系统化的一般性。在接下来的一章中，我将会花一整章的篇幅来论证事实确实如此。（因此，对我来说，那个光滑的斜坡就不啻于一个通向某个胜地的舒适的水上滑梯。）简而言之，这就是为什么罗宾斯对经济学的理论范围的定义（当然要先去除“人类”这个词），以及他提出的经济学独立性的论辩在历经即将到来的无数扭曲与转折之后仍可以存在下来的原因。

不过，首先我们必须跟上正统经济学方法论发展的脚步，进入到发生于 20 世纪 40 年代向行为主义的公开历史性转向的实际场景当中。在这一转向过程中人们构建了一种混合理论的基础，我把它称为“罗宾斯-萨缪尔森论证模式”（Robbins-Samuelson argument pattern，RASP），我将在本书下面的内容中全面地、详细地阐述它，并运用当代认知科学的成果来为它辩护。

萨缪尔森与行为主义

我把萨缪尔森的显示偏好理论（revealed preference theory，RPT）当作一个历史事件来看待，我对它的处理与正统的评论并没有什么显著区别，但是我确实加入了一些哲学上的东西。王（Wong，1978）曾经很仔细地证明，萨缪尔森在哲学上是很幼稚的——即使与理论经济学家的一般标准相比也是如此。在他的学术生涯中，萨缪尔森至少出版了三本书名中包含了“基础”这两个字的著作，来为自己的显示偏好理论进行辩护，这一理论使消费者理论具备了更坚实的系统性基础。但是这些著作彼此之间并不一致（当然，这些著作的具体细节不可能在这里一一详细讨论）。同时，萨缪尔森试图给自己理论添加一些哲学标签，比如说操作主义和描述主义，但他在当代一般科学认识论当中也根本算不上重要人物。萨缪尔森喜欢用精妙的方式来提出一些宏大的论辩性的原理，但他这样做往往隐约地带有某种炫耀自己的权威地位的意思；或许这本来不过是一个修辞方面的问题，但往往在吸引了一些人的同时也触怒了另一些人。最终两方面的人都被卷进了长期的带有卖弄学问性质的阐释工作当中：被激怒的那些人是尖刻的、破坏性的；崇拜者则显得郑重其事、豪气冲天。在这里，我自己的工作原理则是尽力甩开这辆满载着哲学军械的战争机器，因为自称为萨缪尔森理论在哲学上的拥护者对于什么技术是适合的判断力往往很差。

尽管如此，对于一位具有某种形而上学美学观点的人，对于那些喜欢专注于流畅的、严格的本体建构而把所有“残留的发展痕迹”（vestigial growth）都清除掉的著作的人来说，萨缪尔森的《经济分析基础》（*Foundations of Economic Analysis*，出版于1947年，但是大部分 101
内容都完成于20世纪30年代末期）确实有很多优美的段落。隐含在这一判断之下的美学观点有些不同于传统的有关数学美的原则。各花入各眼，萨缪尔森的形式证明既可能被认为是优雅的，也可能被认为笨拙的，但所有这些都集中体现在他的正文之外的附录中，而且我无论如何都算不上一个能够对数学美感评级打分的合格法官。但是我要强调的是，在这里，真正相关的审美观念其实是工程师的那种审美观，因为萨缪尔森建造的是一架机器。不过这架机器为行为科学生产的东西到底是什么，目前仍然不很清楚。[①] 在我们可以说出来之前还有许多工作有待完成。

然而，美学反思并不是一个横生枝节的问题，在希克斯和罗宾斯之后的这一代经济学家那里，它与经济学的性质有整体上的相关性。从杰文斯、瓦尔拉斯到希克斯的所有新古典理论经济学家的著作中都内蕴着一种哲学张力。一方面，他们想通过越来越严格的分析寻求在系统化方面有所收获。另一方面，他们中没有任何一个人曾经丧失对他们所研究的外部世界中的对象的洞察力，因此随着理论的进展，他们不断地把他们的理论分析的目标解释为通俗的经济关系，即那些可以在斯密、李嘉图和马克思等人那里找到的经济关系本体，比如说，价值与财富、生产者与消费者、利润与损失、劳动与休闲，等等。但是，正如米罗斯基（Mirowski，1989）指出的，后来这一核心问题被回避或粉饰了，经济学虽然即将成为"科学"，但是上述紧张关系是根本性的、不可解决的，而新古典主义就是一种毫无成功希望的回避这一问题的尝试。萨缪尔森的著作的美感，在于他清楚地表明什么胜过了什么，即他最终让一个完全抽象的、几乎纯粹形式主义的经济学完全战胜了关于人类日常利益的本体论思想。[②]（就是这样一个美学观念冒犯了杜普雷，并激发了米罗斯基对理论经济学家的心理动机的后现代主义怀疑态度。然而对于任何声称要想认识那些抛开尘世思想的观念的价值就必须愤世嫉俗的观点，我都将表示反对。经济活动要能养活人那当然最好了，但是严格地说，这并不意味着任何与经济学理论的逻辑性质有关的东西。）

这一观点在下面的论述中将会起到重要的作用，因此我在这里还要举个例子来详加说明。《经济分析基础》第 4 章讲述的是有关生产函数的内容，在结论部分，萨缪尔森把单一企业的生产均衡定义为边际实物生产率与边际成本之比最大，同时最后一单位支出的边际生产率在所有用途上都相等。这可以认为是利润最大化的一种形式，它提供了数理结

---

① 根据米罗斯基的看法，还应该加上一点：一个喜欢萨缪尔森的机器的工程师必定是一个能够欣赏这些机器的工程师，这种情感与这些机器实际上做了什么或者能够做什么有价值的东西是不相关的。是的，工程师的情感确实有各种不同的类型；欣赏萨缪尔森的工程师只能是一个以欣赏那些自由自在地盘旋于斯德哥尔摩旁边的、庞大但严格追究起来没有什么用处的器具为乐的工程师。

② 当然《经济分析基础》全书并不完全都只是关于这个问题的，它花费了相当多的章节对希克斯和其他同时代经济学家提出的权威性的某些经济学观点进行了批判性评论，比如说，有关货币价格与配给的问题。这些都是世俗的问题。但是，萨缪尔森的目标往往是从数学的角度消解它们假想中的重要性。

构与传统的经济行为观念之间的术语学联系。但是这种联系必须受到严格限制。这也就是说，我们不可以将任何与日常利润概念有关的东西引进到理论解释当中来，日常利润概念产生于人们对实际经济生活中有些企业盈利可观，而另一些企业却亏损以至倒闭这一事实的好奇心。对所有古典经济学家来说，这种好奇心原本是推动思考的强大动力，但现在却被当作一种令人分心的东西而被置之不理了。在这个阶段，没有主体也没有市场，因此也就不能通过对偏离完全竞争的进入障碍进行自上而下的分析来理解利润，这种基础根本不存在。恰恰相反，萨缪尔森是从一个企业的角度把“完全竞争”的含义界定为“对任何单个企业来说，需求曲线的弹性是无限大的，因此其销售额不可能影响价格”（Samuelson，1947，p. 82）。在这种情形下，有一个很自然的极限状况，即在均衡时需求曲线向零收益移动，而且最小边际成本等于最小平均成本。萨缪尔森说，这就是“自由进入”的可能含义。接着他又告诉我们：“显然在真实世界中，不会发生所有企业的净收益都是零的情况，甚至也不会发生所有企业的净收益都趋向于零的情况。在完全竞争和不完全竞争的情形下都是如此。很明显，这种剩余的发生必须被‘归因’为什么东西，而且我们可以用任何自己喜欢的东西来给它加上标签（比如说，因制度优势而得到的租金）”（ibid.，p. 87）。最后一句话与我引用这个例子的目的有关。脱离上下文，它很容易被认为意味着极端的新制度主义观点，或者，甚至可以被理解为在向马克思示好。如果用第一种方法来解释，萨缪尔森看上去将变得非常新潮。但是在萨缪尔森的实际语境中，这些都只是大错特错、没有任何根据的一厢情愿的误解。实际上，这里所发生的事情不过是：萨缪尔森把日常意义上作为制度性租金的利润观念也扫进了那只用来装载“残留的发展痕迹”的大篮子——因为那是对基本经济机器作为纯粹的最大化发生器所起的作用的歪曲。①

102

对于与此相关的心理学上的、社会的、历史的背景的猜测，我将留给米罗斯基去做（当然，我这样做并不是因为对这些东西不以为然），那种背景或许会鼓励人们去崇拜那些完全抽象的、实际上也许不能做任

① 米罗斯基（Mirowski，1989，chapter 6）指出，新古典主义不能一致地从经典力学中借用场论，也不能在物理学家对场论进行急剧地修正的时候跟上他们的步伐，这种不一致性在生产问题上显得特别有害。虽然我在这里要阐述的是另外一个观点，但是，前面引述的萨缪尔森那段话还是应该从新古典主义者之间不断重复发生的关于资本和生产问题的争论的角度来解释。不过，这些主题在本书的续篇中才会讨论到，本书的目标则是建立一个关于人与主体之间的关系的新模型。

何东西的机器。在这里，我感兴趣的是，这样一种智力活动的逻辑根源是什么。因此不妨让我们从说萨缪尔森理所当然是一位实证主义者开始吧，不过与作为实证主义者的罗宾斯相比，这是在一种更宽泛同时更缺乏历史明确性的意义上说的。20 世纪 20 年代以后，随着实证主义哲学
103 的发展，其根本观念也逐渐地变得更发散、更开放了，不同的人对它的重点和目标的强调往往不同。萨缪尔森的实证主义就属于这种不那么严密的而且不断变得越来越松散的实证主义类型。如果说在实证主义发展的历史当中只有一种线性趋势的话，那就是逐渐抛弃其初始的康德主义的基础，最终到 20 世纪 50 年代末，只需要奎因的几个口号，人们就能够从卡尔纳普（Carnap）晚期的观念跳跃到奎因的实用主义行为主义了。① 在萨缪尔森那里，看不到他曾经受到过康德思想影响的任何迹象。他的实证主义就是两样东西的结合：第一，在理论建构中对作为最高目标的公理化系统的绝对服从；第二，从公理中推导出可度量的经验结果以确保理论随时可接受检验是构建一个科学理论的关键信念。后实证主义科学哲学在很大程度上已经通过各种方式弱化了这些承诺，但是从总体上看并没有完全抛弃它们。② 从这个角度来说，萨缪尔森的实证主义比罗宾斯的实证主义要无趣得多，因为它所包含的能够使实证主义成为一个明确的哲学立场的东西要少得多。事实上，把萨缪尔森称为一位实证主义者只有一个理由，即把他那些混乱的哲学话语加上一个反映他所在时代的标签，他自己本人则从来没有明确表示过对那些触动了经济学现实主义者的本体论问题有哪怕一丁点儿的兴趣。原初的实证主义已经随着这种态度的死亡而消亡。以上就是萨缪尔森之所以是一位实证主义者而我们中的大多数人都不是的原因。

萨缪尔森的《经济分析基础》的开篇语就是："各种理论的核心特点之间的相似性意味着存在着一种普遍理论，它是各种特殊理论的基础，而且根据那些核心特点可以将它们统一起来。"（Samuelson，1947，p. 3）这就是他的目标。接着他宣称"要得出这个根本原理对理论经济学和应用经济学的意义"。萨缪尔森指出，其实经济学家一直都意识到在他们用来描述生产、消费者行为、国际贸易、公共财政、经济周期和收入的各种方程当中存在着"令人惊异的形式上的相似性"，而他自己的新见解则在于断言"这些领域中都存在着形式上

① 请参见 Romanos（1983）。

② 正如我在上一章中所强烈主张的，不应该放弃它们。

相同的有意义的定理，而且每个定理都是用本质上类似的方法推导出来的”（ibid.）。“有意义的”在这里的意思是“可操作的、经验上可验证的”。《经济分析基础》的目标就是要阐明这种方法，并且在逻辑上统一这些定理。

萨缪尔森在《经济分析基础》一书一开头所展开的哲学批评当中遗漏了一些东西，恰恰从这些被遗漏的东西当中可以看出，他很明显觉得没有必要在一开始就明确地说明，要想完成他那野心勃勃的目标就必须把内省主义假设完全从经济理论中清除出去。或许一位 1947 年的读者 104
会赞同这一点，因为当时人们以为行为主义在当时的心理学中被认为是真理。但是如果这位读者是理论经济学家，那么无论如何我们都可以期待她与萨缪尔森有同样的观念，因为这是她几十年间在自己的学科内积累下来的理论知识的自然结果。我们在本章前面已经讨论过，无差异曲线分析技术是在埃奇沃思、费雪、帕累托以及希克斯等人的努力下发展起来的，它使实质效用概念从经济主体理论（消费者理论）的基础中被清除了出去，但这个任务完成得并不是很成功，因为最后仍然需要对需求的凹性提供某种辩护。而且，就“无差异”本身而论，似乎也需要某种心理学上的解释，要不然它就没有实际意义。[①] 一个主体在一开始的时候在 a 和 b 中选择 a，后来又在 a 和 b 中选择 b，在这过程中价格或收入都没有任何变化，那么这个主体既可能是对 a 和 b 无差异，也可能根本就是不理性的，仅仅靠这些非心理学的证据并不能辨别出来。因此无差异概念作为一个基本概念似乎并不比效用概念更令人满意；但是问题在于，如果缺乏这样一个基本概念（它可以直接使用而无须隐含地借助于某种强烈的心理学假设），独立性命题就很难证成。

如果对独立性命题考虑得更深一些、更具体一些，就会触发对希克斯的无差异曲线分析技术的不满。正如布劳格（Blaug，1980）所强调的，这种分析不允许对收入效应和替代效应进行独立的度量，而收入效应和替代效应的区别对于希克斯和艾伦（Hicks and Allen，1934）的理论是至关重要的。因此，无差异作为基本概念无论从系统性角度来看，还是从可操作性角度来看都是不充分的：它既是非系统化的，因为本应是一个定理的边际替代率递减规律被当作了一个公理，同时它又是不可操作的，因为它不能用来在经验上区分两个关键的相关变量，即收入和

① 在这里，我采纳了布劳格的观点（Blaug，1980，pp. 164 - 168；1985，pp. 348 - 350）。

口味。[1]

至此，不必再绕圈子了，通过把（直接解释为选择的）偏好作为基本概念，萨缪尔森的显示偏好理论应该可以同时满足系统性和可操作性的要求。不过即便是这个标准的理论也面临着误导他人的危险，因为“偏好”和“选择”都是俗成心理学的术语。萨缪尔森认定，一个在经济上一致的主体在收入和边际价格都给定的情况下，如果决定消费一个边际单位的 a 而不是一个边际单位的 b，那么就说她偏好 a 超过偏好 b。这里不需要引入罗宾斯那种审慎抉择或计算来理解“选择”到底意味着
105 什么。恰恰相反，“选择”被渲染为一个完全技术性的概念，用来对那些可以根据一系列特定的数学函数构造出来的行为进行分类。

教学实践中对显示偏好理论有各种各样的阐述。为了将来引述的方便，我将快速扫描一遍其中一个版本，从中可以得到我们在下面需要用到的所有概念，至于定义方面的纷争，也将被固定的概念基准（conceptual reference）所取代，因此对那些喜欢别的版本的理论的读者也不会有影响。但是，这里还有一个技术性说明需要特别提出来，它对经济学家和数学家来说都是合适的——如果我不想把他们弄糊涂的话。我用“显示偏好理论”来指称包含了萨缪尔森全部理论承诺的整个理论包，而不仅仅指那些对“作为显示出来的偏好的选择”进行公理化所必需的东西。后者只需要包括：(i) 一个定义偏好的理论和 (ii) 从“偏好”到“选择”的公理；或者 (ii) 再加上 (iii) 从行为上“显示”的角度来定义“选择”的公理。萨缪尔森本人用“显示偏好理论”来指 (ii) 加上 (iii) 再加上一个必然的推论（用这个工具他能够不必涉及心理学上的“偏好”）。与之相对照的是，我在下面将要给出的是 (i)、(ii) 和 (iii) 的结合，这将在形式上定义“偏好”和“选择”。[2] 在这里，我并不想马上为这个定义辩护，只是先把它清楚地表达出来。

因此，首先为了使偏好概念适合于公理化目标，要在逻辑上将它还原为一种二元关系。也就是说，每一个我们想利用这个概念讨论的东西都必须用一个基本的二元关系 $a \succsim b$ 递归地表示出来：$a \succ b$ 表示“偏好 a

① 我在这里不说“因果变量”，因为如前所述，希克斯和萨缪尔森这一类实证主义经济学家对于因果关系都持不可知论态度。不过，我们也应该顺便提一下，如果没有对因果关系的直觉，就很难搞清楚为什么我们应该认为收入效用与替代效应之间的区别是有意义的，更不用说重要不重要了。

② 在这个脚注中，我要感谢丹·豪斯曼，是他使我认识到需要进行澄清。

严格地甚于偏好 b”，当 $a \succsim b$ 且非 $b \succsim a$；$a \sim b$ 表示“a 与 b 无差异”，当且仅当 $a \succsim b$ 而且 $b \succsim a$。只用这种二元关系定义的任何性质都必定（至多）是序数的（Sen，1969；Mandler，1999，p. 81）。接下来让我们对这种关系施加某些限制（以下根据 Kreps，1990b，pp. 19ff.），即把我们的注意力集中在具有以下两个性质的集合 $X \in \{X\}$。第一个性质是非对称性（asymmetry）：不存在一对属于集合 X 的 x，y，同时满足 $x \succ y$ 和 $y \succ x$；第二个性质是负传递性（negative transitivity）：对任何 x，y，$z \in X$，如果 $x \succ y$，那么或者 $x \succ z$，或者 $z \succ y$，或者 $x \succ z$ 同时 $z \succ y$。这两个性质组合起来，意味着 4 个另外的性质：(i) 非自反性（irreflexivity），不存在满足 $x \succ x$ 的 x；(ii) 传递性（transitivity），如果 $x \succ y$，同时 $y \succ z$，那么 $x \succ z$；(iii) 非循环性（acyclicity），对某个有限的整数 n 来说，如果 $x_1 \succ x_2 \succ x_3$，…，$x_{n-1} \succ x_n$，那么 $x_n \neq x_1$；（iv）弱偏好的完全性（completeness of weak preference），对每一对 x，y，或者不是 $x \succ y$，或者不是 $y \succ x$，或者既不是 $x \succ y$ 又不是 $y \succ x$。接下来我们在这种受到限制的偏好的意义上来定义“选择”。在一个对象 X 的集合上给定一个偏好关系，同时给定 X 的一个有限非空子集 A，根据偏好关系 $\succ$ 从 A
得到的可接受选项的集合则定义为 $c(A;\ \succ)=\{x \in A$：不存在 $y \in A$ 使 106
$y \succ x\}$。也就是说，一件东西不可以算作被选中的，除非在可接受的选项的集合中不存在任何比它更好的其他东西。这种选择的定义也是严格限定于一定约束范围内的；同时它与拥有不止一个成员的可接受选项的集合的存在是相容的。这种限制在形式上意味着：给定两个集合 A，B，如果同时满足 x，$y \in A$，B；$x \in c(A;\ \succ)$ 及 $y \in c(B;\ \succ)$，那么 $x \in c(B;\ \succ)$ 同时 $y \in c(A;\ \succ)$。

克雷普斯（Kreps，1990b，p. 26）在这个阶段也与许多评论者一样开始担心：如果像这样在偏好关系的意义上来定义选择行为，那么我们会重新把问题带回到经验描述的视野中去。当然，除非我们是内省主义者，我们不可能设想出可验证的观察的偏好关系，然后在它们的基础上推导行为的一致性。这是对的。克雷普斯因此继续定义了一个如下的基本选择函数：

在集合 X 上的一个选择函数是一个函数 c：它的定义域是所有 X 的非空子集组成的集合，其值域则是所有 X 的子集的集合，而且对所有 $A \subseteq X$，满足 $c(A) \subseteq A$。

现在，再对选择函数 c 施加两个限制。(i) 值域非空：对所有 A，$c(A) \neq \varnothing$；(ii) 豪萨克显示偏好公理（Houthakker's axiom of revealed preference)：如果 x，$y \in A$，B，而且 $x \in c(A)$，$y \in c(B)$，那么 $x \in c(B)$，$y \in c(A)$。这样一来，我们的理论框架在形式上就封闭了。也就是说，选择与偏好是互为前提的，它们的定义是彼此相容的：基本的二元关系 $\succsim$ 满足非对称性和负传递性，等价于满足值域非空和豪萨克显示偏好公理的基本函数 c。

我刚才已经指出克雷普斯是根据经验上的可操作性来构造这一理论封闭性的。事实上萨缪尔森的方法以及所有随后对它的改良都是要使经济学中的每个概念变得可操作化——包括主体的概念，其参照标准则是某种可观察的、非心理学的东西。因此选择被同时解释为一种有独立基准条件的行为和一种与严格的偏好关系之间存在着相互可定义性关系的行为。不过这样一来就会面临如下问题：从无限集合的角度来讨论“选择”是不是合理？如果我们认为它是合理的，那么上述公理化体系就远远没有完成。反之，如果我们说这种行为虽然可能存在，但是不能算作“选择”，那么又如何来证明这种限制是合理的呢？是用方法论上的实用
107 主义，还是用某些有关经验世界的事实呢？如果答案需要交付经验现实来裁决，那么所涉及的那些事实是心理学上的，还是某种有其独特的经济情景区别出来的特别的性质？（如果是心理学上的，那就会威胁到经济学独立性命题。）与此相关的还有一个哲学上的问题，事实上这是更受关注的问题。这一问题是由克雷普斯（Kreps，1990b，pp. 26－27）指出来的，布鲁默（Broome，1990，1991）也对它有过许多讨论。这个问题是说我们是否能够或者是不是应该允许一些对于随着时间流逝和选择框架的变化而出现的变化很敏感的选择行为出现。这个问题与集合 X 中的可选择对象的个体化有关。一把雨伞不管时间流逝始终只是一件物品，还是下雨的时候是一件物品、不下雨的时候又是另外一件物品，又或者“下雨天我有一辆小汽车”的情况下的雨伞与“下雨天我没有小汽车”的情况下的雨伞会有所不同呢？关于这个问题，在讨论理性选择理论的基础的有关文献中有大量的讨论，但是我在这里提到它的原因却有所不同，我只是想用它来指出：由萨缪尔森推动的显示偏好理论从一开始就没有真正搞清楚这个问题究竟是一个经验问题还是一个逻辑问题。如果我们把它（以及上述哲学谜团）当作一个经验问题，那么要用一种不会危及独立性命题的方法来回答它就会是一个很大的挑战，因为我们将会倾向于去做一些实验，其目标是确定人们在有雨伞和小汽车的情况下的行为与有雨伞但没有小汽车的情况下的行为是不是分属不同

类别的对象。另一方面，如果我们把这个问题当作一个与我们的公理化体系本身有关的严格的逻辑问题，那么从描述性的角度来看，仍然没有说清楚显示偏好理论与任何现实中的经验主体的关系是什么（如果有什么关系的话）。

这个问题也是我这本书要解决的主要问题之一。只要一个可选项的集合服从前面描述的各种约束条件，我们就可以把它变换为一个可以唯一确定的严格的序数函数。显示偏好与严格的序数性在逻辑上的等价关系是由豪萨克（Houthakker，1950）得出的，他认为效用函数必须是可积的（Mirowski，1989，p. 364）。这样一来，如果选择所基于的集合 $A \subseteq X$ 是凸的而且是紧的，那么我们就可以通过一个最大化过程从选择集中选出用数字代表的各个成员中数值最高的那个成员。这也就把消费者理论带进了萨缪尔森的统一战略的范围之内，如前所述，萨缪尔森这一战略就是要把一个完全的经济模型化为一台由一系列最大化函数组成的计算机。当然这个过程的终点是某种经济学解释，但是正如米罗斯 *108*
基（Mirowski，1989，pp. 369－372）所说，这种结果并不能从萨缪尔森或那些在他之后参与阐释显示偏好理论的人那里得到。米罗斯基指出，效用函数必须是可积的这种限制，虽然在数学上看是必不可少的，但是在事实上却意味着坚持与商品配置状态有关的效用水平是独立于路径的。米罗斯基是这样总结他对这种做法的评价的："可积性条件就是等于坚持说你的偏好完全不受你身边发生的一切事件的影响，特别是不受你如何获得你想要的那些商品的过程的影响。它表明你的偏好是完全时间对称的。它要求你的偏好的任何变化都会不可避免地改变你的个性。如果新古典经济学家公开地承认这个不可或缺的可积性条件的意义，那就等于承认他们拒绝考虑那些证明效用在日常生活中绝不是守恒的压倒性的证据。"（ibid.，p. 371）

米罗斯基上面列举了一系列可积性的含义，这当然是对的，但是他上面这段话对于这些含义的重要性的解读是建立在一个我将要与之论辩的预设观念的基础上的（我的论辩将随着本书的展开而缓慢推进）。这个观念就是：对于显示偏好理论来说，要想得到一个有说服力的经验解释，"效用"就必须直接地与从俗成心理学范畴和概念构建出来的某种东西相对应。米罗斯基断定，在萨缪尔森的著作中这是个核心问题，但是却被萨缪尔森自己低估了。① 这种看法也是正确的。对萨缪尔森来说，把选择集中各种以数值表示的成员的选择用最优化模型来解释（对生产者和消费者均是如此），是经济解释最基本的一个步骤，从这个基点出发，所有其他类似的解释都能够而且应该建立起来。因此，他开创性地摒弃了把消费者一方的选择的数值表示当作“效用函数”的习惯性做法。正如许多评论者已经指出的那样，如果他的这种做法能够被坚持下来，那么接下来发生在早期新古典消费理论与显示偏好理论之间关系方面的混乱就很可能会减少许多。不过经济学的学科文化造成的内在压力压倒了萨缪尔森在“语言立法”（linguistic legislation）上的努力。一个主体，如果她的行为可以用一个有序的偏好关系描述的话，那么就可以说她正在最大化其效用——当然还要满足其他一些附加条件（see Kreps，1990b，pp. 30 - 37），不过这些并不影响我们这里的结论。不管如何，给定我们得到这些效用函数的方法，应该不会再有人会产生认
109 为它们度量人们内在心理状态或心理过程的想法了。效用函数只是对一类系统性行为的索引，而显示偏好理论则被确定为一个模型。至于哪些真实系统（如果存在的话）是显示偏好理论能够精确地建模的，那是一个在经验上开放的问题。

虽然萨缪尔森已经构建出一个完全抽象的经济学体系，但是他仍然未能前后一致地把这种形式主义中立性的观点糅合进显示偏好理论定义的经济主体模型与实际经济体系的关系当中。他想当然地认为，至少在某些具备系统层次重要性的情形下，能够用显示偏好理论来对有认知能力的个体进行建模，因为这对于他的一般证实主义来说是至关紧要的。如果在纯粹数学意义上，显示偏好理论中的“选择”被用来作为某一类实际的行为意义上的“选择”的模型（根据某种关于什么是一个行为意义上的选择的解释），那么根据萨缪尔森的猜想，通过直接观察那个主体的一系列行为，一个给定主体的行为是否与显示偏好理论一致这个问

① 米罗斯基（Mirowski，1989，p. 369）指出，从文本证据可以看出，在豪萨克把这些含义搞清楚后，萨缪尔森反而去回避它们。但是，这种倾向早在《经济分析基础》中就可以看到了。在该书第 5 章证明了“所有消费者理论”归根结底都可以浓缩为一个原理，即如果需求能够被正确地功能化，那么一个消费者对一种商品的需求的变化就永远都与其收入变化同向变化。用萨缪尔森自己的话来说，就是“许多经济学家都把效用分析当作构成经济学理论整体所必需的一个重要组成部分。其中一些人甚至试图把它的适用性当作一个检验经济学是否真的与其他社会科学分离出来的标准。尽管如此，我却想知道，如果我们发现前面两个条件中的某一个在经验上是不真实的，那么经济学理论会在多大程度上发生变化。我自己怀疑，这种变化将非常小”（Samuelson，1947，p. 117）。如果萨缪尔森这个论点被接受了，那么事实上它就开立了一张“空白支票”，允许人们不考虑效用理论的任何经验含义。

题就可以在经验上得到验证（Samuelson，1947，pp. 107 - 116）。但是，他这种自信过于天真了，而且也没有得到来自实践经验的证实。至于它为什么不能取得很大的成功，沃利斯和弗里德曼（Wallis and Friedman，1942）早就给出了基本的诊断。经济主体是根据一致性来定义的，但是人作为生物学—心理学—文化的实体，肯定处于不停地变化当中，而且从任何一种实在论模型的角度来看，这种变化都必定是系统性的、实质性的。在某种特定情形中验证一个显示偏好理论模型，需要在足够长的时间内进行观察，以得到统计上的显著性。给定这种要求，就需要对偏好进行某种独立于观察到的选择行为的可操作化处理，以便控制观察期间内的偏好变化；而这恰恰是死板地困囿于可积性条件的偏好理论模型所要求的反心理学动机所禁止的。这种怀疑主义是有合理的基础的，其合理性已经被后来的实践经验充分地证明了。豪萨克自己也表达过那些试图从经验角度为显示偏好理论的个体模型进行辩护的尝试的失望之情（Houthakker，1961）——比如说他对卢斯（Luce，1959）的工作很失望。由于萨缪尔森在哲学上缺乏耐心，想要简化问题也几乎是不可能的。如前所述，很难根据他的著作来确定显示偏好理论在现实人群当中应用的边界条件（boundary condition）到底应该是什么。可以对人一般地用显示偏好理论进行建模吗？或者只有在价格信号很明确的市场上才可以？如果是后者，那么我们能够在不考虑是什么构成了不确定性和人类的生物学、心理学特性的前提下就区分确定的价格信号与不确定的价格信号吗？最后，上面讨论的逻辑不确定性涉及选择集当中的时间选择、框架设计和对象的个体化等问题，这些问题都必须以某种非独断的方式加以解决，甚至必须在一个可以令人满意的、用来 110
对模型在某种特定情形下的可应用性进行实证检验的方案被设计出之前就解决掉。

正如前面已经指出过的，萨缪尔森本人的“哲学自画像”说到底只是一种“莽撞的错误”，这是因为他对真正的科学哲学文献完全不熟悉。奎因式的行为主义可以准确地刻画他在《经济分析基础》有关消费者理论的那几章中的工作假设（Samuelson，1947，see especially pp. 97 - 98）。① 这种观点体现在奎因1991年的著作当中，并被他坚持到生命的

① “效用理论是建立在这样一个根本假设的基础上的：面对给定价格而且被限制在一个给定的总开支预算范围内行动的个体总是选择在其偏好量表中位于最高位置的商品组合。这个假设并不要求：(a) 个体在任何其他意义上都是理性的；(b) 他在购买时是审慎的、自觉的；(c) 存在他可以感受到或查阅得到的某种强烈等级。”

终点，后来又很明显被同化并融入了保罗·丘奇兰德更广泛的取消主义观点当中，它认为，诸如“选择”和“偏好”这一类心智概念根本不存在可以与之相对应的心理指涉物（psychological referent）。物体或对象是在物理世界中四处移动的。它们中有一些是依照选择的历史过程中生成的模式来行动的，这使它们（临时地）产生一些稳态反应，以此对抗它们环境中某一个特定维度上的无序状态（熵）。我们把这称为“行为”。[①] 根据奎因的看法，科学研究的任务就是要去辨识出一些函数，以便让现实中的观察者对可投射的行为模式进行归纳性的规划，当然这样的函数不一定是唯一的。如果认可这一假设，人们就可以接下去说，如果行为或行为的某些子类受一组可以由显示偏好理论鉴别出来的函数的“约束”，同时又可以用另外一些产生于较弱的约束的函数所描述（不那么有效地），那么显示偏好理论就可以给出有显著科学意义的实证模型（暂时先不考虑动态因素）。这些行为可能大体上与新古典经济学家想要进行一般化的那类实际行动相一致（也可能不一致），但这只是一个经验问题。当然，仅有这种奎因式立场还不够，因为它本身并不能回答如何经验地使相关的行动类别相互分离开来的认识论问题。但是，奎因认识论的最大目标恰恰是为理论与观察之间的关系上存在的不完全决定问题的实用主义解决方案提供辩护，因此人们有理由期待对显示偏好理论的奎因式辩护可以从正面应对怀疑主义者对它的实证检验的挑战，而不是显得只会躲躲闪闪。

在《经济分析基础》一书中，萨缪尔森每次提到显示偏好理论的实证意义和经验显著性的时候，都采取了一种与上述奎因式的行为主义附带取消主义类似的表达方式。消费者是怎样审慎地进行选择的，或者他们是不是真的在审慎选择，这些都不再相关了；系统趋向均衡的压力驱使着身处系统当中的消费者的运动方式是与显示偏好理论的最大化条件所确定的一组需求函数相一致的，这就足够了。因此，归因于主体的偏
111 好或选择的全部经验意义都是严格地“行为上的”，完全符合奎因意义上的“行为”定义。有趣的是，据我所知，萨缪尔森从来没有引用过奎因的著作。事实上，萨缪尔森根本没有想到过对显示偏好理论进行奎因式的辩护，不过这一事实并不奇怪。在前面，我称他为一个一般的后期实证主义者，并给出了理由。在分析哲学的历史上，通常把奎因当作一

---

① 根据这种解释，它与动态过程科学中相当流行的一个概念，即“自组织”，有密切的关系。

个主要的后实证主义者，尽管他的观点与卡尔纳普后期的观点有一些分歧。人们把奎因归类为后实证主义者的理由在于，他严肃地对待本体论问题，并且部分地从本体论假设的角度（以及逻辑的角度）来构造认识论问题。我在前面已经说过，把萨缪尔森称为一位实证主义者的最好理由是他的哲学思想（尽管其哲学价值不大）从来没有离开过纯粹认识论的封闭圈子。萨缪尔森为了对消费者行为进行建模和预测而坚持的那些心理学状态或动机状态恰恰是不需要的。在科学中回避引用信念和欲望（除非是一个戏剧化的俗语）的做法是合理的，其合理性已经由刚才我们基于一般本体论理由得出的结论证明了——这些东西根本不存在。

约翰·戴维斯（John Davis，2003）最近从另一种分析角度得出了一个与上面所说的这些有密切关系的结论。戴维斯指出，任何一个经济学理论，一旦像萨缪尔森所做的那样放弃个体化的内省主义基础，即不再随时间的流逝对经济主体进行重新识别，那么给定其价值主观主义，它也就不能再说清楚如何保持在一开始的时候用以区别个体的一致性基础了。剩下来作为分析单位的就只有效用函数了，而且它们已经摆脱了“随着时间流逝的主体”这一类通俗实体。当然，萨缪尔森本人与本体论议题没有什么瓜葛，事实上他完全没有涉及过这个问题。在本书最后几章中，我会深入探讨这个问题。在第1章中讨论米罗斯基关于经济学理论将走向何方的猜想的时候，我曾经承诺过的一个主要结果是我们最终将找到一个恰当的方法，把个人主义从经济学理论中清除出去，同时又不用把主体甚至个体自我从我们宽泛的本体论中排除出去（米罗斯基错误地认为丹尼特和宾默尔必定会这样做）。

因此到最后，我将不会像奎因可能会做的那样诉诸取消主义来为显示偏好理论辩护。不过，一种更宽泛的奎因式的立场可以预告我将为之捍卫的命题。正如戴维斯已经注意到的，如果一个人想捍卫主流经济学的本体论，他就必须给出一种全新的关于“经济主体是什么”的观念。[1] 下文中，我会提出一个经济主体的定义，而且将证明丹尼特的认知哲学和他对行为的解释，以及与它们相关的自我理论，将让我们不用 112
对显示偏好理论进行重大修正。给定这种设想中的理论前景，我现在要

① 戴维斯（Davis，2003，pp. 53－61）把斯蒂格勒和贝克尔的“时间分配”模型当作这样一个可能的新概念的基础，但是同时又要求它服从他认为的决定性的批评。我将在本书第4章中讨论这个模型以及戴维斯和其他人的批评。

尽量避免对显示偏好理论进行任何特殊的经验解释，而把它严格地当成一个封闭的理论、一种套套逻辑式的体系，没有任何事先给定的经验内容。显示偏好理论从总体上限制了行为反应的方式，不管人或其他东西是不是真的如它所说的那样去行动，它给出的预测都是不可怀疑的。也就是说，无论别人是不是认为萨缪尔森这种“被限制”的行为描述真的配得上（用来讨论真实经济的）“需求函数”之名，被用来推导出显示偏好理论是真确的这个结论的数学推理过程是没有任何错误的。不过，我还要再指出一点，这种态度对我来说并不算特别怪异，而且也常见于经济学理论在当代某些重要的应用研究当中。例如，宾默尔（Binmore，1994，1998）在他关于正义规范和人际福利比较的研究中就体现了这种态度。豪斯曼（Hausman，2000）对此提出过质疑，不过他的质疑所直接针对的是，这些限制是否已经足够严密，是否能够有效地辨识出构成经济科学适当研究领域的那些经验现象。

如前所述，“显示偏好理论”有些时候是指萨缪尔森本人提出的那个公理化体系（或者是指萨缪尔森-豪萨克公理）。但是在下文中我不会在这种狭义的意义上来使用“显示偏好理论”这个术语，因为这种狭义的解释与当代经济学学生通常理解的显示偏好理论不同，不过我仍然将继续将它等同于“萨缪尔森式”的思想。德布鲁（Debreu，1959）优美的公理化体系真正达到了完美的一般性，正是在他这个公理化体系当中，显示偏好理论成了经济主体的标准教科书式模型。它的形式如此之优美，以至于对它的经验意义的任何质疑都显得似乎根本不值一提。① 当然这只是一种表面印象，其实更主要的原因在于，从阿罗和德布鲁的一般均衡体系的语境来看，可以认为显示偏好理论已经通过了计量经济学检验，因而间接地拥有了经验意义。在这里不妨复述一下曼德勒（Mandler，1999，p. 82）的说法，他说，从德布鲁的著作来看，把一个主体称为一个“效用最大化者”，并不是正式地把任何动机方面的内在性质归因于她，而只是对如下这个事实的简单说法：对于她的行为的某个范围（希望是一个可以明确确定的范围），我们可以通过建立在满足非对称性和负传递性的一些二元关系上的一个函数来描述和预测。

① 正如豪斯曼（Hausman，2000）所指出的，“显示偏好理论”一词最近也被用来指一种说明如何从选择行为再加上主体的认知状态所受到的限制来推导偏好的理论（Green and Osbard，1991；Border，1992）。但是在本书中，“显示偏好理论”从来没有这个含义。

根据我们现在的目标，可以将德布鲁以来的微观经济学消费者理论的主体分成两个部分。第一，一大部分工作是围绕建立序数效用函数所需要的数学空间性质而展开的纯粹技术上的研究，其中很重要的一个方面是，对二元关系增加了很多限制条件以生成一系列更强大的 113
工具来满足具体应用时所需要的弹性。有关的技术性细节，读者可以参见钟（Chung，1994）的综述。第二，对我们下面的讨论更重要的是，显示偏好理论诞生半个世纪以来，经济学家对于经济主体在不完全信息或不完美信息的环境中的行为越来越感兴趣，他们对在必须通过策略性互动才能实现最大化的非参数环境中的经济主体的行为尤其关注。这也就意味着，原有的与经济利益相关的选择函数必须得到扩展（而不是仅仅加以改良），因为如果主体要面对的选择不是根据确定的东西所能决定的，而必须要靠碰运气，那么她的行为可以揭示的信息就将超出一个严格的序数效用函数所能刻画的范围。1944 年，冯·诺依曼和摩根斯坦提出了公理化的期望效用概念，期望效用是指主体对她可能得到的东西进行最大化，而不是直接对确定的东西（比如说已经摆在桌面上的东西）进行最大化。后来，在经济学家直接对个体进行建模的时候，根据期望效用概念得到的“冯·诺依曼-摩根斯坦效用”（VNM）逐渐变成了“效用”这个术语的通常含义（其实它与从标准市场或接近于完全竞争的市场中推导出来的代表性消费者的效用并不相同）。

原初的冯·诺依曼-摩根斯坦效用函数仅仅被用来描述可以客观地衡量的“赌局”中的选择。但是主观概率理论与冯·诺依曼-摩根斯坦期望效用理论的结合产生了巨大的理论效应，20 世纪 70 年代以后，博弈论的应用之所以能够得到爆发性的增长，在很大程度上有赖于此（Savage，1954）。博弈论需要参照主体表征“赌局”期望价值的方法，而且隐含地把因果显著性归于这些表征之间的区别，所以从哲学上看，把主观概率引入到公理化体系当中来就是一个不得不采取的步骤了。不过，冯·诺依曼-摩根斯坦效用函数在缺少主观概率信息的时候仍然可以从显示偏好中构造出来（而无须参照信念）。因此它们的存在表明，从哲学上看，人们所坚持的、针对心理学上的基数主义的严格序数主义其实是一种“过分”强大的武器，换句话说，其实有可能存在着某种基数主义，它未必一定是心理学上的，而且冯·诺依曼和摩根斯坦真的发现了它。[①] 构造一个冯·诺依曼-摩根斯坦效用函数的可能性并不意味着赞同希克斯和罗宾斯都曾经反对过的那种效用的人际比较。在博弈过程中讨价还价的主体能够从每个主体的行为中推断出对每个主体来说强度和范围各不相同的相对偏好强度；但是她们不一定需要在内省信息的
114 基础上来进行这种推断，而且效用强度和范围也是不可相互比较的。把主观概率引进来也就同时把信念概念直接地带进了效用的表示当中，也正是在这一点上，显示偏好理论对偏好和选择的解释的奎因式的捍卫方法不再可行。

威廉·鲍莫尔在1972年出版了一部杰出的（同时保持了哲学上的"警觉性"的）经济学教科书。在书中鲍莫尔给出了一个标准的冯·诺依曼-摩根斯坦效用的公理化形式，同时他还认为有必要简略地回顾一下20世纪30年代发生的那场争论，以保证学生不会再次滑入心理学上的基数主义（Baumol，1972，pp. 547－548）。1972年的经济学学生很可能根本不知道鲍莫尔这样做其实是想保护什么东西，他们不知道他想保护什么，也不知道他为什么要这样做，但是一个奎因式的哲学家一拿起这本书就会明白。不过，在这本书出版的时候整个哲学基础都已经决定性地转向了心智哲学了。随着功能主义的兴起，"信念"登上了经济学学科的中心舞台。假如经济学家都有自己的理由去重新讨论信念，那么像鲍莫尔这样的一个注记是否仍然适合出现在一本教科书中呢？我们现在已经触摸到了当代的问题空间。既然主观概率是规范决策理论的核心概念，认识论哲学家和微观经济学家就应该可以再一次发现他们嘴里说的是同一种话语；而且重新相信"信念"，而不再试图将之还原为大脑状态的心理哲学家现在也能参与到他们的对话中了。

什么样的独立科学?

在对独立性命题进行历史考察时，我花了相当多的精力去讨论罗宾斯和萨缪尔森是不是实证主义者，如果是的话在何种意义上是实证主义者。但是，为什么要关心这个问题？谁会关心这个问题？——除

① 经济学家非常习惯于这样说：希克斯时代和罗宾斯时代的理论经济学家把基数性等同于可测量性（对于线性变换的唯一确定性）。不过，冯·诺依曼和摩根斯坦证明，这些概念事实上并不等价（Lewin，1996，p. 1308）。

了一位有着图书馆管理员一般激情的、想把所有思想家都归入构造好的盒子的知识史学家之外。在这一节（本章最后一节）中，我将把所有线索归并到一起，并在下一轮艰苦的工作开始之前暂时停下来喘一口气。然后我将解释为什么要对这个“主义之主义”（ism-ism）问题 115
费这么多心思。

在前面的章节中，我不止一次指出过，从某种视角来看（这种视角在这一节中将起到重要作用），把 20 世纪的实证主义与后实证主义科学哲学（它构成了我论证的框架）区分开来的最显著的标志是它们对认识论与本体论之间的关系的不同态度。正如我已经强调过的，实证主义在其演化过程中发生了戏剧性的改变。在一开始，它本质上是康德的认识论，不过去掉了康德基于必然性而对超自然力量的信念，取而代之的是一个用现代逻辑装扮起来的、据说不沾染任何形而上学色彩的、纯净的对必然性的解释。在这个发展阶段的末端，它看上去更像休谟的认识论，但实证主义者还是机敏地不随便去附和形而上学，认为休谟的激进自然主义太过于冒进了。就此而言，奎因对自然主义的皈依，是实证主义者从康德转向休谟必经的一个逻辑阶段。然而，随着奎因的工作一同出现的是一个决定性的断裂，因为他认为“有什么”这个问题应该用科学哲学的语言来表达，而这种科学哲学则是关于如何证成我们说的是什么和我们做的是什么实验等问题的。奎因本人的本体论倾向更接近于唯名论（nominalism）而不是实在论，不过这一点不必太在意，因为它仍然紧密地与后期实证主义联系在一起。在奎因之后，特别值得注意的是希拉里·普特南（Hilary Putnam）在奎因的起点上所做的工作（Putnam，1975），从他开始，哲学家再一次把统一的科学世界观当作自己主要的理论抱负，认为更重要的是这个世界是由什么种类的原因、系统和事物构成的，而不再只关注研究方法问题。

有人认为上面这个问题已经从实证主义经济学家的视野中滑走，这种看法并不奇怪。戴维斯撰写的关于经济学中的个人概念问题的近著（Davis，2003，p. 14）就是这样开头的：“我希望重新把注意力聚集到一个在经济学中太容易被忽略过去的问题上：经济学这门科学是关于什么的?”可以说我自己在这本书中努力想解决的也正是这个问题。对于一个没有多少科学哲学知识背景的学生来说，一个学科竟然有可能忘记它必须时刻盯牢的、最应该去研究的东西，这种情况的发生似乎有点不可思议，但是这恰恰是实证主义者所强调的排除本体论的认识论所要求的。因此，我们现在可以问（一个十分重要的问题）：经济理论应用的实际领域是否真的存在？或者至少在某一个最近发展的轨迹上真的存在？

116 我之所以要在本章中花费这么多的篇幅引用罗宾斯著作的原文，是因为他是最后一位系统性地追问经济学的研究领域究竟是什么这一问题的重要人物，这一议题在他之后就陷入了长达几十年的冰封状态。作为一位（康德式的）实证主义者，罗宾斯先假设了一个特定的框架，然后在这个框架内提出并回答了这个问题。他认为，经济学的学科范围必须限定在现象世界内，绝不应该采取唯名论的态度。现象的（phenomenal）东西是指那些在心智上可概念化的领域内的东西；唯名论则是针对实际的、客观的世界之外的东西的。这样一来，摆在我面前的还有另一项任务，那就是在不诉诸内省主义的前提下为罗宾斯上述定义的修正版提供辩护。

不过，虽然我反对实证主义现象论（和还原论），但是实证主义科学哲学中确实还是有一些内容值得保留下来，其中之一就是它对科学的统一的关注。另外，一定程度上的（即非狂热的）证实主义也是我们应该赞同的，这是因为，如果一个利用推理方法得到的假说看上去似乎根本不可能以任何一种方式与世界上任何人能够采取的任何一种用以探究其后果的实际干预措施联系起来，那么就很难令人明白为什么还必须严肃地对待这个假说。这些实证主义哲学诉求的实用主义特点并不明显，它们体现的更多是康德主义的色彩；而且它们正是在实用主义开始兴盛起来的时候上升为科学哲学领域中的首要问题的，并且在实用主义退回到休谟的立场时开始走向分裂。在本章的前面部分我们已经看到罗宾斯是怎样把经济学定义为一门独立的非心理学的科学的，我们也看到了他是怎样借助于康德式的实证主义认识论来为自己这个定义辩护的。从根本上说，那种认识论包括了一种观念，即科学是从现象性的数据出发的，而得到这些数据的直接途径是内省的。但是，就在罗宾斯写作他的《论经济科学的性质和意义》的时候，实证主义哲学家已经远远地跑到了他的前面，他们已经离开实证主义的康德式的出发点甚远。在罗宾斯的《论经济科学的性质和意义》第二版出版三年之后，萨缪尔森就首次发表了他的显示偏好理论。萨缪尔森的显示偏好理论是建立在一个合理的认识论的两大并列支柱是证实主义和行为主义这一假设的基础上面的。不过，如果罗宾斯的经济学定义可以从其内省主义基础上切割出来，那么就不存在什么先验的理由说它不可以容纳萨缪尔森对经济体系的形式化处理。① 不过，就像我已经在上面指出过的，罗宾斯对行为的限制必须予以放弃（罗宾斯所指的行为仅指人类的行为），除非其他动物的行为普遍地不能展现出任何可理性化特点，但这种观点似乎恰恰与动物行为学的事实证据相反。

因此，如果一个人是人们所熟悉的那种一般的后期实证主义者—— 117
就像萨缪尔森那样，那么独立性命题的某种版本就可以很好地将显示偏好理论焊接到罗宾斯的定义上面。让我们从那些由目标状态驱动的系统即行为系统开始研究吧。它们都面临着稀缺性，给定它们可用的能量资源和预算约束，它们不可能同时满足所有的目标。那么从它们的意向的角度来看，哪些目标将会在何种程度上得到满足，会不会总是一个外生地被决定的偶然事件呢？或者它们确实能够通过某种或某些系统性的过程来影响交易？如果自然界中存在着这样一些系统，通过在搜索最好的交易（或最有效率的交易）时对可行的交易进行比较，就能够解释和预测它们的行为，那么就肯定可以用某种萨缪尔森式的理论体系来描述其真实模式，而且依据这些系统构建出来的经济学将大体上类似于罗宾斯定义的经济学。

这基本上也就是我的主张。

像这样一个不完全严密的"罗宾斯-萨缪尔森"观念，似乎真的能够成功；而且许多当代经济学家都认为它是对的，不管他们在试图认真对待最近涌现出来的大量行为——实验证据时可能会面临多大的窘境。毕竟，它刻画了经济学家们想为学生简化问题时，仍然不得不在研究生教材中泛泛而论的一些东西。要承认人们是满足者（satisficers，达到某一目标就满足的人）而不是最大化者，要承认她们的偏好是系统性地不一致的——偏好似乎只是人们在参数型决策和策略性决策的"片断"中才需要参照的东西，绝大多数经济学家都认为"罗宾斯-萨缪尔森"

① 我这样说，萨缪尔森本人显然会提出异议，他在《经济分析基础》的一个脚注中说，罗宾斯的经济学定义"一方面显得过于宽泛，另一方面又显得过于狭隘"（Samuelson，1947，p. 22，n. 3）。但是，萨缪尔森这样说的理由是极其令人困惑不解的。在某种程度上，它应该源于我们能够通过研究稳定性问题和最大化效用来了解经济系统的性质这个事实。我完全同意经济学应该对稳定性条件保持兴趣，这一点在下文中将会得到更清晰的说明；但是，我不得不承认我搞不明白，萨缪尔森在认为这削弱了罗宾斯的经济学定义的时候，又该如何去解释罗宾斯呢？而且，如果读者跳跃性地想到了我在这里的困惑可以通过"演化均衡中的满足行为"来得到减轻，那么在这么想之前，读者应该知道萨缪尔森在上面所引那段脚注后接下来说的是："尽管如此，这些稳定性条件中有许多都隐含地取决于最大化行为"。是的，确实如此。我认为罗宾斯对于这些评论完全可以泰然处之。

这一核心学科支撑体过于复杂了。我本人虽然早就加入了对正统经济理论的最激进的批评者行列，但是我仍然认为下面这种观点是站不住脚的：如果经济学研究的适当领域就是当人们在懵懵懂懂地忽略了概率论的状况下参照不一致的偏好来评估自己的主观福利时的个体行为——这正是最近这些日子里有些批评者提出来的主张，那么一个关于独立性命题的罗宾斯-萨缪尔森式的概念将被彻底驳倒，经济学也就崩塌为心理学、社会学、生物学都可以认同的一堆不知所云的东西。我与这些正统经济学的批评者最终将分道扬镳，因为我断言，经济学这门学科适当的研究领域并不是作为个体的人的选择行为，这样一来，一个关于经济学研究领域的（被恰当地理解的）罗宾斯-萨缪尔森的观念及其（精心地保证的）经济学独立性就是我打算捍卫的东西。

米罗斯基、杜普雷与戴维斯（Davis，2003）分别以不同的方式提请人们注意：经济学正稳定地朝成为关于系统的科学的方向移动，而不
118 是朝关于人、关于个体化的主体的科学的方向移动。他们还注意到，如果希望能够由某个自觉的理论来引导经济学的发展，而不是任它随波逐流，那么很自然地，应该从行为、认知和信息处理的等广泛的科学领域中去找。然而，他们同时也在不同程度上提出了警告：如果这样的一个司机真的被找到了，那么我们将失去我们古老而美好的人类自我。杜普雷的反应是三者之间最不老于世故的，他直截了当地对系统化经济学及其他行为的可能性表示不屑一顾，同时却又摇摇手指告诉我们说他这样做只是一种恶作剧。戴维斯则与劳森（Lawson，1997）以及许多其他人一样，希望将会出现一种社会批判理论（在系统化的方向上发展得远远超出我们当前所见的水平）把经济学理论带到一个更符合人文主义的方向上去。米罗斯基的反应最有意思。他欢迎人们去构建一个真正强大的、精致的关于信息处理系统的经济学，从而不再把个体主体当成原子式的元素；但接下来他却基于这个理由希望经济学家不要再笨手笨脚地掺和到对自我进行理论化的“高雅”工作当中来，他认为这应该留给更值得信任的其他学科的学者来处理，以免被实证主义的科学主义所腐化。但是，什么人更值得信任？是历史学家、人类学家，还是诗人？

杜普雷、米罗斯基、戴维斯、劳森以及许多其他人都有一个共同的知识盲点：他们不加批判地接受了一个共同的假设，即如果一个观点可能与实证主义联系起来，那么它就会在不知不觉间自动出什么差错——从好的方面说，它最多是朴素的（天真的）；而在最坏的情况下，它可能是支配自然的荣耀感和统治欲的危险冲动的产物。我则采取了相反的

立场。从某种意义上说，那些伟大的实证主义者（卡尔纳普、雷亨巴赫、石里克等人）所做的贡献也无非只是为哲学中最好的、最有价值的抱负提供了一些例证而已。在一个鼓励人们以受到轻视为理由而沉迷于自我毁灭并大规模地毁灭他人的幻觉之中的社会政治环境中，他们强调从整体上理解世界的可能性，并努力地把这种严格的同时也是亲切的观念带进了这个社会。他们以一种审慎的、克制的态度来尝试把所有东西——包括国家、阶级、民族社会，以及宝贵的甚至有些神秘的自我，都看做神圣之物的聚集地，认为它们都要受到保护，免受科学的“蹂躏”，这种努力其实就是要提供一个防护罩，隔离人类天性中每一种返祖性的、危险的倾向。而且，仅就其精致性和为了避免陷入教条主义而勇于自我批评这两点来说，他们的哲学贡献，就完全配得上他们自己所强调的伦理态度的严肃性和重要性。

上面叙述了有关的知识史，当然就目前而言它仍然只能给人一种很 119
宽泛的印象。几十年以前，实证主义的追随者包括社会科学家、历史学家以及人道主义哲学家，但是不幸的是，这些年来实证主义已经只剩下最后一个堡垒了，它由实证主义者的天然同盟者即服膺于他们的新古典经济学家以不懈的努力坚守着，虽然这种努力在某些人看来几乎是一种愚笨的行为；而且渐渐地、不可避免地，这个孤立的堡垒也开始走向崩溃。现在，所有的人都可以看到，新古典主义也已经步实证主义的后尘被丢进了历史的垃圾堆中；而获胜的人道主义“军队”则在评估这些破碎的东西，考虑着是不是应该继续容忍任何系统性的经济学，如果是的话，应该在什么意义上去容忍它。

然而，上面这个形象并非无可争议。实证主义者和新古典主义者曾经犯过明显的错误，当然这是无可否认的，继续用上一段中的“战争”比喻来说：他们听从了不正确的建议，现在他们努力想扼守的只是应该守住的整个版图的一角。但是，反科学主义的大旗仍然在飘扬，制度性对抗仍在坚持着，其中一面旗帜属于演化行为科学家，另一面旗帜则挥舞在博弈理论专家们的手中。因此，我们还是应该继续努力，看能不能在他们中间建造一座坚固的大桥。

第4章 有关显示偏好和效用理论的哲学问题

古老的新时代精神（new zeitgeists for old）

121 虽然萨缪尔森发展的经济理论是用来计算一个抽象的经济机器运行过程当中的极值点的，但是在很多时候他本人对于这架机器的经验意义的解释却是很谨慎的。他警告说："把没有根据的技术上或规范性的福利意义赋予这种均衡点的危险倾向一直存在。为了避免误解，最好强调：把一个经济环境中不包含任何人的目的性的最大化行为问题转换为一个最大化问题这种做法只能被当作一种技术手段来看待，其目的只是为了尽快地得出均衡点的性质"（Samuelson，1947，p.53）。这就肯定了我在上一章结束的时候表明的对待显示偏好理论的立场。当然，人们还是会奇怪为什么对经济现象的兴趣总是要与最大化问题的求解有关。到目前为止，我们对这个问题并没有一个满意的答案，不过到本书结束的时候情况将会有所不同。现在让我们先指出一点，萨缪尔森把原来对于作为一种分析技术的最大化与作为一种经验现象的最大化行为之间的方法论不可知论推进得相当远：在开始“最大化行为理论”那一章之前，他就建议我们不要想当然地以为它将表明消费者“在规范的意义上理性地行为”（ibid.，p. 22）。今天的读者应该发现这种态度是不同寻常的，尤其是后来萨缪尔森本人对于他这个经济机器与实际行为之间的关系只偶尔发表过一些评论，而且他在这些评论中从来没有表达过一致的意见。

本书上一章的任务是解释（在逻辑的意义上，与米罗斯基相反，他是从历史的角度来解释）[1] 经济学是如何演化成（萨缪尔森当时）那样一个状态的，以至于当时的那些读者都不觉得萨缪尔森 1947 年的著作 122
有什么难以理解之处。不过，我们并不是那些读者当中的一员。

我相信，许多当代经济学家都认为萨缪尔森之后的经济学研究（我在上一章倒数第二节已经简略地介绍过）已经在把真实的人重新纳入微观经济学的方向上取得了一些进展——虽然这种进展仍然是非常不全面的，而且似乎是有些不太情愿的。20 世纪 50 年代开始，决策理论、可变概率信念以及对风险的态度等因素都成了微观经济学基础的一部分，从那以后，经济主体至少已经可以计算而且偶尔还能够实时地拥有一些主观属性了，即使它们看上去仍然完全不像通常的人。目前在微观经济学领域开始普遍流行的一种感觉是（这要感谢不断成熟起来的实验经济学与行为经济学），在上述方向上一个新潮流正在我们面前兴起：随着实验证据不断堆积起来并会聚到一起，我们最终将得到一个具有真正严肃性的关于经济环境中“真实的人”的行为的理论。在这方面，卡梅勒的著作（Camerer，2003b）对那些强调这一点的人来说是新的经典，而卡格尔和罗斯的综述（Kagel and Roth，1995）涉及的范围更广泛一些，不过它的内容不是最新的。

还有一些人的观点，与上面这种自信形成了鲜明对照。戴维斯（Davis，2003）反驳道，人们确实承认新古典主义的个体主体概念是不适当的，但是这导致的主要后果是干脆放弃这一概念，而不是充实它。米罗斯基当然也得出了相同的“诊断”结论。我相信，他们的观点是正

① 我提出这些理论并不是意味着我的解释与米罗斯基有冲突。我认为两种解释是互补的。

确的，并且我将在下一章中从现代博弈论出发，给出更多的理由。不过，在这里，我想在第一时间内指出另一种视角，从这种视角来看，行为—实验经济学运动，往往体现着一种“天真的”（wide-eyed）经验主义，而且会助长某种历史学和哲学意义上的幼稚病。这些新生的实验—经验主义者用来描述他们的被试所处的环境的理论根据其实从根本上看是不清楚的——这种“实验室经济”到底是罗宾斯意义上的，还是萨缪尔森意义上的？他们不再假设被试必定会最大化所有东西，也不再假设被试必定会彼此竞争，当然也不再假设被试在任何具体情形下都是理性的。这样一来，由实验设计者选定的被试行动的脚本就只能在通俗意义上是“经济的”，被试采取行动的“脚本”都只与传统上所称的交换、物质消费、赚钱等行为有关，比如说让被试在规则预先给定的环境中通过做出一定决策行为去赢得现金奖赏。对此，相信躺在坟墓中的亚里士多德都会忍不住露出微笑。更进一步地说，如果这样一种思想也被不加鉴别地当成整体上的进步，那么就不能不说萨缪尔森已经越来越陷入癫狂状态了。但是，这真能说得通吗？假设它与人们普遍持有的一般实证
123 主义观点（我们在上一章中批判过这种观点）相类似，它将不会把实证主义或新古典主义当成一种像种族主义一样的知识上的谬见。罗宾斯在哲学上比绝大多数当代实验方法论者都要深刻（或多或少地），尽管他的一些关键猜想是错的。让我们先看一看从罗宾斯以及他的同时代人那里可以学到些什么吧，虽然我们现在了解的一些东西是他们不可能了解的，但是也不要把他们的实证主义想象成多么有害的绊脚石。

本章有一个紧迫任务，那就是必须先搞清楚导致绝大多数经济学哲学家和经济学元理论评论者认为萨缪尔森的观念已经过时的理由究竟有哪些。总的来说，这些理由大体上可以分为两大类。① 首先，根据一些逻辑上的论证，许多人确信从一个先验的基础来看，显示偏好理论是不充分的，这种论辩最著名的支持者是阿马蒂亚·森（Amartya Sen）。

---

① 请注意，我的注意力是严格限定在“各种理由”上的，而且只针对经济学家普遍感兴趣的那些理由。这样一来，以往对一般均衡理论的信心开始衰减，这是 20 世纪 70 年代早期对相关文献的超额需求的后果之一（Sonnenschein，1972，1973；Mantel，1974，1976；Debreu，1974），它很可能会对冲并削弱第二次世界大战以后的任何东西的光芒；但是，因为显示偏好理论在相当程度上是独立于一般均衡理论的，所以这只是一个可能的起因而不是一个理由。如果米罗斯基是对的，即显示偏好理论是有缺陷的，因为它是建立在存在性证明的基础上的，而不是建立在建构过程当中的，那么这就可以算得上是一个理由；但是，它却不能成为经济学家对萨缪尔森祛魅的理由，因为极少有经济学家认真地对待构成主义者的反对意见，米罗斯基对这一点的抱怨是准确而恰当的。

其次，大量针对人类被试的实验研究表明（而且这种证据“仍然”在不断地堆积起来），绝大多数人在预先假定她们是经济主体的情境中却没有表现出理性，而且她们这种行为倾向是系统性的，无论是在根据新古典经济学理论设定的一般场景中，还是在满足显示偏好理论和预期效用理论的要求的更具针对性的场景中都是如此。从逻辑上看，如果一个先验观点本身已经具有决定性的说服力了，那么再从经验研究中推导出一些别的论据的做法其实是多余的。不过，经济学家不愿意自己轻易地折服于纯粹哲学上的论证，他们这种做法也是有深刻的观念基础的。奎因（Quine，1953）针对分析陈述和综合陈述的区分进行的抨击非常著名，他提醒我们，即便是数学公理，也可能需要与科学相关联，这一基础如果被经验世界中发生的例外所削弱，就必定会导致观念体系的激烈修正。正如丹尼特经常指出的，哲学史上曾经发生过大量这种令人觉得羞辱的事例：原以为是洞察了必然性的深刻见解，最终却证明只不过是缺乏想象力的结果，比如说“空间中两点之间最短的距离必定是欧几里得直线”；“大陆不可能移动，因为没有什么东西能让它们移动”；“像脊椎动物的眼睛这样复杂的东西不可能通过自然选择演化”；等等。

在我看来，有哲学动机的论证与有经验动机的论证的区别如下。从根本上说，属于观念性的论证不可能成为经验事实的可靠的指引。这种论证的力量的基础在于直觉，但直觉是（在生物学上和/或文化上）从演化过程得到的，是用来帮助人们在特定环境中形成预期的——关于该 124
环境中的重要对象与事件的预期。直觉可以参照不同实践目标分成不同类别。但是，如果我们在探索普遍真理时只依赖直觉，那么直觉就会系统性地误导我们，这一点也不奇怪。然而，观念上的论证在帮助我们对收集的经验测量结果进行鉴别分类并加以归整利用时确实有重要的作用。被归整（domesticated）的事实的用途都是在某个观念框架内才得以系统化的。虽然这些框架总是随时可能被修正，但它们并不仅仅是心理学上的或新闻记者笔下的超出“实际科学”之上的附带现象；它们是构造假说、设计实验非常重要的基础。

根据这个一般的认识论立场，我将根据如下顺序来审视新古典主义和显示偏好理论的基础（它能否成立？或者虽然成立但是仍然存在问题）。在本章中，我将集中关注那些针对萨缪尔森的方法的更抽象的哲学论证，因为这些论证的结论已经被广泛认同，并且对解释实验证据的方法的形成起到了促进作用。首先，我将证明森从纯粹逻辑角度对显示偏好理论的攻击是完全失败的，因为它的基础是对人类思维的本质的直觉，而这些直觉不可能顺利通过从认知科学角度展开的严格审查。有人可能会说，目前对显示偏好理论的有用性最著名的辩护——加里·贝克尔（Gary Becker）的辩护所依赖的基础就是森所依赖的那些直觉性观点。确实如此。因此贝克尔的策略的适当性是有疑问的。这种批评将有助于弥补我在下一章中评述的有关行为学证据的文献时所依据的哲学基础中的漏洞。不过，在考虑经验上的反对意见之前，我要先考虑哲学上的反对意见，我采取的这个次序并不说明我认为哲学上的反对意见更重要。事实恰恰相反，如果哲学上的意见与经验上的意见所指的方向构成了相互冲突，我们的理性的第一反应应该是哲学上的意见出了差错。

我在进行一场"圣战"——清除那种没有足够证据就推断一切的恶习，但我并不是单枪匹马的。我要指出的是，许多称自己为人道主义者的人相信新古典主义（特别是在行为主义解释下的新古典主义）之所以不充分，至少有部分原因是因为他们不想使它充分。具体地说，他们不喜欢那种方式——那种似乎要我们把人理解为机器中的螺丝钉的方式。
125 对此，我们已经见识过了米罗斯基的猜想和杜普雷的大声疾呼。许多人都曾经表达过对这种"机械主义"经济学的轻蔑之情，事实上，我们不需要只依靠引用哲学家或经济学家中的少数几个"出言无状者"（enfants terribles）的只言片语来说明这一点。我在下文中将引用的话出自经济学界两位标志性的人物之口：罗纳德·科斯（Ronald Coase）和布坎南（Buchanan）。科斯说：

经济学家主要关注的是选择的逻辑……这对经济学本身的反作用值得严肃对待。理论与自身主旨相脱节导致的其中一个后果是，经济学家正在着力探讨的选择行为的主体并没有成为研究的主题，因而不具备任何重要意义。消费者不是一个人，而只是一个包含了一系列一致偏好的集合。对于经济学家来说，企业"……被有效地定义为一个成本曲线和一个需求曲线……"，交易的发生也无须明确任何制度背景。我们有消费者，但是她没有人性；有企业，但是它没有组织；有交换，但是没有市场。（Coase，1988，p. 3）

虽然我不能赞同科斯这段话中所包含的规范性含义，但是正如我们已经看到的，科斯对萨缪尔森的理论框架的描述是准确的。布坎南对德布鲁建立的现代新古典主义统一均衡理论的批评甚至比科斯还要直接，他说：

它的致命缺陷就在于它把发生在社会—制度情境下的个体选择行为

转化为物理的、可计算的行为……这样一来，经济学就成了一种无意义的社会科学，制度主义者对这种经济学的攻击中有一些确实是切中肯綮的。(Buchanan, 1979, p. 29)

上面引用的这两位经济学家的话引发了两个预料中的反批评。首先，他们表达出来的那种情感，是行为主义经济学的人道主义批评与新制度经济学的经验主义批评所共有的。这两个对新古典经济学持怀疑主义立场的群体都可以认同上面引用的这些话，他们的立场通常被认为是互补的。更进一步地说，正如我将提出理由来证明的，他们这种一般性的一致意见是建立在他们共同拥有的一个本体论假设的基础上的，即人是经济学主体的原型，而这正是我将要提出质疑的。不过这样我们就过渡到了第二个预料中的反批评——实验主义—制度主义运动的实证方向最终引导他们到达的地方将恰恰与人道主义者所想象的终点相反，这与占主导地位的流行观念的解释不同。米罗斯基与戴维斯 (Davis, 2003) 都认识到了这一点。在下一章中，我将给出赞同米罗斯基的观点的更详尽的理由。米罗斯基还坚持认为，除了拥有一个共同的敌人之外，人道主义者和新实验主义者没有任何相同的地方，当然那个敌人就是成了他们的讽刺对象的新古典主义。

显示偏好理论不行了吗？阿马蒂亚·森对效用函数的心理学基础的分析 126

当然，要到达我们的终点，还有一段漫长的路要走。我们第一步要引进来讨论的是人道主义者对显示偏好理论的逻辑上的攻击。从这个方向批评新古典主义的学者当中，最有资格站出来陈述他们共同的“起诉状”的是阿马蒂亚·森。基于森本人撰写的许多经典性的论文，特别是其中发表于 1971 年的论文，人们必须承认森自己也是使显示偏好理论走向系统化的最重要的“种子选手”一级的经济学家之一，因此他对显示偏好理论的理论结构的理解的权威性是不容置疑的。而且，关于贫困问题（以及如何缓解贫困的问题），森也是全世界最顶尖的权威学者之一，因此当他断言，新古典主义在总体上（其中的显示偏好理论起了特别重要的作用）造成了许多社会福利政策（尤其是在第三世界）的无效率，那么我们即使从道义上来说，也就不能不关注他的批评。（不过，我需要读者注意的是，在本研究计划的第二卷之前，我不会涉及应用问题或政策问题。）

森对与新古典主义非人性化有关的问题进行了最一般的回顾，然后给出了一个评论，它与我在上一章的讨论中开辟的问题空间有直接的关系："经济学……演化的结果……竟然是被用来在一个如此极端地狭隘的意义上来刻画人的动机，这个事实表明，这个过程当中肯定发生了一些很不寻常的东西。说这不寻常，一个原因是经济学本应该是与真正的人有关的。"（Sen，1987，p.1）在构成我们在这里展开讨论的工作框架的纯粹本体论语境中，我们必须首先问一句：到底是哪个"权威"在告诉我们经济学"应该是"关于什么的？然后我们还必须问：这里所说的"与经济学有关的"在最好限度下可能意味着什么？第二个问题是本书上一章的主题。正如我们已经看到的，亚里士多德假设（在他自己的意义上的）经济学是直接关于人在物质上的满足和安全的，之所以我们应该对这些有兴趣，仅仅是（而且只在这个范围之内）因为这些东西对真实的人来说是重要的。斯密、李嘉图和马克思（还包括杰文斯、马歇尔）的看法也与此类似。但是当新古典主义哲学的成熟表达形式出现在罗宾斯的《论经济科学的性质和意义》中的时候，人们的态度发生了决定性的变化。罗宾斯把"人类行为"这个词放在自己对经济学的定义中的理由不在于他对福利的偏好，而是因为他想赋予能够明确表达出来的内省意识在作为一门实证科学的经济学中某种认识论上的地位和作用。当这种作用消失后（比如说像在萨缪尔森的著作中那样），人就从理论的视野中远远地隐退了，而后我们就不得不重新制定一个长期研究纲领，其任务就是搞清楚如何才能、到哪里才能把人找回来，重新放入理
127 论图景当中。但是，萨缪尔森和罗宾斯在解决经济学"应该是"关于什么的这个问题时，忽略了某些（由亚里士多德提出的）原初指令，这就导致他们犯下了哲学上的和/或道德上的过错吗？（如果是的话，罗宾斯的过错似乎要更轻一些。）

这是一个设问。我提出这个问题，并没有假设在我之外还有其他人在坚持我在这里的论点。亚里士多德、斯密等人是正确的这种观点比起相反的观点来说要显得更自然一些。这是丹·豪斯曼（Dan Hausman）在私人通信中提醒我的。就目前来说，我只希望读者以一种哲学研究的精神暂且保留这个问题。在本书的结尾，即第9章，我将明确地给出我采取相比较而言不那么"自然"的相反立场的理由。

经验告诉我，许多认同阿马蒂亚·森对显示偏好理论和新古典效用理论给出的负面评价的人并没有仔细地思考过与他的论证的观念基础有

关的问题，而只是简单地认定必须同意他，因为基于新古典理论提出的政策建议看上去往往就是像他所声称的那样——它们是狭隘的、不人道的，而且与正当的人类利益无关。然后他们就会认定不人道的政策必定反映着，或者源于非人道的理论。在某种意义上，这种推理似乎是有理由的。但是，大多数大规模的人类苦难都只是一种经济现象这种说法在作为“经济科学”的经济学意义上本身就是大有疑问的。如果有人只根据经济分析就直接提出政策建议，那么这些建议就很可能忽视一些重要的东西，在这里我暂且把它们都塞入标以“心理学”或“文化”之名的黑箱中（不过，也只是在这一刻我会这样做）。对于经济机器的运行的纯粹的科学兴趣本身丝毫也不意味着减轻贫困现象应该优先于其他政策目标（或者相反）——虽然我相信这是应该的。不过，如果在相信社会道德准则不能仅以经济分析为基础的同时，又相信单凭经济分析本身就可以炮制出某种麻木不仁的社会道德准则，那么这种分析肯定会出问题，因为这里包含着简单的逻辑错误。我认为，阿马蒂亚·森的概念论证往往迁就这类错误。

阿马蒂亚·森从规范角度和技术角度对第二次世界大战后的新古典经济学提出了批评，这两方面批评的联结点在于他认为新古典主义不恰当地使“效用”概念和“福利”概念具体化、实质化了。他强调，虽然“效用”和“福利”在经验上往往有相关性，但它们是不同的概念，是不可以通过同样的政策使两者都实现最大化的（Sen，1999）。我承认这一结论并非全无道理，但是它依赖于一些关于主体的形而上学观点，而它们本身并不独立于森对显示偏好理论的逻辑的批评。不过，我现在将 *128*
这一问题暂且搁下，虽然它是我的总体计划的核心任务之一，因为我想先集中讨论森的如下论点：通过显示偏好理论阐释出来的新古典经济学本质上是而且自身就是（by and in itself）一个错误的分析工具。

这些年来，森已经提出了一整套反对显示偏好理论的论点，其中一些是技术性的，另一些是直觉性的。不过所有这些论点都可以归集到森的一个主要论断下面来。森的这个论断是说，我们不可能理解人类行为的真正的独特性，除非我们认识到人的许多行为是被“偏好之外”的因素所引发的、引导的或制约的（Dowding，2002）。表面上看。森举的一些例子有效地说明了他的观点。比如说，森在 1973 年发表的论文中告诉我们，如果我们从一次性囚徒困境博弈（PDs）中的合作性行为去推导非自利性偏好，那么我们就可能被误导，因为博弈者的合作反应可能是她遵从文化上遗传下来的道德规范的结果，而这些道德规范是外在于她个人的效用函数的。与此类似的一个例子是，在社交宴会上一个人会从装着两个苹果和一个橙子的水果篮中取一个苹果来吃，而在另外一个差不多同样性质的场合中从装着两个橙子和一个苹果的水果篮中取一个橙子来吃（Sen，1977）。在这种情况下。严格地应用显示偏好理论几乎就等于强迫我们相信这个人是非理性的（她违背了负传递性公理），而这与我们的直觉相冲突，因为社会规范要求人们不应该那么自私地限制其他人的选择——取走篮子中的最后一件物品就会造成这种后果。再一次，社会规范被认为是一种外在于个人效用函数的驱动力。最后，他让我们考虑这样一种情况：一个人在某个场合下因为宗教上禁食的承诺而选择不吃任何东西，但是在另外一个场合下（其他情形相同），她会英勇地为获得一些食物而奋斗（虽然她并不贫困）。再一次宗教规范成了她的（用显示偏好理论建立起来的）选择函数之外的因素。

人们通常认为，这一类例子可以从两个方面挑战显示偏好理论的适当性。第一，如果在经验上存在着有规律地独立于显示偏好理论，并且不能用显示偏好理论来刻画的人类行为的动机，那么显示偏好理论作为预测和解释真实的人类行为模式的工具就是描述性地不完全的。第二，如果显示偏好理论被当作一个有关理性主体的规范性理论的基础的话，那么它就会强迫我们把利他的囚徒困境博弈的参与者、高尚的社交宴会的出席者、虔诚的节食者都当成是非理性的；而森认为这种看法当然是与直觉相冲突的——在我们的直觉中的理性概念要比这种理性概念宽泛得多、人性化得多，相比较而言，显示偏好理论给出的只是一种“被挤压过的”、非人道的评价理性的标准。上面这两种关于显示偏好理论的
129 不适当性的观点当然是相互联系的，因为我们的规范性标准在某种程度上就是构成人的描述性特点的日常经验和常识的函数。

但是，森对这些例子的阐释依赖于如下假设：选择函数和效用函数只能很有限地刻画独立于社会情景和其他环境因素的个人偏好。森已经认识到，这个假设不需要涉及我在第 3 章所称的“感觉主义的享乐主义”——它假设个体可以参照他自己感受到的属性之外的其他东西来最大化自己的个人利益。然而这样一来就直接把我们带回到了杰文斯当初所遇到的问题。杰文斯试图成为一个心理学上的功利主义者而不是一个享乐主义者，为此求助于对高级需要和低级需要的区分，但是这种区分完全是一种特殊处理。道德承诺和社会规范总是可以自我指涉地（self-referentially）进行解释的。例如，我们或许可以说，从他自己的角度来看，纳尔逊·曼德拉（Nelson Mandela）生活在一个坚持种族隔离制

度的世界中并被投入监狱几十年，要比生活在种族隔离政策的世界中并当一个小镇律师有意义得多。当然这绝不意味着曼德拉喜欢监狱，而只是表明他不喜欢生活在种族隔离制度下更甚于不喜欢生活在监狱内。毫无疑问，曼德拉这种偏好结构需要假设他对其他人的福利非常关注才能解释得通，但是这样我们就不得不对效用进行享乐主义的解释。为什么源于正义增加的满足应该与源于食物质量提高的满足不同？根据什么样的系统性的性质才能这样说？换句话说，为什么效用不能从边沁的“广泛的而且可扩展的”意义上来解释？如前所述，对这些问题的标准答案是，那样做会导致人们最大化自己的效用这一结论成为一个套套逻辑。在本章的后半部分，我将正面化解这种担忧。

受上述套套逻辑抗辩的鼓舞，森提出了一个新的主体性概念（concept of agency）：他把主体性定义为一个人“完成制定目标、提出承诺等事务的能力”（Sen，1987，p. 40），主体性这种东西通常以独立于效用最大化目标（有时恰恰与效用最大化目标相反）的形式促使人们采取某种行为。如果一个人受到了套套逻辑问题的困扰，那么从逻辑上看，他必定会致力于去发现第二个（甚至第三个、第四个，甚至第 N 个）在心理学层面上与效用理论不同的动机因素的经验基础，这正是森的“主体性”所应该成为的东西。然而，如果所提出来的非功利主义的动机并不存在独立的证据，那么实际上就没有取得任何进步，那样它就只 130
能算是对套套逻辑的担忧的一种反应。如果我们不对后者进行一种享乐主义解释的话，到底什么能够帮助我们搞清楚为什么森的主体性不属于效用的一个方面呢？对此森本人几乎没有说出任何东西。森认为增强主体性可能会促进“个体福利”的增加，但他同时又说：“问题的关键不在于它们的独立的可信与否，而在于区分的可持续性和相关性”（ibid.，p. 43）。这我同意，那么区分的基础应该是什么？森立刻提出了一个例子，不过它与我在前面所举的纳尔逊·曼德拉的那个例子本质上没有区别：“例如，一个人为争取自己国家的独立而努力奋斗，当最终国家取得独立时他会更快乐，在这里主要的成就是国家的独立，而对于取得这种成就的快乐仅仅是其中一个后果”（ibid.，pp. 43－44）。很显然，在这里“快乐”的解释必须是享乐主义的，这样，这个例子才能有一些直觉的内涵。当然，这是因为快乐的通俗概念就是享乐主义的。只有参照它来解释效用，森的直觉泵才能显得有说服力。

像罗宾斯那样的内省主义的解释偏好的方法或许有助于在非享乐主义意义上重建森的区分，但条件是，必须有心理学上的事实相配合。举例来说，或许曼德拉很清楚地知道他自己在咖喱羊肉和牛排之间有明确的偏好排序，但是在社会正义与个人自由带来的舒适之间则没有什么确定的偏好排序，或者在社会正义与咖喱之间也没有。然而正如我们将在第 6 章中讨论的，认知科学摧毁了给这一类论断提供任何系统性的经验证据的希望。但是，无论怎么说，森的区分和他对它的严格运用确实提出了一个问题，即显示偏好理论需要得到最好的辩护，这也是我将用本节下面的篇幅来论证的问题。

首先，让我们来考虑森给出的囚徒困境博弈的例子。[①] 假设我们可以用两人囚徒困境博弈（不管是一次性的还是重复的）来对两个主体的实际行为和策略建模，那么在所有对她们来说重要的事情都给定的情况下，每个主体的偏好排序如下：她更偏好（i）她背叛而对方合作的博弈结果超过（ii）双方都合作的博弈结果；偏好双方都合作的博弈结果超过（iii）双方都背叛的博弈结果；偏好双方都背叛的博弈结果超过（iv）她合作而对方背叛的博弈结果。如果出于任意理由——不管是社会上流行的社会规范或自己的道德承诺，还是狭隘的自利思想——只要一个主体偏离了上面这种对博弈结果的偏好排序，那么再把她们的行为
131 与策略模型化为一个囚徒困境博弈就是一个经验上的错误——她们在进行的是其他类型的博弈。这种推理是显示偏好理论最直接的可能应用之一。从博弈参与人实际的行为记录中可以推导出她们对博弈结果的排序，这（和扩展式博弈中的信息一道）决定了博弈结构。这个例子还有助于说明这里所讨论的问题与偏好的具体内容、博弈参与人自利的程度都没有什么关系。为此，不妨想象一下：现在有一个设计得非常糟糕的援助分配方案，它激励特蕾莎修女去为加尔各答的孩子申请全部的援助金，同时又激励胡安尼塔修女去为圣保罗的孩子申请全部的援助金，而实际情况是如果她们各申请 50%的话，就会有更多的孩子得到救助。或者也可以反过来设想：这两人被引导进入了与上面这种僵局相反的另一个僵局，这种情况的出现，部分地是因为超康德的承诺（hyper-Kantian commitment）导致她们做出了完全服从对方利益的对称性的决定（比方说，特蕾莎修女决定把所有的食物都让给胡安尼塔修女去分配，同时胡安尼塔修女也决定把所有的食物都让给特蕾莎修女去分配）。

---

① 囚徒困境博弈已经在许多学科的无数文献中被充分地研究过，因此我在这里假设读者对它都是熟悉的。不过，对于它在森试图用它来解决的那类问题中的直接应用的最周详、最准确的讨论，是由宾默尔（Binmore，1994，pp. 95 - 256）给出的。

在这种情况下，经验上看发生的就是一个囚徒困境博弈，虽然可以想象不会有人指责任何一位圣女是狭隘的自私自利者。①

与其他应用显示偏好理论的理论一样，博弈论当中上述机制的目标就是要告诉我们当行为模式将特定的策略向量、支付矩阵、信息分布状况等因素（比如说在一个囚徒困境博弈中）实体化之后，将会发生些什么。我们在经验上确实是有动机把博弈论当作目标情境的适当模型的。在给定的情形下，产生某个行为向量的历史与哪一种博弈被事实证明无关，与博弈的均衡位置也没有关系。正如宾默尔（Binmore，1994，pp. 95 - 256）花了极大篇幅着力强调的，在任何一个假定为囚徒困境博弈的博弈中，如果有任何一种说法可以理性化博弈参与者的合作行为，那么随之而来就会产生一个逻辑问题，即模型的构建者至少给其中一个博弈者分配了错误的效用函数（或者错误地假设了完美信息，或者没有发现一个承诺行为），因此，把它们的博弈当作（一次性）囚徒困境博弈的一个例子就是错误的。或许这位模型构建者对博弈者的行为没有做充分的观察，因此没有推导出一个准确的有关主体的模型。博弈论专家的解决方法，从它们本身的性质来说，不是关于任何东西的经验假说。就规范的策略建议或经验解释等目标而言，它们的应用效果与博弈参与者从准确的意向立场出发构建出来的经验模型一样好。当人们被带进实验室，进入原本设计好用来最终导致囚徒困境博弈的实验场景中参加实 132
验的时候，总会有相当多的实验参考者选择合作，这个事实在实验经济学文献中已经被广泛地引用。适当地（而非出于诋毁它的目的）运用显示偏好理论设计的实验根本无法导出囚徒困境。博弈参与者的行为表明，如果把她们的博弈确定为囚徒困境博弈，那么她们的偏好就会被歪曲。②一个博弈是一种情境的数学表示，一个博弈问题的解决是一个演绎推理过程。像任何演绎性的论证方式一样，在原本已经包含在前提假设中的经验内容之外，它不可能增加任何新的经验信息。然而，博弈论确实可

① 有人认为，从逻辑对称性的角度来看，具备完美的、完全一般的康德主义美德的人之间形成的均衡是社会劣均衡，等价于完全狭隘的、自私自利的人之间形成的均衡，这种观念其实并不新鲜。19世纪加拿大作家詹姆斯·德米尔所撰写的一部经典小说（James De Mille，1888/1969）生动地表现了这一点。

② 在实验中，这肯定就是问题之所在，因为在一个毫不含糊地以诱致囚徒困境博弈为目标而适当设计的实验当中，其他可能的错误来源——比如说信息设定误差、未被注意到的策略性承诺、参与人是不是真的最大化期望效用（还是其他什么东西）的不确定性——应该都得到了很好的控制。

能拥有解释上的价值，它可以揭示出存在于事实之间的结构性关系——如果没有它，我们或许不能注意到。

当然，博弈论的前提假设必须可以模型化有关主体的（在其他事物当中的）经验事实。森对显示偏好理论的批评结合了两个正确的论断：动机应该内生化（endogenize）到我们关于主体的模型当中——只要它们与主体的行为有关；同时显示偏好理论先天缺乏完成这个任务的资源。上面第二个论断可以有两种解释。如果它被用来指显示偏好理论不能将一般的动机内生化，那么正如我们将在后面看到的，它就是一个错误。或者反过来，如果它所说的是，因为经验上的原因，要基于显示偏好理论将人的动机内生化到经济模型中是特别困难的，那么它只是提出了一些有意思的实质性问题。事实上，它恰恰指向我在本章中要解决的问题：如果效用函数（以及作为它表现形式的、有因果关系的策略）与真实的人之间确实存在着某种关系的话，这种关系到底是什么？经济主体的识别要参照稀缺条件下某些类型的目标实现情况，不过森在他对显示偏好理论的批评中则想当然地认为经济主体应该完全等同于真实的人，它的特征是在心理学的意义上刻画出来的，然后再得出结论说显示偏好理论不能内生这种假设中的等价性。这其实相当于假设了一种可能否定任何一种经济学独立性命题的最强有力的观点，而不是为这样一个观点提供辩护：为了接受森的主张，就必须明确地假设经济学是（社会）心理学的一个分支。这样一来，它也就在根本上意味着对萨缪尔森的理论出发点的彻底否定，因此我将从反对森的观点开始，以此来引入我的问题。

在第6～8章中，我将论证如下观点：我们不仅不应该假设经济主体与真实的人完全相同，事实上，经济理论分析的有效性本身就要求我们假设在经济主体身上，直接与人格同延（在范围上完全相同）的情况从来没有存在过。（让我说得更直白一些吧：这就是本书的中心思想。
133 想批评的人请记住它。）因此，对于我来说，微观经济的核心基础假设将恰恰与森所主张的相反。不过，要为这个命题构建出实证事例是一个非常漫长的过程，在我着手这项工作之前，需要先对森有关显示偏好理论的怀疑主义论调的基础进行更多的描述，而且森所钟爱的用以替代显示偏好理论的可选方法中所包含的严重内在问题也需要予以揭示。我自己的对经济主体的解释中也有一部分是在我对相反观点的背景有了相当透彻的理解之后才产生的。

森的基本策略依赖于对于信念和其他命题态度的内在主义假设，也正是因为这一点，他的体系才会变得危如累卵。对他的推理过程进行详细的检查是值得的，因为把这当中发生的错误论断揭露出来的同时，也将使内在主义假设带给经济学的一些特殊性质表露出来。我在这里的讨论也要部分地归功于道丁（Dowding，2002），他不仅极好地概述了森的一般观点，而且找到了其内在主义预设前提中的逻辑困难。据我所知，道丁的论文是到目前为止文献中唯一认识到心智哲学中的内在主义与由森的著作促发的有关经济学基础的争论之间存在着联系的一篇。[①]

我们还是以上面已经提到过的森最喜欢的例子中的一个来作说明。假设我们从一个集合 X 开始，它满足以下条件：在 X 上成立着关系 $>$，子集 x，$y \subseteq A$，其中 A 在 X 当中，对于主体 i，我们观察到 $x >_i y$；而且另外的子集 y，$z \subseteq A'$，其中 A' 在 X 当中，对于主体 i，我们观察到 $y >_i z$。那么我们就可以运用显示偏好理论得出如下预测结论：在其他没有被观察到的情形中，当 i 从 $A \cup A'$ 中选择时，如果 $x >_i z$ 成立，那么 x 就将被选中。但是，现在要假设 A 是一个水果篮，y 是篮中最大的一个水果；同样假设 A' 是另一个水果篮，x 是篮中最大的一个水果。最后，假设 i 根据一个社会规则“决不能从社会公共的篮子中取走最大的那块食物”来行事。假定这个规则是“外在于”选择函数 c（$A \cup A'$；$>_i$）的，而且社会环境也是“外在于”选择函数 c（$A \cup A'$；$>_i$）的，那么我们应用显示偏好理论就只能得到错误的预测：i 将会在 A 中选择 x，并且将会在 A' 中选择 y，但是在 $A \cup A'$ 中将可以自由地选择 y。但是，这违背了反对称性。既然“外在的”规则描述了许多现实生活当中的人的行为命题，那么称这些人是非理性的就是愚蠢的。所以显示偏好理论既没有一般地正确地描述了真实的人的行为，也没有挑选出一个在规范的意义上适当的有关理性条件的集合。这就是森的一般观点。

就像我在前面已经说过的，我不会坚持认为显示偏好理论直接地描述了真实的人的“选择动态机制”。然而，我将坚持认为显示偏好理论在描述上是与行为科学相关的，而且它确实刻画了一个在科学上很重要的概念——“经济理性”。此外，基于我将在第 6 章提出的一些理由，134
我不想让我上面这个论断以任何方式依赖于规范的或描述的个人主义。

① 同时戴维斯（Davis，2003）的观点也肯定会被引用来点缀，更准确地说是强调内在主义与经济主体模型之间的关联，这是其主要观点。但是，恰恰是戴维森，没有看到他自己对内在主义假设的批评威胁到了森据以对新古典主义进行抨击的理据；而森在戴维斯书中是被当成英雄的。这或许是因为戴维斯并没有怎么关注森早期更技术性的研究工作，而只注意到了森近期对自由、繁荣等概念的反思。

因此森的观点必须予以狙击，不过我们的反驳不能通过提出以下这种古怪的主张来进行——经济主体并不会观察到，或者根本不应该去观察有关社会礼仪的规范或其他诸如此类的规范。

正如道丁所阐明的，森在这里并没有搞清楚参考类（reference class）的性质，而效用函数和选择函数都是建立在参考类上的。森的论证要求 $x \in A = x \in A'$，而且 $y \in A = y \in A'$，因为在每一种情形下，x 和 y 所指的都是同一个水果——比方说 x 是一个苹果，y 是一个橙子。但是接下来，森的论证需要假设 i 在水果数量变化的时候并不维持偏好不变——即她并不只参照水果的"苹果性"和"橙子性"来决定其偏好。她至少还关心一个关系属性，即每种水果是有，还是没有；或者说，在一个特定的社会情景中，是不是其中有一种就是一个特定的水果篮中那个最大的水果。当然，这是一个完全说得通而且可以理解的心理学上的描述，这也是我们不能认为 i 在那个想象的社会环境中是非理性的部分原因。但是接下来，如果显示偏好理论认为 i 的一系列选择都意味着非理性，那么这必定是因为显示偏好理论禁止在分离偏好对象时运用某些关系属性。然而，正如我们在上一章中所勾勒的公理化体系一样，显示偏好理论对于它范围之内的变量可以携带何种价值这个问题绝对要保持沉默。因此不存在内在于显示偏好理论的辩护理由，可以满足森所作的假设，即偏好对象的个体化必须独立于他所称的外在考虑因素，比如说社会规范。相反，正如道丁（Dowding，2002，p. 271）所指出的，如果假设 i 是横跨全部两个假想选择情景的同一个经济主体，即她的行为可以用函数 $c(A \cup A'; \succ_i)$ 来描述，那就必然导致 $x \in A \neq x \in A'$，或者 $y \in A \neq y \in A'$，或者两者皆是。但是，森仅仅通过简单地假设显示偏好理论所导致的某个东西不支持他想象中的情形下的心理学描述，就轻率地断言说显示偏好理论不能描述它。就目前而言，这里的要害并不在于显示偏好理论是不是准确地描述了 i 心中的某个动态因果关系。森的论证引发的问题更具一般性：显示偏好理论所公理化的那些关系真的可能与理性选择的概念有关吗？理性选择概念可能与经济行为有关吗？——无论是描述性地或评价性地，还是直接地或间接地。

135 因为森的假设 $x \in A = x \in A'$ 而且 $y \in A = y \in A'$ 并不是显示偏好理论的形式逻辑所必需的，所以这必定意味着，森的假设在哲学上反对萨缪尔森自己对显示偏好理论的解释中所包含的对于偏好和选择的形式主义定义。因此，人们希望森应该会就他认为在这种情形下理所当然地成立的哲学心理学给出某些非规范性的理由，或者甚至某些描述性的解释。但是，不幸的是，据我所知，森在他的大量著述中没有任何一个地方涉及上述两方面的内容。如果森本人不一定想得到这些的话（智者也有“虑不及此”的时候），森的许多读者很可能会设想一个从俗成心理学继承而来的内在主义的表征意义的粗略图景。也就是说，主体拥有在心理学上真实的、在因果关系上活跃的对象表征，她以自己私人的方式将其归入与偏好目标相等价的类别。她用这些参考类（与其他一些东西一起）构建私人的（当然，往往是可报告的）偏好关系。在显示偏好理论的一个特殊应用中，经济学家构造出来的选择函数就是定义在这些被表示出来的等价类（equivalence class）之上的。换言之，一个描述心理学上真实的个体动机结构的效用函数，作为在确定的语义环境中在因果关系上活跃的偏好表征，不可能只随外部环境的变化而变动。因此，任何东西，只要能够独立地影响主体的行为（这种影响可以利用表现出来的等价类所包含的信息来追踪），“就是外在于”作为选择的偏好的。或者为了澄清观点，至少我们可以大致地想象一下森在脑海中真正的想法到底是些什么东西。

我们在上一章中已经看到，因为萨缪尔森是一位不成熟的行为主义者、一位前功能主义者（变种功能主义者），所以对于他来说，跟随奎因的思路，将偏好（在俗成心理学意义上的）从经济学理论中清除出去，与将偏好与选择一起进行定义这种做法相比，反而更符合一致性。不过，我本人当然不会既为显示偏好理论辩护，又允许不成熟的行为主义过度地缠绕它（而导致理论上的沉重负担）。从心智哲学的原初中立性立场来看，定义在显示偏好理论的公理化框架的基础上的关系族的经验相关性最终将会成为“主体心智中”的东西——这是内在主义的解释，还是仅仅简单地出于描述行为中的规律性而被归因于主体——这是意向立场功能主义的解释，这个问题仍然有待解决。显然，如果采取第二种方式，森的假设就会遇到困难，因为如果那样的话理论家将可以根据任何一种他能够发现的属性随意地对偏好对象进行个体化，不管这些属性是不是主体“在心智上的表征”（有任何关于“心智表征”的说法 136
即可）——只要在信息差异编码与主体的行为之间存在着某种不神秘的因果关系。这些属性可以包括森所称的“外在的”关系属性。当然，这样一来，纯粹归属于外在因素的表征是怎样与行为的起因和解释有关的？我们需要一个不那么不可思议的解释。不过这是所有在哲学上持外在主义立场的人都致力于要完成的工作，这也是本书第 6～8 章将要讨论的最重要的主题之一。

丹尼尔·豪斯曼在与我的私人通信中对森的观点提出过一种解释，他的解释方法可以使上面的推理过程直接与森的论证相关。豪斯曼说，“行为主义经济学家，而不是森，会在事实上把选择的对象简单地看做‘一个苹果’或‘一个橙子’这样的东西”。而那些乐于从主观偏好开始分析的人则能够区分以下两种情形：取走一个苹果同时给其他人留下拿一个苹果的机会，取走一个苹果同时不给其他人留下拿一个苹果的机会。不过，从一般的角度来看，这并不是在反对将显示偏好理论公理化；它反对的是那种“以选择行为以及选择对象的某种不成熟的行为主义的个体化为出发点的做法。”然而，意向立场的功能主义则可以直接地避免这种异议。如果一个主体在第一类情形下选择一个苹果，而在第二类情形下则不选择苹果，所有可以得到的行为上的证据都将会引导一位意向立场功能主义者去应用三角命题态度归因法（triangulated propositional-attitude ascription）把偏好对象个体化，其中就包括：“苹果，其选择给别人留下选择机会”和“苹果，其选择取消了别人的选择机会”。回忆一下，我们在本书第 2 章中曾经讨论过，要想不成为一个内在主义者，有两种途径，而不成熟的行为主义只是其中之一。这里所说的不成熟的行为主义，在哲学心理学经历了沃森（Watson）之后四十年的发展后，如果要想得到严肃的对待，最好改称为取消主义。

在这里，人们或许会试图追随戴维斯（Davis，2003）的做法，以森的名义去构建出一个不依赖于关于主体的偏好表征的内在主义立场的论点。对于森来说，这确实显得更公平，因为他几乎完全不希望我们认为所有关系的、非现象的属性都意味着对偏好有“外在的”影响；而且根据推测，偏好—排序—表征机制的对象域中可能包括“篮子中最成熟的一个苹果”。那么，与此相关的区分应该是什么？根据戴维斯的解释，
137 它与控制着偏好形成的等价类有关。对行为因果关系持某种内在主义观点的一个人或许会认为主体是完全靠自己完成决策的——篮子中最成熟的那个苹果是否与偏好对象相关。但是，这个人也可能坚持认为是社会决定了一个社会化的主体所必须了解并用来作为参照以指导自己行为的那些性质。戴维斯论辩道，这个区分与相应的行为的心理学解释在某种程度上有一种真实的相关性。意向立场功能主义则否定这个区分（正如戴维斯已经认识到的）。根据意向立场功能主义，一般来说，我们是为了控制行为而采取朝向我们自身的意向立场，从而把对象个体化为参考类的，而且，我们是通过把这种意向立场模型化为由其他人采取并朝向我们的意向立场来完成的。因此一般地说，意向偏好类是（部分地）在

社会控制之下的。这样，即使偏好类确实以某种方式依赖于“心智上表现出来的”偏好类，它们也不会最终完全独立于森所称的外在因素。于是，他针对效用和主体所作的根本性区分的一个方面是空洞的——至少就这一区分通常被认为是产生于他对显示偏好理论的批评中这个角度来说。

这个结论对于显示偏好理论的批评者来说，或许已经是所有可能的结论中最好的一个了，因为森的区分中被我们的论证方式清空的那个方面是“效用”。假如采取非取消主义的外在主义立场，“主体”就会影响所有偏好分类的个体性质。但是，读者请记住，森进行这个区分的最初动机是出于对套套逻辑的担忧。这种担忧（如果套套逻辑确实是某种值得担忧的东西）仅仅当森这种区分的两个方面都有某些经验上的（和行为上的）相关内容时才能够成功地表达出来。但是，我们前面的论证表明森充其量只是在玩弄一个关于套套逻辑问题的骗局。如果我们参加他这个骗局，那么我们就会被他误导，说没有人曾经为了最大化自己的效用而采取什么行为（因为这个目标现在就没有任何经验上相关的意义了），但是我们却没有任何理由不去说她们是在最大化能够给予她们的主体性最优条件的某种东西。现在意向立场功能主义已经是行为主义的一种形式，不过不属于那种不能找到关系属性的不成熟的行为主义。这也就是说，它使主体的意向与其行为同一。意向立场功能主义者因此不得不面对那个套套逻辑反驳，无论意向性行为是用主体性语言还是效用 138 语言来刻画。对意向立场功能主义者来说，森的“外在因素”论证并没有改变什么实质性的东西。

如果“无论一个主体认为她自己的福利是什么，她的福利就是什么”这个概念不能用意向立场功能主义者的方式来理解，而且也不是从罗宾斯那种现象主义者的角度来解释——这当然不是森所愿意的——那么剩下来的似乎就只能是古老的亚里士多德式的观念了。像亚里士多德一样，森反映了我在第 3 章中所称的“形而上学的主观主义”，因为他认为被一个人当作自己的福利的东西实际上可能并不就是她的福利。同样，与亚里士多德一样，他相信某一最低标准（最小阈值）的物质福利对于总体福利来说是必不可少的。因此根据森的看法，经济学家的任务是去发现使这种最低标准得到普遍贯彻（或者至少是在更广泛的范围内达到）的最先进技术；与此同时，伦理学家、社会学家、人类学家则时刻保持了警觉之心，他们身上或许承载着有关真正福利的规范性专门知识和描述性专门知识，目标是保证经济学家的工作不会偶然地（或有意地）侵蚀非经济方面的价值。但是，在把经济学家的目标确定为描述人的选择行为与决策行为这个范围之内，森并没有提出任何抛弃心理学上的主观主义的理由，而这才是他对套套逻辑的担忧的根源。虽然这样，就表征在行为中的作用的通俗模型而言，森对显示偏好理论的较狭义的批评必须被认为是有效的，如果一个主体在自己的福利由什么构成这个问题上出了错，那么我们就不可能根据本来可以提高她的福利水平的实际条件（依照假设，她对此保持无知状态）来解释她的行为，包括她的偏好报告。在上一章中，我们讨论过心理学上的主观主义与形而上学主观主义结合在一起的情况。在经济学与心理学的关系这一问题上，森似乎与杰文斯和马歇尔采取了完全类似的半亚里士多德主义立场。

我认为形而上学主观主义也可能是对的，但是为它辩护并不是本书的任务。[①] 在这里，重要的是：因为森没有能给出新的反对形而上学主观主义的理由（他只是简单地表示予以否认），而且因为森对萨缪尔森的经济学的反驳反而招致了取消主义者和意向立场功能主义者的质疑，所以他的回到亚里士多德主义或半亚里士多德主义这种立场并没有新的依据。有人觉得他为新实验主义者和新制度主义者所持的新亚里士多德
139 主义思潮进行了预热，但这种观点本身也是极易引起争议的，而且在哲学上也是无法证成的。

虽然这个结论或许会令实验主义者、新制度主义者、新亚里士多德主义者觉得失望，但是对他们来说，这绝非世界末日。毕竟，他们通常假设自己的方法主要不是以哲学（道德的或逻辑的），而主要是以认知科学和演化科学为基础的。对于哲学观点与经验研究之间的关系，给定我在上面赞同的那种认识论态度，实验主义者所持的这样一种立场是完全可以得到充分的辩护的。森没有为他们准备好基础，这样很可能反而是他们反过来去拯救他了。[②] 下文中我们将会看到一些质疑这种说法的理由，这是因为我们考虑到，正如米罗斯基所相信的，从人道主义者的观点来看，实验推动的半亚里士多德主义最终只能以所有可能世界中最坏的一个为终点。不过，就目前而言我已经建立起来的东西就只有下面这么多。我大体上已经驳倒了这种观点：因为森驳斥过显示偏好理论，

---

① 我推荐乔伊斯（Joyce，2001）对此的辩护。

② 正如戴维斯（Davis，2003，pp. 174－177）已经认识到的，至少在一定程度上，森显然不能不求助于针对形而上学价值主观主义的元伦理学论证来辩护自己提出的大量政策建议。我提到这一点只是想共享一些关于偏好与人之间的关系的观点。

所以我们需要一个先验的新的心理学和/或哲学框架来取代显示偏好理论。我相信，既然森并没有在逻辑上驳倒显示偏好理论，所以它仍然是经验行为科学最终将告诉我们的那些东西的形式化规则的候选者之一。

但是，它确实如此吗？我在上文中已经得出了一个结论：森提出来用以替代显示偏好理论的“主体性”概念，并没有清楚地表达他自己对显示偏好理论最根本的担忧，即套套逻辑问题。但是，这显然也不能构成我们简单地忽略或放弃与显示偏好理论有关的套套逻辑问题的理由，因为森没有在这个问题上取得任何进展，这个事实并不能成为其他人不再努力来解决它的借口。正如我们在上一章中已经看到的，对套套逻辑的担心从新古典经济学刚刚开始兴起时起，就一直在经济学元理论（metatheory）的发展过程中起着重要的推动作用。它推动杰文斯从自己原先的主观主义和边沁主义的立场退回到半亚里士多德主义，这反过来又使消费者理论在 60 年后才在技术上走向成熟。我们刚刚已经看到，从本质上来说，森恰恰是在重复边沁走过的道路。即便是萨缪尔森本人，也只是想当然地认为自己对这个问题已经有清醒的认识（Samuelson，1972，p. 255）。在前面的论述中，我已经在好几个地方指出过，意向立场功能主义者必定认为偏好等同于选择模式，因此他们所面临的套套逻辑（同义反复）指控特别紧迫。现在看来，对套套逻辑的担忧并不是经验上的产物，它是一个先验的、有哲学动因的问题。因此，在最终进入认知科学与行为科学的领域之前——那里可以说是真实的行为被发现的地方——让我们先试着努力解决掉（shake loose）这个令人敬畏的套套逻辑难题；此外，我们还要搞清楚，我们解决这个问题的方法会 140
对经验研究施加什么限制（如果有的话）。

为套套逻辑欢呼的两个理由

正如我们在第 3 章中已经看到的，在萨缪尔森的经济学中，一个效用函数（不管是序数型的，还是冯·诺依曼-摩根斯坦意义上的）只是变量的一种排序。在显示偏好理论的公理性假设当中，对这些变量的取值没有任何限制。如前所述，如果要用显示偏好理论描述行为的某些性质，那么偏好对象的个体化就必须服从信息效力方面的某种限制。也就是说，虽然偏好的个体化不一定需要通过其内容与内在可达的描述相一致的命题态度归因来完成，但是这绝不意味着允许根据根本不能在因果关系的意义上影响行为的信息来进行偏好个体化。当然，在我们对行为上的事实进行解释时，这会带来一定限制，但是与罗宾斯的内省主义方法可能带来的限制相比，则要宽松得多。毕竟，人的神经系统是极为复杂的处理器，牢牢嵌入在信息非常密集的环境当中，其潜在信息敏感性无可限量。而且，对于任何行为模式，都可能建立一个效用函数，用以描述不考虑反常的例外情形的一般“模式”。如果不给定任何因果过程或动态过程上的限制条件，那么效用最大化或者说一个主体最大化自己的效用这种说法，就根本不表达任何经验信息。

上面最后一句话所表达的意义非常重要。经济学家——以及某些哲学家，正如我们在第 6 章中将会看到的那样——往往在目标导向的行为的意义上来定义主体性，而这反过来又隐含着至少承认最低限度的理性概念。如果目标导向的行为可以一般地利用显示偏好理论来建模，那么，说一个主体最大化效用显然只是一种套套逻辑。在这里，“主体”是作为一个技术性的理论术语来使用的，而且它本身就是根据显示偏好理论来定义的，因此一位赞成只在惯常的定义框架内来讨论问题的亚里士多德主义者或半亚里士多德主义者将不得不把这种套套逻辑称为一种哲学上的幼稚病的产物。然而，要是真把“人”定义为一个类似的技术性术语，那将会是很荒谬的事情。人在经验上属于某些类别——不管把人定义为有机体、抽象的自我、在道德上有显著个性的有机体（organisms-with-morally-significant-identities），还是其他什么东西。因此，从字面上看，说一个人最大化效用不可能完全是一个纯粹的套套逻辑，它至少从定义上看是正确的（truth-by-definition）。与这个论断有关的
141 低阶信息（low information）不是产生于“效用最大化”中的“效用”在经验上偶尔地会是适中的这个事实，因为用显示偏好理论来解释的“效用”，只不过是一个名称，无论被最大化的东西是什么都被称为“效用”。说“人最大化效用”就等于说“人最大化某物”。

再一次强调，这并不是一个类似于文字游戏的套套逻辑式的循环论证。或许，如果给定某些可能为真的概念或另外一种人后，人就不再最大化任何东西了。然而，只要我们喜欢，我们就拥有不受限制的自由去使“某事物”成为新的最大化对象，不过在实践中这仍然碰到信息上的无知带来的问题。先验地，我们知道，我们总是能够找到什么东西使一个人的行为与她对这件东西的最大化一致，即使“最大化”所指称的过程并不与任何真实的或能够在经验上提供信息的过程相对应。为了更生动地说明这一点，在此，我们不妨假设一个人想把石头当作主体来构建

一个模型（在技术的意义上）。石头的行为可以精确地描述为：石头最大化自己与地心的联系的紧密度，它们服从的约束条件在于它们能够集中多少能量去穿透地球表面。（用经济学的术语来说，我们说这是它们的“预算约束”。）但是如果把石头当作主体来构建一个模型是容易的，那么这也就表明把人当作主体来构建模型实在是太简单了，关于人，它不可能告诉我们任何能够提供信息的东西。

这个推理过程并不复杂，它背后的深刻含义在于：套套逻辑反驳对于经济学理论造成的后果是毁灭性的，但是人们在逻辑上认识到这一点的速度，远比它在元经济学理论发展历史上被承认的速度要慢。正如我们在上一章中已经看到的，杰文斯在一个句子内，就从对套套逻辑的担忧转向了半亚里士多德主义。而森（Sen，1987）则是在一个脚注中用套套逻辑反驳消解了对作为主体的人（people-as-agents）的纯理论意义。① 而且行为经济学家们也迅速地表示了对它的认同，例如，理查德·泰勒（Richard Thaler）就说，“对于一个理论来说，如果可以反驳它的可能数据集根本不存在的话，那这个理论在实际上就是不可检验的。（事实上，它算不上一个真正的理论，充其量只是一个定义。）”（Richard Thaler，1992，p. 2）一见到套套逻辑反驳，就应该立即放弃抗辩，这似乎已经成了一个共识。

有一点显然是正确的：如果一位很好地掌握了显示偏好理论的经济学家能够告诉我们的全部东西就只是人们最大化效用这个结论，那么这位经济学家在科学上就不可能有任何建树。（他还可能在其他方面发挥什么作用吗？或许，比如说他或许可以把这个结论用“唱”的方法表达得更顺耳一些。）不过，我在上一段中引用的泰勒那句话中的“理论”一词掩盖了一种不确定性。在庞大的科学帝国内，“理论”一词有许多种不同的意义。有些时候，理论意味着“一系列在逻辑上相互联系起来的经验假说”。这是泰勒所要表达的意思，而且正是在这种意义上，赤裸裸地声称人们最大化效用确实算不上一个能够提供任何信息内容的理论。但是，还有另外的“理论”，即数学家和逻辑学家所说的理论，它们是一些用来确定定义与关系的公理集。根据这种理解，显示偏好理论 142

① 森说：“当然，效用有许多种定义方法……功利主义视角的有效性与效用定义这种多样性有关。但是，为基于效用的计算进行辩护的一些人似乎试图重新定义‘效用’这个术语，使之包含一切我们希望估价的东西。不过，作为对基于效用的伦理计算的一个辩护，它不过是一种同义反复，对所讨论的问题帮助甚微”（Sen，1987，p. 40，n. 13）。

本身就是一个理论，虽然可能不是一个关于任何类别的行为的理论。数学家对于理论的观念反过来对“理论”这个术语在物理学、经济学等学科中的用法也有影响，因为它们严重地依赖于数学在本学科中的应用。结果就产生了“理论”的第三种含义：在物理学中，理论通常指一组特定的场方程，它们利用参数来表示一个系统或一系列系统中某些预先精确确定的可度量变异系数变成某组另外的系数时的反应。在这种“理论”概念的意义上，只要显示偏好理论能够把一些可度量的系数和关系以某种方式固定下来，并使度量服务于一个在认识论上有价值的目标——通常是预测、解释或两者皆是，它就可以成为某个关于现象的理论的一部分。

根据上述有关各种“理论”概念的系统性的简略描述，要搞清楚显示偏好理论处在哪种位置上并不困难。它显然不是一个在第一种意义上的理论。同样明显的是，在第二种意义上它是一个理论，不过它只是一个“数学”理论，而不是一个有关任何经验事物的理论。更进一步地说，对于数学家来说，它甚至也算不上一个有意思的理论，因为它主要不是以内在于数学现实的丰富结构的考虑为动机的。数学家对他们的研究领域的刻画是不会用如下这种方式来进行的：一组函数 $c(X;\succ_i)$ 表示的是一种令人感兴趣的东西，它不可能用更一般的一组定义更简洁地表达出来。

哲学家亚历克斯·罗森伯格（Alex Rosenberg）曾经指出，新古典经济学理论（一般地说）是拥有把它称为理论的价值的，因为在上述第二种意义上确实可以把它称为理论（Rosenberg，1992）。然而，根据上一段中最后一段话，这其实是在贬低新古典理论的重要性，而不是赞扬它。如果经济学家实际上就是数学家——就像罗森伯格所提议的，那么他们就是一些非常古怪的数学家，只知道沉迷于某一类特殊的函数，完全难以自拔；更重要的是，这样一来，要把他们组织成一个独立的学科就没有任何说得通的理由了。不过，很显然，理论经济学家并不是出于纯粹的数学兴趣本身而去研究这些他们最喜爱的函数的，而是因为他们相信利用这些函数可以分离和度量一些有丰富系统性的经验重要性的系数和关系。正如本章开头那句话所隐含的，这正是萨缪尔森对他自己的工具所假设的东西——不用在哲学上关心假设在经验上的含义，米罗斯基也曾经着力强调过这一点（Mirowski，1989，pp. 358－386）。（那也是我
143 们为什么必须这么努力地工作的原因。）因此显示偏好理论被认为是上面第三种“理论”的意义上的一个理论的一部分。

这就把我们直接地带回到第3章最后一节中所留下的有关罗宾斯与萨缪尔森的联合的问题。为了证明显示偏好理论是有用的，我们必须找到一些能够用显示偏好理论的公理定义的系数和关系有效地度量的真实结构——在这里“有效地”一词的意思是非冗余地与解释和预测相关。虽然显示偏好理论作为上述第一种意义上的一个“理论”，只是一个套套逻辑，但它还是可以增进我们的经验信息，即使结果表明不存在这种真实结构（这只是作为一种偶然发生的经验事实）。

这种经验重要性的标准能够得到满足吗？为了回答这个问题需要注意到的一点是，我们在第2章中讨论过的非冗余性要求是很关键的。作为例子，我们再来考虑“石头的行为”，我们可以用牛顿力学有效地逼近有关石头正在“做什么”的真相（当然如果我们用相对论的话，可以就石头在“做什么”这个问题给出最好的解释）。正如许多评论者所指出的（e. g.，Mirowski，1989；Rosenberg，1983），新古典经济学的认识论基础和本体论基础与经典物理学的形而上学基础有许多共同的地方。经典物理学用很类似于显示偏好理论的（第三种意义上的）理论来让我们解出微分方程组的极值。因为显示偏好理论，在它独立地被等同于某些特殊的用它来解释的现象之前，作为最大化的一种公理化形式是相对地一般的，因此我们可以用它来说明一些有关石头的真实的东西。不过作为一种对石头的行为进行建模的方法来说，显示偏好理论没有满足非冗余性要求。如果给定一个适当的力学理论，那么显示偏好理论的公理中没有一个是解释石头的运动所必不可少的，更不必说其选择方程还要有两个限制条件。但是人们不可能通过物理学来解释或预测经济体系的动态过程，即使统一运用心理学、伦理学和社会学也不行（我最终将在本研究计划的第二卷中提出这个主张）。

非冗余性要求必须在信息理论对存在的解释这个意义上来理解。我在第2章中已经给出了这种解释。回忆一下，提出这种解释的动机之一是它允许我们以一种实在论者的态度去搞清楚那些不可还原为物理模式的模式的含意，其中就包括意向性和主体性。也就是说，它允许我们赞同意向立场功能主义，而不会滑向工具主义。所有这些都是为了能够有一个确定的讨论语境。我们还需要一些理由，以保证我们可以确信意向 144
性和主体性是真实模式。这是一个事实，我们将在第8章中给出这些理由。因此，如果与意向立场功能主义建立了联系，我们就不会对到目前为止显示偏好理论仍然是一个有用的第三种意义上的理论这一点觉得满意。不管如何，对于套套逻辑反驳，我们现在已经有了更多的东西可以用来直接做出回应了，而不是只能承诺显示偏好理论足以成为一个非冗余的第三种意义上的理论的公理性组成部分。

宾默尔（Binmore，1994，pp. 95，99，104－110）曾经直截了当地指出，任何一个经济学理论都是套套逻辑，不过这种套套逻辑却很有用——事实上不止是有用，而且“极为精彩”。为此，他还特别举了显示偏好理论与博弈论相结合这个例子。宾默尔这种说法表明，他所考虑的是第二种意义上的理论，即数学家所说的理论，这使得他这种论断在技术上很严密。不过他接下来还试图进一步把这种理论放到最有利的位置上，因为他说达尔文的“适者生存原理”也是同一类型的精彩的套套逻辑。宾默尔这个立场对于流行的套套逻辑反驳来说，不失为一个干脆的回应，不过显得有点粗率。科学哲学家菲利普·基切尔（Philip Kitcher，1982，pp. 55－60）对于针对达尔文思想的套套逻辑反驳（在这里是由创造论者提出来的）的态度则没有这么草率，他的做法很值得我们注意，因为它援引了一些一般哲学原则，这些原则能够同样有效地应用于微观经济理论。

针对达尔文主义的套套逻辑反驳是这样的：先把自然选择“原理”归功于达尔文，根据这一原理，那些最适合环境的基因将被挑选出来继续生存下去。然后据此把相对适应性定义为相对预期生存概率。这样一来，用大体上等价的词语来重新表达，自然选择原理就可以说成“那些最有可能生存下来的基因被选择出来并生存下去了”。即使纯粹从字面上看，这也几乎构成一个同义反复，因此达尔文主义是一种套套逻辑。（我们必须说“几乎”，因为预期生存与实际生存并不是同一回事。）针对这种套套逻辑反驳，基切尔很轻易地就证明了，创造论者提出的推理，有好几个方面都是完全建立在对达尔文的研究工作内容的某种特殊的（而且是故意的）曲解的基础上的。不过，完全理解达尔文思想的宾默尔却为达尔文的“套套逻辑”欢呼，他说，事实表明，人们完全可以构建出一个没有经验信息内涵的“自然选择原理”，而不必陷入创造论者那种科学混乱和逻辑混乱当中。宾默尔是正确的。自然选择并不是一
145 个由外在事物操纵的过程。因此，大自然母亲的力量只是自然选择的另一个名字，不能满足偏好独立于被实际选择的东西这个条件。分析主义者可以接受这种标准，因为只需要考虑在附近的可能世界中什么东西可能被选择，这样就可以推导出期望适存度与实际适存度之间的差别。但是，正如福多（Fodor，1996）所指出的，这显然要求对通往可能世界的过程中不断变化的环境变量以如下方式进行处理：假设其取值在真实

世界中独立于那些被输入到我们所认定的由自然选择过程所决定的函数中的东西。也就是说，我们所采取的行为方式就像我们已经得到了一个一般的功能明确的函数，它独立于充满偶然性的实际演化历史；但是，它恰恰就是那个在走向可能世界时应该被证明有理由的函数。因此，可能的世界向前演进的时候，如果不以实际观察到的作为对选择压力的反应的实际变异为基础，那就很可能重复一个错误，即忘记由自然选择进行的计算只不过是一种生活史（history of life），因为这种运算过程当中，并没有一个能够区分偶然性与规律性的“执行者”，所以它包含了所有实际发生的偶然事件。换一种说法，这就意味着，要想构造出由自然选择执行的这种计算的算法，人们需要极为小心，因为这种算法必定是在实际输入集合之外进行一般化归纳的，而这个集合是在地球上发生的历史过程中碰巧得到的。① 在生物学历史上，对自然选择的许多描述都不能通过这个检验。因此，这样一来，对于谁将灭绝，谁将存活的各种解释，很少不是重言反复的。

不过，正如基切尔所强烈主张的，创造论者与宾默尔都认为达尔文所贡献的自然选择“原理”不过是一个“稻草人”。它隐含地以如下观念为基础：任何科学研究纲领（即上述第一种意义上的理论）都是命题体系。如果达尔文的理论是一个命题体系，那么我们就可以问，它所涉及的每个命题是不是都可以在经验上提供信息？自然选择“原理”可以用我上面的方法解释为一个不能在经验上提供信息的命题（这种解释并不违背一般教科书对演化理论的阐释）；然后它就会面临套套逻辑反驳。“愚蠢的”创造论者不会想到作为命题体系的理论能够包括公理，也就是说，第一种意义上的理论能够以第三种意义上的理论为基础，因此宾默尔大可以庆祝达尔文的“原理”被解释为一个公理的有效性了，因为这样就可以把这些创造论者“踢得满地找牙”了。

然而，把研究纲领与命题体系完全等同起来是错误的。那些把（他们学习的）教科书对科学理论的解释与实际的科学研究主题混淆在一起的科学哲学家经常犯这个错误。就像哈金（Hacking，1983）所强调的 146
那样——这也是任何一位后现代主义者都会同意的，科学的进步主要不是通过各种观点的提出与证成而实现的（不管那种形式的“理性重建”对于哲学目标来说可能有多大的用处）。科学是通过成功地对那些证实

① 在这里，我并不赞同福多将这种论证用于更宽泛的领域的做法（see Ross，2002b）。福多假设要使各种可能世界产生移动是根本不可能的，这个假设是错误的。

了制度性地积累起来的专门知识（know-how）的因果关系进行干预而得到确证的。我们相信物理学是成功的，因为我们都看到物理学家知道如何解决与粒子加速器有关的问题（以及其他类似的问题）。我们相信经济学家（如果确实有“经济学家”的话）取得了成功，也是因为我们看到他们知道如何利用博弈论去构造某种机制，设计有效的激励制度，并运用它们来决定产出。（举例来说，经济学家设计了以提高政府的收入为目标的公共电信拍卖制度；然后他们进行了实际拍卖，结果政府真的得到了额外的收入。）像“自然选择”这种完全抽象的“原理”，对于描述科学及其发展历史都是重要的，但是要让人们相信某个给定的研究纲领（比如说达尔文的）已经达到了能够把握现实的理论高度，仅有这些仍然是远远不够的。

基切尔对于针对达尔文理论的套套逻辑反驳的回应是建立在对研究纲领与对它们的命题性描述之间的关系理解的基础上的。像所有伟大的科学家一样，达尔文是一个发现了某种问题求解策略（problem-solving strategy）的人。① 大体上来说，达尔文的策略如下：要解释广泛分布在一个种群中的某种性状，就要通过探索这个性状为什么得以对其他可能的性状拥有竞争优势，在这里，“可能的”一词是相对于演化历史上各种实际限制（环境的、基因的以及形态学的）而言的。这个问题求解策略是整个科学史上最富有成效的策略之一（或许它就是最有成效的那个策略）。这一策略描述了科学家所作的某些东西；它既不是一个公理，也不是一个假言命题（hypothetical proposition）——假言命题是那种有可能成为，也有可能不会成为套套逻辑的东西。在达尔文的著作中（就像基切尔所证明的那样，甚至在以后的进化论教科书中），任何人都不可能发现明确地被称为“自然选择原理”的东西，因此我们不需要去找出什么特定的命题内容可以归到这样一个原理之下。如果我们在先验上就确信科学的理论就是命题的集合，那么，宾默尔所定义的那种“原理”，就是对达尔文以及进化论教科书中所说的那些东西的重建，这是相当令人可信的。但这犯了实证主义者常犯的一个错误：把“逻辑之车厢”放到了真正采取行为的马的前面。

147 让我说得更清楚一些吧：基切尔给出的答案并不只是一个具有修辞性的话题切换（topic switching），即它把问题的焦点从“什么是科学家

① 问题求解策略这一概念的严格展开，请参见基切尔（Kitcher，1976，1981，and 1989）的有关论述。

所相信的”转换到了“他们做了些什么”；它还指出，科学家必定相信某些东西，而且科学家相信的那些东西当中可能有一些是套套逻辑。从逻辑上看，那个套套逻辑式的原理，并不是作为一个命题许可推论（proposition licensing derivation），而是作为一个基切尔所称的“论证模式”（argument pattern）的名字，它应该归功于达尔文。论证模式不是一些陈述的集合，它不是直接用来发表经验上的真理的。它们更像是科学家在进行实验干预时使用的程序上的工具（procedural tool）。基切尔对论证模式的解释十分严格（see Kitcher，1989，pp. 432 - 448），并且具备可操作性，可以用计算机程序来实现。萨伽德（Thagard，1992）实现了结构上类似于基切尔的论证模式的计算机程序。当然，这要求他的程序当中必须有某些因素是公理性的，因为如果没有这些因素人们就不可能得出一个可编程的算法。因此，在这些理论被概念化为问题求解策略的范围内，它们必定是在第三种意义上的理论。（我们还需要注意的是，基切尔和萨伽德的理论体系都把对现象的解释当作其意向中首要的规范性结果，而预测性效用则是派生性的。这一点对于我后面对米尔顿·弗里德曼的经济学方法论的讨论很重要。）基切尔推广了论证模式概念——他为三类大规模的科学理论构建了各自的论证模式：古典遗传学、达尔文的自然选择理论、道尔顿（Dalton）的化学键理论。萨伽德也给出了更多的例子。①

接下来，我们在图式层面（schematic level）上直接用基切尔的方法来分析针对新古典效用理论（或特别针对显示偏好理论）的套套逻辑反驳。微观经济学并不需要“人们之所以采取某种行为，是为了最大化其效用”这种经验上没有内容的“原理”；虽然，经济学教科书在有些情形下确实会出现这种表述。但是既然经济学家想摆脱他们承受的实证主义遗产中有疑问的那些方面，如果他们对此确实是认真的，那么就应该不再使用这种说法，或者至少应该附上适当的有关其适用情形的声明。显示偏好理论是一系列公理的集合，根据它，偏好是通过如下一个罗宾斯-萨缪尔森式的问题求解策略构造出来的：

> 下面假设你想解释和/或预测当一个或几个目标导向型系统中的某个群体的成员去追求某些目标时的行为，这些目标在给定的一般（有另外可选用途的）资源的条件下是不可能全部得到满足的。在这种情形 148

① 我必须直接让满心好奇的读者直接去参阅基切尔和萨伽德的论著，而不是简单地转引他们的例子，因为这些例子的价值存在于其细节当中；而且每个例子都要占很大篇幅。

下，你应该想办法收集尽可能多的有关她们行为的证据（根据以实用性为主导的，同时在足够科学上的足够严格的标准），利用它们把每个系统所追求目标清单表示为一个效用函数（或者是序数的，或者是冯·诺依曼-摩根斯坦式的，这取决于应用需要和要求解的目标），效用函数则根据容许在给定资源配置的限制下同时最大化每个效用函数的公理来定义。

显然，上面所述的仅仅是问题求解策略的第一步。到目前为止，仍然没有就真正能够成功的最大化者是存在还是不存在，其特性究竟如何等问题在本体论上做出论断。（因此，它不包括任何会走上"贾德的复仇"这个经济学未来道路的假设。）清楚地表达这些论断并为之辩护仍是摆在我们面前的任务。不过，到目前为止我们已经拥有的东西表明，在罗宾斯给出的经济学定义的意义上，显示偏好理论可以理解为意向性系统对特性的反应的研究。这种理解表明，显示偏好理论是第三种意义上的一个理论的公理化组成部分，或者不那么抽象地说，是一个问题求解策略在应用时所用到的一个工具。上面第一种说法就是第二种说法的教科书式的命题化表达。这里不存在任何会引致任何类型的先验"套套逻辑反驳"的东西。如果不存在显示偏好理论帮助我们分离出来并加以度量的真实结构，它对于经验科学来说最终是没有什么用处的；如果情况刚好相反，那它就是有用的。究竟如何，我们将在接下来的研究中看得更加清楚。

成熟的新古典主义：加里·贝克尔的研究纲领

有了上一节的最后一句话，以及我在上一章及本章前半部分各个地方留下的线索，读者应该不会对我现在说出下面这些话感到惊奇：从亚里士多德主义或半亚里士多德主义的角度对新古典主义的批评，其错误的根源在于一个未加批判的假设，即除非从一个经济学理论直接分离出来并度量的真实系统是人的和/或人的总和的系统，否则它就必然会遭到失败。本书剩余部分的中心任务就是要拆解这个假设，"把地毯扯出来"（pull the rug out）。

每扯出一小块地毯似乎都意味着要尽极大的努力。如此大的劳动投入本身是不是表明这些小块地毯已经位于本来属于它们的位置？地毯这
149 个比喻有失败的危险。另一个可能的比喻，也是我喜欢的比喻是：在地

毯上有许多沉重的家具，它们必须移掉。这里所说的“家具”是由不健全的形而上学“制造”出来的：那个未经批判的不严格的假设之所以出现，部分是由它直接地促成的，另一部分则是它鼓励了不健全的哲学心理学从而间接地促成的。在本章余下的部分，这两方面我都会讨论到。

其实，从我对森的批评，应该就可以看清楚这种未经批判的假设对于亚里士多德主义和半亚里士多德主义的吸引力有多重要了。有人之所以反对新古典主义，是因为他们的思想观念中有这样一个核心论断：像而且只像经济主体那样去采取行为的人在道德上和实际上都是典型的“理性的傻子”（Sen，1977）。这一判断显然是规范性的，但是它是基于一些事实上的原因而做出的。如果显示偏好理论的有效性取决于人们最大化“内在”效用这一观念，那么她们就不会或者不应该对社会的激励有所反应，但这样一来，就会出现两种推论，第一，显示偏好理论的有效性依赖于一个错误的经济理论（第一种意义上的理论）；或者，第二，显示偏好理论依赖于一个规范性的理论，而这几乎就等于在说狭隘的自私从规范的角度来看是（伦理上或实际上，或者两者都是）好的。关于第二种推论，已经出现了无数的相关文献，不过这不是本书所关心的内容。[①] 因此，我在这里只会简单地说一点：根据宾默尔给出的理由（Binmore，1994，1998），（i）绝大多数人都积极反对那些其效用函数与森笔下的理性的傻子一样的人，这种行为是可以理性地予以辩护的；（ii）理性的傻子很少能够长期地对其他人隐瞒自己这种特性，因此（iii）理性的傻子在最大化自己的效用时通常很难成功。因此，理性的傻子受到了惩罚，其实是应该被怜悯的。这是对“傻子”概念的一种可操作化处理，至少不会比任何其他类似的做法差。对于一个新古典经济学家来说，没有理由——无论什么理由——反对上述（i）、（ii）、（iii）所包含的论断，不管这样做有没有其他的动机。因此，不管经济记者和大众作家怎么说，古典经济学理论都不是在提倡自私自利。

这也就是说，我们要把注意力集中到经验的论断上来，而不要过多地去纠缠森所依赖的那种规范性的观点。有人想通过证明大多数人确实是理性的傻子来反驳森对显示偏好理论的怀疑主义观点，但这种做法是没有成功的希望的。人们似乎普遍地相信，或至少在普通大众看来，如果事实不是这样（即如果大多数人确实不是理性的傻子的话），那么新

---

① 如果正在阅读这本书的读者对这些文献很生疏，同时又想了解最新的进展，我推荐 Paul，Miller，and Paul（1997）。

古典经济学就会陷入困境。甚至有许多经济学家也曾经相信这种看法。悖谬的是，近来许多经济学家就这个问题撰写的批评文章，往往一开头
150 就说他们将批驳大多数经济学家所持有的这种观点（意思就是说，他们认为大多数经济学家都相信人是理性的傻子）。这种情况表明经济学中确实有些特别的东西，因为我想象不出其他学科中也会出现类似的情况。不过，它仍然是可以解释的。大多数经济学家（包括在身处大学校园的学院派经济学家）都不是作为纯粹的理论家，而是以实际问题顾问的角色谋生的。但是，从作为一门科学的经济学哲学的角度来说，对各种实践问题的成本收益分析的结果是无足轻重的，而且成本收益分析的主要客户也知道这一点。因此，大多数经济学家在这种分析中往往简单地去迎合大众观念，而不愿为此付出多少专业上的努力。同时，他们对于大众观点也只是随口敷衍，而没有从自己身为理论专家的立场出发去多花点心思。这样他们看上去就像在哲学上持“明智”态度的一般人一样，只是单纯为了实际目的而去附和那些明显被简单化了的东西。不过表面上看，这恰恰是你想要去咨询的那种人，难道不是吗？因此，我们会遭遇如下的社会学情境：绝大多数经济学家所采取的职业行为就像他们真的假设人都是理性的傻子时一样。同时，他们也表示，如果能够证明人并不是理性的傻子（或者既然专家都这么说了），那么他们也会同意这种看法，并很乐意把它教给学生、传达给顾客；只要有人真的能够说明，人若不是理性的傻子的话，又是怎样的，他们是愿意接受的。不过这种描述不能太复杂，也不能过于依赖不太可能的利他主义假设，或者只有接受过正规哲学教育的人才能理解。其实，这些正是本书的目标所在（虽然我不敢肯定，它在“不那么复杂”的前提下能不能成功）。

与此同时，我当然也与大多数当代经济学元理论的评论家一样，认为显示偏好理论的有效性并不取决于人只会最大化自己狭隘的、愚蠢的、自私的效用这个预设前提。然而，同样是这样认为，所依据的理由却可能大相径庭。我现在必须首先区分清楚两种不同的思路。在更传统的经济学方法论专家当中有一种相当流行的思路，从我刚刚在上文中总结过的套套逻辑反驳的角度来看，它或许看上去更加自然。不过，它并不是我要采取的思路。我接下来先讨论传统的思路，并给出我将不利用它所提供的资源的理由。

如前所述，新古典经济学理论面临着从经验角度提出的“理性的傻子”反驳的威胁，要将它拯救出来，通常的一个策略是直接利用存在于这些观点中的、可以被当作效用函数的无限制性（open-endedness）。

运用这个策略最成功的，同时也是最著名的、最有影响的经济学家是加里·贝克尔。托马西和艾鲁利（Tommasi and Ierulli，1995）的综述表明，在贝克尔的著作的激励下，经济学界内部实质上已经形成了一个与 151
此相关的“工业”，一些经济学家遵循这个思路，生产出了各种各样的同类型“产品”。这些经济学家的目的是分析那些在社会上广泛存在的，但是乍一看上去完全不涉及某种稀缺资源投资的数量回报问题的人类行为。从有关文献看来，这些人类行为包括：种族歧视或文化歧视、幼儿抚育、浪漫的恋爱、吸毒成瘾、音乐欣赏、宗教信仰，等等。他们的思路是，首先，收集足够多的而且不违背直觉的有关这些行为的数据；然后，找到一个可能的偏好的对象，如果这种可能的偏好在某个假想中的一般效用函数中是最优的，那么在那个效用函数下被分析的这种行为就可以被理性化；接着，找出一个可信的、可量化的、可度量的替代变量，用以替代假想中的偏好的对象；最后，如果一切都很理想的话，对独立证据的检验将证明，这个替代变量确实是广泛地被最大化的。虽然更经常出现的情况很可能不那么理想，但是通常并不影响他们得出某个猜测性的结论，他们会说这个替代变量是广泛地被最大化的，只不过需要得到社会心理学家进一步的经验研究的验证。

接下来，我将描述这类研究的一个（非常著名的）例子，这个例子的基础文献是贝克尔（Becker，1981）关于现代人的生殖行为和幼儿抚育行为的经典研究。[①] 首先，假设人（通常）都想要孩子。她们之所以这样做，有的时候被假设为出于在日后生活中得到资助的目的；而另外一些时候则只是因为她们有一个被外生地决定了的对子孙后代的偏好，这个偏好通过生物上的和/或文化上的演化融进了她们的效用函数。（请注意，这一做法与森相反，它保证了这种理论的开放性，因为偏好的对象的定位既可以是“内在地”也可以是“外在地”。这也是为什么在贝克尔理论中，主体不需要被假设为理性的傻子的原因。）对孩子的偏好（一般来说）并不就等于对抚育她们这种行为本身的偏好，而是对于“生产”出一些经济上成功的成人的偏好。抚育幼儿有许多无法回避的成本和风险。通常而言，要降低一个儿童在成年之前就夭折或长大成人却不成功的风险，需要父母增加食物、卫生保健、教育以及其他许多方面的支出。如果父亲的目标是最大化在抚育过程中的投资得到回报的概

① 我将会描述的那个模型其实对于所有文献来说都很一般；因此它不应该只算作贝克尔本人的模型。

率，一般来说，他有两种可行的策略。他可以分散投资，即生育许多小孩，不过对每个小孩的投资将相对较少，这样可以最大化孩子的数量；他也可以只生育数量更少的小孩（可能达到最低限度，即只生育一个），然后给这个孩子更优越的环境（最大化素质策略）。这些不同策略的机会成本通常来说并不表现为现金形式。选择数量最大化策略的母亲可能要牺牲自己的职业。不过这个机会成本在一个禁止妇女得到工作职位的
152 社会中是不存在的。这样，在一个给定的社会中，如果作为演化结果的社会规范允许妇女拥有自己的专职工作，那么根据经济推理就可预测这个社会中将会有更多的妇女选择最大化素质策略。因此，只要当妇女拥有个人自主性，同时妇女对家庭生育策略能够施加某些控制，我们就应该会看到平均家庭规模的下降，而且花费在每个孩子身上的平均抚育支出的上升速度将会高于人均家庭收入的上升速度，直到大多数人都发现达到了最优的孩子数量—质量组合为止（根据她们自己具体的风险态度）。

杜普雷（Dupré，2001，pp. 132－136）表达了自己对这种类型的经济学推理的嫌恶。不过我一点儿也不认同他的态度。[①] 抚育儿女的上述两种一般策略是有非常坚实的动物行为学和人口学方面的事实根据的，这些证据完全独立于贝克尔的研究。生物学家称“后代数量最大化”（maximization-of-offspring-quantity）策略为“r 策略”；而称“后代质量最优化”（maximization-of-offspring-quality）策略为“K 策略”。这种区分确实反映了实际存在的策略差异，已经得到了实证检验的证明，因而能够提供对于两种分别处于两个极端的可度量年青有机体种群的增长率的有效预测。（采取 r 策略的有机体，其后代数量增长得非常快，这样就通过同胞的巨大数量来最小化被掠食者捕获的概率；采取 K 策略的有机体，后代数量则增长得很慢，这是因为在质量方面进行投资就需要充分利用开放的发展过程提供的机会，这样才有提升资本的空间。）如果经济压力是无所不在的，那么它就会导致演化过程一次又一次地去

① 杜普雷事实上从来没有挑战过这个假说本身。他批评这个假说的表现形式太数理化了，说那样一来它必定会把家庭生活所涉及的许多甚至大多数心理学和社会心理学动态因素都抽象掉。对于贝克尔从一般模型的一个特例中推导出来的一个较次要的、高度特指的附带结果，即平等与某些所得税税制的关系，他也非常轻蔑地表示不屑一顾。我认为，这些批评丝毫不能影响这个一般模型的重要性，这一点是不言自明的。而且不幸的是，这就是杜普雷在批评他所不喜欢的观点时的公正水平和逻辑严密性的典型表现；也可参见丹尼特即将发表的文章。

发现这些策略。因此如果作用于人类行为的文化演化过程不会对人类行为产生影响，那才是令人惊奇的事情。妇女脱离家务获得工作的机会的上升、家庭规模的下降、花费在每个孩童身上的平均儿童福利支出的增加，三者之间的相关性有极强的鲁棒性，可以证明这一点的证据在各大洲的现代社会生活中都可以找到许多。在现实生活中，很少有人会用贝克尔这种理论术语来概念化自己的家庭生育计划决策，这是事实，但是这个事实本身应该不至于对我们产生困扰，除非我们是有关决策行为的内省主义者。当然，人们通常都能够获得所有贝克尔的模型所需要的遗传信息以及机会成本信息，他们的决策服从信息效力的约束。上述所说的这些并不能直接证明贝克尔等人的模型是正确的，但是用它们来回应那些纯粹属于闭门造车的怀疑主义论调则已经足够了。因此，我对于运 153
用贝克尔这种思路来为新古典经济学进行一般性辩护的做法的担忧不是先验的，我也不是怀疑其在具体应用中的经验可信性。我的担忧源于另外一些经验上的考虑，因为人并不属于那种能够孤立地在中期时间跨度内对复杂的东西最大化的系统，除非是处于非常具体的特殊情形下。（我认为，r 策略与 K 策略之所以是稳定的策略，是因为它们所代表的行为在短期中是自我强化的，比如说，如果你在繁育后代时从一开始就采取 r 策略，那么你将会目睹许多后代死去，这种体验将会打消你把以后出生的后代当作可靠的投资标的的想法。这个例子证明了所有贝克尔式的理论假说都共同拥有的一个一般性质，即它们都需要对假说所预测的策略在中期—长期的稳定机制做出专门的解释，在我看来，这是它们可能成功的条件。）

不过，在详细讨论上面这些问题之前，我想先请读者注意如下事实：贝克尔的方法为我们在上一章中讨论过的新古典经济学中的若干核心主题中的其中一个提供了很好的例证。贝克尔本人及其追随者进行的研究把新古典主义与亚里士多德主义的分裂无比鲜明地凸现了出来，后者只关注物质消费和以货币计价的机会成本。经济学家在构建家庭生育计划的模型的时候，需要寻找在市场上有货币价格的替代物，对她们这种做法也可以在纯粹实用的基础上予以辩护。未来的父母在准备生儿育女时考虑的最基本的机会成本是时间，而且其首要的最大化目标或许是时间的合理运用，即找到一种最佳的运用时间的方法，令其最终能够以一种在伦理上得到肯定的方式来“叙述”自己的一生。但是，经济学家在实际处理中却想避免对这些东西进行数量估计，因为它们不可避免地要求某种特殊处理。这种考虑是合理的。这就涉及替代物这一核心。某个具体的替代物可能是好的，也可能是不好的，不过无论如何，它都很容易被批评为不合理的。但是，只要解释对象在社会中是存在的，那么就不能简单地下结论说经济学家把货币价格当作替代物这种做法意味着她们相信社会交往中的“深层”市场结构“本质上”是物质的或商业化的。（比如说，以货币来表示时间价格从总体上看是清晰的、可以理解的）。对科学性的追求在杰文斯之前的边际主义思想当中就已经隐含着了，只不过因为他对套套逻辑的担忧而受到了压制，不过在罗宾斯和萨缪尔森那里这种愿景又开始恢复，最终在贝克尔这种方法中变成了现实。因此，我认为贝克尔及其追随者堪称新古典“科学”经济学家的典
154 范。接下来我将把贝克尔的方法称为“成熟的新古典主义”（mature neoclassicism）。

贝克尔所应用的新古典问题求解策略是以一个最基本的本体论假设为基础的：人（比如说即将为人父母的那些人）是经济主体。这就意味着对人来说，存在着分属不同等级结构的各种最大化目标，而且可以对这些目标应用公理化的决策理论，由此显示出来的人的行为将服从显示偏好理论的公理。在下文中，我将把任何包含这个假设的经济学哲学都称为“人类中心论新古典主义”（anthropocentric neoclassicism）——它既可以是“不成熟的”（杰文斯），也可以是“成熟的”（贝克尔）。这样，我就把上面已经讨论过的主要新古典理论经济学家进行了分类，将他们列入两个直角坐标系当中。请参见下面的表 4.1。这个表对于观念上的记忆来说很重要。我断言人类中心论新古典主义是错误的，也就是说，人整体上不是经济主体。在本书下面的章节中，我将论证这个观点，并发掘其内在含义。

表 4.1　　新古典主义

	杰文斯-马歇尔	罗宾斯	萨缪尔森	贝克尔
半亚里士多德主义的（不成熟的）?	是	否	否	否
人类中心主义的?	是	是	否	是

不过，我在这里首先要破解一个误导性的障眼法（a red herring）。许多对人类中心论新古典主义持批评态度的学者都以为下面这种论辩构成了对成熟的人类中心论新古典主义的反驳，其实不是。这种论辩是说，人在整体上是经济主体这个假设要求人是超理性的，但人（在其行

为中）不一定能够正确地，也不一定倾向于把每个可能的计算都与归属于他们的效用函数的最大化建立起某种关联。正如我们将在第 5 章中讨论的，由于缺乏经验上的正当理由，超理性在经济学理论中导致了严重的认识论困难，特别是在有关它与理性选择理论的关系的问题上。① 但是，我在这里重点强调的东西是本体论上的，即要承认效用应该包括所有潜在的偏好对象（这就是所谓的“成熟性”）并不需要假设任何真实的主体都是超理性的，因此成熟的人类中心论新古典经济学在把人当作经济主体时并不需要假设人是超理性的。正如斯坦（Stein，1996）在详 155
细分析后指出的，成熟的人类中心论新古典经济学能使自己适应于能力—绩效的区分，熟悉乔姆斯基在语言学中所作的类似区分的人对此应该不会陌生。也就是说，它能够容许自身在预算约束内进行最大化时遭到一些失败，因为它承认所有经济主体，包括人（如果人是主体的话）在内，都是物理系统，它们不可能在完全没有摩擦的情况下运行，而且它们对随机扰动很敏感。无论如何，像西蒙（Simon，1978）所说的那样，主体必须承认，时间和其他资源都是有限的，因此主体自己的计算是有机会成本的。主体确实在最大化，但这个过程是有限的，所以不得不放弃某些信息（虽然从原则上看，这些信息是有可能得到的）以及已经得到的信息的某些结果。在给定显示偏好理论的基础上，人们往往担心经济学家永远无法真正清楚地区分如下三种不同的最大化：(i) 利用了所有可得的相关信息而成功实现的最大化，不过所用的效用函数却包含了某种他涉因素（即为他人考虑的因素）；(ii) 由于执行错误而导致失败的最大化；(iii) 在“有限”理性的意义上成功实现的最大化（比如说，由于信息收集和信息处理的成本）。确实，在许多具体的应用中这是一个相当严重的认识论问题，不过它不会削弱成熟新古典经济学的本体，除非它是在原则上不可解决的。显然它并不是不可解决的。那些担心它会成为成熟新古典经济学应用中的拦路虎的人忘记了关键的一点，一个鲁棒性极强的效用函数应该可以解释大量行为证据；而且只要数据是从横跨了独立分布的、密集空间中经广泛采样得到的，利用多重效用函数对于大型数据流做出真正的（即作为纯形式主义的反面）解释的可能性将随着数据的增加而以指数方式下跌。奎因式的困难——即理论不能由证据完全决定——对于成熟的新古典经济学来说，也不会构成

① 关于这一点，我同意贝克尔的观点，不过我们的理由并不相同（see Becker，1976，pp. 153 - 168）。

一个特殊的问题，除非它对于所有行为主义者都构成一个特殊的问题。对这个问题，我将在第 8 章中再展开进一步的讨论。

我本人对成熟人类中心论新古典经济学的批评则着眼于更深的层面。它的观念基础与新古典经济学所信奉的并没有什么两样：一个生物学上的人终其整个短暂的一生，都必定是一个单个的主体。戴维斯（Davis，2003）强调，这是一个与贝克尔的方法有关的核心哲学问题。他是正确的。戴维斯指出，就任何一种经济主体概念来说，都必定存在某些可以用来对主体进行个别化的原则性根据，重新把个体定义为与那个经历了变化过程的主体一样的主体。请注意，这并不要求假设个体性标准必须是生物学上的。这也就是说，并不要求个体必须包括全部生物学意义上的人。事实上，正如戴维斯已经指出的，对于新古典主义来
156 说，一旦效用被去心理学化，人类中心论假设就会被削弱，这是一个非常自然的步骤。有许多现象，比如说吸毒成瘾、随着时间推移对音乐和其他艺术的不断增加的好感，这些显然都违背了边际替代性递减原理，它们似乎都表明人的偏好是可以变化的。在那种情形下，如果一个主体是通过效用函数来定义的，那么一个通常的人的一生就不可能是一个简单经济主体的历史。不过，戴维斯与我不同，他认为这个结论是不可接受的。我将在后面再回过头来讨论这个基础性的问题。就目前来说，我关注的是与贝克尔的方法有关的几个问题。

对于一些看上去天然地涉及偏好逆转的行为，贝克尔也曾以很大的勇气将之模型化为在偏好维持稳定的前提下对价格和信息方面的变化的反应，有关的文献请读者参见斯蒂格勒和贝克尔发表于 1977 年的论文（Stigler and Becker，1977）以及古丁的简短的批评（Goodin，1990）。事实上，贝克尔的方法的本质在于，将所有意向性人类行为都从最大化自己的人力资本的角度来建模。每个主体面对的问题都是如何配置自己的资源——特别是自己的时间，以在日后从早期的资源配置中收获投资回报。比如说，一个普通人对音乐知道得越多，她对音乐的消费就越多，初一看，这似乎违背了心理学上的凹性要求，但其实不然，因为她后来消费音乐增加的比例等于由早期消费构成的投资的回报。当然，贝克尔及其追随者的解释在形式上是有效的——毕竟严格的数理化处理的要点就是要防止逻辑错误。虽然这些解释没有准确刻画吸毒成瘾、沉迷音乐等行为的现象学特点，但是只有在内省主义假设下这个事实才会构成一个严重的反对理由。至于它们是不是充分利用了经验上的行为事实这个问题，则要复杂得多（see Skog，1999），但是幸运的是，我在这里

可以避开它。我绕过这个问题的理由很简单，因为现在我还没有足够的动力去着手推进这项研究。搞清楚我为什么会有这样的理解直接关系到对本书整体论证策略的核心逻辑，因此在这里要再强调一下。

在上一章的结尾，我事实上已经同意从字面上的意义来理解萨缪尔森的一般后实证主义哲学（他本人则不是这样）。也就是说，我只是把显示偏好理论看做一系列公理，而完全没有去讨论这些公理所描述的是哪些现象（如果它们确实描述了什么现象的话），这是一个未决问题。与此同时，我同意罗宾斯对经济学的定义：它是关于给定目标、手段和 157
机会成本（稀缺性）的关系的。从技术的角度来看，与新古典经济学有关的“经济主体”之所以存在，只是以防万一，因为可能真的存在这样一种实体，它们确实有目标、确实要面对机会成本。要理解这种可能实体的行为，成熟的新古典经济学给出了正确的问题求解策略——当且仅当显示偏好理论能够把我们用来度量它们的动力和反应的概念适当地组织起来的时候。然而，到目前为止，到底是不是真的存在这种实体，这个问题仍然完全没有触及到。我已经强调过，在许多关键的地方，这种态度是与经济学奠基者亚里士多德的假设相反的，后者认为经济学必须是关于获得并保存财富的攫取行为的，而这些行为都是可以明确区分并归结到作为个体的人身上的。但是在这种假设的情境中，如果我们遇到了一个以亚里士多德式的假设为基础的（不涉及任何其他假设的）特定假说，我们必须认为它是没有理据的。当然，这并不意味着这个假说从我们现在这种研究的思路来看也是没有理由的。这确实是一个关键性的问题，因为它直接与作为本书一开始就讨论过的那个主题有关：科学的经济学（如果真的存在科学的经济学的话）能够在多大的程度上挽救通俗经济学？

戴维斯相信人类中心主义是理所当然的。他认为新古典经济学在萨缪尔森的引导下走上了割裂人与效用函数之间的理论关系的方向，这个事实已经自动地表明它陷入了困境。正是在这种情势下，在戴维斯看来，贝克尔的研究计划就成了对人类中心主义的合乎情理的回归。不过不幸的是，戴维斯同时还指出，新古典主义仍然缺乏独立的主体个体化和重新识别理论，而这正是贝克尔式的研究方法所需要的。因此，戴维斯开始到经济学之外的领域去寻找相应的资源来拯救人类中心主义意义上的个体。同时，他也像米罗斯基一样，相信认知科学对自我构成威胁，因此不希望到认知科学领域去找这些所需的资源。

在上一章中我已经表明，我同意戴维斯所说的贝克尔的人类中心主义思想在更广泛的新古典经济学的语境中算得上是一个异类。事实上，我还坚持认为，贝克尔之所以要努力把生物学上的人建模为拥有不变偏好的主体，其动机别无其他，正是亚里士多德式的假设，即人类整体正是主体性的典型范例。不过，与戴维斯不同，我并不想去挽救这个假设。当然，一个经济主体必须具备稳定的偏好，这是一个逻辑问题；不然显示偏好理论就不再适用。但是，生物学上的人是否是经济主体这个
158 问题已经浮出水面，成了我们此刻要面对的核心问题。关于人与主体之间的概念关系，有许多种假说，其中有不少假说乍一看似乎都是有道理的。当一个人去花钱购物时，她在整体上可能接近于经济主体；但她是不是一般意义上的经济主体；或许在任何给定的短期中（即在她的偏好确实维持不变的期间内），一个没有精神分裂症的人将接近于或将成为一个经济主体；又或许（这种假说吸引了许多人），没有人能仅靠自己就近似于一个经济主体，不过，相互交往的人所构成的总体可以接近于互动的主体所构成的总体，这些都是我们将在下一章中要讨论的几个主要的假说。但是，有一个假说看上去似乎是一无所长的，它源于原始的亚里士多德主义与贝克尔等人所秉持的保持数学一致性的精湛技艺的结合：一个（正常的、没有精神分裂症的）生物学上的人的个人人生经历与一个经济主体的行为轨迹构成一对一映射。

我 10 岁的时候，曾经花了大量时间去设计一个棋盘游戏，它可以模拟各个战役、战争的历史。[①] 但是，当我到了 16 岁的时候，在这个事情上再投入这么多的时间已经变得根本不可能了。现在一位贝克尔的追随者或许可以对这些经历进行理性化：找到我一直都想最大化的某个主要目标，在 10～16 岁期间，通过设计战争游戏我学到的东西其实非常有限。如果我们把这个设想中的主要目标称为“快乐”，那么（根据前面的论证）它只不过是“效用”的另外一个名字而已。我们已经看到，套套逻辑反驳本身不会对这种做法构成威胁，如果借助主要目标能

① 说到这里，我忍不住还要就我这件逸事说几句。这个游戏的其中一个目标是想避免出现博弈结果完全由我设计中的偶然因素所决定的情况；我希望能够运行一些好的历史实验。因此我在博弈的内生结构中塞进了越来越多的在因果关系上相关的真实变量（比如说，天气的偶然变化、供应品移动所需的运输基础设施的工程建设，等等)。这个游戏的极限当然是博尔赫斯式的：我最终的设计是拿破仑战争的一个模拟板，它呈现的东西被认为与实际战争中发生的情况是一样的。我和一位朋友整整玩了一天，然后到夜幕降临时我自己一个人扮演拿破仑，得到的成果是让一小群人完全装备好并开赴其集合地点。不过，由于天降大雨，这支小分队在泥泞的道路上陷入了困境。从这里，我认为可以学习到许多有关如何合理建模的哲学上的教训。

够比其他假设在 10～16 岁之间我不是同一个经济主体的假说更好地解释和预测我那些年的行为的话。上面一个句子并不是作为一个修辞上的直觉泵提出来的；事实上它提出了一个非常严肃的经验问题，如果不同时使用两种方法并详尽地对信息后果进行比较的话，就不能回答这个问题。（我要再次强调，在这里所讨论的所有问题都是想引出如下这个问题：从关于主体要怎样才能像一个人的直觉观念出发，如何确定哪种方法才是合理的?）我想回答的更深层次的问题包括以下一些：从总体上看，我在 16 岁时的行为模式要与在 10 岁时的行为模式区别开来，它们的差异要有多大？除了亚里士多德式的假设之外，还有什么其他假设能够促使一个人去尝试把我这两种行为都塞进同一个效用函数的适用范围之内呢？（当然，比起这个人接下来还要完成的进一步的工作来说，这一点困难也就微不足道了——因为他还必须把我在 25 岁、40 岁甚至 70 159
岁的行为模式都塞进同一个效用函数里。）

有关时间一致性问题的批评已经汗牛充栋，它们都认为亚里士多德的假设是理所当然的，这样一来，要提出上面那个问题并把它用我所要求的那种完全纯净的哲学思路来看待就很困难了。理由如下：深入追寻亚里士多德的假设的基础，我们就会提出这样一个问题，为什么要把自然的人生模型化为以达到（某些）一致目标为目的的单一行动计划。这（至少）在西方人当中是很自然地会发生的情况，它成了我们最深刻的文化遗产之一；或许它甚至还是一个普遍的、生物学上的人类遗产——至少在某些方面是。在第 7 章中我将再次回来讨论这些可能性。不过它当然不服从新古典经济学的逻辑基础或概念基础（正如戴维斯所认识到的并强调的那样）。

贝克尔将会坚持认为，虽然我现在比 10 年前更喜欢约翰·科川（John Coltrane）后期艰涩难懂的音乐，但是我目前所表达的偏好仍然与那时一样。根据贝克尔的理论，我现在只是在收获多年以前在听不那么科川式的但更具有硬波普（hard bop）特点的音乐过程中所投下的投资的成果。我并不是说这种假说是错误的、愚蠢的或在解释上是无用的（比如说像杜普雷所认为的那样）。我这样说只是在断言这种假说的动机是基于一种俗成心理学的老生常谈：一个通常的人的一生就是一个单一的、始终一致的目标的展开。但是，我们当前这个研究计划的任务是探寻认知科学视野下的经济学的基础，而不是俗成心理学视野下的经济学的基础。在这样一种语境当中，虽然我们必须承认新古典主义要求用一个具有稳定的、一致的偏好框架来解释某种现象，但是我们不能容许如下的先人之见：它所研究的现象也就是人的“天然”的传记。

人类中心论新古典主义假设应该把整体意义上的人当作原型性的主体，在第 6 章中，我将从认知科学理论出发构造一个针对上述假说的反驳。不过就目前而言，我的目标只是找到这个假设在近代经济学理论当中所发挥的作用及其基础。在下一章中我们将检验一些表明整体的人不能被模型化为新古典经济学的主体的经验证据。我的论证方法是：如果整体的人是原型性的主体，那么新古典经济学的主体就不是原型性的主体；这样一来，新古典主体理论就不可能是一个成功的主体性理论。而
160 且正如我已经论证过的，因为新古典主体理论并不是一种关于任何东西的经验理论，所以如果那样的话新古典经济学主体理论所说的一切将不会有任何用处。这就是为什么作为一个生物学上的、社会的、心理学上的实体的整体的人所构成的主体属于哪一种类型这个问题是经济学本体论的核心问题的原因。这也是一个向认知科学家提出的问题。

戴维斯、杜普雷以及米罗斯基等人所持的观点与我相反。我对他们的观点的辩驳将一直贯穿于本书。不过现在就有必要先指出一点，在经济学方法论问题上，戴维斯（Davis，2003，p. 76）把丹尼特所设想的工具主义与米尔顿·弗里德曼所提倡的观点（在建立经济学模型时假设真实与否并不重要）完全等同了起来。我认为这是错误的，而且戴维斯得出这个结论的基础与导致他和我另两个“对话者”（杜普雷及米罗斯基）对人类中心论假设另眼相看的那种态度有很密切的关系。

从对经济学家的实际影响来看，在经济学方法论发展的历史上最有影响的单篇论文是米尔顿·弗里德曼的“实证经济学方法论”（Methodology of Positive Economics，1953）。根据对弗里德曼这篇论文的标准解释，它提倡的是一种工具主义哲学，或者说它提倡的是如下这种认识论：要评价一种经济学理论（或者其他科学理论），重要的是它作为一种预测工具的有效性；至于它所描述的东西是对的还是错的则无关紧要。许多经济学家发现弗里德曼这个观点与成熟的人类中心论新古典主义非常合拍，因为它允许他们把人的偏好始终不变这种假设当成是非经验的假设，“非经验的”是指它仅仅是一种习惯性做法，这个假设虽然可能是错误的但却很有用。弗里德曼本人也是这样认为的。

回忆一下，在第 2 章中我们曾经谈到，在命题态度状态问题上，丹尼特经常被当作一位工具主义者。有人认为，根据他的意向立场功能主义观点，命题态度状态“只不过”是被解释者归因于主体的。但是我在那里已经指出过，这种理解放在丹尼特更广泛的哲学语境中是根本无效

的。我将在第 7 章中具体地描述这些问题。根据丹尼特的看法，自我是通过采取意向立场来创造自身的，而且自我是完全真实的经验现象，更进一步地说，人类有机体在生物学上和文化上都是被“设计”为采取意向立场的，同时根据这种计划执行的发展过程也是完全真实的经验现象。我在第 2 章中所描述的丹尼特的模式理论的全部要点，及其扩展应 161
用——存在的信息论解释，都是用来在不否定物理的第一性的前提下否定分体论的，并在此基础上解释像自我这种“虚拟”实体是怎样真实地存在于一个物理世界中的，即它们不是将被化约掉的附带现象[①]或在工具主义意义上有用的虚构概念，而是真实存在的其他东西。在心智问题和主体问题上，丹尼特根本不是一个工具主义者，相反，在这些问题上他是一个实在论者。

弗里德曼在哲学上的假设与丹尼特有很大的不同，这一点我们马上就可以很清楚地看出来。不过，正如马基（Mäki，1986，1992）所表明的，弗里德曼本人的表述和辩解与别人对他的标准解释（即把他当作一个工具主义者）并不一致。[②] 其实，弗里德曼本人所要说的是，一个好的经济学理论的目标是刻画出它所描述的经验关系的本质结构，要做到这一点，就要把基本的因果向量分离出来，并声言没有其他力量或关系会发生任何作用。这些才是弗里德曼心中的“即使错误也没关系的假设”。正如马基所指出的，这种做法与工具主义恰恰相反，这实质上是一种相当强的实在论观念，因为它认为存在着某种相对不变的基本因果模式，有待于我们去分离出来。从哲学家的角度来看，弗里德曼不是一位工具主义者，这也就是说他并不怀疑科学理论有可能是正确的。而且在另外一种意义上（即丹尼特被认为是一位工具主义者那种意义上）弗里德曼也不是工具主义者。丹尼特有时候也被错误地认为是一位工具主义者，因为他认为一个理论，即使其主要对象是虚构的实体，也可能是有充分适当性的（“有用的”）。弗里德曼只是在纯粹的方法论意义上才是工具主义者，因为他认为实际的经济学家在构建模型时不应该过多地担心他们的模型与现实之间的联系。（显然这可以解释为什么弗里德曼的观点在经济学家当中那么受欢迎。弗里德曼的观点不是真的要求他们相信什么疯狂的形而上学观念，而是允许他们自由地决定他们的模型需

---

① 对这个问题的详细讨论，请参见我和斯普莱特的文章（Ross and Spurrett，2004a，b）。

② 正如马基所说，很有可能弗里德曼本人对他自己的文本也有所误解，理由将在下文中阐述。

要刻画的经验数据的详尽程度。这是一个方法论上的“空白支票”。任何人都想得到这种支票。）

这样，弗里德曼就把本体论实在论与方法论工具主义结合了起来，马基把它称为“弗里德曼混合体”，对绝大多数科学哲学家来说这是一个十分奇怪的东西，他们甚至大为震惊。（哲学家因哲学界之外的人士提出的认知可能性而吃惊的机会并不是很多。）马基因此称弗里德曼对怪癖行为做出了善意的诊断，而且他确切地指出了一个基准点。这个基
162 准点可以把我与戴维斯对贝克尔的著作的评论区分开来，同时也可以把我与我的两位论辩对手区分开来。弗里德曼为他的方法论工具主义辩护的时候大量地引用了来自经典物理学的例子，在物理学中类似于伽利略的没有摩擦力的飞机等理想状况的处理方法是很标准的。当然，对于物理学家来说足够好的东西对经济学家来说也应该是足够好的。但是这恰恰是问题所在。弗里德曼对物理哲学并没有前后一致的观点：关于物理学理论的不可观察对象，他在实在论与真正的哲学意义上的工具主义之间不断摇摆。也就是说，在他的著作中的一些地方，他说或许这些对象确实是构成物理世界的真实的、必不可少的成分；而在另外一些地方他却说（就像哲学上的工具主义者所相信的那样），它们只是一些为了方便预测而虚构出来的东西。不过，对于经济学的通常对象（消费者、企业等），弗里德曼还是预先假设了实在论立场。这样一来，当一位经济学家假设一个企业是利润最大化者的时候，她并不会被认为在是否真的存在企业这个问题上采取了一种工具主义者的立场，就像物理学家可能（被设想为）在是不是存在胶子这个问题上采取了工具主义者的立场一样（或者像丹尼特被错误地认为在是不是存在信念这个问题上采取了工具主义者的立场一样）。她只是简单地相信企业并没有真正地在最大化利润，因此就是在这个意义上，她应该承认她的假设是“错误的”。这不是哲学上的工具主义，它类似于物理学家所采取的一种方法：为了建立胶子的模型，物理学家有的时候把它当作粒子，有的时候把它当作波，而事实上两者都不是（物理学家知道这一点）。

这样解释弗里德曼的思想应该是很宽容的，因为这只需要承认他的那套东西不是形而上学的；如果他提出的是一个具有很强实践性的经济学方法论，他也不需要回到大本营去发明一整套全新的科学哲学。马基有力地解释了为什么哲学家和经济学家在谈到弗里德曼的时候老是牛头不对马嘴：哲学家想象经济学家认同哲学上的工具主义的时候，经济学家其实并不如此；经济学家则想象哲学家在反对弗里德曼的观点的时候

是在要求每个经济假说都能够阐明所研究的现象的全部真相，当然这也是一个疯狂的想法。然而，在当前的语境中，马基的观点的好处在于它 163
吸引人们去注意科学实在论与常识实在论的区别。弗里德曼把经济学类比为物理学，他自己以及追随他的经济学家们都被他这种类比迷惑了，因为他们都认为亚里士多德式的假设是理所当然的。人是有常识的，他们的消费行为是常识的对象。他们聚集而成的企业所生产的也是常识的对象。弗里德曼以及其他人类中心论新古典理论经济学家并没有试图提出那些哲学上的工具主义的观点。

接下来，我们继续追随马基的做法，区分出如下四种解释现实的态度：

(i) 最低限度的常识实在论把常识的存在、各种类型的可观察事物（对象和事件）的存在都当作是给定的假设，而且对于以预测和/或解释为目标的科学理论所设想的有关对象（事件和/或结构）的现实性持不可知论态度。

(ii) 激进的常识实在论肯定地断言常识的存在、各种类型的可观察事物的存在，而且否认如下这种做法成立的可能性：仅仅因为以预测和/或解释为目标的科学理论的有关设想就相信对象存在。

(iii) 最低限度的科学实在论认为有正当理由的（对于解释的目标来说是显著的、重要的）理论假定是理所当然的，而且对常识的现实性、对各种类型的可观察事物的现实性持不可知论态度。

(iv) 激进的科学实在论强调有正当理由的理论假定的存在，同时否认“常识的可观察性”是对某类事物的信念的合理的基础。

科学哲学中的工具主义与上面第 (i) 种立场和第 (ii) 种立场是相容的，同时与一般的非实在论或理想主义，以及实证主义也是相容的。弗里德曼否认一般的非实在论，但是许多批评家都把这种立场混同于哲学上的工具主义，这样这个弗里德曼就与另外一个弗里德曼直接冲突起来了。特别地，上面第 (i) 种立场和第 (iii) 种立场的混合体，从对象到对象来看是相互相容的。弗里德曼当然没有在搞形而上学的那一套，他的立场有时看上去与这种混合体似乎也是相容的，但是他很清晰地重申了亚里士多德式的假设，坚持认为经济学家，尤其是经济学家应该认同上面第 (ii) 种立场。像萨缪尔森那样的一般的后实证主义者确实赞同第 (ii) 种立场，这也就是为什么弗里德曼的观点从表面上看很 164
好地符合成熟人类中心论新古典主义（贝克尔）的原因。我们在第 1 章中讨论过的杜普雷对新古典主义与演化心理学的联系的攻击，也依赖于第（ii）种立场。

对于本章一开头就提出的那个问题，现在我们终于得到答案了。读者应该还记得，那个问题是说：在当代有思想的理论家那里，萨缪尔森的观点怎样才会变得不可靠？正如我们已经看到的，萨缪尔森是一位实证主义者，不过他并不是一个很自觉的实证主义者。实证主义有一个方面，是我和丹尼特都反对的，那就是对常识本体论（commonsense ontology）的信奉。本书第 2 章已经描述了我的科学实在论的一般基础。(我所喜欢的立场是上面的第（iv）种，虽然对于我在这本书中的论点来说，第（iii）种立场就已经足够强了。如果有读者想知道为什么我会采取第（iv）种立场，请参见我即将发表的论文。）人类的常识本体论源于一个不具备系统性的行为反应体系，这些反应得自演化过程，它们在我们特定的生物学上和文化上的需要和目标受到压力时就会发生。绝大多数关于宇宙的真理都与这些需要和目标无关（这个事实本身就需要解释），因此如果我们刻画现实的研究计划与本体论原理（其原意是要成为客观的）很好地相匹配的话，那将会是一件很神奇的事。注意，实证主义者并不是常识实在论者。因为他们把内在的感觉杂多（sensory manifold）当作客观研究的唯一可能的一般对象，而且特别把“感觉材料”作为唯一最终可信的证据来源，他们对外在世界的现实性持不可知论态度——或者基于一种常识，或者基于某种科学的解释（Schlick, 1933/1979)。这恰恰就是早期实证主义当中体现康德的影响的那一方面，正如我们已经看到的，这在罗宾斯的方法论著作中也很明显。前面我们已经提到，这种取向在后来的实证主义思想中逐渐衰减了。不过，当它最终消亡的时候，其残骸却污染了整个实证主义立场，因为没有了不可篡改的感觉材料，严格的证实主义、关于意义的主观主义或者严密的分析—综合的区分，所有这些都无法进行。卡尔纳普本人很清楚那些，因此提出了针对实证主义的至关重要的批评，这些后来在奎因那里变得非常出名。萨缪尔森当时仍然是一个实证主义者，不过在他的背后，实证主义大厦却正在分崩离析。萨缪尔森没有任何本体论观点的基础，因此他也就不可能证成自己的形式主义，除非它能让他提出一些存在证据（这种辩护形式在本体论上是没有任何意义的，正如米罗斯基正
165 确地指出的）。我在前面已经指出过，如果萨缪尔森在哲学上更加自觉，那么他可能已经追随奎因走上了取消主义的道路；但是在 1948 年，即使奎因本人也没有走得那么远。

但是，到了现在，再也没有真正的实证主义者了，几乎每个人都是这样或者那样的实在论者。[1] 常识实在论者会把萨缪尔森解释为一个试图讨论通常的人和企业，但是却完全没有说出什么有说服力的东西的人。根据我前面已经阐释过的各种理由，这种解释并不会对萨缪尔森的思想有任何严重的影响。事实上，从历史上看这种解释是对的，但是我这本书的目的是重构萨缪尔森的理论，而不是参与到埋葬他的工作当中去。作为一个科学实在论者，我并不需要假设经济学理论当中的基准对象是通常的人或企业——虽然我必须用我最终得到的关于经济学的对象的观点来重新解释这些概念。

本章讨论到的各个人物：杜普雷、戴维斯、弗里德曼、贝克尔和森都是常识实在论者。米罗斯基则隐藏了自己的本体论倾向。至于丹尼特，尽管他用意向立场功能主义从取消主义者手中挽救了命题态度，他也不是一个常识实在论者，或者他不能是一个常识实在论者，如果不想意向立场功能主义塌陷成为工具主义的话——丹尼特自己认为这是不应该的（Ross，2000；Dennett，2000）。这也就是为什么丹尼特的著作可以成为从人道主义者和取消主义者手中挽救萨缪尔森的新古典经济学的基础的原因。

现在应该清楚，为什么我不让自己与（成熟的）人类中心论新古典主义者结盟，共同为显示偏好理论的科学相关性辩护。因为它以亚里士多德式的假设为基础，而这正是我不想做的事。恰恰相反，我想予以认真对待的是萨缪尔森的实证主义的其中一个方面，即通过公理化来构建一个统一的理论体系；同时放弃另一个实证主义教条，即常识中的实体对科学实体的在认识论上的优先性。（请读者务必注意：我最真挚的论辩对手杜普雷的做法恰恰相反——他真不愧是一个绝佳的对照。）

到目前为止，我们已经在高度抽象的哲学领域中探索了相当一段时间，这里空气稀薄，几乎令人窒息。经济学家和其他行为科学家很可能不习惯这个需要大口大口地吸入氧气的环境。我在好几个地方已经提到过他们这种不耐烦是有理由的。如果对贝克尔捍卫新古典主义的方法持怀疑主义态度的唯一基础是某种形而上学立场，那么要一位实际的科学家去关注这种怀疑就是误导性的。我在较早的时候已经说过，一种形而 166

① 比如说，用马基的术语来说，范弗拉森（Bas van Fraassen）的“建构经验主义”就是常识实在论的一个变种。这个注释是为哲学家写的。

上学立场的关键要点在于，给出一个对数据进行分析诊断并将其概念化的基准点；而且，一种形而上学立场给出的基准点与其他形而上学立场是不相适应的。因此，在下一章中我们将转而分析仍然处在不断膨胀中的大量经验数据，它们对亚里士多德的假设（即人都是经济主体）构成了极大的实实在在的压力。

第5章 实验经济学、演化博弈论与取消主义的可行性

经济学实验室中的人

这些日子里，可怜的老罗宾斯在坟 167
墓里可能得不到片刻安宁。正如我们已经看到的，他的经济学哲学是建立在下面这个观念的基础上的：人作为经济主体这一点不能通过对他们行为的经验观察来得到证明，而只能通过内省途径领会。如果这是对的，那么我们就可以得到充分的认知的保证（epistemic warrant），也就是说，我们可以得到最好的效用最大化的公理体系，并且躺在扶手椅上就可以构造出经济学的理论大厦。当然，要根据这样一种理论体系来

进行经验预测，我们需要一些与生产可能性和资源稀缺性有关的数据。但是，这些都属于传统的经济学数据。根据罗宾斯的观点，我们真正要做的是研究人类行为。因此，就经济学与哲学（以及社会学）的关系而言，相信能够最有力地证成经济学独立性命题的只能是罗宾斯的哲学。

但是，对于当今大多数理论经济学家来说（与经济咨询事务从业者相反），罗宾斯给出的画面早就已经发黑了。早在 20 世纪 30 年代，有的经济学家就已经开始认真地看待萨缪尔森的观点，认为他给出了一种确定效用函数的可检验的工具，他们通过在实验室中让被试参加实验，测量他们的行为，以此来构造效用函数。在第 3 章中，我提到过沃利斯和弗里德曼（Wallis and Friedman，1942）早期对运用显示偏好理论度量实际的效用函数的可能性持悲观主义态度，因为可以保持不变的变量太少了，或者说很难在足够长的时间内控制好变量以得到具有显著意义的数据集。不过在第 3 章中我并没有说明的一点是，他们这种怀疑主义所针对的并不是直接针对萨缪尔森的理论，而是瑟斯顿（Thurstone，1931）想从实验室中的被试行为中推导出效用函数的做法。[①] 瑟斯顿对于在实验室条件下使显示偏好理论可操作化的前景非常乐观；而沃利斯和弗里德曼则质疑这种乐观主义，不过他们并不
168 质疑显示偏好理论本身。为了突出这种态度，他们削弱了萨缪尔森和其他人时不时地提起的显示偏好理论的证实主义动机，认为它还需要某种哲学上的理由。因此，我们在上一章中讨论过的弗里德曼那种独特的“工具主义”，或许最好被理解为一种试图填补他自己早期与别人一起提出的这个批评所造成的空隙。

通常来说，沃利斯和弗里德曼之后的经济学家大致上可以根据他们对沃利斯和弗里德曼关于经济理论的实验检验的怀疑主义立场的反应划分为两个阵营。一些经济学家同意沃利斯和弗里德曼的观点，因为它验证了罗宾斯明确主张的观点，即经济学的公理权威性源于躺在“扶手椅”内省得到的常识，而且用纯粹的数学方法从这些公理中推导出来的结论也将继承这种权威性，只要所使用的数学是正确的，持有这种立场的经济学家拥护纯粹的数理分析，对难以理解的、不稳定的行为数据则没有什么兴趣。这样一来，他们理所当然地被认为是守旧的人，经常被

① 我对历史的评注采纳了罗斯（Roth，1995）的综述中的观点。

嘲讽，甚至被编入笑话①，而且不时受到“实践”批评家的斥责，就像保罗·奥默罗德（Paul Ormerod，1994）所做的那样。罗森伯格（Rosenberg，1992）对作为数学的一个分支的经济学的辩护则试图把这种守旧立场提升为一种完全成熟的认识论。然而，所有这些都不应该导致我们得出结论说这种老套的观点是完全有道理的，理由很简单：自从 20 世纪 40 年代以来，实验经济学和行为经济学的实际成果在以指数方式增长，每隔十年就至少翻一番，到现在有关的文献数量已经极其庞大。经济学家对它的态度也越来越严肃，最好的证据就是 2002 年诺贝尔经济学奖被颁发给了这个领域的两位领军人物——丹尼尔·卡尼曼（Daniel Kahneman）和弗农·史密斯（Vernon Smith）。特别值得一提的是卡尼曼的正式身份是心理学家，而史密斯的正式身份是经济学家，这一点对于我们要讨论的经济学的分离性命题特别有益。

在第 4 章中，我们对理论的三种意义都进行了反思，这有助于我们分析为什么本应受到沃利斯和弗里德曼鼓励的那种立场却没有能显示出作为这一门学科所真正偏好的东西的特点，不过我还没有对他们的批评给出回应（这非常需要）。正如我们已经看到的，作为他们争论的主题的显示偏好理论本身在具体应用之前是一个完全抽象的、一般的（第二种意义上的）理论。第二种意义上的理论实际上确实不能成为经验检验的课题。要把第二种意义上的理论与实验结合起来，就必须先把它与第三种意义上的理论融合起来。正如罗斯（Roth，1995，pp. 6－7）所指出的，这恰恰就是显示偏好理论在得到了冯·诺依曼-摩根斯坦效用理 169
论和主观概率理论的充实后于 20 世纪 40 年代所发生的事情，对此我们已经在第 3 章中进行过讨论，这样结合了三个基本工具的这一理论就可以给出真实的人类决策函数的解释。它很显然违背了独立性命题，而且不是一个纯粹的第二种意义上的理论，但是同样明显的是，它适合于经验应用的目的而且很容易用多组人类被试的行为数据来进行检验。然而，同样明显的是，这种应用并不是在检验显示偏好理论本身——或者，用科学哲学家更习惯的说法来说，它并不是在“直接地”检验显示偏好理论，而是反过来去检验它与另一些辅助假设的联合体。

① 下面不妨举一个例子：一位物理学家、一位化学家和一位经济学家被困于一个荒岛上，饥饿的他们发现了一箱从船上跌入海中并被波浪冲上沙滩的罐头食品，可惜却没有开罐器。于是，物理学家开始思考怎样才能使罐头内的气压上升，把盖子弹开；化学家则四处寻找易于挥发的活跃物质，来制造某种化学反应侵蚀掉瓶盖，让他能够吃到食物；经济学家则坐下来计算他们新发现的福利的大小，第一句话就是“首先，假设现在有一个开罐器”。

请注意，人们争议的焦点并不是显示偏好理论作为一种数学理论的正确性，实验中被质疑的是它作为第三种意义上的理论的有效性。为了说明显示偏好理论在面对这种质疑时表现得有多好，我对实验经济学文献进行回顾时需要先作一个区分：一部分文献是针对显示偏好理论的辅助性假设的，特别是针对用期望效用理论来解释人类决策过程的；另一部分文献则是更直接地去破坏经济行为是基于稳定的、有序的偏好的这一根本观念的——无论显示偏好理论与哪种辅助性假设结合，这种观念都是必不可少的基础。一种正在浮现出来的共同看法是：期望效用理论作为一种决策理论来说，不能一般地描述人类行为，我赞同这种看法，因此我对这些文献的回顾就可以利用通常的标准解释。对于接下来我们的论证目标最重要的是，我将把期望效用理论与显示偏好理论和稀缺性表示的经济学基本原理区别开来，这里所说的“基本原理”，大致上是从实证主义者的角度来说的。

2002 年诺贝尔经济学奖被授予卡尼曼和史密斯以来，被人们认为有重要意义的心理学文献和实验经济学文献的数量已经极其庞大了，因此我的综述必定是非常粗略的。我的主要任务并不是要把这些文献的各种结果描述出来，而是将它们组织起来，以便于接下来展开讨论。许多细节都是非常引人入胜的，但是我不得不一掠而过，读者如果对它们有兴趣，请参阅泰勒（Thaler，1992）、卡格尔和罗斯（Kagel and Roth，1995），拉宾（Rabin，1998）以及卡梅勒（Camerer，2003b）等人的综述。我在叙述过程中将会进行许多快速的、具体的推理，不是经济学家的读者可能偶尔会觉得迷惑，他们应该排除这种干扰，继续坚持阅读下去，因为这些推理及其结论在哲学上的含义是清晰的、统一的。我再强调一次，这一节的目的只是要构建出一个分类体系，从而在逻辑上把认
170 知科学用来告诉我们经济学应该一致地研究哪些实证性事物的各种不同方法区分开来。因此我将不停地给经验议题做各种标记，以便于在下文中把认知科学引进来。在这张道路指示图上的具体细节反而是不那么重要的，就目前而言，更重要的是把握对这张图的总体拓扑结构的某种感觉——这种感觉的重要性超过了地图上的某些重要的点。

我将把实验经济学领域的各种研究分别归入三个集合，为了保证本书的可读性，我将采用一个标记系统（如以下各节的标题所示）。“工作集”（work sets）是指实验研究中不断积累起来的各种结果；“问题集”（issue sets）指我对各种有待解决的经验问题进行的分类。

探索式判断（工作集 1；问题集 1）

第一个工作集主要由心理学家的贡献组成，这些成果用来检验下面这个假说：人们利用信息来做出有关可能性和概率的判断，应该与合理的演绎、统计推理的规则相一致。这一假说本身又可以分解成为两个问题集，围绕它们已经出现了大量的实验研究。

首先，经济学模型经常假设主体需要收集到它们在物理上（甚至在逻辑上）可以得到的全部信息，并且从中推断出所有在逻辑上成立的推论。赫伯特·西蒙早在 1947 年就指出过，对一个现实生活中的主体来说，这样做反而是不理性的，因为收集信息和推导计算都需要运用稀缺资源。决策过程中耗费的资源相当于一种“投资”，而且所能得到的回报也是边际递减的，因此存在一些决定收集信息和计算推理的边界点。对于不同的问题，边界点是不同的。要决定它们在哪里，本身也是一个搜寻问题；因此一个最佳设计的有限主体在非静态世界中将运用直观的一般经验法则（general rules of thumb）来收集、存储和处理信息，在这过程中她将会出现一些决策错误，但是能够使她在她所预期到的环境中的期望成功率达到最大化。（例如：当选择一个主体来执行一个合约时她可能总是采取同一种策略，即只选择三个价格中的一个，而不管有多少个潜在的订约人。当然，如果对某项具体工作的成本收益最大化的重要性压倒了所有其他工作加在一起的重要性，这可能并不是一个最理想的方法。但是这种情况是很少发生的，而且即便发生这种情况，也是 171
基本上可以满足要求的。因此只要运用简单的一般规则是有效率的。）

对于上述这种探索式推断，人们可以提出三个相互有关系的问题：(i) 在给定有关可计算的事实、主体的效用函数和环境条件的前提下，对任何一个主体来说理想的推断方法是什么？(ii) 在实际的可计算的事实、效用函数和环境条件等都给定的前提下，对真实的人来说理想的探索式判断方法是什么？(iii) 一般地说，人们在生物演化过程和文化演化过程中实际提出来的探索式判断方法是什么？

问题 (i) 本身就是一个容易引起歧义的问题。如果提出它是想找到一些总括性的探索式判断法，以图利用它们就可以解决所有可能碰到的最优化问题，那么这就成了一个只有哲学家才会提出的问题，而且是在最纯粹的形而上学的意义上的哲学问题。正如米罗斯基所强调的，就一个与执行有关的问题来说，这个堂吉诃德式的问题实在有些不切实际。或者，也可以把问题（i）理解为某种不可达到的界线的标志，一个实际执行的计划只能渐进地逼近它。我们在第 1 章中简略地讨论过的、被米罗斯基称为“贾德的复仇”的那种经济学研究纲领，与这种思路最契合。根据这种研究纲领，人们在实质上是不断地赋予主体越来越多的信息和越来越高的计算速度，就像新的计量经济学技术给出了“更多的信息”中所包含的新的观点。虽然哥德尔定理告诉我们这种主体（以及分析她们的人）永远不能到达那一点：知道自己已经得到了一组最终的有保证的最大化原则，或许她们最大限度上只能猜想自己在一条方法论的道路上走得越来越好。米罗斯基说认知科学和人工智能领域有许多研究也是针对问题（i）的，而且它们要更切合实际得多。他是对的。此外，在 20 世纪 70 年代末以前，许多研究都搞混了问题（ii）和问题（iii），因为过于相信单一法则系统的跨环境适应力和/或低估了互动决策问题的复杂性。[①] 在那些已经意识到了这个问题的经济学应用研究中，人们的注意力被引导到可计算性问题而不是经济计量问题，这样也就具备了米罗斯基所说的第二种研究纲领（“刘易斯归来”）的基础。不过这两种研究纲领都不强调实验研究。虽然它们也可能对自己所运用的技术进行实地检验。但是本质上看两者所采取的都是工程学的思路而不是行为学的思路。

在这之后，一些处身于经济学和心理学的交叉地带的研究者自觉地开始研究更适当的问题（iii）。其中一个典型的例子，请参见吉仁泽、
172 托德和 ABC 研究小组的著作（Gigerenzer，Todd，and the ABC Research Group，1999）。这一类研究工作当中有许多都持一种相对乐观的态度：一般的、演化出来的人的探索式判断就能够很好地逼近在给定人的实际的信息处理能力、演化历史、由自然选择过程内置于他们当中的一般效用函数、各种不同的信息储存在自然环境中的成本等条件下的最优性。这就引出了对我们的直观判断在构造好的环境中如何给出规范性评价的问题，这本身也是一个很有意思的研究课题：既然经济学模型用这些实际的探索式判断取代了全知全能假设和理想的个人直观能力假设，那么它们在何种限度内能够继续保持一致，并且在经验上有用。

① 只要参阅约翰逊·莱尔德（Johnson Laird，1988）的综述，大多数研究者都可以了解得更清楚。

自然统计能力（工作集 1；问题集 2）

既然提到了关于行为上的探索式判断的研究，我们也就接触到了判断的经验合理性问题。请注意因为其多维度的相关性（即计算能力、效用函数和环境条件等方面的相关性），好的探索式判断并不一定需要模拟统计推断的原理。事实上，实验证据压倒性地表明通常人的判断是系统性地偏离这些原则的——以各种各样的方式。人往往具备以下这些行为倾向：在新的领域内应用领域特定性（domain specific）的直观判断方法，即使在某些情形下效果很差甚至会导致错误；高估低频率的事件，低估高频率的事件；在估计概率的时候忽略基准率，即使在明明知道这根本不需要增加额外搜索成本的情况下也是如此；过分强调可以确证原有信念的新证据，特别是那些他们自己所钟爱的信念；莽撞地忽略贝叶斯法则，即使他们已经学过这个法则也不知道如何运用。（请参见上面引用过的文献，以及与之有关的其他文献；关于这些资料的含义，斯坦（Stein，1996）详细地从哲学的角度进行了分析。）总而言之，有关个体判断的实验研究已经表明，通常的统计归纳和科学的统计归纳有显著的差别。正如米罗斯基可能会说的那样，人不是天生的计量经济学家。实验研究可以准确地揭示一般的人和计量经济学家是以哪种方式、在什么程度上区别开来的。

总体上看，这一事实并不一定会威胁显示偏好理论与期望效用理论一起对人类的经济行为做出的解释的经验适当性。如果我们知道人们在决策时实际使用的探索式判断方法是哪一种，我们就能够把它插入到我 173
们的理论当中去代替统计推断的标准的规范解释，辨识出准确的最大化过程。对于这个观念人们可能会提出两个问题，一个是技术上的，另外一个则更加激烈。技术上的问题是在行为过程当中对风险的估计会发生变化，这时候判断与选择之间是动态地相互作用的。其结果就是，当人们不能依照最优统计理性来行动时，或者说最优统计理性相对地高出了人类的信息处理能力时，往往就不能运用实验证据来消除源于合理判断的各种偏离，也不能对给定的合理判断进行最优化。我之所以称这个问题是技术性的，是因为如下两个理由。首先，文献中充斥着各种各样的天才的实验设计，它们可以把判断错误与违背参数最优化或策略最优化的情形区别出来；如果一个人足够聪明的话，在实地调查中认识论上不可能得到的东西往往可以在实验室中得到。这正是实验研究的优越之处。理论家，特别是哲学家，不能只因为自己不能想象出一种解决方法，就宣称这是不确定的。第二，如果我们确实有一个关于人类直观判断的全面的理论，它将有希望包括一个这些直观行为倾向被忽略或误用的数量模型，而且如果给定一个问题情境中的足够的人类行为的数据，就可以运用统计回归来找出标志着最优化失败的残差。

然而这就把我们带到了所谓的"激进问题"的面前，对此我将在后面进行更详细的讨论，现在先把它引进来：提出一个关于人类直观判断的整全的理论，是认知科学的任务，而不是经济学的任务。为了正确地辨识出一种直观能力，去问人们认为他们在做的事是什么、为什么这样做，这种方法肯定是不可取的。恰恰相反，我们需要知道的是支配着人们的行为的、作为他们的自然历史和因果关系史的结果的真实的客观函数到底是什么。我在这里说"客观函数"而没有说"函数"，是因为像人这种复杂系统中的行为者是不会根据任务的性质而模块化的。这也就是说，即使想解释人的某一个微不足道的行为，也往往需要参照它所带来的多个结果。我吸了一口雪茄，可能是因为它可以带给我想要的尼古丁的刺激；或者是因为它可以让我思考因果问题的过程稍稍中断一下，以缓解我的紧张思绪；甚至它还可能让我愉快地想起我心目中的英雄丘吉尔；等等。但是，吸烟真的能解决什么问题吗？它不可能解决任何日常生活问题，恰恰相反，吸烟其实是一种危害健康的行为。

174 我在这里所担忧的并不是整体主义本身。事实上，改变吸烟这种行为是可能的，比如说，可以设法使雪茄的味道变得很糟糕，或者可以尝试用电流干扰脑部神经以抑制吸烟时对丘吉尔的联想。我们可以设计很多类似的实验，这样就可以把在这个行为中各自发挥着某种作用的每种动机的影响分别辨识出来。正如我将在以下各个章节中所要论述的，这种做法的关键就在于把整体的人类行为当作各种直观预设的表现形式：从整体上看人在思维过程中显示出了充分的统一性，只要从自己的问题出发进行逆向推理，找到体现为问题求解方法的行为特征就可以刻画相关的解释变量。在前面我们已经碰到过这个假设，即人类生活是有稳定的目的论体系的，这也是贝克尔的人类中心论新古典主义的动机所在。我将要指出的是，有些时候整体的人确实可能是目的论分析的适当对象，但是一般来说并不是；而且如果我们不能找到一些在低于整体的人的层次上分解动机的方法，那么就不能为任何关于人类直观判断的一般理论提供辩护。为了完成这个任务我们需要引入认知科学的模型。但是必须这样做这个事实本身就足以表明，我们不可能仅仅通过在实验室中让作为行为主体的被试参加实验就消除最优化策略的特征与判断的经验特征之间的歧义。

在这里指出这个问题只是为了下面讨论的方便。接下来我们继续对有关的文献进行分类描述。

检验期望效用理论及其替代理论（工作集 2；问题集 1）

在第二类文献中，我们可以把那些试图对真实的人类决策过程与理想化的主体慎思决策的过程进行对比的研究集中到一起（不管它们有没有成功地把理想化的慎思决策与直观判断区别开来）。人们通常认为，这类经验研究对把人和古典的或新古典的经济主体等同起来的做法提出了最直接的挑战。这些研究结果有非常高的鲁棒性，它们表明，人的真实决策过程具有如下这些特点：与通常的人“应该”更关心自己的个人回报这个假设相比，人们往往“过度捐献”公共品；他们进行决策时所根据的参照点是禀赋分配现状而不属于设想中的同一个分配状态；他们对于需要解决不确定性问题的决策非常厌恶，即使不具备不确定性的问题所带来的期望回报更低，他们也宁愿逃离不确定的情景；他们的决策受到“模式”的严重影响①；（最著名的一点是）他们愿意付出相当可观的成本去遵从和执行现行的社会规范。 175

上面所列举的这些发现可以被解释为足以证明期望效用理论并没有准确地刻画人类一般决策过程的特点的直接证据（Camerer，1995，pp. 619－657）。在 1995 年发表的一篇综述中，卡梅勒把各种关于期望效用的反例的实验结果进行了分类，来检验可能替代期望效用理论的各种理论，尤其是卡尼曼和特维尔斯基（Kahneman and Tversky，1979）的前景理论（prospect theory）。根据前景理论，面对一个决策问题，人们在解决它之前，必须先“修改”它：运用基准点和心理学上的决策权重对结果进行衡量，而不只是利用一个不包含风险因素的度量收益—损失的价值函数。期望效用理论、前景理论，以及其他各种借用、删除或者合并了这两种模型的某些因素的其他模型，都是有关最大化的模

① 我把“模式”一词放在引号里面，是想强调谨慎的认知科学家（作为俗成心理学家的反面）在这里都会放慢思绪，很慎重地考虑：如果“模式”真的存在的话，到底是指什么。

型，而且它们都可以与显示偏好理论相容，只要在根据行为模式构造效用函数时增加适当的限制即可。卡梅勒的总体结论可以表述为：任何一个关于经验的人类决策过程的足够具体的模型，都没有能够针对现有的多元化的数据给出一个毫不含糊的“最佳”解释，因此，没有一个理论在各种类型的环境下都可以从竞争中胜出；这当然也包括被最早提出来并成了标准默认模型的期望效用理论（Camerer，1995，pp. 638 - 639）。

科学哲学家应该不会对这个结果感到惊奇。在以期望效用理论为基础的决策理论各种主要的替代性理论或修正型理论当中，没有一个是从一开始就是出于更广泛的、独立于其倡导者试图以最简明扼要的方式加以总结的那些数据的理论动机的。期望效用理论本身或许可以被认为是一个例外，因为它在观念上的根源并不是对行为的研究，而是理想化的主体理论。不过，这无足轻重，因为在把期望效用理论当作真实的人类决策过程的模型的时候，这并算不上是一个独立的理论动机——在没有一个关于人是什么、人的行为倾向（behavioral disposition）在历史上是如何形成的、如何在演化压力下改变和适应的可信的理论的情形下。将有关决策过程的行为证据进行模型化这项工作说成是“托勒密式的科学”（Ptolemaic science），并不是一个侮辱。之所以说它是托勒密式的，是因为它与开普勒（Kepler）之前的天文学家所做的工作很类似。当时的天文学家通过增加、删减、捆绑假想中的各种元素（比如说，本轮和均衡点）来阐述、修正一个现成的有关行星和恒星运动的理论模型，以解释持续增加的各种观测结果。称某种科学活动是托勒密式的，看上去
176 似乎是一种侮辱，这只是因为我们对从以往发生的事实的归纳中了解到，它迟早必然达到一个回报递减的转折点，到那时证明这种模型的更多努力也就不能再得到简约的解释所能带来的回报。在天文学的例子中，我们知道在开普勒时代到来之前，这一点就已经达到了。然而在我拥有相当的把握对一系列有意思的现象进行充分适当的理论化之前，我们也需要某种总结现有数据的系统化的方法，因此在科学研究的进步过程当中，“托勒密式的科学”这个阶段其实是不可避免的，而且如果研究者足够认真细致的话也是可以取得卓著成效的。① 在某个阶段，当我们要对各种相互竞争的托勒密式的模型进行评价时，我们应该记住一点，它们当中很可能没有任何一个能够很好地符合所有数据。仅仅当这

① 当然，这只是一种重提科恩的“常规科学”概念的方式，常规科学中没有令人激奋的具有不可通约性的“噪声”。

种竞争的某个新进入者能够在这些数据之外找到某个可能把更多数据统一在一个更宏大的科学图景当中的原理之下时，认识论上的利害关系才会产生，那时候才需要去找选择这个新模型的理由。（这是一种重申上一章中基切尔式的认识论要点的方法。）卡梅勒所评述过的模型中没有一个在总体上符合上面这个对于新进入者的要求（虽然正如我们将在第 8 章中所看到的，期望效用理论和下文中将要讨论的配对原理在某些原则性的问题上已经开始摆脱托勒密式的桎梏）。任何一个模型，包括期望效用理论在内，都有助于我们把握观察到的结果中所蕴涵的某些有趣的行为倾向，但它们仍然是相对孤立的。在我们整理数据的时候，这些模型起到了类似于文件夹的作用。

我已经说过，显示偏好理论的经验有效性并不是直接在工作集 1 中进行检验的，因此上面我最后一个评论是不是就意味着在满怀希望地等待范式转换的时候，我们应该继续在实践中应用它——结合（以期望效用理论、前景理论等为代表的）各种辅助假说？如果那样的话，不免有些令人泄气，读者也将会觉得失望。值得高兴的是我不需要这样说，这有两个理由。首先，各种辅助性假说的独立动机都是有基础的，那就是认知科学。（实验行为经济学以及心理学当中的相关研究是不是已经成为认知科学的一部分？当然是的。既然如此，那么我就可以说认知科学包括行为神经科学和复杂理论，即认知科学已经超越了单纯对投入产出函数的建模。）这就是本书接下来要讨论的东西。其次，在实验室当中揭示出来的偏好逆转和跨期决策时的不一致这两种现象，对显示偏好理论所要求的行为一致性确实产生了很大的冲击。

偏好逆转与偏好时间不一致（工作集 2；问题集 2）

我将沿着泰勒（Thaler，1992）、卡梅勒（Camerer，1995）的思路 177
来总结人们研究偏好逆转现象的历史，并参考瓜拉（Guala，2000）关于这个问题的哲学论述。最早有关偏好逆转现象的经典实验是由利希滕斯坦和斯洛维克（Lichtenstein and Slovic，1971，1973）、格雷瑟和普洛特（Grether and Plott，1979）完成的。他们的实验表明，人们系统性地优先选择有更高概率赢得相对较少现金回报的赌局（H 型赌注），而不是选择只有较低概率赢得相对较多现金回报的赌局（L 型赌注），虽然这些赌局的期望价值是一样的；但是她们在卖出 L 型赌注时的要价

（＄L）却高于她们卖出 H 型赌注时愿意接受的价格（＄H）。只要我们有理由相信我们能够构建一个保证现金回报是合理的效用替代物的条件，那么这种现象就表明了偏好的非传递性，因为我们所总结的数据关系将是＄H～H＞L～＄L＞＄H。卡梅勒（Camerer，1995）和拉宾（Rabin，1998）描述的其他研究也在很广泛的大量决策问题中发现了类似的行为模式，其中许多在学习过程中也保持相对不变。

20 世纪 70 年代进行的大量实验研究的其中一个目标是区分真正的偏好逆转行为与一般违背了期望效用理论的行为。在早期的偏好逆转行为实验中运用的标准的诱导方法有两种，第一种是所谓的贝克尔-德古特-马沙克机制（Becker-DeGoot-Marshack（BDM）mechanism），它可以控制与抽签有关的不确定的后果；第二种方法是随机抽签选择程序（random lottery selection（RLS）procedure），用来控制当实验规则要求被试完成一系列的赌局时，由于其初始禀赋的变化带来的影响（see Camerer，1995）。贝克尔-德古特-马沙克机制和随机抽签选择程序能不能适当地把效用的指代物分离出来取决于期望效用理论中的独立性公理（independence axiom），即：如果 $A>B$，那么 $A\times$ 概率 $P(x)>B\times$ 概率 $P(x)$。但是，标准显示偏好理论的好几个“托勒密式的修正”都放弃了独立性公理，比如说麦恰纳（Machina，1982）的“一般化期望效用分析”、丘和麦克里蒙（Chew and MacRimmon，1979）的“阿尔法效用”理论、奎金（Quiggin，1982）和亚里（Yaari，1987）的“秩依效用理论”（rank-dependent utility theory）。因此，卡尼和萨夫拉（Karni and Safra，1987）争辩道，偏好显示的现象只是预期效用理论的人工修饰物，其结果依赖于贝克尔-德古特-马沙克机制和随机抽签选择程序。然而考克斯和爱泼斯坦（Cox and Epstein，1988）的研究与特维尔斯基、斯洛维克和卡尼曼（Tversky，Slovic，and Kahneman，1990）
178 的研究（特别是后者）有力地反驳了这种观点，他们在只有序数排列才是相关因素的环境下重复了基本的检验条件，而没有利用冯·诺依曼-摩根斯坦意义上的等级排序。正如卡梅勒（Camerer，1995）所指出的，卡尼和萨夫拉的假说从其出发点来看有点巴洛克式的风格，因为它要求人们在违背独立性公理的同时却又服从所谓的期望效用理论的还原规律，比如说，它要求在多阶段的赌局（一个赌局完成后还有机会参与更多的赌局）中表现出来的偏好应该与具有相同期望支付的单阶段赌局保持完全一致。这个观念看上去分明是一种特殊处理。而且，斯塔默和萨格登（Starmer and Sugden，1991）已经给出了人们在相关的环境下违背还原规律的直接证据。

即使不从期望效用理论的失败这个角度来解释偏好逆转现象，也不会导致我们做出选择发生了循环的结论。当然，如果我们有完全的自由去构建一些不受任何限制的奇异的偏好图，那么严格地说任何东西都不可能强迫我们做出这种结论，不过一旦我们已经锁定了主体的个性把偏好归因于她，那我们就有权利否认显示偏好理论是没有用的这种观点，即使它的应用只能描述观察到的情况，而且不支持任何相反的事实。我们在这里讨论到的所有文献都假设一个有应用价值的决策理论必须允许：至少在这些（短暂的）实验延续的期间内，主体在理论的范围内等同于人。但是同时还有另外一种解释数据的方法，它由特维尔斯基、斯洛维克和卡尼曼等人提出，而且与他们所做的实验（Tversky，Slovic，and Kahneman，1990）的结果一致。与前面描述的偏好非传递性假设相反，在特维尔斯基、斯洛维克和卡尼曼等人的实验中，被试面对的是在赌局和她们的卖价是偏好 \$L 超过 L（即高估 L）还是偏好 H 超过 \$H（即低估 H）之间的配对决策问题。他们预测到了相反的数量，并且服从典型的直观判断。泰勒（Thaler，1992，pp. 84－89）提出了一种直观判断方法，被称为“相容性”或“匹配”假说，它源于斯洛维克、格里芬和特维尔斯基的研究（Slovic，Griffin，and Tversky，1990）。根据这种观点，人们倾向于对那些与被选中的反应模态相匹配的诱发选择行为的刺激赋予更大的权重，这可能是因为匹配情形下需要的计算量要小于非配对情形。斯洛维克等人认为这应该是人类信息处理过程中的一个一般性的特征（比如说，在感官知觉过程中发现也是如此），泰勒用它来分析彩票选择和定价实验中的偏好逆转现象：

> 因为一个赌局的现金价值是用美元表示的，相容性意味着用相同数 179
> 量的美元单位表示的支付在给定某个赌局中定价时被赋予的权重超过了在赌局之间进行选择时被赋予的权重。此外，既然 L 型赌局的支付要比 H 型赌局的支付大许多，那么偏离相容性的一个后果主要是高估 L 型赌局，因此相容性假说解释了偏好逆转的主要根源，即对低概率的高支付赌局的高估。(1992，p. 87)

如果配对确实是人类进行运算时的一个普遍倾向，那么将它运用于对偏好逆转的分析看上去就有可能成为对托勒密式解释的突破；同时在某种程度上，来自认知科学的更广泛的结果对这种做法也有推动作用。

对于将显示偏好理论应用于对人的分析的经验有效性来说，这或许是一个直接的好消息，因为它使我们有机会摆脱以往那个含混的结论——人的“真实”心理偏好是非循环的，虽然行为时不时地呈现出循环的特点，但是那只不过是有限理性的一种特殊实现方式。无论是在经验上，还是在理论概念上，我们都有充分的理由警惕自己不要陷入这种自鸣得意的心态。在经验研究中，卢米斯、斯塔默和萨格登（Loomes，Starmer，and Sugden，1991）与卢米斯和泰勒（Loomes and Taylor，1992）发现，当被试被禁止表露以前不被禁止时的高估行为时，仍然表现出了同样多的偏好逆转倾向。这些实验中得到的数据的意义是模棱两可的，而且显然与更近期的实验中得到的另外一些数据有冲突。当然，我们仍然不能简单地下结论说泰勒上面的解释已经走到了尽头（Camerer，1995，pp. 660 - 665）。另一方面，相对于许多其他文献的解释来说，在概念上把偏好逆转归因于配对行为的动机看上去并不是托勒密式的，这取决于一种特定的心智可计算模型。斯洛维克等人要求我们去假设存在着这样一些事实证据：它们与数据是不是配对的、（如果是的话）如何配对的这些问题有关，配对是计算过程中的一个独立的步骤，这些事实激发了配对可以减少处理信息的难度这个观念。配对假说（matching hypotheses）的基础并不是建立在一个经典的心智计算模型之上的；不过，我们很快就会碰到另一个非托勒密式的基础。最后，如果对显示偏好理论的经验相关性的辩护只是简单地证明，只要我们坚持，那么就仍然能够在最大化的意义上解释某个行为方式，那么这种辩护就将会是皮洛士王式（Pyrrhic）的。只要仍然依靠处理努力最小化来完成大多数对于所讨论的函数的解释工作，那么与演化心理学相比，
180 在识别行为的可投射模式（projectible pattern）时，经济推理能够贡献出来的东西就非常有限。也就是说，如果人们对他们需要为之与其他人相竞争的偏好发生了逆转，而且那就是经济学传统的研究方法的结局，那么即使可以通过参照利用演化得到的直观判断以节约能量的说法来理性化这种状态，也不能给独立的经济科学的辩护者提供多少实质性的安慰。

正是因为这个原因，货币汲取论辩（money-pump argument）的逻辑对显示偏好理论的证成是很重要的，经典的货币汲取模型原理如下。假设一个主体 A（在行为的意义上）的偏好是循环的，她偏好资产组合 a 甚于资产组合 b，偏好资产组合 b 甚于资产组合 c，偏好资产组合 c 甚于资产组合 a；同时另一位主体 B 的偏好则是非循环的，这样 B 就可以从 A 身上获益。B 可以让 A 参加一连串的交易：让 A 首先放弃 c 的某

些存量来得到 b 的一些边际收益增量，然后放弃 b 的某些存量来得到 a 的一些边际收益增量，最后放弃 a 的某些存量来得到 c 的一些边际收益增量。如果主体 A 在揭示自己的偏好排序时是完全真实的，即 $c>a>b>c$，那么在最后的交易中必定可以给主体 A 一定数量的 c，使她最终资产的总效用要小于她一开始时的资产存量的总效用。这样一来，重复进行多次这种交易之后，主体 A 的资产将接近于完全耗竭，只留下相当于其最初资产的无穷小比例的份额。因此，根据这种逻辑，如果偏好是非循环性的（而且其他方面都是一致的）主体在演化中能够生存下去，市场选择将会让她们战胜那些偏好循环的主体，后者最终将走向消亡。这或者意味着她们（偏好循环的主体）作为实体将灭亡——如果不能调整自己的行为的话；或者意味着潜在的生物上的或心理上的主体都将被诱致演化为另外的经济主体——通过改变自己的偏好。

在说这一类模型能够或者不能够用来辩护某种东西的时候，我们必须非常谨慎，它经常被当作规范性理由，为主体的选择行为一致性，或者甚至是人（类）的选择行为的一致性提供辩护。这种做法在相当大的程度上超出了它的能力。要从货币汲取模型推导出某种规定—规范性的结论，就需要假设理性就是要保证长期可交易资产的最大化必定胜过所有其他价值诉求，这是一个极为荒谬的假设。货币汲取模型更合适的用途是为描述性结论提供辩护：在实际市场（或许还包括自然选择竞赛的大市场）中，处于均衡状态的真实主体将会采取服从偏好非循环性的行为，因为偏好循环的实体将被驱逐出去。事实上这个结论还是太强了，因为它或者要求完全的市场稳定性，或者要求汲取货币者具有相当高的预见力——柏拉图式的，而不是达尔文式的。货币汲取模型最后同时也 181
是最合适的应用是，它可以证明，一个主体如果要选择并维持一个她自己能够理性地预期到将有助于增加生存机会的策略的话，非循环性假设是一个必需条件。[①] 这经常被认为是把非循环性当作一个公理，用来推导其他关于理性一致性的条件——举例来说，用它来选择与显示偏好理论一起发挥作用的辅助假设。不过库比特和萨格登（Cubitt and Sugden，2001）严格地证明了，货币汲取模型本身的可靠性对更强的理性最大化理论并没有什么重要意义；而且它要完成自己的职能，就必须结合一种“超强的能力”，即探测并实现任何可能的交易收益的能力，而在有限的现实世界中，选择过程是不可能演化或“创造”出这种能

① 请参见戴维森、麦肯锡和萨皮斯的论著（Davidson，McKinsey，and Suppes，1955）。

力的。

这样，货币汲取模型在几乎所有的意向目标上都被证明是不充分的。如果实验证据已经使我们确信人们的选择都是非传递的，而且作为行为主义者或意向立场功能主义者，如果我们并不准备通过把“隐藏的”传递性结构塞进他们的脑袋中以挽回败局的话，那么它们还有什么挽救显示偏好理论的有效性的希望呢？关键在于，我们对显示偏好理论的期望到目前为止都是非常低的，这一点要牢牢记住，我们所希望的只是作为一个第二种意义上的理论，它在某些事情的应用上能够发挥一些作用。不过，就目前来说，我们正在全神贯注地解释为什么经验证据表明显示偏好理论不能通过可以直接地利用它来对个体的人的行为进行建模来证明其有效性。在下文中我们将发现与它的应用有关的某些行为上的动力学机制，而且我将运用货币汲取模型的一个变形来支持这种应用。不过，标准的货币汲取模型即使再精巧，也不能使人就是经济主体这种观点免受大量可验证的事实（即人逆转了自己的偏好）的冲击。要挽救这个论点需要跨出罗宾斯式的一步，推动经济主体性及其可能的知识，回到心灵内部去系统性地摸索精神的行为表达。但是这与意向立场功能主义是完全不一致的。因此，除非我们确信意向立场功能主义是错误的，我们决不能以这种方式来证明新古典主义的正当有效。

我认为有关偏好逆转的各种数据，特别是用我在上一节中对贝克尔的抽象哲学批评的角度来解释的这些数据，已经足以为针对人类中心论新古典主义的怀疑主义态度提供辩护了。然而我现在还要再评述一下第
182 二种经验现象，它将使人对人类中心论新古典主义产生更深刻的怀疑，而且对那些我将为之辩护的、有希望替代人类中心论新古典主义的理论来说，这种现象起到了更大推动作用。这个现象就是偏好的时间不一致性。

如果一个正常的人一生的目标只有一个，永远都是一致的——就像成熟的人类中心论新古典主义所假设的那样，那么人们应该关心的是整个人生的效用最大化，而不是相对于某个一直都在变化的时间基准点的最大化。当然，时间的流逝意味着不确定性，如果对整个人生进行最大化就应该把这考虑进去，因此，我“应该”更看重今天的十美元甚于明天的十美元，因为，我“应该”对后者进行贴现，贴现基准是我在这段时间内被公共汽车撞死的概率（和通货膨胀发生的概率、我最喜欢的食物再也买不到的概率，等等）。既然我可能是或多或少地厌恶风险的，那么我对特定商品的效用的曲线就可能是以不同的陡峭程度倾斜的。此外，

不同的曲线可能描述对不同的商品组合的偏好（只要我不是在一个完全竞争的市场中，在那种市场里面，这种区别必定会因套利交易而消失）。但是，如果我所最大化的是在我整个人生中得到的效用，那么，每条曲线都应该以指数方式下降：指向同一个商品组合的任何两条曲线都不应该交叉，不管我是从这个时间基准点还是从另外一个时间基准点来评估这个组合的期望效用。然而，大量的实验事实和实地调查数据都表明人们的贴现曲线并不是这样的。（see Ainslie，1992；Thaler，1992；pp. 92 - 106；Camerer，1995，pp. 649 - 651；Rabin，1998，pp. 38 - 41.）这类现象首先是由斯特罗茨（Strotz，1956）提出并模型化的。

今天是去批改一堆研究生的作业还是去看一场篮球赛？我犹豫不决。这样时间就被拖延了，虽然我知道我这样做很可能导致我失去明天去做或许会出现的更有趣的事情的机会（明天会有一场同样精彩的篮球赛，如果没有更好的机会的话）。到目前为止，这与指数型贴现仍然是一致的；如果世界的末日就是今天晚上（这种情况发生的概率极小，但并不为零），那么我宁愿不批改研究生作业，这反映了某种程度的风险厌恶。不过，如果我今天并没有这种令人讨厌的任务，而去买了一张明天球赛的门票，听任自己采取拖延策略，那样我就违背了时间偏好一致性。这里反映了一种自我束缚的心理机制，埃尔斯特（Elster，1979，2000）对此进行了详细的探讨。更有趣的是，如果我在上个星期就要决定是不是拖延今天的事务，那么那个时候我会选择不。在这种情形下，从上个星 *183*
期的基准点引申出来的贴现曲线很显然会与从今天的基准点引申出来的贴现曲线相交。这样，我的贴现方式是双曲线型的，而不是指数型的（至少就这个选择集而言）。一个标准的贴现函数之所以被称为指数型的贴现函数，是因为它是应用当前价值的一个线性幂函数来计算未来价值的。相反，一个双曲线函数的曲线形状则是弓形的，其中较短延缓时间的回报和较长延缓时间的回报是在一个用指数函数来模型化的关系中估值的，但是中等程度的延缓时间的回报则是被估计得更少，因此滑出了原来的指数曲线（Ainslie，2001，pp. 30 - 31）。

双曲线型贴现这种现象在人类行为中几乎无处不在。人们经常沉迷于各种事物，但是他们也会采取措施让自己远离那些可能会诱使他们继续沉迷下去的东西。人们不去购买甜腻的甜点，因为知道一旦买回来自己就会把它吃掉——其实他们是不应该吃这种东西的。许多人购买虽然便宜但是不节能的工具，尽管如果他们购买了更昂贵但更有效率的工具的话，在很短时间内就可以弥补其间的差价。人们经常后悔自己做了傻事，却又不会真的从中学到什么东西（Thaler，1992，p. 94）。① 他们抱怨餐馆中的每份菜的量都太大了，但是却把所有的东西吃个精光，吃的时候完全不去想一下，额外的食物的边际价格已经太高了。② 他们在利率很低的时候为老年生活进行储蓄，即使他们可以通过借贷来增加当前消费或者取得更高的长期回报，从而最大化整个人生的效用，甚至在没有信用约束的时候他们也会这样做。尤利塞斯（Ulysses）把自己绑在桅杆上，因为他知道自己到时候绝对无法抗拒海上女妖的歌声的诱惑。

上面这些例子都来自对日常生活体验的因果性反思，或者来自实地研究。在实验室进行的实验则揭示了许多更微妙的而且可以准确地分离出来的双曲线型贴现效应。泰勒（Thaler，1981）与本宗恩、雷派波特和雅各利（Benzion，Rapaport，Yagil，1989）等人的研究表明，当人们在现在的损失与收益之间进行选择时，他们的贴现率随着时间下降，但是至少会反弹一次；小回报的贴现率下降得比大回报更快；对收益的贴现率比对损失的贴现率高得多。所有这些态度的存在就允许潜在的套利交易机会的存在，因此，这也就意味着将发生动态的偏好逆转，柯比和赫恩斯坦（Kirby and Herrnstein，1995）详细地检验了这个预测，他们发现，当两种回报的延后时间都增加时，被试确实先选择较小的、较早发生的回报，转而选择较大的、较迟发生的回报。洛温斯坦的研究（Loewenstein，1988）则表明，当人们在回报的规模与回报接近基准点
184 的距离之间进行权衡时，平均地说，将他们的回报延后一定时间，他们要求得到的补偿为他们愿意为将回报提前同样时间所支付的代价的 4 倍。对时间基准点的偏好的相对化特点还可以用如下事实来证明：人们更偏好的消费模式是消费水平随着时间上升的那种，甚过消费水平随时间下降保持不变的消费模式，即使不同情况下预期总消费是相同的（Thaler，1992，pp. 101－103）。

在我看来，这些是行为经济学发现最为重要的现象。首先，根据我们将在第 8 章中讨论的理由，它们可能是这类现象中最具一般性的，因

① 人类中心论新古典主义者或许会反对说，他们已经知道他们活得足够长久了，能够认识到需要储蓄。但是，如果器具购买的经验研究揭示出来的贴现率等级是给定的，那么，这个假说就会需要难以置信的风险厌恶水平或对个人灾难发生可能性的信念，而与其他行为是不一致的。

② 非常精于世故的、理性的学生确实会这样做。丹·丹尼特（Dan Dennett）于 2002 年 12 月进行的一个实地研究表明了这一点。另一个例子是我的太太，她是一位南非教育哲学教授，在美国的时候，她每一餐都是在外面吃的。

此，它们或许将提供一个理论上的杠杆，用以开启一扇通往解释所有其他实验经济学文献中包含的行为上的“反例”的非托勒密式的理论之门。赫恩斯坦（Herrnstein，1961）[①] 提出的托勒密式的“匹配”规律已经被融合进了乔治·安斯利（George Ainslie，1992）的现象理论（如下文所示），因此得到了一般化（因为匹配与指数型贴现和双曲线贴现都是相容的）。其次，直接对成熟人类中心论新古典主义的心脏构成沉重打击的现象就是这类现象。人们可能经常隐含地假设自己的生活需要进行最大化来证明事业的成功，以此来理性化自己的行为，似乎他们的目标就是在临终时能够说在环境和外界事件的限制下他们已经尽力了。贝克尔以及那些受他鼓舞的经济学家已经证明，我们运用的数学工具能够做的就是把这种故事用完全理论化的方式来分析清楚，当然这是一个了不起的技术成就。然而，来自实地研究和实验的行为事实系统性地证明个人层面的理性化与文化层面的理性化都是假的。在这个意义上，对消费水平随时间上升的消费模式的偏好特别能引起人们的共鸣；人们对于如何使自己的福利状况达到最高水平的关心还不如对自己是否能够想象自己的福利将会变得更好的关心——至少在距他们预期的人生终点还不太近的时候是这样。[②]

这意味着要直接应用显示偏好理论来分析作为个体的人的时候，面临的困难远远不止是技术上的。到目前为止，我这本书采取的分析思路仍然允许新古典主义者保留作为一个技术性的概念的“经济主体”，因此，显示偏好理论是公理化这一概念的适当工具这种可能性仍然存在，然而，一旦采取了这一步骤就意味着接纳有关偏好的时间不一致的数据，而这必定会在某些地方产生某种推动力量，特别是当它暗示作为持续存在生物上的和/或叙事性的主体的个人，并不是单一的、永恒不变的经济主体的时候，这其实也就接近于完全否定人类中心论的新古典主 185

---

① 价值=数量/常量$_1$+(常量$_2$×延迟)（Ainslie，2001，p. 35）。

② 我本人没有意识到这些，但是对于与这一现象有关的、系统地收集到的有关老年人行为的经验数据很有兴趣。看起来下述观察结论是有说服力的：人是非常不切实际的，他们想在那越来越陡峭的“投资之山”上不断向上攀登，这样在到达一个他们自己能够可靠地预测到的终点之前，他们需要自始至终都努力保持对越来越高的效用的预期。或许只有对来世的信念广泛流行后，这种自我叙事才能真的顺利完成。但是，现在报告出来的那些对来世的信念往往与现世实际的消费—储蓄模式相一致，因此我对此持怀疑态度。又或者，人们所针对的不断上升的预期目标是从自己和孩子加在一起的立场出发设立的，这样也就不会有一个可以预先预计到的终点了。如果真是这样，那么我们就应该能够观察到没有孩子的人的行为有显著差异。

义了。

我是沿着一条由其他对这些数据进行了反思的人所开辟的道路得到上面这个结论的。最清晰的、最有远见的分析是精神病理学家乔治·安斯利（George Ainslie，1992，2001）做出的。他指出，刻画经济行为的动态性的最好方法，是把整个由个人组成的人类模型化为经济主体的一个社会，经济主体共同生活于这样的社会中，这种共同生活迫使他们参与彼此之间的讨价还价博弈、协调博弈和囚徒困境博弈。如图 5.1 所示的漫画选自《加尔文与霍布斯》，它极好地体现了上述观点。在这个故事开始时，加尔文在早上六点钟拟定了一个逃避自己的家庭作业的计划：他将乘坐时间机器直接跳到八点半的世界中，并且从那时的自己那里抄作业。这样一来，他就把自己的个性从当前的自我转移到了他即将发生的自我身上。根据我们刚才讨论过的行为证据，这其实也正是一个真实的正常的人身上会发生的东西。在漫画中，有关加尔文的身份个性的这种变化有三点很有意思：第一点是，贴现曲线倾斜度的陡峭性，体现在六点三十分加尔文出发去“残酷地”剥削未来两个小时的自我；第二点是，当加尔文从六点半去到八点半时，他造成了自我状态的极大混乱，很难说清楚八点半的加尔文是不是六点半的加尔文，但这确实是我们所有人在实际生活中都会面临的问题，然而，当加尔文到达了八点半的世界中时，六点半的加尔文到底是谁？至此，我们应该马上就看出这变成了一个芝诺式的悖论，足以搞混整个结构。不过，芝诺式悖论是建立在逻辑错误的基础上的，而在现在这种情况下悖论则产生于神奇的时间旅行。最有意思的是第三点，加尔文陷入了一个单人的公共品悲剧，因此所有时间上的加尔文都必定要承受损失。因为每个逻辑上可能的时
186 间上的加尔文都似乎一心一意地想搭另外一个加尔文的便车。① 与所有足够睿智的幽默故事一样，这个漫画之所以成功是因为它触及到了现实中有震撼性的但是在逻辑上又很准确的某种特征，即人类社会是政治上极为复杂的、由局限于一时一地的自我组成的社会。

在安斯利（Ainslie，2001）的模型中，人类总体社会被解构为各种讨价还价的团体，组成每个团体的各个从属单位都面临着冲突，因为他们有互不相同的效用函数；同时他们也必须相互合作——因为“他们都被锁在同一个房间里”（Ainslie，2001，p. 43）。当然，这些从属单位不

① 在接下来的那一幕中，想合作完成家庭作业的六点半的霍布斯和八点半的霍布斯也都认识到，由于加尔文无休止地对时间进行操纵，他们也会陷入这个困境，

图 5.1　加尔文与霍布斯（Calvin and Hobbes）

资料来源：© 1992 Bill Waterson. Reprinted with permission of UNIVERSAL PRESS SYNDICATE. All rihgts reserved.

能让自己陷入霍布斯式的自然状态。如果各个从属单位都根据整个群体显示出来的偏好来行事，那么就会陷入严重的偏好循环当中，并且整个社群都会被他人“汲取货币”。这也意味着，群体需要不断地努力让今天的自我去取消昨天的自我所做的一切，显然它们的付出将会越来越大。但是，在群体内部任命一位霍布斯式的暴君也是不可行的，这是因为从神经病学的角度来看，信息的复杂性极高，我将在下一章中就此展开讨论。因此，这个群体的行为是受动态联盟引导的，这类似于有关民主立法过程的公共选择文献中所描述的情景（see Stratmann，1997）。我们在第 8 章中将会看到，站在经济学的角度说，哺乳动物的大脑完成的主要事情之一就是投票交易（logrolling）。在美国国会当中，投票交易往往是很稳定的，一般不会不断地产生新的小圈子。对一个短期利益来说，最有威胁的竞争通常是另一个短期利益。同样，对一个长期的利益来说，其最有威胁的竞争对我也是另一个长期利益，因此短期利益团体与长期利益团体有充分的激励去结成联盟。

从这种解释当前所能达到的程度来看，整个图景似乎是一个不可化约的隐喻。如果考虑抽象利益，它的真正意义又会是什么——当经济主体严格地类似于政治控制下的动态网络中的主体的时候？这些主体在哪里？它们是怎样偶然地发挥作用的？回答这些问题是下一章的任务。完成这项任务需要使安斯利的假说脱离纯粹的隐喻领域，并且在亚人（subpersonal）层面上系统地重新定位基本的主体性。我已经说过安斯利的模型是非托勒密式的，这是因为正如我们将看到的，它的基础假设来自于横跨认知科学和行为科学的广泛领域，它所做的已经远远超出了对实验经济学家所积累起来数据进行概括的范围；通过运用独立于经济学理论的证据，它促成了一种直接的、具有一般性的理论见解，确实这与微观经济学和宏观经济学都有关系。

187 戴维斯（Davis，2003）指出，把独立的经济主体分解为群体这种做法是新古典经济学内在地隐含的，其根源可以在作为新古典主义最深刻的知识起点的休谟的著作中找到。一旦休谟把自我转变成为一组纯粹的感知能力，自我的核心就已经面临着分崩离析的危险了。康德的超验自我（transcendental ego）概念是一种把它重新拉回到一起的尝试。正如我们在上一章中已经看到的，这种康德主义的研究纲领仍然在通过罗宾斯的著作对上个世纪前半叶的新古典主义发挥着影响。对于罗宾斯来说，可以诉诸内在的偏好排序，就是我们对于微观经济学的理论的信心的基础，这种看法显然与康德的观念有关——肯定有某种类似于超验自我的东西在研究它自身。然而，我们还发现，正如戴维斯（Davis，2003）所证明的，存在着另外一条稍微有些不同的但具有互补性的历史道路。“核心没有保住”（the centre did no hold），这种说法相当准确。实证主义者转变成了休谟主义者。在萨缪尔森的理论框架中，除了效用函数之外，并不存在任何可以识别经济主体的东西。但是，在一般的、通常的情形下，如果一定要把这些相对化为很细致地区分清楚的时间上的各种构造，那么独立的经济主体就会自动地分裂为碎片（个人分裂了）。托马斯·谢林（Thomas Schelling，1978，1980，1984）可能是第一位得出上述明确结论并开始对它的可能性进行理论探讨的著名经济学家。戴维斯和米罗斯基还都注意到，过去25年以来认知科学研究也已经把我们带到了同一个方向，对此我们将在接下来的第6～8章中进行深入分析。

戴维斯（Davis，2003）从个人分裂这个事实得出了一个结论：肯定有什么东西出了问题。当然，如果经济学家继续坚持在这种语境下发展方法论个人主义，并且他们信奉的仍然主要是新古典主义，那么戴维斯说他们正在走向精神分裂，也是对的，但是，科学发展的历史告诉我们，所有学科都必定要经历这样的发展阶段。对这种情况做出某种论断，正是哲学家所能做的事情。在这个问题上，似乎反而是戴维斯自己走上了分裂，他既想为个人保留一个避难所，但同时他又显然不是传统的新古典个人主义的支持者。一直到最近的著作中（Davis，2003，pp. 130－166），戴维斯身上这种张力仍然在继续增加，这种状况必须得到解决；并且他认为认知科学是问题的一部分，而不是答案的一部分。米罗斯基则与戴维斯形成了微妙的对照。米罗斯基总是很谨慎，例如，他只会说自我的场所，而不会说个人的场所。到目前为止，自我和个人之间的区别似乎仍然只是学者在表述上的区别。然而，在下一章中，我将证明，可以将认知科学与经济理论联合起来共同将这种区别理论化， 188
并且将其应用到实际研究中去。我将证明，自我不仅在认知（科学）上是重要的，而且在经济（学）上也是重要的。不过，我们并不会去把前休谟的个体概念或康德的个体概念重新召唤回来——事实上，我们将要做的恰恰相反。

不过，现在还是让我们继续来近距离地观察当前经济学理论中最前沿的分析技术吧。很显然，在这些技术中，描述和解释互投赞同票动态过程（logrolling dynamics）的最好工具是博弈论。博弈论是研究在社会上的资源稀缺的环境中各种效用函数相互作用时将发生什么的数学工具。博弈可以是静态的，也可以是动态的、演化的。静态博弈发生在支配环境的参数独立于博弈结果的情形下；如果这些参数本身也是在与博弈互动的过程当中演变的，那么博弈就是动态的、演化的（see Weibull，1995；Gintis，2000）。下面我们还将就这种分类展开进一步的讨论。不过为了不过于偏离本章的主题，我们首先要集中关注的是一个更优先的问题，这就是：关于主体性和意向性，最自然地与博弈论推理方法相容的解释是什么？

在本章前面几节中，我已经指出，阿马蒂亚·森那种类型的人道主义者和实验—行为经济学家都对成熟的新古典主义没有好感，但是这种共同性却在相当大的程度上掩盖了一个事实，即这两类学者各自的哲学前提所包含的实证主义命题是有非常大的区别的。试回忆一下，人道主义者反对成熟的新古典主义把自由的人类主体降级为由外因决定的产出的向量积的某个状态。不过我现在将要指出的却是，强调我在上面刚刚评述过的那些实验证据和实地调查数据将会引导理论经济学家走上与人道主义者宣扬的本体论相互排斥的道路。这条道路的方向就是取消主义，那里根本不存在森的人道主义意义上的意向性、心灵、主体。这种前景也就是米罗斯基已经注意到的前景，他把它与丹尼特的“危险的观念”联系在一起（请参见第1章）。它也是戴维斯（Davis，2003）所拒斥的那种前景，他既反对认知科学也反对新古典主义，但却把森的经济学看成一种严肃对待主体性的经济学的变形。

在前面，我已经宣布过（不过还没有说明理由），认知科学将不会支持人道主义者的思路，不过与此同时我还有另一个目标，即证明取消主义是一种反应过度的、激进的外推结论，它极大地夸大了那些经验数据所包含的意义（而人道主义者则不够重视这些数据的意义）。我本人将捍

189 卫的是一种中间立场，我将针对那种被人道主义者和取消主义者嘲笑的新古典主义的笨拙的旧形象动一个“再生性”的外科手术。

在我开始这个再生手术之前，我首先必须解释清楚为什么新出现的实验主义—行为主义浪潮是以一种取消主义的方式实现其理论化的。而且在解释这个问题之前，还需要对本节的内容稍作总结。在前文中，出于概念组织的目的，我把实验—行为经济学文献分成了三类。第一类（工作集 1）集中了对人类基于信息做出的判断与他们根据更传统的、规范性的认识论框架得出的判断进行比较研究的大量文献。我们已经看到，从经验的角度来说，这些就是认知科学的重要内容之一，但是这些文献把我们的批评方向引到了当代经济学的许多附属性假说上面，特别是期望效用理论，而对于新古典主义的核心本体则涉及不多。我们刚刚讨论过的第二类经验文献（工作集 2）研究的是构成了实际人类决策行为基础的那些过程。正如我们已经看到的，这类研究的主要结论构成了对人类中心论新古典主义的核心主张——即人的一生与新古典经济学中的主体的轨迹是完全等同的——的反驳。为了保证完整性，我必须在这里先扼要地提一下第三类文献，但是详细的综述和对这类文献的逻辑冲动的讨论则留待本研究计划的第二卷中进行。

总体市场（aggregated markets）中的理性（工作集 3）

一些理论经济学家想保证新古典主义不再受以实验结果为根据的怀疑主义所困扰，他们采取的一个通常的方法是论证，在市场中，当人聚集起来后，源于主体模式的个体偏离因素将不再显著，可以不予考虑；这样一来，虽然新古典经济学不能准确地描述单个的人，但是由大量主体组成的市场模型在经验上应该是与由人组成的市场行为模式同构的。虽然弗里德曼没有明确地这么说过，但是他肯定隐含地秉持着类似的信念。然而，虽然这种观念经常被经济学方法论专家当作人所共知的东西来引用，但看起来它只是建立在一个通俗论证的基础上的，因为要给它找到一个严格的表达式的各种努力最终都没有取得什么成果。在非常一般的意义上，这种观点要成为真的需要哪些经验事实？对这个问题的最近的分析来自道丁（Dowding，forthcoming）与我和本内特（Ross and Bennett，2001）的研究。在本研究计划的第二卷中，我将从一个新的角度出发，运用来自认知科学的动力系统理论和多主体模型来论证；至

于这种论证的哲学动机，我将在本书的第 8 章讨论安斯利的“微微经济 190
学”（picoeconomics）与微观经济学的传统领域的关系时再进行阐释。现在，作为对实验经济学文献的综述的结论，让我们先记住一点，即通往总体性辩护的捷径已经堵塞了。为了在实验室中模拟市场，实验经济学家已经付出了许多努力（see Sunder，1995；Thaler，1992，chapters 7－13）。这种研究方法是诺贝尔经济学奖得主弗农·史密斯多年来一直所倡导的。从这些研究中得到的证据强有力地证明，对于人类中心论新古典主义来说最具颠覆性的两类现象——偏好逆转和偏好时间不一致——在市场中也不一定能够排除掉。这种情况之所以出现并不仅仅是因为实验室中模拟的市场规模通常很小，而且运行时间很短暂；有证据表明，在最大的、最重要的实际宏观经济当中的市场里面这一点仍然成立。例如，康斯坦丁尼德斯（Constantinides，1988）指出，资产风险溢价之谜（equity premium puzzle，持续地高估股票相对于债券的价值）可以用人们更偏好体现消费水平在持续上升的消费模式这个事实来解释。泰勒（Taler，1992，pp. 119－120）则指出，发展中国家的国内储蓄市场不约而同地放弃了有人寿保险政策价值与债券利率之间出现的差异所带来的套利机会，这一事实在本质上可以用同样的理由来解释。类似的例子还有很多。我日后将会为新古典主义提出一种总体性辩护，尽管如此，这些实地调查数据以及支持它们的市场实验结果，还是将会给所有试图用这种方式来挽救人类中心论新古典主义的努力制造障碍。

从行为经济学到取消主义的道路

心智哲学和认知科学中，以“取消主义的唯物论”为名的那种立场（Churchland，1979，1981），对于传统的人道主义者来说是终极性的、噩梦般的理论，对此我们在第 2 章中已经介绍过了。根据取消主义者的看法，俗成心理学之所以是错的，不仅是因为它想象中用来指导和解释人们行为的因果动力学机制是错误的（对这一点，不仅是我，甚至所有的认知科学家都会同意），而且是因为它的基本本体论框架也是错误的。在神经科学的层面上，信念和欲望并不是直接的同构现象（isomorphs）。然而，非反射性的行为必定是由神经元水平上的原因所导致的。因此，取消主义者指出，信念和欲望的互动不可能是行为的因果性的基础。而我们运用理性概念描述的推理和论证模式是根据信念和欲望 191

之间的规范性关系建立起来的。因此，如果信念和欲望并不是行为的原因，理性模式在一门成熟的认知科学中就不会起到根本性的作用。事实上，如果心灵并不能还原为直接与大脑等同的东西——这是20世纪70年代被功能主义驱逐到了哲学领域边缘的旧观念——那么对于想象中的“心灵”来说，所剩下的一切就只有推理了，如果不是单纯的归因的话。但是，如果推理的基准从认知科学和行为科学中消失，那么推理的“实际”舞台也将变得空无一物；到那时，对于马马虎虎地把日常生活维持下去这个目标来说，“心智”或许仍然不失为一个有些用处的基准点，但是，心灵在事实上将不得存在。这种思维方式，也就相当于大多数人说太阳“升起来了”（即使他们都知道实际在进行相对运动的是我们的地平线）时候的思维方式。就像我们的祖先在讨论那些令他们不快的妇女组成的团体时，往往参照“女巫”这个概念一样，我们也通过某些关于心灵和精神原因的不那么精确严密的想象来合理化我们自己的行为。但是，也正像当时并不存在真正的女巫（而且永远也不会有）一样，现在同样也不存在心灵或精神原因。

现在，人道主义者的眼睛可能瞪得更大了。正如我在第2章中论证过的，在第一次遭遇到取消主义假说的时候，它往往看上去是混乱的；而且它在历史上的主要的提倡者保罗·丘奇兰德本人也曾经在一段时间里想摆脱这个术语，以避免将它所表达的思想与他自己另一个观点混淆起来——他说社会噪声是由无缘无故地发生的冲击所导致的，这个观点在本质上是属于科学主义的（see Churchland，1995）。在本书中，由于篇幅所限，我不能详细重述丘奇兰德对自己的提议的可想象性的论证；读者（或许是一位经济学家）如果对此觉得惊异的话，请参见丘奇兰德本人的论述（Churchland，1988，pp. 43－49）。在此，我只是点到为止。取消主义的假设可能是非常富有成效的，即使它也许走得太远了（事实上，这正是我的想法）。俗成心理学确实系统性地误解了精神过程的动力学机制，以及它与行为和环境的关系。因此，当我去安慰那些希望能够继续相信心智和理性在科学上都有重要意义的人时（我确信自己最终将做到这一点），我所做的，并不是对俗成心理学的辩护。关于取消主义的争论迫使我们考虑如下问题：我们应该怎样调整我们关于心灵的直觉想象，让认知科学适应生动的、巨大的心理状态起伏。在这一切中，我的目标是表明这些问题最终是如何出现在经济学理论争论的范围
192 之内的。这反过来又将向人道主义者表明（米罗斯基和戴维斯除外，因为他们已经搞清楚了），我的观点中与他们对人类中心论的新古典经济

学的态度相关的东西是什么。特别地，当他们想利用实验—行为证据来支持自己对新古典主义的攻击时，他们可能最好先问一下，他们的敌人的敌人到底是不是他们的朋友——或许那才是更危险的敌人呢！

当20世纪70年代和80年代取消主义的主要理由最初浮现出来的时候，其拥护者并没有预想到他们的努力会导致有人要求停止运用各种心灵主义的概念这个结果。例如，虽然丘奇兰德的论著（Churchland，1979，1981）是取消主义最有影响的思想来源之一，但他本人一开始并没有要让它们成为取消主义的实践宣言的意图，它们原本只是针对某一类预测提出的辩护，但是这类预测的基础恰恰是基于俗成心理学提出的认识论批评和形而上学批评。丘奇兰德论述到，随着行为科学进步的速度不断提高，在更广泛的科学视野内建立一个统一心灵主义各种概念的理论框架的不可能性越来越明显，到最后，科学家将不会再考虑这个问题。换句话说，科学家是不可能被哲学论证说服的，他们是被自己的经历说服的；取消主义者的形而上学命题的决定性证据就是由科学研究过程本身提供的。取消主义者做出这种诊断的假设条件是建立在自然主义认识论的核心前提假设的基础上的，根据这种假设，科学哲学的基本证据来源是一致的科学实践活动。(我当然赞同这个前提。)

因此，丘奇兰德最初的取消主义假说本质上只是一个预测，也就是说，它是在为如下这种想法提供理由：实际的行为科学家将会逐渐地发现围绕着规范性的理性观念而建立起来的各种概念在他们的解释和预测活动中的作用越来越少，最终必将有一天，在科学活动中引用心灵和理性等概念将成为很古怪、很陈腐的举动；这些概念所面临的命运就像燃素、生命力、恋母情结（Oedipal complexes）等概念所遭受过的命运一样。不管哲学家在某些特定时候是怎样表达自己的，科学的目标不可能是建立一个本体分类目录，让被称为“信念”的某个东西出现或不出现在这个目录上；科学的目标是完善理论框架，并据以最有效地发现自然中存在的真实模式。丘奇兰德一贯强调，把心灵主义的状态包括在内的解释模式试图引用命题态度状态的网络来解释行为，而命题态度状态是通过有关认知理性的（不同强度的）潜在假设相互联系起来的。因此， *193*
取消主义者与非取消主义者之间存在的区别的真正核心（这也是目前最有意思的问题）在于：运用并试图解释围绕“理性行为”观念组织起来的各种真实模式这种活动本身是不是有价值的？这种活动能不能增加我们对生活、行为、思想的理解？抑或它只会阻碍我们的理解？

在前面我们刚刚评述了来自实验—行为经济学的大量证据，它们表明人们的行为并不服从认知理性的规则（在与判断有关的方面），也不服从实践理性的规则（在与决策有关的方面）。这种事实本身肯定会令一位取消主义者觉得安慰。然而它也同样不一定会令一位人道主义者觉得很不安，因为人道主义者从来没有希望人在显示偏好理论和期望效用理论的意义上是理性的。相反，人道主义者希望的是人在亚里士多德式的经济学的意义上是理性的：他们共享感知上的错误、处理过程中的错误、天生的偏见，但能够根据审慎的、符合伦理的理由，自由地在各种相互冲突的计划和行动方案之间进行选择。初看上去，实验—行为经济学的文献似乎并不会危及这种观点；恰恰相反，这些文献所揭示出来的是一类在数学上稀里糊涂，但却有强烈社会性的生物，它们看上去非常像亚里士多德（或马克·吐温）笔下的人物。不过，这只是一个依赖于经验研究的不严密的图景，如果它想成为修修补补的经济科学的基础的话，最终必须整合进某个确定的理论框架当中。实验—行为的证据数量已经如此庞大，任何人都不能不加以注意，因此，现在许多人都在努力进行理论化的工作。在这一节中我的任务很简单，就是要表明这些理论整合努力正在向取消主义的方向漂移，同时解释清楚为什么会如此。我们将会看到，真正的理由要深刻得多，远远不止不能很好地、前后一致地最大化其效用函数这个单纯的事实这么简单。

我将引用一些博弈理论家的见解来着手分析。首先请考虑亚当·斯密的“道德情操”（即社会性情感状态的类型）与宾默尔对演化博弈论的阐释中所强调的演化出来的协调移情共感性的偏好（coordinating empathetic preferences）的规范之间的关系，对于这个问题，宾默尔说：

从个人角度来说，我认为亚当·斯密所说的各种“道德情操”——愤怒、轻蔑、厌恶、妒忌、贪婪、羞愧和罪恶感——不可能都有真正意义上的生理对应物。在特定的环境下，我们的身体只是把一些化学物质输入到我们的血液当中。在试图解释自己正在经历的到底是什么东西的时候，我们臆想出了一些神话。但是这些神话通常并不能把导致这些体
194 验的一系列事件组成的事件链与这些体验本身区分开来。（Binmore，1994，p. 183，note 5）

表面上，这种说法听上去有点类似于某个关于非命题性命题心理内容的取消主义观点。是的，宾默尔可能曾经走在这个方向上（Binmore，ibid.，p. 193），但是，他在到达命题态度取消主义之前就明智地停下来了。正如我们在第1章中所指出的，他最终站到了类似于丹尼特的立场

上，这也是我们的方向。下面一段话引自金迪斯的著作（Gintis，2000），它是关于命题心理内容对演化博弈理论家的重要意义的：

如果以前研究过博弈论，那么你就应该已经注意到：我们对于博弈参与者拥有私人信息的博弈当中的贝叶斯修正（Bayesian updating）的处理完全不需要以某个“信念”概念为基础。这并不是一种疏忽，而是我们的演化观点的一个很自然的“副产品”。经典的博弈论把理性行为者的决策过程作为核心，而演化博弈论则把行为者的“有形”行为作为核心……在演化博弈论的框架当中，信念是一个有待解释的概念，而不是一个用来解释其他东西的术语，演化博弈论是一种表达行为规律而不是行为规律的来源的方式。完全不需要在关于私人信息博弈的一般理论中引进信念概念。（Gintis，2000，p. 289）

金迪斯这个论断仍然不是一个完全没有保留的本体论意义上的取消主义陈述，它虽然是关于命题态度的，但金迪斯本人却是在一个有严格限制的上下文中说这番话的。他并没有明确地在一般意义上拒绝信念概念，而只是反对某些博弈理论家（e. g.，Kreps，1990a，b）在某些特殊场合下运用信念概念的方式（下文将讨论到）。我可以肯定这就是金迪斯的观点。金迪斯还暗示，信念概念需要得到澄清，在上面引述的这段话接下来一段话中，他说“‘信念’概念导致了各种各样的哲学上的胡说八道，就像在本章开头我们引用过的斯宾诺沙（Spinoza）对哲学家的讽刺所说的那样。”斯宾诺沙说的是：“哲学家踢起了满天尘埃，然后抱怨说他们什么也看不见。”

要把演化博弈论当作工具来模型化一般行为，就需要假设人群中可观察行为的模式本质上是经济性的——在罗宾斯的意义上。也就是说，对于任何一种获取稀缺资源的方式来说，都存在着其他可替换的、有竞争性的方式，正是这一点使策略组合（strategy profile）随着博弈的演化发生变化。显然这种做法追随了达尔文的思路，而且正如我们已经看到的，它在逻辑上独立于“信念是不是行为的因果性驱动因素”这个问题——罗宾斯认为是；而萨缪尔森和弗里德曼则对这个问题持不可知论态度，并认为它完全不关经济学家的事。然而，一旦我们的目标变为解释一般的心理倾向（psychological disposition），而不是某种特定的经 195
济—行为倾向，那么，不管是罗宾斯的方法，还是弗里德曼的方法，都无法维系经济学独立性命题。现在我们不得不问：（在因果关系的网络当中，）由稀缺性引发的竞争压力是怎样，又是在哪里进入到行为倾向的塑造过程当中去的？

回答这个问题的一般思路是（不仅仅取消主义者会这样做），通过把稀缺性压力当作因果上有密切关系的命题态度的对象，从而将稀缺性压力纳入到因果关系网络中去，这种做法与传统的解决方法相反。举例来说，哲学家菲利普·佩蒂特（Phillip Pettit，1993，2001）坚持认为经济主体只是“虚拟的”，她们所谓的信念（作为这种虚拟主体的虚拟信念）实际上只是对于她们在“附近”或局部的可能世界范围内可以做些什么的虚拟限制。这也就意味着，我们对为什么股票经纪人不会持续地买高卖低的解释，实际上都必须参照以下说法：一旦发生这种行为，相应地就会有一些冲击并抵消这种行为的力量出现。然而这种思路只不过是重复了我们上一节讨论过的传统货币汲取模型的思想，与其说是对上述因果归因问题的回答，还不如说是在回避它。请注意，在广义上看，这种思路的性质是萨缪尔森式的——保留理性概念的作用，而无须援引在因果关系层面上活跃的信念。

不过，近来人们较多强调的是经济模式的动力学机制，这似乎有更激进的含义。例如，萨茨和费内中（Satz and Ferejohn，1994）争辩说，作为对行为的一种描述，消费者理论仅仅在以下情况下才具有经验上的适当性：主体不为自己考虑，相反却执意去寻找那些可以通过演化出来的环境结构揭示出来的、传统上与理性经济行为联系在一起的反应模式。在这里，意向模式并没有像菲利普·佩蒂特所建议的那样被重新解释为不可忽视的因素；而是被简单地省略掉了。这似乎相当于假设它们实际上阻碍了经济学解释。但这是现在很常见的一种建议。罗森伯格（Rosenberg，1983，1992）一直以来都因为微观经济学严肃地对待命题态度而对它持怀疑主义态度。早在1983年，罗森伯格就已经预见到了当前流行的某些行为的、演化的和/或动态的系统研究方法（在现在通行的术语被广泛使用之前，他称之为“热力学系统”），它们或许帮助经济学家把自己的学科从以行为证据为基础的怀疑主义浪潮下挽救出来。罗森伯格说：“如果在需求定律当中真的存在着什么东西，如果在稳定
196 的或唯一的局部均衡或一般均衡的可能性当中存在着什么东西，那么这些［系统理论］方法当中至少有一些必定是用来刻画这种东西的，它们无须服从偏好和预期的因果力量……”（Rosenberg，1983，p. 313，note 15），因此在他看来，给这种可能性增添一些取消主义色彩有很重大的意义。类似地，萨格登（Sugden，2001，p. 120）也指出，“诉诸期望效用理论的那些公理”与“信念层面的反理性”这两者之间存在着一种张

力，但是演化博弈论理论家却对此采取了一种“寂静主义”立场；萨格登本人则明确地希望这种张力可以通过将取消主义的直觉贯彻到底而得到消解。

我应该明确地指出一点：虽然罗森伯格以及另外一些人都在有意识地设计一条取消主义的道路（他们的观点直接地嵌入在哲学家之间的争论当中），但是我并没有说金迪斯或萨格登也是如此。事实上在某些时候我们可以清楚地看到金迪斯想脱离它。比如说，在最近的论著中（Gintis，2003，p. 161），金迪斯先是重复了他自己再三申明的立场——经济学在运用演化博弈论的时候不需要理性假设，然后说：“演化博弈论并不能修正经典博弈论的全部问题，因为演化博弈论仅仅在一个大型种群参与许多期的特定策略下的博弈时才是适用的……我们仍然需要一个有关只发生在‘理性主体’（即在限制条件下最大化一个客观函数的主体）之间的冲突的理论。”金迪斯和萨格登不是哲学家，他们都不想参加什么“主义”之争。因此，当我（在第 8 章中部分地通过对萨格登所说的东西进行批评）最终拒斥他们所走的取消主义道路的时候，我并不是在跟他们战斗——我更加不会采取某些哲学家常用的人身攻击方法。关于取消主义，金迪斯和萨格登说出来的有建设性的东西要比没有价值的东西多得多。一位哲学评论家的工作是推进全面的一致性，因此他将会推动他们在这个方向上走得更远。在刚才引用的那段话中，金迪斯极少引用有关“理性”的各种术语，或许这表明他已经意识到了自己就是这样被推动着向前走的。

当前围绕经济建模的讨论是沿着哲学家几十年前已经走过的道路展开的，为了完整地说明这一点，我或许应该指出，科尔曼针对西格蒙德
（Sigmund，2003）对演化博弈论所做的取消主义的解释的回应恰恰重
复了 20 世纪 70 年代一些哲学家对丘奇兰德所做的非常原始、非常幼稚
的反驳。科尔曼满怀疑虑地问道：“莫非西格蒙德希望他的读者相信理
性已经死亡？如果他真的反对所有形式的理性，那么他也就不能声称自
己的观点是有理性的基础的，因此也就不存在我们应该被他说服的任何
明显理由。那意味着他的观点必定来源于一个不涉及思想的、与真理无 197
关的演化过程。这种观念不可能得到严肃对待……西格蒙德本人是不是
真的相信它，也是大有疑问的。”（Colman，2003b，p. 183）

针对这种观点，丘奇兰德生动地表明，它回避了真正问题：

> 如果取消主义是正确的，那么其说服力必定有其他来源，不然就只能简单地重复声称被质疑的理论框架是有效的……不妨考虑一个中世纪

的理论——在生物学意义上活着就是被某个非物质的生命之神赋予了灵魂，肯定有人不相信这种理论，对于这种怀疑，如下这种回应显然是怪异的："我有位博学的朋友说过，不存在这样的生命之神。但是他这种说法是内在不一致的。因为如果它是正确的，那么我这位朋友就没有生命之神，因此他是死的。但是如果他是死的，那么他的说法就只是一连串噪声，没有任何意义，也无所谓真假。显然，'反生机论是正确的'这个假设必然导致它本身不可能是正确的。谨此作答！"（Churchland，1988，p. 48）

从上面的考察可以发现，为取消主义经济学辩护的正当理由有两种，我们必须区分清楚。罗森伯格的观点是，信念和欲望这两个概念是寄生于理性概念之上的，因此如果能够证明人们的行为一般来说都发生在"没有理性"的情况下，关于命题态度的理论框架就不能实现准确地描述行为这个目标。这个观点对于经济学理论的内容来说是很切题的，因此我把有关的讨论延后到第 8 章，因为需要等待我自己的非人类中心主义的经济学理论框架已经变得有血有肉之后才能再回过头来就此详细地展开讨论。我在这里准备勾勒的是隐含在金迪斯和萨格登的论著中的对取消主义经济学的第二种辩护，它是建立在一些额外的前提假设基础上的。首先，它假设人的各种非理性行为的具体模式是动态演化过程的产物。其次，它依赖于如下"事实"：演化博弈论是一个有效的工具，它非常适合于解释我们发现的、人们正在运用的各种非理性策略的产生与维系。请注意，与经济学领域其他更传统的工具一样，演化博弈论也是一种抽象的解释方法，在它能够提供有关稀缺条件下动态竞争过程的一般规律的范围内，或许可以认为它的结论能够适用于超出特定的人的范围；或许它有希望就那些符合经我重新表述的罗宾斯对经济学的定义的现象给出一种全新的一般解释。在这个意义上，一个取消主义理论可以应用于任何经济学对象，而且在实验经济学家的实验室中观察到的心
198 理学上的现象也因此可以解释为具体的人类特例，这属于经济学的解释，而不是什么特殊解释（即用心理学来解释特殊的经济行为）。这样一来，它也就对杜普雷所担心的那种经济学帝国主义构成了很大的鼓舞。

金迪斯和萨格登看得很清楚：在推动经济学理论从经典博弈论向演化博弈论加速转化的过程中，可以避免运用信念概念。一个经典博弈的参与者是我们所熟悉的新古典意义上的经济主体，因此可以很自然地把经典博弈论当中的决策想象为对一种信念的反应，即关于哪些策略能够最好地应对其他参与者的策略的信念。与此形成鲜明对照的是，演化博

弈中的参考者就是策略本身；如果在演化博弈中真的有什么参与者的话，她们也只是被动的策略携带者；她们只短暂地参与了一下博弈，然后就一个接一个地死去，被其他参与者取代；其他参与者继承了她们的基本性质，只是由于个体水平的变异以及群体水平的选择这两个因素的存在，性质会有一些改变。这样看来，只要命题态度心理学被有意地当成一个关于积极（广义上是理性的）选择的理论，那么它所声言的各种过程出现在演化博弈论中就会显得很突兀。“挑选”演化策略的机制即选择动力学机制，对大多数理论家来说，似乎并不是一个十分适宜用来归因信念和欲望的工具；而且有人可能会认为，从观念上看，这等价于说在演化博弈论显示的整个图景中并没有真的发生任何选择行为，也没有出现任何理性行为。演化博弈论专家当中有一种日益增加的倾向，即尽量避免引用理性和命题态度，这就是隐藏在背后的深层原因。在演化博弈论规范理论发展的过程中，卡尔·西格蒙德的贡献可能比其他人都要多，他在阐述演化博弈论的研究纲领时所用的措辞非常直言不讳（Sigmund，2003），这种态度甚至有可能令丘奇兰德也觉得妒忌：“在应用到实际生活情境的时候（与应用到哲学上的难题时相反），演化博弈论不需要理性假设也完全可以表现得一样好，因此奥卡姆剃刀原则要求我们把理性假设剔除掉。理性假设之所以能够长期地维持下来，主要是历史上的偶然原因所致。”（Sigmund，2003，p. 176）

不过，演化博弈论专家之所以对于在自己的模型中引入命题态度迟疑不决，还有一个更深刻的动机。在前面引述的金迪斯那段评论中，这种动机已经表露出来了。只要把他的推理过程描述清楚，就可以完成我自己计划中的两个任务。第一，凭此可以有效地实现一种教育学上的效果，即这可以帮助非经济学专业读者更新知识，在本书第 3 章结束时，
他们就可以从我对冯·诺依曼-摩根斯坦效用理论的历史叙述中脱离出 199
来。第二，也是更有价值的一点是，它将表明：虽然我试图在经验决策理论的解释框架中为显示偏好理论保留一个位置（并以此作为把这种解释当作与新古典主义相连续的一种解释的一种理由），但是并不意味着在最根本的层面上，显示偏好理论是与期望效用理论“钉死在一起的”。

人们在传统上把博弈论看做一种提供解释的策略思维理论（而且通常是规范性的），这也是哲学家最感兴趣的。不过，在许多博弈中，经典博弈论专家要面对一个问题——并非所有的纳什均衡都是同样可取的博弈解。请考虑如图 5.2 所示的策略型博弈，它引自克雷普斯的著作（Kreps，1990b，p. 403）。这个博弈有两个纳什均衡：（s1，t1）和（s2， t2)。如果博弈参与人Ⅰ采取 s1 策略，那么参与人Ⅱ最好采取策略 t1，反之亦然；类似地可以得到另外一个纳什均衡（s2，t2)。如果纳什均衡是博弈唯一的解概念，那么我们就不得不说这两个结果中的任何一个作为解都是同样有说服力的。但是，如果把博弈论看做一种解释性的和/或规范性的策略思维理论，那么这种做法就似乎仍然留下了某种有待进一步澄清的东西：理性的参与人将会汇集在（s1，t1)，因为在那里，两个参与人得到的东西都会更多。① 这种情况说明纳什均衡往往不能预测直觉上合乎情理的解，这是因为如果单独地运用纳什均衡概念，它不允许参与人运用均衡选择的原则，而这本应该是期望效用的最大化者所喜欢的。

下面再考虑另外一个引用自克雷普斯的著作（Kreps，1990b，p. 397）的例子，如图 5.3 所示。在这个博弈中，没有任何一个策略严格地占优其他策略，这也就是说，对任何一个参与人来说，都不存在这样的策略：只要这个参与人采取这个策略，那么不管其他参与人怎么做，她得到的支付都会更好。然而参与人Ⅰ的第一个行策略 s1，弱占优策略 s2，因为参与人Ⅰ采取 s1 的话，不管参与人Ⅱ有什么反应，至少都与采取 s2 一样好，而且当参与人Ⅱ采用 t2 策略时，参与人Ⅰ所得到的支付更好。

		Ⅱ t1	Ⅱ t2
Ⅰ	s1	10，10	0，0
Ⅰ	s2	0，0	1，1

图 5.2　一个策略型博弈

资料来源：Kreps（1990b，p. 403）.

200

		Ⅱ t1	Ⅱ t2
Ⅰ	s1	10，0	5，2
Ⅰ	s2	10，1	2，0

图 5.3

资料来源：Kreps（1990b，p. 397）.

① 博弈论初学者应该注意一点，这个博弈与一次性囚徒困境博弈并不相同，在一次性囚徒困境博弈中，对于理性参与人来说，社会有效率的结果是不可能得到的，因为那不是纳什均衡。

这样，作为期望效用最大化者的博弈参与人（以及分析参与人的行为的博弈论专家）应该剔除弱被占优的行策略 s2 吗？如果这样做，那么列策略 t1 将被严格占优，于是纳什均衡（s1，t2）将成为唯一的解。不过，正如克雷普斯利用这个例子想表明的是，剔除弱被占优的策略会导致某种奇怪的后果。

现在让我们稍微改变这个博弈的支付矩阵，如图 5.4 所示。在这个博弈中，策略 s2 仍然是弱被占优的；但是在两个纳什均衡中，现在（s2，t1）成了对两个参与人都最有吸引力的一个，那么分析者为什么还要清除它的可能性呢？剔除弱被占优策略的理由是，参与人Ⅰ可能很紧张，因为担心参与人Ⅱ不是百分之百肯定的完全理性的（或者参与人Ⅱ担心参与人Ⅰ不是百分之百肯定的完全理性的；又或者参与人Ⅰ担心参与人Ⅱ担心参与人Ⅰ不是百分之百肯定的完全理性的……如此这般，以至无穷），因此，参与人Ⅱ会以某个大于零的概率采取策略 t2。如果严肃地对待这种偏离理性的可能性，那么我们就有理由去剔除弱被占优的策略，因为这样参与人Ⅰ就可以确保自己不会得到最差的结果（s2，t2）。当然，为了获得这个保证，她要付出一定代价——她自己的期望支付从 10 下降到了 5。另一方面，我们可以想象参与人在博弈开始之前可以相互沟通，并且都同意采取相关策略，以协调自己的行为得到（s2，t1），这样就可以消除一些、大部分甚至全部不确定性，从而剔除
弱被占优的策略 s2，并把原本是有效的纳什均衡的（s1，t2）也剔 201
除掉。

		Ⅱ	
		t1	t2
Ⅰ	s1	10，0	5，2
	s2	10，11	2，0

图 5.4

这组例子阐明了经典博弈论中的“均衡精炼”过程。精炼均衡的过程就是博弈论专家们为了满足命题理性而去寻找比纳什均衡在逻辑上更强的解概念的过程，其途径是把那些有预见力的博弈参与人将会发现的吸引力较弱的纳什均衡剔除掉。在我们刚刚讨论的那个例子当中，剔除弱被占优的策略就是一种可行的精炼方式，因为它使参与人离开了纳什均衡（s2，t1）；相关策略是另一种可能的精炼方式，因为它把另一个纳什均衡（s1，t2）也排除掉了。那么，哪种精炼方法得到的解是更适

当的解概念？在把博弈论当作一种解释性的和/或规范性的策略理性理论的大量学者的努力下，这个领域已经产生了大量的文献，各种各样的精炼方法的优缺点都得到了充分的讨论。不过现在还没有一个稳定的、可以用来确定应该更偏好这种精炼方法而不是另一种精炼方法的元规则（metaprinciple）。克雷普斯对于这种状况深表不安（Kreps，1990a，b）。在经典博弈论的语境中，主体期望效用最大化的行为能否成功，不仅取决于博弈参与人是不是行为上理性的，而且取决于她们是否拥有同一个一般的、完全的关于理性是什么东西的模型。[①] 这就是问题所在。类似的问题在认识论中引发了无休无止的争论，熟悉这些争论的哲学家不太可能对主体的行为持乐观态度。

要说明这种哲学上的忧虑是有道理的，最好的方法是继续把这种精炼过程向前推进，直到最终碰到不可突破的障碍为止。事实上，经济博弈论专家已经在这样做了，他们用了各种方法去精炼均衡。回忆一下我们在前面引用的金迪斯那段话，他在禁止引用“信念”时，头脑中所想象的那种精炼方法就是如此。目前为止，我们考虑过的各种精炼方法都可以进行纯粹的行为解释；但是，这正是我们为什么不能找到一个规则，以确定应该选择这个精炼方法而不是另一个精炼方法来求得一个一般解的概念的原因。[②] 精炼这个概念——“信念中的均衡”或“序贯均衡”——抛弃了行为主义者的顾虑，直接对稳定性问题构成了冲击。在这一点上，我同意克雷普斯（Kreps，1990b）的看法。下面我将用一个三人不完美信息博弈来举例说明，这个博弈非常著名，被称为“泽尔腾之马”（Selten's horse），请参见图 5.5。这是一个各参与人依次采取行动的序贯决策博弈（sequential-move game），参与人Ⅲ的行动节点 3 和行动节点 4 位于同一个信息集内，这可以解释为，当参与人Ⅲ行动时，她不知道博弈的历史，也就是说，她不知道是参与人Ⅰ采取了 L 策略，

---

① 这就是米罗斯基将之与妄想狂联系到一起的东西，对此，我们在第 1 章中已经有所提及。米罗斯基的观点是：博弈参与人为了控制自己头脑中的全部策略性世界，从而将之内在化了。是的，这或许也有可能。但是，如果我们必须要进行精神分析，那么论断为夸大妄想似乎也同样是适当的。不过，从一开始，我就不认为有必要引进精神分析。

② 豪斯曼（Hausman，2000，pp. 111 - 112）详尽地论述了这一点。不过，与我不同的是，他理所当然地认为博弈论的要点就是将规范的决策理论扩展到策略性情境当中去，这样他把这个要点理解为削弱了显示偏好理论的基础也就是正当的了。但是，如果我放弃了显示偏好理论，那么就可能出现这样的情形：一个人的假言推理也就是另一个人的假言推理。我要说的是，博弈论专家对博弈参与人的建议最多也只能是“这个博弈的纳什均衡就是它”。祝你好运！

还是参与人Ⅰ采取了 R 策略，然后参与人Ⅱ采取了 l_2 策略。这个博弈其中一个纳什均衡是（L，r_2，l_3）。① 这是因为如果参与人Ⅰ选择 L，那么参与人Ⅱ选择 r_2 后就没有激励改变策略，因为她只有一个行动节 202
点 2，而它并不在博弈路径上。但是这个纳什均衡似乎肯定只是在技术上成立的，它几乎没有什么合理的根据成为一个可取的解。如果我们考虑与这个博弈相关的另一个博弈，使参与人Ⅲ的行动节点位于分开的信息集内，这一点就会自动显示出来。在那个博弈中，l_2 和 l_3 永远不会同时出现在一个解中，因为参与人Ⅲ无法最大化②，不管她是不是采取行动，参与人Ⅱ都将选择 l_2。但是，如果参与人Ⅱ选择了 l_2，那么参与人Ⅰ将会转而选择 R。那样一来，参与人Ⅲ就应该转而选择 r_3，从而使参与人Ⅱ重新选择 r_2。这样就得到了新的"合理的"纳什均衡（R，r_2，r_3）。这个纳什均衡之所以是合理的，是因为在一个完美信息博弈中，一个被称为子博弈完美（subgame perfect，SPE）的结果要比其他非子博弈完美的纳什均衡更合理：没有一个博弈参与人会愿意在一个非起始节点上做她在以这个节点为初始节点的新博弈中也不愿意做的事情。然而既然这不是一个完美信息博弈，那么我们就必须去探索各参与人"内在的"计算动态过程，这样才能搞清楚是不是存在某种她们或许会发现的可能的过程。③

克雷普斯的序贯均衡概念（sequential equilibrium，SE）就是为这 203
些情形而设计的一种精炼方法，它是"信念均衡"概念的一个特例。请注意，在上面这个博弈中参与人Ⅲ在选择自己的策略时想知道的是"现在轮到我采取行动了，我的行动节点是从节点 1 来的还是从节点 2 来的?"换句话说，给定参与人Ⅲ要采取一个行动的情况下，她在节点 3 或节点 4 的条件概率是什么？现在，如果参与人Ⅲ想知道的是条件概率，那么参与人Ⅰ和参与人Ⅱ在选择自己的策略时肯定要去猜测的东西

① 非经济学专业的人士对此可能有点儿迷惑。在一定程度上，经典博弈论中的结果是参与人知道的、给定每个可能的策略向量时可能会发生的事情的函数（即博弈树上的全部策略路径），所以博弈的一个解必须确定每个节点上每个参与人的行动，而不管那个解在实施时会不会真的到达所有这些节点。因此，对纳什均衡的详细说明必须包括对参与人Ⅱ的行动的说明（在这个例子中，参与人Ⅱ会采取 r_2），即使当参与人Ⅰ选择 L 时，参与人Ⅱ实际上根本没有行动的机会。参与人Ⅰ和参与人Ⅱ的行动的理性程度只能依据参与人Ⅱ在博弈偏离了均衡路径时计划采取什么行动来评估。

② 技术性更强的表述是：从节点 4 开始进行的博弈，可以称为一个子博弈；（L，r_2，l_3）不是一个子博弈完美均衡。

③ 请读者注意，根据豪斯曼（Hausman，2000）的说法，这直接违背了显示偏好理论。

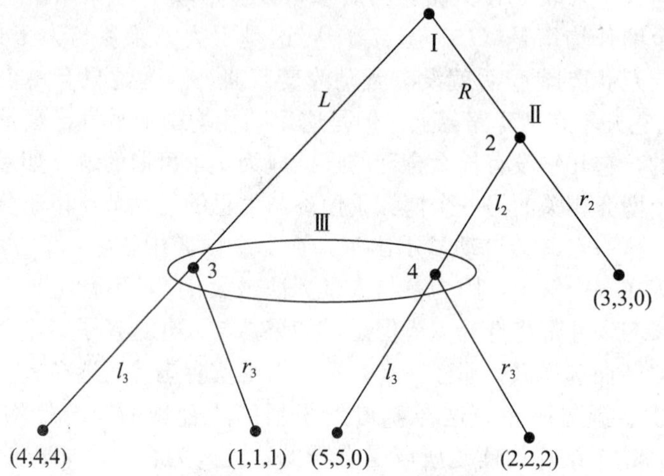

图 5.5　有三个博弈参与人的不完美信息博弈

就是参与人Ⅲ对这些条件概率的信念是什么。在上述博弈中参与人Ⅰ必定猜测参与人Ⅱ对参与人Ⅲ的信念的信念，以及参与人Ⅲ对参与人Ⅱ的信念的信念，如此等等。在这里，相关的各种信念并不仅仅是策略上的，因为，它们不仅是关于各个参与人在给定的一系列支付和博弈结构的条件下将怎么做的信念，而且是关于在给定对条件概率的某种理解的条件下各个参与人怎么思考才是合理的信念。（这就是为什么序贯均衡与前面讨论的精炼方法不一样，即不能进行行为主义解释的原因。）参与人对彼此之间有关条件概率的信念当中哪些是合理的？经典博弈论专家可能会推荐最好的数学家所能够发现的有关这个问题的答案；而在另一端，金迪斯和萨格登则可能坚持只有自然选择或文化选择的过程才能够把习惯内置到演化的产物当中。或许在某些实际的（或逻辑上可能的）生物身上能够观察到某些服从贝叶斯法则的行为习惯，它们可以当作判定条件概率的最小真实的一般规则，一个主体如果得知这种规则中的任何一项就可以知道相应的条件概率。如果还要增加更精致的条件概率规则，那就意味着要本着进一步精炼通常的解的概念的宗旨对信念均衡概念进行精炼。

不过，在这里我们只集中关注最低程度的精炼信念均衡概念，它只需要博弈参与人运用贝叶斯法则来推理就可以得到，即 $\text{prob}(F/E)=[\text{prob}(E/F)\times\text{prob}(F)]/\text{prob}(E)$。克雷普斯的序贯均衡概念要求博弈参与人不会有任何与这个等式不一致的信念。根据克雷普斯（Kreps，

1990b）的非正式的定义，一个序贯均衡包括两个方面：（i）每一个博弈参与人都有一个战略组合 ξ，这一点与任何均衡概念都是一样的；（ii）每一个博弈参与人都有一个信念体系 μ。μ 给每个信息集 h 都赋予一个表示节点 x 在信息集 h 中的概率，这可以解释为参与人 $i(h)$ 关于她在那一个信息集中的信念，在给定她已经到达信息集 h 的条件下。这样一来，一个序贯均衡就是与贝叶斯法则一致的一个策略组合 ξ 和一个信念体系 μ，从博弈树上的每个信息集出发，博弈参与人 $i(h)$ 进行最 204
优化，最优化的条件是她相信在此之前传递的信念是 $\mu(h)$，而接下来行动中将传递的则由 ξ 给出。

我们可以把这个概念应用到前面那个被称为“泽尔腾之马”的博弈当中。首先让我们考虑一下那个没有意义的纳什均衡（L，r_2，l_3）。假设参与人Ⅲ给自己信念赋以概率值 prob(1)，这个信念是如果她可以行动，则她在节点 3。然后参与人Ⅱ有一个一致的信念体系 μ（Ⅱ），她必定相信参与人Ⅲ将选择 l_3，这样参与人Ⅱ的唯一一个序贯均衡策略是 l_2。因此尽管（L，r_2，l_3）是一个纳什均衡，但却不是一个序贯均衡。

那么，归根到底，序贯均衡概念可以告诉我们什么（有关博弈论的）东西呢？它说明，如果每个博弈参与人都知道并运用贝叶斯法则，而且除此之外不再拥有其他有关条件概率的知识，同时她还知道自己的博弈对手也与自己一样只了解这些，并且知道她们也知道她这种情况；另外，所有参与人都知道大家将正确地计算并运用所有她们知道的知识和信息，如果这些条件都得到满足，那么序贯均衡理论可以预测可观察的博弈结果。这在逻辑上看上去是挺巧妙的，但是它还有其他用途吗？

萨格登、金迪斯以及他们的同路人的回答是“不”。遵循宾默尔在十年前提出的那个开创性的批评（Binmore，1992）的思路，他们认为，这类均衡精炼活动中的大部分都是没有什么前途的——事实上，我们刚才举的例子就可以用来说明这是为什么。描述性的行为理论必须能够预测在给定某种策略“部署”的分布，以及对其他人的策略部署的预期分布的条件下的结果，而策略部署及其预期的分布是在制度性化的过程和/或演化选择过程中被塑形的。根据这种观点，在一个博弈中，哪些均衡是切实可行的，取决于给博弈参与人预先“装备”好的立场和本性，以及他们脑海中天生的深层次的动态过程，所有这些都是发生在任何一个具体的博弈开始之前的。由此，博弈参与人的策略是一组外生的东西，它们是被输入到特定的主体之间所展开的特定的博弈当中去的。这样，探寻一般性的均衡概念精炼方法的努力就受到了打击，至少就那些试图对理性更复杂的表达形式进行建模，而不仅仅是一致性地最大化效用（如果我们的模型想成为演化的模型，那就是最大化效用）的尝试来说，确实是如此。很自然地（人们很快可以推断），这将逐渐演变成对把探索一个有关策略理性的一般理论当成一个研究计划的目标的合理性的怀疑。制度化过程和演化过程塑造了环境，而且在一个环境下很合理的策略，在另一个环境下也许根本没有人喜欢。

205 只有一个非常特殊的环境和非常特殊的选择历史才能赋予博弈参与人那种极其稀有的计算能力，有了这种能力她才能对前述“泽尔腾之马”这类博弈进行分析。但是，现在我们的假设选择过程本身就是一个最优化者，这也就是说，我们假设是选择过程生成了理想的理性博弈参与人。然后我们只要继续进行各种“终极精炼”就可以预测自然博弈的结果。在这里，“终极精炼”是指假设参考人的计算符合所有真数学事实的均衡概念。当然，对于自然主义者来说，这是一种极为荒谬可笑的研究思路，它把博弈论变成了对柏拉图式的对象的研究。[①] 但是，就像我们对第二个、第三个博弈的比较分析所表明的，信念和性质的一般分配对没有达到终极精炼标准的信念所起的作用，从来没有不是独断性的时候。这一论证的关键点就在这里。正如扬（Young，1998）所详细证明的，我们可以运用演化模型去分析学习过程以找到稳定性水平相对比较高的解，再去找出与这些解相一致的信念集，这样就可以避开独断性反驳。但是上述这种推理过程的最后一步意味着作为我们的终点的模型中参与人是（有限）理性主体；可这并不符合我们最开始时的动机。这正是争议的焦点所在。这也是为什么金迪斯在解释他凭什么相信“博弈论是统一的行为科学的通用语言”时说“最好完全放弃‘理性’这个术

① 正如金凯德（Kincaid，1997，chapter 7）所指出的，让博弈参与人知道所有数学推理过程是不是能够使他们得到最终的精炼结果，这一点仍然不清楚；因为有足够理性去应用贝叶斯法则这个假设中所包含的认识论预设当中隐含着许多根本性的问题，现有全部数学事实也不足以确定这些问题。

语”的原因（Gintis，2000，p. xxiii，p. xxvi）。

无论如何，这确实意味着取消主义①，因为它使得所有与理性有关的概念都变得全无用处（针对完成解释的目标而言）。要用演化博弈论（evolutionary game theory，EGT）建模，需要的只是对于模型所要处理的情境的初始状态的详细描述，以及与动态过程有关的其他信息。事实上几乎可以说，无论你找到什么，都可以塞进模型中间去，比如说：参与人的初始性质以及这些性质的复制条件（这确定了学习能力和学习速度）、初始性质在人群中的分布，以及相关系数（如果存在的话）。剩下来的事情，博弈的动态过程都会自动完成。之所以有希望利用这种研究思路来统一行为科学，就是因为它是如此的一般化。如果社会规范或计算能力都将在博弈过程中演化，而且在博弈中是有因果上的相关性的，那么它们将在上述某种参数的变化中浮现出来——更严格地说，它们将被还原为某种参数的变化；因此，根据任何行为科学的原理，就解释的目标而言，似乎没有什么重要的东西会遗漏下来。根据理性划分的
各种模式都将消失——或者通过还原方法，或者是因为发现了更具鲁棒 206
性的、可以用演化博弈论参数来描述的交叉分类。

如上所述，一个演化博弈论模型的输入参数包括“参与人的初始行为倾向”。在形而上学的意义上，“倾向”（disposition）这个词一直都是模棱两可的。“倾向”是不是最好解释为信念和欲望（这是外在主义者的理解）？也许是的。但是，对于反对取消主义的人来说，重要的是这种表述是不是在理论中扮演着一个不可还原的角色？根据萨格登、金迪斯等人的看法，答案是没有。一位理论家或许想把发生在一些主体之间的某个互动过程中的某个轮次模型化为一个经典的静态博弈。在这样做的时候，她要在自己的模型中设置一些参数，它们看上去就像经典博弈论中的信念——或许她就称它们为“信念”。但是，如果要求她为这些信念的内容提供理由，只要对以演化为基础的理论抱有一定的同情，她就不会给出一个类似于序贯均衡理论的东西；相反，她将把信念解释为演化博弈的拓扑空间中的一个动态吸引子的某种编码，是它生成了她那个静态博弈中的主体。因此，这些等同于信念内容的参数对于博弈结果（即使是静态博弈的结果）的产生来说并不会起到任何因果关系上的

① 在与我的私人通信中，金迪斯说他现在对自己这个评论表示遗憾。这使我更加确信我以前的感觉是对的，即他的取消主义倾向是不自觉的，尽管这种倾向与其总体观点的逻辑是一致的。

作用；它们只是一种方便的标记，只是在出于实际操作的需要而将动态因果关系背景放入黑箱时才出现。这正是我在第 3 章中已经指出过的那种推理类型，它的一个很好的例子是，萨缪尔森为了证明显示偏好理论的经验相关性，可能利用它来构建一个奎因式的辩护，这对他来说是极为便利的。

我们在这里提出的这些东西，已经逐渐接近于得出取消主义的结论了。心智哲学家对这一系列问题的表达形式应该非常熟悉。如果命题态度状态被当作有机体内在的表征状态的描述（在特定情况下，有机体的某些性质对于实时计算过程有特别的意义），那么我们就可以在经验上把独立于严格的行为证据的那些东西确定为解释的目标。但是反过来说，如果我们依从第 2 章中讨论过的有关命题内容的外在主义观点，那么，当我们试图用博弈论来刻画行为时，会成为一个问题的恰恰是它的抽象性。纳什均衡本身是一个过于生硬的解概念，只凭它不能得到详细的预测。把任何一种精炼当成一个一般的理论，看上去都显得过于武断。从神经学上看很复杂的主体显然确实在计算信息，而且这种计算过程也显然与她们的策略性行为及其他行为有关。但是如果这些计算所针
207 对的对象并不能整齐地映射到命题态度状态上，那么要想从某种规范的理性理论推导出她们自上而下的行为中的模式，似乎就意味着使理论建构的逻辑发生倒退。

这正是萨格登（Sugden，2001）强力主张的一点。他在这个问题上的反思对于经济学理论有重大意义，因为他的解读虽然是有争议的，但是却很好地定义了我们在本书下面几章的问题空间。萨格登的论述一开始就指出经济学家放弃了个体理性的承诺，而这种做法就是取消主义；从经济学理论的角度来看，这看上去像是“一个重大的理论革命、一个粉碎坚硬的理论核心的过程、一次类似于把圣牛送到祭坛上去的牺牲”（Sugden，2001，pp. 113 - 114）。萨格登接下来指出了一个奇怪的事实：大多数前沿博弈论专家似乎都在敞开怀抱去拥抱演化—取消主义思想，这个过程中根本没有出现明显的抗争。这是一场“不流血”的革命，与库恩的范式转换的通常情景构成了强烈对照。从这一观察结果出发，萨格登引出他的论文的主要结论，即“演化论转向并不是像它自己所声称的那样是一个根本性的变化”（ibid.，p. 114）。请注意，他这种看法并不是一个保守主义的重申。萨格登论辩道，新古典主义的坚强核心应该是确实已经被粉碎了，但是也正因为如此，经济学家根本没有注意到取消主义的隐含意义及其后果。他抱怨说，虽然经济学家可能已经放弃了

主体的理性可以通过使自己与符合理性规范的私人知识保持一致的内在过程显示出来这种观念，但是他们仍然继续假设经济行为的基础是效用最大化。萨格登强烈反对这一点，他说这是一个先验的假设而不是一个经验的发现，而且它与那个总是位居新古典主义核心的那个古老的先验假设恰恰是同一个。萨格登所钟爱的取消主义更加激进，他的目标不仅仅是清除过程理性、心理学理性，而且要把效用和最大化也一并扫地出门。他要求的这种转变会造成一个极其强大的观念“屠宰场”、一个真正的“范式”革命熔炉。

我同意萨格登对理论现状的观察，但是我对这种现状的评价则与他不同。在第 8 章中，我将捍卫对本章中介绍过的各种观点和事实的非取消主义的解释。在那里我将就一般意义上的演化论解释，针对萨格登的假说展开辩论。因此在这里我将不再详细评述他的观点。不过，为了与本章的主题保持一致，并且顺利地切换到下一章，我将指出，在萨格登对新古典经济学的历史解读与我的方法之间，存在着一些微妙区别。 208

首先让我引用萨格登对在演化博弈论当中居主导地位的一个建模框架的总结性评论，这种建模框架在我接下来的讨论中居于很重要的位置。这就是复制者动态（replicator dynamics）。[①]

在生物学中，一种表现型的相对适存度是通过一个拥有这种表现型的个体的后代中拥有同一种表现型的预期后代数量来衡量的，即拥有这种基因型的后代的预期数量占最大预期后代数量的比例。在一个充分简化的生物学模型中，繁殖的方式是无性繁殖，而且子代可以完全复制父代的表现型，这样一来，拥有任何一种表现型的人口比例的预期增长速度是直接与这种表现型的相对适存度成比例的。如果用“预期效用”替代“预期后代数量”，同时假设与更高的预期后代数量导致父代所拥有的基因型的频率上升一样，更高的期望效用也以某种相同的方式导致与之相关联的行为的频率上升，那么我们就可以得到一个复制者动态的经济体。(Sugden，2001，p. 119)

但是，萨格登正确地指出，魔鬼总是在细节中，关键是“某种相同的方式”（something like the same way）这句话将如何展开，在本书第 8 章中，我们将用整整一章的篇幅来完成这个任务。不过，萨格登的反对

① 斯克姆思（Skyrms，1996，2004）对复制者动态理论进行了非常出色的介绍，并很好地展现了它是如何应用于某些长期以来悬而未决的深刻的哲学研究当中的。

也过于仓促了一些，他说，“把期望效用理论放到演化博弈论当中是一种机会主义的做法。在经典的博弈论当中，存在某个效用函数这种假设是有其决策理论的基础的。……但是演化博弈论却没有。”(ibid.)

本书前面两章的讨论肯定会让我们质疑萨格登在这里的前提假设。正如我们已经看到的，虽然经典博弈论模型确实经常包括了萨维奇意义上的对主观效用的预期效用的最大化，但是，博弈论所需要的冯·诺依曼-摩根斯坦效用函数（序数的但不是根据线性变换唯一决定的）仍然是可以在行为的层面上得到解释的。这就像复制者动态模型的经济学应用当中，期望效用必须映射为预期适存度一样。这样一来，断言行为主义的冯·诺依曼-摩根斯坦效用函数的“存在”必须依赖一个理性选择理论还是正确的吗？很显然，冯·诺依曼-摩根斯坦效用函数对于客观概率的存在是一个数学问题。萨格登想质疑的显然是那种在心理学上可操作意义上的效用函数的“存在”。对此既可以从内在主义角度解读，也可以从外在主义角度解读。

209 从内在主义角度解读，这个命题所涉及的就是某个理性选择理论所模型化的那些过程，而且是一步一步地通过人们当中内在的计算机制来实现的。从外在主义角度来看，上述论断只不过是说行为模式与某种外生的选择函数所刻画的投入产出关系是同构的。为了不至于神秘化，这种同构性必须根据我称之为“核心内在主义限制”的某种理由来解释，也就是说，它必须通过一个有经验支持的系统中的物理信息流动的模型来加强；但是某些信息流可能与环境有所联系而且部分地存在于处理过程之外（see Clark，1997；Juarrero，1999）。正如我们已经看到的，根据内在主义者的解读，许多人认为新古典经济学理论服从于或曾经服从于选择在本体论上的优先性，但是这种观点并没有多少历史根据，也没有逻辑基础。事实上，对于偏好的权重（即他所称的“强度”）是不是拥有可度量的心理学现实性这个问题，边沁本人就一直持不可知论态度。现代希克斯式的效用函数的哲学解释是由罗宾斯给出的，他把真实的心理学对象假设为某种未经加工的、可内省的排序，但他同时又认为心理学上的选择动力学根本不关经济学家的事。至于萨缪尔森，如果他能够意识到并自觉地追随一条奎因式的取消主义道路，那么就会为自己省掉许多麻烦。对于他自己这个前提假设，如果萨格登想要的是内在主义的解读，那么他更恰当的目标实际上是期望效用理论，而且他也会同意我的观点，即认为现代行为科学和认知科学对新古典主义和显示偏好理论是开放的。根据这种解释，萨格登的论辩所针对的其实不是新古典主义，而是非行为主义经济学，这是萨缪尔森经济学之后的一个变种。

另一方面，如果对萨格登的前提假设进行外在主义的解释，那么这就不一定意味着对经济学理论发展历史的某个浓缩式的理解，因为如果显示偏好理论要描述性地与经济行为有关的话，萨缪尔森所承诺的显然是一个一致的选择函数的外在的、经验上的可应用性；而且正如我们已经看到的，罗宾斯试图以修辞手段逃避这个承诺，不过却没有成功。因此，萨格登接下来实际上要论辩的是我所正在重构的古典主义的根本问题。然而，一个外在主义的选择函数作为一个构建模型的工具来说在描述上是有用的，这一信念与作为个体的人并不是过程理性（procedurally rational）的观点是完全相容的，而根据萨格登的取消主义，它是所有演化论转向（evolutionary turn）都必需的。到目前为止，就我们已经评述过的证据和观点，以及萨格登可以利用的有正当理由的前提来 210
看，问题仍然没有解决。既然我将捍卫一种对于选择的外在主义解释，我就可以把萨格登的观点吸收到我自己针对人类主义论新古典主义的论述当中，但是，如果我们被证明原来仍然需要某种源于（外在的）理性概念的解释，那么它对于萨缪尔森式的新古典主义就是没有什么反驳力量的。在第 8 章中，我们将会看到这是为什么。

导致萨格登不满的关键在于，信奉演化博弈论的经济学家之所以紧紧抓住效用函数不放，完全是出于一个先验的理由；学术界新近涌现出来的对演化博弈论的热情并不是基于经验上的考虑的结果，许多人热衷于演化博弈论只是因为它提供了一种方法，使其能够在避免遭遇与均衡精炼相关联的哲学上的尴尬局面的同时，继续对效用最大化行为进行建模。但是，我在前面之所以要说那些话的动机恰恰是，萨格登关于效用最大化模型在描述上看是空洞的这个假设同样也是一个先验的预设。再者，他的说法中隐含着经济学家是“奸诈的”这个含义，这也是有待证明的，即需要他自己去证明经济学家之所以接受演化博弈论，只是因为他们不再对均衡精炼抱有幻想，而没有什么经验上的动力，也不是因为利用它可以对实验—行为证据给出非常好的、重要的、库恩式的有范式转换意义的解释。这对金迪斯来说，当然是一个有意思的话题。请记住，金迪斯就是那个写下了最重要的、系统性的演化博弈论宣言的人（Gintis，2000）。要解决这个问题，只能考虑那些在稀缺性的管理中涉及的、有经验上的诱因的、可能为真的动态信息处理模型，然后找出最适合这些模型的函数是不是就是新古典经济学提出的那些。作为一位取消主义者的萨格登怀疑这些动态模型能不能完成在个体层面上搜寻最大化的任务。我们在下一章中将会看到，我们不一定非得成为取消主义者不可，只要我们认认真真地当一回认知科学的学生，就可以同意这个看法。但是，对于新古典主义来说，这将是一个毁灭性的消息，只要新古典主义者仍然紧紧抓住那些陈旧不堪的教条（比如说方法论个人主义）不放，并把它们当成我所称的“人类中心主义”的通行证的话。如果有一头圣牛属于这个祭坛，那就是方法论个人主义。我将会论证，只要这个东西被遣送掉了，新古典主义剩下来的部分还是可以稳稳地站得住脚的。

我接下来要采取的论证步骤如下所述。首先，个人主义将走向终结，而现代认知科学就是它的终结者。接下来我们将要面对的问题是，完全不受个人主义影响的新古典经济学将是什么样子。在很多种可能的
211 结果中，将随着个人主义的崩溃而塌陷的是罗宾斯的内省主义和成熟的人类中心论新古典主义。显示偏好理论，以及把它解释为一种适合于我对罗宾斯的经济学定义的修正的经济学理论的可能性，则都将维持不变。我将证明，取消主义对这两者都有威胁。同时我也将给出质疑取消主义的假说是不是真的与运用演化博弈论时预设的那类演化解释相容的理由。这样一来，既能完成对于我们是不是有可能、是不是应该构建一门“科学”的经济学科这个独立性命题的阐释，同时又能够给予新出现的行为—实验证据充分的重视。我相信这个答案是积极的。

第6章　个人主义、意识与主体

从合理的启发式教学法到不合理的形而上学

到目前为止，我们考察过的所有关于经济学哲学基础的观点，从亚里士多德主义、杰文斯的半亚里士多德主义、罗宾斯的内省主义、第二次世界大战后出现的成熟的人类中心论新古典主义、反新古典主义的人道主义，乃至取消主义，事实上它们都有一个共同的假设，即成年的、有认知能力的人是原型化的主体（prototypical agent）。取消主义者怀疑是不是真的存在主体，但是他们那种特别的反新古典主义的立场取决于如下假设：经济学所援引的主体性是在 213

概念上被当作人格（personhood）的模型，而这在经验上并不成立，因此我还是把取消主义放在上面那个名单中，虽然第一眼看上去这种做法有点奇怪。不过，萨缪尔森式的行为主义没有出现在名单中，这是因为，虽然毫无疑问萨缪尔森本人也拥护上述假设，但是对他正式理论的严格重构在本体论的意义上与主体性或人格并不相关。

在上一章中，我从概念的角度和经验的角度分别给出了质疑将经济主体与人等同起来的做法的理由。不过，我就这个问题提出的论证在不同的程度上削弱了各种哲学上的其他选择。成熟的人类中心论新古典主义和亚里士多德式的反新古典主义的人道主义或多或少地都认为经济主体等同于人这个假设是理所当然的，只是一个常识。但是这样一来，它们就很容易受到一种在逻辑上不那么强烈的怀疑主义的攻击，如果把人与原型性的主体等同起来没有明显的理由，它们就会陷入困境，事实上成熟的人类中心论新古典主义已经被逼到了特别局促
214 的一个死角上。这是因为它所致力于表明的常识甚至是不一致的。虽然“常识”确实很肯定地把原型化的主体性与人格等同起来，但是同样清楚的是，“常识”并不认为自然的人的偏好在一生中从来都不会变化。不过，如果“人就是主体”这个命题的罗宾斯式内省主义基础能够得到有效辩护的话，那么亚里士多德式的人道主义观点还是有挽回的余地的。我在前面好几个地方都说过，认知科学的发展使这种可能性蒙上了阴影，但是我并没有详细地说明为什么会这样。我在第5章中综述了大量实验—行为经济学文献，但是只有在用成熟的人类中心论新古典主义来解释“人就是主体”这个命题的时候，它们才会构成对内省主义的威胁，而这恰恰是亚里士多德式的人道主义所否定的东西。至于取消主义，到目前为止我还没有提出任何会削弱它的观点。从同一种主体概念解释的角度来看，取消主义就是对人道主义立场的否定。我的目标是消解这种冲突，而不是去判断胜利属于哪一方，因此我的方法将拒斥通常的观念性理解。不过到目前为止我还没有着手这么做。我所做的只是重述经济学哲学的历史，采取的叙述方式是把成熟的人类中心论新古典主义放在一块岩石和另一个坚硬的东西之间进行挤压，而亚里士多德式的人道主义和取消主义相对来说则没有受到什么冲击。

本章的目标是，通过挑战个人主义、内省主义来直接地反驳亚里士多德式的人道主义，顺带挑战人应该被看做原型化的主体这种观念，虽然适度的亚里士多德式的主体观念所要求的东西比第二次世界

大战后的精致的新古典主义还要少。我将从同一个“炮兵阵地”对下述三个目标进行“轰击”：有关人格的一系列相互锁定的形而上学命题、在现代认知科学的推动下形成的有关主体性的命题、直接地或间接地从丹尼特的研究中引申出来的对认知科学的哲学解释。作为我的其中一位“对话者”的米罗斯基对这一章的内容将不会觉得有多少惊奇。毕竟，在这里，丹尼特的哲学命题因为在三个方面威胁着人道主义而受到抨击，这恰恰体现了他所说的丹尼特的思想的危险性，特别是当它与新古典主义结成联盟的时候。不过，到了下一章，米罗斯基将会感到惊奇。在那里，虽然所有亚里士多德式的观点都被否弃了，但自我概念却得以保留下来，而且我在这样做的时候，所采取的方法恰恰是通过利用源于博弈论的工具和资源来丰富意向立场功能主义。当然，在本章中，我的另一位“对话者”杜普雷可能需要时时刻刻都高举着盾牌。

开始着手正式的讨论之前，在我们前进的道路上还有最后一个障碍要先排除掉。第 3 章中，我们的出发点是涉及经济学与心理学之间关系的分离性命题的基础问题。当时我们的看法是，从表面证据来看，分离 215
性命题似乎是可行的。不过，近来经济学产生了明显的行为学转向，从这个角度来看，现在它应该显得不那么可靠了。在前面我已经说过好几次，我最终将捍卫的是一种新的保证经济学的学科独立性的基础，它是以前的文献中从来没有出现过的，而且与经典的新古典主义无关。同时，我对科学哲学持自然主义态度，使我很容易受到指责——有人或许会说我正在从一种纯粹抽象的概念化角度出发来提炼经济学；而这种做法是我将在本章引进的规则所不允许的。科学哲学应该是由科学实践所推动的，除此之外没有任何其他的途径。因此我所关心的是，把我的哲学解释与经济理论发展的实际历史进程紧紧地结合起来，这样我对经济学理论的基础所进行的重新解释，就不需要任何激进的、全盘否定的，或者突发性的范式转换。不过，这里仍然存在一个小小的张力，因为，我也非常认真地对待新的实验—行为证据。再者，要保持理论传统的连续性并不意味着完全同意杰文斯的观点，更加不意味着我会像贝克尔那样，非要咬紧牙关硬着头皮去坚持偏好一致性，以挽救杰文斯的传统。

还有一个关键事实是不能被忽略的——事实上它必须得到合理的解释，正如罗森伯格（Rosenberg，1992）和豪斯曼（Hausman，1992）等经济学哲学家清醒地认识到的。这个事实就是，微观经济学的工作方法论以及与之相关联的基本教学法（basic pedagogy）都表现出了很高的稳定性，甚至超出了它本身所包含的那些高级理论的稳定性。我们在上一章讨论过萨格登（Sugden，2001）的论文，他也强调了同样的观点。现在新出现的一些教科书，比如说金迪斯（Gintis，2000）的和鲍尔斯（Bowles，2003）的教科书，则直接用库恩式的比喻来填补这个差距。但是这个差距一直都不可否认地存在着，而且同样清楚的是，它比我们在其他学科中所看到的情形更加突出。这种状况导致人们怀疑或者经济学研究活动、或者经济学理论本身，两者之间必定有一个是某种智力游戏。当然，这是一种表示轻蔑的看法：如果是第一种，理论就是实践者不需要予以认真对待的东西；如果是第二种，那么经济学研究这种实践活动就是一个骗子的职业——经济学家将一直故意地“行骗”，直到政策制定者清醒过来，不再付钱给他们为止。不过我自己提出的关于人格和主体的深层次哲学前提的假说则没有遭到过任何经济学理论流派的充分质疑，这可能是让我们在前进的同时保持连续性的关键，同时也
216 可能是解释理论相对于实践为什么显得更易变的关键，而且绝对不会暗示任何地方存在着某种坏心思。

因此，现在让我们从这个令人眼花缭乱的取消主义者的领地暂且撤退出来，返回到或许是更“无趣”的同时又是我们更熟悉的微观经济学概论（Economics 101）的世界，在那里杰文斯将会觉得更自在。本科生经济学课程，像绝大多数技术性的学科的本科生课程一样，往往都有一个标准的模板，有几部经典的彼此相近的教科书，它们在不同时代会有所不同，但在同一个时代不会因教学地点的不同而出现很大差异。几十年来——事实上贯穿了1870年以后整个经济学学科史的大部分时间中——讲授微观经济学都是从引导学生注意独自一人困居荒岛的鲁宾逊·克鲁索的行为开始。[①] 鲁宾逊需要分配自己的时间，他要用一定比例的时间去采集水果，为了娱乐他也会花一些时间在岛上闲逛，当然他还需要一些时间睡觉，这种时间配置可以揭示他在劳动与闲暇之间的边际偏好。接下来需要假设他决定花一些时间去做一根钓竿。这样他可能需要储藏更多的水果使他度过制作钓竿的时间，这样就牺牲了当前的闲暇——为了日后可以得到一个更好的消费—闲暇组合。这样一来我们就有了资本投资，理性的鲁宾逊也学会了应用某些新古典理论决定要花多少时间去采集储存起来以备日后所需的果实。请注意，到目前为止所有

① 我讨论的模板是 Robertson（1957，pp. 33－39）。

这些都不涉及具体的心理学上的或哲学上的内容。它只假设：鲁宾逊的行为模式与他自己在某种意义上的目标有关，而且鲁宾逊要面对稀缺性问题——他所有目标不能同时得到最大化。

显然，这种教学法需要求助于早期的新古典主义，这有几个理由。首先，它生动地把稀缺性因素独立了出来（在鲁宾逊这种情况下，主要是时间的稀缺性），将它作为基本的、有很清晰的经济意义的限制条件，这正是罗宾斯对经济学的定义所强调的。其次，它表明资本的概念在理论上先于市场的概念，从而有助于对抗那种只把货币和商业关系作为值得关注的经济学主题的亚里士多德式的经济学。正因为这两个理由，鲁宾逊必须是单独的一个人，这一点很重要，因为在不存在交易的社会中货币是没有意义的，而稀缺性和资本是有意义的。最后一点与上述这两点也有关系；这也是为某种意识形态上的目的服务的（但是不能夸张为它可以独立完成为完全成熟的反社会主义辩护的目标）：鲁宾逊面对的是一个经济问题，这是一个无法挽回的事实，因此它与社会剥削不可能有任何的联系，而且他不可能通过政治行为来摆脱经济问题。如果他想变得更富裕（即得到更多更好的、更有“趣味”的食物，而且可以有更 217
多的时间在沙滩上玩乐或躺在树荫下休憩），那么他就必须放弃某些当前消费。

经济学教科书接下来把星期五引入到这个故事中，以方便教师向学生解释新古典交易理论。通常人们还会引入第三个、第四个以至第 n 个交易者，于是所要研究的课题也就变得越来越复杂。这样的一个教学过程，从单个人的情况开始，然后通过不断地逐渐增加个体来构建一个经济社会。每个个体“到来”的时候都随身携带着一个已经完全成形的效用函数，并且不需要任何形而上学的原子式的动机。这个由“标准元件”组成的积木型结构能够很好地完成日常教学目标，这本身就足以解释它获得的巨大成功——事实上，这种成功堪称一个文化基因意义上的复杂现象。不过，表面上看似乎有证据表明，这些人都存在原子主义化的倾向，这种看法很有诱惑力，这或者是出于形而上学的原因，或者是出于政治的原因。但是，这完全是一种误解。经济学教科书中的这个故事虽然与原子主义相一致，但是在任何意义上都根本没有证据表明它就是为了原子主义而提出来的。

许多人都是从鲁宾逊·克鲁索模型入门学习经济学的，但并没有因此而导致他们像玛格丽特·撒切尔（Margaret Thatcher）那样否认存在社会（撒切尔这个否认很著名，而且她在这样做的时候显得很开心）。

不过要抗拒下面这个更精致的错误则要困难得多，它的推理过程如下：从严格的经济学观点看，星期五来到这个荒岛上显然意味着发生了很重要的事情，因为出现了新的经济变量和新的计算方法——比如说货币的流通速度，它们是经济分析所用的图形和方程的组成部分，而这些图形和方程在不存在星期五的前提下，是没有意义的；但是根据假设，鲁宾逊的效用函数并没有改变，而且星期五的效用函数也是早在他看到鲁宾逊这位新同伴之前就已经确定好了的。可以想象，这两个人的心理在他们走向社会化之后应该会发生某种改变，他们的效用函数还能维持不变吗？在这种情形下，如果一定要使他们的效用函数不发生改变，那么在社会性角度上敏感的心理性质就必须外在于（私人决定的）效用。

我为什么要称这个错误是“精致的”？要领会它的“精致”之处，需要注意的一点是，它可以继续满足任何一种标准的经济哲学（除了马克思主义经济学之外）。它仍然适合新古典主义图景这一点是再明显不过的了，因为它原本就是这样设计的。森的反新古典主义的人道主义也同样可以接受它（至少在概念上），只要把内在的效用和外在的社会影响组合成行为上的因果关系向量的各个分向量即可。对实验—行为证据
218 持激进观点的阐释者也能够通过证明当外在的影响起作用时，内在因素的因果权重趋向于零来表达自己的观点；而且这意味着关于主体性的取消主义立场——如果人们继续把鲁宾逊这种主体等同于独居的生物学上的人的话。在考虑政策问题的时候，由于都强调外在的分向量的重要性，人道主义者和取消主义者都可以（虽然他们当然也可以不）提出在意识形态上与马克思主义相容的政策建议；而更注重内在的分向量的新古典经济学家则或者归入社会主义者的阵营（如柏格森），或者归入自由主义者的阵营（如贝克尔和弗里德曼）。在不放弃鲁宾逊·克鲁索教学法的前提下，人们最终可以得到如此多大相径庭的、互不相容的理论结果，正是这个事实帮助掩盖了它所包含的哲学立场，使之很难被分离出来并受到批判。

马克思主义经济学家、马克思主义经济哲学家，以及激进的女权主义经济学家、女权主义经济哲学家则不约而同地看到了这一点。事实上，某个人要成为马克思主义和/或女权主义经济学家和经济学哲学家，最关键的一部分恰恰是在这个问题上是否表现出了哲学上的深刻性。当然他们的观点主要源于规范性的命题，我不会像他们这样做。然而我要指出的是，如果我的研究计划中有一部分是要为我恰好喜欢的规范政治

哲学（即自由主义）辩护，那么我在这样做的时候不会援引任何今天对鲁宾逊·克鲁索教学法的预设前提。

事先申明，我们要搞清楚的是：鲁宾逊·克鲁索教学法鼓励的最愚不可及的错误观念是相信在星期五到来之前鲁宾逊·克鲁索真的存在。(玛格丽特·撒切尔那种令人惊异的观点存在两个愚蠢的错误，其中第二个是所有人的本质就是他们的“内在的鲁宾逊·克鲁索”。从逻辑上看，这种看法与同样过分简单化的马克思的观点同出一辙，马克思认为所有人的本质就是他们在意识形态上建立起来的在物质的——即亚里士多德式的——生产关系中的角色。）我所称的“精致”的错误是指那种信念：对于一个完全孤立于社会的拥有偏好的人（即一个孤单的主体）的想象可以孕育出一个关于真实的人的概念关系，而且它在某种程度上证成了独立性命题。正如我在上面已经指出的，马克思主义者（和激进女权主义者）反对这种推断，他们是正确的（事实上，这种推断只能算得上一种概念切换而不能构成一个论证）。

如果一个撒切尔主义者真想利用这种概念切换手法得出社会关系对于行为是（或者应该是）不重要的结论，那么他也未免太愚蠢了，现实中极少有经济学家真的会这么笨。近来，许多“新制度”经济学 219
家认识到，这种关系在事实上以压倒优势支配性地影响着人类行为，而且实验研究也支持他们这个深刻见解。诺思等人有关论著（North，1990；Ben-Nur and Putterman，1998；Bowles，2003）已经给出了颇能令人信服的阐释，而且这方面的文献仍在爆炸性地增长。但是，如果人们继续沿着这条道路走下去，不对经济主体与人之间的关系进行某种再概念化（reconceptualizing），而只是简单地把这种关系及其应用嵌入到一个社会模型当中，那么所得到的结果很可能是亚里士多德式的人道主义或取消主义，前者把行为的因果关系分解为内在的分向量和外在的分向量，后者则认为内在分向量在经验上的因果权重为零。因为这个错误不是愚蠢的或在意识形态上自私自利的，同时因为它的取消主义版本与现在更广泛的行为科学领域中的某些新发展呈现出一致性，它可能导致对经济学独立性命题的反对。这也就是说，人们可能据此认为，在独立性教条的鼓励下，经济学与行为科学分离开来已经几十年（这导致了它长期的不景气），到现在经济学终于开始赶上自己的同源学科了。事实上，经济学只是（正当地）汇合进了行为科学，完全合乎逻辑地成了行为科学的一部分，在这里根本不会有方法论上的个人主义和理性主义唯我论的效用最大化概念立足的空间。但是，继续沿着这一思路推理下去就会发现：在萨缪尔森式的机器中得到的最大化被认为是从个人的最大化行为当中构造出来的，而人最终不过是组成这个机器的齿轮和螺丝钉。因此萨缪尔森的经济学观念是完全错误的。

对于经济学家立志要为统一的行为科学做出贡献的强烈愿望，我当然表示赞赏。不过，我反对如下观念：这种统一要求不出现任何缝隙（或者认为，如果没有一丝缝隙的话，“统一大业”将更好）。独立性命题的合理基础确实不能在杰文斯或罗宾斯试图去寻找的地方找到。然而，在关于根本性问题的经济学元理论领域，各主要流派有一个共同的特点，那就是都怀疑鲁宾逊·克鲁索教学法激励出来的本体论观点只是一个经验上的假说，它事实上是建立在一个概念性错误的基础上的。从事实际研究的学者可能会认为这种指责过于强调哲学的重要性了，即使真的有一定说服力，也必定会导致没有什么重要意义的烦琐哲学，或者最少会导致一种过分挑剔的知识史观念。诚然，这个命题是一个哲学命题，我不想否认。但是，我将证明，如果没有它，“科学”的经济学本身就会面临被削弱的危险，而且将把我们带回到通往亚里士多德主义的旧路，这正是杰文斯、瓦尔拉斯和他们的同伴努力要让我们挣脱的东
220 西，而经严谨地修正后的萨缪尔森式的观念最终使我们真正不受羁绊、获得自由。

让哲学家和认知科学家熟悉我下面提到的这个著名的类比可能会有所帮助，在后面，我还会回到这个类比上来，不过是出于更实质性的、非类推性的目的。丹尼特（Dennett，1991b）指出，对大脑感兴趣的神经科学家和认知心理学家一直都（至少在他写那本书之前）把笛卡儿式心灵—身体二元主义当作一个经验上的错误，而不是一个在理论上没有任何希望成功的东西，这种看法损害了他们对意识问题的研究的前景，使他们不能有效地思考意识问题，或者使他们不能恰当地对意识进行建模和观察。特别地，这种看法引导他们去设想意识可能是位于大脑某个特定位置的某类型器官的独特功能。根据这种观点，笛卡儿的错误只不过是一个经验上的猜测错误——这种器官不是由实体材料制成的。然而，正如丹尼特所指出的，意识是某个器官的功能这种观点在概念上完全是混乱的、误导性的，要适当地、科学地解释意识，就必须认识到这一点。我断言，只有凭借这一类洞见，哲学才能在真正意义上对科学有所帮助；而且，我正在努力推动的对经济学与心理学之间的关系的理解，也正是这类洞见。

个人主义、洛克式的内省、现代心智模型

有限的、纯粹的方法论个人主义可能只与前面讨论过的鲁宾逊·克鲁索教学法所包含的优点有关。也就是说，如果你在一开始的时候，不将稀缺性、资本等基本概念与交易（或社会规范）混合到一起使之复杂化的话，要清楚地理解它们就容易得多。只要一个人（或许极端的自闭证患者和精神病患者除外）能够提醒自己，实际上并不存在独立于社会规范的人类偏好描述（preference profile）等东西，对这类的方法论个人主义就没有什么好反对的。那些将导致类似森所犯的那种的错误的更本质性的命题，必定是建立在某种本体论上的和/或规范性的个人主义的基础上的。实质个人主义可以分解为三个独立的命题，它们相互强化，或者更糟糕的是，它们在某些时候扭结在一起无法区分。这在经济学思想史上（以及更广泛的哲学史上）确实发生过。这三个命题是：

（1）社会原子主义。社会群体的所有性质都可以分解为可以归属于 221
组成这些群体的具体个体的属性——有些是内在的，有些是关系的。

（2）微观经济学的个人主义。个体的效用函数仅仅定义在那些一个个体可以在没有社会关系的情况下进行原则上估价的对象上。

（3）规范的个人主义。所有声称有社会性价值的对象都必须找到这种价值的正当理由（当然如果它能够找到的话）：被一个或更多的整体生物学上的人所珍视的是什么。

根据布劳格（Blaug，1980，p. 49）的说法，“方法论个人主义”这个术语首先是由熊彼特创造的①，熊彼特提出这个术语的目的是想清晰地把命题（3）和命题（1）区分开来。布劳格指责波普尔把熊彼特想澄清的水搅浑了，但是这个责任显然要由更多人来承担。② 在任何情形下看，命题（1）和命题（3）都应该是完全独立的论断，它们之间事实上几乎没有逻辑上的联系，这一点非常清楚，因为命题（1）是关于一个社会群体的性质的描述性论断，而命题（3）则是一个关于人们所珍视

① 埃尔斯特（Elster，1985）指出，早期的马克思是很明确地捍卫个人主义原则的。

② 冯·米塞斯很可能要对此承担相当一部分责任，他的思想继承了经由门格尔传承下来的康德主义因素。追随宾默尔（Binmore，1994，1998）和尼采，我认为康德在现代西方思想史上产生的巨大影响有空难性后果。哈耶克则经常被认为要对方法论个人主义的盛行负责，但是考德威尔（Caldwell，2003）令人信服地证明，事实并非如此。

的东西有什么属性的规范性论断。实际上，我要说的是，要不是命题（2）的存在，命题（1）和命题（3）就更难混淆到一起。当然，命题（3）与命题（2）的区别并不比命题（3）与命题（1）的区别少，但是命题（2）与命题（1）不同，它与价值问题至少还是有些关联的。而且，正如我刚刚在上面指出的，在鲁宾逊·克鲁索教学法中的个人构造出来的附加结构在命题（1）的帮助下引出了命题（2），命题（2）构成了命题（1）和命题（3）之间主要的历史—观念桥梁。森那些规范的、与政策相关的命题，导致那么多的人偶然地接受了他针对显示偏好理论的错误观点，事实上，它们正是把命题（2）错误地与命题（1）和命题（3）联系起来后得到的发现。

作为一个政治自由主义者[①]，我很愿意接受命题（3）。然而，正如上面已经指出过的，对命题（3）的合理辩护（这并不是本书的主题），不可能与命题（1）或命题（2）的论证有关，因为它们都是错误的。否定命题（1）要求给出针对还原主义的形而上学理由（这里说的还原主义不涉及神奇的有限主义）。对社会科学来说，这样一种论证可能是一般的，也只能是具体的；一般论证应该被优先选择，因为更有利、更安全。这种论证有很多，其中有几个是合理的，它们可以在哲学文献中找到，我自己也参与了其中一个论证的构建过程（Ross，2000；Ross and Spurrett，2004a；Ross et al.，forthcoming），它是第 2 章中论述的非还
222 原主义得以成立的基础。在这里，我将简略地概括一下这个论证。任何一个形而上学命题——包括上面的命题（1）——的适当基础都必须是对科学进步过程中的一般趋势的归纳。虽然我并不认为各门具体科学都必须还原为物理学，但是，如果命题（1）要想成为真命题的话，必须至少保证以下情况是属实的：大多数对现代物理学的本体论解释都是原子主义的。然而事实并非如此。

巴特曼（Batterman，2000）指出，在物理学中，绝大多数（作为纯粹的操作性工作的对立面的）理论研究活动都是对物理学家所称的普遍性的探寻。物理学家这样做并不意味着形而上学的规律必定在所有场合都成立（哲学家则很可能会这样认为），而是意味着存在一些物理事实，允许他们对“系统的性质进行提炼，从宏观上看，它们在微观细节发生扰动的情况下仍然是稳定的”（Batterman，2000，p.129）。

① 追随宾默尔（Binmore，1994，1998）的思路，而且正是出于他给出的理由，我发现如果“辉格党人”一词更流行的话，要清晰地阐述我的总体政治观点会变得容易得多。

约翰·科利尔（John Collier）和他的合作者讨论过那些能够把抗扰动的系统结合在一起的属性的本质，他们把这些属性称为内聚性（cohesion）（Collier，1986，1988；Collier and Muller，1998；Collier and Hooker，1999）。内聚性反映的是一个动态系统的一个“统一关系”（Collier，2002），反过来，它又是研究者把某个东西当作一个实体的基础。这样，它就是一个物理事实问题，而不是一个先验的形而上学规律问题，不管一个对象的内聚性关系是不是可以还原的。在给定的条件下如果不能还原，那么被研究的对象就是不可还原的。这种情形在量子物理学中是普遍存在的。正如莱德曼（Ladyman，2004）所指出的，“联合系统陷入纷乱状态就是整体应该超过部分之和这个原则被违背了；而且正如人们都知道的，贝尔定理（Bell's theorem）告诉我们，把各种状态分配给部分，然后又恢复联合系统的原有性质的方法是不存在的（如果不在系统外采取某种行动的话）。”华莱士（Wallace，2004）阐明，这并不仅仅是神奇的量子对象的性质：

即使是像一张桌子这样的具体对象实际上也不能被看做一个简单的、不重叠的微观组成部分的合成物。人们想当然地认为，一个具延展性的物体就是上半部分和下半部分这两部分之和，那么为什么不无限地细分下去，直到我们得到微观组织成分（microconstituent）呢？毫无疑问，这确实是一个很有吸引力的想法。但是，一个实体对象只是数量极其庞大的相互重叠的电子和核子的波动函数所形成的一个云团。……此外，即使是原型性的对象的“物理”性质也不是从微观组织成分的角度来定义的，所有定义都是有倾向性的，甚至构成一个实体对象的物质（!）也不能被定义为它原子层次的组成部分的物质之和。这一法则几乎在所有情形下都是正确的。一个氦核的重量比它的组成部分的重量大约少1%（这正是核聚变发生的原因）；一颗中子星的重量比它的组成部分的重量大约少10%（这正是超新星产生的原理）（Arnett，1996）。我们对物质的实际定义是意向性的：如果某个物体在一定范围内如此这般地表现，或者导致了某个重力场，那么它具有质量m。如果质量是附加性的，那么它就是不可定义的；这是一个物理定律，而且只是一个近似的定律。 223

现代形而上学原子主义反映了长期以来物理学上的原子主义在物理学研究中都是一个富有成效的工作原理这个事实。然而，牛顿以后的物理学家一直在从作为一个严肃的本体论假说的原子主义立场逐渐后退。

因为正如上面的引文所显示的，它显然与当前的物理学理论不一致。

如果形而上学原子主义在物理学中已经失败——而且在化学中、生物学中也已经失败（见本书第 2 章），那么，正如金凯德（Kincaid，1997）向我们详尽地阐明的，再把它想象为仍然适用于复杂的系统（比如说人）之间的关系网络，显然是非常不合适的。在这里，我不会去概括针对社会原子主义的各种批评，那是大量社会科学哲学文献所讨论的内容。现在，有些较传统的经济学家仍然坚持方法论上的个人主义，但是大多数经济学家都不否认：作为文化规范演化的结果，存在着某些不可还原的社会事实；文化规范通过反馈机制影响着自我形成的动态过程，并且创造了动态空间中的吸引子，限制和指导着个体行为（并因此形成了对个体偏好的解释）（Gilbert，1989）。因此，我将直接假设社会原子主义是完全错误的。我在下一章中还会回过头来讨论自我的实证理论，届时对社会原子主义的否定将以一种更有意思的形式出现（因为仅仅断言一个非常强的还原主义观点并不能说明什么是对的）。

上面所说的命题（2）——经济学个人主义，在历史上与形而上学原子主义和社会原子主义有很密切的联系，但是如果没有一系列进一步的、有强烈倾向性的假设，它是不能推导出来的。戴维斯（Davis，2003，chapters 2 and 3）就有关的历史从哲学的角度进行了一个很紧凑、很精确的考察。经典的经济学个人主义有很深刻的历史根源，这可以在笛卡儿和洛克的形而上学哲学中找到，它们最终发展成为一个将以往文献中曾经有过的最强形式的一般原子主义注入精神领域的尝试。这
224 些思想根源构成了一个联结性的网络，其影响超过了它们所做的任何示范性论证；当科学被一般地认为在原子主义基础上取得了胜利的结果时（特别是物理学），在相当大的程度上原子主义就成了理所当然的工作原理，适用于任何科学经济学研究。宏观经济学在微观经济学经历改良之后多年才走到类似境况，这很容易使人忽视假定的原子主义几乎是完全不清晰的事实。当凯恩斯之后的经济学家必须面对有关微观经济学和宏观经济学之间关系的问题时，这种情况变得更为困难。如果形而上学传统意味着宏观经济学必须从微观经济学那里找到根基（事实上正是如此），那么，在某种肯定的意义上，有关微观经济个人的某些明确的公式应该被赋予本体论上的优先性。在那个时候，对经济主体进行萨缪尔森式的形式化就是可行的——通常要加上期望效用理论作为补充，以作为对主体最大化能力的一个解释。这样一来，卢卡斯（Lucas）新古典宏观经济学就可以实施其研究计划了，即应用微观经济学理论去分析宏

观经济学现象，其方法是提出一个无限生命的萨缪尔森式的代表性主体的最大化行为模型。胡佛（Hoover，1988）针对这种宏观经济学进行了哲学上的和方法论上的研究。然而，（与许多其他人一样，）戴维斯（Davis，2003）指出，这个研究计划提出的那种个人主义纯粹是方法论意义上的。它要求假设所有个体的性质都能够加总进代表性主体，即所有个体都是完全相同的。但这个假设在理论上根本不可能是清晰的——是什么决定了经济上相关的个体之间的界线？

当然，这种彻底的个体共时同一性（synchronic identity）假设在任何以显示偏好理论为基础的形式主义模型中都清晰可见（不管有没有附加期望效用理论）——个体是用数字来区分的对象，其效用函数是可以预测的。但是，正如我在讨论萨缪尔森的理论缺少本体论上的承诺的时候所强调的，在对相关类型的个体给出一个非形式化的解释之前，这根本不会与任何心理学上的、生物学上的现象或社会现象发生任何联系。这恰恰是争议的焦点所在。

不过，戴维斯还指出，虽然从形而上学原子主义到经济学个人主义，支持个人主义的学者几乎都没有提出过多少在集中性和清晰性上与其重要性成比例的论证，但是早期的近代哲学家也没有完全失败，因为他们至少提出了一个有意义的问题，即他们所假定的原子主义个人必须像什么样子，作为人的模型才会至少看上去是真实的。笛卡儿开创了一个通过“注视内心”（gazing inward）去找到“清晰的、确定的思想” 225
的伟大传统，他相信与任何外在的事物的唯一联系只能通过仁慈的神的迂回的承诺实现；不过，使近代原子式个人主义全面理论化的人是洛克。洛克的理论最突出的性质就是“向内看”和逐步逼近：一个个体只能直接地在记录自己主观概念的过程中——即内省过程中——“找到自我”。但是，正如戴维斯所详尽地讨论过的，这种观念马上会引出个体重新辨识的问题。如果这个个体是被当前这个明示的内省过程鉴别出来的，那么根据什么理由来确定这个时点上的个体就是另一个时点上的（或别的更多的时点上的）那个个体呢？对此，戴维斯（Davis，2003，p. 50）准确地概括出了如下洛克式的答案。

1. 通过我们的意识，我们才知道我们是我们的自我。

2. 我们记得或意识到我们自己存在于我们关于过去的记忆中。

3. 我们当前拥有的在当前体验中的关于我们自己的意识与我们过去拥有的关于我们自己的意识是同一个意识。

4. 因此，在当前、在过去我们都是相同的个体。

查尔斯·泰勒（Charles Taylor，1989）断言，上述洛克式的概括是关于自我、意识以及后者于前者的基础地位的最一般的描述，它们构成了现代西方关于人格的形而上学。我们很难否认这种看法。在西方世界里，每年9月（在南半球是2月）它都在大学一年级新生的哲学课和心理学课上受到检验并得到确认：大学一年级新生都会遇到它，然后从直觉上承认它，并学会通过它来推理。所以理所当然地，它使那些依赖于对自我的某种逻辑解释，但却没有为自己构造出一个对自我的逻辑解释的学科（比如说经济学）获益良多。

在西方哲学历史上，对自我概念进行最复杂的、最重要的扩展，把它作为整体性的先验基础的是康德哲学。正如布鲁克（Brook，1994）详尽地证明的，康德的解释与当前的语境特别有相关性，因为它是对洛克的心智理论中缺乏一个适当的统一基础的这个缺陷的直接反应。休谟也看到了这种缺失。因此，我们发现经济学方法论专家当中最明确、最自信地依赖内省的正是混合了康德主义与经验主义的罗宾斯，这并不奇
226 怪。我在本书第3章中曾经指出，虽然罗宾斯间接地从康德那里吸收了复杂但合乎情理的认识论观点，不过我却找不到他曾经研究过或继承了康德的自我理论的证据，早期实证主义者对自我理论的兴趣要少得多。（事实上，实证主义的整个历史就是一个忙于应付洛克这个问题的历史。）然而，至少我们可以说，如果一个人想从在一个重要的经济学家那里发现的某个具体的心理学假说那里开始为经济学个人主义构造基础，那么从罗宾斯的出发点着手是最好的选择。也就是说，如果一个人在效用问题上是内省主义者，那么他就应该能够提出一个经验命题（它也必须是经验的），其大意是，对偏好排序的内省可以发现它们仅仅在原则上属于唯我主义式的欲望的范围内变动。我们已经知道，如果不援引一个关于心理基准（psychological reference）的奇怪的理论，人们就不可能从这个起点出发引出森对显示偏好理论的批评。不过，至少人们或许可以用一种方法论上的唯我主义的方法为方法论上的个人主义进行本体论上的辩护（请参见本书第2章）。我们在第3章中已经看到，罗宾斯自己的论证并没有构建出他想要的、以否定效用的人际比较为目标的那种经济心理学。也就是说，他没有提出任何比曼德勒的心理凹性更强的东西——后者认为任何前提都不可能是经济学个人主义的可能前提。（当然，它们是可以相容的。我这样说的意思是，在推导出或假设一个心理学凹性后，限制效用函数的范围所需要完成的那些工作，仍然需要百分之百地完成。）

闪躲性的防守至此为止，接下来我要转入正面进攻了。我要为一个更强的论断辩护，即总体上看内省主义是一个没有希望的命题。心智哲学的主导观念像钟摆一样一直摇摆不定，它在许多时间、用不同的理由支持我上述判断（而后又荡到反对这个判断的另一面）。我在这里将在对现代认知科学进行反思的基础上进行辩护。在这方面，有两个人的贡献特别值得一提。一个是莱昂斯（Lyons，1986），他把内省主义的不充分性作为一个心理学假说放在历史的背景下进行仔细研究；另一个是丹尼特（Dennett，1987，1991b），他彻底推翻了内省主义的各种可能变形。

莱昂斯的目标比丹尼特的目标更具体一些。这也就是说，莱昂斯所质疑的是存在某种类似于向内的感知能力的东西这种观念的一致性。莱昂斯所争论的命题是行为主义流行之前在心理学中的内在主义所接受并精心阐述的那种命题，而不仅仅是俗成的命题。这就是所谓的“能力内 227
省主义”（faculty introspectionism）。因为部分地以虚拟实验（pseudo-experiment）为基础①，它曾经被认为是科学的。这些虚拟实验的目标是分离出“内省能力”。这很可能也正是罗宾斯（在阅读过他那个时代的一些心理学著作后）在否弃行为主义时脑海中所想的东西。设想存在某种微妙的内省能力的这类假说的价值在于，它在一定范围内意味着一个可能有明确表现模式的类似于器官的东西，因此也就使内省是一种内在感知形式这种观点有了相对清晰的内容。

不幸的是，能够归属于内省能力的“产品”恰恰缺乏那种使感知能力成为早期心理学系统地加以研究的首要主题的性质，即它们不可以用来比较主体间的稳定的刺激。更糟糕的是，可以从一个工程师的角度进行研究的、物理上容易得到的、有独立分界线的转换设备并不存在。在早期康德式的实证主义语境中，能力内省主义从一开始就有一个内在的张力，作为康德对实在论与经验主义的平衡的核心点的本体与现象的区分并不直接地适用于它。实证主义者强烈地倾向于康德哲学中存在的经验主义和现象学气质，同时又试图清除康德哲学的先验因素，因此其科学哲学不可能有别的选择，只有强调（主体间可比较的）数据的可获取性。但这样一来，能力内省主义就自动地具备了伪科学的性质。

与此同时，实证主义者不可能对现象性的意识持怀疑论态度，因为

① 我说这些是“虚拟实验”是因为它们需要研究者把自己当作被试，而没有实施任何一位现代心理学家都知道必不可少的适当的实验控制。详细内容请参见莱昂斯的著作的前半部分（虽然莱昂斯没有用“虚拟实验”一词）。

这是他们的“感觉数据”所需要的，而且根据他们自己的说法，感觉数据是一切有意义的理论观点在认识论上的最终基点。因此，为了维护自己的认识论，他们需要相信一些东西，而这些东西从他们这种认识论的角度来看恰恰是不怎么经得起研究的。这导致了20世纪的心智哲学家对于意识问题的一种矛盾心态。罗宾斯既否定效用人际比较的可能性，同时又对内省地可得的序数效用判断采取实在论态度，他这种奇怪的态度就是这种矛盾心态的反映。像奎因最终所做的那样，把行为主义作为一个本体论命题接受下来，将在实质上放弃实证主义。在通往这个终点的半道上停下来，也是不稳定的，采取这种做法的典型代表是赖尔(Ryle)，他赞成一种纯粹方法论上的行为主义。当然，这恰恰就是萨缪尔森试图停留下来的地方。像许多在无情的哲学一致性问题上持妥协态
228 度的观点一样，方法论上的行为主义对常识论者很有吸引力。最极端的、似乎真正难以置信的行为主义否认人（以及其他动物）能够处理关于他们某些内在状态的信息，否定这些信息对他们的行为有影响。不过，这种极端的行为主义在哲学中从来没有被认真对待过，请参见莱昂斯（Lyons，1986，chapter 2）的有关论述。

然而问题在于，对内省能力的不可知论使这种常识上的确信与任何科学的系统性联系都陷入了困境。有意思的是，被假设为通过内省获取的信息与不同于其他信息的地方仅仅在于其背景假设的不同：有一种东西被称为意识，它在指导（某些）行为和构建一个人的个性条件时都发挥了特殊的作用，而且内省认知（introspective awareness）是这种意识的认知特性的显著模式。(请注意，意识在确定人的个性时的这种作用对于微观经济学个人主义来说是特别重要的，因为这是可能赋予展现在一个主体的行为中的某些在意识上可达的偏好相对于其他偏好的优先性。）很显然，对于科学的系统性主张重要的是，这种哲学上的不稳定性很少会被容许长期地存在下去，不过求助于“常识”的冲动则很可能得到“宽容”。

就目前的情形来说，要解决这种不稳定性，可能的选择只有两个。人们或者必须完全接受证实主义，即同意数据的主体间可获取性是科学客观性所需要的这个观点；或者必须找到一种不需要依赖于能力内省主义的研究内在的信息处理过程的方法。丹尼特的哲学研究生涯贯彻了上述第二种思路。这样说并不是对丹尼特思想的过分简单化。不过，这里需要非常小心地加以注意的一点是，第二种思路并不要求先验地否定类似内省能力这样的东西在经验上是存在的；它只要求避免把内省当作一

个直接的证据来源。这样一来也就确切地指出了罗宾斯和萨缪尔森作为经济学方法论理论家时的实质性区别。

正如经验认知科学的历史已经证明的，内省能力的证据是不存在的。很快我们就将看到，这一点从意识回溯的角度来说也并不奇怪。对于作为一种特殊的过程的内省的怀疑主义并不会导致对于意识的怀疑主义。但是，部分地这是因为虽然内省的概念本身是相对清晰的，而意识的概念则不然。在通俗的用法中，“意识”（consciousness）往往仅仅指 229
“知道”（awareness）这个世界，包括内在状态的某些方面。丹尼特同意，在动物王国当中就已经有大量这些东西存在。不过，在另外一些情形中，意识的通俗意义是“意识内容”（conscious content），只要（对他人或自己的）有关自己的个性的描述是稳定的，个性即人们用来构建并维持“自我”的那些性质的聚集。经过前面几章的论述，现在应该已经很清楚，正是在这个意义上，有关意识的问题是与微观经济学的基础相关的，这也是米罗斯基和戴维斯都已经认识到的。我们在下一章将会看到，丹尼特给出了一个精致的、富有启发性的理论，用以说明什么是自我、自我是如何出现的，当然他从来不怀疑自我的存在。丹尼特真正否认的是内省，只不过这种否定有的时候会被一些人与对意识、自我（性）、“实际”主体[①]的否认混淆起来。也就是说，对意识和意识内容不加区别的俗成心理学上的意识概念，需要某种心理现象或心理过程同时作为意识和意识内容的指涉物，而丹尼特认为这种心理现象或心理过程并不存在。

否认内省（不管是方法论上地还是本体论上地）与否认意识和自我（不管是方法论上地还是本体论上地）之间存在着断裂和转折，从这个角度，我已经对许多不同观点进行了详细的讨论，现在把它们系统地组织起来，应该会有所帮助。我断言，米罗斯基和戴维斯对这个转折点没有加以足够的重视。萨缪尔森和我们在第5章中讨论过的取消主义经济学家显然也没有注意到这个断裂，因此只能“大度一些”，把他们的立场暂且当作方法论上的。我在第3章中已经指出，如果萨缪尔森注意到了这个断裂，他很可能会与奎因持相同的见解；但是，我还证明，他没

① 这方面有代表性的例子，可以参见布洛克（Block，1993）的专门论著，相对通俗一些的则可参见马立克（Malik，2000）的著作。对于我认为对经济学的基础很重要的命题I，布洛克和马立克都没有表示出直接的兴趣。因此，我觉得他们对丹尼特的误解恰恰与米罗斯基和戴维斯的一样——后两者对经济学一直都很关心。

有在自己的方法论中这么做，因此当我们以更强的哲学自觉性来对他的方法论在本体论意义上进行解释时，我们发现他在被宾默尔和丹尼特明确地加以坚持的那些理论观点上犯了错。就取消主义经济学家的情况而言，类似的解释方法可以将他们与奎因联系到一起。所有这些都被概括在表 6.1 当中。现在把被罗宾斯和人道主义者占据的位置清理出来的时机已经成熟。而被奎因和取消主义者占据的位置则将暂时继续让他们保留着，到第 8 章再来清理。

我们经常说，通过用一只“心灵之眼”“向内看”，可以在我们自己身上“找到”意识内容。当然这是一种隐喻的说法。

230 **表 6.1　否认的目标**

	否认内省	否认意义和自我
罗宾斯	不	不
森（人道主义经济学家）	不	不
萨缪尔森	是	不*
丹尼特	是	不
宾默尔	是	不
奎因	是	是
取消主义经济学家	是	是*

* 不经意地、含蓄地。

隐喻在某种意义上成了关键。在我们的脑海当中并不会出现咖喱粉的画面（一个原因是太暗了）、声音或味道。所用的隐喻必须能够把位于我们大脑中某个生理或功能部位的同功结构（analogous structure）挑选出来，它们与（运动中）的画面等东西共享一些在解释上相关的性质，因此，应该存在一个意识内容的流，像电影一样在丹尼特所称的“笛卡儿剧场”（Cartesian theater）中播放给我们看。这个“剧场”似乎提前实现了在我们最新发展起来的技术条件下才可能出现的虚拟媒体，因为其顾客不仅可以看到演员做什么、听到演员说什么，还可以与演员一起去闻、去尝、去摸。人们或许说还可以与演员一起去内省……但是，我们马上就认识到我们不能这么说，然后整个比喻故事就开始分崩离析了。我们只是对一个回溯难题（regress problem）迷惑不解罢了。丹尼特把这个问题变得很生动，他问，正在看这场电影的人应该是谁？如果意识被认为是（除了另外什么东西之外的）行为指挥官，定义着自我，那么必定是我在看电影，并根据所看到的东西进行行为决策和其他决策。但是这样一来，就出现了回溯问题，而且是最坏的那种回溯类型：我“在”我当中。这样，第一个我，即观看者是怎么起作用的？难道在那里还有另一个更小的笛卡儿剧场吗？

这种通俗的解释是没有成功希望的，这一点不言自明。在我描述丹尼特另外一个思路（它将把我们带回到一个新的、可辩护的行为主义）之前，首先要指出的是：刚才总结的完全消极的几点已经足以把有关内省的俗成观念驱逐出去了。通俗的内省概念中实际上没有任何积极的内容——除了一个人在笛卡儿剧场中观看表演的时候所做的那些东西之外。因为不可能真的存在笛卡儿剧场这样的东西，因此那种粗糙的、俗成意义上的简单的内省也就不可能存在了。 231

那么是否存在另外一种可能得到认知科学支持的、不是明显不可能为真的内省呢？正如莱昂斯已经证明的，可能影响过罗宾斯的前行为主义观点自从行为主义跌下“权力舞台”后就再也没有恢复名誉。那些时候提出了许多经典人工智能理论模型，它们随意地把心理过程比喻为基于冯·诺依曼类型的计算机体系结构的心智模型中的随机存取存储器。然而，正如丹尼特（Dennett，1991b and elsewhere）指出的，对于谁应该来接收这一过程所存取的信息，这些模型几乎都保持了沉默。也就是说，它们所回避的恰恰是参照内省得到的内在内容对精神进行的定义。一个例外是巴尔斯（Baars，1988），在他给出的解释中，意识是在执行自我监督的计算过程的意义上来分析的。然而，哲学文献中大量关于可归因的现象性感质（qualia）[1] 的文献都与这个问题相关。

虽然我与丹尼特一样，都对感受性概念（concept of qualia）可以分辨出理论上统一的认知对象类别这种假设的解释价值持怀疑主义态度（see Ross，1993a），但是，20 世纪 90 年代有关感质问题的争论还是得出了一个确定答案的，那就是：对于内省意识来说，内在地存储在计算过程中的数据检索充其量只是一个弱必要条件，远远不具备充分性（see Chalmers，1996）。事实上，将丹尼特式的行为主义者与感质概念的捍卫者区分开来的关键因素是，后者坚持认为感质与其他认知对象相比之所以与众不同，是因为感质只能参照不能通过计算形式表达出来的

① 这个注释是为经济学家准备的：“感质”是专门的哲学术语，用来指下面这一类东西：一块红布的（与众不同的）红色定性，或戴维斯的小号独奏的（与众不同的）里程碑性，等等。

定性性质才能够分离出来。罗宾斯如果想构建他自己对经济主体的内省主义解释（即对于偏好是有序的这一事实的直接感知途径），所需要的基础恰恰就是现在所说的这些内省主义的信奉者认为不相关的那些东西。

从许多方面来看，上面这个争论不过是关于心智可以建立为各种类型的计算模型的假设，这些模型在认知科学中已经不再受到重视了。那么来自神经科学的更有说服力的模型是什么？大脑以什么方式对心智发生作用？对于这个问题的研究的发展非常迅速，但是却根本没有提供什么证据可以表明在关于内在状态的信息的内部记录（方法论唯我主义的）与关于外在状态的信息的记录之间存在着生理上或功能上的具体区别，反而有许多相反的证据。（请参见 Quartz and Sejnowski（2002），
232 它写得很通俗，而且保持了哲学上的警觉性。）当然，大脑必定可以追踪器官和环境之间的各种边界点，但是这些边界都是相互交错的，极富弹性，而且肯定不是通过把所有处理过的信息加上空泛的“内”、“外”标签的某种一般过程就能区别开来的。演化最不可能构建的就是实现这种过程的大脑。为什么会这样？在下面讨论主体性的生物基础时，我会更详细地加以说明。

一个洛克式经济学个人主义的各种理由需要“某些保证”，但是我认为，认知科学与脑科学，甚至那些对（沃森式的或丹尼特式的）行为主义最不满的理论，都没有表现出任何这种迹象。考虑到有些读者是哲学家，我觉得有必要强调，我在这里并不是断言对意识的广义上的康德式的解释与现代科学是不相容的。我要说的只是，认知科学的发展正在使对事实的直接内在感知这个可能支持新古典经济学个人主义的观念变得越来越陈旧、古怪，而且显得非常牵强附会。我相信，我这个论断在认知科学家和心智哲学家当中不会引起什么争议。

至此，我已经把中立的旗帜树起来了。我并不想引起过多的争论，不过，我还要再说一点，从丹尼特的理论的角度来看，经济主体所需要的内省基础尤其显得没有任何指望。当我继续应用这个理论视角来分析经济学理论及其与心理学的关系时，上述结论的理由会更清晰。因此，我对内省主义的批评并不会以宣称一个结论是无可争议的作为结束。相反，我的批评将逐渐淡化，然后进入对意识和自我的实证性阐释，这样也就可以表明为什么我们不会遇到内省主义与取消主义之间的那种断层。

如前所述，因为丹尼特既否认对某种内在内容的感知的事实，也否认隔绝“自我”这种构成性内容的过程的存在，所以，他和莱昂斯的对

内省概念的消解必定伴随着一个实证性的关于思维与内容的理论的诞生，它可以解释丹尼特所反对的这两种在一个未分化的“意识”概念下错误地具体化的东西。丹尼特的意识理论被称为“多重草稿模型” 233
（multiple-drafts-model，MDM），它与意向立场功能主义是相互支持的，这种关系非常重要。事实上，这是一个普遍理论的两个方面，如果缺少其中一个方面，无论哪一方面都不可能具备最终的解释力。① 下面，我就来介绍丹尼特的多重草稿模型。

意识的多重草稿模型

在我开始描述并扩展丹尼特的意识理论之前，我要先说明一下，为什么我要赋予丹尼特这个极富争议性的理论如此高的重要性。多种草稿模型和意向立场功能主义联合在一起的理论说服力要比它们各自的理论说服力相加起来的总和大得多（Ross，1994a），这在逻辑上类似于我对经济学的解释与丹尼特的心智哲学的关系。如果前者使经济学理论在面对来自米罗斯基和杜普雷等人的质疑时能够表现得更加内在一致，它同时就成为了部分地依赖丹尼特理论的新证据，因为对一个理论的正确性的信念的合理的基础部分在于它解释不同于它自身的初始信念的事实的能力。这种论证中包含着某种循环论证的特点，虽然这不是蓄意为之，但仍然是有风险的，因此经常受到“科学庸人”的嘲笑；但是，这是科学论证必不可少的，同时在历史上也是非常普遍的一个组成部分。（还需要注意的是，在下面的论证中，我将利用其他人在丹尼特的理论的基础上得到的新发展来充实丹尼特本人的理论。）

大脑是大规模的并行处理器。在任何时候，一个包含了大量神经突触的大脑，尤其是突触数量最大的那种大脑（即我们人类的大脑），都在非常忙碌地计算着，进行着数量极为惊人的各种不同的信息转换。从这个角度说，大脑就像国民经济体系。数十年以前，哈耶克（Hayek，1960）对以中央计划为基础的经济政策进行了毁灭性的批评（这很快就

① 我认为，许多哲学家吸收丹尼特的观点的困难之处就在这里。心智哲学家传统上把自己的研究工作划分为寻求对思维过程的解释和对思维内容的解释两大块。根据这个传统，丹尼特对自己的工作进行了实用主义的划分：《意向立场》（*The Intentional Stance*，1987）是他关于思维内容的正式理论；《意识的解释》（*Consciousness Explained*，1991）则是他关于思维过程的正式理论。但是，我们已经说过，没有了另一个理论，任何一个理论都不可能是完整的。

被经验所证实了)。他指出，在一个动态演化的经济体系当中，即使控制目标是外在的、独立的，也不可能通过控制一些“瓶颈”就使大规模的并行信息处理得到控制。这是一个物理事实。早期人工智能研究在天真地把“人”当作执行控制的某种基地并试图把这些控制基地转变为计算机时，遭到了失败，于是人们重新发现了哈耶克的这个洞见。早期人工智能研究采用的模型在一般人通常很难解决的串行任务（如算术）中取得了成功，却往往在人们（由于神经系统存在着并行特性）觉得非常容易的实时任务（如避开墙壁）中遭到了失败，这种情况被归结为“框架问题”(frame problem)（Pylyshyn，1987)。(注意，与米罗斯基的看
234 法相反，使人们对人工智能的信心逐渐丧失的正是这一点，而不是它与哥德尔不完全定理的冲突)。

大容量大脑中产生的反应是稳定的，其关键在于，就像在国民经济中一样，大脑可以协调大量的分布式信息处理过程，并不需要一个执行决策的命令中心单元。绝大多数信息都是由半自动的节点完成的，这些节点与整个系统所面对的整体目标是隔离的，不过这并不重要，这种机制要归功于过滤系统和警告系统的存在，它们仅仅当相对被忽略的功能体被触发时才会去动员其他资源。在某种程度上，经典的人工智能研究也把握了这个要点。但是需要再前进一步才能认识到的更微妙的一点是，虽然对于思维的一个可能解释或许可以说明让半自动的处理过程和递归的处理过程组合在面对新异情况时被启动的原因，但是有一个“帮手”是我们绝对不能去求助的，它将会损害整个计划；这个帮手就是一位“大总管”，它坐在过滤系统的后面，或者在监听着警报。① 不可能存在这样一个有能力协调所有其他人的“大老板”，甚至不可能存在一个能够在其他人需要协调时做决定的大老板；因为这样一个大老板必然代表着一个成功的理论必须排除的那种障碍。

任何一个曾经讲授过本科经济学、演化理论或认知科学的人都很清楚，强大的人类直觉让我们担心复杂系统如果没有强有力的执行者必定会陷入混乱。然而，与这种直觉相对立的经验也同样有说服力。经济学家都知道，即使没有任何人监督和管理着这一切，各种价格和各种供求比例也可以维持在稳定的、相对可预测的范围内（虽然人们的预测远远没有达到可信的程度——恰恰相反，这些预测往往令人惊讶地与人们通

① 安德森（Anderson，1983）建立了一个有关标准功能的控制权分布的模型，它止步于我所称的“微妙”阶段。

常的预期相关)，而且或多或少地彼此协调。生态学家都理解，生态系统是如何在没有执行者的情况下近似地维持着均衡的；这也正是强调有些人所持的在破坏生态系统之后可以再把它恢复回来这种观点的危险性的原因。不过，我们最好还是不要过于强调这一点，因为对于这类动态过程，有许多种不同的故事可讲，它们都很精妙，但却彼此大相径庭。就目前来说，我们只需要一个结论，那就是：一般而言，动态稳定性并不神秘；从最一般的角度来看，系统所需要的是某种反馈机制，这样那些偏离均衡太远的行为或过程将会在选择压力下灭绝或由某个自催化的阻尼调节机制纠正。当然，这种稳定性从来不是绝 235
对的，我们要求的只是对稳定性的解释可以维持足够久，能够让人产生兴趣即可。任何稳定性都不必是永恒的，而且我相信没有稳定性可以是永恒的。

实际上，意识的多重草稿模型就是一种假说：大脑是一个非中心化的、分散的信息市场。我想米罗斯基可能会倾向于在这个假说中读出某种意识形态性的或回归性的追赶时髦的味道，但是我并不认为真实的知识史表明了这一点。一个人之所以被像多重草稿模型这样的理论所吸引，是因为受到了框架问题和笛卡儿式剧场的不可能性的双重压力。这两者都意味着在大脑中不可能存在一个中心，在那里“所有东西都会聚到了一起”(借用丹尼特的表达)。复杂问题的各个方面必须由大脑各个部分组成的分布式“团队”并行地进行处理，而且这些团队在分享信息时彼此之间必定是部分隔离或封闭的。“你”不可能直接地与你大脑中发生的任何东西都有关（我这样说，是因为从原则上看，一个神经科学家可以研究你的大脑并告诉你些什么）；而且基于同样的理由，大脑中也没有任何一个功能性过程对所有其他功能性过程都敏感，它甚至不可能在同一时间对多个并行的其他功能性过程都敏感。我们不能认为，关于正在大脑的无数小块区域中计算的问题的部分答案的多种草稿可以在功能上进行整齐的分割，因为即使是那样，也会需要一种复杂程度高到难以置信的程度的内部“官僚”式组织。无论在子系统的层面上，还是在系统的层面上，一个问题应该在何种抽象程度上解决，都是非常容易把握的。举一个现实生活中的例子，如果对于自己的投资问题，我不断地反复斟酌反复计算，非要尽一切努力把自己的投资组合以高于成本很多的价格卖出去，那么我反而可能会赚不到任何钱——除非是出于意外。这是平时考虑问题时经常会遇到的窘境。

根据多重草稿模型，作为执行者的自我，或者说作为接收综合性集成信息的中心仓库的自我，并不会在神经信息处理结构中占据任何稳定的位置。当正在起作用的动态过程被激活时（这可能是因为这个人正被一个询问者提问，或者是因为环境中某个突发事件而觉得惊奇），某个地方正在处理的某种信息将会获得优先权（用丹尼特的话说，这就是“被框架所选择”了），并被解释为意识的当前内容。不过，它本身是被研究的那个动态过程的产物，与研究这种行为本身连接在一起。在给定的时间点上，“意识的内容”不是一个独立于主体对这种研究的行为反
236 应的背景事实。特别地，它不是关于在大脑中某个特定的物理位置或功能部位中正在发生什么的事实。在任何一种情况下，人们报告的意识内容都是根据所有在物理上可得的信息的某个子集所做出的一种解释、一种判断，其中只有一些是有关内在状态的信息。这里所说的判断涉及一种多角关系，它存在于外界条件、本体预感（proprioperceptive）信号、全面的行为记录和关于人们想要得到的资源是什么的预期等各种因素之间；同时，这种判断发生在人们之间的对话当中。因此，关于意识内容的报告源于一个主体对她自己采取的意向性立场的判断。

意识并不是一种内在状态，这种看法对人们通常所持的关于人的一般观念构成了一个相当强烈的冲击，因此人们不可能轻而易举地就接受它，除非能够证明它可以解释相当广泛的现象。特别地，我们必须说明，它是怎样解释行为稳定性和情感稳定性的，或者说它提供的其他的类似解释可以有效地把人带进一个动态地联系着的内在信息处理和环境刺激的交互过程当中。戴维斯（Davis，2003）在这一点上也是正确的，他还正确地看到了被剥夺了洛克思想基础的新古典主义也会遇到这种挑战。人们或许会假设一个关于神经均衡动态学的理论与环境控制参数一起就可以解释猫的行为的稳定性，或者至少可以解释蟑螂的行为。（我们有理由假设）猫或者至少蟑螂不能感觉到是否存在着某个统一的支撑点，所有感知产生、判断和行为都会聚于此。

但是人却有。如果你的大脑（谁的大脑?）中突然出现了一个思想——那个正在给你开罚单的交通警察有一双十分可笑的耳朵，你就必须在注意到并记录这个判断的同时，决定不要把这个判断整合到你其他的行为当中。你可以把这当作许多个草稿当中的一个，它们是可以在未来某个时间说出来的或者运用的，但是现在却不能表露出来。事实上，你甚至有能力（在一个限度内）决定是否把这个草稿保存起来留待未来可能的利用机会（比如说作为你经历的一件逸事），或者把它彻底删除，

使你自己以后也不能再利用它。[①] 我们可以说明这个"你"是谁，而不会把你变成一个内在的执行者；不过在此之前，还不能说已经成功地驳倒了支持通俗内省观念的直觉。这就是为什么我们说丹尼特的目的根本不是废除自我概念的原因，恰恰相反，他的计划是解释自我到底是什么，是什么过程导致了它，它又是如何使行为尽可能地保持稳定的。 237

对于从丹尼特的理论中浮现出来的自我的基础，我将加以解释，然后通过把它重新与罗宾斯-萨缪尔森式的经济解释联系起来，进一步扩展并丰富它。这样它就将成为一个能够同时回答上一章中描述的取消主义者的挑战，和人道主义者的怀疑主义的答案的关键部分。请记住，人道主义者就是因为他们认为新古典主义和行为主义威胁自我才反对它们的。不过在我构建这个实证主义命题之前（我将在下一章中构建这一命题），还有一些更"消极被动"的工作必须在这一章中完成。

并不是所有的个人主义的知识背景都源于近代。社会原子主义或经济学个人主义更古老的观念根源是人格和主体性之间的概念联系，它至少可以追溯到亚里士多德。正如我在以往的研究中已经指出的（Ross，1994a），丹尼特的理论对我们关于自我的通俗观点的另一个挑战还在于，他对意向性和意识的解释放到一起时，就会切断人格和主体性之间的亚里士多德式的紧密联系，这一点甚至丹尼特本人也没有清楚地指出来过。尽可能深地把这个楔子插到人格和主体性之间去，是我这个研究计划的一个很重要的组成部分，因为这是我对经济学与心理学的关系的解释的基础，它将保证两者的分离，从而有效地使我的理论与那种建立在行为—实验文献基础上的、独具哲学表象的经济学哲学区别开来。

主体性与人格：各种完全不同的观点

就像大多数对于人的哲学解释来说很关键的概念一样，主体性概念也是从一个俗成概念开始的。[②] 俗成心理学以及许多以之为基础的法律和道德实践，都要求区别对事件状态承担责任的始作俑者和处于因果链

① 至少精神分析学会得出这样的结论。人们能够获得他们自己日后也无法找回的信息，这一点显然是正确的。更具有倾向性的论断是存在着活跃的抵制（suppression）过程。紧张（anxiety）或许只会导致作为注意力集中（concentrating）的另一面的一般性的忽视（ignoring）。

② 这一节的内容摘自我的论文（Ross，2002c），不过作了一些改动。

条当中不知情地位的单纯的参与者。当运用它们这些在哲学上很“天真”的概念时，通常人们对主体必须承担哪种责任并没有清晰的意向。这种概念大多数应用在规范性批评的场合中，具体的应用依赖于更宽泛的社会情境，必须结合它挑选出某个混合了认识论和道德规范的标准，以之来针对被审判的相关团体的成员，以及预期将受到审判的成员。

238 既然主体性概念有这些明显的规范性的社会动力学的根源，而且很少被以一种不利于科学发展的方式来运用——包括在心理学和经济学中，那么当我提议出于科学合法性的需要而取消“主体性”的时候，一位可能因我把“意向性”和“意识”当作取消主义者和丹尼特的论争对象而觉得痛苦的人道主义者（比如说杜普雷）就更加有理由痛哭了。当然，这种思路把科学主义的胜利想象得太容易了。如果科学主义实在论者真的决定着所有争论的术语（甚至包括那些没有人想象得到的、在一定程度上涉及原科学概念和结构的那些领域），那么它必然遭到反对。一般来说，如果社会情景能够保证主体性概念的具体应用含义很清晰，那么为什么哲学家还要去改变它呢？如果真要这样做，就可能太过分了，会违背一个维特根斯坦式的禁令：语言游戏确实能够发挥很好的作用，但必须严格地加以限制，不然就可能误入某种柏拉图式的冲动所导致的歧途。

维特根斯坦这种类型的反对意见或许也有点过于自鸣得意了，泛泛而论，这种看法有一定道理。不过在这里，我还是要把自己的注意力限制在手头已经拥有的这些概念上。如果我们要求一个好的语言游戏必须是那种大家都“知道如何继续下去”的大众都能够参与的游戏，那么我们在主体性这个问题上或许就不会受到过多的哲学干预的影响。不过大众之所以觉得没有什么压力去搞清楚主体性带来的是哪种责任——即便是在关乎生与死的环境中，其主要原因在于主体性原本是嵌入在更庞大的通俗心智理论中的，从而在很大程度上天生地具有一定自明性。如果人被认为是拥有一个内部灵魂驱动者的到处行走的机器，那么大体上我们就可以说，只要它们的身体的运动或多或少地直接源于它们的信念和愿望之间的互动，它们就是在实践着它们的主体性，这种理解对于日常生活目标已经是足够的了。只要它们的身体移动是其他原因的结果，那么就不会涉及主体性。接下来，个体的法律和道德命令将代表部分社会意志，用来确定为了实现各种不同的规范性目标，内在的信念—欲望复合体与行为之间的因果关系必须体现出何种程度的无中介性（非复杂性）。然而在那种情形下，能够让参与涉及主体性的语言游戏的大众继续下去的只能是一个有关自我的哲学的错误信念的网络。正如我们已经在第 2 章中讨论过的，现在几乎已经没有一个行为科学家认为自己同时也是内在主义者，也没有人认为人类大脑内部某种拥有与可分离的信念和信息相对应的、在因果关系上有效的状态。任何人，只要他已经被意 239
向立场的功能主义或取消主义说服，就不可能再断言知道如何把一个没有受到严格限制的通俗的主体性概念继续下去，除非她相信，责任的归属仅仅是专断的集体仪式，并相信把道德和法律上的奖赏与惩罚建立在这种事情的基础上也是没有问题的。

正如戴维斯（Davis，2003，p. 65）所说，如果认为人道主义者同意哲学上有很好的动机，我们也可以推动主体性概念实现某些改变。另一个难度更大的论题与社会科学方法论有关，这就是哪种活跃单位应该被模型化为主体？社会原子主义和方法论个人主义都坚持认为没有任何一种超出整体意义上的个人的东西可以成为一个适当的主体，而且对于更大的总量对象——如国家、阶级、公司等——的任何刻画，只要是从目标、意图、信息、欲望等的角度上进行的，那么在最好限度上也不过是很冒险的比喻（即使在外在主义的、归因主义者的解释的意义上也是如此）。各种各样的结构主义者则抗议说，这意味着从根本上否定存在对于社会层次的解释来说有意义的领域；但是即便是他们也必须进行极为辛苦的哲学努力去证明那些看上去完全没有任何困难被当作对的、能够提供有用信息的说法的合法性，比如说“英国想赢得第二次世界大战”。这个问题看上去像一个虚拟的问题（pseudoproblem），即永远难以凭直觉解决的问题，同时在自我意识到的哲学情境之外似乎是不真实的。绝大多数人都知道如何有保留地利用把群体当作主体的术语相当好地完成推理，他们这样做的时候可能完全没有注意到形而上学问题；直到当方法论上的个人主义者提出挑战时，他们似乎才大为吃惊。像英国这样一个东西，怎么可能是一个主体呢？这类问题使历史学家和社会学家狼狈不堪，因为通俗的主体性概念的一致性源于俗成心理学。如果英国是一个主体，那么我们必须认为我们需要一个在本体论上很适当的位置来容纳它的信念和欲望，但是似乎不可能存在这样的位置。

大量哲学文献都不是由科学实在论推动的，科学实在论在严格限制主体性的通俗概念时从来都是犹抱琵琶半遮面的。这类活动的要点主要在于坚持认为俗成概念是可以运用逻辑的标准得到解释的，以此来给它赋予一致性。我当然不会同情这种工作，虽然它可能被当作“纯粹的”哲学活动。然而，它确实提供了一个非常有用的契机，在不用直接提出

针对人道主义者的问题的前提下推动概念上的变革。因此，我在这一节
240 一开始就把讨论引向这个问题，之后再来涉及它的前提假设。

主体性是整个哲学历史上最为核心的几个概念之一。它这一荣耀地位始于亚里士多德，是他使它的贯彻成为伦理学的逻辑基础。从这第一个时刻开始，主体性就紧紧地与人的独特性联系在了一起。这样，对亚里士多德来说，一个主体就可以大略地定义为一个能够思考，并且能够采取步骤去实现其“合理欲望”的存在物。亚里士多德认为，唯有理性，才能定义“完整的人”，因此对他来说，以下两点是理所当然的：只有人（或者还有神圣的精灵）才可能是主体，同时所有在道德上能够取得胜利的人都必定是主体。亚里士多德并没有自觉地在道德能力（moral competence）与道德意义（moral significance）之间做出区分，这导致后来的一些哲学家放宽了主体性与道德重要性之间的纽带。在这一点上，功利主义者用感觉能力替代主体性；而现代环境主义者则往往会保留主体的道德责任，同时他们对道德意义的分配却非常宽泛。不过，现在功利主义不再时髦了，而亚里士多德主义（至少某一类）却正流行。当前这股复兴亚里士多德主义的潮流有好几个分支，它们同时出现在道德哲学与行为理论当中。其中，有一个流派很是兴旺，它涉及一种用来研究人类责任区分轨迹（既是因果关系上的，也是道德上的）的主体性学说。在这个领域，马莎·努斯鲍姆（Martha Nussbaum）的著作特别有影响（Nussbaum，1981，1994），它们直接构成了森对基于效用的福利概念与基于主体的福利概念之间的区分的基础，对此我们在上一章中已经讨论过。

根据我们现在的认证目的，我将绕过有关主体性概念与特定的道德理论之间的关系这个问题，而直接承认道德论说（moral discourse）没有实际意义，除非是在主体当中——更准确地说，除非是在将要成为主体的“主体”当中。这也就是说，我将认定如果一个系统的行为倾向能够通过指向它的道德观点所修正，那么它就是一个主体（至少在某种可能的扩展的意义上），虽然反过来说一般不成立。这样也就留下了一个问题：在一开始，到底是什么使某个东西成了主体？这是一个关于主体性的基础的前伦理学本体论问题，通常聚焦在主体性与人格的关系上。如前所述，人格被亚里士多德和一些当代的亚里士多德主义者说成是接近于必须同延性（necessary coextensivity）的某种东西。我的观点与这种
241 观点完全不同，为此我将指出，在与当代认知科学和行为科学一致的最简约的概念框架内，一个具备个体认知能力和情感能力的成年人仅仅在

一种间接的意义上才近似于主体；我还将指出，虽然有些有机体确实称得上原型性的主体——比如说昆虫，人却不属于这类有机体。

我们已经同意，要从一个社会实用主义的角度而不是从一个科学的角度来探讨这个问题。现在，让我们从这样一个问题开始：在把一个已经构造完成的主体性概念用于道德实践或道德理论之前，我们到底需要这个概念做什么？也就是说，这个概念应该整合的有关世界运行方式的直觉是什么？主体的流行概念直接起源于亚里士多德，后来几乎变成了“人的自我”（human self）的同义词，只是重点被转移到了这类自我的因果有效性（causal effectiveness）上面。一些可能成为主体的候选对象——比如说国家、公司——可能不是人，但是如果它们能够前后一致地被当作主体来处理，那么它们的主体性就有可能被解释，并且根据与这类主体相关联的因果有效性得以证成。从这个角度来理解，人当然是原型性的主体。这样做，绝不会使这个概念变得没什么用。根据这种解释，成为一个主体是成为一个（典型的、完整的）人的一个方面，而且对于完全成熟的伦理学和认识论来说也是至关重要的一个方面。

作为一个例子，不妨考虑约翰·毕晓普（John Bishop）的研究思路。在研究归化主体性（naturalizing agency）的条件时（这是我所称的“纯粹”哲学研究计划的一部分），毕晓普（Bishop，1989）采取的方法非常典型。从表面上看，毕晓普给出的对主体性自身的分析是肤浅的，但是这个印象其实是误导性的。事实上，毕晓普告诉我们的是一个如何从参照主体因果关系简化为参照更标准的事件因果关系（event causation）的特定公式，从而可以消除对特殊的、隐秘的笛卡儿式的因果关系的需要（那种因果关系是形而上学的，对于推理存在来说是特殊的）。不对主体性本身进行某种先验的分析，这种任务又该怎样开始呢？答案就在这里。毕晓普作了亚里士多德式假设，以此来说明为什么主体性重要。他的研究计划的主要目标是回应如下这个怀疑主义论断：自然因果关系不会给道德责任留下空间。因此，他需要的是事件因果关系的一个变种，以便把事件作为因果的创造者分配给主体。在这种情况下，主体性的感受必须足够强大，才能支撑道德主体性和认知主体性。由此，毕晓普就可以从实施道德主体性所需要的那些东西（不管人们可能 242
认为这些东西到底是什么）中推导出他用来区分一般主体性（agency-in-general）的特征。当然，他不可能认为一般主体性对于道德主体性来说已经是充分的（几乎没有人会这样认为），因此，他也就不需要再去问，对于一般主体性来说，什么是必需的和/或充分的。在这个意义上，正如前面已经指出的，毕晓普采取的研究思路是典型的对于道德责任和认知责任的形而上学思路。

根据作为“纯粹”哲学研究另一个分支的行动理论（action theory），人们往往会想当然地认为上述基本图景是正确的。行为理论的文献与认知科学哲学的文献有许多相互交叉的成分，不过在后者那里，主体性概念往往被当作一个预留的空位，似乎可以放入任何有助于我们系统化地把行为与一般的动作区别开来的东西——行为是有目标指向的动作，而目标则是个体根据系统的目标相机确定的。[①] 通常在这两类文献的前提之间存在着相互交流。也就是说，20 世纪 80 年代以来，行动理论家经常假设认知科学将为一般主体性提供经验上必需的条件，同时他们所研究的是它在科学和道德生活中的应用这一要求更严格的领域的充分条件。反过来，认知科学家经常设想行为理论家（以及道德形而上学学者）的主体概念存在于他们的学科的未来发展轨迹上的某个地方。但是，这两个领域的学者评价主体性概念的标准有根本性的差别。在这一边，主体性是道德责任和认知责任所必需的东西；而在另一边，主体性是构成目标导向的行为的充分条件的东西。现代的一些研究工作已经敏感地意识到了这种概念上的辩证关系，比如说在丹尼特与其他一些人都为之做出过贡献的“归化道德心理学”（naturalized moral psychology）领域，有关的文献正在不断涌现出来（May，Friedman，and Clark，1996）。另外的一些哲学研究（包括对构成了实践理性的必要条件和充分条件的三段论推理的研究[②]）看上去似乎沟通了观念上的差距，不过在事实上只是一种单纯的技巧。

对于 20 世纪 60 年代以来的人工智能研究的重要性的哲学探索，清楚地表明主体性概念中存在着张力。如果主体性是实施实践理性的能力，那么主体的类别就会比人的类别还要更加广泛。“主体俱乐部”就可能不断扩大，这会带来许多问题。通常人们认为解决这个问题的关键在于目标的原因论研究（etiology of goals）。瑟尔（Searle，1980）试图证明，这个俱乐部不会扩张，他认为如果能够说明计算机不可能成为它
243 自己的意向性的来源——这部分地是因为它不可能成为它自己的意向的来源，就可以完成这个证明（see Dennett，1987，chapter 8，for dis-

---

① 嘉列罗（Juarrero，1999）给出了一个重要的例外情形。

② 我脑海中想象的这些已经很好地体现在昂（Aune，1977）和卡斯坦耐达（Castañeda，1975）的研究工作当中了。

cussion)。相反，德雷特斯克（F. Dretske，1988）和其他人则认为，只要表明特定的系统性质——不是那些本质上固定地属于生物学的性质——可以构成自主目标（autonomous goal）产生和修正的基础，他们就能够而且必定能够证明人类之外的主体性存在的可能性，从而在这场辩论中获胜。

在这场争论中，丹尼特（Dennett，1987）的位置是很独特的，他否定任何东西是自主目标的生成者，而且正因为这个原因，别人经常指责他否认主体性存在的可能性。丹尼特本人则不承认这种非难，我认为他的理由是合理的。在下一章中，我将在一个更宽泛的语境下回过头来重新讨论这个问题。在现在这个时刻，我只想指出，绝大多数现代哲学家都同意，（正如上述争论所表明的，）主体的类别和具备“完全自我”（fully selved）的人的类别在逻辑上并不是同延的。这个事实促使他们去思考在何种限度内这些类会偶然地同延。但是参加争论的绝大多数人都认为提出问题的正确方式应该是，去问计算机是不是能够在生成、表征、辩护它们的行为与目标之间的关系时做到人能够做到的那些东西。这样一来，他们也就表明他们自己是坚定地属于亚里士多德的传统中的，即把人当成原型性的主体——即使他们不再假设主体本质上就是人。

不过许多现代哲学家已经不再愿意采取在历史上曾经盛行一时的以亚里士多德式的思维方式为核心的那种推理风格。对亚里士多德来说，理性不仅仅是工具性的，它是主体性的特征性标志。亚里士多德认为，某些类型的目标对于主体性来说是必不可少的，而且在他的论述中，其中一个目标——即对真理的探索——变得非常抽象，似乎超出了那些不能在语言学上进行元表征（metarepresentation）的生物的能力。不过，这并不是亚里士多德的伦理学复兴中最被人们欣赏的那个方面。虽然仍然有很多哲学家和一些经济学家（这要感谢森）认同亚里士多德所说的如下观点：人类为之努力奋斗的各种对象中，有一些对象在客观上比其他对象更具合理性；但是，想继续遵循古典的论证路线得到这个结论的人却已经几乎没有了。这些有优先性的、更值得追求的对象当中，有几个假想成员似乎曾经一度得到了清晰的元表征（以便被人们追求），大体上看，它们就相当于帕累托的“三驾马车”：善、真、美（goodness，truth，and beauty）。但是悖谬的是，最先开始从柏拉图所坚持的立场后退的人恰恰是亚里士多德本人。柏拉图认为理性主体所追求的就是真或善本身，而不是被认为“真”的具体信念或被认为“善”的具体行为 244
形式。

亚里士多德在这个问题上的担忧基本上是合乎逻辑的，但是自那以后，由于经验主义和实用主义的影响，最重要的是由于达尔文的思想的影响，这种特殊主义似乎获得了更多人类学方面的证据，使它看起来根本不像准备公正地对待有关人类行为的各种事实，而是简单地把大多数人的行为看做近似于柏拉图式的哲学家的行为。正如奎因（Quine，1969）所强调的，不属于人的动物与人一样同样有着探索某些真实信念的动机（当然，所涉及的不是同一种“真”），不管这种动机是明确的还是不明确的，这就是它们存在的价值。但是，这种价值在人的身上和动物的身上都不是绝对的。运用推理的方法很可能得出错误的信息，这种情况可能更经常地发生在动物身上（当然也包括人）：根据一个错误的积极观念行动的成本是不是比不按照一个错误的消极观念行动的成本更低？或者，永不止息地关注真相带来计算成本会不会很高？事实上在这些情况下都经常可能发生错误。史蒂芬·斯蒂克（Stephen Stich）已经把对追求古典认知美德的合理性的这种怀疑推到了一个极端的地步，不过并不特别有说服力（Stich，1990）。这样一来，人凭借拥有具体的目标而为主体性所设置的标准——主体性的核心是对理性的追求——这种观念也被削弱了。在本书的最后一章我们也将看到，认知理性的解释无论是期望效用理论或它最近的竞争对手，都不能从经验研究中得到支持，声称自己是实际推理过程的一种一般解释。

这一类考虑将削弱古典主体性概念的形而上学动机，但是，它们不太可能是决定性的。只要我们仍然在意人道主义者对科学主义的忧虑，那么我们就很难回答实用主义者提出的问题：主体性概念的本体论要点只通过对它在科学中的运用进行考察就可以得到吗？各种各样的行为科学家都要求就主体性概念展开实证研究，而且他们通常并不愿意让这个概念对任何关于善的等级结构的具体规范性理论产生不利影响。经济学家特别需要主体性概念，因为他们的目标与那些分析行为理论家很类似，即为实践理性的形式理论奠定基础，但是，行为理论家经常乐于通过关于一个道德上的和/或认知上的理性人将如何行动的直觉来检验自
245 己的模型，因此回避了主体性与人格是不是同延的概念这个问题的实质；经济学家对自己的基本假设通常会表现得更谨慎一些。哲学家则经常喜欢嘲笑经济学家的主体性概念，说它与其他东西一样，对日常的体验和关于人的本性的直觉反应迟钝（Dupré，2001），因此同样回避了问题的实质。事实上，正如戴维斯（Davis，2003）所认识到的，新古典经济学努力想给出一个特殊的经济主体概念以满足自己的实践目标，这

正证明了我现在的判断，即关于人的一系列直觉不是判定各种主体性理论的好坏的适当标准。

正如我们在第 3 章中已经看到的，经济学家的研究起点是假设人是原型性的主体。罗宾斯使得主体性变成了依赖于内省的一种“产物”，但他并没有考虑过内省是否能够发生在人的心智之外的其他地方这个问题；他只是继续把人假设为原型性的主体并结合进他对经济学的定义当中。不过萨缪尔森放弃了这种假设。我们已经看到，萨缪尔森式的经济学主体就是任何一个可以在其行为中观察到特定的一致性条件的系统，因此，可以认为它似乎正在对一个反映了从某种商品组合的偏好系统到实际数量的映射的函数进行最大化。正如我们在前面已经指出过的，许多人为萨缪尔森及其同时代人取得的这种成就欢呼，但他们的赞赏是建立在反功利主义或简单的行为主义基础上的。这本身就是一个悖论，因为与 20 世纪三四十年代被拒斥的功利主义有历史联系的感觉主义从来都只是功利主义的一个附属物。而且他们说行为科学必须弃绝一切对内在的精神过程的参考，才能算作一门值得尊敬的科学。其实，与显示偏好理论相一致的主体性概念可以从两个方面进行辩护，它们都不是冗余的哲学残留物。

第一个辩护需要诉诸货币汲取模型，在第 5 章中我曾经指出货币汲取模型不能用来为任何一个规范性的理性概念提供理由。也就是说，它不能帮助我们在期望效用理论与它的竞争对手之间进行选择，以确定何种描述性认知理性理论可以与显示偏好理论更好地结合起来；而且货币汲取模型也不能作为断言人必定是理性经济主体的理由。不过就目前而言，我们对上述这些问题都不感兴趣；事实上，我们正在探索的是打破经济主体与人格之间的理论关系的理由。从这个角度看，对于说明到底是哪一种性质使经济学家对非亚里士多德式的主体概念产生兴趣，货币 246
汲取模型是很有用的。

作为分析的起点，我们以最一般的方式来定义一个市场，即把市场定义为一群消费者之间的交易的未经排序的序列集合，这些消费者具有完整的偏好排序，但是（在交易开始的时候）并不严格服从非循环性。（我把偏好排序的完整性解释为：世界上所有可能的状态根据，而且仅仅根据稀缺的商品来定义。）从这个消费者群体中指定至少一个成员，她们的交易行为不存在任何循环性，而且她们总是偏好更多剩余甚于更少剩余，再假定消费者一方拥有完全信息（这样她就可以从交易序列集合选择那些可以最大化自己效用的成员），那么在实际交易序列中必定会存在一个点，在那一点上，所有在交易决策行为中表现出偏好循环性的那些主体将丧失所有影响市场的能力，同时她们在那一点上继续持有的资产将遭到偏好一致的其他消费者的剥夺；这一点是经过有限的步骤就可以达到的。换句话说，那些偏好具有循环性的人作为经济主体将从市场上消失。在这里使用“主体性”一词就根本不是没有意义的，如果偏好不一致的交易者是偏好一致的交易者在进行偏好排序考虑的福利问题的对象，那么，前者的存在仍然会影响均衡时的世界状态，其影响与龙卷风和大洋环流的存在带来的影响类似。但是，她们不能通过市场主体性的实现而发挥这种影响。也就是说，即使她们想这样做也不会发生任何事情。关于这种过程的一个适当的理论需要某种在观念上做出区分的方法。这样一来，一位萨缪尔森式的经济学家就可以说，无论这些实体可能是什么（虽然在这个例子中她们肯定还是人），她们都不是经济主体。

当然，这样一个货币汲取模型的结论并不能直接用来预测真实市场中的典型资源配置，因为它所依赖的一些条件是实际市场所不可能具备的。（不过，作为数学推理的一个步骤，它可能间接地与预测有关。）它主要的用处表现在哲学上，因为它有助于表明，在成熟的新古典经济学中被认为接近于主体的那个东西到底是什么——（在给定初始资源禀赋和人力资本的条件下）是偏好驱使着它们对稀缺性做出反应，并导致了相应的分配结果。在萨缪尔森式的框架中，这是唯一剩下来的一个问题，在这个框架中经济主体不包括石头，而且它隐含地把偏好循环的人也排除在外。

247 这个本体论上的结论影响了统一的社会科学的提倡者。如果我们重视它，我们就有理由要求一种我们可以用于任何市场中的任何交易模式的经济学理论，无论组成市场的主体是彼此出售相互类似的东西的人、动物、企业、国家，还是计算机，无论它们有没有能力自己完成计算、确定目标和策略。显示偏好理论就是如此，它给出的主体性概念是从对市场过程的影响的角度得到的（通过对偏好结构施加限制），而不是从人格的某些典型特征中推导出来的。由此，一个本体论上的鉴别规则得以构建出来，它足以支持罗宾斯-萨缪尔森的论证模式。对此我在第4章中就已经阐述过了。

当然，如果最终的目标是针对亚里士多德主义提出一种反驳，那么上面这一切不过是在回避实质性问题。一个十分重视能否拥有关于市场的一般性定量理论的人所需要的是一个独特的、偏离常规的主体性概念，但是亚里士多德主义者很难被这种说法打动。不过，我现在想要做的是运用导致成熟的（但不是人类中心主义的）新古典经济学家把主体性与人格割裂开来的那种推理方法来表明，当更宽泛的主体性概念运用在经济学之外时，类似的情形也会发生。

要首先提请读者注意的是，这种推理方法虽然导致萨缪尔森在人与经济主体之间插入了一个楔子，从而造成了某种概念分离，但是对于经济学家要面对的具体问题来说，从逻辑上看它并不像人们一开始所想的那么褊狭。从根本上说，在构建复杂的目标导向行为的模型的过程中，采取这种方法是出于如下需要：在系统既可以调整自己对环境的反应，也可以通过自己的行为来改变环境（而这个环境就是设置目标时所依据的环境）的时候，必须保持某些东西不变。因为主体—环境的分界线不会以任何一种理论上严格的方式保持经验观察上的稳定（正如我将在本章下文中讨论的，这一点近来开始被认知科学哲学家越来越多地强调），所以经济学家要求易处理性，只能采取一种方法，即假设只要偏好集的分布发生变化，主体也就发生了改变，不管这种变化的发生是因为心理动态过程导致有机体改变了自己的口味，还是因为种群动态过程对最大化定义所依据的拓扑结构进行了调整（在演化博弈论模型中），抑或是这两种过程相互增强的结果（在一个真正全面的模型中）。正是因为这个原因，经济学家关注经济主体与其他对市场产生因果性影响的因素之间的差别，后者包括龙卷风、大洋环流以及偏好不一致的交易者等。无 248
论是在合作性博弈，还是在非合作性博弈中，经济主体必须模型化为策略型参与人，而所有其他因素或者被固定在博弈结构中，或者以随机扰动因素出现（用通常的博弈论术语来说，就是“自然”）。经济学家在这里所使用的主体性概念，虽然相对来说偏离了亚里士多德传统，但是却不是偶然的、武断的。相反，它可以凭借它所强调的东西也正是许多哲学家运用主体性概念时所关注的核心这一点而得到辩护；也就是说，它强调根据目标对行为进行主动自我调节（self-regulation）与对因果关系上的推动力量的被动接受之间的区别。对于经济学家来说，幸运的是，虽然他们经常在观念上处于孤立位置，但是这一类焦虑或动机，以及表达它们的策略，正日益成为认知科学研究的前沿问题。

伺服系统性（servosystematicity）——通过对负面反馈的敏感性而实现对局部的熵的控制——这个概念对于主体性概念是至关重要的，它在认知科学当中被强调得越来越多，尤其是自从源于人工智能研究、人工社会研究的模型和基于通过错误信号的反向传播（back propagation）

来学习的模型出现以来。为了表明这一点，在此不妨列出其中一些有关的文献：劳埃德（Lloyd，1989）从伺服系统性的角度对主体性给出了一个哲学上保守（即表现主义的）的早期解释；后来我和佐威茨基（Ross and Zawidzki，1994）对它进行了一般化。戈弗雷-史密斯（Godfrey-Smith，1996）也提出了一个类似的研究计划。

米罗斯基、杜普雷、戴维斯对此应该不会感到惊奇，他们原本就预料半机械人和新古典主义者最终将成为反人道主义的共谋。然而即使是被我当作道德形而上学主义者的代表的毕晓普（他显然是人道主义者的朋友），在他给出的自然主体性的条件的最终定义里，也不得不在关键的地方求助于伺服系统性。与其他以保证在道德上真实并在因果关系上有效而脱离先验性为目标的理论一样，毕晓普的理论也必须在纯粹因果关系的意义上恢复对如下问题的直觉：在某些情况下在意向与行为间的异常因果联系所导致的道德责任会遭到损害，而其他情况下则不会。毕晓普用了一个很著名的哲学思想实验来提出这个问题。

皮科克（Peacocke，1979）让我们考虑这样一位想象中的神经生理学家，他可以通过观察别人的大脑来读取其他人的意图，然后由她自己执行相应的行为。对此，我们的直觉应该告诉我们，只要被试不知道会发生这种情况，而且无法采取措施来阻止她，那么无论她的想法会导致什么恶劣的结果，都不是她的错。戴维森（Davidson，1980）则给出了
249 一个与此相对照的例子，他让我们想象一个邪恶的登山者，她本来满心想松开拉住她的伙伴的绳子，但是这种想法令她自己非常兴奋，结果导致她在真正实施原来的想法之前就因为兴奋过度而松开了绳子。在这种情况下，虽然她那个邪恶的意图并没有以符合通常标准的方式带来它的结果，但是她的意图却仍然是松开绳子的原因，所有因果路线都从来没有离开过这个人的责任范围，因此她确实是犯了谋杀的罪行。

毕晓普指出，皮科克的例子的特殊性在于被试的意向与行为之间的因果关系稳定性的维系是由另一个心智完成的，因而改变了“责任场”。被试必须有“维持稳定条件”的资源，而不仅仅是因果关系上的责任。如果不然，这两种情形就不能在理论上区分开来，因为在两个例子中，都被一个取代了意向的直接因果有效性的优先地位的原因所干预。但是，皮科克的例子中的病人在没有那位神经生理学家的时候不会（与事实相反地）执行自己的意图；而戴维森的例子中的登山者（根据假设）所做的正是她能够做的，因为她维持了自己的意向与行为之间的匹配关系；如果这种间接的方式没有出现，那么她将采取更直接的方式把她的

伙伴丢下去。

因此，对于毕晓普来说，保持意向与其后果之间的因果关系的稳定性的能力就成了主体性的一个必要条件，这一点很清楚地体现在他的理论当中（Bishop，1989，pp. 167－172）。不过，他并没有像某些现代认知科学哲学家那样，直接说伺服系统性是主体性的充分条件。相反，他坚持认为，在某个具体情境中应用主体性概念的必要条件和充分条件是：是否具备从中得出关于一个意向与一个行为的内容匹配的因果关系的能力，而且在这个情境中，虚拟地支撑着内容匹配的心智结构（mental architecture）是具备伺服系统性的。因为这里所说的"意向性"是原始的，所以我们没有理由不同意（如上所述的）从局部熵控制角度给出的意向性的其中一个解释。（在毕晓普的理论中，也没有任何一个内在主义意向性理论的假设在起着关键性作用。）现在，让我们暂且忽略我们对于作为毕晓普这种观念的潜在基础的因果性心智形而上学可能会产生的任何疑问；就当前的目标而言，重要的是，任何一种解释——即使是明显受到亚里士多德式的关注所推动的，最终也将会把下述观念放到最显著的位置上：从根本上说，主体 250
性就是目标和行为之间存在的那些系统性的、可信的信息关系的稳态平衡的维持。

正如我们已经看到的，没有被贝克尔的人类中心主义说服的新古典经济学家有动力去摧毁人的个体性与经济主体之间的同延关系，因为对于具体目标，人们往往在足够长的时间内表现出足够强的稳定性。有人也许认为这个问题在涉及一般主体性（即在市场的特殊情境之外）的时候会不那么重要。追随丹尼特（Dennett，1991b）以及道德形而上学家（伦理学家）查尔斯·泰勒（Charles Taylor，1989）和伯纳德·威廉斯（Bernard Williams，1976）的思路，我们或许会把一个通常的人的一生当作一项总体计划的实现过程，即去创造并维持一个自我表达内在一致的自我，而且我们可能会试图把主体性当作用于维持这一计划的伺服系统的积极方面来分析。这也正是我在下一章中将会提及的那种典型的人类主体的形象，而且它是人道主义者——特别是那些人道主义者中的人道主义者，即现代亚里士多德主义者——尤其偏爱的。不过，既然我们所关心的是主体性的一般基础，它在人类当中的特殊表达可能只能作为一个引申例子来分析，那么目前的问题就不在于人在任何意义上是不是主体，而在于我们这种把通常的人当作主体性的典型范例的亚里士多德式的习惯是不是合理。①

我坚持认为这种习惯并不合理。经济主体性在时间上的伺服系统一致性会发生断裂，这与一般主体性在某一个时间点上的伺服系统性控制的统一性的断裂之间在许多方面都很相似。在此，让我们把毕晓普的解释当作基准点再来看一下这个问题。毕晓普隐含地假设，在一个典型的人与一个维持着意向和行为的内容匹配的伺服系统控制点之间存在着一对一的关系。他是依靠这一假设去打破皮科克和戴维森分别提出的关于意向—行为关系的因果变异的例子之间的逻辑对称性的；在皮科克的例子中责任发生了改变，而在戴维森的例子中没有，这是因为在前者伺服系统性控制被“另一个中央处理器”（即神经生理学家）占据了更优先的位置，而在后者并没有发生这种情况。

我这样做并不是要与毕晓普所假设的精神形而上学进行争辩，因为他在整个研究中都很努力地想把关于认知结构的经验问题留在理论黑箱
251 里面。只要援引“中央处理器”作为区别主体的根本核，我们就会丧失哲学上的纯正性。以往有人认为，可以把人类心智描述为在基本意向控制的层面上有单一处理瓶颈（bottleneck）的经典冯·诺依曼结构，但是这种观念在这本书中遇到了挑战，我们对它的诘难从三个独立于新古典经济学理论的视角展开：心智哲学中的外在主义、能够最好地理解与偏好逆转和偏好时间不一致性有关的大量实验数据的行为控制理论，以及丹尼特的多重草稿模型意识理论。神经科学领域中持续增长的经验数据为我们的观点提供了更多的支持（Damasio，1994；Quartz and Sejnowski，2002）。就意识和更一般的行为控制源而言，根据上面这些文献给出的证据，我们得出的结论将显著地削弱亚里士多德式的直觉：如果原型性的主体就是控制着行为与目标之间的关系的、稳定的伺服系统式的控制源，那么在认知上和意志上成熟的人并不是原型性的主体。

我的意见是，经济主体性与人的原型性之间的逻辑关系是一方面；一般主体性与它的典型例子之间的关系则是另一方面，但是这两方面基本上是相同的。人道主义拒绝它的理由并不比人类中心论的新古典理论家有更坚实的基础。考虑一个满足原型性标准的实证主义主体性例子可能有助于更清楚地表明我这个建议的含义。一个原型性的经济主体的一

① 如果这种区分的重要意义受到质疑，那么不同的研究计划就意味着两种观念。如果人不是主体的原型，那么我们就会去搞清楚到底是哪些性质使人近似于主体；如果人是主体的原型，那么分析主体就等于直接分析人了。

个很好的例子是一只昆虫。正如我们在第 3 章中简略地讨论过的，因为一只昆虫的目标与它的行为反应之间的关系是硬连线的，而且对环境变化的敏感性反应只能经由有限的、可专指的，而且牢固难破的方式来完成，所以昆虫是微观经济学研究的理想课题。一旦动物学家确定了一只昆虫的预算约束和条件—行为惯常模式，那么要推导出它的效用最大化就只是一个简单的技术问题了。这样我们就可以建立作为生物学上的个体的昆虫与一个表现良好的经济学主体之间的一一映射，而且我们将永远不会在解释的时候觉得无望，因为终其效用最大化的一生，都不可能会有偏好逆转的情况发生。由此出发，我们可以对一般主体性作一个准确的类比。条件—行为配对机制控制了一只昆虫的行为惯例，它在一个单一的时间点上构成了一个整洁的 LISP（在一个冯·诺依曼结构中同样是可实施的），而且随时可以转变为一个有等级层次的控制结构，而 252
不管电化学反应和电肌肉控制在实体化过程中是怎么分配的。人是相互协调的主体结成的相对松散的“联盟”，而一只典型的昆虫就只能是同一个主体——不管是在一段时间内还是在一个时间点上。构成一个典型的人的主体在分析中将被视为一个由像虫子一样的雏形人（homunculi，即微小动物内的微小预成人）组成的复杂集合。这种分析方法丹尼特已经强烈主张了三十年。根据丹尼特的看法，每个雏形人都是一个具备最简单的因果关系的系统，对它们从意向性立场进行解释和预测是有保证的，同时它们恰恰就是原型性的主体。

我们必须搞清楚的一点是，昆虫和其他“简单心智”（Lloyd，1989）之所以可以当作范例，成为比整体意义上的人更原型性的主体，并不是因为它们不能实现相互间有冲突的多种目标。一只蟑螂必须离开自己在墙壁上的洞穴才能实现自己找到食物的目标，但是这种“行为”并不符合它回避捕食者的目标。无论是在昆虫当中，还是在哺乳动物当中，潜在的目标之间的竞争，将导致对行为控制源的竞争。重要的区别（当然仅仅是程度上的区别，生物学中总是如此）在于冲突得以解决的“建筑力学”机理（architectural mechanisms）。里茨曼（Ritzman，1984）发现，蟑螂在觉得受到威胁时需要决定是飞走还是跑走，取决于它们的脚是不是正与地面接触。对于蟾蜍来说，当且仅当运动物体遮盖了其视野的中间区域时，它的神经中枢才会激发，于是舌头迅速吐出；但是当运动物体处于它的视神经末梢的固定专用区域时则不会，而且所有有关静止物体的信息都被某种机制彻底阻挡了（Ewert，1987）。一般来说，在简单的神经系统当中，目标之间的竞争，以及模式化的行为反应之间的竞争，都受到各种各样的神经突触与门（and-gate）所执行的功能的调制，而且被轮流地引入这些与门组成的多级阶梯式装置当中。在虚拟的层面上，这可以从意向立场的角度来描述，而且每种情况都可以用一个神经—控制机制与相应的专门环境—控制变量来解释。在“简单心智”中，这种控制模式无所不在，虽然其具体的实现结构各不相同。这方面的文献甚多，它们给出了许多例子（see Maes，1991；Shackleford，1989；Beer，1990）。这些门（gate）就是上文所说的瓶颈。因此，要把这些生物模型化为主体，分析者可以把在亚主体层面（subagent level）上完成最优反应搜索过程的分布式系统当作黑箱。这样一来，随着时间推移传导进来的感觉输入信号映射到这一瓶颈的输入模式上的函数就成了这个简单生物的效用函数。因为这种系统只能通过增强与门栈（stacked and-gates）中的抑制因子和激发因子的权重来学习（只要它们能够学习），所以这些效用函数是稳定的，也就是说它们
253 的行为不会出现偏好逆转的情况。这为麦克法兰（McFarland，1992，p. 197）把昆虫行为模型化为最小化某个简单的有极值的成本函数的做法提供了正当的理由，对这个函数进行简单的数学转换，就可以构建出一个萨缪尔森式的效用函数。西布利和麦克法兰（Sibly and McFarland，1976）、麦克法兰和豪斯顿（McFarland and Houston，1981）给出了经验应用的成功例子。

人类的亚认知处理模块（subcognitive processing module）很可能利用了类似的建筑原理（architectural principle）（Amit，1989）。然而人类自我的控制结构有显著不同。人通过不断地与自己交谈，从而利用来自以公共语言在交流层面上编码的、关于数据结构的反馈，不断地破坏自己原来的程序堆栈（Dennett，1991b；Clark，1997）。对于这一过程的具体细节，我将在下一章中同时用认知科学的语言和博弈论的语言加以描述。其实现在我们就可以看到，其中的一个结果将是，生物学上的人如果被模型化为经济主体，就会表现出极为普遍的偏好逆转和偏好时间不一致现象。因此，仅仅在他们叙述性地构造出来的自我保持了相对的行为稳定性的范围之内，整体意义上的人才可能接近于稳定的主体，而这种行为稳定性是从社会压力要求他们这样做而不是那样做的网络体系中继承来的。因此，要很好地预测和解释人的行为，就必须把他们模型化为复杂动态系统中的（有内在复杂性的）节点，而不是简单的主体。

如果考虑来自实验经济学方面的数据，就可以发现理论经济学家割

裂人格与典型主体之间的概念同延性的动机与认知科学家并不相同。认知科学家主要出于经验上的理由，而对于理论经济学家来说，这个概念涉及的问题是符合逻辑实证主义者所称的传统的一个问题。不过，现在我还要再增加一个论据，它对任何一门行为科学的表达都应该起到一些作用。到目前为止，我们已经对人与其控制结构中更简单的组成部分进行了比较，比较的依据是各自的主体性的原型性。现在让我们集中关注这一谱系的另一端（这个谱系是根据亚里士多德的观点来排列的），考虑其主体性的原型性。社会科学领域的哲学家已经花费了大量的笔墨去探讨哪些东西可以赋予主体性，国家、阶级、社团等是不是都有主体性？在政治性的新闻学和严肃的历史学当中这种做法很普遍，但是，这种做法在学术上是严格的吗？抑或仅仅是类比性的或比喻性的？两种看法都有自己的支持者，但是我的兴趣不在于这些争论的具体结果，而在于双方争论所依据的假设。即便是那些持最大胆的集体层面的功能主义 254
立场的社会科学家也不会把国家当成原型性的主体，甚至不会当成字面意义上的主体，为什么？

答案几乎是完全肯定的。相对于目标来说，这类实体的行为控制源实在过于分散了，而且其含义非常模糊不清，无法进行肯定的意向分离和归因，除非是在极其广义的同时对解释又很敏感的参数的范围之内。但是，如果丹尼特及其同事的观点是正确的，那么这就是发生在人身上的情况。人类行为很复杂，就像国家行为一样（不过不像昆虫所采取的那种行为方式），这并不是因为人与国家所追求的各种目标没有一种确定的优先等级结构，而是因为同一种机制可以支持不止一个目标，而且第二个目标可能与第一个目标有冲突。无论是对国家还是对人，如果我们的具体说明具备足够的一般性的话，我们往往就可以对主体性做出肯定为真的归因。这样一来，“英国在 20 世纪 40 年代努力阻止德国获得胜利”这种说法也就没有什么可争议的了，就像阿尔·戈尔（Al Gore）想赢得 2000 年美国总统大选一样。但是，如果我们把关注的焦点限制在归因过程中的专属性上，那么我们可以获得的数据的精确程度很快就足以令我们质疑任何事实是不是真的具有决定性。20 世纪 40 年代的英国是不是也想促进其同盟者的利益呢？答案无非两个：是或者不是。一些英国人想“内在地”促进盟国的利益，而另一些英国人则只想工具性地（比如说，只要这样做能促使德国更快地走向失败）促进盟国的利益，同时还有一些英国人可能根本就不想去促进盟国的利益。挖掘这方面的历史统计数据，对于丰富我们的描述是很关键的，但是并不能从总体上解决英国在 20 世纪 40 年代到底想干什么这个问题，它太过于专指了，而且英国作为一个国家并不是一个简单的主体；它是主体的集合。甚至阿尔·戈尔的情形也类似。他想通过在道德上很恰当的方法赢得选举吗？还是将运用一切可能的手段（只要对他自己和其他人来说能够真正在道德上实现合理化）去竞选？或者只对他人如此？再一次，关键不在于阿尔·戈尔一生中没有什么事实能为这些问题提供线索，而在于如下观念从根本上说是错误的：必定存在某些有关阿尔·戈尔的深层心理一历史事实，只要我们掌握了它们，就可以令人信服地回答这些问题。与其他通常的人一样，阿尔·戈尔也根本不是那种足够简单的或统一的主体。

上面所有这些内容都需要进一步扩展和详细说明，不然就不能完全令人信服。我将在下面两章中完成这些工作。不过，为了下面行文的需要，现在我在这里要预先给出一些结论。哲学传统往往把人当作原型性
255 的主体，与此同时，它又鼓励从主体作为一种因果干预源所具备的稳定目标网络与行为模式之间关系的能力这个方面来分析主体。以此为基础，它一直以来都只在扩展的意义上把人组成的群体当成主体，不管它们是怎样有效地、明确地组织起来的；或者不那么本质主义地说，把人看成非原型性的主体。但是，把人类整体主体性当作相对于昆虫或低于人类的雏形人来说的原型来看待，那就会导致不一致。社会科学中与支持或反对方法论个人主义的论证有关的各种困难反复出现，其最终根源都在于把通常的人当成主体的亚里士多德式观念与把主体当作因果关系可靠性（causal reliability）节点的现代观念之间的意义冲突。也就是说，我们往往首先把国家、社团等看成意向立场对象的适当例子。这使我们认定：作为主体，这些实体在因果性地实现其主体性的时候，所表现出来的性质必定类似于我们原有的原型性的主体——即人。

在我看来，到目前为止一切顺利。但是接下来我们要做的是把一个内在的输入—输出处理器作为内容来填充作为主体的人的图像，输入这个处理器的是呈现出来的信念和欲望，而输出则是行为。请注意，根据我的看法，我们在这里引进来作为因果关系模型的是一个原型性主体的图像，这种做法是适当的（只要我们不把输入表征当作独立归因的命题态度）。但是，用这来刻画人的特征却是不适当的。这样一来，就会产生如下后果：根据其中一个特征——在意向立场下复杂的叙事主体的实体化——我们认为应该把主体性赋予它们，因为这一特征加总起来与人有共同点；与此同时，通常被归因于作为本体的人的另一个特征——主

体由稳定的中央控制瓶颈引导——则被用来否定主体性是可以累计加总的。只要人们对于人的错误观念仍被坚持，这看上去就像一个经典的康德式的二律背反（antinomy）。但是，一旦抛弃了原来的观念，这一张力就会消失。人在意向立场下近似于主体，这样只要在某些总量之间的关系要求对这些问题采取意向立场的范围内，她们就会以完全相同的方式趋近于主体。因此总体上看，方法论个人主义是错误的，虽然传统上针对某些集体主体的反驳意见在意向立场是误导性的或没有用处时仍然是合理的——不过只是基于经验上的理由。①

表 6.2 表明的是国家、人和昆虫的主体性概念和人格概念的适用空间（application space），这是我在本书中一直主张的分配方式，它在逻辑上是一致的。现在让我们设想一下，对于我这种概念上的建议，（人道主义者）最可能的反对意见是什么。（这对于总结我正在证明的东西有双重的帮助。）我们要求一个主体性概念能够完成的核心工作之一是为我们对各种典型的因果关系模式（其控制系统是伺服系统式的）的一般化归纳提供便利，这事实上是我立论的基础。正如薛定谔（Schrödinger，1943）当年强调过的，从实践上看，这类因果关系模式是行为科学和生命科学的不可置疑的研究领域；同时，虽然人类行为研究理所当然地也是这个更大的研究领域的一部分，但是却几乎不可能成为这个领域中的典范，这恰恰是因为人是复杂的伺服系统结构的集合体，而且这种复合体涉及专属于它们自己的更高层次的组织原理。出于同样的理由，对于人的群体行为的研究需要从标准的生物学范式推进得更远。因此，如果协调一致的人类群体只是在类比的扩展意义上的主体，那么根据同样的逻辑，人也应该是扩展意义上的主体——当把他们

表 6.2 256

	主体	人（格）
国家	是，在扩展的意义上	是，在扩展的意义上
人	是，在扩展的意义上	是，原型性的
昆虫	是，原型性的	不是

① 这就是我认为马克思主义者把社会—经济阶级当成主体是被人误导的结果的原因。但是，他们的错误并不是因为方法论个人主义从总体上说是正确的，而是因为马克思认为方法论个人主义从总体上说是正确的。（Elster，1985）

与更简单的伺服系统单元（比如说昆虫和人自身的认知子系统）相比的时候。

现在很清楚，这种论证被用来挑选出某种特定的因果结构时，其推动力是它对主体性的强调。不过，亚里士多德主义传统下的某些人可能会反对说，主体至少在帮助我们对特定种类的规范性责任（道德的和/或认知的）进行一般化时是重要的，而且简单的伺服系统在这个意义上可以是任何东西的，但绝不会是原型性的主体。当然，社团或国家也不会是。这种反建议是与关于这个概念的逻辑的传统直觉判断完全一致的。

对于这种反驳意见，我的回答很简单：它回避了问题的实质。当然它分析了作为传统的主体性概念基础的传统的直觉，而且在那个范围内它解释了它的标准用途。但是，科学之所以能够脱颖而出，恰恰是因为
257 它借助更深入的观察和更自觉的逻辑推理修正了我们用直觉方式对现实的刻画。认知科学最近的发展告诉我们的一件事情就是，我们把人的意志当成某种点状因果支点的旧观念是根本错误的（Wegner，2002）；事实上把意志作为一种专门的因果动因本身就从来不是一个很有用的观念，除非将它从根本上用非亚里士多德式的术语进行再概念化，比如说像安斯利（ Ainslie，2001）所做的那样。作为认知科学的一个分支的自然道德哲学兴起后稳定而持续地发展了起来（May，Friedman，and Clark，1996），这个事实本身就证实了我们的如下认识：我们对特殊的人类责任的观念必须得到辨析、深化和修正，而根据只能是新近获得的关于我们的因果主体模式的事实的各种解释，不可能是任何其他的东西。丹尼特（ Dennett，2003）已经在实施这项计划。现在，不妨试着用另一个词来替换上面这个句子中的“主体”。如果没有人能够用其他表达方式同样好地表达它的意义，那么我认为这种异议就被驳倒了。

因此我的结论是，生物学—心理学上的人并不是经济主体，除非是在严格有限的时空范围内；而且即使在那种情形下，也只是在给定的情形下，即经验上需要意向立场的限度之内。因此，把经济学应用于人类时采取的方法必须与把经济学应用于国家、社团时相同，而且必须满足同样的本体论要求和认识论要求。严格的意向立场功能主义可以为这两者提供基础。这些就是下面两章的主题，也是我下一本书要讨论的内容。

请注意，把整体的人与经济主体之间的概念同延性割裂开来就等于关闭了一条通向取消主义的道路。这样一来，你就不能从人道主义者对

原子式个人的“内在”效用函数与“外部”对它的影响进行概念上的区分入手，然后在经验上证明可以把前者的因果动力设置为渐近地接近于零来到达取消主义的终点，因为这种思路依赖于把人类个体当作原型性的经济主体的假设。戴维斯（Davis，2003）也已经认识到经济主体概念应用到整体的人身上是有问题的，因此同意我对刚才所述的取消主义道路的反对，但是他所依赖的理由（他承认这些理由既是规范性的又是描述性的）需要把个体意志因素的力量想象得更加强大。这样一来，它就回到了亚里士多德式的人道主义。现在应该清楚了，在不把人格和经济主体性等同起来的时候，我把取消主义者和人道主义者在通往他们不同的终点时的旅途中看上去通常共享的新古典主义目标切割掉了。258

不过，仍然还有其他通往取消主义的道路，特别是我们在第5章中描述过的萨格登（Sugden，2002）的思路。从现在开始，亚里士多德式的人道主义将作为背景隐退下去，接下来两章主要要面对的是取消主义。不过，从某种角度来看人道主义者还是有希望进行一些回击的。从把经济人当成像国家一样的东西这个视角来看，他们确实有自己的特性，就像人道主义者经常强调的那样。这些特性中的主要一点是，人通过构造的自我稳定自己与他人的博弈，这使他们比国家或社团更接近于主体。但是我们将会看到，取消主义者对这一点几乎没有注意。

当然，下一章中将描述的自我概念是从意向立场功能主义和意识的多重草稿模型的结合中构建出来的。因此它与像森和戴维斯这样的人道主义者所依赖的自我概念有非常大的区别。最重要的是构造自我的材料将主要不是来自某个内在的源头，而是来自体现着环境规律性的三角关系——特别是从成功的博弈中发现的那些规律性。但是在我详细地阐述这些内容之前，需要把丹尼特的人格理论中更深刻的一个方面表达清楚，不过这个方面的更多细节是由其他人而不是丹尼特本人发展出来的。这就是当内在—外在区分应用至复杂行为系统时的去稳定性。这是非常“谨小慎微”的去稳定性，绝不是对稳定性的直接损毁。这构成了本章下一节和最后一节的主题。

走进世界：移除控制源

在第2章中我们已经提到过，丹尼特的老师吉尔伯特·赖尔（Gilbert Ryle）的研究工作的目标所瞄准的是所谓的“机器中的精灵”，他想清除如下观念造成的影响：存在一种常驻在有机体内部并且指导有机体行为的“精神导航员”。他认为这是不可能的。因为赖尔写作的时候没有利用信息处理的计算模型，所以他也没有能够完全抓住要点。只要不存在一个供所有这些表征复制整个系统的认知复杂性的内部核心（如果那样的话，就会导致我们前面讨论过的回溯难题），内在表征本身并不必定意味着一个精灵。因此可以把赖尔的做法理解为（事实上人们就是经常这样理解的）利用奎因及其同时代的心理学家（如斯金纳等人）想用的那种方式去取消心智概念。[①] 然而，这是一种误解，事实恰恰相反，
259 赖尔的命题是：“心智”是一个用来解释行为模式、世界、目标和功能之间的关系的概念。因此，心灵既不等同于大脑，也不是位于大脑之“中”，事实上心灵根本不是像大脑那样的实体，但是，心灵也不因此就成为超自然的东西。正如丹尼特有一次谈到这个问题时所指出的，心灵是大脑（在与环境不断发展的互动过程中）完成的事情或东西。

当然赖尔这种心智概念是非内在主义的、功能主义的。由此，它为丹尼特后来的意向立场功能主义定下了基调。某种意义上说，丹尼特只是在自己的理论中融合进了更丰富的信息处理理论的内容。功能主义非常一般地给出了大脑是如何“做心智”（do mind）的可能解释构架，并把它放到优先于对为什么大脑这样做的思考的位置上。如果大脑不仅仅是模块化的或串行连接的条件反射，或者说，如果大脑控制行为的方式不是狭隘的、僵化的，那么，大脑就需要面对极为惊人的记忆问题。大脑作为（自然）选择过程的产物，它们被建造出来就是用来追踪信息标示目标状态的模式以及相关的方式的。（根据上一节的论证，这也就等于说，它们被演化出来就是要成为经济主体的。）这在物理上之所以可能，是因为信息环境中存在冗余——在这种环境下它们就是“食物”。一个信息处理器要想有任何用途，必须能够根据相关的差别（即“吃下”不同东西带来的效果和获取不同东西所付出的成本之间的差别）辨识、控制行为，同时还必须有能力忽略不相关的差别。而且，（一般地说）它不能通过计算来确定什么差别是相关的、什么差别是不相关的，因为信息复杂性的边际增加意味着计算复杂性的边际增加是非线性的、爆炸式的。所有这些无非表明，大脑必须从客观信息的全部范围内抽象

① 安斯利（Ainslie，2001，chapter 8）正确地论断出了赖尔的错误：赖尔想取消意志，而不是简单地直接取消心智。我相当肯定的一点是，丹尼特，甚至是任何一个人，都不会这样提出问题，但是，为什么在安斯利之前，讨论“意志”仍然是一个很好的话题呢？

出某种在生理层次上潜在地可行的东西。

任何曾经运用非常棘手的计算程序来思考的人都承认，在反应弹性与控制系统内信息抽象原则硬连线的程度之间必须有一个系统性的权衡。比如说，我的文字处理程序要想有用，必须能够把我输入的“P”和“Q”区别开来，而且应该对我的手指施加于键盘上的按键的角度变 260
化不敏感。但是，设计整个字处理系统的工程师却从来不需要考虑这个问题，因为作为软件运行基础的硬件中本来就已经设置了相应的物理限制，不相关的信息根本不可能到达软件。（当然，如果采取特别的措施，这些信息是可以进入软件的，但是这要涉及相当困难的设计问题，这主要是因为手指与按键接触的角度自动地携带一大堆信息，它们也都需要用新的手段筛选出来，这样一来就永无止境了。）这一信息处理与信息抽象问题在文字处理软件的设计过程中是很容易解决的，因为文字处理软件本来就被认为只需要完成非常有限的专门化的任务。许多人都指出过，在这个意义上日常使用的电子计算机有一点类似于有原始认知能力的自然界的有机体。阿米巴变形虫的“工作”也可以完成得很好，这就是因为在给定的复杂性很低的条件下，它们只需要跟踪数量非常有限的几个高度抽象的差别：有机物与无机物之间的差别、大东西与小东西之间的差别、供氧条件好的环境与供氧条件差的环境之间的差别。当然，与阿米巴变形虫的生存前景有关的信息要远远超过这些二元差别所能刻画的范围，但是，感谢世界上存在的大规模结构性信息冗余，正是它使自然选择以及生活得以进行，而且在进行一般抽象时绝大多数其他信息都白白放弃掉也没有关系，阿米巴变形虫的控制系统并不需要跟踪它们。

随着反应弹性的上升，信息处理和信息抽象问题将越发突出，这一点是很清楚的。然而，总是存在某种基本的权衡原则；一个有效的选择过程所生成的某种“设计”当中，不管什么信息可以被相对可信地当作冗余信息来处理，都只允许用某种正确地内置于系统的工作动态过程当中的抽象倾向来刻画。关于复杂性不断加速增加的路径，有一点特别重要，有必要在这里着重指出，这就是：从系统设计层面上可以直接利用的信息冗余的角度来看，一旦处理器获得某种结构，外部信息与内部信息的分界线问题就会立即凸显出来。

正如克拉克（Clark，1997）所详细描述过的，大脑通过让外部环境储存部分信息，从而在内部储存了更多所需要的信息。克拉克在描述这种情况时用的一般术语是“支撑框架”（scaffolding）。或许因为人类大脑是并行处理器而非串行处理器，它在面对每个步骤都需要有精确计算结果的分阶段储存和记忆任务（比如说多位除法等算术计算任务）时
261 并不十分在行。人们需要在纸上记下每步的结果，利用他们在学校里学到的一种目标专门化的直观公式把各步结果组合成一个全面的答案，这样才能解决问题。一个非常忙碌的人可能会把所有的文件都堆在桌子上和地板上，虽然旁人看上去杂乱无章，但她自己却能记得必须做的每件工作而且有效地标示各项工作的相对重要性。购买杂货时，经验丰富的消费者每次都以相同的次序查看超市货架，并在走到每个通道的末端时检查她们的购物篮是不是已经装上了自己熟悉的东西，这样就能在预先制定好的每周开支预算中节省几美元，因此她们也就更接近于经济主体。关键在于，在人类世界当中，公共语言结构中储存了极其庞大而复杂的关系网络，人们可以通过与自己交谈和与别人交谈来得到这些信息。（在下一章中我将把语言作为社会支撑的重要作用阐述清楚。）

有支撑的表征（scaffolded representation）使大脑中的各个亚人单元（subpersonal unit）在没有一个中央指挥者的条件下也能协调起来，就像哈钦斯（Hutchins，1995）所描述的航空母舰上的海员的工作一样。海员遵循预先设计好的或以往工作中演化出来的条件—行动规则或程序（“stigmergic” procedure），这些规则融进了他们的劳动分工当中，储存着与每个人的个体行为有关的全局性关系，因此作为个体的海员不需要掌握全部信息（这是很关键的，因为航空母舰过于复杂了，他们事实上不可能掌握全部信息）。类似地，大脑根本不需要明确地“知道”“民主”与“独裁”是不是位于大脑内同一个语义区域；它也不需要去搜索某个巨大的词语数据库，如果与某个词语相似的声音构成了局部模式联结（local pattern associator）的提示线索，那么在给定另一种模式已经被激活的条件下，这种模式就更有可能被激活。

只要处理器当中的某个部分的状态已经可靠地与环境的某种状态相互联系起来了，处理器的其他部分就拥有了只注意有关前者的信息的选择权。也就是说，一个复杂的大脑的各个部分将会专心地只致力于监督大脑的其他部分的活动的这项工作，而不需要明确地表明它们接受的输入是来自（某条纵贯整个系统的固定分界线的）内部还是外部。① 这里所讨论的就是意识的根源——意识并不要求去找到一个中央指挥官，而

---

① 这并不排除具体器官的作用，比如说皮肤就可以把刺激等价地归类为某个宽泛的等价类，“等价”一词在这里所指的是一种重要的特殊功能。

是在没有这种中央指挥官的时候继续存在于需要的东西当中。

这是一个不落俗套的观点，它削弱了内省观念；毫无疑问，它比被笛卡儿剧场论的反对意见击垮的通俗观念要深刻得多。内在的表征可能像图画或味道，这种观点只代表了一种较低的论证水平（这种水平是经 262
典人工智能研究曾经达到过的，但是人们当时想从中得到的东西实在过多了）。与此相比，论证缜密程度高得多的另一种观点是：内在表征发生在某些抽象的内在编码上。这种观点与下列假设是相容的：负责跟踪全局性内在状态的是一种内省能力，尽管它仅仅是一种在结构上与推动外在感知的东西相似的中介。许多经典的人工智能模型都把这种观点直接嵌入进去作为结构的一部分，将内省类比为收集外部世界信息的某种能力，或以等级体系形式组织起来的能力系统。另一个类似的系统则强化了内部王国。这个心智图景包括一般的推理、不具备领域专门性的中性的公理，以及通过同时采用来自内外两个方面的输入信息来控制行为的机制。在哲学和认知科学领域之外，这种心智图景很可能仍然在那些思想相对深刻的人当中占据着主导地位。它也是罗宾斯在他的内省主义偏好排序模型中所假设的图景，正如我们已经看到的，他的模型可以搞清楚效用的内部组成部分和外部组成部分之间的区别的含义是什么。然而，根据我们最近的反思，我们要问：为什么自然选择要以这种方式安排万物？或者说，为什么一位人类人工智能工程师也要深谋远虑地试图构建出一个心智？这种模型事实上并不存在任何理由。实际上，反而存在占压倒优势的、完全一般的理由来说明为什么它不会成功。这样的一个模型过于痴迷于内在—外部的区分，必定会导致整个系统利用信息冗余的机会被极大地浪费掉，从而只能通过一个本质上没有任何作用的“瓶颈”来进行控制，致使实时反应能力陷于瘫痪。自然根本不会而且不可能构造出那样的系统。框架问题不可能只凭远见卓识就得到解释，更不用说盲目的选择了；它只能容纳于由可靠的相互关系组成的世界性网络的稳定性被自动利用的过程当中。

我将把上述支撑框架假说与由分布式控制、意向立场功能主义、意识的多重草稿模型等构成的总体网络结合起来，并以此作为这个讨论的结论。让我们从一个有趣的事实开始。某些棘皮动物（比如说海蛇尾和箱水母）有眼睛但没有大脑。它们的眼睛直接与神经系统相连，但是不存在支持中央皮质功能的东西，它们甚至没有中央脊柱（Johnsen，1994；Aizenberg et al.，2001；García-Arrarás et al.，2001）。那它们如何维持生存呢？同样地，斯洛博维亚低地（Lower Slobovia）大量卖小玩意的人能不能在没有一个中央定价部门下指令或进行协调的情况下在同一天内把售价提高 3 美分？这两个问题的答案都是肯定的，而且它们有类似的解释。

263 在下文中我们还会再回过头来讨论卖小玩意的人的例子。不过，现在暂且让我们先考虑海蛇尾和箱水母的例子。有人或许会反对说，把它们那些对光敏感的接收器（即感光器，这两种动物都有一排这种接收器）称为眼睛已经走得太远了。（前文所引的那些科学家在这些问题上都很谨慎，不过康韦·莫里斯（Conway Morris，2003，pp. 157 - 158）完成了这个跳跃。）我们没有任何理由相信它们能够生成内在图景，或许也没有理由相信那些东西可以被当作眼睛。但是，请读者停下来思考一下，这里恰恰是多重草稿模型与内在主义的意向性和意识模型之间的争议所在。海蛇尾几乎肯定不会形成内在图景。那么，在没有一种内在的整合手段的前提下，它们这样做的要点是什么呢？生物学家仍然没有完全搞清楚海蛇尾和箱水母的光敏反应的工作原理，但是毫无疑问这里存在的是表现在行为上的光敏性。因此让我们想象它们行动的某些可能的细节——不过要以一些真实的机器人是如何工作的事实为基础（Brooks，2002），来保证没有也不会发生什么神秘莫测的东西。我们不妨假设海蛇尾的每只“手臂”都直接对光线频率的变化产生反应。如果辐射中心（可以是一般的光辐射中心，或者是具备某个特定频率的其他辐射中心，这取决于我们认为海蛇尾的感光器的复杂程度有多高）从感受器闭合位置的中间移开，海蛇尾与那个传感器相连的手臂就向前移动。这不会与海蛇尾身体另一侧的手臂产生冲突，因为它们的传感器发现辐射中心朝它们移动，就会禁止与之相联系的手臂的运动。向前移动的手臂将一直向前，直到辐射中心改变方向为止；当这些运动过的手臂停下来后，此前不动的那些手臂将开始运动。凭借这种简单的动态过程，海蛇尾就能够高效率地向光线移动，根本不需要任何中央指挥系统去整合来自传感器的信息。如果系统只是对特定的频率敏感，而不是只对亮度敏感（实际情况似乎就是如此），那么海蛇尾就能够用同样的方式移到某件东西的红色部位或绿色部位。因此，一个有机体即使在追踪抽象的信息包的时候也不需要大脑。

如果有人因为对海蛇尾的感光器所收集到的信息的整合过程并没有发生在系统内部，就想否认它们是真正意义的“眼睛”，那么他们实际上就等于接受了如下这个内在主义的直觉性断言：在有某个内在建构跟踪某种功能的情形下，功能归因应该保留下来。当然非内在主义者或许仍然想引用“内在的表征”概念沿着这些路线标识去设计差异。举例来说，劳埃德（Lloyd，1989）主张，当且仅当最低水平的内在整合把最少两个独立的信息通道与某种行为规律性联系起来的时候，表征才会发生，因此他把一个被实施的行为定义为一个“简单思维”（simple mind）的基础。这种定义是有用的，因为它允许我们辨识出相对于系统在通常环境中的合理功能的表征错误。海蛇尾不可能把一块红布误解为一块绿布，因为根据假设，它甚至不是一个劳埃德意义上的简单心智。不过，这并不妨碍它会以另一种方式发生“故障”，比如说，在环境中巧妙地放置光源就可以让它不断地转圈。这种“错误”是相对于它作为整体的感光器系统在演化上的功能来说的，而不是相对于它不拥有某种内在整合的机制或功能来说的。 264

丹尼特在他最重要的一部论著（Dennett，1987，chapter 8）中强调指出，劳埃德所作的那种区分所针对的是构成行为原因的动态过程中所包含的不同模式，这种区分无论怎么有用①，与意向立场的抽象仍然相距甚远。从意向立场出发，如果我们说海蛇尾“看到”红布，这事实上是在说，被给定的这只海蛇尾“相信”它前面有一块红布。注意，我们这种说法，绝不应该解释为我们相信海蛇尾拥有某种内在机制，而且根据其辨色能力实现了一个劳埃德意义上的简单（或复杂）思维。我们要阐述的只是这样一个观念：动物的行为是可靠地敏感于一个系统性的信息差异的，而且对于这种差异，只有我们才能够在劳埃德的意义上表达出来（比如说，在红布与其他颜色的布之间的差异）。意向立场功能主义是行为主义的一种形式，但这并不意味着它否认某些行为会受内在表征行为的影响（另外一些行为则不受其影响）。这就是原因所在。

不过，在应用于海蛇尾这个例子的时候，意向立场功能主义看上去是工具主义的，就像弗里德曼（Friedman，1953）所强烈主张的那种功能主义一样。弗里德曼说，对于叶子朝向太阳展开这种现象，经济学家或许可以通过把某种内在的欲望归因于它们来进行解释。正如我们已经看到的，这正是戴维斯（Davis，2003）理解丹尼特的方式。然而，意向立场功能主义并不意味着工具主义。这是为什么？我们只要看它利用

① 在这里，我故意采取了一种时空错置式的论说方式。当丹尼特撰写他的论文时，当时哲学家为了刻画这种区别做出了各种尝试，但是没有任何一种达到了劳埃德后来的解释所达到的那种明晰性。这也就意味着丹尼特本人也不可能达到我们后人以一种“后见之明”的优势在阅读他的论文时的理解的准确性。我和萨维茨基（Ross and Zawidzki，1994）梳理了这种“辩证法”的某些逻辑性质。

多重草稿模型来解释意识的过程就可以理解这一点（这是所有批评将意向立场应用到经济学中的做法的学者都没有注意的）。在这个过程中，我们将理解，意向立场功能主义和多重草稿模型组合起来后构建的统一理论的解释力为什么比各部分之和还要大，并且搞清楚它是如何实现这
265 一点的。最终我们就可以为经济学理论建立一个意向立场功能主义的基础，同时又可以通过运用多重草稿模型避免自我的丧失（这样就将有效地化解戴维斯和米罗斯基的担忧）。而事实上，我们还可以做得更好。因为，在使意向立场功能主义（而不是取消主义）成为微观经济学中至关重要的一个组成部分的各种因素中，多重草稿模型是其中最重要的一个因素，所以我们不仅不会丧失自我，我们还将得到更好的结果，即重新恢复自我这一内生的关键因素在理论解释中的作用。

第7章 自我及其博弈

“自我残骸”之调查（survey the wreckage）

对于一位小说家来说，如果他有意识地预先把自己作品的故事情节公之于众，这通常会被认为是一种不得体的行为——或者，至少在后现代主义兴起之前人们会这样认为。但是，我这本书不是小说，因此我可以在这里大声地宣布：本书的叙述现在已经到了一个转折点。到目前为止我们讨论过的东西，看上去几乎全都是负面的——除了第3章中试图确定罗宾斯和萨缪尔森各自为新古典经济理论给出的基础可能在哪些方面达成和解的那些内容之外。构建一个强大 267

理论机器的各种零件被到处丢弃，散落在地板上的各个角落，等待我们去把它们组装起来。如果它们确实能够重新装配成一个整齐有序、发挥很大作用的理论机器，那么现在是时候搞清楚如何着手这项工作了。

不过，在开始组装之前，按程序要先进行一个全面的存货清查。在第3章中，我们回顾了新古典主义兴起的历史，它一直挣扎着想要摆脱亚里士多德的形而上学心理学的影响，但却一而再、再而三地没有取得成功。在这个故事中，罗宾斯的方法论研究是一个关键的中枢，对后人有非常大的吸引力。一方面，实证主义强烈主张的系统性引导他揭露了被杰文斯、马歇尔和其他对哲学更加没有耐心的人掩盖起来的根本张力（或者，另一种说法是，在类似冯·米塞斯这样的思想家那里，这种张力由于康德式的自信太过严重而被置之不理了）。此外，是罗宾斯最终把经济学的中心主题从人类行为转换为总体上非人类中心论的一般现象，即对稀缺性的反应。但是，在罗宾斯对经济学理论的本体论目标的界定中，还保留了“人类”一词，这个残留物表明，他仍然没有发现经济学真正的系统性根基。正如我们已经看到的，罗宾斯依赖一种假想中的内省能
268 力来传递有关偏好结构的数据，这堵塞了理论发展的道路。

有了上一章讨论的基础，在接下来的论述中，我将直接假设这个罗宾斯式的堵塞物及其基础都已经被清除干净了。也就是说，根本不存在类似内省的东西，因此“内省”也就不可能是一个潜在的数据来源，更遑论它是重要的还是不重要的了。在给定新古典主义其他本体论假设的前提下，这样也就没有理由继续保留罗宾斯的经济学定义中的“人类”行为这个限制了。这依然是一个负面的结论，它让我们不得不面对各种可选方案之间相互竞争的混乱局面。

通过严格地把注意力集中在相互竞争的目标和达到这些目标的相互竞争的手段上面，致力于对它们的最大化的抽象数学推理，萨缪尔森最终使新古典主义脱离了亚里士多德主义，但是从他的理论公式来看，任何有可能被认为属于人类特有的东西都消失了。然而，现在已经清理出来的土地已经太过光滑，几乎难以容纳任何经验上的东西了。根据萨缪尔森的理论，我们所讨论的这些“主体”所剩下来的差不多已经只是一个空壳了；我们仅仅拥有在形式上表达它们必需的条件，即它们的行为符合显示偏好理论的公理。不幸的是，我们并没有得到指示，如何让经验系统实现这些抽象的主体。默认的亚里士多德式的预期——主体必定是生物—心理学意义上的人，即使在萨缪尔森的理论中也一直存在，并且使它不能采取取消主义的解释。然而通往取消主义解释的道路很快就

被其他人发现了，这一点并不奇怪，比如说，米罗斯基和戴维斯不仅早就已经认识到了，而且成功地使之凸显出来了。

然而上一章的主要结论却是，通往取消主义的道路并不仅仅只有一条，或者说，如果我们发现某条道路是有问题的，那么还可以转向另外一条更微妙的道路，它将从萨缪尔森对自己朴素的本体论立场的捍卫中浮现出来。使这些道路更加复杂化的主要因素有两个。

第一个因素是历史发展为显示偏好理论的必要条件主体性嫁接了一个部分是心理学理论的个体决策理论——期望效用理论。我在这里用“部分”一词，是因为这个理论有两方面的动机，一方面是出于理论的形式化、系统性的考虑（这是激励萨缪尔森的主要动力），另一方面是受到了关于人的经验模型的推动。问题在于，人们往往从因果关系的角度解释期望效用理论——似乎它就是一个直接关于人的经验理论，因此，亚里士多德主义就像一个“银幕大恶棍”（movie villain）一样，似乎永远都不会死去。这样就打开了一条通向取消主义的道路。期望效用理论被当作一个关于人（性）的假说，很容易受到人们基于经验事实的驳斥；而且它理所当然地遭到了大量实验研究的反驳（我们在第5章已经描述过）。问题还在于，没有任何一种替代期望效用理论的理论能够作为一个完全一般的人类决策模型，成为抽象的经济主体模型的一部 269
分，这样的理论还没有出现，尽管前景理论以及其他可供选择的理论对于某些特殊应用问题是相当有效的。（我们要时刻记住的一点是，显示偏好理论任何一个具体应用都需要利用其他理论确定要最大化的东西到底是什么，因为显示偏好理论本身根本不是一个经验理论。）由此，我们就可以得出第5章中描述过的那个取消主义的结论：人不是经济主体，而且也不是任何其他东西。从经验上看，不存在这样的东西。

亚里士多德式的人道主义现在之所以如此兴旺发达——自从亚里士多德时代结束以来，从来没有这么兴旺发达过，在很大程度上就是对这种推断的一种反应。贝克尔想在不把人等同于经济主体的前提下保住整个萨缪尔森理论，他这种英雄主义的努力反而使人们对危机的认识更加深刻。萨缪尔森理论面临的问题的残酷性在于，它是系统性的，恰恰就存在于其自身逻辑当中，因为它提出的关于人格的模型对大多数观察者来说似乎是可笑的、难以置信的，结果使整个新古典经济学传统都被人怀疑。如果经济学本来就应该是关于人们怎样买卖东西的学问，那么亚里士多德，以及继承了他的传统的古典经济学家斯密和马克思反而似乎站在了正确的道路上。（而且在宏观经济学中我们可以从卢卡斯式的新古典道路上退回来，重新沿着凯恩斯本人鼓励的方向去发展凯恩斯的遗产。）从人们对斯密的道德哲学的热情洋溢的人道主义解读来看，他的思想正在经历一个伟大的复兴。（这方面的文献正在急剧增加，比如说：Muller（1993），Rothschild（2002）。）森再三地明确地把他自己的哲学方向追溯到斯密的影响（Sen，1999，among many places）。即便是萨格登，虽然他在讨论演化博弈论的时候或许在某种意义上与取消主义又纠缠到了一起（Sugden，2002），但是他仍然一直被斯密那个花团锦簇的花园所吸引。（在本章中我们就会碰到把斯密式的人道主义、博弈论和认知科学结合起来的罗伯特·弗兰克的研究。）至于马克思，他的历史决定论和乌托邦主义现在也许被认为很不合时宜；但是正如我在上一章中所指出的，他在当代经济学哲学基础领域的追随者——特别是那些与女权主义有联系的追随者，却是实践中唯一不受虚无主义影响的理论家群体。我们将在本书下文讨论虚无主义。

这种人道主义导致的问题在于，正如我们在前两章中所看到的，它让规范性的考虑完全压倒了科学—行为的考虑，后者是从认知科学中涌
270 现出来的。根据这种规范性的考虑，人是自由的存在者，而且拥有正确的意志去建造正确的制度结构，他们还将变得更加自由，人的动态行为过程，特别是他们的内在动态过程，是完全神秘的而且越来越与更广泛的科学背景分裂，而且根据我们在上一章中提出的对内在—外在区分的反驳，也同样可以用来反驳他们对社会动态过程的区分。这在戴维斯（Davis，2003）那里说得非常清楚，戴维斯在他这本书的前半部分一直都坚决地沿着一条很大程度上与我在本书中相容的分析路线前进，但是在后半本书中他却不得不承认，对于如何在经验证据的基础上推导出经济个体的模型这个问题，最终能够得到的只是一个最粗略的概念；然后他就转而求助于规范性的东西。杜普雷（Dupré，2001）屈服于科学主义针对人道主义的抗辩进行的尖锐攻击——对此我将在本书最后一章中给出回应，同时他对于存在着系统性的可替代方案这种想法十分蔑视，他显然有些过分地沉迷于他自己的这种混乱感受了。

我另外一个论辩对手米罗斯基则要审慎得多，这要感谢他那值得称赞的反讽习惯。米罗斯基在人道主义者当中算得上特立独行者，而且也是学究气最少的一个。他怀疑经济学想要完成的那些系统性的东西与他对自由的自我的关注可能会难以兼容，但是他的怀疑并不依赖于关于自由（有很强的形而上学意义上的“自由”）的某种假设。因此在本书结束之前杜普雷都将继续留在“舞台”上。

上一章的目的是削弱为亚里士多德式的人道主义提出的积极抗辩。在这样做的同时，通往取消主义的另外一条道路也被打开了，我认为这条道路更有意思，它不是要保留人与经济主体的概念上的同一性并质疑经济理性能不能从与行为之后的因果向量的其他分量的竞争中胜出，恰恰相反，它从一开始就否认这种概念上的同一性。在某种程度上，是米罗斯基敏锐地把丹尼特的名字与这条通往取消主义的路线联系到了一起（当然正如我们在下面将会看到的，这是一种误解）。这种取消主义拥有更强大的本体论上的力量，它决非简单地声称人（人可以是低贱的，也可以是高贵的，这取决于你的态度）并不是偶然地成为经济主体的。支撑取消主义的哲学命题是：经济主体概念是没有内聚力的，因为在真实的动态世界当中，没有任何行为系统能够在一瞬间统一到它的控制体系上来并生存下去，更不用说实现最大化了。

把丹尼特的思想与这种通往取消主义的道路放到一起，进行对照性的思考，可以给人很多启发，这样人们就会认识到一致的意向立场主义意味着对俗成心理学的一个激进修正，特别地，正如我们在第6章中已经看到的，它否认人就是原型性的主体。但是我在本章和下一章将要证 271
明，这种逻辑将把我们带到的终点并不是取消主义。丹尼特的核心命题包括以下这些：意向立场是将行为科学与认知科学系统化的至关重要的一部分；意向性系统实际上是在经验上实现的，而不仅仅是概念上的工具；意向立场的运用是符合最优化逻辑的一种实践；意向立场在世界中揭示出来的各种对象其中之一就是相对稳定的主体，她有重要的因果性的工作要做，而且像大多数人一样，她想拥有所有的自由。现在我们已经走到了取消主义经济学的最有力度的表现形式的边缘，因此我将掉转方向沿着另一条路走下去。我很欢迎人道主义者能跟我一起来试着走这条路。①

下文中我将重构丹尼特的理论结构，但是逻辑次序与丹尼特本人有所不同。我将从他的自我理论开始，因为它可以直接地与我们在上一章中停下来的地方接起来。然后我将增加更多以经济学原理为基础的支持证据。这反过来又将有利于解释使经济学成为系统性科学的真实自然最

① 让我再提醒读者一次：那些看上去令人生畏的实证主义者——比如说纽拉特(Neurath)和卡纳普(Carnap)，也只不过是人。他们认为利用最好的科学技术，去让自己吃得更好、住得更好是排在第一位的；在他们活的那个时代环境下，科学承担了挫败法西斯主义无知蠢行的责任。

优化过程为什么会存在，以怎样的方式存在。

马基雅维利智慧（Machiavellian intelligence）与简单主体的崩溃

让我们再来考虑没有大脑也能看的海蛇尾。请注意，它的行为的复杂性程度（作为生物系统来说其复杂性是相对较低的）并不要求它的控制系统是分布式的。一般而言，我们不能假设所依赖的外部支撑框架通过环境与复杂性共同变化。虽然简单生物是理想的经济主体的范例，它们的行为复制因子可以成功地利用冯·诺依曼理论、LISP 语言或生产系统模型进行模型化——符合实际地、详尽地，而不仅仅是理论上地、原则上地，但是，这并不意味着可以同意如下推论：应该期待自然会以那种方式实现。

不过，如果保持足够的谨慎，我们还是可以得出结论的。如果一个有机体群体不想通过单倍二倍体繁殖那种压抑个体性的方式（即完全依赖于基因水平上的亲缘选择）去获得社会化利益，那么，它们的信息需求的复杂性必定会增加。个体如果不是近亲克隆的，就会继承（在生物
272 学上）不同的效用函数，不过，社会一致性取决于群体在解决协调博弈问题时能否不断取得成功（Brinck and Gärdenfors，2003）。上面这两个事实合在一起就意味着，一个标准遗传学意义上的社会性动物个体所面临的行为挑战中，需要解决的非参数性的问题的比例要比与它们最接近的反社会性近亲大得多。也就是说，社会性动物个体在博弈中面临着更强大的压力，因为它们需要有良好的表现。这反过来又对信息处理提出了特别的挑战，正如经典博弈理论家在对博弈进行精炼的过程中所碰到过的，当支撑框架所必须依附的环境是社会环境时，通过环境支撑框架来轻易地得到控制问题的解决方法就根本不再显得容易了，因为社会环境中的参数是与最优化过程有关的，而这又是与个体有机体行为动态互动的。

我这样说并不是在断言什么，这是首先要澄清的。如果据以确定问题的总量水平还没有固定下来，那么说反社会性动物面对的非参数性问题“更少”就是不对的。（围绕“更少”的引用很少发生是因为在这里没有一种真正有意义的数量型比较单位。）举例来说，一只老虎在同一时间内要参与两类博弈——与其猎食对象的博弈，与其竞争对手的博弈。老虎所参与的群体层面上的博弈的比例要大大超过狼。也就是说，

恰恰是在金迪斯对演化博弈论理论模型的取消主义解释所强调的意义上，作为个体的老虎才会构成占优的老虎策略的极佳例证。这就意味着老虎博弈需要漫长时间期限才能完成，在这个过程中自然选择本身就可以直接地完成必要的信息处理。相反，在社会性动物当中，在个体有机体层面上存在着有利于社会智慧增长的强大压力（或许受到某条极限渐近线的限制，或许不）。这样也就给了自然选择“理由”把控制转移到个体身上。反过来，这也提出了与瓶颈问题相似的同类问题，从事机制设计研究的经济学家对这类问题应该很熟悉。

在仔细地设置了限定条件的情况下，把社会智力直接等同于智力并不是不合理的，至少在我们关注的对象是个体有机体的时候。（因此说一只鹦鹉比一个蚁群“更有智慧”在概念上是过于粗率的，反之亦然。但是一般而言，说一只鹦鹉比一只蚂蚁更具有智慧是有一定道理的。）
使智力这个概念可操作化的一个方法是，用对每个相关环境变量的行为 273
反应当中真正有用的反应所占的比例来衡量智力水平。[1] 根据这种衡量标准（我们的注意力仍然要限制在个体有机体的层次上），几乎全部[2]（或许就是全部）有智慧的个体有机体都被包括在了社会性的但不是群居性的物种当中：鹦鹉、乌鸦、犬科动物、猫科动物、浣熊、猪、鲸目动物、大象、蹄兔科动物、猴子、猿。上面这个名单仍然是不完整的[3]，重要的是它已经清晰地表明，社会性动物与“有智慧”的动物是高度重合的。上面这个“俱乐部”中的这些动物并没有一个共同的祖先（虽然可以说，鸟类和哺乳动物作为整体有共同祖先），它们位于某种遗传特征的演化过程中的某些当前进化点上，这种遗传特征表现出了递增性，它广泛地分布于大多数进化分支（鸟类动物与哺乳动物）上；具有社会性智力的动物都属于一个特殊的俱乐部，这个俱乐部的成员都有一

① 另一种方法是问一只给定的动物是否能够进行二阶抽象计算，也就是说，它能不能进行关系与关系之间的运算。我们目前拥有的这方面的证据表明，根据这个标准，智能生物俱乐部将是非常“狭小”的，只能容纳人、黑猩猩、倭黑猩猩，或者还有齿鲸。

② 在讨论动物智能的时候，人们经常会注意头足纲动物，特别是章鱼，把它当作无脊椎动物当中的天才。它们似乎确实算得上是天才。但是，根据上面提出的衡量标准，它们的智力并没有达到社会性鸟类和社会性哺乳动物的水平。具体理由请参见鲍尔（Boal，1991）的论述。此外，实际上章鱼的社会性程度可能要比它们通常被观察到的程度要高。而且还有一种可能，章鱼在那种社会性情境中演化出来的智能在墨鱼的许多类型中也都存在——它们的智力很可能比章鱼还要高。提出个体智力是在走向社会化而不必成为真正的群居动物的过程的一种适应性反应这个假说后，所有这些令人感兴趣的问题都必定会浮现出来。

③ 比如说，我们不知道是不是存在过有智力的恐龙。

系列共同的行为上的遗传特征，但这些特征与这些动物在进化谱系上的相互关系的密切程度并没有很强的相关性。我在这里所说的这些用我在第2章中的术语来表达，就是：多亏了趋同特性（convergent character），社会智力才成了一个真实模式。

对于围绕着适应性演化假说的证成的各种问题，我将在下一章中进行更充分的讨论。在讨论适应性之前，我会先给出一个简单的结论，即智慧是一种对于社会协调压力的适应性反应。（因为就目前而言，我们的目标概念是自我，而不是适应性。）我在前面已经指出过，演化过程在创造更有智慧的个体的时候，会遇到智慧个体认知结构中的信息瓶颈的限制，除非能够以某种方式进行改造。根据在上一章的论证过程中建立起来的概念和术语，这一改造面临着的挑战可以表述为：一个有智慧的个体必须被“装配”得比一只鸽子或朝天犀牛更不像一个经济主体。这样一来，立即就产生了一个特殊的问题，这也正是我现在就要开始解释的问题。我主张：自我演化成了它自己的解决方法（evolved as its solution）。

社会性动物必须解决的最根本的博弈类型是协调博弈——事实上，这类博弈的解几乎就是社会性的构成成分。这些博弈的纯粹形式可能不会对认知资源提出特别的挑战。一个纯粹的协调博弈是指均衡解在价值上是对称的博弈。这类博弈之所以变得如此著名，是由于谢林（Schelling，1960）和刘易斯（Lewis，1969）的贡献。协调博弈在集体选择理论（比如说，往左或往右的裁判权）中也得到了扩展。一个协调博弈并不一定有唯一解，但是，社会化个体组成的群体能够解决这个问题，方
274 法是把环境支撑框架提供的最大值与内部处理得到的最小值汇集起来，并使之收敛到其中一个均衡上来，这是因为对任何主体来说到底哪个解被选中都是无关紧要的。正如斯克姆思（Skyrms，1996，chapter 5）所说，存在于纯粹协调博弈均衡当中的一个基本复制因子动态的对称性最终将不可避免地被原始的、外生的历史事件所打破。（只要往左的人比往右的人多几个，就足以使动态过程转变为一个稳定的收敛过程，而不需要没有任何策略性的东西。）而且，这并不要求个体具备多高的认知能力，只要它们会模仿就足够了。世界上大多数生物都具备这种能力，虽然它们不一定具备使社会性（非二倍体）动物俱乐部的成员得以与其他生物区分开来的那种智慧。

真正具有挑战性的协调博弈是这样一些博弈：博弈参与人对均衡的排序不同，但是她们都对能否达到某个双方互利的均衡更加在意，因为

她们想维持彼此之间的合作关系，而对可能的均衡子集中哪一个最终被选择并不十分在意。在这类协调博弈中，参与人有激励（而且她们可能就是因为有这种能力而被选择出来的）向对方发出足够清晰的信号以达成后一个目标，但是这些信号往往不会透明到足以把均衡选择的策略控制完全让渡给其他参与人的程度。这里的关键在于，在参与彼此间的重复博弈的社会性动物当中，合作与竞争的权衡是无处不在的。一方面，为了完成合作计划问题存在着协调必须成功的压力。（如若不然，社会根本不能演化。）另一方面，个体总是有动机去诱发合作而不想为之支付代价（代价的支付形式可能是在合作计划中按比例贡献力量，也可能采取彼此互惠互利的形式），只要她们预期因此而受到社会惩罚所导致的损失不高于欺诈行为带来的得益，她们就会这样做。

在某些环境中这种情况不太可能发生。因此丹尼特（Dennett，1991b）在他对白尾长尾猴的猎食信号的著名研究中指出，在一望无际的无树大草原上生活的白尾长尾猴很难避免被猎食的命运，它们存活的机会很小，这种情况降低了它们的信号系统复杂性的演化压力，丹尼特这个研究后来被切尼和赛弗思（Cheney and Seyfarth，1990；Seyfarth and Cheney，2002）所扩展。如果根据外在约束条件就可确定绝大多数信号的适当性，而且叫声和其他信号的意义又有某种共同协议，那么只要向这种共同协议靠拢，就与纯粹协调博弈的动态过程相当接近了（Skyrms，1996）。但是，当协调博弈偏离了纯粹性的时候，信号系统复杂性的军备竞赛就会被触发，因此也就会引发认知能力的竞争。不管 *275*
丹尼特这种推断是用于白尾长尾猴还是其他特别的动物，他这种观点之下隐含的逻辑是非常清晰的：正是协调解与对协调的策略性利用之间存在的紧张关系驱使着社会性动物可靠地沿着智慧阶梯逐渐上升。这就是所谓的“马基雅维利智慧”（Machiavellian intelligence）假说，它是由伯恩和怀特恩（Byrne and Whiten，1988；Whiten and Bryne，1997）提出并发展起来的。

在当前的语境下，对于我们现在遇到的这个故事的本体论前提，我们需要特别小心。如果我们从一种基因中心论还原主义立场出发，那么就很容易受到诱惑，认为参与这种复杂程度的竞赛的个体在这一过程开始之前就已经拥有了固定的个体效用函数。基因中心论还原主义是因道金斯的贡献（Dawkins，1976，1982）而流行的，但是它遭到了凯勒（Keller，2001）和小山（Oyama，2000）的批评。了解了这一点，丹尼特的逻辑的运用就相当简单了，而且它确实已经在过去的几年中经由西方大众文化媒体扩展开来。但是我们仍然会有陷入自鸣得意的泛新古典主义的危险，正是这种东西使米罗斯基（Mirowski，2002，p. 533）讥讽地扬起了眉毛，并激起了杜普雷以整本书的篇幅来嘲弄。当然基因演化创造了个体有机体这种说法是有一定道理的——比如说确实存在着彼此有明显区别的老虎个体，但是，如果自我只是不同基因组外推的结果，那么我们要为每个自我找到一个清晰的功能的努力就必定会失败。也就是说，如果我们的出发点是认定一个有良好秩序的宏观经济是由大量在庞大的市场中相互竞争的个体组成的（其中自我则是作为升级了的“竞争技术”而出现的），那么我们就在逻辑上保证了最终的结果对于有关经济学本身的基本问题不会有任何意义，而这正是我们这里的主题。正如我们在上一章中已经看到的，把预先已经定型的无数鲁宾逊·克鲁索加总在一起构成经济系统的那种原子主义只会把经济学理论带上一条不归路，最终的终点是自我不再发挥任何有意义的作用。流行的演化心理学文献大多鼓励这种倾向，它们把自我当作最大化遗传禀赋的过程中的产物，用一个常见的比喻来说，就是“演化这条皮带牢牢地系住它们了”。把这种观点用另一种方式表达出来就是：人们不可能通过假设一种原子主义的新古典主义框架并在此基础上构建一个演化行为科学来研究人，并以此证明新古典经济学逻辑的经验有效性。这样我们就从根本上跳出了我们原先构筑的理论框架。据我所知，所有参照演化心理学来
276 为新古典主义的相关性提供的辩护都很容易受到这类批评。

因此，我在这里想采取一种不同的论证方式。第一步，让我们来考虑非经济学意义上的个体生物有机体的定义，即先不把它们看做博弈参与者，对它们的辨别要严格地参照其通过细胞复制过程传递遗传信息的界线。也就是说，我们可以勾画出一些作为个体有机体的细胞的集合，其中每个成员都携带着共同的信息——包含在从一个或两个父辈传递下来的 DNA 里面，这与任何其他有机体通过 DNA 传递的信息相似。[1]如果我们这样定义个体有机体而不参照任何与其有关的经济性质，那么我们就可以对它们进行经济学分析而无须将循环推理引入到我们的本体论当中。由此，当这些生物学上的个体中有一部分扭结于复杂的（非纯粹

① 我这样做，只是想大致地说明应该如何下定义。要得出有机体的定义，有大量极其烦琐的工作要做：排除病毒对 DNA 的影响、区分姊妹基因、确定何为“一般”信息的限制范围。如果我们要讨论生物哲学的问题，那么我就必须就此打住并转向那个领域。但是，就当前的目标而言，上述概括性的定义就已经足够了，因为我们所有的论证，只需要一个结论：用来区分各种有机体的一整套一般性概念资源是存在的，不需要诉诸任何经济性质。

的）协调博弈当中时，我们所希望的自我从社会动态过程中涌现出来的结果就可以实现。

上述理解问题的方式需要一种全新的概念转变，它隐含着十分惊人的理论意义。某个（相对）简单的生物学个体的行为使它自己能够很恰当地被描述为一个经济主体，即它在预算约束下的行为满足显示偏好理论的公理（这些预算约束是可以运用生态学家和野外动物行为学家收集到的数据独立地确定下来的）。这方面的文献层出不穷，对动物的觅食、配偶选择、栖息地的选择和利用、性竞争、裙带关系、同胞争宠、回避天敌、相互修饰毛发、种间互利关系（共生），以及许多其他行为和具有认知意义的生态现象提供了微观经济学解释（Krebs and Davies，1984；Bell，1991；Dugatkin and Reeve，1998；Dukas，1998；Noë，van Hoof，and Hammerstein，2001），这些都是典范的科学实践。也就是说，这一类研究工作符合原来那种老式认识论标准：对问题的解释一般都包括对参数值进行的精确度令人惊异的定量预测；这些参数的确定和测量是独立于用来建立它们的理论模型的。作为一种我在第4章中所称的“第三种意义上的理论”，显示偏好理论在这些应用中闪耀着夺目的光彩。如果人类行为确实符合这种老式的新古典经济学模型的预测（就像社会性动物所一再证明的那样），那么着迷于纯粹的思想体系的人不会去呼吁一种新的经济学。

为了更生动地说明这一点，我们在这里引用一个比较性的实验研 277
究，它对人与鸽子各自的基本比率忽视（base-rate neglect）现象进行了比较。基本比率忽视是一种可以大量观察到的现象，它违背了期望效用理论，因为被试忽视或低估了原本可以利用的支持情境特定性信息的背景信息。为了归纳这种现象，古蒂和范天奴（Goodie and Fantino，1995）设计的实验任务是，让一群人类被试预测闪光的颜色来获取回报；哈特尔和范天奴（Hartl and Fantino，1996）则让鸽子充当被试，重复了这个实验。我们或许应该请这些研究者充分发挥他们的天才想象力再设计出一个实验，让人与鸽子在同一个实验任务中竞争。如果可以找到一个通用的回报方式，那么人就可能被货币汲取过程所淘汰。

如果复杂的社会性与简单经济主体的相互关联是负面的，那么它应该会引导我们去把某些生物个体模型化为向远离这种主体的方向演化的个体。当它们发育形成了自我后，就成了不同种类的个体，而且它们与生物个体的同延性也就中断了，虽然那在历史上也曾经是它们的基础。最终，作为我们分析的逻辑起点的那种微观经济学方法在它们身上的应用将不再非常有效，这时候，就需要一种演化宏观经济学。这一点在本书中就已经初见端倪了，并且将在本研究计划的下一卷中得到更充分的论述。

到目前为止，我们的分析推进得非常快，在此需要重述一下涉及的各个要点。我们的出发点是在遗传上个体化的有机体，而不是在经济学上个体化的有机体。研究已经证明，我们可以用萨缪尔森式的微观经济学来为这些系统构建模型，去解释它们在食物资源、交配机会等资源稀缺情况下的反应行为，这种解释往往能够给出令人惊奇的精确的经验预测。这反过来又为动物的认知模型提供了约束条件。这就是在经典人工智能理论发展早期，人们乐观地盼望着的经济学理论与认知科学之间的关系。如果它真的对人类也成立，那么我将会写出一本完全不同的书来，它将更技术化，但其概念逻辑将会简单得多。

然而，与社会性同生共长的非参数型环境复杂性不断增加，它对简单的经济主体性能力施加了极大的压力。这样就同时在两个维度上都引发了问题。首先，正如我们一再指出的，非参数型最优化对计算资源的要求是以指数方式增加的（比参数型最优化对计算资源的要求多得多）。其次，即使自然已经替社会化个体解决了精炼问题（以任意一种数学方
278 式，但必须是稳定的方式），一个主体所面对的每个协调博弈仍然是极为复杂的。在一个信息密集的社会网络中，我在与个体 x 的博弈 G_1 中运用的一个协调策略同时也是我与另一个体 y 的博弈 G_2 中的一个行动，同样，它也是我与再另一个体 z 的博弈 G_3 中的一个行动；而且 x，y，z 也都嵌入在她们自己类似的多重协调博弈当中。对所有主体来说，这种情况表明，有一个一般均衡问题必须得到解决，但却不存在一个能够找到一个最优解集的中央计划者。（因此，与米罗斯基保持步调一致，不必在意哥德尔不完全定理，尽管不得不为人们想得到的一般均衡唯一解而烦扰。在预想的博弈网络中，绝不会存在试图计算出所有可能解的动力。）这个一般均衡问题对每个人都存在，从信息的角度来说，它是很难解决的，除非她们可以采用的策略在每个具体的互动之前都是严格地限制在一定范围内的，而且这些相关的约束条件都是共同知识。一些约束条件是生物学上的或物理学上的，也可能是由她们共享的文化所决定。在选择协调策略的时候，我不可能承诺或威胁说我要飞出窗外；如果你不递给我盐，我就自杀，这也不可能是一个可以置信的威胁。不过，无论这类背景约束条件有多关键，它们都不能把我们带到一条可以到达社会均衡的道路上，社会均衡点是各个人类社群都努力

想会聚到一起的地方。即使在任一给定的策略情境类型 S 下，我可以随意地对任何人做任何事，或者甚至任何与我们拥有近似文化历史传统的人，都可以在 S 情境下这样做，要得到均衡仍然需要等待计算奇迹的发生。

为什么我要引入策略情境类型这个概念，而不再继续直接讨论博弈
本身？这与我们在前面已经指出过的一个困难有关，即我们不能假设主
体的初始个体化特征在社会化过程反馈到它们的经济主体性质中后仍然
保持稳定。把一个场景（scenario）作为一个博弈的预设，就意味着博
弈参与人的策略集必定受决定其具体效用函数的那些因素的约束。但
是，我一直在阐述的丹尼特的假说的全部要点（这同样也是否定鲁宾
逊·克鲁索假说的关键所在）就在于，一个原始的、没有经过社会锻炼
的生物学上的智慧人种个体仍然不是一个人类自我。如果博弈中的效用
函数附属于人类自我，那么我们就不能把两个或更多这种自我之间的一
个博弈与那种预先有约束的情境 S 等同起来，这种情况如果发生在犀 279
牛之间，那就可能成为一个遭遇战的模型。我们必须解释清楚的是，到
底是什么允许社会化的主体从情境类型来到特定的博弈当中。

身为理论家，我们对此应该觉得不安。一方面，作为生物学上的个体被卷入社会博弈中后，它们就要面临如何成为更老练的经济主体的挑战，更形象地，我们不妨想象它们必须在选择压力下搜寻某种精炼程序。正如我们在第 5 章中已经讨论过的，这个挑战是堂吉诃德式的。另一方面，生物学上的个体必定会在压力下分解重组，它们要对自己的行为控制源进行分配，逐渐地演变为各种主体社群，而且越来越依赖于外界提供的信息支持。如果我们坚持要把它们模型化为简单的经济主体，那么到了某个时刻，我们肯定会观察到偏好逆转和偏好时间不一致性现象。我们也可以试着用托勒密式的方法来挽回大局：在个案分析的基础上，发明新的可以替代期望效用理论的最大化模型，以便继续运用显示偏好理论，这样或许也能继续维持一段时间。但是，托勒密式的策略最终总会面临问题，因为它的回报是递减的，最终我们将不得不把每种生物学上的个体都表达为一种独特的经济主体——这从方法论上看已经是最失败的情形了，在真的到达这一步之前，这种建模方法的实证价值也早就不复存在了。

这是我们作为建模者必定会碰到的问题（如果我们继续努力向前推进，而不对概念框架进行任何改变的话）。但是更关键的是，我们试图对之进行建模的系统会发生什么变化？一个可能是，经济主体因受限于

大脑的实时计算能力而崩溃，这时社会复杂性的演化就趋近于一条渐近线了。在某个极限状态下，复杂性受制于渐近线是不可避免的，比如说光速就是一个极限，而且宇宙中可以获得的能量也有限度。但是，自然选择还可以利用另外的资源，借助这些资源可以保证不会在个体神经系统不能凭借自身力量使主体性结合在一起的那个临界点上碰到渐进线。作为演化结果的社会环境本身可以被利用为支撑。自我也可以演化。人本身就是最好的证据。

自我是什么?

丹尼特（Dennett，1991b）曾经请读者把自我想象为小说中的虚构角色。像这些角色一样，自我并不是某种可以直接通过自然选择过程运用化学材料建造出来的东西。这也正是为什么不可能存在笛卡儿剧场的
280 原因，仅仅当一个预制的自我在适当的位置观看着那场电影、听着电影原声的时候，笛卡儿这种观念才可能是合理的；而且这个自我必须是用非常特别的专用生物化学材料制成的，以保证在文化学习和社会学习发生之前，自然选择过程就可以发挥作用。但是，关于这类主体的故事，若想不陷入内在的不一致性，只能是神秘的、不科学的。如果你想得到的就是这一类解释，那么柏拉图的思想仍然是“市场上在售”的各种思想中的最好一个。

一个科学的自我理论，必须保证自我至少是部分地由人类活动所创造的，就像小说家创造他自己的角色一样。许多思想家——他们来自不同学科、心底里隐藏着各种形而上学偏见——都把拥有这一性质的各种实体称为“构造出来”的实体。这是一个合乎情理的标签，但是在它前面却往往被有意地冠以一个限制性的形容词，比如说“自由的”或“独裁的”。因此，出于规范性地强调自由的需要，人道主义者都很喜欢到处寻找构造物，因为他们认为这是人类最大限度地独立于外界限制的体现。但是，当我们谈到“构造物”时，我们必定还清楚地记得，在什么范围内一个给定的构造物对于一群给定的人来说是可任选的，这完全是一个需要具体分析的经验问题。许多构造物的出现虽然似乎是不可避免的，但其实却是特定的社会动态过程的非意图性后果，而且这些后果并不是可以轻松地回避的。当然，从形而上学的角度来看，它们在一定程度上或许都是可以避免的，但是有谁在乎呢？大众智慧把死亡与税收联

系到了一起，这有一定道理，因为没有任何国家曾经出现过一个废除一切税收的激进自由至上主义者政府，无论自由至上主义者怎么努力、他们的活动怎么有效。

自我与虚构的小说角色还有其他一些共同点。比如说，它们构成了它们的观察者形成预期的极佳参照标准。首先让我们考虑下面这些虚构人物。当狮子扑向珍妮（Jane）的时候，泰山（Tarzan）刚好荡过她头上的树。如果这个角色不是泰山，那么接下来发生的事情就会完全不同，熟悉现在这个故事的读者可能会目瞪口呆，那样的话就需要大量的解释。但是，如果我们是一直都了解这些角色的，而结果却是从泰山那里传来大声的呼救声、枪声或哭泣声，那么我们反而会更加惊讶。至于那只狮子，我们知道它肯定会被阻止并被刺死。泰山这个“非常可信”的角色，从文学性价值的角度来说，甚至不能令人产生多大兴趣。泰山毫无疑问是强壮的，而且擅长运动，这些并不是文学上的缺陷；问题在于泰山实在太简单了，而且可预测性太强，很难成为一个真实的人的 281
模型。

一个真实的人？泰山完全符合第2章中对真实模式的定义。如果你不能找到那个模式，那可能是因为你完全不想操心这个问题，或者是因为你只想把它还原为页面上的符号，不过无论如何，你都会因此错过其他一些信息。你错失了信息这一点可以通过以下例子说明得更清楚：如果有一个问答游戏，让一些人来回答一些关于泰山的很容易的问题，比如说，泰山结婚了吗？他最终学会了说英语没有？别人会很轻易地答出这些问题赢走奖金。还有其他一些简单的问题可以说明信息是借助预期串起来的，而不仅仅是页面上那些实际符号，这正是真实模式的肯定标志。泰山知道怎样写计算机代码吗？他会谱写风笛的曲子吗？虽然埃德加·赖斯·巴勒斯（Edgar Rice Burroughs）从来没有以任何方式提到过这些东西，但是答案仍然很清楚。当我们说泰山不是真实的人的时候，我们要表达的意思是他不是自主的；他所有行为都不是他自己主动发起的。这是“不真实”的一个非常有用的、可理解的含义，但是真实—不真实的对照在别的情境下可能有同样合理的其他的含义。让我们姑且同意泰山是“虚构的”，因为我们想把他与那些自然能够直接用化学物质制造出来的东西区别开来，后者的一个例子是被称为“埃德加·赖斯·巴勒斯”的那个人（或表现性状）。

小说作者创造虚构的人物角色并不是随意的，这些角色必须用来稳定叙述—阅读预期。下面让我们暂时放下泰山这个殖民时期的虚构英雄，转而讨论一个略微复杂一些的例子。柯南·道尔（Conan Doyle）在写作《福尔摩斯探案集》第一部的前面几章时，在任何一个场景出现时，夏洛克·福尔摩斯（Sherlock Holmes）的行为都是开放的，存在着大量的可能性。比如说，福尔摩斯或许会用吟唱幽默的打油诗的方式来嘲笑华生（Watson）经常表现出来的迷惑不解。但是，在《福尔摩斯探案集》第四部之前，福尔摩斯采取这种策略的可能性就被封闭了，因为柯南·道尔已经为福尔摩斯虚构了另外一种人性。当然，这里所说的"封闭"并不意味着形而上学上的或逻辑上的不可能性。理论上说，柯南·道尔完全可以写下类似这样的一些话："福尔摩斯开始唱'科克有一个老医生……'"在这里，不可能性是伴随着柯南·道尔想成为一位小说家这一社会目的而来的必须保持角色一致性的压力的函数：福尔摩斯做了这种事情后，就不可能仍然是福尔摩斯。当然，柯南·道尔想成为一个具备"现代感"的小说家，而不是一个具备"后现代感"的小说家。

282 因此，丹尼特指出，这关系到真实的人。我 6 岁的时候还有成为各种不同类型的人的许多可能性，现在我 40 多岁了，这种可能性就少了许多。我受到的限制并不是物理上的，我并非不能宣布我有意成为一名驯狮人——就像《巨蟒》（*Monty Python*）喜剧中的会计师菲普斯先生（Mr. Phipps）那样。我受到的约束体现在，如果我真的宣称这样做，并且当真执行下去，就会引发一系列行为上的后果，即我将破坏使我成为"我"的整个预期体系，而没有了这个预期体系，我就不可能在我每天都要进行的一系列协调博弈中达到均衡点，这些博弈是我必须同时地与生活中涉及的无数的人之间展开的——其中也包括我与在此以前仍然陌生的人之间的互动。

上面最后一点可能会令一些人觉得奇怪。我的人生怎么可能与原本不熟悉我的人的预期有关呢？要回答这个问题，答案包括两部分。首先要明确的是，要与别人进行协调博弈，我必须对我自己有相对稳定的预期。但是，由于不存在内省（我们在前面已经否弃了内省这个路径），这会导致一个困难：我是一个复杂的系统，包含许多内在的因果动态过程，我要直接地观察它们，与你要直接观察它们一样困难。① 对别人来

① 当然，我拥有的信息比你多，因为我对自己的观察非常详尽。关键在于，我拥有的有关我自己的证据与你的证据在类别上并没有什么不同。我的信息像你的一样，也由对于行为的判断的记录组成，它们都是从意向立场出发组织起来的。

说是根本不可预测的东西，同样也是我根本不可预测的。这种情形通常被称为“自我的丧失”，大多数人都认为这是一种悲惨的境况。相对稳定的自我可能是偶然的历史产物，而不是什么固定的本质性存在，但它们确实是人类有史以来发展出来的最宝贵的东西，这是最普遍的看法。[①] 答案的另一部分是我不可能把与不同的人同时进行的各种博弈封闭在一个与世隔绝的地方；我在前面已经暗示过，在与陌生人进行的一个博弈 G_k 中采取的一个行动，同时也是代表着在与许多更熟悉的人进行的其他博弈 $G_{k,\cdots,n}$ 中的一个行动。

但是，我怎样才能实现稳定化呢？巴勒斯和柯南·道尔是通过叙述故事把他们的主人翁描述为可信的人的，与此不同，乍看之下自我的创造却有点像神奇的“拔靴法”（bootstrapping）。如果我只处在我自己的观察之下，确实是这样。不过，还有许多其他人在看着我，他们也都在从意向立场出发构造他们自己关于我的一生的叙事，而且我也很清楚这一点。此外，需要我们协调完成的计划要取得成功，也要求我不能以过分极端的方式令他们的叙事性期待落空。与高度不稳定的自我取得协调是非常困难的，人们不想进行这种尝试是合乎情理的。人与人之间存在着极大的相互依赖性，因此这就使每个人都有动机去通过实施各种社会奖赏和惩罚来稳定围绕着自身的各种关系。如果你对一个人困惑地眨眼睛，只要他把这理解为某种常人都可能会做出的反应，那么眨眼睛就可 283
以作为一种严厉的惩罚形式；导致这种情况发生的根源在于，自然选择过程在创造一个社会性动物时必须完成的一系列“硬连线”，而这是其中主要的部分之一。但是，为什么我应该把别人的眨眼睛当作一个范围更广泛的社会判断的（通常）表征？很简单，这是因为他们都有从稳定性报警信号中去寻找特定偏差类型的天性，而且它本身就是在创造了他

---

① 让-保罗·萨特（Jean-Paul Sartre，1943）否定如下信念：自我是形而上学本质（metaphysical essence）。他是对的。但是，萨特从这一事实推导出来的规范性结论——这在后来构成了他的哲学的基础，并指导着他自己可歌可泣的政治生涯——却是愚不可及的。萨特的命题是，一个人的“真诚”（good faith）存在于对自己的自我的有意识地发掘过程当中，他还有一个用来支撑这一命题的论断，即心理学上的诚实依赖于对自我的愤恨——无论自我有什么具体特性。作为一个人能够拥有的目标的最佳状态无非就是青春期对于精神自杀（psychic suicide）的浪漫化，这种观念之愚蠢令人震惊。我对萨特没有任何敬意，不仅是因为他做出的这个规范性判断本身，而且是因为我怀疑萨特本人对他自己的命题的态度是否真诚。如果我是对的，那么就应该剥夺他的哲学家头衔。

们的自我的社会意向判断的压力下形成的。[①]

与此类似的是，演化博弈论的社会模型认为，社会规范是通过日常分散实施的奖赏与惩罚行为而得到维系的，它是一切外在的基础性支撑框架——包括法律、社团、规则、教会和有组织的科学，等等——所依赖的黏合剂。实施的分布式特性是至关重要的，因为它使奖赏与惩罚的成本不至于过高，如果成本高到一定程度，就需要实施者具备某种英雄主义精神。宾默尔（Binmore，1998）对这些动态过程的分析体现了高度的哲学敏感性。他观察到，社会稳定性是因为有了对激烈地偏离可预测性的行为的互惠型监护关系而得以维持的。丹尼特（Dennett，1991b）也主张，人作为自我的创造者，在创造自我的过程中得到了许多合作者的帮助。两位理论家的说法从不同的因果分析层面表达了同一个要点。

亲爱的读者，我可以假设你拥有自我，这应该是一个安全的假设。但是，谁构造了自我？不会有一个与生俱来的预先已经成型的笛卡儿式的心灵，因为根本不存在这样的东西。在婴儿时期，你的父母或其他日常监护人在你的自我形成的初始阶段承担了主要的角色（McGeer，2001）。在你与他们进行的博弈中，最开始你是一个简单的经济主体，有一致的效用函数——任何一个持续地密切观察着你的经济学家都可以从你的行为（其中绝大多数是各种各样的哭喊）中将其构造出来。然而，你的父母不会把你当成一个简单的经济主体。正因为如此，你是一个幸运者。对野孩（feral child）的研究（Candland，1993）表明，如果不鼓励婴儿发展自我，婴儿就不能发展出自我。你的父母所采取的行为就像你也想在（那种与“简化版”的他们进行的）博弈中达成协调均衡一样。（当然，他们是出于本能，而不是有意识地这样做的。）在一些你父母认为你应该有能力很好地完成的协调博弈中，如果你的行为在某种程度上保持了一致性，你将得到奖赏；如果你的行为飘忽不定，那么你会遭到温和的惩罚（这是他们失望的表示）。一旦你的行为开始对这种事实有所反应，那么你就开始从经济主体转变成自我了。麦吉尔
284 （McGeer，2001）把你父母的这种建构性活动称为把自然人“塑造”为

① 因此，在这里萨特说对了某些东西，虽然他并不是第一位发现这一点的人。如果社会确实是压抑的话，“他者”（the other）就是社会压迫的实施者，而且他者所实施的秩序在逻辑上必定是维持所处局部的现状的。但是，仅仅进行精神反抗就构成了对这种事实的很有价值的反对，这种观念对于实际上的改革者来说是必须戒除的。

人的过程。对你来说，这个塑造活动本质上是一种依赖于支撑框架的学习，而这正是智能动物处理信息的基本动态机制。

丹尼特（Dennett，1991b and elsewhere）一再强调说，哲学家只要有可能就应该用实证实验来阐述自己的观念假说，这一点值得我们重视。（当然这是指可以提出切实的实施方案的那类实验，而不是那种需要旅行到地球的孪生星球上去才能完成的实验。）因此，下面我就建议进行一个实验，它可以帮助我们把上述发展心理学命题提炼成一个清晰的博弈论问题。如果父母对儿童行为一致性的奖励和对行为不一致的惩罚与婴儿在出生后几周内形成的固有行为模式不相关的话，儿童学习成为协调博弈的参与人这个任务将会变得更容易，因为这样可以避免学习中的噪声干扰。婴儿每次看到黄色的大象都会笑吗？是的，那很好，对他报以微笑并很兴奋地对来访者指出这一点。婴儿总是喜欢温暖的瓶子或温暖的毛毯吗？当然不会，谁会认为婴儿应该这样做呢？所有这些在实验中都可以很方便地进行观察。第一步，找到一个很可信的但只是偶然地与一个婴儿被试对食物或拥抱的接受有关的环境事件。如果这个事件是显著的，那么婴儿就会建立起标准的斯金纳式的关联。在一组实验中，不要告诉家长有关的实验变量，以保证他们的行为保持自然。而在另一组实验中，家长可以通过对与实验变量有关的扩展行为进行奖赏，以此去影响婴儿；但在与之相关联的情况下则不进行刺激——不给食物或拥抱。也就是说，对扩展行为用一种方式进行奖励，对相关的基准情况则用另一种（通常的）方式进行奖励。我预测，第二组婴儿在非关联的情形下学会给出反应的速度要比第一组婴儿慢；而且这两组婴儿学会扩展行为的速度都将比学会对环境特点给出反应的速度要慢，不过这里所说的环境特点与他们的摄食环境无关，而是与父母的奖励有关。如果这个预测得到证实，那么很显然就是为了让婴儿学会博弈而让他们去参加协调博弈的。

然而只学习如何参加社会协调博弈仍然不足以赋予你一个自我。在这个阶段你还只是一个社会性动物，此时你与简单经济主体的关系，就像一只狗或一只狒狒一样。然后，你的行为模式开始有了显著的改变，285
这种改变是通过社会性支撑框架达到的，而且一直呈循环上升的趋势，因此我们要对你进行经济学上的建模就很难再像你刚出生的时候那么容易了；为了得到合理的、准确的预测，我们需要建立一个关于你的家庭的社会动力学模型。当你的家庭中的动力机制发生了某种重要的变化——比如说你增加一个兄弟或姐妹——的时候，如果我们继续把你模型化为同一个经济主体，而又没有求助于贝克尔式的技术工具或托勒密式的转换（以抗拒就那紧紧地与显示偏好理论捆绑在一起的效用做出任何认知判断），我们就将观察到偏好逆转现象的发生。另一方面，任何一个合格的经济学家都可以很轻易地实现贝克尔式的转换或编造出一个“现象节省型”的教学法。当然，也有一些经济学家会在你这样讲了之后，就开始真正努力地研究。

丹尼特对自我的思考有一个方面不同寻常，这就是，他比一般人更多地强调语言的作用。有关的讨论请参见 Clark（2002）。他之所以这样做是因为他要把意识的多重草稿模型理论和自我理论结合到一起。一些理论家虽然对自我问题与丹尼特持类似观点，但是他们不是通过对意识问题的反思而达成这个共识的，因此他们并没有动机把语言看得如此重要。在这个意义上，我也不得不承认，我在这里追随丹尼特的做法在某种程度上依赖于一些理论界远远没有达成一致意见的结论。不过，请读者允许我先继续下去。

在这一点上，重新回到虚构小说人物与自我的类比上去会有所帮助。在柯南·道尔塑造福尔摩斯这个人物时所面临的限制条件，也就是使福尔摩斯成为一个真实模式的东西，它们是叙事性的。叙事性限制条件意味着什么？这是一个许多认知科学家都十分关注的问题，特别是那些在人工智能领域用图式理论框架来进行研究的认知科学家（Schank and Abelson，1977；Mandler，1984）和那些试图更好地理解历史解释的历史哲学家（e. g.，Roberts，1996）。虽然我并不怀疑天生的认知倾向对人们判断何为叙事一致性可能会有一些影响，而且虽然总是可以构造逻辑模型来界定任何给定的有限叙事集的一般性质和实现结构，但是我还是不相信本身不具备博弈论动态学基础的任何一种叙事性解释是充分的。这是因为，我预期人们用来构造合理的叙事的东西本身往往就是文化演化过程的固定协商产品（Polanyi，1989）。出于这个理由，我将
286 把一个叙事性约束条件当作一个未分析的黑箱留在这儿，不过我认为接下来我将阐释的博弈确定的概念可能是打开这个黑箱的理论工具的重要组成部分。不管如何，就目前而言，我们只需要在大致的操作意义上理解叙事性约束条件就可以了。在操作意义上，一个给定的群体会认为有两类行为序列：某些行为序列中较早发生的行为模式可以解释其他行为模式；而要解释另一些行为序列，则必须引用外在于行为模式本身的同步性因素。（这就是作为哲学史上争论起点的操作化概念。）要阐述清楚这一观念，需要注意的是，一个给定的文化意义上的叙事一致性往往倾

向于和某种“精神病理论”（theory of insanity）相互印证。因此，要发现一个群体的叙事感，一个非常有用的证据来源是以长期精神失常或临时性精神失常减轻刑事责任的法庭判决及其理由。被解释为某种社会类型的精神错乱，也就是对最低叙事一致性标准的永久性偏离或临时性偏离。

利用这个操作性概念，我们就可以把丹尼特的命题表述为：自我，就像虚构人物，是被叙述扩展至图式边界的行为倾向体系（这意味着各种类型的环境下的预期网络）。对于丹尼特来说，叙事结构在本质上需要语言，不过这并不是源于对叙事本身的基础的分析（我刚刚做的就是想更清晰地说明这个东西），而是源于意识的多重草稿模型。

正如我们在上一章中已经看到的，“作为自我的意识”存在一个悖论：为了理解意识，我们需要一个被试，她能够接受指向作为一个整体的她的自我的意向立场，而且她自己又不能是这个系统的一部分。这样一来马上就会出现循环性问题。为了避免这个问题，我们需要一个在本体论上优先于这个系统，而且比这个系统本身更广阔的结构建制，在系统的某些部分必须对系统整体做出判断时充当外在支撑框架。这个支撑框架要发挥作用的一个条件是它的可塑性不能太强。也就是说，它必须包括一个相对确定的程序性规则系统。如若不然，就像维特根斯坦著名的“私人语言论证”所强调的，我们就不能理解意向立场判断是如何发挥影响的。公共语言似乎是人们可以利用的一种支撑框架；或许就像丹尼特所指出的，它就是使人类生态如此明显地区别于其他智能动物的原因。

“我不能想到其他东西”，这在论证中是一个令人担忧的前提，但是 287
我们在这里可以做得稍稍好一点。从第一代人工智能研究中我们可以学到的一件令人惊异的事情是，最容易用冯·诺依曼理论来建模的人类能力恰恰是那些表现出了最强推理性的能力。比如说，要一个人去证明一个定理，如果没有各种各样的支撑框架是做不到的（最起码笔和纸是肯定需要的），但是这类问题电子计算机却非常容易完成；而那些人们不需要借助于专门的意向立场判断就能够轻而易举地完成的任务，比如说煎鸡蛋，电脑却很难完成。要完成煎鸡蛋的任务，并成功地把它整合进一个更大的任务序列当中——做早餐，就会碰上框架问题，而这是推理任务不会碰到的。这里隐含的原理似乎是，就一个问题提出足够多的明确的规则，然后将它模块化。模块化是解决框架问题的方法（Fodor，1983，1987）。但是接下来的问题是，模块化参数的次级控制本身不可能处于系统的直接控制之下，这样我们就会碰到维特根斯坦式的回溯难题。

现在人们已经教会黑猩猩煎鸡蛋了，而且我们不久之后也肯定能够让机器这样做——如果我们不承认日本发明市场上出售的那些机器人已经有这种功能的话。构造自我的计划与煎鸡蛋属于同一类型——也就是说，它们都不像证明定理那样是预先已经完成模块化的。从工程学的角度来看，这类问题的解决几乎是难以想象的。为了完成这项任务，我们需要一个牢固地连接起来的支撑框架，它有足够的弹性，可以不断演化，而且超出了依赖于它的个体主体的操纵性控制。货币价格体系是这种支撑结构中的一种，但是显然用它们来构造自我有太大的局限性。公共语言也是适合的一种结构。虽然只凭语言也不能完成所有事情——比如说在冲浪板上维持平衡，但是我们认为，说它们可以完成自我建构的任务还是有一定理由的。

接下来，就让我们把应当重视语言当作一个前提假设，然后继续完成你的逻辑人生的建构过程。到了刚才所说的那个阶段，你已经社会化了，但是仍然没有自我。你和你的父母接下来要协调完成的任务是在你父母所运用的公共语言规则之内对你的行为做出适当的判断。如果你给出的行为在情境上是合宜的，而且在叙事上是一致的，那么你就会得到很多鼓励。在意识的多重草稿模型理论的语境下，丹尼特把这个过程类比为如下一个过程：你学会了安装数字化软件，它是用来模拟你大脑中
288 的神经电子和神经化学硬件的公共语言。（在这里，“模拟”这个词用来指这个事实：你的大脑是一个神经网络，它的全局状态是连续地由化学状态的连续变化来调节的，两个系统之间存在着双向反馈关系，这使得整个系统更难以数字化方式近似地表示出来。）像所有软件一样，任何一种自然语言对信息处理方法都有牢固的限制——而也正是软件的关键性质。你大脑中处理的大部分信息都不能表达为与你父母的预期相协调的清晰判断，因此你的学习问题必定是在外界压力下得到了简化的，这样你的协调问题才是可以解决的。因为你深深地嵌入在一个相互交谈的社区当中，所以你是作为一个进行判断的人而出现的——你对自己作为一个整体系统对环境的特殊反应方式进行判断，只要这种判断能够用数字化软件来表达。

丹尼特接下来强调了下一个关键步骤。因为交谈中向实体环境发出了用软件编码的信息，你就可以把你自己的输出当作输入来处理。你能够与自己交谈。你大脑的内部连线结构则是这种策略进一步扩展的基础。你复杂的内在经济体中生成的一些草稿能够获得用于处理所输入的

公共语言的信息处理通道的注意，并由此而整合成为对系统的全局性质的判断。这些判断用公共语言发布，服从于通过那个软件施加于所有东西上的一般限制。如果你还怀疑这些限制是不是足够严密，是否可以保证完成当前这个理论框架所要求完成的工作，那么请你注意：违背它们同时又不破坏总体一致性，那是非常了不起的成就。鲍勃·迪伦（Bob Dylan）就是因为不断地做到了这一点，而成了一个英雄、一位富翁。不管你愿意不愿意，一旦开始与自己交谈时，你就假设了指向你自己的意向立场。你甚至可以对你获得、保持和扩展你自己的叙事一致性的范围做出次级意向立场判断。从一个有很高积极性的（我希望如此）听众那里不断得到批评性反馈，你就可以形成一个比泰山更微妙、更有意思的个性。（你比泰山更不可预测是其中一个理由，不过这个理由比泰山的身体技能要更不明显一些。如果受到狮子的攻击，我宁愿在身边的那个人是泰山。）幸运的是，你不会利用自己的大脑把你的意向立场判断解释为彻底被完全外在于系统的支撑框架所支配——因为那就是精神分 289
裂症的根源。当然，病理性的精神分裂症只是正常的有效情况下的各种有效状态的一个极端例子，而且在不同的文化当中，在不同情境下辨别精神分裂症的界限都不相同，在一种文化中被奉为神圣的先知的人在另一种文化中很可能被视为疯子。

自我塑造过程启动后，再过几年，你就上学了，于是你开始与在学校中遇到的其他初生的自我进行协调博弈，这时你就来到了自我学习曲线中的另一个陡峭部分。对你来说这是一个非常重大的全新挑战，原因有两个：第一，你需要与这些自我进行的博弈所需要的策略要求你很细心、很有技巧，你在此之前从来没有这方面的特别经验，这些博弈与你以前与父母进行的协调博弈很不相同；第二，这些自我也不会像你的父母那样，对你在寻找均衡解的过程表现出来的笨拙高度宽容。因此，对于学习进步缓慢的社会惩罚将会严厉得多，你将不得不经常忍受难堪。（当然，你的小伙伴也是这样。）这种纪律训练使你从根本上发生了改变，使你很快就可以拥有更多的社会性智能。你接下来的学习历史将由一系列间断性的不同时期组成，其中一些处于相对静止状态，另一些则充满着不稳定的波动，这部分地取决于你所处的环境中发生的偶然事件；在不稳定的时期与新的同伴进行的博弈很可能使你的学习曲线再次陡峭上升。然而，从大的方面来看，你的学习曲线的总体趋势是随着时间流逝而变得平坦，因为你已经发现了一整套策略，能够在只拥有更少情境专门化信息的情境下，在更广泛的环境条件下应付自如。这种稳定性是自我强化的，因为它使你变得更容易与其他人协调合作，由此减少了他们与你博弈的事前成本。

但是，这里仍然存在着权衡问题。你把一般策略固定下来形成一个稳定的策略表后，要找到可以在特殊条件下的最优策略也就更难了，这样在某种程度上你也就被锁定在一个文化小生态当中了（当然锁定的程度每个人都会有所不同）。如果还存在其他更容易与别人达到均衡的策略，有了这个文化小生态后，你将会发现很难有效地与你碰到的所有人进行协调博弈。在考虑社会价值的深层次问题时，至少在一定限度上你将成为某个意识形态的拥戴者。但是，不管是左派还是右派，不管是虔诚的还是不可知论的，不管是墨守成规的还是放荡不羁的，你那特有的、微妙的协调博弈策略态度集自始至终都是独一无二的，这部分地是因为人们喜欢在博弈中学习到一定数量的新东西，所以他们不会因为你成为像泰山那样的“单向度的人”而给你奖励。他们是你的合著者，在
290 他们的帮助下，你把自己描述成一个人——就像一个角色一样。

以上就是丹尼特关于自我的起源和本体的理论。我在介绍它的时候，贯穿始终的一条线索是博弈论的逻辑线索，而在丹尼特最初的解释中（Dennett，1991b）只是若隐若现地暗示了这种可能性，不过在他后来的著述中（Dennett，2003），与博弈论的概念联系已经很清晰地浮现出来了。现在，为了把这些思想更安全地放入一个能够把我们直接拉回到经济学基础的框架当中，我还想详细地阐述一下自我稳定的动态协调过程。为此，我仍将采用我在本书中经常采取的一种方法，即把我这种解释与另外一种解释进行对比——后者试图完成类似的理论整合，但却无法成功，因为它把鲁宾逊·克鲁索式的经济学当成一个单纯的经验错误而没有认识到它是一个概念错误。这里说的另外一种解释就是罗伯特·弗兰克那个著名的情感信号发送（emotional signaling）战略功能模型，它已经产生了深远的影响。我想证明的是，弗兰克的理论错就错在它把一个基本错误的含义发挥到了极致——不仅在演化论—心理学维度上，而且在经济学维度上。因此，对它的批评就将成为运用我在本书中倡导的一般理论视角来进行的一个案例研究。

但是，在这样做之前，先要澄清一些棘手的逻辑概念问题。我已经论证过，自我并不是简单的经济主体。与自我更接近的是国家而不是昆虫。如果我们把国家模型化为简单的经济主体，那么我们就会发现它们存在偏好逆转现象。而且我们还会发现，作为多重草稿互投赞成票这一内在过程的结果的各种行为模式，也在为取得系统层次的意向立场叙事

支配权而彼此竞争。在经济主体与自我之间存在着某种系统性的关系吗（除了个体发生学上的关系之外）？如果不存在，那么所讨论的内在互投赞成票过程就只是一个隐喻性的东西，而且经济主体在描述的意义上是适用于人的这种取消主义观点也就是正确的了（即使我们在丹尼特的帮助下已经成功地抵御了一般的取消主义），这样微观经济学就只是在经验上与对（劳埃德意义上的）简单心智的研究有关了。

当然还有一个经济学分支是研究总量系统的，它面对的是集体意义上的稀缺性，那就是宏观经济学。我们是不是真的拥有，或者能够拥有一门系统性的宏观经济学，这是我这个研究计划的下一卷要讨论的主题。但是我们现在就可以看到，无论微观经济学和宏观经济学的逻辑关系是什么，都可以通过对简单心智的研究与对自我间策略互动的研究这两者之间的逻辑关系表现出来。如果自我不能通过分析的方法还原为简 291
单心智的总和——我已经论证过确实不能，那么这种关系就有两种可能。一种可能是关于经济主体性的取消主义是正确的，那么唯一可能的宏观经济学是演化博弈论制度经济学，它与关注人的微观经济学没有任何明显的联系，因为与解释宏观经济模式有关的所有结构都不可化约地存在于宏观层面上。在这个意义上，微观经济学对于研究社会性动物是有用的，但是对于研究人的行为却根本没有任何意义。就目前的情况来看，这种结果仍然不是没有可能的。

但是，还有另外一种选择也是逻辑上可能的：如果局部的取消主义是不正确的，而且自我带来的行为稳定性允许我们在自我与经济主体之间构造某种系统性关系，就可以使微观经济学分析能够应用到人的身上。如果我们能够达到那个地步，那么通过研究对简单心智的行为学研究与对它们彼此相互作用的认知生态学研究之间（Dukas，1998）的关系，还是有可能找到关于人的微观经济学与关于人的社会动态过程的宏观经济学之间的可能的系统性关系的。我将在本研究计划的第二卷中详尽地讨论这种可能性。但是，我们首先必须完成上述雄心勃勃的目标当中的第一个，通过用博弈论术语详细地阐述自我的基础可以做到这一点。

博弈的确定

要展开这个讨论，值得逐字逐句地重复上一节中的一些评论。这些评论的部分含义现在应该更清晰了，因为我们已经给出了丹尼特的自我模型。①（本节将会揭示其他的含义。）我说过：

> 我们不能假设主体的初始个体化特征在社会化过程反馈到它们的经济主体性质中去后仍然保持稳定。把一个场景（scenario）作为一个博弈的预设，就意味着博弈参与人的策略集必定受决定其具体效用函数的那些因素的约束。但是，我一直在阐述的丹尼特的假说的全部要点（这同样也是否定鲁宾逊·克鲁索假说的关键所在）就在于，一个原始的、没有经过社会锻炼的生物学上的智慧人种个体仍然不是一个人类自我。如果博弈中的效用函数附属于人类自我，那么我们就不能把两个或更多
> 292 这种自我之间的一个博弈与那种预先有约束的情境 S 等同起来，这种情况如果发生在犀牛之间，那就可能成为一个遭遇战的模型。我们必须解释清楚的是，到底是什么允许社会化的主体从情境类型来到特定的博弈当中。

我们在上一章中已经论证过（并且在本章上一节中进行了扩展），一个没有经过社会锻炼的、在生物学上属于智慧人种的个体作为一个简单的经济主体，确实拥有一个继承于自然选择过程的效用函数。但是没有任何自我属于这种个体。因此，出于解释的需要（既然没有真正的经验模型），让我构造一个系统类型概念：S 是一种情境类型，它抽象自两个主体所面对的博弈 G（作为 S 的一个模型）与另一个博弈 G''（作为 S 的另一个模型）之间的差异，如果这两个主体是拥有智慧人种的效用函数的简单经济主体，它们就会参与这些博弈。当一个对博弈论和关于思维内容的取消主义观念都不了解，但在其他方面有敏锐直觉的观察者被触动时，S 或许可以描述它们的环境。（比如说，我认为霍布斯就是在一个具备 S 型特征的分析模式中进行推理的，当他讨论自然状态和讨论利维坦统治之下的互动时都是如此。）②

不过，在本节中，我们直接感兴趣的不是 G'' 型的博弈，因为这些

① 本节所讨论的大部分内容源于我和杜穆谢尔（Ross and Dumouchel，2004a，2004b）以及我自己的论文（Ross，2004）。

② 我认为对霍布斯进行这种理论解释与汉普顿（Hampton，1986）的权威阐释是一致的。在汉普顿小心地运用宽容原则（principle of charity）来进行论证之前，正因为霍布森是在 S 层面上进行分析的，所以在他所称的自然状态中，人们在给国王涂油加冕时求解的到底是协调博弈还是重复囚徒困境博弈才会变得不清楚。

是处于婴儿期的智慧人种个体（或者还包括患了严重自闭症的人）进行的博弈。（与之相对应的是，G''型博弈则是唯一一类发生在像老虎这样的反社会型动物个体之间的博弈。）我们讨论G''型博弈，（就目前而言，）只是为了给引入第三种类型的博弈构建一个概念阶梯，那就是G'型博弈。在我们对某个具体的情境S_i进行实证研究之前，我们能够知道的无非是：G'型博弈也许是模型化S_i的正确方法。一个G_i'博弈是两个陌生人之间的博弈，而且这两个博弈参与人在博弈之前各自都已经成了与众不同的人类自我。当然，这个博弈G_i'的结构也是由她们预先约定的效用函数所决定的。利用这个博弈类型，我们可以把社会自我构建的叙事性理论阐述如下：参与博弈G_i'的人类自我经过不断的精炼，逐步变成了新主体，它们仍将在S_i型情境下参加博弈，不过参加的是博弈G_i。这些人类自我虽然与生物学上的智慧人种个体不同，但是她们确实是策略性地彼此互动的，因此G'型博弈确实将会发生。在本节中，我将提出的观点是，G'型博弈将围绕着协调这个中心来展开；而新的主体将进行一系列的博弈G_I：G_1，G_2，…,G_n，她们所运用的新效用函数是通过解决博弈G_i'而共同得到的。 *293*

我是借用了宾默尔（Binmore，1998）的一般思路来理解博弈G_i'与博弈G_I之间的关系的。当宾默尔本人收到我提出的建议后，他把我的意思解释为，G层面的博弈是在G_i'博弈的进行过程中商讨的，这意味着整个社会协调博弈是合作性的，因为它包括一个捆绑式的预商讨阶段，它就表现为博弈G_i'。但是这并不符合我的意图。我在这里设想的任何一个博弈都可以认为是非合作性的。也就是说，如果要构造一个原博弈G_I，$G_i'\varepsilon\mathbf{G_i}$，我们应该增加一个条件：$G_i$所有可能为真的解必须是$\mathbf{G_i}$的子博弈完美纳什均衡（其中，$\mathbf{G_i}$是在具备$G_I$的特征的主体间进行的，因为$\mathbf{G_i}$的结果就是用$G_I$的参与人的效用来定义的）。因此合作博弈理论只是在所谓的纳什规划的意义上才是相关的——我们要检验博弈G_i的一个解的鲁棒性，必须保证它同时也是$\mathbf{G_i}$的一个解。如果G_i'要想成为一个有意义的构造，G_i'的博弈参与人必须保证与G_I相关，而且这不是策略性的承诺。但是斯克姆思（Skyrms，2002）最近的研究表明，在非合作动态博弈中，利用没有成本的信号也可以达到均衡，即使在均衡中，这种信号是策略上无关的；而且对于达到均衡来说，这就足够了。①

回忆一下我们在上一节说过的 G' 型博弈是在何种压力下展开的。因为自我叙述隐含着动态过程，我们不能简单地假设自我具有可预测性，自我必须通过行为来使自己可预测；只有这样做，她们才能与他人进行协调博弈并得出博弈解。（要让自己对于他人来说是可预测的，必须先使自己对自己来说是可预测的；反之亦然。）我们在前面还指出，自然不可能像理论家在博弈论教科书中所做的那样将各种类型的博弈整齐划一地分隔开来，因此问题将变得更加复杂。一个人不可能把她同时与不同的人进行的各种博弈都封闭在与世隔绝的地方，因此，她在与陌生人进行的博弈 G_i' 中的一个行动，同时也代表着她与更熟悉的一些人进行的博弈 $G_{k,\cdots,n}$ 中的一个行动，因为这些博弈对象一直都在注视着她在博弈 G_i' 中的行动，而且会从中提取与博弈 $G_{k,\cdots,n}$ 有关的信息。

以上这几点可以解释为自然不会向人们露出底牌，告诉他们正处在哪一个博弈当中。博弈必定是动态地确定的，而且确定过程本身也是一种博弈。即使在极限状态，我们也不可能把一个生物学上的个体参与的所有博弈都组合进一个巨大的由作为其“核心”的鲁宾逊·克鲁索完成的多人非合作博弈 **G**! 当中。这种错误的观念隐含在许多运用博弈论来
294 进行研究的政治哲学家的著作当中，其中包括高德（Gauthier，1986）和丹尼尔森（Danielson，1992）②。原因很简单，因为根本不存在作为核心的鲁宾逊·克鲁索。

由这些动态过程施加的逻辑压力的整个系统将很难由一个有限的信息处理器通过计算的方法来解决，这是很显然的。我在前面已经说过，这不仅是一个一般均衡问题，而且是一个非参数型问题。请注意，我提

① 为了说明其接近程度，我在这里引用宾默尔的论证：因为 G_i' 博弈的参与人不能确定地知道她们进行某种 G_I 博弈的结果会导致她们变成什么人，所以她们会躲在一个“宾默尔无知之幕”之后进行商谈，对于这种“无知之幕”，宾默尔（Binmore，1998）已经进行过深入阐述。与隐藏在更传统的“罗尔斯-海萨尼无知之幕”（Rawls，1971；Harsanyi，1977）之后的主体不同，躲在“宾默尔无知之幕”之后的主体能够视预期非合作动态博弈 G_I 的结果来缔结合约，因为“宾默尔无知之幕”是真实的、描述性的，而不是像“罗尔斯-海萨尼无知之幕”那样，是假设的、规范性的。

② 拉克瑟和我（LaCasse and Ross，1998）在批评丹尼尔森的时候，也先假设鲁宾逊·克鲁索是重复社会博弈的“实际”参与人，然后再去说明：如果丹尼尔森的博弈结果用进行 G_I 博弈的鲁宾逊·克鲁索的效用函数来解释的话，那么丹尼尔森试图找到道德的战略性功能的努力就会失败。在批评丹尼尔森的时候，拉克瑟和我并不怀疑鲁宾逊·克鲁索的真实性或有效性，从而得出了道德虚无主义的结论。我将回到宾默尔（Binmore，1998）给出的正确道路上来。

出这个分析上难以解决的问题，并不是说人们必须实实在在地去解决它，她们实际上往往可以为她们同时参与的博弈找到其他可选解。举例来说，人们熟悉的中年危机现象，就发生在人们为以往一直开放的自我叙事可能性不再开放而觉得惋惜的时候，这时他们想撤回投资在自我上的一部分投资，但是，这个投资组合的各个部分是无法分别计价的，因此她们在刻意地抛弃某些东西的时候，也会非意图地失去一些有价值的“存货”。这就像那个我们熟悉的好莱坞剧本一样：那位成功的律师一开始只是想拥有一辆跑车，然后他为了追求年轻的女友而抛弃了忠诚的妻子，最终却落了一个身无分文而且被所有人唾弃的下场。但是我认为一般的情况是，绝大多数人作为特定问题空间中的追求最大化满足的人，都能够获得“说得过去”的成功，不过代价是面对新的博弈情境时弹性会越来越少。令人高兴的是，这是与她们的自我变得更加稳定这一事实的一种权衡，这样她们能够向同伴发送更清晰的信号，以此减少在 G 层面的博弈中双方不协调的意外发生的可能性，同时避免在 G' 层面的博弈中双方不慎选择破坏性的囚徒困境策略的可能性。这是一个一般的事实，它有助于解释自我在反馈型的关系中的占主导地位的稳定性。它对于人们避免与高度不稳定的自我取得协调来说是至关重要的。人与人之间存在着极大规模的相互依赖现象，这样每个人都有动机通过社会奖赏和社会惩罚去调整自己周围的自我的稳定性。正如我们在前面所描述的，这就是为什么我们要把作为稳定工具的自我放在最重要的位置上的原因。

那么，人们如何针对那些看上去不可能进行计算的奇怪事物得到满意的效果呢？答案在于，它们的自我在没有严格地固定下来的时候也可以保持稳定。这也就意味着一般均衡问题不必技术性地根据一组静态的效用函数才能得到解决。这样一来，“满足”就完全是一个事后事件，而且“解”也必须被放在双引号当中。这个结果对于经济学家来说，在理论上或许是令人失望的，甚至在道德上也可能是令人失望的。但是人 295
生就是如此。如果像宾默尔（Binmore，1998）所争辩的那样，在社会层面上可以找到一个福利提升型的稳定均衡路径，并且真的可以沿着这个均衡路径推进，那么对我们来说，分别集中注意力去努力演好自己的角色（作为配角），以更有利于这条均衡路径的发现，或许就是合理的，那样我们也就不必再为失去康德式的道德最优状态或完美的阿罗-德布鲁效率而感到遗憾了。对于这些问题，我将在本研究计划的下一卷中进行进一步的阐发，届时我还将讨论我的理论对于政治问题的意义。

在协调博弈中，基本的策略行为是发出信号的行动。在一个纯粹协调博弈中，没有任何一个主体有动机隐瞒任何相关的信息。但是在一个不同主体都想达到某个均衡，而对各个均衡之间的排序并不相同的博弈当中，主体有动机发出清晰度刚刚足够的信号来达到均衡，这些信号不会透明到让均衡的选择控制权完全掌握在其他人手中的程度。我认为，不管是G'层面上的博弈还是G层面上的博弈通常都属于这种结构，我接下来的分析所关注的也就是这类博弈。我这样说并不是假设不存在其他层面上的纯粹协调博弈或纯粹竞争性博弈，事实上当然存在。我把那些博弈放到一边不予考虑仅仅是因为它们不会引发我在这里所感兴趣的那个问题——为什么自我在策略上是有用的？而且对于那些博弈我没有什么新的见解可以提供。

当我们研究那些演化出来用于个体博弈整个集合的策略的时候，我们就自动地进入了动态分析的领域，我们在探讨信号系统的动力学机制的时候就是如此。因此利益均衡的定义必须是动态的，而不能像新古典经济学或经典博弈论那样用静态的方法进行定义。根据梅纳德·史密斯（Maynard Smith，1982）的理论，演化博弈论当中应用的均衡概念通常是一个演化稳定策略集（evolutionary stable strategy set，ESS）的概念。这样就把均衡定义为策略在一个群体中的一个分布。演化稳定策略满足两个性质。第一个性质就是承继自经典博弈论的纳什均衡。也就是说，这种策略分布必须能预测到个体互动的预期策略向量，即给定开始分析时的效用函数，如果她们转而选择另一个现存的策略，其境况不会得到改善。第二个性质是，这种策略分布必须是不能被其他自然地出现于同一群体中的策略侵入的，无论是通过其内生的动态过程还是通过外生的突变。

296 当然，在正式应用演化博弈论模型时，均衡概念必定要界定得比上面概述的这些内容更准确。但是，无论说明得多详尽、多仔细，演化稳定策略也无法满足成为演化博弈理论的一般解的条件，因为它忽视了各个策略之间的相关性及其影响，根据斯克姆思（Skyrms，1996）的研究，这种影响可能是戏剧性的。不过，如果我们集中关注隐含在演化稳定策略之下的一般观念，就会发现协调博弈中有一个特别有意义的问题：在一个给定的情境中，什么东西可以被当作“一个自然地出现的策略”？如果我们可以自由地把任何逻辑上或物理上可能的策略都考虑在内，那么一个真实的经验系统就几乎不可能有什么状态可以成为真正意义上的演化稳定策略均衡。在任何一个具体应用中，可能入侵的策略集要有一定的限制，与此相关的假设应该建立在直接熟识目标领域的基础上，而且以源于这种熟识性的有经验的判断为媒介。然而，为了接下来反思信号发送的需要，理解这些限制的源头的一个途径也可以根据博弈确定过程本身给出。比如说，在一个 G 型信号发送博弈中，什么可以当作一个可能的策略？最直接的限制来自构成了 $G_i{}'$ 博弈的信号系统的历史；也就是说，要受到博弈参与人叙述她们自己的公共语言的限制。公共语言显然超出了博弈参与人的控制，无论从短期还是从中期来看，它都是稳定的；而对于 $G_i{}'$ 和 G_I 的分析，都是在短期或中期内进行的。当然，这正是语义外在主义所强调的地方，对此我们已经不再陌生了。不过，我们并不一定要把这些限制想象得比日常经验所要求的还要更严格。我能够从描述同一个事件集 S_i 的不同语义源——董事会、市场部的同事、我的妻子——提炼出意向立场判断网络。对于我的一般均衡问题来说，这里的要点是，支配着这三种不同的描述的预期的稳定性取决于协调的历史。类似地，一个博弈 $G_i{}'$ 中的"自然地可能的策略"受到创造了我们这些物种的长期演化博弈历史的制约。① 因此，我猜测，不会存在这样的人类元语言信号系统——约定某人发送信号说在一个 G' 层面的博弈中改变性别的可能性很高；如果真的存在这种东西的话，我们也只有在社会性的智能腹足动物种群中才可能看到。②

前面这些论述并不意味着任何人将要或者应该去努力发展出一个关于在博弈层面上进行个体化的元理论，并以此作为对某些信号传递现象的正式模型的第一步。我在前面这几个段落想要做的是建立实证行为科学领域与更严格的博弈论的逻辑分析之间的沟通桥梁，这样我接下来对 297
主体与自我的关系的讨论就不会是完全隐喻性的。我们上面已经强调过，任何人想要对关于信号传递框架选择的某个具体社会商讨过程进行建模的话，都会而且应该会更多地受到关于他正在研究的这个社会的实

① 这一点决不会让我收回对于生物学上的个体与自我之间的系统性的经济关系是否存在这一问题的保留态度。当然，在个体出现的物种历史与它们创生的自我分布之间，肯定存在着个体发生学上的关系，而这正是我强调的。也就是说，任何给定的生物学个体与任何给定的主体之间，不存在任何特别的经济关系。

② 在这里，我必须指出，我用来将博弈分为三个层面的框架在某种意义来说是武断的（现在还包括长期演化博弈）；在许多情形下，别的构造模型的人可能想采取更精炼的分类方法。但是，因为我所关注的东西只限于人类社会当中的类元语言学信号传递与数字信号传递之间的一般关系，所以我可以只关注 G 层面博弈与 G' 层面博弈之间的关系。在元层次不断增加的范围内，到底还可以构造出多少种不同层面的博弈，取决于不同的目标，取决于人种学家、历史人类学家、灵长类行为学家、动物学家以及其他学科的专家的努力和意愿，这个问题还没有最终答案，在此我将避开这个问题。

证知识的指导，而不能以表现为某种形式的抽象直觉为依归。但是我们在这里所探究的问题是抽象的哲学问题，因此必须把应该包括在模型设定中的一般性考虑刻画出来。如果用这种原则在某个人类交往的真实动态过程中的应用来作为例子说明，读者对我现在建议的逻辑框架应该可以了解得更清楚。我们在前面已经承诺过，这样一个例子将同时说明对鲁宾逊·克鲁索予以本体论上的认真对待后所引发的博弈论问题和认知科学问题。

博弈确定的一个例子：情感信号传递

传统上，哲学和心理学中有关情感问题的许多文献（对经济学中有关主题的理解有所影响）都假设情感是人的内在状态，人们可以选择也可以不选择利用它们在公共语言中约定的标签来报告或（策略性地或出于意外地）误报某种信号。比如说，某人可能用英语对别人说“我今天觉得很忧郁”。弗兰克（Frank，1988）提出了一个全新的讨论情感的博弈论框架，它认为人同时还利用非约定性的符号来传递情感状态的信号，比如说内部表情、身体姿态、步伐，等等；这在缺乏数字信号系统（根据丹尼特的假说这也就意味着不存在自我）的社会性动物身上也可以发现。根据弗兰克的观点，人们通常对第一类信号发送媒介有更好的自主控制能力，信号发送媒介的这种双重性在策略上有重要意义：它使得在我所称的G型博弈层面上的伪装行为更加困难，因为作假者很容易由于它们发送出来的约定信号与非约定信号之间存在着不一致而被发现。这种情况应该有利于社会协调博弈的成功，因为它有效地防止了有关情感状态的信息被利用——除了那些本身就很容易被策略性地操纵的
298 情感状态信息之外。威胁或许诺只有当主体在必要时一定会履行，而且其他主体也知道她有这个承诺的情况下，才是有用的策略。某种情绪——比如说愤怒——可以表明一个主体的威胁态度，不过只有当愤怒可能导致她实施报复（即使这种报复行为违背了她自己更冷静、更理性的判断）的时候，才是有效的。但是，如果人们动不动就声称自己很愤怒（其实他们并不愤怒）而不担心被发现，那么愤怒这个策略的作用就会受到削弱，因为声称很愤怒根本不能传递可信的信号了。弗兰克对这些能够支持承诺的情感的对称性进行了系统的解释，比如说爱与同情。

在一定意义上说，这个假说具有一般性，它可以放入我在上一节中

描述的概念空间当中。在信号传递博弈当中，通过对 G' 层面上的策略空间施加某种限制，G 层面上的策略可得性得到了拓宽。（对于弗兰克来说，）这些限制源于如下事实，个体主体并不是 G' 层面上的博弈参与人，真正的博弈参与者其实是演化策略，因为它们固化了人们的情感倾向，而且它们的“兴趣”应该在于，紧紧抓住个体交流者的策略弹性这个线索不放，以保证达到 G 层次博弈中的均衡——如果不这样，就不可能达到。

不过，我和杜穆谢尔（Ross and Dumouchel，2004a，2004b）对这个假说提出了许多批评。我们很快就会看到，它在逻辑目标问题上摔了跟头——这些目标是有微观经济学个人主义根源的。除此之外，这种解释还有四个实证方面的缺点。(1) 它似乎仅仅与人与人之间直接的、面对面的交往有关。(2) 它依赖于一个难以置信地简单的认知—行为动力学机制——情感是外在的力量，是从外界侵入到人的动机空间中的，其发挥的作用的方式就像脑袋被撞了一下那么简单。但是研究表明，人类的行为—控制机制极具动态性和整体性，远非这样一个简单化的画面可以描述。(3) 这个假说的基础是如下的模型：演化发展的社会动力被固定在一个很狭隘的限度内，仅与囚徒困境博弈问题和确信博弈问题有关。这是值得怀疑的。这些类型的博弈中，承诺装置（commitment device）最为重要。但是，正如汉普顿（Hampton，1986）、宾默尔（Binmore，1994）等人所证明的，这些类型的博弈在社会性动物的政治生活中远远不如协调博弈那么普遍，它们重复出现的次数也少得多。这个假说完全没有涉及协调博弈。弗兰克的理论要求我们相信自然选择过程在设计基本行为—控制结构的时候，就已经发现囚徒困境博弈和确信博弈的解决对于原始人的成功比协调博弈的稳定解更为重要；但是这个假设 299
与所有关于社会性最初是为什么会演化出来，又是如何演化出来的可能为真的模型都有冲突。(4) 正如埃尔斯特（Elster，1999a）所反对的，弗兰克有选择地强调了情感承诺在囚徒困境博弈与确信博弈中可以表现出来的长处，但对于不受控制的狂怒和激情的有害影响却几乎没有注意，而在整个人类历史上，这些是每个以改善人类总体境况为目标的人都必须面对的一大祸根。

我们关心的是认知科学与经济学的基础的关系问题，就此而言，上述第（3）点最值得深入探讨。虽然弗兰克把他的假说表达为对于他心目中传统上与古典经济学联系在一起的“自利”主体模型的一个挑战，但是仔细分析一下，就可以发现它实际上意味着把微观经济学个人主义当成了概念上的出发点，从而与杰文斯和森等人的半亚里士多德式的观念非常自然地契合了起来。（因此一如既往地，它将被取消主义者手中的石磨磨碎——他们把自利的效用最大化动机的力量设在零或接近于零的位置。）弗兰克所说的主体是个人效用的理性最大化者，它们通过操纵在内部完成计算的各种可选项来控制自己的策略性行为。这里蕴涵着一种极端的策略选择上的自由，从中能够推导出无政府状态的危险结论，并以此为有限政府辩护。然后，大自然母亲——生物演化——作为一个外在的调节者参与进来，利用外生的情感动力防止理性主体完全脱离控制，免得它们弄巧成拙地把短期利益置于长期利益之上，因为它们的长期利益与“大自然母亲”的长期利益更相符。

总的来说，这种解释对于阐明信号传递动态过程没有什么用处，这有好几个深层次的原因，其中之一是，它重复了试图使新古典经济学和人类学构造性地共同存在下去时常见的错误，即让文化动力学完全地从解释框架中退出去。用我们上面描述的理论框架来说，人们之间 G 层面的博弈直接地被生物性个体之间 G'' 层面的博弈控制了；在这样一个图景中，原本起着动态中介作用的 G' 层面的博弈完全消失了。

弗兰克对情感与语言信号传递之间的关系的解释，与他对情感与内在主义语义学之间的关系的解释，这两种解释之间有很强烈的亲和性。假设我们要将一群社会性生物利用某个数字化编码协调起来，这时就会涉及设计问题。没有人会假设是生物层面的原因决定了一个人选择英语还是汉语作为她的公共语言。也就是说，每个人都会同意英语、汉语词
300 表（暂且不考虑语法因素）是解决文化协调问题的钥匙。内在主义者通常会把这些问题放在黑箱中不予理会。乔姆斯基（Chomsky，2000）为这种做法进行了辩解，他说就目前而言，在这个黑箱中发生的那些事情在概念上过于模糊，根本不能科学地解释。平克（Pinker，1994，1997）则希望我们能够打开这个黑箱，方法是把文化历史解释为我们的祖先在四处迁移过程中，在更新世时代演化形成的领域专门化认知模块对于新异环境的反应。现在，弗兰克不再认为他那种把情感当成承诺装置的理论是一种全面的情感心理学理论了，而平克则仍然认为乔姆斯基的语言学本身就是一种全面的语言学（即无须平克自己最喜爱的演化心理学的补充）。但是，弗兰克和平克的解释都把文化协调动态过程放入了黑箱当中，因此从这个角度来说，它们恰恰把最能够推动语义外在主义的一种现象排除在自己的理论视野之外了——不管是关于情感信号的内容，还是关于利用数字化语言来进行的交流过程的。

接下来，我将概要地叙述一下我和杜穆谢尔（Ross and Dumouchel，2004a，2004b）提出的另外一种解释，以此来说明怎样利用我前面提出的理论框架来更好地理解弗兰克想研究的现象——情感的本质和功能，以及人与人之间进行的动态博弈过程的逻辑。因为弗兰克已经对我们的挑战进行过回应，所以我将把他的解释放在与我们争辩的语境下重新予以考虑。

情感信号系统与公共语言系统之间最根本的区别在于，前者主要以表现模拟领域的事物为目标。正如杜穆谢尔（Dumouchel，1999）所强调的，情感信号是连续表达系统的产物，人们不会持续地沉浸在周期性地根据情感相变信号的闪动而调整的毫无感情的基准状态当中。主体之间的信号传递是连续的动态过程，通过面部表情、话语中的音调和音量、身体姿势、物理距离、动作幅度、发出微笑的速度、眼神接触的范围和持续时间等等的变化体现出来，从主体根据彼此之间的长期关系情态达成明确协议的意义上来说，是这些东西造就了局部均衡，比如说：他们是盟友还是敌人？特别意味深长的是，他们重视长期关系情态的维持吗？是不是把它看得比共同参与的某个具体互动项目的结果更重？俗 301
成心理学试图通过一个复杂的友谊等级概念来对给定文化中的这类信息进行编码，而在我一直致力于论证的这个逻辑框架下，它自然而然地就得到了解释。人们运用情感信号去保证他们的自我叙事相互协调。正是在这样做的过程中，他们决定将来的 G 层面的协调博弈中让哪些主体参加——这些主体是依据效用函数完成个体化的。

当然，G'层面的博弈与 G 层面的博弈当然不会按先后次序逐一进行，这是事实，然而这只是一种表面印象，不穿透它就会使前述逻辑结构变得模糊不清。在构建一个逻辑体系的时候，把现象翻译为某种特殊的逻辑术语，就是要把实际记录下来的发生在自然中的动态过程映射到一个更抽象的空间结构上去。G'层面的博弈的均衡解不断地随着 G 层面的博弈的展开而被矫正，同时 G 层面博弈反过来也受前者的调节。对此，格里菲思（Griffiths，1997）进行过详尽的讨论，他说，对于情感的跨文化解释的实证研究已经表明，被统称为“情感”的那些状态和倾向在输入端表现出了很大的差异化特点（相对于输出的可变性，这显得非常突出）。输入端的差异化是指，从因果关系上看，情感反应的机制、刺激的差异性，以及与之相应的认知突破的程度的参差不同；输出的可变性是指对于情感反应的分类定型和理解的跨文化歧异。用现在的术语来说，这大致上可以表达为：作为文化上演化出来的意向立场资源把数据压缩为受限制的可能叙事的集合。这也是运用 G' 层面的资源来协调围绕 G 层面的策略约束的一种表现形式。

下面让我们勾勒一下这个一般的动态过程。假设有两个人，他们拥有的文化习俗背景大体上相同，对他们的策略性计划加上一系列标签，用来标记他们各自以公共语言编码的情感状态类型；但是，他们中的任何一个人都无法控制公共语言。他们之间进行 G' 层面博弈的历史会让他们得到这些标签中的一部分，据此他们得以刻画出他们的商谈动态过程中的重要时刻。如果一个人对这样的一个时刻进行标记而另外一个人又不提出异议，那么他们就可以建立起对于 G 层面的博弈的当前一轮的策略集的预期的约束条件。（请注意，受到这种影响的博弈往往并不限于协调博弈；一个主体可能出售某些实际的不动产给另一个。这要求协调取得成功，但并不会被耗尽。）一方面，分析家们可以把这些预期
302 表示为使情感表达的具体任务与情感状态类型相匹配的有序对的函数；另一方面，也可以假设它是情境敏感的动机的函数。（比如说，要理解另一个人的信号，我或许需要知道一个行为是发生在哪种情感情态下的，也需要知道它是产生于哪种动机结构中的。她盯着我，说明她对我很有兴趣，但是这是因为爱慕还是因为愤怒，抑或……）每个这样的函数都浓缩了一个 G' 层面的博弈的动力学机制，也就是说，它把 G' 层面博弈的结构映射到一个均衡解上。随后，这个均衡就成了构成 G 层面博弈的结构的输入，直到她们之中有一个人采取了某种需要在 G' 层面进行重新谈判的行动为止；每个这样的行动都是一个动员，要求一个参与人或两个参与人进行某种程度上的自我重述。（利用这些术语，我们或许也可以把关于两个人之间某种不正常关系的俗成概念进行如下刻画：如果两个主体定期地要求在 G' 层面上进行重新商议，而且都要求只由对方进行自我重述，那么她们只能得到两种结果：或者同意建立一种主人—奴隶的关系，取得短暂的均衡；或者她们 G' 层面的博弈是零和博弈。任何一个模式都没有什么机会演化成为长期稳定的或在福利上有效率的关系，其他人一参与进来，博弈就会变得复杂化。）

要解释这样一个系统中的信号传递问题是极为困难的。这表明，把高度可变的各种输入的原因压缩为浓缩的约定俗成的情感表达是有其策略上的理由的，不然将在接收端发生信号的组合爆炸将摧毁信号传递系统的信息有效性。正如格林斯潘（Greenspan，2000，p. 485）所说，考虑到交易者可能直接在认知上操纵情感（把它当成内在状态），“在某个时候，计算将会变得无法想象地困难，这反过来又给把情感当成人与

人之间相互进行的快速评估提供了进一步的理由。”即使在外在的输入可变性给定的情况下——这肯定要比令格里菲思担忧不已的内在神经化学可变性还要大得多，计算量过大带来的挑战同样会给约定俗成的情感状态类型与观察到的有关策略设定的信息之间的映射造成困难（因此带来复杂的组合问题），除非情感输出本身就是在文化层面上演化出来的约定俗成的信号传递均衡。

根据这个解释，情感信号传递策略的有用性确实像弗兰克认为的那样，部分地取决于情感信号内容并不是完全处于信号发送者的任意控制之下这个事实。一个情感信号的内容是由根据意向立场做出的判断决定 303
的，而且主体间要商议的恰恰就是具体证据与判断之间的映射，这种映射要满足作为一开始的意向立场的关键的一致性标准。人们做出的自然的意向立场判断把文化模式吸收到了这些谈判当中。这样就构建出了社会支撑框架，它把人们从不可能完成任务中挽救了出来，原本人们试图计算出同时在 G' 层面的博弈的决定因素，同时得出其在 G 层面博弈中的均衡策略；但是，这两者相互之间构成了互反函数，而且都嵌入在一个包含着其他博弈的动态一般均衡当中。请注意，虽然这是一个一般均衡问题，但是，在自我维持的层次上可以得到普遍的满足，并不需要计算出一个唯一的一般均衡解，因此不会与米罗斯基所担忧的有效性发生冲突。只要她们控制的 G' 层面博弈决定的 G 层面的博弈是有解的协调博弈这种情形出现的频率足够高——而非囚徒困境博弈或类似的有灾难性后果的博弈，那么（绝大多数）人做出的这种关于情感信号的意向立场判断都能够保持动态稳定。当然，这种条件并不总是能够保证得到满足。在不同的压力下（本研究计划的第二卷将对这些压力进行研究），社会可能偏离信号传递均衡并陷入崩溃。从根本上说，建立在意向立场一般应用的基础上的确定博弈的动力学分析，只能解释相对的社会稳定为什么是可能的，又是怎样成为可能的。

对情感的策略性功能的这种解释，概括了对弗兰克理论提出的所有反对意见。它也适用于长程的、扩展的讨价还价，因为约定俗成的情感隐喻意义给出的制约性信息与面部表情或身体语言中所包含的信息不同，它可以通过多重媒介进行传播，穿越更广阔的时空。（当然，更多的信息本身是无害的，而且有许多证据表明面对面条件下进行讨价还价更容易。这是对“公路暴力”症候，以及互联网上群组聊天时经常发生的“火爆”场面的标准解释。人们困在汽车内或只能通过键盘交谈时，在情感上不能相互协调的情况发生的频率要比通常高得多，因为他们分别拥有的可视信号调制装置是不可交换的。[①]）很显然，需要更加重视情感体验的连续性和反馈调节性，因为这是它最核心的动机之一。对于情感在演化上的基本功能，也可以有类似的评价：它在作为社会性的演
304 化过程中自然选择必须解决的协调博弈中有直接的作用，而不是试图去回避或脱离囚徒困境博弈。在对于情感信号的纯粹自生自发性不那么强调的情况下，要解释埃尔斯特的反对意见是很容易的，只需要指出这是一个值得付出的代价就行了，而无须证明它抵消或者超过了应计得益。最后，在解释情感行为的细节问题时，文化演化起的作用至少与生物演化一样强大，因此这有助于搞清楚格里菲思提起大家注意的那些数据的意义。总的来说，我认为我们的解释比弗兰克的解释更好地说明了涉及范围更加广泛的情感性判断的有关数据，同时又保留了他的合理见解——情感是演化出来的讨价还价的工具，它有利于合作。

但是，弗兰克（Frank，2004）提出了反驳，他说我们的理论不能充分解释一个他认为非常重要的情感生活数据。这就是，人们经常表达出这样一种想法：他们对于与他们互动的那些人的情感是否真诚觉得疑惑，而且为此感到担忧。根据杜穆谢尔和我的理解，这只不过看上去令人困惑罢了。情感信号以及对它们的解释（包括本人的解释）是关于情境意义的意向立场判断，它既涵盖了大脑提供的有关自我的信息，也要考虑外在因素；这些判断并不是关于内在的内省现象的报告。这样，真诚（性）的观念是不可能的，因此对于真诚性的探测，也是不可能的。

弗兰克这个反对意见是值得仔细思量的，这不仅因为我们对情感的解释本身要想有说服力，就必定会遇到它，而且因为它恰恰涉及作为本书核心的一个一般性问题：经济学基础中存在的张力在于显示偏好理论把行为一致性放在了主体性本质的优先位置上，而新古典主义最值得尊敬的愿景是要把主体等同于一个内在地进行最大化的鲁宾逊·克鲁索。作为经济学家的弗兰克把他的反对意见放到了与委托—代理理论这样一个微观经济学核心主题有关的语境下，这样就更有意义了。

弗兰克请我们考虑一个经典的委托—代理问题：

你是一个成功的当地企业的所有者。在经过认真研究后，你认定在200英里以外的一个类似城市中开设一个分支机构同样会生意兴隆。你不可能自己去管理这个分支机构，而且由于外部审计和控制机制方面的

① ……除非是一些很粗鲁的信号，比如说对其他司机伸出中指这种极不友好的举动，但这些往往只能使事情变得更糟。

局限性，你也不知道一个受雇的经理人是不是在欺骗你。如果你能够雇到一个诚实的经理，那么你可以支付给他 100 000 美元（这是市场工资水平的两倍），并且仍然可以从分支机构得到 100 000 美元的净收益。305
困难在于，你雇用的任何一个经理都面临着很强大的激励去欺骗。通过不诚实地实施管理，他可能会使自己的收入增加 40 000 美元，同时却令你损失 100 000 美元。那种情形如果真的发生，你也无计可施，因为没有办法知道你雇用的经理欺骗了你，更不用说要证明他欺骗你了。那么，你究竟要不要开设这个分支机构呢？

弗兰克把上述问题模型化为一个确定的博弈，在这个博弈中，支付只能代表博弈双方表现为货币形式的狭隘自利动机，这样他就把这个问题的答案搞混淆了。如果这个模型真的准确地描述了博弈双方的主体性，那么就可以得到一个唯一的均衡解：候选经理的占优策略是如果分支机构开设起来了，就欺骗；因此企业所有者将选择不开设分支机构。毫无疑问，这个结果是帕累托次优的，但是悖谬的是，帕累托次优的事情却发生了。弗兰克似乎认为这就是一个典型的、受新古典主义影响的模型用来描述这个问题将发生的情形。因此，现实中人们经常都能摆脱类似的委托—代理困境，这应该算得上是一种反对意见，它不仅是针对我和杜穆谢尔的理论的，也是针对新古典主义的。弗兰克争辩说，人们之所以做到了这一点，是因为运用了一种特殊的方法：经理承诺不欺骗，由于他不可能完全控制情感信号（这是因为他的生物学本性控制着它们），企业所有者能够可靠地查明他是不是真诚。这是我们不能同意的。

弗兰克在这里犯了两种类型的错误：一方面，他对博弈论的应用在技术上有混淆之处；另一方面，他在基本的认识科学问题上也犯了错。阐明这两种错误对于我的目标来说是很关键的，因为只要搞清楚它们彼此之间是如何既相互印证又相互强化的，就可以非常生动地说明我这本书的主题。

如果新古典经济学是致力于发扬微观经济学个人主义（杰文斯或森所阐释的那种半亚里士多德式的个人主义）的，那么委托—代理博弈或许不得不用弗兰克那种方式来建模。但是，如我们在第 4 章中所描述的，经典博弈论是一个用来找到纳什均衡的演绎工具。如果人类委托人和代理人可能同意就开设分支机构问题达成一致意见的话，博弈论本身就可以宣告新古典主义致力于的模型是一个错误的关于人的模型。

在第 6 章中，我已经论证过反对新古典理论是或者应该是致力于发扬微观经济学个人主义的这种观点的理论，我在这里不想再重复一遍。不过，我确实想追随宾默尔（Binmore，1994 ，pp. 173－256）的思路再重申一遍：只有从相关数据推导出经验上正确的关于博弈参与人及其信息动态机制的模型以后，博弈论应用于这种情形才能算得上是合理的。如果弗兰克的委托人和代理人成功地开设了分支机构，那么这一事
306 实就足以表明他构造的博弈模型并没有准确地揭示他们的偏好。因此，正是因为坚持显示偏好理论为建模工具，就应该拒绝微观经济学个人主义。既然弗兰克并不相信微观经济学个人主义能够很好地从经验上解释人类行为（这也是大多数行为一实验经济学家所持的理由），那么它或许应该站在我和杜穆谢尔这一边。

但是弗兰克觉得他必须反对显示偏好理论，因此没有采取这种论证方式。（他用来反对显示偏好理论的方法是重申标准的套套逻辑反对意见。确实，一旦某个情境的博弈论模型已经找到，再运用显示偏好理论就会使均衡的选择成为一种同义反复。这正是为什么博弈论就是真正的数学，而不是经验科学的原因。）弗兰克之所以反对显示偏好理论，恰恰是因为运用它就会堵塞通往原本理解起来就非常困难的内在主体的通道，这些内在主体的性质是他的博弈对手和理论经济学家都想辨识出来的东西，其中既包括真正诚挚的回应，也包括与大声宣称的偏好不相符的欺骗性的内容。如果这位潜在的两面派人士能够在策略上堵塞通往内在自我的道路（他很可能得逞），那么就不可能辨识内在主体的性质；那样一来，根据格雷欣法则（Grisham's law），邪恶的协调者就会把善良的协调者驱除出去，而且所有承诺（和威胁）都将被当作夸夸其谈。不过，弗兰克声称，幸运的是，大自然母亲通过情感这个门户发出了无法抵制的信号，给了我们一条独立的通往内在主体的道路。

弗兰克整个理论在逻辑上是混乱的，这迫使他不得不进行更多的概念修正，以此当作救生筏。除了其他的概念修正之外，弗兰克尤其需要一个新的理性标准，为此他使用了“适应理性”（adaptive rationality）这个术语。一个拥有适应理性的人应该根据一些将导致人们在一次性囚徒困境博弈中合作的偏好来采取自己的行为。因此，弗兰克致力于完善“约束最大化”（constrained maximization）概念——主体可能采取背离新古典理论经济学家所称的偏好的行为（Gauthier，1986）。这样，偏好就不能通过运用显示偏好理论来确定。

不管人的动态认识过程是怎样的，隐含在弗兰克这一理论描述之下的主体个体化规则是非常难以理解的。在经理人是真诚的情形下，内在

的自我并不是那个狭隘自利的自我。事实上，在这样的情景下，根本不存在狭隘自利的自我。但是，这个人的内心当中可能仍然潜藏着一个自我利益最大化者。因此，一些人内心深处有一个内部的鲁宾逊·克鲁索，而另一些人则没有！在弗兰克看来，幸运的是，内在主体只 307
要存在，就一定会发出情感信号，如果我们注意到这些信号，就可以发现它。因为这种主体的扩散会破坏达到帕累托效率的机会，所以就需要情感信号的自然选择过程随时待命，以便在适当的时候将我们拯救出来。

根据弗兰克的思路，自然选择在创造出近乎完全冷酷无情的最大化者的同时，也创造出了使他们不能达到预期结果的装置。然而，对于自然选择来说，这种方式显得非常迂回。但是，弗兰克告诉我们，自然选择施加于“神经系统”之上的压力是“无情的”。他说：“当然，不诚实的经理体验到的效用或许并不比诚实的经理体验到的效用更大，因为后者可以理直气壮地享受着诚实行为带来的‘温暖的光辉’，自我感觉会非常良好。但是从达尔文主义的角度来看，神经系统的核心演化特征并不在于令人觉得快乐。它所要做的是鼓励那些增进了繁殖适存度的行为。在生存竞争和繁殖过程中，关键的是物质资源，而不是‘温暖的光辉’”(Frank，2004，p. 292)。因此，“根据达尔文主义，当欺骗行为不可能被发现时，一个人仍然可能有动机放过这种机会，这是一种异常现象”(ibid.，291)。

但是，这种结论恰恰是错误的。即使在完全反社会的动物当中，自然选择也能够构建出寻求“温暖的光辉”的行为倾向，它们会帮助后代和亲属，甚至不惜牺牲肢体和生命。几十年前，我们就已经认识到亲缘选择是丰富的社会性得以产生的基础平台，虽然不能单纯用它来解释存在于某些鸟类和哺乳动物当中复杂的社会性倾向。（而且，给定适宜的遗传环境，亲缘选择本身是可以创造出各种各样的社会动力学机制的，在完全社会性的动物比如说单倍—二倍体昆虫和裸鼢鼠当中就是这样。）因此，虽然弗兰克认为“新古典经济学家”应该对一次性囚徒困境博弈以及其他类似“困境”并没有经常导致社会协调和社会合作无法达成觉得惊异，但演化理论家并不会这样觉得。宾默尔同时学习过达尔文主义、丹尼特的理论和新古典经济学，他深刻地领会到了演化是怎样通过达尔文主义的方式从亲缘选择中构造出社会性的；而且在有了社会性之后，又是怎样创造出自我的——他将之称为“协调的同情共感偏好集”

(sets of coordinated empathetic preferences)(Binmore，1998)。[①] 从纯粹的亲缘选择到更一般的仁慈善行的产生、演化与维持，宾默尔对于这样一个谱系的各个步骤从达尔文的思想和博弈论的角度进行了解释，这与我的看法完全一致（Binmore，1998，pp. 178－228）。在宾默尔的理论里，任何主体都不用去实施违背自己偏好的（因而带有神秘色彩的）行为，因此不会违背博弈论的信条。索伯和威尔逊（Sober and Wilson，
308 1998）的研究说明了在某些环境下，群体选择是如何压倒那些在没有群体的时候适存度最高的个体的选择的，他们这种解释没有引发特别大的争议。这对弗兰克所理解的演化观念构成了进一步的冲击。

鉴于这些原因，弗兰克（Frank，2004，p. 292）所称的“不诚实个体得到的更高物质回报应该会最终导致诚实个体灭绝”这个论断并不能成为一个一般结论。因此，正如汉普顿（Hampton，1986）所证明的，与协调博弈相比，一次性囚徒困境博弈在人类偏好倾向的演化发展过程所发挥的作用很可能极为有限，事实上这一点是霍布斯早就认识到的（当然他们的术语明显不同）。这样一来，自然选择看来不可能为了将人类“拉出”囚徒困境博弈而构建了情感倾向（即使我们对这种观点进行某种分析）。随着社会性的演化，出现的一种倾向性是从一开始就避开囚徒困境博弈以及与之相类似的效率陷阱，这是以 G' 层面的博弈能力为基础的。[②] 如果我们想为普遍存在于人类和其他非单倍—二倍体社会性动物当中的情感信号找到一种适应性解释，那么我们应该问的是这种信号传递是如何促进了协调的。在本节前面的内容中，我已经暗示过这一问题的一种答案，它可以从两种相互补充的途径提出。各种情感信号传递系统一方面协调着意向立场判断与自我的稳定性，另一方面也使博

① 在这个概念背后隐藏着一种观念，即从总体上看，如果人们不能适当地从对方的角度来评估结果，那么他们就不可能围绕结果是分配性的项目成功地展开协调。根据宾默尔的思路，在谈判过程中，一个主体在选择策略的时候，就会将自己的偏好分布显示给自己的谈判伙伴；这意味着她不想某些结果在偏好分布给定的情况下被否决。宾默尔证明，如果所有主体都这样做，而且她们的预期大体上都是准确的，那么她们建立起来的社会就会达到“移情均衡”(empathy equilibrium) 状态，这时没有任何主体有动机隐瞒自己的移情偏好。宾默尔指出，各种社会中实际盛行的近似于移情均衡的状态正是稳定的人际效用比较的基础，如果没有这些，复杂的社会讨价还价就将是不可能的。这个观念很好地补充了我对博弈决定的动态机制的解释，对此我将在本书的续篇中详细论述。

② 当独立地演化出来、处于不同的 G' 博弈均衡状态中的各种文化走向全球化时，它们就可能重新浮现出来，构成严重的问题，即公地悲剧。一个好的理论应该能预见到这一点，因为除非全球性的制度框架能够演化出来以缓解这些问题，不然在此之前它确实会出现。

弈确定变得容易处理。

至此，弗兰克的反对意见只剩下一点没有涉及，那就是他还求助于俗成现象学观念，根据这种观念，我们有意识地观察其他人的情感信号，以此来判断他人的内心是否真诚。这种俗成理论假设，情感信号传递的信息便利了合作与协调的进行，我们可以试着描述一下这个过程。我们都知道人在有些时候会做出他们根本不想遵守的承诺，在另外一些时候则可能发出他们根本不可能实施的威胁。幸运的是，绝大多数人与别人之间都存在着人的纽带（personal bond）。这些纽带是每个人都可以在情感上体会到的。而情感则往往通过声调、身体语言、直视对方的眼睛等多种多样的途径暴露在大庭广众之下，这些都是人们可以辨别的；反之，想假装则需要相当高的技巧和心思。因此，我们可以共事的人，是那些情感表达符合我们之间的人际纽带的人；而与陌生人合作，则可能引起严重的委托—代理问题。 309

对这种通俗理论，我不想过多纠缠。它甚至算不上是一种理论，完全无法与我和杜穆谢尔的理论竞争，因为它没有解释为什么情感可以发送信号——甚至根本没有尝试过。要解释这个问题，必须跳到上述通俗理论之外，因为那只能描述人们熟悉的模式及其在实践中的含义。通俗理论并不是为了提供科学解释而提出的，这是一个事实；通俗假设的一致性并没有像科学理论那样经过基础性的理论本体检验，因此只能作为纯粹的表面描述，当通俗理论被用来处理稍稍偏离了中心的情形时，这一点就表露无遗了。

试设想，你就是弗兰克描述的那个企业主，正在考虑是不是雇用一个经理，但是你与他之间以往并没有建立起人际纽带。假设你已经知道你正面临一个委托—代理问题。那么，那个待聘经理与你见面时可能会直勾勾地盯着你的眼睛，坚定、有力地握你的手，然后字斟句酌地对你说，“对生意伙伴诚实比任何数量的钱都重要”。面对这种情况，一般人会怎样做？他们在试图对这种情形加以理论化的时候，可能会把它转化为朋友之间发生的情形——现实中很多时候确实就是这个样子。他们可能会说，这个家伙不就是在发送可识别的情感信号吗？这就是可以透视他的心灵的一扇窗户。看，那是一颗美丽的心灵，因此他的表达是真诚的。而另外一种判断也完全可能：这是一颗邪恶的心灵，他不过是在演戏。无论选择哪一种，他们都知道接下来应该怎么做。

不管怎样，这至少可以算是事后合理化的一种可能形式。幸运的是，在处理重要的事务时，人们通常都对他人的行为更重视，而不是对他们的即兴表演更重视。现实生活中大多数人的行为表明，他们不会把“可以透视内在心灵的窗户”这种观念太当一回事。恰恰相反，他们会仔细地去调查有关这位待聘经理的各种行为记录，要求利益中立的第三方提供推荐信、核对其信用等级、到酒吧问常客是不是曾经有人与他做过生意，等等。当然，他们在面试时，或许就已经在寻找他是否有欺骗、犹豫的迹象了，他们也会观察他在自我介绍时是不是过于造作。但是，无论如何也没有必要把这些解释为检验这个人是不是在内心中藏着一个鲁宾逊·克鲁索。除非在自我预测的时候也经常自我欺骗，若不然一个想要成为骗子的人不可能恰如其分地把关于自己的意向立场判断快速地、不假思索地倾诉出来。这就好比一个想检测自己电脑的障碍的人一样：他不是电脑设计的专家，他需要时不时停下来想想，修正计划，
310 有时要重新返回出发点，因为这项工作本来就不是他所擅长的。如果我们看到了这种行为，并要求摆脱这种行为，那么我们所发现的东西是整个意向系统内的不一致性，而不是某个内在主体的什么性质。但是，有些人确实依靠对自己做出错误的意向立场判断来出人头地，而且能够流畅地模仿 G' 层面上的博弈中的合作者的策略，这一点稍有生活智慧的人都知道。这也就是为什么大众都知道对完全陌生的人进行背景调查是明智的，但是在寻求理解上的解释时却又坚持笛卡儿的人格理论不放的原因。他们当然可以就他们的整体行为表现做出与“透过窗户凝视内在心灵”这种观念一致的解释，但在逻辑上并不需要这样做。人们在面临风险时彼此之间进行调查的目标是确认行为的一致性，这不仅与所有行为事实完全相容，而且在本体论上也显得不那么恣肆（profligate），同时更加有利于博弈论的直接应用。要把谎说圆并不容易，难就难在要令全部事情及其有关含义，在别人质询下都始终保持一致，这是一个通俗的自明之理。

我们更喜欢对真诚性探测行为的第二种解释，这是有充分的科学理由的。我们的大脑经过深思熟虑可以告诉我们，根据已有的科学证据，你不可能洞察别人的心灵，这与你不可能洞察你自己的心灵是一样的道理，因为根本没有心灵可以让你去看。在弗兰克的解释中，作为理论上的建构的心灵必定是一个笛卡儿式的剧场，但是这种东西也不可能存在。当然，与意向立场判断有关的内在的大脑过程确实存在，从不寻常的瞳孔扩张等现象中可以得到一些证据。但是，安斯利（Ainslie，2001）指出，在大脑过程层面上基本的激发动力就是“兴奋”（excitement）；只有在某个兴奋状态有了丹尼特式的判断，即敏感于外在的动态过程（包

括社会动态过程）后，它才能成为某个具体的常规情感。

我还要消除人们可能有的一种担忧，当一位哲学家或科学家建议抛弃某种本体论定论时，这种担忧往往会发生。我所说的一切，绝不意味着我认为真诚性这个概念或这个词是神秘的。我也没有断言（弗兰克误以为我会像杜穆谢尔一样断言），对于这个观念的任何理论解释，人们都根本不会在意。事实上，我所依赖的丹尼特对自我的解释，一贯强调一致性的建立、维系、控制和监察的极端重要性；而且整体上的行为一 311
致性就完全足以在理论上解释“真诚”了。人们不需要直接去检查心灵，因为他们可以检查的是情感经历，不管是他们自己的还是别人的。

关于情感在谈判中的作用的争论，表明丹尼特把主体性与自我这两个概念区分开来的做法，削弱了微观经济学个人主义，而且说明了为什么这不仅在实证上是重要的，而且在观念上更重要。弗兰克不相信微观经济学能够很好地描述人类经济行为。但是因为他坚持传统的把主体当作狭隘的自我利益最大化者的新古典观念，所以当他试图理解有关人类微观的经济互动行为时，就把自己绞进了概念之罗网。

但是，这对一位经济学家来说真的重要吗？如果弗兰克等人能像森那样（根据类似的理由）大致上正确地预测到了与政策决策有关的事实，即人们的同情共感和协调合作将会完成得相当好，除非他们周边的制度框架给了他们某种荒谬的激励，或者他们的文化距离影响了他们的共感能力，那么为什么经济学还要担心认知科学家和行为科学家可能运用了不同的人格模型呢？这时政策意义并没有什么不同，就是要试图寻找并确定有害的制度并针对文化误读的可能性建立防护设施，让人们彼此之间更加了解。同时，难道说经济学建模活动不能像以往那样便捷了吗？

为什么经济学家可能想运用一个有更深刻的哲学意义的人的模型？理由很清楚，我们在本书中也一再提到过：这位经济学家可能很关注自己的学科与其他学科的统一性问题，当然她一般来说不会想从一位经济学家转变为一位认知科学家或应用哲学家。在本节前面的内容中，我试图证明弗兰克的人的模型并没有充分的认知科学基础。森的模型也类似。戴维斯（Davis，2003）这方面遭受的挫折最终导致他抗拒认知—科学基础，转而求助于对人格的规范性的辩护意见。（至于米罗斯基，则一贯地引人发笑，请回忆一下我在第 1 章中提到过的，他认为经济学家根本不想把自己的理论建立在认知科学的基础上，因为他们根本理解不了认知科学。）如果我们想从科学（当然包括经济学）中得到所需的某种解释， 312

那么，就像基切尔所说的那样，我们都必须关注科学统一，这也是我一直强调的。各学科之间往往相互借用前提假设。为了完成解释的目标，这些前提假设必须至少在大体上是正确的。因此，如果一门学科听任自己在本体论问题上搁浅，那么它就是苍白无力的科学。

事实上，在这个方面的推动力量是相当可观的。只要一门学科能够通过以下两个检验当中的一个，就可以升级为人们所接受的具备制度合法性的科学（这可能违背一般人的直觉判断）：第一，根据其核心论证模式提出的对现象的解释能够与我们的世界观很好地结合起来，保持一致；第二，它可以给出新颖的、准确的预测。根据这两个检验标准，占星术是应该予以完全否定的，因为它一个检验都不能通过；而板块构造地质理论则不会招致任何怀疑，因为它出色地同时通过了两个检验。如果经济学家想避开第一个检验，对统一性不予考虑，那么他们就必须准备把自己的理论主张的合法性全部押在第二个检验上面。许多经济学家都被雄辩的弗里德曼说服了，却不知道他的逻辑是经不起仔细推敲的，因此他们在哲学上都准备接受第二个检验。这样做的结果是，人们公开指责经济学不过是一种假理论，这类著作堆满了图书馆的书架；[①] 而且哲学家和社会学家得出的结论也是类似的，虽然他们的语调要显得更平和一些。[②] 甚至经济学界内部，也有越来越多的经济学家开始大量地收集用来“砸自己的房子的石头”了，这方面的文献很多，读者可以参见海尔布伦纳和米尔贝格（Heilbroner and Milberg，1995）以及劳森（Lawson，1997）的著作。然而，我认为没有任何理由去细细咀嚼海尔布伦纳和米尔贝格与劳森的书，它们不过是一些煽动性的废话。[③] 但是，这种著作为什么会出现？为什么那些了解日常生活中专业性的经济推理的微妙之处和强大之源的人没有像我这样对它们不屑一顾？说到底这其实也不难理解。无论如何，量子力学给出那种预测、那种极其有说服力的定量预测，几乎永远也不可能在经济学领域中看到。如果经济学学科的全部正当性都建立在准确性大有疑问的预测的基础上，那么这个看似宏伟的建筑最终必定难逃被白蚁蛀空的命运。

---

① 我在这里并不想列出这些著作的目录。达斯古普塔（Dasgupta，2002）给出了一个简短的书目，并进行了有理有节的反驳。

② 其中罗森伯格的著作（Rosenberg，1992）是最好的。

③ 我想修正一下，劳森对于计量经济学推论的某些认识论顾虑是有道理的，有关这个问题，请参见金凯德（Kincaid，2004）的说明。但是，即便在这些方面，劳森对经济学家的恶意仍然显得太过分了，这一点胡佛（Hoover，2002）早就指出过了。

事实上，我从来都不认为经济学家能够利用前提假设错误的模型得出很好的预测，弗里德曼的错误也就是在这里。又比如说，弗兰克的模型将会引导我们预期最诚实的经理应该是超一致的——在非常广泛的讨价还价情境下都保持一致，因为他的内心是一个有合作倾向的鲁宾逊·克鲁索，保证在全部类型的博弈中都以同样的方式最大化自己的效用。(如果换一种说法，就是：他那个虚拟的内在“真诚”性是永远都处在 313
待命状态中，随时可以用来预测他在新的情境下将做些什么，除非发生了另一种导致内在心理发生变化的虚拟事件。）社会协调博弈中实际人类行为当然要比这复杂得多，我将在下一章详细讨论这一点。虽然这个经理在弗兰克设想的情境中没有欺骗行为，但是在另一个稍微有点不同的环境下他就很可能会搭便车。牢固的制度应该是为真实的人设计的，而不能根据工具主义模型显示出来的人的样子来设计。

霍利斯（Hollis，1998）提出了“团队效用”（team utility）概念，围绕这个概念的适用范围近来发生了一些争论，比如说萨格登（Sugden，2000）、科尔曼（Colman，2003a）等；这些争论与上一段讨论的问题也有关系。“团队效用”是说人们会建立起区别于个人效用函数的、关于他们所参与群体的效用函数的概念：在特定的条件下，他们的行为是为了最大化“我们”的效用，而不是“我”的效用。在本研究计划的第二卷中，我将对这个假说从它与认知宏观经济学的关系出发进行充分的论证。不过就目前而言，我们需要注意的是个人效用与团队效用的区分是建立在一个想象中的居于人内部的鲁宾逊·克鲁索与一个嵌入在社会中的人二者之间反差的基础上的，这与我的思路并不完全一致——我把人的观念看做预先假定的社会嵌入性。正如卡梅勒观察到的（Camerer，2003c，p. 157），选择霍利斯和科尔曼的概念化思路，还是选择我的思路，会造成预测上的差异。

一个相关均衡需要某个可能公开观察到的变量，而且所有参与人都知道这一点。如果身份是一个关联装置，那么当它不被全部参与人知道时，合作将会变得分崩离析。考虑下面这种情境。假设有两个团队，A团队和B团队，A团队的成员已经被告知他们将与其他A团队成员博弈，但是他们的博弈对手则不知道与自己博弈的人是A团队的还是B团队的。移情模型或群体身份认同模型的预测是，博弈另一方认为与自己博弈的究竟是谁对于得到通知的A团队成员来说没有关系，因为得到通知的A团队成员肯定会愿意帮助自己的队友。但是，相关均衡模型则预测，如果得到通知的A团队成员知道博弈另一方并不知道与自己博弈的人是谁的话，合作将会缩水，因为得到通知的 A 团队成员只有作为博弈另一方的其他得到通知的 A 团队成员预期他们的伙伴将会合作时，才会合作。

用我的术语，可以把卡梅勒上面这段话的要点表达得更清晰一些：得到通知的 A 团队成员和没有得到通知的 A 团队成员进行的 G 层面的博弈，与他们分别与得到通知的 A 团队成员进行的 G 层面的博弈，是
314 不同的，因为 G' 层面上的不同博弈决定了这两种情形下发生的 G 层面的博弈是不同的。但是请注意，饶具讽刺意味的是，团队效用假说预测到的跨环境社会稳定性之所以过强，恰恰是因为它把团队效用重新映射为一个鲁宾逊·克鲁索式效用函数的原因。我对弗兰克的诚实经理人模型的预测结果的抱怨也正是出于这个原因。

在本书中，我已经多次指出，人道主义者和新实验主义者批评新古典主义的时候是相互支持的，其原因就在于他们对新古典主义的基础的哲学认识仍然是模糊的。正如戴维·斯普莱特在与人的通信中对你指出的那样，通过本节的论证我们可以分离出一个具体例子。海因里希等人（Heinrich et al.，2001）在 15 个小型社会中让当地人参加最后通牒博弈、公共品博弈和独裁者博弈，他们发现多种行为方式，但没有一种与他们用“标准经济人模型”预测的结果（即每个博弈参与人都最大化自己的货币回报）一致。但是，所谓的“标准模型”本身也就只能对在反社会的主体之间进行的那种博弈的结果进行预测。海因里希等人设计的那些博弈中的参与人都是自我，有不同的效用函数，他们不可能像“标准模型”预测的那样去进行博弈，因为一味最大化货币回报必定会损害他们对自己的自我所作的投资，除非他们所处的社会已经把这种行为制度化了，允许出现于专门构建出来的环境当中——比如说（某些）工业化社会中的商业市场当中。海因里希等人在他们设计的博弈中指定了博弈参与人的支付，但是新古典主义的理论基础当中绝不存在任何要求他们这样做的东西。因此，他们得到的结果并不能支持反新古典主义的人道主义——虽然这些人经常急于做这种解释。

本节的理论目标是要把主体性与人格的关系摆正，从而为经济学家所关注的东西再增添一些基石。我认为，弗兰克的概念性问题使他无法前后一贯地运用博弈论。他的适应理性概念没有公理化，而在没有公理化之前，它就不可能真正对通过显示偏好理论定义的经济理性构成威胁。类似地，森的主体性概念也不能形式化。当然，正如我在第 1 章中已经讨论过的，我们不应该为形式化而形式化。有些经济学家有意地大

量使用高深莫测的数学工具，那只是想设置他们这个职业的门槛，我们对这种动机理当保持清醒的批评态度（当然，这种动机在心理学上是可以解释的，甚至是合乎情理的）。但是，正如一再指出过的，实证主义者所强调的科学德性在于他们对系统性的关注，无论是他们的意义理论 315
或还原论是不是正确的都不应该影响这一点。面对一个用显示偏好理论理论和博弈论的语言提出来的微观经济学假说，我们可以准确无误地理解它说的究竟是些什么东西。我们不应该过于迷恋系统性，在不可能精确的地方要求精确性，比如说所谓的“管理科学”，就是用虚浮的专业术语来表达俗成心理学的陈词滥调，这种“努力”是令人尴尬的；相比之下，就其目标而言，对于经营决策进行的那种旧式的、以经验描述为主的历史叙述，能够得到的效果反而要好得多。不过无论如何，只要有可能，就还是应该追求精确性。我在这一节中已经指出过，要解释情感的策略性作用，弗兰克根本不必去篡改博弈论的理论基础，因此我们应该反对他这样做。宾默尔（Binmore，1998）的研究工作已经表明，在保持严谨遵循原有公理的前提下，运用经济原理去解释复杂的行为问题是可行的。当发达的形式主义能够为你提供全身的外衣的时候，你就穿上它。

当然，一种形式主义适合某些事实，并不能说明我们应该在有其他选择的时候也得接受这种形式主义。金迪斯（Gintis，2000）的例子已经证明，取消主义经济学家中也不缺乏受过严格数学训练的人。演化博弈论如果运用得当，确实称得上数学化的博弈；我认为金迪斯在推动取消主义——不管他本人在这样做的时候是不是自觉的，理由是他和其他一些人所钟爱的模型中似乎根本不需要主体，也不需要理性。在第 1 章中，我已经解释过，我们怎样运用博弈论的思维方式去理解区别于主体的自我——自我与主体这两者在个体发生学上（ontogenetically）是有联系的。不过，我还没有说明，为什么我们不能用一个更一般的理论框架——比如说演化博弈论——来还原得自于主体和自我这两个层面上的模式。演化博弈论只涉及各种属性的选择与遗传，而不需要用最大化概念或意向性概念对这些属性进行任何区分。如果演化博弈论真的行得通，那么我们就可以下结论了：微观经济学与丹尼特的认知行为科学共同基础是在生物学当中，而且它们中任何一方都不可能从对方援引基础性的资源。请注意，这样是可以保证微观经济学与其他行为科学的一致性的，这也正是金迪斯明确表明的目标之一，但是，这种一致性是通过还原的方法得到的。根据我在第 2 章对模式存在性的定义，这也就意味 316

着理性主体并不是真实模式，因为它在信息上是冗余的。那样，我们就变成了取消主义者，得出的结论与人道主义者相反，而且这也是米罗斯基、杜普雷和戴维斯都已经觉察到并极力反对的一个结论。

这样，下一章的任务就明确了：说明演化的动态演化过程是如何使主体性变得不可还原的——至少在人类是如此，也许还可以适用于所有社会性动物。完成了这个任务后，对于微观经济学理论的基础的阐释工作就只剩下了一件：最终我将证明，与传统的看法恰恰相反，微观经济学依赖于时至今日仍然未完全成型的宏观经济学基础。也正是出于这个原因，我们的解释在本书下一卷结束之前，都不可能得出最后的结论。

第8章　理性主体与理性自我

整合

现在我们总结一下，看看我们论证了哪些东西。以下主张已经得到了辩护： 317

1. 我们如果要想系统地应用显示偏好理论和基于博弈论的数学推理，就需要有一个坚固的立足点，为了这个目标，必须认为经济主体等同于由行为模式清楚地显露出来的偏好有序集。

2. 任何完成这种主体个体化的方案都必定是经验的。那么，在给定的一系列案例中运用这种方案可以生成准确的数据预测吗？这些数据的数量性状足以为这种方案本身提供确认证据吗？

3. 在动物行为学和生态学中运用萨缪尔森的显示偏好理论和博弈论可以给出相当准确的定量预测，这证明我们把反社会性动物个体模型化为经济主体的做法是合理的。

4. 经济学家从实验经济学中总结出了大量鲁棒性极强的偏好逆转和偏好时间不一致现象；与此同时，从哲学上我们也否定了内省可以作为经验证据的来源，并说明了成熟的人类中心论新古典主义给出的解释是空洞的。这些加在一起得到的结论就是整体意义上的人不是简单的经济主体。

5. 随着动物个体变得越来越复杂、越来越社会化，它们越来越偏离简单经济主体，它们要维持行为的稳定性和内聚性（Collier，2002），就必须越来越依赖于外在的支撑框架。

6. 人生活在需要他们解决协调博弈问题的压力的情境当中，把演化出来的公共信号传递系统作为自己的支撑框架，最终导致了作为行为稳定装置的自我叙事建构的出现。

318 7. 自我是通过反身意向立场得以维持的。

那么，剩下来的微观经济学基础问题就是：哪种类型的经济学能够以一种有充分经验理由的、富有成效的方式应用于自我（被认为在本体论上等价于整体意义上的人的自我）？

这个问题仍然显得有点模棱两可，事实上它可以从两种途径来剖析。第一，经济学如何应用于人的内在动态过程？第二，经济学如何应用于人与人之间的互动过程？

上述两个问题的区别与微观经济学和宏观经济学之间的区别有密切联系，不过这种联系本身也很复杂。出于反还原主义的动机，从一开始我们就需要这样一种系统性的区别，这是因为，如果分体论还原主义是正确的，那么宏观经济学在实践中就变成了一个预留的“空位”，我们要等待微观经济学完全成熟，彻底解决了如何全面地对复杂性现象建模的问题后再来考虑政策问题。根据分体论还原主义，说得极端一点，唯有微观经济学才是本体论上严肃的科学。（在这里，我要强调“本体论上的”这个形容词。有人可能会坚持认为只要凭借与微观经济学之间的分体论上的联系，宏观经济学就有了本体论上的合法性，即使他们并不指望人们能够发布相关的理论间还原规律，也根本没有建立一个还原主义认识论的愿景。）

在否定分体论还原主义的时候①，我否定宏观经济学将崩解为微观经济学这种预期是有一般的哲学理由的，也不认为宏观经济学不是一门严肃的科学。我这样说绝对不是认为涉及微观经济学和宏观经济学之间关系的根本性问题必须根据哲学理由来决定，事实上起决定作用的是经济学理论的发展以及运用经济学理论进行的解释和建模活动。哲学思考所能提供的仅仅是一个观念上的蓝图——各种解释的可能性仍然都存在。

这些都将是本研究计划的下一卷要讨论的课题。就目前而言，我认为只要能给出足够好的提示就行了。作为本书的结束，我们还将讨论一些问题，这个讨论过程将提供一些线索：在只考虑微观经济学本身的情况下，能够在多大程度上真正理解经济学理论？（或者不能够理解什么？）

宏观经济学是在凯恩斯的背景下诞生的，当时的语境是实用主义的 319
反还原论。虽然凯恩斯算得上是一位聪敏的哲学学生，但是他非常清楚地表明，他的工作反还原主义的合理性表现在它满足了在危机时刻制定适当政策的迫切需要（和使未来发生危机的可能性最小化的迫切需要），在这方面，基于先验原子主义假设的经济学已经失败了。正因为如此，凯恩斯才被当作一位英雄。但是，凯恩斯的贡献同时也延缓了经济学的基础这个哲学问题的解决，而且此后它一直没有在经济学界受到足够的重视。推动新古典宏观经济学（Hoover，1988）发展的也主要是政策需要，但是人们似乎相信微观经济学分析技术已经成熟，通过用更具“微观基础”的语言来表述宏观经济学，使微观经济学似乎在哲学上显得更重要了。这里所说的“基础”是纯粹技术性的，并不是严格的本体论意义上的基础，因为在经验世界中并不存在与“永远生存下去的代表性主体”相对应的东西。（请注意，我在这里并没有加入对于无原子测度空间的怀疑性论据。为了与本书的主题保持一致，我这种态度也适用于显示偏好理论和博弈论，没有任何理由要求数学对象——比如说无原子测度空间或效用函数——与经验对象对应起来。它们只是建模工具。）

论述至此，我们接下来需要把宏观经济学与微观经济学之间的关系作为一个（非还原主义的）本体论问题来研究。根据本节一开始列出的 7 个论点，我们现在可以把需要回答的剩余问题辨识出来，以完成这项研究。

根据丹尼特、安斯利以及其他许多人的建议（Minsky，1985；Kav-

① 再一次，我希望读者去阅读我和斯普莱特的论文（Ross and Spurrett，2004a）和我即将发表的论文（Ross et al.，forthcoming）。本书中描述的论证是在那里完成的。

ka，1991；Schelling，1980，1984），自我可以（而且应该）模型化为经济主体组成的社群，据此，如果否弃分体论，我们就应该抱有希望：一旦系统化的宏观经济学最终证明是可以成立的，那么它应该不仅可以用来分析人与人之间的互动，也适用于分析主体之间的互动，而且正是主体之间的动态互动构成了人。也就是说，我们可能可以把人模型化为市场。这个观念在以前就有人提出过。它可以很方便地用来描述谢林（Schelling，1980，1984）的建议；它也可以很好地解释安斯利（Ainslie，2001）和格莱姆齐（Glimcher，2003）的研究纲领。戴维斯（Davis，2003，chapter 4）综述了把人分解为主体的各种研究，并分析了其间类似于市场的动态机制，当然，他自己作为一位人道主义者，是反对这些东西的。但是，很显然，这种观念已经在到处传播了。

320 读者现在可能希望我会给出一个进一步糅合了经济学理论与认知科学哲学的混合体，以支持或反对这些研究纲领（或其变体），让我们能够在第二卷开始之前就彻底地清除旧有的围绕经济人展开的理论的影响，进入到对人与人之间的关系的系统化分析。遗憾的是，一切事物都不可能也不应该这样单纯。问题在于，如果认真地对待对于原子主义和分体论的否定，那么经过仔细考虑，我们就会发现，下面这两个本体论上的任务是非常难以完成的。第一，我们将无法以加性方式从人构造出多人市场；第二，我们将无法以加性方式从内在主体构造出人。事实上，阻碍我们完成第二个任务的不仅是我们对原子主义和分体论的否认。在丹尼特、克拉克以及对认知科学的基础做出了贡献的人的引导下，我对于人的内在与人的外在之间是否存在一条稳定的分界线产生了怀疑。也就是说，微观经济学与宏观经济学之间的分界面不会精确地与人被固定下来并装扮好再进入到人与人之间的市场的那个位置相一致——不管人多么不像鲁宾逊·克鲁索。

因此，围绕经济人的理论建构即使完成了，也不会优先于宏观经济学研究。微观经济学和宏观经济学是彼此内置的，而不是相互独立的模块，我们不能采取分别研究然后再把它们黏合到一起的方法。这样一来，本书的结论仍然会呈现为一个“建筑工地”（如果那也算结论的话）。而且，在传统的“微观经济学”这一面，还有许多工作要完成。为了使大家觉得至少我们已经得到了临时性的答案，首先得完成本书前半部分提出的主要任务，即把新古典主义者与在原子主义时代主导了经济哲学的那些人之间的争论做个了断，然后完成对分别由罗宾斯和萨缪尔森界定的经济学论证模式的详细说明。

下面，就让我们继续回到这些工作上来吧。

自我与主体1：神经元经济学的启示

稍稍观察一下自然，我们就会发现，为了维持生存，生物个体并不一定要参与协调博弈（除了需要有性生殖，以及后代出生后需要予以一定时间照顾的生物之外）。事实上，大多数种类的动物都是反社会的。但是，同样明显的是，社会性确实是一个可以发挥相当大的作用的策 321
略。我已经强调过，社会性的实质就是找到协调均衡。因此，作为经济主体的某些生物个体本身就能够促进协调能力的演化。演化设计的空间中有一个隆起地带，它非常陡峭，但是为了得到社会性，必须由生物个体登上去——因为自然选择本身不会去攀登它。那么是什么使这个高地如此陡峭？正如我在上一章中已经暗示过的，原因在于我们必须防止社会化个体被复杂性压倒。社会环境中人的内在一外在分界线的多孔性威胁着个人的内聚力。

上一段话隐含着一点：自我同时发挥着两种功能，但是到目前为止，我一直只强调了其中一种。前面我集中关注的是如下观点：在文化演化决定的适应性范围内，被定义为代表性类型的智人种主体参与的是G'层面的博弈。在博弈的时候她们运用以数字形式压缩过的信息来讨价还价，以保持动态过程的稳定；并利用源于数字化的公共语言的资源把传统标签附加到这一动态过程中某些重复发生的重要因素上面。这样她们就能够作为特定的主体参与具体的G层面的博弈了。G层面的博弈由具体的效用函数定义，讨价还价的双方都能够推断出可容许的确定性水平。这反过来又让她们可以找到足够多的均衡，以满足通常的社会目标。我还指出过，根据丹尼特对人的解释，G层面的博弈是在G'层面的博弈进行的动态过程中成型的；也就是说，G层面的博弈是由她们对自己的判断决定的——她们用定位于公共交流目的的自然语言来做出判断，对于语言中的语义差别，是作为个体的她们所不能控制的。这样就产生一个"功能"概念，它与自我的解释有关。但是，需要注意的是，与它更接近的是社会学家的功能概念，而不是生物学家的功能概念。我们将会看到，对于一个已经社会化了的主体来说，拥有一个自我有什么益处。此外，我们还可以看到，成为一个由自我组成的社群的成员，比作为一个由没有自我的社会化主体组成的群体的成员更加有利，这为群体选择发挥效力创造了很好的条件。索伯和威尔逊（Sober and Wilson，1998）的研究已经表明了这一点。但是，这并没有在功能上解释清楚，自然选择在一开始是怎样偶然发现了构建自我的倾向的？

当然，即使找不到这种解释，对于我提出的自我理论也不能构成一
322 个决定性的反驳。或许自我原本就是数字化信号传递系统的一个偶然的副产品，而信号传递系统本身又是出于其他原因被选择的。还有可能，自我就是鲍德温效应（Baldwin effect）的结果。这就是说，很可能这一过程就是自觉的自我原型以某种他人可见的方式获得了更高的效用，于是被大量模仿。自然选择也许更喜爱擅长模仿这种特殊的遗传特性，因此设置了一个只能向前的演化棘轮，让越来越好的自我叙事能力得以在生物上演化出来。根据这个解释（这似乎也是丹尼特最喜好的一种解释），初始的“自我叙事倾向”并不需要有直接的生物学意义上的基础。自我可能就是当文化演化开始用数字化信号系统对熟练的模仿者发生作用时，你所得到的东西，而生物选择也随之展开。

如果这确实意味着一种有更可靠的生物学基础的自我的功能的话，在其他因素相同的情况下，承认了这一点仍然对解释有利，在米利肯（Millikan，1984）看来，这正是一种“合宜”的功能。我在第 7 章中给出的那个解释，也是如此。此外，给自我加上这第二个功能可以简明扼要地解释经验数据，不然就需要另外的解释。为了论证这两种功能，我将引述并对比两种研究思路，它们都对“内在的经济学”有促进作用，这就是格莱姆齐（Glimcher，2003）的神经元经济学与安斯利（Ainslie，1992，2001）的微微经济学。对此，本书第 5 章已经作过一些描述。我们得到的结论将表明为什么我们不能分别解决微观经济学和宏观经济学的基础问题，然后简单地把它们黏合到一起。

格莱姆齐（Glimcher，2003）为他的研究计划提出了方法论宣言和认识论宣言，他这个研究计划就是神经元经济学。蒙塔克和伯恩斯（Montague and Berns，2002）则从另一个略微有些不同的角度进行了不完整的综述。这个研究计划的名字传递了它的基本观点，即经济理论是理解演化出来的动物行为模式的至关紧要的工具，我当然同意这一点。蒙塔克和伯恩斯（Montague and Berns，2002，p. 276）则表述了另一种相关的“经济”概念，在概念层面，它与本书所持的视角相当一致。他们指出，四处走动的动物会遇到一类特别的问题，即经济问题，因为它们（1）面对着提供以它们不能控制的价格供应资产的市场；（2）必须用一种通用货币对这些资产进行比较性评估；（3）所生存的环

境中，用通用货币度量的资产以及自己拥有的资源都是稀缺的。神经元经济学把（1）和（3）作为前提假设，试图找到大脑用来对商品和服务进行估价的“通用货币”。涉及的商品和服务有各种不同类型，如食物、毒品、在择偶方面的投资、为免于被天敌捕食而投入的安全保障，等等。请注意这一方法论是有经济哲学上的理由的，我自己也一直在为它 323
辩护。有序偏好（1）和稀缺性（3）被认为是根本性的，但是，目标应该是什么？是最大化期望效用？还是最小化损失？抑或在框架内字典式地进行最大化？这是基本的变量，必须找到它的值。

因为我现在仍然在致力于理解经济学的基础，所以我将直接采纳格莱姆齐对于作为一个研究纲领的神经元经济学的辩护理由，虽然他的第一原理并不是我认为理所当然的那一个。格莱姆齐对神经元经济学的论证呈现出某种阶梯式推进的特点，由几个依次展开的论证组成的。若不考虑关键问题上的区别，这种阶梯式论证类似于丹尼特（Dennett，1995）提出的用以支持宽泛行为科学中适应主义方法论的那个论证，只是稍微显得更注重经济理论细节一些。对于适应主义的重要性及其理由，我在本章下文还会讨论到。但是，现在我首先要关注的是自我与亚人经济主体之间的关系。刚才我提到过格莱姆齐与丹尼特之间的关键差异，它反过来又会给我们带来安斯利那个相当不一样的亚人主体概念，我们还要考虑这种主体在解释自我的生物基础时的作用。

格莱姆齐的阶梯式论证的第一步是说明神经心理学历史上是如何细心地、严肃地检验笛卡儿的概念图式的，这种检验本身已经被阿瑟·谢林顿（Arthur Sherrington）、伊万·巴甫洛夫（Ivan Pavlov）等人提炼为一个严格意义上的科学范式，用来理解因果关系意义上的行为发生。当然，笛卡儿本人就曾经把行为发生分解为一个意志的非实体因素和一个机械的实体因素。谢林顿把后者模型化为反射弧（reflex arc）网络，其关系则用布尔代数来描述。巴甫洛夫提出了条件反射的概念，以避免笛卡儿的二元主义，不过仍然保留了对输出通道与输入通道的根本性区分。格莱姆齐回顾了 20 世纪以来大量精心设计的实验，它们都从实证的角度驳斥了这种模型，表明不能分别把输入功能和输出功能当作独立模块。丹尼特（Dennett，1991b）提出的意识的多重草稿模型理论，则为相同的结论提供了一个概念性论证。正如丹尼特所坚持的，在有机体中根本不存在把表征输送到一个笛卡儿式剧场中去刺激行为的通道或场 324
所，因此停止感官输入、开启动作输入的具有实体性质的那种“位置”在神经系统中不可能存在，甚至在单一的神经节点上也可能不存在。

格莱姆齐的论证的第二步是方法论上的，同时再一次呼应了丹尼特的观点。如果我们不能自下而上地进行神经经济学研究——因为大脑并不包括许多机械反射（或者根本不包括任何机械反射），那么我们需要一个自上而下的研究策略，这可以从确定神经回路之所以被演化出来要执行的任务着手。格莱姆齐追随杰出的、影响深远的人工智能理论家戴维·马尔（David Marr，1982）的做法，指出我们应该通过为每种识别出来的功能确定一种计算算法，从而把功能演化的具体方式与我们最终探索的实际实施理论联系起来。从功能的角度来看，一个给定的系统在多大程度上模块化是一个经验问题，依具体情况而定，虽然这可能会被源于神经心理学层面的证据或源于演化论层次的证据所削弱（丹尼特称后者为“设计立场”，请参见 Ross（2002a）；对于这两个层面的证据和推论，我们要建立反思均衡，以决定对系统的计算解释。当然，这一理论视角必须在一定范围内运用某种适应主义的推理方法。更多的细节，我将在本章下面讨论，现在先回到格莱姆齐的思路上来。格莱姆齐对适应主义的辩护是借助于趋同效应的证据来进行的，趋同是指演化中普遍存在的一种趋势——形态上、行为上类似的有机体不断产生出来，而它们的相似性并不是遗传的结果（Conway Morris，2003）。根据一般解释，趋同现象为把演化看做经常面对并解决功能设计问题的过程的观点提供了正当理由，不过陆地环境中可得的合适生存空间（“谋生的途径”）受到的限制与历史偶然事件打开的种群发展路径（“管道”）受到的限制，对于趋同性的相对贡献都是中性的。丹尼特（Dennett，1995）曾经指出，我们应该可以预期到支配我们的长期境遇的是前者，但是，我现在还不打算对这个问题展开讨论。（我将在本章最后一节再来讨论。）

对有机体的功能性解释相当于隐含地把效用函数分配给了它们，在这里可以认为效用函数等同为预期适存度。只要根据独立的（化石或分子物理学）证据启用系统演化树，我们就可以避免实践中把有机体按所分配的效用函数来分类的不充分确定性问题。（这是当前学术界正辩论不休的领域，我在这里不得不略过这些争论，请参见 Wheeler and
325 Meier（2000）。）有机体通过某种可计算的具体规程进行的功能分解反过来就意味着把效用函数分配给有机体的各个部分。

这样我们就自然而然地进入了经济学的领域，而且这必定是萨缪尔森式的经济学，因为根本不会有人想象有机体组成部分的效用函数是基于内在地显示出来的偏好的。格莱姆齐的主要观点是，运用经济学理论去提出假说，让神经元功能群组去“完成”最大化问题，这应该成为一种很重要的神经心理学研究范式。检验这些假说的方法是，让人类被试或动物被试去执行实验任务，同时运用功能性磁共振成像（functional magnetic resonance imaging，fMRI）等技术手段监察被试大脑的状态。这一工作的主要困难在于如何巧妙地设计实验。我们在本书第5章中已经评述过实验经济学家的一些研究成果，在仔细地研究过实验方案及其理由之前，哲学家以及其他从事抽象理论研究的专家对于实验设计者的智力应该克制一下自己的偏见，以免被人当作轮椅中的怀疑主义者。格莱姆齐对几个实验作了精彩的描述（Glimcher，2003，chapters 10 and 12），我在这里不能采取精简方式来复述这些实验，因为正是大量细节决定了它们的说服力，这种作用就像我们在第4章中讨论过的计算实现方式在基切尔的论证模式中所起到的作用一样。因此，读者如果想了解具体内容的话，得自己去阅读格莱姆齐的著作。不过，格莱姆齐的基本方法还是可以说清楚的。这就是，让被试习惯于将回报水平与实验任务中的最优表现联系起来。他们设计的实验任务都需要神经元群组去执行一些预定任务，然后又让它们违背预期，比如说需要被试的眼睛快速扫视外部的多支光管，跟踪目标出现在背景中的频率分布，在这过程中测量被试进行调整时的反应时滞并分析其性质，实验者就能够将对于匹配现值的监测与神经元群组自身对于期望效用的监测区分开来。这种测量包括两类：行为上的（即测量扫视动作）和神经元层面上的（即测量孤立的神经元的激发频率）。对测量结果进行比对，就可以证实或否定有关神经元表征并处理经济信息的各种具体假说。

与我预料的一样，格莱姆齐应用萨缪尔森经济学来研究生物学这种方法的有效性在一般情况下依赖于行为认知形态学和生态学的研究思路能不能取得令人印象深刻的成功。格莱姆齐的著作（Glimcher，2003，chapter 9）回顾了运用微观经济学理论在这些领域已经得到的一系列准确得令人惊讶的定量预测，如果读者不熟悉这些内容，应该读一下他这 326
本书。

当然，除非与某种具体的效用理论结合在一起，萨缪尔森经济学本身是不能做出定量预测的。但是实验经济学的通常结论已经表明，这种效用理论本身也要接受如前所述的各种独立检验。不过它还是有其优势。贝克尔那种以外生偏好假设为基础对效用理论进行隔离研究的方法已经被事实证明是行不通的，因为所运用的演化—功能框架要受到更优先的系统发生学分析的制约。①

在这里我们又碰到了在本书前面好几个地方都讨论过的一个问题。像丹尼特（Dennett，1995）一样，格莱姆齐指出我们应该把期望效用当作一个零假设（null hypothesis），它可以用来构造检验。这是因为，当我们把自然选择过程模型化为一个设计者的时候，我们并不是出于把它作为有智能的活动者的动机，因为它没有任何时间约束，然而，它创造的个体、器官和功能模块都确实面对着时间约束。因此，如果期望效用被等同于预期适存度，那么我们就不应该希望最终能够发现它们确实在最大化期望效用。然而，生物学家和神经心理学家感兴趣的是它们实际上是如何处理信息的。科学家在解释的时候拥有一定的宽松度，可以实用主义地选择某种经济分析的框架。比如说，她可以在自己的研究中一直运用期望效用理论，通过对比实际行为与她所研究的被假定为期望效用最大化者时的系统的行为进行比较，就可以发现信息处理的动态机制。或者，如果她真的已经建立了某种信息处理模型，那么她就可以把一个给定系统当作最大化某个函数的价值的系统，这个函数是她从最初的经济出发，运用计算理论证明的某种智能者的功能。当然无论采取哪种方式，她都是以显示偏好理论为基础；没有了它，方法论上就是不清晰的。

格莱姆齐的论著中最有意思的内容可能是他对自己以及他和合作者的研究工作的重要性的讨论，不过这不是我们关注的焦点。格莱姆齐和他的同事们训练猴子与计算机进行监督博弈。在一个监督博弈中，有两个参与人（猴子与计算机），其中第一个参与人有两种选择，或者为一定回报而工作，这样她就肯定可以得到某个回报；或者采取另一种更轻松的行为即偷懒，这样她就只能在另一个博弈参与人即监督者不监督的时候才能得到回报。假设第一位参与人（即工人）的行为显示出来的效用函数可以表述为：如果监督者一直都在监督，那么她在每种情形下都
327 努力工作，如果监督者从不监督，那么她在每种情形下都偷懒。监督者力图使工人付出最高可能数量的工作努力，同时自己付出的监督努力则保持最小，这样她就能依靠自己的私人信息而获得利润。在这个博弈中，唯一的纳什均衡是一种混合策略，因为任何一个不随机的策略都可

① 当然，这不会取消理论的不完全决定性问题，事实上，经验科学中没有什么东西能完全解决不完全决定性问题。一旦一个理论对所有专门证据的解释不再主要通过这个被当作一项证据的理论来进行，那么对于一个具体科学计划的哲学批评就应该马上中止。要这样做不可避免地需要做出某些关于理论领域的判断；但是参照建立了很好关联性的模型可以做出摆脱了完全主观性的判断。请参阅基耶（Giere，1988）的论述。

能被另一方察觉而被利用。对于满足上述条件的任何一对效用函数而言，纳什均衡可以定义为一组混合策略组合，其中工人在工作与偷懒之间是无差异的，同时监督者在监督与不监督之间也是无差异的。[①]（在显示偏好理论的视角下对监督博弈的一般讨论，请参见 Ross and LaCasse（1995）。）

运用监督博弈模型来分析人的行为要求我们在这样做之前就已经独立地证明了她们的效用函数在所有变量的情况下都与她们的博弈有关，只有这样我们才能定义纳什均衡，并且检验她们是不是成功地运用最大化期望效用理论。可以选择的方法是，或者假设她们最大化期望效用，或者服从某种其他的规律，比如说匹配函数，然后从她们的行为中推导出效用函数。在不同的经验环境中总有一种方法是合理的。但是，如果监督者的效用函数是外生地决定的，那么从认识论的角度看就有很多优势，这也是经常发生的事情。（比如说，警察经常随机地在路边检查来抓捕醉酒驾驶者，他们要完成某个政策目标，即保证醉酒驾驶行为发生率在某个最大值之下，而且他们的预算是外生地决定的。这样给定司机偏好与风险态度，警察的效用函数就可以决定下来。）在格莱姆齐的监督博弈实验中，监督者是计算机，因此其行为是完全处于实验者的控制之下的，而且它的支付也是已知的。参与实验的猴子的期望效用用果汁来代表，也可以在参数环境中预先地确定下来。这样一来，就可以运用编程手段使计算机行为符合猴子的经济模型，而且可以让计算机搜索博弈环境中最有利可图的行为模式，以此来改变自己的策略。当这些因素都确定的时候，猴子的期望效用最大化的纳什均衡也可以计算出来。并且通过操纵各轮博弈中的计算机的效用函数来检验。

根据哥德尔不完全定理，格莱姆齐实验中的猴子不太可能成为数学计算的完美范例。不过，经过训练，猴子的行为相当稳定地服从纳什均衡的预测，而且这个结果具有很强的鲁棒性，猴子的行为模式与为了得 328
到货币奖赏来参加类似博弈的人非常相似（Glimcher，2003，pp. 307－308）。利用他们自己训练出来的猴子，格莱姆齐和他们的同事们得出的结果很有显著性。他们的方法是，训练猴子注视一个显示屏的左边或右

① 这种情况一般来说并不能决定一个监督博弈只有一个纳什均衡。此外，一个监督博弈的所有纳什均衡并不是同样有效率的。关于监督博弈的纳什均衡，最令人感兴趣的问题是有效率的均衡与风险占优均衡之间的关系，它们往往是分离的。但是，所有这些问题都与我们在下文中将要讨论的格莱姆齐的实验无关，格莱姆齐的兴趣是猴子是不是在追踪某个纳什均衡，它们的大脑又是如何完成执行这种追踪的。

边，以此来代表工作或偷懒的行为。在更早以前的实验当中，普拉特和格莱姆齐（Platt and Glimcher，1999）已经证明在参数下的环境当中，当不同实验模块中的果汁回报数量发生改变时，控制眼球运动的顶叶皮质的神经元的激发频率可以用来对猴子与一个动作的期望效用与另一个动作的预期效用的相对关系进行编码。这样“价值 0.4 毫升果汁的动作就可以表示为相当于价值 0.2 毫升果汁的动作的两倍神经激发频率”（Platt and Glimcher，1999，p. 314）。毫不奇怪，当每个实验板块中每一步行动的果汁回报数量发生变动时，神经元激发频率也发生变动。

在此基础上，格莱姆齐和他的一位同事多丽丝（Dorris）设计实验来观察猴子实现纳什均衡的轨迹。当猴子与计算机进行监督博弈时，与偷懒相关联的目标显示在猴子视界内的最佳位置上，而与工作联系在一起的目标则显示在一个零点位置上，在实验前的训练中，要研究的神经元已经与这些目标建立了联系。这样格莱姆齐和多丽丝就能够检验以下问题：在博弈中猴子是通过保持神经元激发频率不变来维持纳什均衡的吗（当整体意义上的猴子的最优行为和实际行为发生改变的时候）？实验数据所给出的答案是，是的，而且有很高的鲁棒性。格莱姆齐合乎情理地把这些数据解释为：神经元激发频率（至少在这个任务中这个皮质区域的神经元）不仅在参数型环境中对期望效用进行编码，而且在非参数型环境中对期望效用进行编码。

格莱姆齐等人进一步的研究把这个假说推得更远。他们设计了一个新实验，让在监督博弈中作为监督者的计算机采用前一天完成的博弈中作为其博弈对手的猴子得到的博弈结果作为自己的行动策略，然后，要求它在每次行动前都对下一步行动中偷懒与工作的预期价值进行评估。格莱姆齐等人分析了某个特定的神经元达到稳定的纳什均衡时激发频率微小波动与计算机想追踪同一个纳什均衡时估计的价值之间的关系，发现两者存在正相关，不过可惜的是，这种正相关关系并不是很强。对于这个发现，格莱姆齐是这样评价的：“在不同的博弈之间，神经元似乎在反思，即在执行一个与我们的电脑所完成的计算类似的计算过程……
329 在一个（相对）微观的尺度上，我们可以运用博弈论逐步从决策角度去描述其计算过程，而这就是侧顶叶皮质区的神经元正在做的事情”（Glimcher，2003，p. 317）。在参数型任务和非参数型任务中，计算过程似乎都是一样的，因此“侧顶叶皮质区的神经元似乎确实把所有的行为都看做一个单一的连续体，受同一个单一的目标导向规则和计算过程所支配”（ibid.）。

这个一般假说已经开始在实验中应用到人的身上，而且得到了令人鼓舞的初步结果。一个例子是，布里特等人（Breiter et al.，2001）发现，人类回报途径中存在非连续的效用相关性。有意思的是，在这种情形下，最大化目标是利用前景理论而不是利用预期效用理论预测到的。蒙塔克和伯恩斯（Montague and Berns，2002）报告说，人的眶额皮质对于货币回报的预期效用的变化有反应，也就是说，是眶额皮质对这种回报进行估价，而且其估价服从的函数形式在随机地抽取出来的被试的风险厌恶水平的分布被给定时，与金融市场中的布莱克-斯科尔斯股权定价模型一致。当然这并不是说所有人身上都会重现布莱克-斯科尔斯股权定价的情景。（如果真是这样的话就应该授予他们诺贝尔奖了。）这只能说明布莱克-斯科尔斯股权定价模型精确地刻画了源于大脑确实在运用的估价原则的市场数据。

很明显，从许多方面来看，如果这一研究计划进一步扩展后能够持续不断地给出类似的令人惊讶的经验结果，那么对于把微观经济学看做一门行为科学的“守旧”的学者来说是非常好的消息。显示偏好理论、经典博弈论以及各种最大化模型被直接地用来构建各种特定器官或功能模块在具体任务环境中的最大化模型。研究者用来自经济学的概念术语来收集关于器官或模块执行任务的绩效数据，并把它们与计算出来的最优结果进行比较。从这种比较中得到的差异则用来推断系统的计算性质和动态因果性质，而这些推断结论则是可以在经验上进行验证的。这一原则可以在更高的水平上反复运用。一旦人们搞清楚一个器官或模块是怎样发挥作用的，并且理解它的效用函数的最优化得（不）到满足的方式，人们就能够追问最优的机制或算法怎样才能实现。在这个意义上，这无非是在一种更广阔的背景下运用探索式研究方法，即把（作为有机体不可分割的一部分的）器官或模块作为一个经济主体，而一个经济主体必须在其生态压力的范围与资源预算约束之间进行权衡。从根本上
看，上述最后一步需要一般均衡分析工具（整体意义上的有机体则被当 330
作一个类似于宏观经济的东西）。这样一来，战后新古典经济学的所有理论工具都可以派上用场了，而且恰恰是以其创造者所提倡的那种方式被运用的。格莱姆齐在行将结束他的著作时，明确地提出要把这当作神经元经济学的研究方法（Glimcher，2003，pp. 334－336）。其实丹尼特早就预见到了这种“反向工程”的研究进路（请参见Dennett（1994），虽然格莱姆齐没有引用过它）。

我在下文中将要强调的是，这种乐观看法面临着许多困难，但是在

这里我可以而且必须先申明一点，我对它的重要性绝无任何怀疑。神经元经济学家报告的有关神经活动的发现是非常令人振奋的，而且如果不应用萨缪尔森式的经济学理论，他们是不可能获得这些成果的。近年来，行为生态学和动物行为学领域不断取得重大进展，我和格莱姆齐一样，经常引用这些领域的成果，并为之欢呼雀跃，因为它们有力地证明了本书第 3 章所描述的传统微观经济学在经验上的用途。伯恩斯（Berns，2003）指出，主体所处的位置在亚人层次，他的论证恰恰与我以前的结论（Ross，2002c，本书第 6 章重申了这一结论）互为呼应。伯恩斯说："大脑中不同神经元群组之间的互动，可能导致非理性的表现型的出现，但是，理性主体是神经元，而不是人，这是非常可能的"（Berns，2003，p. 156）。对于一项以理解对于稀缺性的行为反应的神经基础为目标的研究计划来说，"神经元经济学"确实是再恰当不过的名字了。

但是，我接下来要指出的是，我们不能就此满足，以为这种看法已经接近于用经济学来研究行为所能得到的最圆满的结果了。（格莱姆齐本人也没有在任何地方说过这种话。）神经元经济学家发现的有关大脑的东西，都是描述性的，而不是解释性的，至于其原因，读过本书的读者都应该清楚。对于简单经济主体与它们嵌入其中的更大的系统之间的本体性动态关系，神经元经济学一方面阐明了一些东西，另一方面也使之复杂化了。

根据马尔的思想和经典人工智能领域在马尔思想影响下形成的传统，格莱姆齐一而再、再而三地把模块认定为基本的行为发动者。作为一个系统的视动皮质，是格莱姆齐第一个分析的模块。与认知科学中的其他模块一样，视动皮质似乎可以满足关键性的解释需要，因为它实现了猴子智力的一个方面，而本身又不至于像猴子整体那么复杂。视动皮质"拥有"一个稳定的、硬件化的目标，并且"决定"着我们用一个效
331 用函数来描述它时的最大目标：找到一组激发频率，每个频率都与它的一部分神经元相对应，这样系统中其他部分所要求的修正就被最小化了。视动皮质还携带着定义它的最优化问题所需要的信息，因为它事实上是在对期望效用进行编码。它与系统的其他部分是相对隔离的，因此在试图把它整合进更广泛的系统的功能模型之前，我们能够搞清楚它是怎样发挥作用的。至于这些特点为什么在心理学中如此有意义，请参见卡明斯（Cummins，1975）、福多（Fodor，1987）以及我的著作（Ross，1993b，chapter 6）。根据我在本书第 6 章提出的理由和在前几段中引用的伯恩斯关于"理性的神经元"的讨论，视动皮质无疑是一个简单的经济主体，就像一只昆虫一样。

丹尼特在1991年之后把更多的注意力转向了自我的演化动力学机制，在此之前，他更强调的是解释“雏形人的逐步释放”（the progressive discharge of homunculi）过程中的复杂行为。这里需要详细地引用他关于这个问题的论述（Dennett，1978）：

一开始，人们把一个整体意义上的人或者某个具备认知能力的有机体……当成一个意向系统……不过从那个人的能力当中可以切分出某个片段（比如说下棋、回答有关棒球的问题），然后把最大的意向系统分解为子系统的一个体系，每个子系统本身都可以被看做一个意向系统（有它自己的特殊信念和欲望），因此在理论上也是一个雏形人。事实上，雏形人这种说法在人工智能领域非常普遍，而且几乎总是可以找到有关的例子。人工智能领域中的雏形人彼此交谈、互相争夺控制权，它们也会自愿提供服务，充当承包商、监督者，甚至执行杀戮任务……只有当雏形人可以复制出用它们来解释的全部天才能力时，它们才会变成可怕的精灵……如果人们能够组织起由相对无知的、目光短浅的、盲目的雏形人构成的一支队伍（或一个委员会）来完成智能行为，那么就是一个进步。通常，一个雏形人委员会的组织图就是一个流程图（调查员、管理员、会计、执行者）；流程图中的每个方框都描述了一个功能（不过并没有说明这项功能如何才能完成），从而指定了一个雏形人（事实上这就是说：放一个“小人”在那里，让它完成这项工作）。如果我们对这些独立的方框进行更详细的观察，那么就会发现每个方框的功能是通过把它进一步细分为另一个子流程图来完成的，子流程图中的每个方框都是一个更小、更愚蠢的雏形人，而这个子流程图中的每一个也都可以进行更进一步的细分。这种方框嵌套着方框的过程将一直持续下去，直到最后你得到的雏形人愚蠢到顶点、完全可以用一台机器替代为止（它们需要做的一切就是记得在被问到的时候回答“是”或者“不”）。这样一个傻子军团组织起来后就可以完成任务了，原来想象中的雏形人也就一步步被“释放”了。（Dennett，1978，p. 119）

到今天，我仍然认为这个研究纲领大体上是正确的，它可以解释大脑对复杂的智力性行为能够起到什么作用，因此对于一位像格莱姆齐这样的神经科学家来说不失为一个适当的研究纲领。但是我同样相信，丹 332
尼特在后期研究中不再那么重视这种通过雏形人的释放来解释的策略是有他自己的充分理由的。一旦我们开始用上一章中描述的那种方式来把自我理解为社会动态过程的产物，一旦我们援引环境中的外在支撑框架来解释它的信息处理过程中的许多问题，再认为我们可以把自我分解为像昆虫一般的经济主体——即在丹尼特的“傻子军团中的战士”——就不那么令人信服了，即使我们真的能这样去分解大脑。“雏形人的释放”研究纲领基本上是一个还原主义的纲领；在意向性问题上，自从 1991 年后，丹尼特就已经激进地背离了还原主义立场。正如我在本书第 2 章中所说的，此后我和合作者的一些研究已经把丹尼特的观点在反还原主义的道路上推演到了逻辑上的极致（Ross，2000；Ross et al.，forthcoming）。

那么，格莱姆齐发现的有关猴子的大脑皮层的经验结果是把我们带向还原主义的雏形人释放的方向，还是相反？只要我们强调功能化模块，似乎就是在往还原主义的方向走。但是，尽管格莱姆齐在他的方法论讨论中经常涉及模块——特别是当他从马尔的著作中去寻找自己研究工作的基础的时候，但是他经验研究的核心仍然是单个神经元。这些雏形人真的都那么愚蠢，以至于只记得以同一种频率不断激发，直到某个错误信号告诉它们要进行调整为止吗？也许是的。但是它们是由什么系统分解而来的？请注意，与它们寻找纳什均衡有关的效用函数是整体意义上的猴子的效用函数，而不是神经元的效用函数。猴子的效用函数或许以某种方式控制着决定均衡中每个神经元的特定激发频率。这种控制或许是被大脑皮质区域层面上的模块化结构调制的，但是格莱姆齐描述的经验结果并不能证明这一点；而且即使可以证明这一点，从人们现在所关注的执行结构的角度来看，这也只能算是一个细节问题。在猴子和神经元之间作为缓冲的模块就像神经元一样也是一个没有自主性的主体。当然这恰恰是为什么神经元和模块（如果真的存在模块的话）成为这么好的经济主体的原因。但是，它们是如何完成这种经济动态控制过程的？这个关键问题仍然没有得到回答。

猴子的社会性或许反映在它们神经层次的主体相互协调以得到纳什均衡这个事实上；但是，如果自然选择过程没有给反社会性动物这种能力，那反而是令人惊奇的事情。[①] 这正是格莱姆齐选择猴子来作为被试的部分原因。（如果实验者能够证明老虎的经济问题是非参数性的，而且可以搞清楚老虎的视动神经元将会有什么反应，那将是非常有意思的。）

① 格莱姆齐可能成功地预测到了猴子—神经元确实是运用未精炼的期望效用理论来最大化效用的，不过，与此同时，布里特等人（Breiter et al.，2001）却发现前景理论可以预测人的神经元的效用最大化，这表明，人参与的是 G 层面的博弈，而猴子参与的只能是 G' 层面的博弈。

但是，如果我们在第 7 章中给出的对于自我的解释是正确的，猴子就不 333
可能通过叙事性自我来稳定自己的社会协调行为。因此，在我们能够把作为主体的猴子的整体与它完整的大脑等同起来的范围内，虽然格莱姆齐的发现并没有回答对于控制的解释问题，但是这并不会导致观念上的问题，而只会引导我们去研究神经反馈机制。关于这一点，就让神经科学家们去各显神通吧。但是格莱姆齐对他自己的研究工作的哲学反思却表明了某种不成熟的倾向，它在我们试图把这个一般模型发展成为一个关于人的假说时会出现问题。格莱姆齐想知道的是，意识在这个过程中可能起的作用。当然，他有这种想法是很自然的。格莱姆齐猜想："意识是大脑的一种过程，是意识产生了行为……它可能是某种演化出来的机制，正是依靠它，我们的神经生物学上的躯体才能完成行为。"(Glimcher，2003，p. 344)

不管格莱姆齐猜想的"意识"到底是什么东西，很显然的一点是，他认为它必定是某种可以内在地产生出来的东西。神经元用来设定最大化目标的必定是在整体意义上的猴子这个层面获取的信息，因此根据这些术语的通俗用法，用"意识"来指称对这种信息的感知并不是完全没有理由的。毕竟哲学家不应该去告诉科学家应该怎么"讲话"。但是，如果"意识"只是一个黑箱的标签，被猴子用来协调自己的内在的主体，那么丹尼特的多重草稿意识模型想阐释的人类自我意识问题就被回避掉了。

下面我假设人类的视动神经元也对期望效用进行编码（这可以是未经提炼的，也可以是用前景理论提炼过的），这样就可以部分地解释我们的大脑是如何对我们寻求纳什均衡的能力发挥作用的——不管做了些什么。（当然，人也会面临反馈机制的问题，而且与猴子面临的问题一样，这个问题至今没有得到解决。）但是，在我们于上一章中给出的概念框架内，这只能解释我们在 G'' 层面上进行的博弈。回忆一下，我们已经指出过，只有尚未社会化的婴儿（以及最严重的自闭症患者）才会进行这类博弈。毫无疑问地，婴儿能够进行这类博弈对它们来说是极为重要的，因为这种能力是它们得以揳入社会的楔子，也是它们日后据以参与 G' 层面的博弈和 G 层面的博弈的能力的基础。但是，即使真的搞清楚了大脑是怎样监督 G'' 层面上的博弈的，我们仍然还没有开始涉及文化意义上的博弈动力学，只有它才能给出自我的功能性解释。

像科斯米蒂丝（Cosmides）、托比（Tooby）、平克等试图从强大的 334
内在模块性出发，得出尽量可以用来解释人类行为的结果的演化心理学家一样，格莱姆齐在哲学上还是没有完全摆脱笛卡儿的阴影。在我们已经讨论过的经济学基础的问题情境内，他的神经元经济学仍然是个人主义的。另一方面，在认知科学和行为科学的基础的问题情境内，他仍然没有挣脱丹尼特（Dennett，1991b）所称的“笛卡儿式的唯物主义”，因为如果我们试图把关于整体意义上的猴子的理论直接运用到人类身上时，我们就会失去自我的实质意义，并且不得不到大脑内部去寻找它。

“神经元经济学”名副其实，它就是关于大脑的经济学。这门经济学中的主体是神经元，以及由神经元组成的更高层次上的组织，即模块。与在认知动物行为学与反社会动物生态学中的简单主体一样，神经元经济学的主体是萨缪尔森式微观经济学的理想承担对象，一直符合这个“店铺开张以来的原始指南”。但是，如果我们想把经济学理论应用到人身上，那么我们就需要更多的东西。因为自我是在外在的社会动态过程带来的压力下保持稳定的（社会动态机制也是在自我之间的相互作用中保持稳定的），所以自我不能分解为虫子，而且宏观经济学（作为行为科学）也不能还原为微观经济学。

当然，从这一点出发，我们也可以调转方向，回到真正的行为研究。接下来我们就来讨论这样一个研究计划，它与丹尼特的调子完全一致，这就是乔治·安斯利的“微微经济学”（picoeconomics）。

自我与主体 2：微微经济学的启示

既然对一个系统采取意向立场就是要参照其理由来解释和预测其行为，那么把神经元或大脑模块模型化为效用函数最大化就肯定意味着对它们采取意向立场。回忆一下，我们在第 2 章中已经论述过，意向立场功能主义并不是工具主义的一种形式，因此唯一“在本体论上有重要性的”意向性就归属于那些捕捉了信息的东西，而它们是不能被任何物理上可能的搜寻器跟踪得到的。（我们强调，这种本体论上严肃的提议能够被证成是人们在否定分体论还原主义时的核心承诺。）这就是为什么在解释一个系统如何通过将其信息处理系统分解为丹尼特所说的“傻子军团战士”的工作来显示其意向性的时候，作为一个过程的意向性就是
335 “一个被释放的过程”的原因（因为这样就得到了解释）。

这样一来，在把一个主体作为亚主体的集合来分析的时候，就出现了两种相当不同的做法。以格莱姆齐对神经元的研究来说，运用意向立

场是认识论上别无选择的结果：之所以采取这种方法，是因为整个主体是一个不可取消的意向系统；但是一旦人们运用这种方法搞清楚了神经元是如何工作的，并能够用物理属性来解释它们在孤立状态下的运行机理，人们就不应该再把它们概念化为真实的意向系统。（我要强调的是，一定要明白这里不存在什么取消主义，因为要研究神经元就必须采取意向立场，这种方法论上的必要性源于更大的系统层面上的不可取消的意向性。因此要完整地解释神经元的功能，就必须承认意向性是一种真实模式——但是这里所说的模式并非神经元自己的意向性。）因此，这种形式的主体分解可以解释一个主体是如何根据非意向性的子系统来实现其意向性的各个方面的。

相映成趣的是，我们有时也通过参照那些意向性不可还原的系统来研究复杂的不可还原的意向性系统。如果不在必要时把国家当作不可还原的意向系统，一个人就不可能在研究国际政治时取得任何进展；但是，如果他不能同时认识到国家是其他不可还原的意向系统之间动态相互关系的产物，那么他得到的有关国家行为的几乎全部结论都将是错误的。这些意向系统当然包括个人，还包括共同体——比如说微软公司、加拿大联邦行政机构、旧金山同性恋者协会、科萨世袭尊长、南方浸礼会教会、美国海军陆战队、西法国渔业协会，等等。要否定关于一个意向系统的分体论观点，就是要否定像一个国家这样的系统的意向性只是所有组成它的公民的意向性的加总。

这两种分解意向系统的方法实践都不会引起很大争议（尽管那些喜欢争论的哲学家们在细致而纯正的方法论研究上，有时显得似乎是这样）。真正导致了大量争论的，是对于任何给定系统我们都应该以某种方式进行分解这种观念。事实上，前述两种方法并不是相互排斥的。使一个系统呈现出意向性的信息流必须利用物理信号，不然叙事无法展 336
开；因此，理解一个系统的意向性必须包括对这些信号的研究，而它们是由不具备意向性的子系统来传递的。从经验上看，如果这些信号用来生成更大系统的表观意向性的函数最终被证明确实是一个加性函数，那么人们应该早就发现更大系统的意向性是非常明显的。对于地球人制造的汽车，一个来自火星的逆向工程师通过从一开始就把它们当作意向系统，就可以搞清楚它们是怎么一回事，他同样能够发现上面这一点。但是，对于依赖于外在支撑框架与内在动态过程之间的大量反馈来对行为进行调制的系统来说，这种情况几乎永远不会发生。要解释这种系统的行为，一方面要对不可还原的意向性子系统进行动力学分析；另一方面，要对非意向性子系统的动态机制进行正交分析（orthogonal analysis）。

然而，这一点往往被人们忽视，导致这种情况发生的是如下事实：上面这两种分析都需要采取意向立场，而这种立场可能（而且必定）被这两种分析中的某一种放弃。这样一来，人们往往认为对任何一个系统来说，或者有关其意向性的所有方面都是可以解除的，或者都是不能解除的，二者必居其一。这种观念反过来又源于把意向立场功能主义当作整体论的一种形式的错误认识。当然，在某种意义上，意向立场功能主义是整体论的——当把它与形而上学的原子主义相对比的时候。但是，意向立场功能主义的主要内容根本不是一种整体论论断（不管一种"恰到好处"的整体论论断可能意味着什么，或许像布拉德利（Bradley）的哲学那样）。意向性是什么、它在自然中是如何实现的，这既是一个经验问题，也是一个概念问题。

因此，我可以把这两种具有互补性的进路区分开来：一种是"方法论上的意向立场功能主义"（MISF），另一种是"本体论上的意向立场功能主义"（OISF）。在应用方法论上的意向立场功能主义时，人们假设某种意向立场的系统描述是为了发现在设计层面的某种东西，甚至可能想最终发现物理层面上的某种东西。这样，一个人在寻找子系统的时候所想的是意向性性质的解除。与之相反，本体论上的意向立场功能主义的目标是（仍然在意向性的意义上）解释系统的动态机制，在这样做的时候，人们早就已经有了相信这些被解释的系统是不可还原地具有意向性的。因此，你需要方法论上的意向立场功能主义去解释一个给定的意向系统在物理上是如何可能的，或者最初是如何出现的。但是，一个
337 意向系统的所有内容并不一定都是可以用方法论上的意向立场功能主义来解释的，因为其中有些内容是这个意向系统与其他意向系统交互作用的结果，它们是不能用方法论上的意向立场功能主义来解释的，或者根本不需要解释。就不可取消的意向系统情形下，即在那些意向性是真实模式的意向系统中，这是确定无疑的。这种区分的关键点是在应用于同一个系统的时候，并不存在一个先验的理由说明为什么一个方法论上的意向立场功能主义的分析与一个本体论上的意向立场功能主义的分析应该确定同构的子系统网络。在我们有很好的先在理由相信一个系统是不可取消地具有意向性的情形下（比如说对于一个人），方法论上的意向立场功能主义与本体论上的意向立场功能主义将不会确定同构的网络。

有了这个区分，我就可以阐述神经元经济学与安斯利的微微经济学的根本区别到底在哪里了，对此我们在本书第 5 章中已经有所涉及。安

斯利建立了关于长期、中期和短期利益的各种各样的模型，它们为控制人的行为而彼此竞争。但是它们并不能映射到格莱姆齐的大脑模块上（更不要说单个神经元上了）。这些利益就像动态机制已经部分地得到了解释的自我一样是虚拟实体，但却是真实的。

现在需要更详细地介绍安斯利的模型。他的模型基于两个经验事实，其中一个来自经济学，另一个来自认知科学。前者是指人——以及某些动物——除了在某些社会化建构出来的特别情境之外都表现出普遍的双曲线型贴现的行为倾向。来自认知科学的事实是指在一个认知系统能够有选择地对刺激做出反应（即能够根据奖赏和惩罚来塑造自己的行为）之前，它必定已经具备决定了对哪些刺激加以更多行为上的注意的基础，这里说的“之前”是在逻辑意义上的，而非时间上的。① 如果你能够对所有在事实上将令你变得富裕的信息保持最充分的注意，那么你很可能真的变得更富；但是为此你必须依赖于人工智能领域取得的进步，而且需要垄断所能得到的新技术，因为你的大脑对这项工作原本并不在行。

接下来让我们来看看安斯利是如何把上述两个经验事实结合在一起推导出他的模型的。首先，从双曲线型贴现这一事实出发可以假设理论上亚人（subpersonal）的利益是分殊的，长期利益被认为比中期利益更有价值；但是如果同样被认为很有价值的短期利益被最大化的话，长期利益将遭到损害。到目前为止，这样一种分析无非是在重述贴现是双曲线型的这个事实。在第 5 章中我称之为一种“隐喻”。我这样做是因为当时还没有引入多重意识模型，所以我们只能想象自我及其性质必须与处理的模块保持一致，才能称之为“真实的”。但是到现在这个时候我们已经知道应该如何采取一种更复杂的立场。自我是虚拟的，同时又是真实的，这是自我的第一性质。当然人的利益的实现必定表现为某种突触排列（synaptic disposition）的模式，但是没有理由认为它们最终就是那些神经元经济学家运用方法论上的意向立场功能主义辨识出来的模块。 338

但是，现在我们确实需要利用方法论上的意向立场功能主义。自我必须以信息为基础，而信息必须是以某种特殊的方式处理并过滤的。如果从一开始就假设注意动机是由自我的性质决定的，那么就会面临一个

① 读者需要特别小心：这个问题并不是把价值分配给原本已经被认为重要的那些东西，那是神经元经济学家要研究的问题。

十分严重的回溯难题。与自我相反，大脑是通过伏核（nucleus accumbens）中的活动来实现差别性注意的（Gardner，1997，1999），同时大脑似乎是通过释放多巴胺来对令人惊异的事情做出反应的，而且是根据与享乐主义的回报和惩罚有关的事件做出反应（而不是对已经调校过的奖赏或回报直接做出反应）。① 安斯利就是利用这些东西来解释一系列有关的数据的，而且从逻辑上看，他的这种解释是恰当的②，因为基于方法论上的意向立场功能主义，除非我们排除意向性的“需要”，否则就不可能解释神经元经济学对效用函数的分配（给神经元）。（安斯利后来也用这种方法去解释对一个人的效用函数没有什么影响的刺激注意紧迫性。这种事件对个人的最大化行为来说确实是讨厌的噪声，就好像很顽固的瘙痒一样。他还引用证据表明，注意机制是由痛楚激活的，其中就包括已经有了相应的熟练行为反应的那些痛楚。这些痛楚某些时候也是个人最大化行为时讨厌的噪声。因此，正如安斯利所说，在这个层面上痛苦和快乐并不是对立的。）这样一来，就使短期利益相对于长期利益有了直接的优势，因为一旦用来预测回报的信息变得“熟悉”之后，注意机制似乎会变得对它“厌倦”起来（Hollerman，Trembley，and Schultz，1998；Schultz，Dayan，and Montague，1997）。安斯利的下一个推理步骤与神经元经济学直接有关。安斯利指出，根据神经科学家对神经生理学数据的阐释，只有当某种神经机制对刺激的反应用某种“通用货币”来编码的时候，长期目标的理性计划才可能是有效的。薛慈格和卡努弗（Shizgal and Canover，1996）回顾了这种机制的一些证据；我们在上一节中讨论过的格莱姆齐、蒙塔克和伯恩斯的研究工作也提供
339 了证明前面说的“通用货币”就是预期效用的初步证据。这里所说的期望效用是与一般的、全大脑的效用函数有关，还是与分别和不同的大脑模块联系在一起的各种效用函数有关，这是一个经验问题。蒙塔克和伯恩斯（Montague and Berns，2002）认为是前者，但是在我看来他们这种观点并没有明显的证据。

如果诱发注意的是与享乐主义感觉相关的、令人惊异的刺激，而且这种机制就是由大脑分配的效用计算的输入因素，同时如果个人层面反

① 这个句子并不是在陈述某个简单的“研究事实”，它总结了安斯利（Ainslie，2001，pp. 25－26）对许多事实的解释。有法医学方面爱好的读者可以再去细读安斯利的论述。

② 在私人通信中，安斯利说这一解释是探索性的。他认为，在产生回报的过程中，令人惊讶的事件与预期到的事件之间的关系“非常吊人胃口，但仍不清楚”。

馈到神经回路中的信息处理也是这样的话，那么我们就能够发现不同期间的各种利益之间的讨价还价是如何进行下去的，即使这些利益都不能被还原到认知模块。（与此非常相似的是，联结主义者就大脑和心智的各个方面建立的模型让我们能够看到命题态度是如何得以在没有还原到大脑状态或非连续的计算状态的情况下实现的。请参见 Clark（1989）。）利益是虚拟的真实模式，它们所涉及的讨价还价博弈也是。

因此，微微经济学需要源于某些神经元经济学的数据来建立自己的合法性；但是，神经元经济学仅仅应用了方法论上的意向立场功能主义，而微微经济学的目标则对准了本体论上的意向立场功能主义的解释。神经元经济学并没有说出任何有关自我的东西，而微微经济学在实质上就是关于自我的微观经济学。下面，我们先简要地评述一下微微经济学的一些贡献，以便从演化的角度补充我们在第 7 章中提出的把自我当作一个社会稳定器的功能性解释。

如果自我的动力学机制仅仅存在于短期利益与长期利益的竞争当中，那么微微经济学与传统的微观经济学之间的区别可能会显得不那么复杂，我们可以得到的也就不过是一个非常传统的关于人的解释，一个圣奥古斯丁已经得到过的解释：在社会压力下，人代替上帝培育出能够给予长期利益一个与长期利益竞争的公平机会的外部激励机制。这反过来又恰恰意味着恢复了传统的新古典经济学基础——鲁宾逊·克鲁索式的经济主体，因为我们将拥有的动机核心正是个体最大化短期享乐主义的满意度。森的理论也将会显得很自然，因为我们同时也可以很方便地为以下观点找到正当理由：个体在外在地、社会地编码的价值的指引（帮助）下，实现其（与狭隘的短期偏好相对立的）长期利益。

但是，这并不是安斯利提出的亚人动力学模型（model of subpersonal dynamics）的内容。我们在第 5 章中已经提到过，对一个短期利益最紧迫的威胁只能来自与之竞争资源的其他短期利益而不是长期利 340
益。此外，短期利益本身往往与以长期利益为核心的计划有关，因为短期利益依赖于长期生产总值积累起来的资源。正如安斯利所说："一个人的短期利益可能只有简单地替代其长期利益的作用，比如说毒瘾击垮了追求社会回报的其他行为倾向。但是，更经常发生的情形是，一个短期利益只是寄生于长期利益，它并不能消灭长期利益，比如说滥用信用卡成瘾的人只是会损害他自己可以从储蓄中得到的长期利益。在这种情形下，长期利益提供了短期利益消费所需要的货币”（Ainslie，2001，p. 62）。因此，正如我们在第 5 章中强调过的，在各种利益当中的动态关系可以刻画为联盟之间互投赞成票的关系（处于不断变化中）。例如，考虑一个短期利益集中体现在从赌博中获得兴奋感的人，她需要钱，因此其他短期利益可能会被挤出——“赌博利益”可能会利用其“储蓄利益”去压抑一个“购物利益”。这种情况会反映在她的自我叙事当中，她可能引用每个人都应该有某种消遣生活这种观念来理性化自己的赌博行为，而且她会声称自己花在赌博上的钱并不比别人花在自发性购物中的钱更多；或者辩解说如果她自己不去赌博，那么花在购物上的钱反而可能更多。在经过这种理性化后，对她来说，这种倾向就是正确的了，或者至少是部分正确的了。

安斯利（Ainslie，2001，pp. 90 - 94）把短期利益与长期利益之间的讨价还价博弈刻画为一类重要的囚徒困境博弈。只要能够把注意力集中到承诺机制上来，他这种做法就是有效的，因为据他所说，长期利益必须找到，以便有效地把短期利益“胁迫”到有限合作当中去。下面我们转引安斯利经常举的一个固定例子：“尽情享受肥腻的美食”是一个短期利益，如果一个人欲求太切或沉溺过深，就会从整体上受到一个长期利益——“节食”和另一个短期利益——“注重形象”的联合压制。同时，如果对尽情享受肥腻的美食这个短期利益压抑得过分厉害，这个长期利益也会面临自己反而无法保证的风险。因此，当每周五中午去邓氏汉堡王餐厅（Burger Den）就餐，而其余时间均不可以这样做的个人规则建立起来后，均衡就有可能达到。如果短期利益在削弱这项规则的时候取得了成功，长期利益就会发出要实施更严格的节食措施的威胁，只要这种威胁是可信的，均衡就可能得以维持。当然短期利益在任何外在限制削弱的时候都要把握机会、贪婪享受一番的威胁的可信性也是同样至关重要的，正因为如此，才有必要在一开始就建立
341 这种个人规则。

尽管囚徒困境博弈在用来生成和组织例子时不失为一个有用的工具，但是安斯利将它作为各种利益之间的基本博弈，这让它所承担的角色有些过于沉重了。在一个复杂的、代表着多种利益的立法机关中，在任何一个时间里发生的博弈类型都是非常多样化的：确信博弈、纯粹的或不那么纯粹的协调博弈、监督博弈以及许多其他类型的博弈。安斯利本人的关注焦点是成瘾行为的动力学机制，因此对他来说囚徒困境博弈就有特殊的重要性，因为除非一种成瘾行为是确实无害的（但这样一来

这种行为一开始为什么要认为是一种“瘾”，意义就不清晰了），它与它必须掠夺而又不至于消灭的长期利益之间的关系就不能得到一个重复囚徒困境博弈的偏好结构。但是如果安斯利的模型发展为关于整体亚人市场的理论，而不仅仅是对成瘾行为的特殊利益的策略分析，那么与立法博弈有关的公共选择文献所包含的全部工具都将可以利用（有关的综述，请参见 Ordeshook（1997）和 Stratmann（1997）。当然，我这样说并不是要对安斯利的研究思路提出批评。他的模型在解释成瘾现象方面取得了很大成功，这种现象很重要，而且极为复杂，在安斯利以前人们一直迷惑不解；这种成功正是他的模型在经验上的说服力的主要来源。

互投赞成票模型精确地刻画了成瘾行为的动力学机制以及控制成瘾行为的机理，强调这一点是有必要的。如果通过建立一个允许短期利益在合作均衡中有限地表达自己的个人规则，长期利益可以限制（或试图限制）成瘾行为在一定范围之内，那么长期利益要取得胜利所必需的策略就可以同时绑定。上面那个汉堡包嗜食者的例子就可以用来说明这一点。如果她放松了自己的规则，同时又放纵自己在公共假日大吃大喝，这样也许不会破坏均衡，只要公共假日都是一些足够特殊的日子，在这些日子放纵一下并不会构成每个星期天、天气晴好的日子都可以放纵的先例。但是在任何意义上放松均衡规则都有风险，所以假日可能也有必要与其他习惯绑定在一起，这些习惯体现在其他亚人博弈当中，强调每个假日都必须有自己的独特性；如果一个人允许自己偶尔赖床或喝酒，那么这些例外或许也应该只允许在假日或只在假日和星期五发生。当然，这同样是有风险的，一旦假日变成了狂欢节，就会有更多的其他短期利益浮出水面。而且个人可以放宽 342
自己对“假日”的定义。与此同时，其他长期利益也在到处搜寻合适的位置。如果一项个人规则过分严格，那么一种长期利益在防止个性变得太呆板以致无法适应社会流动性的时候，也可能使均衡遭到破坏。

需要指出的是，在立法机构中绑定是互投赞成票的一个基本手段，比如说在美国的国会当中，政党纪律很松弛，这种情况经常发生。国会议员之间达成的协议大多数都是通过把妥协的结果打碎并重组为综合性的法案来达到的，为了防止均衡受到破坏往往要进行无休止的重新谈判，这样也可以防范总统滥用自己的否决权来选择最合意的法案。① 总统总是试图增加自己的谈判能力，方法是定期地实施否决权。反过来，国会议员则通过采取独立于政党隶属关系的立场来传达他们的信息。颇具讽刺意味的是，总统所属政党的国会议员只有在他们最不可能通过某一具体法案时，才会支持总统的否决权；也就是说，只有当他们在立法机构中处于少数派位置时，才会选择与更强势的总统结盟。这只是他们的第二选择，目的只是避免被另一个政党以压倒多数击败。这种动态过程与一个人内部支配着长期利益的那种动态过程很相似。比如说，想获得奥运会奖牌，或者想成为一个公司的领导者（即 CEO），这种利益必须维持与其他利益联盟的均衡。这种远大目标是非常难以实现的，必须获得对其他不那么重要的利益的否决权，就像总统如果立志要实现根本的制度变革就必须否决掉许多日常法案一样。但是，无论是总统还是一个普通人都不能成为安坐于指挥中心签发命令的独裁者；如果过分地遭到忽视，权力稍逊的谈判者会聚集起来发动政变。多人动态博弈理论的系统化数学工具是我们目前为止知道的唯一可以表述所有这些行为的工具，而且提供了允许我们证实有关定理的公理化体系。

但是读者仍然可能会担心，这会不会只不过是一些隐喻呢？而且，凭我们的能力真的能去分离各种利益吗？或者说，它们难道不是为了适合我们建模的目的而武断地区分开来的吗？尤其是这些利益可能无法还原为分界线通过独立的经验方法就确定下来的认知模块的时候。对于本
343 章要论证的观点来说，对上述担忧的回答具有根本性的重要意义，而且事实上对整本书的核心论点也同样如此。亚人层面的利益是真实的谈判者，因为安斯利的模型的深层本体论框架是利用显示偏好理论才能得到解释的。我们为了应用经济学而分离出来的东西就是行为上显示出来的效用函数。安斯利本人给出的另外一些说法应该也能够帮助我们更清楚地说明这一点：

反复地、有规律地不断重现回报将创造出利益，这与经济机会创造

① 在私人通信中，安斯利提醒我在没有明确申明的前提下，不要对亚人层面的动态机制与政治结构进行类比，因为后者之中有总统的存在，而在我、他以及丹尼特的模型中，人内部并不存在类似于总统的“总裁”。因此，我在适当的时候进行了重申。此外读者还请注意，在接下来的类比中，我也没有强调美国总统的“行政长官”角色，而只是拿他偶尔否决其他政治主体的提议这个职能来类比。在人的内部，某些主体确实在某些时候有这种临时性的有限权威；而且像美国总统一样，它们并不能主动地运用这种权力，除非其他主体也同意这样做是明智的。

商业利润的方式是相同的……我所描述的这个过程仅仅是通过回报进行选择的一个例子，这就是传统上所理解的那个过程。

当作为利益的基础的各种商品彼此之间不再相容时，各种利益就分离出来了。能够以相容的商品为基础的利益不可能在实践上彼此区分开来，而且这样做根本没有意义。随着时间流逝，利益可能会合并或分化，因为它们不一定有自己的制度化形式。(Ainslie，1992，p. 90)

这两段话可以总结为（虽然安斯利本人没有这样总结过）：各个互动的单位是根据它们的效用函数来个别化的，这与任何市场中发生的情况都一样。此外，我们可以从它们在市场中的表现来推断它们的存在和彼此之间的讨价还价动态过程：

……内在利益这种概念之所以是很便利的，仅仅是因为：它不会通过对相互矛盾的、在不同时间上被选择的各种目标进行权衡来产生一个明确的单一目标，而只会导致相互冲突的各种过程，只要各自的目标有可能实现，它们就将继续存在下去。(ibid.)

然而，如果我们可以自由地根据博弈中得到的均衡结果来区分各种利益，那么我们将会面临严重的不确定性问题，因为与行为证据相容的博弈类型实在太多了，除非我们能够独立地把我们参照某种标准选择具体模型来建模的各种行为都限定下来，而不仅仅满足于现有的形式化工具（即显示偏好理论和博弈论）的应用。一个核心的约束是稀缺性，如果我们知道被耗费的是哪种资源，那么我们就可以估计相关的预算约束，这是经济学分析的起点。接下来要细心地运用方法论上的意向立场功能主义，以独立地确定一个效用最大化规则（即采纳效用理论或其他某种理论）。安斯利与我一样，在方法论上的意向立场功能主义与本体论上的意向立场功能主义之间进行了明确的区分，他指出：

各种内在利益……看上去就像一个人内部的一组雏形人，或者像人内心深处的自我与本我、天使与魔鬼。高级动机和低级动机的这种人格化表达方法经常出现，或许表明它们真的可能暗示了某种实际的观察途径，但是它们的定义是非常模糊的，而且很容易退化为类似寓言的东西。不过与雏形人有关的问题并不在于它们这些像人的性质…… 344

（注：只要我们讨论的是一个本体论上的意向立场功能主义的理论而不是在研究方法论上的意向立场功能主义的理论，这就不会成为“问题”。）

……但是一方面缺乏能够把它们与整体意义上的人联系起来的规

律，另一方面也缺乏掌握动机的各个因素的规律。

> 在临时偏好理论（temporary preference theory）中，一个人的动机是运用匹配原理区分为各种利益的。(ibid.，p. 94)

也就是说，我们在第 5 章中评述过的、表明框架效应和偏好逆转现象大量存在的实验经济学证据，当我们对整体意义上的人的效用最大化进行建模并着手分析水平位置上（即本体论上的意向立场功能主义上）亚人层面的动力学机制的时候，构成了用匹配原理替代期望效用理论的动力。我们在前面已经解释过，在对一个方法论上的意向立场功能主义理论进行纵向分解时，如果为了完成上述任务而把期望效用理论作为效用最大化规则，这种做法本身就会导致不兼容。追踪预期效用的简单经济主体（神经元或/和模块）可以输出信息作为动态系统的输入，动态系统则被模型化为在演化压力下服从类似于匹配原理的探索式规则的东西。再一次，方法论上的意向立场功能主义和本体论上的意向立场功能主义这两种分解方式并不是相互竞争的。安斯利已经预见到了这一点：

> 即使在占据主导地位期间，利益也要受到一些限制，但是，在它们成为任何一种定义上的自我的函数时并不一定如此。这种情况就像统治一个国家的政党一样，各种内在利益在占据优势时，能够运用各种资源。而对于人来说，喜欢熬夜或者喜欢在早晨休息都是个性使然，因为整个人的精神状态都受到这种倾向的支配——尽管它们明显彼此冲突。当一个明智的人根据其自身长期利益的要求不吸烟的时候，她可能会运用自己的智力设计一个更好的策略为她将来的行为做出某种预先承诺；但是当她根据自己的短期利益的要求拿了一根烟吸起来的时候，她也很可能利用了同一种智力来回避这种承诺机制。(ibid.)

我认为安斯利对各种情形的描述已经足以揭示这种现象的含义了；但是，除非方法论上的意向立场功能主义和本体论上的意向立场功能主义之间已经区分得很清楚了，这些描述能说明的东西非常有限（缺乏一种二元论的解释，它被排除掉了）；也就是说，我们必须认识到对一个系统的方法论上的意向立场功能主义的分析和本体论上的意向立场功能主义的分析并不是同构的亚人网络。大脑是由“虫子”加性地组成的，
345 但是人却不是。神经元和模块是简单的经济主体，但是利益的联盟却不是。

这一章的主要意义就在于指出（而且我在下一章还要就同一个问题展开进一步的讨论），萨缪尔森式的微观经济学与宏观经济学（从博弈

论的角度来看，一般均衡分析的目标——如果不是方法本身的话——是不充分的）之间的联结点在于人所处的位置，而不在于传统上认为的人组成社会所处的那个位置。（换一种说法：一个关于微观经济学是如何联系到宏观经济学的理论，一定程度上就是要说明人是怎样地联系到他们的大脑的。）很明显，这是一个激进的建议，同时这也正是需要用整个第二卷的篇幅才能完成这个论证的原因。

但是，在进一步阐述这个看上去颇有些自命不凡的观念之前，我们需要先完成本节的原定目标，这就是要把自我在生物学上的适当功能阐释清楚。为了完成这个目标我们先回到安斯利对运用绑定策略控制成瘾行为的解释。那个正在节食的嗜食汉堡包者必须避免过度地放松她自己的“星期五和假日规则”，当然这并不是因为星期二吃一个汉堡包就会让她变得更肥胖，而是因为在某个星期二吃一个汉堡包就预示着将来可能在每个星期二都会吃汉堡包，而且依此类推可能在星期一、星期三、星期四都会吃汉堡包。这是因为一旦平常的日子与星期五（和假日）之间的界线被突破了，也就不再有另外一个显著的标志来维持均衡的稳定。（当然我只是认为就这个例子本身而言是这样。因为事情可能会有所不同，比如说星期四可能是邓氏汉堡王餐厅的半价日。）但是，这个预测是针对谁的？答案很明显：重复博弈中的所有利益方。不错，但是预测的成功取决于谁的行为？答案是：取决于自我整体的行为。

在上面这个答案中还体现着自我的另一种功能——非社会学上的功能。就像安斯利强调的那样，正是因为每一个利益都完全像一个人一样聪明，它们的策略性狡诈行为最终将使所有均衡走向崩溃——至少在囚徒困境博弈和其他类似的博弈中是如此。（当然，在没有外来冲击的情况下，纯粹协调均衡将不会有什么问题。）因此，就会出现一个明显的向下趋势，然后不可收拾，比如说，如果用来满足成瘾行为的资源不是极度稀缺的话，每一个人都可能会对某种在生物学上有害的东西上瘾，而极度的稀缺可能只对大象①和猴子才会发生，对于现代人来说则一般不会出现这种情况。（这或许可以解释为什么当麻醉物品的预算约束突

① 丛林中发生过许多“遗闻逸事”。据说非洲大象有短期沉迷于具有麻醉性的马鲁拉树的浆果的倾向，它们会吃下大量的马鲁拉树的浆果，直到醉倒在地为止。但是，这些浆果的成熟季节非常短暂，大象本身是没有办法增加其供应量的。如果大象能够发展出农业，或许它们会面临非常严重的问题。

然放松的时候，许多人群中都会出现极其严重的成瘾问题，北美土著和
346 澳大利亚土著在欧洲人刚刚到达时发生的情况就是如此，20 世纪的美国黑人也是如此。面对这种困境，文化演化很快就会建立起自我叙事的防护机制，它通常表现为节制的道德，但是在道德没有形成之前的那代人将不得不遭受痛苦。）成瘾问题是一个更一般的问题的一个特例。我们现在最好集中注意力来完成第 5 章中提出来的一个承诺，当时我考虑过货币汲取模型的各种可能用法，但是最终没有采用它，而且对读者说我最终将会拿出一个更合理的东西，现在我就来阐述它。

说一个人的贴现是双曲线型的也就意味着她对同一个商品的估值因她与这个商品相隔时间的长短不同而不同。正如安斯利（Ainslie，2001，p. 40）所指出的，一个简单的双曲线型贴现者将倾向于在今天耗费资源去取消她昨天所做的事情，这就像一个国家的立法机构在今天努力地想去削减它自己花了去年整整一年时间创造出来的预算赤字一样——而且这种赤字在当初就可以预见到。当然这只是货币汲取的受害者。幸运的是，亚人层面的长期利益显得“在政治上”很活跃，它们会试图生成更健全的也更接近于指数型贴现的行为。但是就像在立法机构发生的情况一样，这本身还不足以构成一个充分的解决方案，因为长期利益彼此之间也存在着相互冲突的关系。而且，如果其他长期利益同盟不断地干扰投资组合的各个成分的话，甚至连一个通常受某种长期利益主导的人也有可能成为一个货币汲取者。长期以来，传统新古典经济学家对货币汲取论证模式所包括的具备一般意义上的相关性的东西一直嗤之以鼻，与国家立法机构的进一步类比提供了他们这样做的原因的线索。比如说在管理财政方面显得特别无能的立法机构在面临明显的国家危机时能够突然间变成高效的经济主体；这方面突出的例子包括第二次世界大战期间的英国议会和美国国会，或者 20 世纪 80 年代当国家陷入破产困境时的新西兰国会。国家倾向于在真的需要它的时候才显山露水，也就是说只有当国家生存确实面临危险时，国家才是大家都看得见的东西。

与国家（或者，至少现代第一世界国家）相比，个人是更容易遭受损害的脆弱的“法人实体”。① 经济主体在可能的时候就会把她当成一

① 这里的“脆弱”一词并不意味着人在选择时有更高的循环倾向。我想说的恰恰相反：一般的人不可能被一个国家汲取货币；人比国家更接近于简单经济主体。我用“脆弱”一词来指某种更接近于这个词的文字意义的东西：人自身的错误很可能招致自己的毁灭。

个货币汲取对象来利用，它们几乎一直在寻找这种机会，这对她的亚人层面的谈判地位造成了严重的影响。首先，如果均衡崩溃的话，这会降低她的短期利益的最低保留地位，这样短期利益在与长期利益发生关系时就会变得更没有耐心。其次，特定的长期利益也会获得新的“通货” 347
来招募短期利益从而组建支持自己的同盟：一个长期利益能够吸引一些短期利益来支持它，这不仅可以使它获得定期的满足，而且可以给它安全保证——只要该长期利益保持活跃，而且维持对其他长期利益的支配地位。这就像一个国家领导人在危机中将会不断地强调自己作为协调中心的价值，他会把自己“用国旗包裹起来”，作为一个监护者的长期亚人利益对抗货币汲取时也会把“自己包裹在自我当中”。这种类比还可以进一步继续下去（在抽象经济学的层面上，这更像结构上的同一性而不是简单的类比）。政治家及他们在文化上的拥护者的象征性行为是导致国家观念形成的主要行为，路易十六和罗纳德·里根等历史人物都很清楚这一点。类似地，最基本的自我创造活动就是某些长期利益成功地把自己提升为自我，这种活动是在自我叙事开始并得到强化的过程中得以进行的。

我所称的自我“在社会学上的功能”，即她们存在并维持的方式支持了复杂社会中的社会协调的功能，很可能可以解释它们大部分的实际动力学机制。这就是我要首先关注这个问题的原因。但是社会学上的功能只能解释特质与倾向的维系，而不能解释其在生物学上的起源。我们对微微经济学的反思可能有助于解释自我叙事是怎样被选中并开始的。随着社会性有机体的计算能力变得越来越复杂，同时它们的同种生物也变得越来越复杂，模仿指数型贴现者的行为这种能力的价值也在不断上升。但是，我们仍然必须保持足够的谨慎，不能把演化本身的预见力偷运进我们的假设中。如果所有建立在智人个体之上的政治社群在总量层面上都不能控制偏好循环，那么就不会有任何人成为别人汲取货币的对象；而且这样一来，也就不会有促使自我演化的压力。绝大多数社会性动物可能都是双曲线型贴现者，因此很容易坠入货币汲取的陷阱（只要在参数型环境当中）；同时绝大多数社会性动物都不会叙述自我。因此，为了找到一个可能适合于自我的函数，我们需要先找到一个人类特有的历史触发条件。

348
正如安斯利（Ainslie，2001，p. 46）所指出的，任何一个关于双曲线型贴现的演化论解释都必定同时会表露出其仍然有疑问的一面，这是它不得不付出的代价。这就是说，出于这种或那种原因，即使给定一个正的概率（只需及时注意未来回报的线索就大略地能推断得出），双曲线型贴现者在实际的进化谱系中的位置仍然不够高，不一定能够被筛选出来。人作为不一般的动物，一个显著特点就是对参数型因素的控制。既然双曲线型贴现倾向似乎在人类出现时就已经演化出来了，那么在对双曲线型贴现的成本—收益分析觉得困惑不解的时候，我们就应该思考一下那些实质上任由其参数型环境摆布的生物的生存境况。与我们的境况相比，它们的环境是一把双刃剑。一方面，这类动物更不容易陷入策略性货币汲取的陷阱。即使一只狗在发生了突变后能够将自己的内在利益整合为一种汲取货币的工具，它也根本不可能充分控制围绕着自己与别的狗的预算约束发生的各种偶然事件，因此不可能真正实施其汲取货币的计划。正如戴维·斯普莱特（在与我的个人通信中）对我指出的，双曲线型贴现的动物在生存环境发生某种偶然事件时，可能会遭受灾难性的打击；如果“我”的毒品供应路线恰恰位于最优筑巢地与食物源之间，那么“我”很可能会饿死。当然，这仅仅意味着，双曲线型贴现的存在表明从自然选择的视角来看，这种机遇的出现多少有些偶然。但是那些演化过程中没有面临过严峻的策略性货币汲取威胁的动物在面对智人时处于非常不利的地位。掘土黄蜂的愚蠢就很能说明这一点（Wooldridge，1968）。掘土黄蜂在产卵之前，要先麻醉一只蟋蟀埋起来，留作幼虫的食物。掘土黄蜂在演化过程中形成了一个强烈的偏好，它在把蟋蟀埋到一个土洞中前，要先对这个土洞进行仔细检查；而它所带来的蟋蟀是不是还在土洞的门口，则是它检查时必不可少的提示性标记。这样一来，科学家只需在掘土黄蜂在检查时把蟋蟀移开几英寸，就可以令它周而复始地忙个不停：掘土黄蜂会爬出来，把蟋蟀放到原来的位置……无穷无尽地重复下去。（不过需要注意的是，虽然在表面上有一定相似性，但这并不是一个货币汲取的恰当例子，因为这里不存在效用的转移。更重要的是，掘土黄蜂这种无效的重复活动并没有任何偏好的因素在内。事实恰恰相反：科学家利用掘土黄蜂的“无能”来使它的僵硬的
349 偏好结构与市场条件的偶然变更之间产生了互动。）

因此，自我的起源或许就存在于策略性货币汲取行为的可能性当中，而这种可能性又是随着人类对参数型随机事件的驾驭而出现的。演化人类学告诉我们，当集体农业发展起来后，人类在摆脱环境参数的控制方面就迈出了重要一步，这早就是人们耳熟能详的一种说法了。在这个时期，收割活动是集体进行的，这一事实打开了通过各种可能的制度性结构进行分配的大门（以不同的互惠性“保障计划”为中介），极大

地提高了非参数型行为的边际利益的生物适存度相关性。根据这个假说，驯化的家禽家畜供给了食物，为军备竞赛创造了条件——任何个体在整体有机体层次上控制偏好循环的能力的提升，都会对其他个体适应自然选择去"注意"的能力产生足够大的影响，并且使其开始积极地在遗传层面上叙述自我（即参与G'层面和G层面的博弈）。[①] 这一机制只要有一个初始推动力，就可以一直进行下去；因为一旦启动后，发生在文化层面上的群体选择，会施加反作用于自我的社会功能，加速这一过程。

接下来要论证的第二个假说与上面这个假说有很好的互补性。它强调，从理论上说，自我创生的基本先决条件是一种递归性的公共信号传递系统。丹尼特（Dennett，1991b，1995）也强调过这一点。他指出，人类的语言必定是在明确的人类意识之前演化出来的，它是意识的基础，意识是随着自我能力的出现而出现的。当然，对任何一个交流系统的起源的解释本身都必须建立在某种社会博弈理论基础上。在这一方面，丹尼特本人特别受本书第7章中讨论过的马基雅维利智慧假说的吸引。但是马基雅维利智慧与所有社会性动物都有潜在的关联，因此，这也就意味着必须反过来到智人早期生存环境中去搜寻某种特殊的性质，正是有了这种性质，才使马基雅维利式的竞争变得非常重要。或许，正如丹尼特已经说过的，智人的生态环境可能在一定程度上是其他社会性动物的祖先没有碰到过的。或者，另外一种可能是，我们的祖先之所以能长出古怪的大脑（"古怪的"一词是在与其他社会性动物相比的意义上来说的）并不是因为某个直接与社会动态过程有关的原因，而是因为他们需要将马基雅维利式的狡诈发展到前所未有的高水平，它只是一个副产品。

我再说一次，我们在这里所做的一切，要点并不在于把思想的干草 350
堆梳理个遍，以便把证据的细针找出来，用来肯定某个故事发生的概率，同时否定另一个故事。（当然，我并不是说这种事情根本不值得去

① 当然，这个假说隐含地意味着前农业的人缺乏我们现在所拥有的那种类型的自我。杰尼斯（Jaynes，1976）也独立地论证过这个假说，但是我不能认同他的激进态度。因为本书第7章给出的对自我的解释保留了（完全展开的）"自我"的意义——它是非常晚近的历史过程的产物，仅仅在G层面博弈与G'层面博弈区别开来以后才出现。这很可能完全是通过文化演化实现的，因此即便是对现代人来说，如果他们的文化彻底地压抑了个体差异的表达，他们就可能仍旧只进行其均衡很容易通过理想化的G'层面博弈模型预测到的G层面博弈。许多社会科学家谈到"个人主义"的时候，都把它当作一个现代现象；其实在部分文献中，把个人主义当作一种现代（后农业）症候，甚至已经成了一种传统（不过，我并不赞同这个传统）。

做，那是演化心理学的反对者的观点。我只是不想在这里做这件事。）在当前的语境中，最值得强调的是所有可能故事的共同点：它们都建立在同一个观念的基础上，即自我允许非简单经济主体彼此之间相互汲取货币，以此来保护自己不被汲取货币，正是这种额外的功能补充了自我的社会学功能。与自我的社会学功能不一样的是，这种功能可以在群体选择没有一般性地发生作用的情况下在生物学上被选择。一旦由人组成的政治社群之间的竞争成了智人首选的生态环境，群体选择动态过程就肯定可以发挥作用。这样一来，自我的这两个功能就可以相互支持并放大。

把这些动态过程放到传统经济学的视野中看特别有意思。安斯利（Ainslie，1992，pp. 228 - 242）发现，不兑现纸币（fiat money）的出现似乎就是为了给非简单经济主体模仿简单经济主体提供便利条件。（也就是说，在涉及货币收入、消费、储蓄等问题的各种情形下，人们有意地模仿指数型贴现者的行事方式，而不采取双曲线型贴现。）对于这种现象，安斯利相当有说服力地给出了部分解释。他说：

现金定价方式的出现，使不同交易行为之间的比较变得相当容易，而且使有关货币价值的个人规则变得很有包容性。任何一项金融交易都可以很容易地解释为所有其他交易的范例。也就是说，如果一个人把她为了获得食物、衣服、电影票、玩具、珍贵的邮票等东西而花钱的行为都看做浪费金钱或不浪费金钱的例子，那么她也就会把成千上万种类似的例子加到她自己的决策集中去，而每个例子都将使她的有效贴现曲线变得更平坦一点。由于对金融交易进行汇总和比较都是很容易的，这样可买卖商品的价值随着时间流逝而发生的波动就会比其他东西的价值的波动小得多——比如说，你熬夜到很晚与保证充足睡眠的价值，或者让愤怒爆发出来与压抑自己的脾气的价值。因此，我们很少看到有人会因为她此刻在情感上比下一年稍稍更舒适一点而改变自己的立场，却经常看到有人会因为她此刻的财富比下一年稍稍更有价值一点而采取某种行为。（Ainslie，2001，p. 101）

安斯利这个解释强调的是经济主体在我所称的“生物学”意义上的功能：用长期利益“记账”的货币的运用有助于使短期利益与利益联盟的策略保持一致。安斯利（Ainslie，2001，p. 157）已经认识到，货币
351 记账也有利于经济主体实现其社会学功能，因为它允许各个主体很容易就能把彼此之间的偏好一致性记录下来——在计算化的社会中，各种记

录越来越详尽、越来越容易获取。（读者只需考虑一下现代社会中越来越严格的信用等级体系就可理解这一点。）当然，如果亚人层面的同盟均衡崩溃的话，这将极大地提高一个人被汲取货币的风险；同时，如果同盟均衡不崩溃的话，这也会增加一个人汲取他人货币的能力。

这样，对弗兰克、季洛维奇和里根（Frank，Gilovich，and Regan，1993）等人报告的结果就可以进行重新解释了。受过新古典经济学理论训练的人的行为似乎更接近于个人效用最大者的行为。杜普雷（Dupré，2001）也赞同那种经常可以听到的陈腔滥调，说弗兰克等人的结果表明新古典主义是一种自我强化的意识形态。但是，在我看来，这些数据表明的东西可能恰恰相反，事实上它们意味着智人演化轨迹上的一个长期存在的事实：随着人与人之间的相互依赖性变得越来越复杂，适合通常处于彼此隔离状态的动物的微观经济融合进了宏观经济系统当中。（作为成熟的人类中心论的新古典经济学和作为半亚里士多德主义的经济学的对立面的）萨缪尔森式的新古典经济学在经验上的可应用性也在不断上升，这不是因为经济学家都在提倡它，而是因为它刻画了自从我们的祖先开始用语言交谈以来一直存在且有利于自我演化的那种动力学机制。我们前面讨论过的蒙塔克和伯恩斯（Montague and Berns，2002）的发现，即在各种不同的风险态度下大脑对货币回报的估价与布莱克-斯科尔斯股权定价模型之间的匹配性，对于说明这一点，是更有说服力的证据。

当然这也正是本书的中心论题。一个人就是这样形成的：一系列基本上相容的长期利益，它们指派了一支由短期利益组成的军队加入自己的联盟，以维持稳定的均衡。一个人必定是一个在整体意义上的人的层面上偏好不出现明显循环的人。这也正是我们可以把人模型化为（非简单）经济主体的原因，正如我们某些时候可以而且应该把国家模型化为非简单经济主体一样。当然从生物学上看，一个智人个体在自己的一生中要经历各种各样的外在环境的变迁，因此不会有任何一个利益联盟将永远发挥作用。贝克尔和其他成熟人类中心论新古典主义者有意地忽略了这一点，而萨缪尔森式新古典主义者则可以毫不抵触地接受它。与此同时，规训自我叙述者的社会压力则倾向于使人变得越来越像简单经济主体，因为这样更有利于延长自己的人生道路。但是，这些压力并不像森所想象的那样是外在于个人效用函数的。它们就是那些一开始就存在 352
的、使（整体意义上的）个人的效用函数有可能出现的东西。社会并不是要令内在的鲁宾逊·克鲁索变得更文明，因为人在生物学上根本不存在这种东西。相反，人类社会使演化着的世界出现了新的东西，行为越来越像经济主体的生物在我们的反社会性近亲中也变得更常见了，它们组成了网络，拥有强大的网络效率，而这原本是反社会性动物不可能得到的。

我在前面已经暗示过，社会性的演化包含一个根本性的权衡，因为社会性并不是遗传谱系的通常轨迹。有机体个体要获得网络效率，必须以其经济理性为代价。我们相信这种权衡根据阿罗的不可能定理是不可避免的（森对此进行了非常清晰的讨论，请参见 Sen（1979））；阿罗不可能定理表明对社会成员的偏好进行加总的任何一个过程都不可能同时满足民主和非循环两个条件。在这里“民主”的重要性并不在于个人主义的规范；某种层次的民主是避免控制瓶颈所必需的，而网络效率则要求避免瓶颈。

政治哲学家格雷戈里·卡夫卡（Gregory Kavka，1991）正确地指出，如果个体的建模类似于政治社团，那么就必须利用阿罗不可能定理。他这样说并不是要否定这种类比。不过，国家立法机构的行为确实经常是循环性的；而且我们在第 5 章中已经看到人的行为也是如此。要减少循环发生的频率，只能对社会成员在一发现潜在边际效用收益时就以低成本转换联盟这种自由施加某种限制（但是永远不能完全取消这种自由）。独裁（整个社会由一个或几个人来统治）是最常见的限制自由的方式，但是我们在前面刚刚强调过，在一个很复杂的环境中，独裁就等于撤销了信息处理的非中心化过程，而后者从一开始就是效率的保证。我们不可能指望演化过程会产生类似于苏联社会的那种生物体。但是，在系统之外还有另一种对民主自由构成潜在制约的东西，那就是稀缺性；对个体来说还有与此有关的政策风险。

通过本节前面的论述我们已经看到，这些正是安斯利的利益社会能够保持其一致性的原因。同样，对于公司也是如此；不过对于当前世界
353 上的国家来说，则不那么有效。这再一次证明，我们在建立微观经济学模型时，把宏观经济学因素包括进去是不可避免的，因为对一个社会的外生约束条件的确定是宏观经济学的任务。因此，对于微观经济学家来说，他们的任务就是解释这些约束条件是怎样反馈到构成了一个社会的主体的动机上面去的。任何经济学家，只要没有完全在意识形态上受制于还原主义，就不应该对这样的任务觉得惊奇。因为我对主流经济学能够取得的成就非常有信心，因此如果真的有经济学家对此大惊小怪，我会觉得非常不舒服。在本研究计划的第二卷中我将要完成的工作就是确

定微观经济学与宏观经济学之间的双向反馈关系，并把它放在更一般的演化行为动力学的框架中来分析。

不过，现在我们还是暂且先回到本书的主题上来。由主体组成的社会必然会碰到阿罗不可能定理带来的对于完全经济学理性的形式上的限制，不过这也就把我们的注意力重新带回到一个我们以前曾经多次触及但一直没有机会充分阐述的问题上来了。在一个演化的情境下，要利用理性概念来解释行为必定会涉及某种适应主义模型。显示偏好理论强调一致性和最优化，它在实证上的相关性应该体现在某个适应主义模型当中。那么，如果确实存在某种适应主义，如果阿罗不可能定理与博弈论解概念最终精炼的不可实施性的同时出现意味着自然不可能创造出完全的最大化者——不管是集体的还是个体的，那么究竟哪种适应主义可以因为与大规模的大脑在实证上有显著关系而得到辩护呢？

理性与解释适应主义

上一节最后提出的问题把我们带回到萨格登（Sugden，2002）为取消主义所作的辩护上来了，我们在第 5 章结束的时候已经介绍过这方面的内容。我自己也一直致力于构造一个基于罗宾斯-萨缪尔森论证模式的微观经济学实证重要性的实例，不过它要排除这两位经济学家的内省主义和个人主义。但是，萨格登的观点与我相反，他说，我一直在辩护的这种建立在（生物学和文化学）演化动态过程基础上的行为解释当中的“理性”、“效用”、“最大化”等概念都应该被丢弃掉，因为它们在理论上不再有任何作用。取消主义包含的这重含义，我在此前的论证中还没有涉及过；至于取消主义的另一重含义，即要把自我从本体论阐述中排除出去，则与戴维斯和米罗斯基的观点有关，我们在本章以及前两章 354
中已经讨论过了。取消主义的这一重含义其实并不是萨格登首先提出来的，甚至也不是取消主义的杰出倡议者、身为哲学家的罗森伯格（Rosenberg，1992）提出来的。不过，对我来说对取消主义者做出回应是义不容辞的，因为要把微观经济学理论归功于罗宾斯和萨缪尔森，同时又说它根本不必服从理性、效用和最大化概念，那将是愚不可及的做法，这就像赞美杰弗逊·戴维斯是一位优秀的民主党人，却不承认他对奴隶制的赞同态度一样。严格地说，这种说法是对的，但在修辞学上是极为不自然的。我并不想花太多的力气把一个完全不同的观念改头换面为对罗宾斯和萨缪尔森的观点的简单的重新解释。

我们在第5章中对萨格登的论辩进行简略讨论时，曾经指出他的目标有点模糊。萨格登的许多批评所针对的是作为个体的人是期望效用最大化者这个具体观点。但是，我显然完全同意被他批评的这个观点。我们在本章前面的内容中已经看到，把神经元和大脑专门模块视为期望效用最大化者是有理由的，而且这可以解释人至少在某些时候有能力找到纳什均衡。此外，我们还知道，当我们具备经验上的理由时，应该怎样用搜寻各种可能的（探索式的）替代功能去替代最大化。萨格登把期望效用理论解释为第二次世界大战后新古典经济学基石的一部分（而不是某种出于具体应用目的而加上去的东西），这从历史上看是正确的。他说："冯·诺依曼和摩根斯坦之所以要提出期望效用理论的公理化表述，目的就是要打消经济学家的疑虑，说服他们相信序数效用指标才是博弈论所需要的"（Sugden，2001，p. 119）。然而，需要指出的是，虽然这种怀疑态度从内在主义的偏好概念来看是非常合理的，但是它在一个运用意向立场功能主义来解释偏好的经济学理论中却没有立足之地。在以自我为主体的模型中，主体的偏好是决定博弈的协调的产物，它显然是"序数"型的，而且比冯·诺依曼-摩根斯坦意义上的序数型还要强得多，因为它允许人际比较。（关于在显示偏好理论框架内偏好的人际比较问题的阐释，请参见 Binmore（1994，1998）。）

355 当然，我们不可能在不利用某种效用最大化理论的情况下就直接运用博弈论来分析具体问题，不管所利用的是期望效用理论还是与它构成竞争的某种理论。萨格登的怀疑主义并不仅仅限于怀疑人是不是在最大化期望效用，它还要更深刻得多，它所怀疑的是运用最大化这种思路构建出来的模型是不是与对真实行为的研究真正相关（很可能完全无关）。具体地说，萨格登对经济学家的不满在于，他们在进行理论化之前除了偏好什么都没有，但却希望提出的模型是相关的。人们之所以要做他们已经做了的那些事情，毫无疑问是因为他们有某种天生的立场、倾向，它们决定了他们的目标；人们之所以能够做到他们想做的事情，是因为他们有某些特殊的能力，使他们能够适应性地学习和模仿，引导他们修正对于达到目标的手段的理解，甚至在必要的时候修正自己的目标。我们应该到认知科学中去寻找这些倾向与能力，然后再来解释经济行为的模式。那么，为什么一定要假设存在前后一致的对所有东西的最大化行为呢？萨格登认同我强调的一些东西（Sugden，2001，pp. 123－124），他说，"在动物行为中，我们已经知道被选择的东西就是繁殖成功的，而且我们有理由推断选择过程支持服务于繁殖成功的探索式学习”。但是同时他又说，人类行为并不最大化繁殖成功，也不最大化任何我们直接从生物学中推论出来的东西。或许他的意思就是在说，人类根本不会去最大化任何东西。

萨格登的全部论述中有一种强烈的超经验主义倾向，似乎在暗示抛弃一切系统性理论，而代之以对行为事实的简单收集。不过，我并不认为萨格登在有意地提倡这种做法，因为有效的科学从来不是这样的。推动他的论证的是如下假设：运用萨缪尔森式的经济学的唯一可能的理由是人们确实在最大化某种一般的东西，或者我们能够假设人们在理想化状态下确实是这样的，只有满足这两种情形之一，我们才能够系统性地、有效地在经验上接受这种理论的指导。但是他认为这两种情形都不可能是真的。但是，我在这里想质疑的恰恰就是他这个假设。要想理解人类行为，我们要做许多事情，其中之一是把人模型化为亚人层面的各种利益的市场（同时人本身则被牢牢地嵌入在社会市场当中）。这些亚人层面的利益就是效用函数。（至于被最大化的是哪种效用函数，我们必须通过经验研究才能发现。请参见下文的论述。）效用函数只能显示在行为当中。因此，对它们的分析需要萨缪尔森式的经济学。想理解人类行为我们需要的另外一个事物是神经元经济学；而且神经元和大脑模 356
块可能确实是期望效用最大化者。因此，萨缪尔森式的经济学理论在另外这个领域中也是需要的。最后，稳定自我的那些动态机制使人们接近于经济主体。因此，我们需要能够刻画种群层次的吸引盆（basin of attraction）概念。在由演化决定的各种条件下，吸引盆有助于稳定自我组成的各个集合。扬的研究（Young，1998）证明，将这种理论分析运用于文化演化时是很有威力的。①

我一直在强调一点，我们应该以理解国民经济的方式来理解人。不管怎样，我们都应该从行为科学的角度来进行研究。这也是本研究计划第二卷的主题。就目前而言，我们能够说的只能是：在我们可以把组成国家的公民和社会团体看成是在一定限度内拥有稳定的效用函数的主体这个范围内，我们是能理解国民经济的。要对人建模可能更容易一些，因为人的大脑的各个部分是简单经济主体，这意味着各种利益的博弈中信息动态处理的边界更容易被发现。这是认知科学，包括神经元经济学

① 萨格登（Sugden，2001，pp. 125－127）直接批评了扬的研究。我会在下文中回过头来讨论这一点。

要研究的课题。此外，萨格登还抱怨说，“在演化博弈论领域，关于模仿和学习实际上是怎样进行的研究少得出奇，甚至这些过程是怎样可能发生的也不清楚（这可能是更适宜于博弈论专家研究的课题）”（Sugden，2001，p. 123）。神经元经济学的研究，另外还包括卡梅勒（Camerer，2003b）的“行为博弈论”，构成了对这种指责的直接回应。

萨格登把经济学家对演化博弈论的信奉看做一种“伪经验主义”，他的反对意见的核心在于他认为有理由相信许多经济学家假设可以像对反社会的动物建模一样理性地对人建模。（这就是说，假设个人效用函数反映的是预期适存度。）我同意我们不能这样做，而且还提出了比萨格登本人提出的理由更丰富的理由。但是，正是因为支持这种反对意见，我也就有不容推辞的义务去解释为什么当演化博弈论得到适当地运用时，最大化和理性是不言自明的，即使在涉及人的情形时也是如此。接下来我就给出这个解释。它的根本基点是，最好把演化博弈论理解为意向立场功能主义在互动中的各系统共同地面对稀缺性时的一种应用。

357 我在第 5 章中描述过从演化博弈论到取消主义的一种论证，它依赖于经典博弈理论家的一个隐含假设，这个假设的大意是说，博弈参与人所显示的那种理性必须包含在作为参与人禀赋的内在的计算能力和态度当中。因此，理想意义的“完全理性”意味着针对策略的信念表征执行无限的内在计算。这样一来，“完全理性”的策略性预期就被解释为运用了某种有限的运算步骤，考虑了从博弈结构到最终支付的所有能够被计算的信息的结果。因为利用这种预期的一般倾向从自然的角度来看是不可能的，即这种倾向不可能在自然选择过程中被创造出来，所以它们应该被取消掉。而意向立场功能主义则否认上述前提（即认为理性应该被理解为对命题结构的内在计算），因此避免了上述结论。意向立场归因法从均衡的策略表达来推断信念和欲望，除此之外没有任何其他途径。

但是，上面这些仍然只能回答罗森伯格提出的取消主义观点（Rosenberg，1992；更多细节参见 Ross（1994b）），而不能回答萨格登的反对意见。为了给取消主义提供一些比丘奇兰德（Churchland，1979，1981）给出的已经为人熟知的那种辩护更好的新辩护，一个总的原则是它应该建立在实际可用的预测、解释行为的策略的基础上，而不是依赖于关于客体信念可能是什么的那类抽象的形而上学假设。在这种情境中，说我们能够考虑信念而不需要知道它们明确的表达形式，也不需要知道博弈参与人的计算过程，只不过是皮毛之见。这是因为，如果在任何一种解释下，我们用以刻画人们之间的博弈都不需要这些，同时如果把行为历史模型化为一系列博弈是表达人们经济行为的最有效的方法，那么就有理由说有关的哲学议题最终将是无关的。如果我们想拒斥上面这个取消主义结论，那么把丹尼特或其他人提出来的信念概念简单地罗列出来还远远算不上万事大吉，我们还必须做更多的事情。与上述取消主义的结论恰恰相反，我们必须证明的是，要把行为历史模型化为一系列博弈就需要不断地援用理性假设。此外，在引用理性假设的时候，我们所采取的方法还不能令人觉得这是在对完全理性的博弈参与人进行建模。完全理性的人根本不存在，甚至也不是确实存在的主体的理想化(因为理想化情形不可能在不违背模型的情况下得到放松)。

在批评宾默尔（Binmore，1994，1998）对显示偏好理论的运用时， 358
萨格登（Sugden，2001，pp. 121－122）已经隐含地认识到[①]，在演化博弈论的特殊情境中，发现理性的一个路径是我们是否期待自然选择和/或文化选择将清除所有不一致的偏好。这确实是宾默尔所设想的思路，而且它意味着把自然选择和/或文化选择当作给定具体环境和其他限制条件下最优适应性的发生器。（不过，从搜寻和获取信息的角度来看，最优适应系统可能只是有限理性的。）这种理性将仅仅是行为上的，而不是（一般）表达上或计算上的理性。但是，这是显示偏好理论相关性所要求的唯一一种理性，而且被意向立场功能主义者认为普遍地与自然行为有关。

丹尼特（Dennett，1995）因捍卫在模型化演化过程时运用最优化假设的做法而出名。而米罗斯基，正如我们在第1章中已经看到的，却把丹尼特这方面的思想描述为一种“蹦极跳”，而且与萨格登一起出于同样的理由而批评宾默尔。事实上，这种态度在学术界是很常见的。丹尼特趋向适应主义，这一点经常被他的批评者所误解，因为一旦脱离了更广阔的意向立场功能主义背景，他们就不能理解丹尼特这样做的动机是什么。适应主义通常被错误地等同于自然选择创造了完美的个体产品这种观点。但是，如果在每个具体场景中，“完美”都是在与给定生态均衡的相比的意义上来理解的，那么自然选择创造了完美的有机体这个假说就会碰到巨大的困难，它将同时面临哲学上的问题和生物学上的问

---

① 我在这里必须说“隐含地”，因为萨格登仍然用那个显式术语“理性”来指表征和计算的过程，并且说宾默尔“根本没有诉诸理性，而只诉诸演化选择”(Sugden，2001，p. 120)。但是，他接着又批评宾默尔对传统经济学一致性条件的应用。这是作为意向立场功能主义者必定理解的“理性”，只有在这个意义上才与当前的讨论有关。

题（Orzack and Sober，2001）；这样一来，被愚弄的就不仅是那些盲目的乐观主义者了。① 但是，我们将会看到，这并不是丹尼特所呼吁的那种适应主义。在我们具体论述丹尼特的适应主义之前，应该指出的是，他谈到了作为一个搜寻设计空间的算法的自然选择，这已经招致了一些批评，因为人们认为他在提倡一个过强的观念，即演化创造了在逻辑上最优的生物。这不过是在重复那种使博弈精炼过程最终趋向崩溃的观念的假设。因此如果它确实是丹尼特本人的观点（幸好它不是），那么我们就必须同意萨格登的结论：这是一种不现实的幻想。

我（Ross，2002b）在区分“因果”适应主义和“诊断”适应主义的基础上讨论过丹尼特关于选择的观点。在我看来，丹尼特所坚持的只是后者，但是他却经常被别人当作是在坚持前者，因而受到了诸多批评。戈弗雷-史密斯（Godfrey-Smith，2001）的见解在本质上与丹尼特是相同的，不过史密斯的观点更精炼、更全面，而且他对适应主义的各种类型都进行了系统的分析，因此在这里我将采纳他的类型分析。根据
359 史密斯的分类，首先是经验适应主义。粗略地说，经验适应主义就是说绝大多数生物学上的变化都可以用自然选择来解释。（如果想表达更精确一些，人们需要考虑“生物学上的变化”的不同理解，而且确定在“解释”一词前面，是不是还要加上“唯一地”或“主要地”等先行修饰词；但是在这里，我将略过所有这些技术性的细节问题。）经验适应主义的一个变种是文化演化意义上的适应主义，只需用“行为模式中广泛分布的变化”来取代“生物学上的变化”、用“文化选择”来取代“自然选择”即可。其次，戈弗雷-史密斯区分出了“解释适应主义”。他认为丹尼特所持的正是这种适应主义，而且这是“最被误解的”适应主义论题（Godfrey-Smith，2001，p. 336）。一个解释适应主义者假设，自然界中的显型设计（apparent design）是演化理论中最关键的有待解释的东西，而且要解决这个解释问题唯一有效的逻辑工具源于达尔文式的论证模式。第三种适应主义，也是最后一种适应主义是方法论上的适应主义。这种观点认为生物学数据唯有通过自然选择假说才能最好地组织起来。它建议生物学家在开始具体研究时，应该假设存在最优自然设计，然后随着新数据的不断出现，逐步放松这个假设。根据这种适应主义观点，适应解释是出于实用主义目的的理想化产物。

---

① 就像经常发生的那样，在这个时候，杜普雷出现在玻璃温室中，怀着抱着一大堆石头（Dupré，2001，pp. 42 - 43）。

毫无疑问，丹尼特是一个解释适应主义者。我们下面很快就会看到，他也是一个方法论适应主义者。虽然如戈弗雷-史密斯所说，脱离具体情境来看，人们似乎可以从丹尼特的片言只语说他赞同经验适应主义，但是他很明显不承认经验适应主义的观点是清晰的、常见的（clear and frequent）——事实上，自从出版第一本有关演化理论的著作起他就一直是这样认为的。这并不是因为他在生物学家就变异和基因漂移与基因频率变化之间的因果关系的显著性问题而展开的争论中置身事外，而是因为他否认存在一个能够适用于所有具体情形的、享有优先解释权的客观机理。在第一次就这个主题进行系统论述时，他就说，“大自然母亲并不会明确地、客观地只致力于某种功能分配。我们假设最优性是为了解释我们所发现的东西。熊猫的大拇指作为一块腕骨这个事实，不会比作为一个大拇指更真实。如果我们把它当作一个大拇指，在解释时也不会觉得太为难；其实这已经是我们能说的最好的东西了，不管在哪里都是如此”（Dennett，1987，p. 320）。这是丹尼特一贯的立 360
场，如果有谁对此有疑问，请参见他与鲁斯·米利肯的争论（Dennett，2000），他在那里重申了他的观点——不存在与确定适应的准确程度有关的事实，并给出了新的论据。当然，他相信在每种情况下，与基因频率中分子水平的变化原因有关的事实肯定存在，因此对他来说，不能把选择建构为一个原因向量的一个分量，而把其他一些竞争性的分量认定为变异和基因漂移。在种系发生史上，因果事件就是实际观念和有机体的诞生，和直接促发减数分裂事件发生在分子水平上的因果过程。这样一来，自然选择是一种组织原理，在观念上等价于对演化采取意向立场，如果不这样，就会看不到对于从有机体个体生命数据中涌现出来的解释模式。据此我们可以发现自然中存在的理由，我们的目标不是要去发现原因。这就是解释适应主义与方法论适应主义；它不属于经验适应主义。

一个解释适应主义者必须随时准备捍卫自己的观点，因为他的观念是关于显型设计的问题的，而这是演化理论的重大课题。戈弗雷-史密斯（Godfrey-Smith，2001，pp. 349－351）指出，在丹尼特那里，是通过论证显型设计对一个人的一般智力世界观无所不在的影响来进行辩护的，而且他已经认识到无意识的“设计”而非有意的设计才是生物秩序的一般源头。毫无疑问，对智能设计和其他“高高在上”的设计提出挑战是丹尼特（越来越）重要的哲学动机。但是，戈弗雷-史密斯没有提到丹尼特提出解释适应主义的最初缘由（其实它是非常清晰的），这个缘由与本书主题的关系更加直接——解释适应主义是证成意向立场功能主义所需的理据的核心部分。要详细说明这一点，需要好几段的篇幅。

丹尼特强调，他之所以在行为科学中采取反还原主义立场，是因为还原主义对纯粹因果性微观动态机制的分析阻碍了对于环境压力类型与选择媒介类型之间各种“基底上中性的”互动模式的确定。通常，只需要问一个主体试图获得的同时也是其选择环境最理想的生成结果的东西是什么，就可以确定这些模式。因为在各种选择驱动过程中（既包括主
361 体导向的围绕结果的工程性设计，也包括环境驱动的选择），达到一个目标有多重因果手段，这是一种常态，所以最优化视角是有效的。想在这些过程中识别出不断重复发生的、有反事实依据（counterfactual-supporting）的模式，我们就要从具体的因果关系历史中抽出身来，集中关注选择很可能以某种方式出错的那些功能。

意向立场的逻辑在本质上就是如此。试回忆一下，我们在第 2 章中已经讨论过，意向立场涉及反映分析者、被试独特的学习与表征历史，以及公共参照规范这三者之间的关系的参考指标体系的运用。[①] 如果分析者不能前后一贯地维持这个三角关系，比如说，他坚持只考虑其中一角——采取取消主义（或内在主义微观因果论）策略；或者他只关注另一个角——通过把被试当作一个像机器人一样编程的某种社会类型的代表，那么他就会从根本上错过预测和解释被试所做的事情所必需的真实模式。所有专注于三角形关系中的某个角的策略——包括内省主义、微观因果主义（取消主义是它的一个亚种）、沃森式的行为主义——都试图把意向因果关系向量还原为某个分量。正是因为这种还原会丢失真实信息，我们才可能需要（在有些时候）把意向立场看成对真实模式的追寻。

我们在第 2 章中已经提到过，现在绝大多数心智哲学家和语言哲学家都可以算是外在主义者了。但是，正如丹尼特（Dennett，1987，chapter 8 and many other places）所指出的，他们中很多人还是认为追问如下问题是合乎情理的：大脑中各种具体意向状态在语义上是怎样有助于环境中的三角关系分离出意向立场的？也就是说，许多哲学家都仍然是准内在主义者，他们想象大脑（或更抽象的内在代表性主体——或许就是鲁宾逊·克鲁索）像人一样对同样一些问题拥有某种信念，而且这对确定一个人“真正”相信的是什么东西能够起到一定作用。（一个

① 佩蒂特（Pettit，1993）对此给出了仔细的辩护。

典型的例子是 Dretske（1988）。）丹尼特、克拉克、宾默尔和我则坚持否认在人的内部还存在类似“准人”的东西，或者就前述三角属性在个人层面之下还存在准个人的信念。在历史路径给定时，信念会理性化整体意义上的人在环境中的行为模式。在人的内部没有地方可以找到关于人们相信什么的更深层的事实——大脑不行，一个前社会化的效用函数承担者也不行。

当然，一个人可以对大脑、大脑的一个模块，或者神经元采取意向 362
立场，就像在神经元经济学中所做的那样，更一般地说，在应用中采取方法论上的意向立场功能主义是完全可以的；但是，这样确定下来的信念一般来说不会与人的信念所指的那些对象有关。[①] 这是因为意向立场仅仅是解释适应主义的一种应用。因此，如果想要运用它，就需要对创造了作为人们意向性思考对象的系统的自然选择和/或文化选择历史有相当高的敏感性。应用意向立场也就是要把系统的器官或行为倾向构造问题答案的方式搞清楚并给出相应的解释。那么，所要解决的问题从何而来？就大脑和神经元而言，问题来自于生物演化的历史。如果你对一个大脑采取意向立场，那么就意味着你强调大脑是自然选择设计的一个器官。因此，你就不会否定大脑及其结构（和其他东西一样）也同样是由环境事件、变异及重组所导致的了。当你研究这些事件时，你根本不必注意大脑的信念。但是，如果你确实出于其他解释目标而对一个大脑采取了意向立场——比如说，想解释为什么人类大脑在处理关于社会关系的信息时与听觉处理皮质密切相关，那么这些信念就必定是建立在自然选择（而不是基因漂移或随机变异）能够发现的信息差别的基础上的。

人是文化选择的产物，因此对人采取意向立场是有关文化的解释适应主义的一个应用。在前面我已经指出，根据意向立场功能主义，要想解决与人的信念内容有关的问题，不可能采取探查其“更深内在”的方法。但是，如果要想意向立场的运用不至于成为自由漫谈式的简单练习，对意向性解释最好有一些限制。首先，信念性质受到暴露在主体面前的信息的限制。第二，人作为意向系统的身份最初源头是我们都知道的一个事实——是自然选择赋予他们欲望的，这一点是我们主要关心的。因此，问题的关键在于，人的“真实的”或“核心的”欲望并不是

① 在这里要重申上一节的一个要点：当社会动态过程引导人们更接近于经济主体的时候，会出现趋同区域。现在讨论的大脑对货币价值的估价与布莱克-斯科尔斯资产定价模型的吻合，就是一个突出的例子。

那些可能最大化其生存适存度的东西。这就是我在以前批评过的某些演化心理学家的错误所在，这是内在主义的另一种残余。要害在于，因为
363 我们知道人是适应性的认知系统、适应性的追求目标者（其中一些因素已经相对固化了，另一些则是由社会历史过程在人那里留下了深刻烙印并通过其自稳定动态机制修正的），所以我们知道他们是解决问题的能手，并且会寻找原因来解释问题。他们作为解决问题能手的历史限制了对他们的信念和欲望可能是什么东西的解释。解释适应主义可以解释的是，为什么意向立场从一开始就可以为真实模式给出有用的预测和解释。① 上面的阐述可以使我们更深刻地理解为什么要说本体论上的意向立场功能主义对系统组成元素的个别化与方法论上的意向立场功能主义对系统组成元素的个别化是一种交叉分类。② 大脑和神经元（很可能还有模块）在个体行为中发挥了致因作用，正如人在公司行为和国家行为中发挥着致因作用一样。但是，一个人是文化博弈（G'层面和G层面的博弈）提出来的一系列策略性问题的一个解。一个大脑（以及其他东西）则是生物博弈（G''层面博弈）提出来的一系列策略性问题的一个解。本书前面的章节中已经提出过许多接近于口号的论断，它们要表达的就是这一点：大脑并不是人的某个真子部分（proper part）；人并没有一个内在的鲁宾逊·克鲁索；“内在的”个人偏好这种东西是不存在的，等等。在经济学中，人道主义的半亚里士多德主义者完全没有意识到这些；取消主义者则没有意识到适应主义并不一定具备经验上的多样化。我具体的论证如下。

首先要明确的是，现在应该已经清楚，意向立场功能主义者对一般信念概念的反对意见与金迪斯对经验博弈理论家的信念概念的反对意见之间有所区别，但是并不存在必然的紧张关系。经典博弈理论家一味地追求终极性的精炼，他们从对想象中的内在信念体系的理性结构的假设开始，进行前向推理，一路推进到拥有这种信念结构的主体将会达到的

① 丹尼特的批评者中只有极少数人清楚地理解了他的解释适应主义与意向立场的关系，福多是其中的一个。福多（Fodor，1996）对丹尼特的整个体系都持怀疑主义态度，对他的一个回应，请参见我的论文（Ross，2002b）。

② 在考虑一个只能有本体论上的意向立场功能主义刻画的真实模式时，对同一个系统进行方法论上的意向立场功能主义分析过程中产生的完全准确的内容归因的非决定性（indeterminacy）堵塞了求助于哲学家所称的“法则论上的附生性关系”的途径。这一点从金（Kim，1998）的角度来说是很重要的，因为这种关系在任何局部还原行不通的地方都意味着取消主义。请参见我和斯普莱特的论文（Ross and Spurrett，2004a，2004b）。

博弈均衡。他们认为主体的信念是内在动态计算中的不动点。与此相反，意向立场功能主义者则从合乎情理的演化博弈均衡开始，逆向推理到信念归因，然后依据有关演化历史和信息处理能力的事实来使均衡理性化。对于丹尼特来说，所有信念归因，就像适应论者的解释中的功能 364
归因一样，都是回溯性的；而且“信念”并不是用来表征内在计算状态的。从根本上来说，这就是为什么“新行为主义”这个标签很适合丹尼特的立场的原因。这样我们就很清楚，当金迪斯宣称不再参照博弈论中的“信念”概念时所反对的东西与丹尼特断言“信念”的存在性及其科学意义时所指称的东西并不相同。

这可以算是对本书前面从多个角度扼要重述的取消主义观点的一种回应。现在，我想进一步阐述经验适应主义与解释适应主义之间的区别，以及我为什么要与萨格登的做法相反，不把演化博弈论看做一个基本的经济学建模工具，用来取代效用概念，或者用来取代把经济主体当作效用最大化者的模型。

萨格登（Sugden，2001，p. 118）称，经济学家虽然接纳了演化博弈论，但对于它的革命性意义，并没有给予足够的重视。他抱怨说，“博弈理论家自称对生物学有兴趣，但是他们并没有以生物学家的方式来看待生物学，不知道生物学作为一门实证科学需要搞清楚的是自然世界中的事实。他们看重的只是在某些更理论化的生物分支当中已经被证明有用的数学技术”。确实如此。但是这种情况的发生也有其合理的理由。将演化博弈论应用到有机体的种群中，或者应用到自我组成的社会中，或者应用到安斯利所称的各种利益构成的社会中，不过是本体论上的意向立场功能主义的一种演练，其基础是对那些系统采取意向立场（这些系统的动力学机制由此得以具象化）。相反，当群体遗传学家、演化理论家、分类学家研究动物种族，将它们分类为物种，他们正在实施方法论上的意向立场功能主义（或者，如果他们是完全按照分子水平上的数据来建立进化树的，那么他们就很可能完全没有采取意向立场）。因此，一般来说，不应该期待演化博弈中的参与人集合可以映射到生物学家对有机体分类形成的物种集合上。

那么，在运用演化博弈论的时候，应该怎样来使策略个体化呢？构造一个经典的博弈时，唯一的个体化问题是围绕主体展开的。一旦我们确定了主体，也就确定了一组效用函数，对于策略的个体化也就不能作其他判断了。在扩展式博弈中，至少行动一次的主体拥有相异策略的数量就等于信息集的组合，这是完全可以从博弈结构中推断出来的。但

是，在演化博弈中，策略的个体化不可能如此清晰，因为博弈的各种外
365 生因素不一定在整个博弈过程中保持不变。演化博弈当中的个体当然要随着世代更替而发生变化，对适存度的限制条件亦然，甚至确定博弈空间的环境参数本身也可能变动。有的时候人们可能会设想，对策略同一性至少可以施加一个限制，即要求参与人与其后代完全等同。但是，在对均衡稳定性进行的大量演化博弈论研究中，特别是在试图对文化动力学机制进行建模时，恰恰只有突破这个限制才能得到最有意思的稳定性质。比如说，斯克姆思（Skyrms，1996，chapter 2）讨论了一个简单的复制者动态博弈，在这个博弈中，有非常多的竞争者，均衡策略在前面的博弈轮次当中是要冒风险的，但却相当可信地维持下来了；因为引进了重新组合，它们在短暂地灭绝后，又通过其他不那么不幸的博弈参与人的杂交而再次出现了。这样一来，也就违背了单系群性（monophylicity）——在均衡中出现的策略可能并没有自己的后代。在生物学范围内，根据遗传结构确定的物种不可能出现这种“拉撒路”式的行为（Lazarus act）。但是，这一点正是关键所在。一般而言，作为演化博弈论的形式主义因素的策略不可能等同于物种或演化谱系。

当然，这里所说的并不意味着在一个具体的模型中，人们不能或不应该把策略映射到对象上去（对象的个体化是独立于演化博弈论的形式主义结构的）。（如果不那样做，根本不可能建立起模型。）关键在于，演化策略——比如说利益或其他本体论上的意向立场功能主义对象，是理性化结果的回溯性建构。① 就像对待利益一样，我们可以简单地让我们的个体化规则全然由形式主义本身的要求来推动。如果演化博弈不是仅仅在比喻意义上的博弈，那么把博弈论当成一个数学分支也就排除了我们考虑正式的演化策略可能是什么时的回旋余地。在任何时候，演化博弈的一个静态瞬间都必定可以构造为一个经典博弈。创造这个博弈的先行动力学机制和外生的变异，将决定其参与人的行为范围。因此，一个策略就是博弈树上任何一个可能的路径。这样做产生的完全合理的结果是把演化策略定位到具体的演化博弈上。我用“合理”一词，是因为如果丹尼特是正确的话，那么我们在自然中就不可能找到独立于运用意

① 顺便提一句，这与我们经常听到的下面这种抱怨有关：不应该借助于文化基因概念来为将演化博弈论应用于文化演化的做法提供辩护。这些抱怨通常都建立在文化基因似乎不存在稳定的规则这个事实的基础上。但是，从本体论角度看，文化基因概念在前述全部四个方面似乎都是合理的。从预测上和解释上都很成功的均衡模型推导出文化基因的做法没有什么不应该的，这远胜于基于还原主义构造的做法。

向立场对演化的解释——即采用解释适应主义观点对演化的解释——的策略。

那么，我们区别博弈的规则又应该是什么呢？作为句法结构的（扩 366 展式）博弈是根据其隐含的有向图来区别的。那么，如果要增加一个语义因素（即一个生物学上的解释或文化动态解释），我们应该怎样做呢？在经典博弈论当中，完成这项任务的是最终节点的支付（它可以解释为实际资产的分配），因此我们说只要支付结构发生了变化，博弈就改变了。当然，支付结果源于效用函数。但是，在一个演化博弈中，支付被解释为适存度系数；它们不能在博弈演化过程中一直保持稳定。通常一个演化博弈论模型的整体目标是要理解随着博弈演进展开的相关参数的动态变化过程，这涉及策略频率、博弈情境的拓扑结构和适存度体系。在这种情形下，如果要让博弈之间的区别显得不那么任意，就必须保留某些性质。那么是哪些性质？布朗（ Brown，2001）表明演化博弈论可以推广为一个极值理论，其中选择在概念上被统一为一个抽象的“适存度发生函数”的最大化，这个函数在不同的选择制度下（比如说，独立于密度的、不独立于密度的、频率依赖的）有不同的具体含义。像新古典主义的效用函数一样，适存度发生函数之所以令人感兴趣，也是因为它没有一个预先决定的经验含义。

萨格登（Sugden，2001，p. 128）呼吁经济学摆脱对原先熟悉的形式化上层建筑的依赖，转而像真正的生物学家那样行事，但是他并没有说清楚在他心目中“真正的”生物学家应该是什么样子。（他们主要测量他们发现的并生长着的东西。毫无疑问，萨格登认为经济学家应该收集更多的数据。相信谁也无法否认这一点，因为这样说在任何学科中都是正确的。）他怀疑的形式主义思维的系统化力量的程度甚至超过他对“理性”的怀疑，因此我把他解读为一个更激进的取消主义者，远远不止反对博弈精炼那么简单。接下来我将大胆地尝试说明他直觉中的真正意义上的“生物”经济学可能是什么样子的；或者说，如果某个假想中的、有自觉意识的取消主义经济学家借鉴了他的观点后给出的经济学可能是什么样子的。

这个直觉推理的起点是对生物学的一个观感。试想象我们的第一步是以最严格的系统分支学研究者的角色来接触生命的历史；也就是说，我们坚持认为每个演化上的新特征，不管其变异小到什么程度，都在严格符合单系群的进化分枝图上占据着一个独一无二的位置。这样得到的进化树当然将密集地充满着进化枝，不想在非常细微的尺度上寻找一般 367

性解释的人可能会认为如此高的密集度是不必要的。但是对于分类学家来说，这种结构是很有用的——比如说，当他们试图在绘制出一组彼此有密切关系的苔藓植物的分子发展图的时候；不过，这基本上仍然只是一个描述性的工作，而不是解释性的工作。我们怎样去发现在原则上有用的模式？看上去第一步就是要减少密集地排列在进化树上那些令人烦恼的进化枝，因此需要“有重要意义的演化新特征”这个概念。但是，究竟是对什么东西有重要意义呢？根据系统分支学家的精神，我们或许可以这样回答：对演化过程给出的最终进化枝分布有重要影响（或者对当前的分布有重要影响，又或者对以往进化过程中的某个点上的分布有重要影响）。然而，这仍然只是提供了解释所需要的资料；从解释演化模式的要求来看，这完全是一种循环论证。在这一点上，或者演化博弈论可以帮助我们解释为什么进化枝会出现在它们所出现的地方，又为什么会如此这般地聚集起来。策略将等同于谱系。我们所设想的高度结构化的数据将成为我们选择博弈时的主要限制条件，而“自然选择面临的问题”这种直觉将不会发挥任何作用——在任何地方都没有理由用它来解释。

这样来运用演化博弈论或许也是有价值的，甚至可能是富有成效的。但是，取消主义者似乎还想推进得更远，他们说演化博弈论对理解所有需要解释的东西都有帮助。这种直觉判断在哲学上意味着什么？它表达的是一种经验主义信念：我们希望从科学中得到的东西与我们对依据真实模式得到解释的需求是不相容的。很显然，与一切对形式化结构的语义学解释一样，要给演化博弈论中涉及的各类对象赋予前后一致的语义学意义就必须参照现实世界。但是，我们不应该预先强加一个限制，说这个世界就一定是还原主义者所描述的世界。神经元经济学虽然很重要、很有用，但是并不能取代或取消微微经济学。这再一次说明，在区别博弈的时候，方法论上的意向立场功能主义的途径与本体论上的意向立场功能主义的途径并不是相互竞争的。

我反对取消主义者的上述直觉，理由是博弈从根本上看是问题，而策略是处理问题的备选方法。但是，我们认为自己应该把生命的历史用问题求解的方式表达出来的经验动机是什么呢？格莱姆齐（Glimcher，
368 2003，chapter 7）、康韦·莫里斯（Conway Morris，2003）等人强烈主张的答案是：演化中广泛存在的趋同现象这一个事实。在生态学和动物行为学中，如果知道两个有机体种群在“经济”上占据着相似的位置，就可以预测其在形态学上的相似性。康韦·莫里斯（Conway Morris，

2003）列举了几百个事例，证明相互间没有关系的动物面临类似的生态压力时，都演化出了几乎完全相同的形态学结构。雷（Ray，1992，p. 396）给出了一个很好的总结：“在恐龙当中，翼龙、三角恐龙、暴龙、鱼龙在生态上是相似的；相应地，蝙蝠、犀牛、狮子和鼠海豚等现代哺乳动物亦然。类似地，在现代有胎盘哺乳动物当中，灰狼、飞鼠、大食蚁兽、普通鼹鼠在生态上也是相似的；相应地，塔斯曼尼亚狼、蜜袋鼯、袋食蚁兽、袋鼹鼠等澳大利亚有袋目哺乳动物在生态上亦然”。这种归类虽然生动，但还是有些粗糙。不过，正如康韦·莫里斯所说，趋同模式的存在有足够的鲁棒性，而且我们掌握的资料已经很详尽，可以据此成功地进行定量预测，其结果的精细程度和准确性令人惊异。康韦·莫里斯指出，趋同性说明的也不仅仅是外观上显而易见的相似性——比如说猎取新鲜猎物的食肉动物都有尖利的牙齿，生态学上的相似性经常预示着某种一般结构。在这里，策略比物种或谱系更抽象得多，而且完全不受单系群性的限制。无处不在的趋同现象是把演化本身模型化为一个问题求解者的决定性根据，这绝对不会因古尔德和列万廷（Gould and Lewontin，1979）提出的著名抗辩就失去价值。古尔德和列万廷有一个很著名的观点：演化构建出来的“拱肩”（spandrels），即有机体中有些部分只是设计策略的副作用导致的附带产品，对最优化并没有什么贡献。事实恰恰相反，拱肩正是问题求解过程中的副产品，而且只有从这个角度才能把拱肩理解为副产品。

金迪斯和萨格登说，在演化博弈论中并没有经典博弈理论家所称的信念与精炼的位置，这当然是对的。演化博弈中根本没有任何人有那样的预见力和计算能力。但是，这并不能取消问题以及问题的解，因此也并不能取消推理。相关的问题、解和推理原本就是自然选择要面对的。它们在任何人能够清楚地意识到它们存在很久之前就已经存在了。生命
历史可以归结为各种博弈的基本逻辑依据就是丹尼特所说的“自由漂 369
移”（free-floating，即既不理会参与人，也不理会设计者）；但是理论家如果因此想否认它们是真实模式的话，就会使自己深深地陷入非实在论的泥淖——误以为在演化博弈理论家出现之前不存在演化博弈。我们是分析者，我们是采取意向立场的人，我们必须把数据解释为博弈和策略，以把它们转化为形式化的对象，从而可以利用数学工具来分析。但是，无所不在的趋同性是一个经验事实，只要我们想理解生物现象，我们就不得不给出相应的解释。

经济学适应主义

根据上一节介绍过的戈弗雷-史密斯从形式上对适应主义的类型学分析，我认为在不考虑细节问题的前提下，丹尼特既是解释适应主义者也是方法论适应主义者。任何人如果赞成前者却不赞成后者，都是怪异的。如果研究演化历史的主要问题需要把数据以博弈和策略的形式组织起来，那么就这些主要问题而言，合理的研究方法必定涉及这种数据的系统性。

丹尼特的方法论适应主义表现在他认同把反向工程方法当作行为科学当中的一个基本认知步骤。下面就来讨论丹尼特的一个主要例子：

> 当雷神公司（Raytheon）想制造一种与通用电气公司（General Electric）竞争的电子器件时，他们会购买几个通用电气的电子器件来分析。这就是反向工程。他们把它们当作参考的基准，用 X 射线扫描，把它们拆解开来，对每部分进行解释性分析。他们会思考，为什么通用电气要使用这么粗的导线？这些额外的只读存储器用来做什么？这个部件是不是双重绝缘的？如果是的话，为什么通用电气要这样做？请注意在这里最主要的假设是所有这些“为什么”都有答案。所有东西都有存在的理由（raison d'être），通用不会做任何没有意义的事情。
>
> 当然，如果这些反向工程师是真有自知之明的，那么他们就会认识到这个默认假设隐含的最优性假设实在太强了：通用的工程师在设计的时候，是完全可能把没有用的东西愚蠢地放进去的。比如说，有的时候他们会忘记把已经不再有任何功能的东西拿走；有些时候他们就是看不到事后回想起来再明显不过的捷径。但是无论如何，默认假设必定是最优性；如果反向工程师不假设他们观察的东西有一个很好的理由，那么他们甚至不可能展开分析。（Dennett，1994，p. 685）

370 生物学中对自然选择的设计的反向工程分析就是这样进行的。

请读者注意，反向工程的上述假设并不意味着最后的产物对于任何目标、所有目标来说都是完美的，它只是强调设计者心目中必定有一定的目标。对设计者的目标进行反思隐含着对设计者所面临的约束条件的反思。在考虑自然设计出来的系统的时候，反向工程师必须清醒地认识到：这些系统是一个没有远见卓识的设计者创造的，在每个阶段都需要利用预定平台进行“胡乱地修补”，而不是从零开始根据预定的功能规格说明来实施的。同样重要的是，自然并不是相互隔离地完成其各种设计的，这些设计不是像工厂的产品那样，一次只出厂一个（批）。相反，自然是以增量形式来设计整体宏观经济环境的，其中任何一个产品的最优函数的约束条件都至少有一部分贯穿了全部竞争范围内的均衡条件。因此最优化的理想化方法适用于大自然母亲，并不意味着她创造了大量的理性经济动物，而只是说明她计算信息的方式是市场的方式，即为相互竞争的策略找到适应的位置，并（最终）把这些位置填满。丹尼特（Dennett，1995）就是在这样一种意向性意义上把自然选择描述为一种“算法”的。这个观念类似于有关市场的各种假设，后者是经济学家研究总量系统问题的起点。在自然选择过程中，并不需要假设整体中的每个主体（或者任何一个个体）是其效用最大化的全能计算者。相反，应用于自然选择的适应主义假设是：与市场微观结构性质在某个给定的生态系统中的作用相比，选择压力倾向于减弱次优的个体因素所带来的总体影响。

当然，丹尼特不是经济学家，而且我承认人们确实可以指责他对市场类型的潜在变异的态度在某种程度上过于天真了。也就是说，他所作的假设可以用经济学术语表达为自然必然趋向一般均衡，这一反适应主义观点是有一定道理的。在生物学内，这可以表述为：存在着一个唯一的由全部合适位置组成的集合，而且自然（最终）将把它们全部填满。根据这一点，也可以推导出米罗斯基对于丹尼特“蹦极跳式的惊险一跃”的担忧。[①] 在这样一个语境内，我们不需要用挑剔的眼光对米罗斯基提出的问题吹毛求疵，他坚持认为哥德尔不完全定理意味着一般均衡永远不可能在实际上计算出来。理由很简单，自然是一个动态系统，显 371
然它永远也不会处于一般均衡；但是这从来也不是丹尼特的假设的含义。恰恰相反，丹尼特的假设是说，对可以找到的任何一个未被填满的适当位置给出的任何一个自然选择论解释都面临着一个论证责任，即需要说明为什么自然不能找到它。

下面这个简单的经济学例子应该有助于说明这一点。假设一个经济学家碰到了这样一个城市：这个城市中有几个相互竞争的企业，它们都

---

① 将这一反对意见应用到我以前提出的观点会更清晰（Ross，2002a）。我说“更清晰”是因为是我而不是丹尼特明确地把他的适应主义用市场结构的术语进行了重新解释。当然，如果我对丹尼特的解释是正确的，那么这个反对意见最终也必定构成一种对他的反对意见。

出售有利可图的高尔夫设施；消费者的消费模式表明，他们对高尔夫巡回赛的总体需求水平要比其他地区强烈得多；这个城市被平坦的大型农场所包围，它们不断地面临财务危机，完全依赖于有极大争议的定期政府补贴才免于破产；在城市周边视野可及范围之内还没有任何高尔夫球场。这些事实构成了一个经济学上的异常现象（反例），对此需要予以解释。（或许，因为土壤或气候原因，维持草坪的代价极其高昂。）发现了这些事物以后，我们对不能给出一个合理解释的任何一种城市经济理论都不会感到满意，但是这并不是因为我们认为发生在这个休闲市场上的这种扭曲本身在经济学上看是非常显著的，而是因为我们知道就这个城市的整体环境来说，确实有些东西很奇怪，事实上，很可能这才是对一个一般经济学模型有重要性的东西。说高尔夫球场的缺失是一个反常现象，并不依赖于城市的市民和投资者从个体上看都是完全理性的假设；这取决于如下假设：我们大体上知道一些关于他们的效用函数的东西，而且我们知道在系统内有关偏好和价格的信息的流动是相当有效的。

丹尼特把演化当作算法，他这个模型表达的是这样一个观念：因为自然选择没有时间限制，而且是一个大规模的并行“处理器”，它必定是一个非常高效的信息处理器，其高效性足以构成经济学适应主义的理由（我刚刚描述过）。为了支持这一假说，我们也许还可以再加上一点：自然选择不受任何寻租性的制度所调节。但是，提到制度，也就暴露了这个假说当中的一个问题。调节既可能阻碍信息流动，也可能促进信息流动。此外，自然代表的市场是自由的，但它远非完美（在经济学的意义上）。因为它创造出来的产品演化出了自身的利益，即这些产品将尽一切所能来使自己永久地存在下去，所以它也就不自觉地设置了进入和
372 退出壁垒。这也就意味着，在自然选择的推动下，生物群体有激励去锁闭某些位置并破坏某些可能被其他种群占据的位置。（要这样做，它们并不需要什么预见力。例如，狮子会花费相当可观的时间专门去猎杀它们势力范围内的幼年猎豹。非洲好几个地区猎豹的灭绝似乎都与狮子这种行为有关。）

当然，就目前而言，所有这些都仍然有些模糊，而且有人会说这不过是一种类比，因此很容易被人讥笑。但是，要点不在于丹尼特隐含的经济学适应主义是不是必定已经误入歧途，而在于它还只是一个原型。信息在自然界的流动，与在市场中的流动一样，都不是没有成本的。正如米罗斯基（Mirowski，2002）所指出的，我们已经拥有了一个仍在迅

速发展中的、用来探究动态信息流动过程之间的互动如何影响市场结构的形式化学科，这就是人们所称的“市场微观结构理论”（market microstructure theory，see O'Hara，1995 for a survey）。如果确实认为经济学适应主义是一个令人感兴趣的观念，那么就应该用这种理论工具来研究它。此外，行为科学中也出现了一个新的分支学科——人工生命（artificial life），它致力于构造新的演化动态过程，而不是只能被动地观察地球上实际的生命历史，这意味着可以对一般经济主体当中的动态信息流动涉及的更多可能性和更多限制条件展开研究（Langton，1995；Boden，2001）。沿着这两种研究思路进行探索，同时相互之间保持不间断的沟通，这样就能够有效地把行为科学与经济学理论通过意向立场功能主义形式结合在一起，这是一种有效的策略。

事实上，根据目前的进展，人工生命研究与市场类型学研究之间的关系，看上去与传统微观经济学与传统宏观经济学之间的关系类似。在一个到目前为止最深刻的人工生命研究项目当中，托马斯·雷（Thomas Ray，1992）在一个自我复制的计算机代码串当中启动了寄生性、重寄生性和社会性的演化过程——让它们在一个结构简单的模拟环境中竞争稀缺的中央处理器时间和存储器空间。进一步的工作则是试图生成复杂性，比如说对性的演化的研究，这在本质上与对微观经济学环境参数的操纵有关。另一位人工生命研究者戴维·麦克法兰（David McFarland，1992）指出，该学科基本的建模假设是把动物设想成为“基于成本的机器人”。麦克法兰正式地提出了一种观念，认为微观经济压力作为活跃的拥有目标的系统（即主体）不可回避的问题领域，是自我演化
的生命的真实动态性质的根源，正是这一点把它的产物与经典人工智能 *373*
的“死”机器人区别开来。

如果经济适应主义真的像米罗斯基声称的那样是一个“蹦极跳”，那么我们或许应该提醒我们自己它未必一定是灾难性的——只要弹簧绳仍然系得牢牢的。丹尼特真的脱离了系在高桥上的绳子了吗？扬（Young，1998）已经证明，如果我们能够在经验上证成种群中的学习倾向，那么我们就能够证明表征局部均衡的定理，即渐进地收敛于经典博弈论给出的极限。这表明，前途是非常光明的。在当前的语境中，经典博弈论是产业组织理论的形式语言，而产业组织理论反过来又是区分市场类型的描述性工具。这种形式体系的主要局限是它不代表信息动态过程；而这却正是扬的模型与市场微观结构理论所表达的内容。很显然，它是认知科学所要完成的任务的一部分，这个任务就是去发现学习

倾向（扬已经告诉我们应该如何把它结合进我们的理论）。如前文所述，神经元经济学在这方面可以提供决定性的帮助，它使我们能够用萨缪尔森式经济学的概念术语在形式上重新构建学习模型。事实上，如果我们真的赞同格莱姆齐的主要观点，那么神经元经济学对于我们能否成功地选出适用于生物学上的个体的学习模型是至关重要的。

扬的研究利用了来自神经元经济学的最新成果，因此我们或许可以认为他这种研究的前景也算得上是一种“马歇尔的复仇”（采用类似于米罗斯基的修辞方式），因为丹尼特隐含地假设的作为设计者的自然选择一般均衡模型被一族局部均衡模型取代了，在这些局部均衡模型中，我们运用来自演化生态学和人工生命的数据来区分交互作用的种群，以便应用市场微观结构理论。产业组织理论则可以用来比较相对效率。我将在本研究计划的另一卷中详细讨论这种研究进路的前景，看它能够在多大程度上与萨顿（Sutton，2000）最后为宏观经济学中的马歇尔式研究计划所作的辩护保持一致。不管如何，马歇尔这位新古典主义的缔造者将永远与我们同在。

萨格登（Sugden，2001，pp. 125 - 127）表达了对扬的研究方法是否具备充分适当性的担忧，因为它没有对时间因素给予足够重视。正如丹尼特（Dennett，1995）本人强调过的，只有从长期角度，自然选择才可以参照均衡（一般均衡或局部均衡）来评估。扬的研究充分说明了
374 这一点。扬在决定论的研究模型中引入了弱噪声条件（small noise terms），这样他就可以让随机扰动逐渐地将历史偶然事件的影响排除掉。正是这一点使得作为演化博弈中主要吸引盆的特定均衡被选择出来，成了模型的极限；最终，在噪声的作用下，系统从局部最小区域脱离出来掉入到其他偶然位置。就像凯恩斯反对马歇尔一样，萨格登也反对扬的这种观念：“……在扬的许多模型中，‘长期’似乎都显得特别长，或许甚至可能长达几十亿年。（如果我们必须等到个体驾驶者都一致地犯下同一个随机错误的时候，英国才会转变为靠右驾驶，那么我们需要等待多少年？而且这还只是不同个体均衡之间的一次转换，扬的长期则是一个包含了非常多次转换的期间。）”（Sugden，2001，p. 127）为了使萨格登的辩驳的要点更容易理解，我把他的一个脚注也一并引述如下：“在一个很罕见的关于历史的旁注当中，扬（Young，1998，pp. 16 - 17）总结了欧洲‘靠左行’和‘靠右行’的实际历史，断言它体现了他预测的历史模式。但是在他的另一个模型中，博弈参与人是国家而不是个人——是法国大革命作为一个单一的外生冲击发挥了重要作用”

(Sugden, 2001, n. 10, p. 129)。

从萨格登这个辩驳中能够引申出什么东西，以有助于更科学地理解经济过程的动态机制，这仍然不甚清楚。但是，即使考虑政策问题，要关注均衡仍然可能采用宾默尔（Binmore，1998）建议的方式——不过是在一个稍微有点不同的情境下：只要我们有一个相联系的动态机制，就可以利用它分离出均衡路径的局部性质。接下来，运用如本章前文所述的自然选择论思路，让我们在丹尼特的适应主义的意义上考虑复杂有机体的支付。自然显然不会位于丹尼特对选择进行的算法式阐释所称的那种一般均衡中。然而，只有参照这个均衡确定下来的局部稳定性，才能使意向立场成为可能；也就是说，是局部稳定性使我们能够根据原因来解释行为。无论是出于解释目的还是出于政策目标，经济学理论都面临着根据因果结果来解释系统的任务。到目前为止，我们已经拥有了一个基本概念框架，它至少为我们提供了对这一任务进行最优化思考的基础。

现在，我认为我已经完成对取消主义及其各种表现形式的回应。这也就意味着经济学只剩下了一个哲学基础，即意向立场功能主义。因为 375
我们还没有说明如何利用市场微观结构理论的洞见来使意向立场功能主义更加灵巧，所以还不能利用它来构造新的宏观经济学基础。另一方面，整体意义上的人之间的互动的微观经济部分地受到冲击着这些人的宏观经济压力的制约，我们也不能现在就对微观经济学与宏观经济学之间的关系进行总结。不过，要完成对于那个明确规定了微观经济理论的范围和形式的罗宾斯-萨缪尔森论证的描述，现在已经是时机成熟了。这就是本书最后一章的主题，同时我们还将分别对从第 1 章开始依次描述过的各个“对话者”的反对意见进行再反思。

第9章 罗宾斯-萨缪尔森论证模式及其对话者

罗宾斯-萨缪尔森论证模式

377 从本书第 4 章开始，我着手描述一种用来解释微观经济现象的理论模式，我称之为“罗宾斯-萨缪尔森论证模式”(Robbins-Samuelson argument pattern, RASP)。现在我要来完成这个描述。我在前面引述过这样一段话：

> 下面假设你想解释和/或预测当一个或几个目标导向型系统中的某个群体的成员去追求某些目标时的行为，这些目标在给定的一般（有另外可选用途的）资源的条件下是不可能全部得到满足的。在这种情形下，你应该想办法收

集尽可能多的有关她们行为的证据（根据以实用性为主导的，同时在足够科学上的足够严格的标准），利用它们把每个系统所追求目标清单表示为一个效用函数（或者是序数的，或者是冯·诺依曼-摩根斯坦式的，这取决于应用需要和要求解的目标），效用函数则根据容许在给定资源配置的限制下同时最大化每个效用函数的公理来定义。

请读者注意，这段话指出，一个现象要成为“经济的”现象，必须具备两个根本特点：稀缺性（罗宾斯）和主体性（萨缪尔森）。这段话还明确指出，一般化理论推理的基本对象不是个体，而是彼此互动的主体构成的群体——在鲁宾逊·克鲁索那种环境中的个体是其极限情形。

但是，我们在前面几章中已经指出，鲁宾逊·克鲁索在给定其内在复杂性的条件下，并不能实现一个经典的鲁宾逊·克鲁索式情境。格莱姆齐对单个神经元的研究，其他学者对单个昆虫的研究，这些研究关注的才是“纯粹”的鲁宾逊·克鲁索情境。在那种情形下，不存在复杂性，也就是说在关于系统的模型中可以不考虑意向性。在排除了意向性以后，特定的、具体的经济本体论上的原理全部都可以解释为心理原理。不过，这并不意味着经济学识别出来的真实模式可以被化约掉或者最终不过是一个认识论上的探索，因为要把系统个别化为一个系统依赖 378
于有关其环境背景的不可还原的经济学模型。①

上面就是罗宾斯-萨缪尔森论证模式的第一步，它告诉我们应该怎样、在什么时候去个别化经济主体。但是，在我们为每个主体赋予一个特定的有经验根据的效用函数之前，主体本身不会提供任何有关其行为的预测。它们是最大化期望效用，或者最大化某个匹配原理的目标，还是其他什么东西？要搞清楚这些，经济学家必须直接与认知—行为科学家合作。对此，神经元经济学的发展已经给出了极佳的例证。也就是说，最大化函数的约束条件将只能从一种反思平衡中得到：对主体参与的博弈结构进行自上而下的（经济学）推理，与对主体信息处理能力和倾向的自下而上的（认知科学）刻画，这二者必须结合起来。在一个给定的具体应用当中，这两种方法的概念公度性（commensurability）是可以期待的，因为它们有一个共同预设，即对更宽泛的系统必须从方法论上的意向立场功能主义角度进行分解。方法论上的意向立场功能主义对所研究的系统采取设计立场，而这意味着它对创造它的选择过程（不

① 用丹尼特的术语来说就是，所有这些恰恰意味着：你能够从设计立场解释系统的行为。

管是哪一种选择过程）采取意向立场。

因此，罗宾斯-萨缪尔森论证模式的下一步是：在经济上为参与到互动网络中的每一个主体确定一个最大化函数。

不过，到目前为止，我们还没有谈到如何把主体加总为一个网络，这需要把它们之间的互动构造为一个博弈或一系列博弈；而且，如果不能指明主体演化历史创造的博弈是什么类型，也没有什么实质性的帮助。如果主体的信息处理动态机制把它们严格地限制在 G'' 层面的博弈当中（即它们的策略集在给定任何资源配置条件下都不可能改变），那么仅仅凭借微观经济学建模方法就可以完成整个模型。因此，如果只充当微观经济学论证的一种模式，罗宾斯-萨缪尔森论证模式的最后一步如下：识别出主体可以进行的 G'' 层面的博弈的约束条件。确定需要用这样的博弈解释的具体场景，并找到这个博弈的纳什均衡。

379 当然，以这种方式求解的博弈很可能有多重纳什均衡；同时，试图通过对纳什均衡的精炼得到进一步的解的努力必定隐含着如下的信念：(i) 想象中本来早就应该完成的效用函数的指派或最大化函数的确定实际上仍然没有完成；或者 (ii) 主体事实上能够超越 G'' 层面的博弈。

对于上面所描述的论证模式，有人可能立即就会辩驳说，它不可能展现为一种简单的“前馈”序列，因为最大化函数的确定和博弈的确定这两者是相互依赖的。但是，这种反对意见所针对的只是一种特殊情形，即微观经济学建模者只能依靠外生的数据来构造约束条件，在这种情形下，建模者能够回避（真实的、实践的而不是纯粹哲学上的、原则上的）不完全决定性问题（underdetermination problem）。由认知科学家独立地发现的信息处理动态机制对最大化函数构成了制约，同时关于环境承载能力的生态模型也从各种不同的维度制约着博弈。当然，在任何一个给定的情形下，都不能保证这些限制足以打击建模的信心。但是，经验科学的研究就是这样进行的，哲学家早就指出过这一点，他们提醒我们要记住不完全决定性问题是不可能仅仅通过逻辑手段排除的。即使有了大量数据，这些问题也只能得到一定程度的缓解。从实用的角度上来说，人们不应该再为自己的模型呈现出不完全决定性而觉得担忧，虽然本来也许接近于以超乎寻常的独创性给出一个有效力的模型。

求解一个合乎情理的 G'' 层面的博弈是微观经济学分析就能够完成的任务。要更全面地理解现象，人们还能做什么事情？这里存在着大量的可能性。如果主体（除了在无限长的演化期间之外）不能通过 G'' 层面的博弈，那么人们就可以在群体水平上运用演化博弈论来确定辨识出来的纳什均衡的相对稳定性。对于反社会性有机体的群体，我们就应该这么做。如果一切顺利，得到的结果应该是一个可以提供定量生态预测的模型。

但是，困扰着经济学历史的所有重要的哲学问题、方法论问题、意识形态问题都与如何处理那些能够超越 G'' 层面的博弈的主体有关。对于这些问题，有各种不同的答案。激进的——“反经济学的”——答案是，在这一点上经济学从总体上看不再有效了。有人断言，现在到了社会学、人类学，或者解释学，又或者它们的结合体出场的时候了，而经 380
济学家则应该乖乖地与生物学家躲到另外的房间里去安静地等着别的学科得出结论。保守的答案——比如说贝克尔给出的答案——则否定社会学家以及其他学科的专家能够做出什么重要的贡献，因为（把他们的观点用我的术语表达出来）G'' 层面的博弈从因果关系上压制了 G' 层面的博弈和 G 层面的博弈。（那些想利用更新世的效用函数来解释太多东西的演化心理学模型宣称的实际上也是同样的东西。）

我在本书中反对上面这些激进的“焦土政策”，事实上还有大量可以利用的较中庸的观点，杰文斯、森和戴维斯所持的半亚里士多德主义就是其中的一种，它假设微观经济学家识别出来的主体构成了“核心”，真实的人围绕这些核心构建出各种超越了经济因素的重要事物。到了这个时候，我可以将我对这种思路的反对意见说明一下了：它忽视了微观经济学基础研究的对象是博弈而非个体这个事实。人是他们所参与的博弈的函数，而不是相反。因此，人不能被还原为 G'' 层面博弈的参与人再加上某些附件的组合体。即使只为了解释人的存在，也需要对这种博弈进行分析（从系统发生学的角度上看一般的人是如何出现的，从个体发生学的角度上看特定的人是如何出现的）。G'' 层面的博弈基本上只是历史的，而且分析本体一般来说不会映射到历史本体上去。

对于像罗森伯格、金迪斯、萨格登等人这样的取消主义者来说，我根据我自己的立场来对他们的立场说三道四（因为他们的取消主义并不是自觉地有意向性的，不过罗森伯格除外），或许有些过于自以为是。我曾经断言他们失败的根源在于未能完全理解主体与自我之间的重要区别，他们在这个问题上的认知水平影响了理论上的博弈建模，我反对他们的取消主义主张的基础也就在这里。现在，如果能够说服取消主义者接受这个区别，那么他们或许会愿意从他们给自己的方法论缚上的取消主义之网挣脱开来（事实上，金迪斯似乎已经表现出了这种倾向）。

那么，当我们追问经济学应该如何才能适用于社会主体，特别是适用于人的时候，谁会有资格给我们指点一二？其中一个是马克思，当然，这不是因为他的劳动价值论和利润率下降假说很有说服力，而是因为独立于宏观经济学的所谓马克思主义微观经济学根本不存在——如果我们“时代错置”地利用上述区别来解释马克思的话。在本书第 7 章中，我曾经说过，随着时间流逝，市场过程倾向于把人（people）转变
381 成为其行为更像经济主体的存在物（being）。显然，我这种说法很容易令人回想起马克思的思想中的某些方面（虽然，我与马克思不同，并没有强烈的意愿非要去严厉谴责这一过程不可，也不认为我们应该努力去阻止这一过程）。

在本研究计划的第二卷中，我还会讨论马克思的观点。指出我在这里给出的对人的解释与马克思对人的理解之间的相似性，是我们在转向“宏观解释”之前对关于人的一些讨论进行总结的很有用的出发点。从经济学的视角来看，人像国家一样，从一开始就是宏观经济学对象。这些对象的一阶性质（first-order properties）包括储蓄率、个人账户与支付余额、系统水平上的平均利率等事物，对此我们将在本研究计划的第二卷中加以阐述。只要人的行为在有些时候或在某些情形下，大致上近似于新古典主义者所设想的经济学主体，微观经济学分析对于理解人就是很有用的。这种时间点和情形确实存在，而且用来辨识它们的方法也存在。现在，为了使本书更加丰满，我应该回过头来再讨论一下我的两个“对话者”——杜普雷和米罗斯基。

帝国主义，以及对帝国主义的抵制：杜普雷

哈罗德·金凯德阅读了本书大部分初稿后，在写给我的信中这样说：“经济学对你来说相当于什么？为什么？基于一个适当的自然主义者的观点，我本人会认为经济学是一种复杂的社会实践活动，它随着时间流逝而不断演变，新古典主义及其各个分支只是其中的一个组成部分。那么你关于经济学是什么的断言有什么依据？”对于这个一般性的哲学问题，我在本书第 1 章中已经说了相当多的东西，现在当所有具体论述都已经基本完成之后，再回过头来重新审视这个问题似乎仍有必要。把这个问题与金凯德提出的另一个问题串联到一起来重新思考，可能更有好处。他的另一个问题是：“为什么昆虫是主体而人不是？莫非

这只是一个经验事实问题，因为前者有一个中心行为控制源而后者没有？我把这当成区分标准是不是一种误解？”

是的，这就是区分标准。对于“适当的自然主义者”来说，任何有关科学的哲学论断的基本根据必定是一组这样或那样的经验事实。但是，为什么这组事实会如此重要？因为我们从新古典主义最大化模型推导出来的对于反社会性动物（以及神经元，或许还包括认知模块）的行为的定量预测能力并不是一个独立于它们自身的孤立事实，这种能力本身源于它们天生的特异性。这是一个关于信息是怎样才能（或者不能） 382
在复杂性水平不同的各种系统之间流动的、非常一般的、结构性的事实。正是因为存在着这个一般性事实——这是新古典主义者看见的，而不是亚里士多德、斯密或马克思看见的事实，经济学理论，特别是新古典经济学理论才成为一个系统性的理论，而不仅仅是一种“随着时间流逝而不断演变”的社会实践活动。

当然，早期新古典主义者只是朦朦胧胧地瞥见了这个有关世界的一般性的结构化事实。如果我们同意米罗斯基（Mirowski，1989）对早期新古典主义者的思想的历史描述，那么他们事实上只搞清楚了非常有限的一些东西。他们对系统性的价值有持久不衰的信心；他们认为系统性应该以某种场论（field theory）为基础；他们怀疑内在价值或客观价值的论断。我在本书第3章已经论述过，杰文斯和马歇尔在这一点上的观点甚至没有能保持前后一致，他们对高级需要和低级需要所作的区分只是一种特殊处理，事实上这也就意味着对他们来说，人类对美的追求和对善的追求在他们所钟爱的场论当中并不容易系统化。但是他们强烈的系统化冲动弥补了他们的迟疑带来的不利影响。罗宾斯和他的同时代人在杰文斯和马歇尔开创的系统化方向上迈出了最重要的一步，萨缪尔森则完全醉心于此（或许这就是他唯一前后一致的哲学直觉）。在本书中我就是根据我们这一代人已经开始了解，而杰文斯、罗宾斯或萨缪尔森不可能掌握的生物系统和文化系统中的信息处理动态机制来重述上述新古典主义的根本动机的。这些动态机制是我们在行为科学中发现的最一般的等价现象的基础。因此，它们也是行为领域探寻系统性的基本对象，这是一个经验问题。正因为如此，为了理出经济学研究的本体论框架，我才首先要来解释它们，而不先去解释人作为原型性的主体的特点，或者有关经济学理论的“天然”领域的各种直觉。

我的观点并不能说服那些根本不把系统性当成一种价值的人，更不用说像杜普雷那样的人了，他们为无序状态而欢欣鼓舞。这是一条深深的鸿沟，在一般科学哲学文献中早就清晰可见，这有大量的相关文献为证。一个人如果在这种基本冲动所导致的冲突面前仍然没有确定自己的立场的话，那么他就可能根据系统性与不统一性的含义而两边摇摆，他必定有其他的规范或目标。杜普雷（Dupré，2001）的读者应该会发现
383 不统一状态是有吸引力的，因为它有助于把人从帝国主义化的、暴君式的科学主义中解放出来，而杜普雷认为这种专制的科学主义的基础就是经济学理论与演化认知科学之间的联盟。因此我在这里要简要地讨论一下，根据我在本书前面所捍卫的那些观点，杜普雷这种呼吁到底有多少说服力。

虽然我要与杜普雷辨认，但是我并不想花太多笔墨去一一列举他对经济学家和演化认知科学家的真实想法的诸多误解。丹尼特（forthcoming）已经在这方面开了一个好头，而要做出完全的指控则将非常费时费力。在这里我只想补充丹尼特所忽略的一点，这一点之所以特别值得提出来是因为它非常一般，而且直接与我这本书所依赖的核心根据相违背。杜普雷或多或少地把新古典经济学与理性选择理论混为一谈，并据此指责经济学家把人类生活过多地归结为泾渭分明的成本收益计算。他提醒我们大量人类行为都只是简单地服从于社会规范的，而且“只有”当需要到“个体的具体任务”中去解释人的行为时，“理性选择理论所涉及的理性问题才会发生”（Dupré，2001，p. 118）。杜普雷认为个人主义必须成为经济学理论体系的一部分，反过来这似乎又是以内在主义假设为基础的，因为在同一页的一个脚注中杜普雷强烈主张意向立场是可以被放弃的。比如说，他问道，“当我们直接考虑生物学问题的时候，难道说一只牛相信把草放到它的嘴巴里可以减轻它的饥饿感吗？”然后他自己回答，“当然不是”（Dupré，2001，p. 118，n. 2）。他得出这个看上去信心十足的结论没有其他可以想象的理由，唯一可能的就是对于内在状态的内在主义理由。但是在认知科学当中关于信念的外在主义观点是主流，而且似乎杜普雷本人的基本立场也是倾向于外在主义的，因为他在别的地方（Dupré，1993，chapter 7）捍卫意向性心理学而反对取消主义，并且同时否定二元论、还原主义和伴生性（supervenience）。他这一整套东西如果不是意味着他赞成意向立场功能主义的话，就表明他自己是内在不一致的。

令杜普雷警觉不安的经济学与认知科学之间的伙伴关系刻画了双方的性质，这些我在本书前面已经有所论及。杜普雷笔下的经济学“帝国主义霸主”结合了个人主义经济学和演化认知科学，前者把期望效用理

论作为核心的主体理论并把个体物质财富的最大化作为任何事物的模型，后者则从期望适存度推导个人效用函数并通过把人加性地分解为模 384 块来模型化支持这种推导的各种机制。我不知道我们是不是应该像杜普雷那样对可能出现这样一门综合了所有这些假设的综合性社会科学而感到惊恐；但是，不管怎样，当他说如果存在着这样一门科学，我们就应该拒绝之的时候，他是正确的，因为其主要假设都是错误的。然而，它真的存在吗？经济学和认知科学中的顶尖学者的工作是不是真的已经事实上预示着杜普雷眼中的“黑暗世界”，抑或他只是在努力地攻击一个稻草人？

从许多方面来看，那些试图把人还原为最大化效用函数的模块的演化心理学家的工作似乎是最能使杜普雷的稻草人有血有肉的了，他们认为这些效用函数是演化出来以适应我们的更新世祖先的环境。事实上，演化心理学的主要倡导者托比和科斯米蒂丝（Tooby and Cosmides，1992）虽然批判各门标准社会科学学科，却对经济学另眼相看，因为只有它一直保持了浓重的个人主义倾向，而这在社会科学家和人类学家那里早已消散在迪尔凯姆式的迷雾当中了。从杜普雷本人的文本来看，很显然他是过分地受到这些演化心理学家的刺激了，他把他们当成了那令人厌恶的帝国主义的先锋队。

我之所以用“过分地”一词是因为如果对托比和科斯米蒂丝的观点进行更仔细的研究，认真探究他们的研究方法，而不是只怀着高洁的情操去关心其一般方向和对演化科学的冲击，就会发现令人担忧的这些东西都包含着自我纠正的种子。正如我在以前的论述中（Ross，2002a）指出的，托比和科斯米蒂丝、平克（Pinker，1997）等人所讨论的人的模块化分解，极大地依赖于人工智能领域的框架理论，而且他们也反对像人这样的有机体能够通过中央控制瓶颈来支配复杂系统的可能性。但是，如果各个模块的整合全部都是自下而上的、加性的，那么模块性不能解释瓶颈问题，遗憾的是，至少在其发表于 20 世纪 90 年代的方法论宣言中，托比、科斯米蒂丝、平克等人并没有完全领会到这个事实的含义。不过，他们已经部分地看到了这个事实，因为他们认识到，一旦环境发生显著变化，由高效的模块化最优化者组合在一起生成的有机体可能并不能完成最优化任务。他们也没有把一个典型的当代人的效用函数等同于预期生存适存度；恰恰相反，实际上他们指出的是，现代人之所以会陷入个人的和社会的困境当中，就是因为他们试图将一些契合于某类效用函数的最优化工具运用于别的情形。因此，他们的观点在很大程

385 度上也处于打破人与生物学上的个体的同一性这个方向上。不过，解构这种观念的最后一步却往往是他们经常忽略的。他们没有认识到，在行为分析中，把人分解为单元后，不应该冀望这些单元与认知模块之间能够建立一一映射的关系（虽然模块可能确实是存在的，而且在生成行为模式时发挥着重要作用）。用我的术语来说，这也就意味着，20 世纪 90 年代的演化心理学文献没有能将方法论上的意向立场功能主义分析与本体论上的意向立场功能主义分析区别开来。①

不过，这很难构成对这些文献的毁灭性批评。不管模块化假说最终能不能得到辩护，方法论上的意向立场功能主义分析都是有用的、重要的。（我倒希望模块化假说不能得到辩护，至少就一般的认知过程而言，请参见 Karmiloff-Smith（1992）。）本体论上的意向立场功能主义唯一不能告诉我们的事情就是有关我们自身的事情。人们或许会猜想，杜普雷之所以批评演化心理学的早期宣言，或许是因为它对自己意义的归纳过于一般化了。绝大多数刚刚兴起、试图为自己确定适当位置的学科，在其研究纲领中都会这样做。不过，杜普雷甚至没有尝试这种近距离的批评（这需要批评者尊重一门学科，宽容其提出的解释，而这些是他在考虑演化心理学时试图回避的东西；而且在讨论到新古典经济学家时，他也只是在口头上说了一些好听的话）。

相反，杜普雷最后只是不分青红皂白地谴责了一通了事，因为他否定任何试图系统性地理解人类行为的总体研究纲领。杜普雷说：

> 人们或许会说，全神贯注于数量只占很小比例的某些因素，而把其他因素当作是固定不变的，是科学理解的本质所在。有时人们还说，使科学与前科学的理解模式区别开来的核心特点在于科学致力于运用定量技术，而定量最终需要抽象。要度量一类对象的某个特征，就要把这个特征置于优先于其他特征的位置。这种把抽象与量化结合起来的研究方法可以在生物学以及社会科学许多学科中发现，是这些学科的建模技术的关键特征，可以给它一个标签，即科学规律须保持“如果其他条件不变”（ceteris paribus）。这种方法在微观还原解释中的运用给人的印象可能是最为深刻的。或许，抽象与数学表达的这种结合，已经成了最没有争议的科学探索实践的特色。但是，如果真是如此，它就意味着理解

① 这是我对托比和科斯米蒂丝为什么会夸大他们对行为解释的“标准社会科学模型”的批评的原因的论断。对于社会对人的个性的影响问题，意向立场功能主义予以非常严肃的对待，但他们不相信这种分析有价值。

复杂的、多因果性的人类行为科学的可能性受到了某种限制。这是从经济学帝国主义的非科学性和荒谬性当中得到的最一般的教益。(Dupré, 2001, p. 136)

如果科学一遇到复杂的、多因果性的现象就畏缩不前，那么科学根本就不可能成为科学了。(多因果性很可能仍然只意味着“复杂性”，不然又是什么呢?) 莫非开普勒和牛顿之所以牢牢盯住太阳系中的大型天体之间的关系不放，就是因为这些是我们环境中极少数几个不那么复杂的现象网络? 但是，即使确实是如此，即使杜普雷真的是正确的，他要我们追求的也是堂吉诃德式的不切实际的幻想，因为几乎所有其他事物都是复杂的。杜普雷说这些话的原意可能是很单纯的，但我们如果在认识论幻象中作茧自缚，反而会使自己面临遭受独断论压迫的风险。 386

事实上，人们对这种抱怨其实早就耳熟能详了，卡莱尔 (Carlyle)、拉斯金 (Ruskin) 等人已经说过多次。经济学可能确实因为一些原因而被贴上了“沉闷科学”的标签。罗宾斯对经济学的定义强调，客观经济学分析的一个目标是表明，哪种结果组合是我们不可能同时拥有的，或者说，其价格是不可通过讨价还价满足的。认知科学所能带来的或许也只是更多令人气馁的消息，比如说，认知科学指出，人不可能像笛卡儿之舟的船长那样对自己的大脑任意驱使。在这里，我不想为了迎合读者而发表我本应该千方百计地去反驳的那些痴心幻想；或者听任人们在无知的幸福中完成政策抉择。是什么导致人们不得不经历太多的不幸? 只因为科学家，特别是经济学家、心理学家和生物学家当中，有太多的人喜欢用灰暗的悲观主义观念令我们垂头丧气。或者他们是在尝试某种集体特技 (其实只要运用更有效的系统性思维，就可以预判其不真确性)，这是他们的自由，但是难道非得错误地认定我们有许多事情都是做不了的吗? 当然，这是一个具有深刻含义的政治性判断。每个人都必须估量自己的归纳记录 (inductive record)。以我自己为例，我遵从宾默尔 (Binmore, 1994, 1998) 提出的辉格党人原则：在一个存在着普遍的稀缺性、到处都充斥着荒诞不经的事物、贫困如瘟疫四处蔓延的世界中，努力改变现状简直是强制性的应尽义务，但是困难在于，真要这样做，又会显得愚蠢，而且往往事与愿违，因为有可能偏离均衡路径。当然，在不考虑细节的情况下，这种宣告本身并不比简单地建议人们低买高卖显得更有什么实际用处。我将在本研究计划的下一卷中给出这些细节。

我对我的“对话者”当中的这一位 (杜普雷) 不会说出什么满怀敬

意的话，因为我认为激发民众的对系统化科学的恐慌情绪这种做法在道德上是不负责任的。反过来，这也是因为我不相信我们能够在不拥有更系统化的科学的前提下改善世界上最为贫困的人的生存境况。因此，在
387 本书的结论部分来讨论另一位“对话者”（米罗斯基），对我而言，几乎可以说是一件令人宽慰的事；这位“对话者”的理论是以促进经济科学发展为目标的，而不是想扼杀它。

经济学理论与认知科学：米罗斯基的鉴镜

早在第1章中我就已经提到过，丹尼特关于认知科学的基础的论述是本书灵感的主要来源，宾默尔把经济学理解为社会科学的方法则是下一本书的基石。本书将以与米罗斯基的对话来收尾，而这个对话的目的，就是要引入上述接力棒。米罗斯基（Mirowski，2002，pp. 514－516）在讨论了宾默尔的有关观点后，对他的心理学假设提出了一系列隐喻性的诘问，对于这些问题，以前面七章的论述为铺垫，我现在可以给出答案了（当然，我不能说在这里我是代表宾默尔在进行回应）。

米罗斯基说，“看起来宾默尔的根本抱负似乎是全面彻底地捍卫新古典主义；或者如宾默尔自己所说，他是要‘找到新古典理论效力的边界’”（ibid.，p. 514）。不管这是不是对宾默尔的目标的准确描述，它都很好地反映了我这本书的目标的一个方面。但是，新古典主义已经经历了一个复杂的历史，其深层哲学基础发生过重要的转变，因此，捍卫不加任何限制的“新古典主义”这种说法必定不能很好地反映任何具体的学术志向。新古典经济学的发展与实证心理学、分析哲学不可分割。这三门学科都致力于系统性，而且最终都克服了最初对现象学的依附。实证心理学使第三人称演化认知科学走向成熟，它否定了内省主义，把人变成了复杂的主体和利益的共同体。分析哲学脱胎自康德主义，并摆脱了康德的影响，分析哲学家最终变成了广义上的休谟主义者和自然主义者。新古典经济学一开始试图把一致的、理性的人模型化，最终在萨缪尔森那里演变为对抽象的均衡机制的描述，至于人则只是偶然地在不经意间被提到一下。这样一来，人们也就不可能仅仅通过仔细分析杰文斯或瓦尔拉斯的片言只语就把握到新古典主义的核心要义，这正如不可能认为实证心理学仍然保持着冯特（Wundt）那时的状态，或者分析哲学也丝毫不偏离弗雷格（Frege）的观点一样。

同时，米罗斯基在结束他对宾默尔的质问时（ibid.，p. 516），要求我们考虑演化稳定策略的概念，他说，“如果纳什均衡表现了理性，那么在那些模型中应该得到理性之荣耀的是整个种群而不是个体主体。但是，如果群体是理性的，我们就会回到社会学中的群体心理概念上去，而这恰恰是新古典经济学特别反对的东西”。其实，更准确的说法应该是，群体心理是洛克和康德极其讨厌的东西，而早期新古典主义者当中有许多都是洛克主义者和康德主义者——这在他们的同时代人中并不少见。[①] 意识形态宣传的阴云经常盘旋在个体头顶上——不过当然不会是庇古、伯格林、萨缪尔森的头顶；暂且撇开这点不论，为什么当初新古典主义连酒带瓶地吞下了洛克和康德的思想这个事实仍然应该被认为构成了它现在的表现的某种限制？ 388

我在第 6 章中已经讨论过，到目前为止，鲁宾逊·克鲁索式的经济学教育仍然是行之有效的，它与上述情形的出现有很大关系。在许多高收入国家和中等收入国家，大量的学生都修习过“经济学 101”课程，这无关紧要，关键是大多数人在这之后就不再修习任何经济学课程了。毫无疑问，这一事实与本书第 7 章结尾提到过那个半民粹式的“经济学革命”宣言中蕴涵的观念之间很大的关系，是行为因素和演化因素结合到经济学科中后将会颠覆人们对人都是自私的个体最大化者这个经验命题的忠诚。本书一再强调，虽然许多经济学家都要去捍卫这个经验命题，但是我们并不清楚他们这样做本身是不是有一个很好的经验理由或理论理由。因为在一开始没有令人信服的本体论上的显著性，演化并不一定能威胁到内在的鲁宾逊·克鲁索。相应地，自我在本体论上的重要性并不依赖于内在鲁宾逊·克鲁索模型，而且当我们抛弃后者的时候也不会导致任何问题。

因此，我认为，不会有人因为米罗斯基的担忧而睡不着觉。他担心宾默尔“越重视半机械人科学，就越会把自我还原为一堆碎石”（ibid.，p. 516）。宾默尔明确地否定取消主义（Binmore，1998，p. 193），而且同时也宣布放弃内在主义。他关于心智的观点明显是意

① 事实上，米罗斯基本人 1989 年在对早期新古典主义的研究中，把哲学心理学对杰文斯和瓦尔拉斯的影响的重要性减到了最低程度。我认为他这样做是对的。显然，正如我在本书第 3 章讨论过的，杰文斯对哲学心理学有一些看法，而且这些在新古典主义方法论的历史上发挥过重要作用。但是，就杰文斯本人——以及马歇尔——而言，他们所接受的人的模型是边沁-穆勒式的，与他们对系统性的重视程度相比，它只是附带性的；他们表达的就是要努力赶上物理学。至少米罗斯基是这样说的，而且这种说法是有说服力的。

向立场功能主义的；我们在前几章中已经看到，意向立场功能主义赋予自我重要的角色和不可还原的本体地位。

这样一来，米罗斯基对宾默尔的质疑应该有所降温了，但是他的问题并没有得到回答。米罗斯基的问题是："宾默尔建议的复制者动态的
389 精确解释到底是什么？莫非文化基因汤（meme soup）存在于个体的颅骨之内吗？"（Mirowski，2002，p. 514）这里的"文化基因汤"只是对模仿性社会学习过程当中的吸引盆网络的生动描述，而由意向立场功能主义者给出的一般答案则是显而易见的：当然它不会存在于"个体的颅骨之内"，不过确实对那里所发生的许多事情有深刻影响。虽然很大程度上这几乎是不证自明的，但是，米罗斯基的要求仍然有一定的合理性。他说，在希望人们赞同宾默尔和丹尼特两人的研究可以说清楚如何把新古典经济学和演化认知科学凝聚起来这个结论之前，对于文化基因汤怎样把经济人与智人种生物联系起来的方式，我们需要获得更多更详尽的证据。

这些都是我下一本书要完成的任务，不过在这里也不妨先看看，根据本书前面已经完成的论证，对于本书第 1 章中所引述的米罗斯基提出的经济学"五大前景"，我们现在能够说些什么。为了节省读者来回翻书的时间，在论述的时候，我会先把第 1 章中我对米罗斯基提出的经济学"五大前景"的描述转引过来。

1. "贾德的复仇"（Judd's revenge），这种经济学前景是用计量经济学家肯尼思·贾德（Kenneth Judd）的名字来命名的。这种可能的未来的经济学与认知科学完全不相关。经济学家只需要运用计算技术（越来越繁难复杂的计算技术），去研究理性主体身上将发生的事情；但是他们能够获得并消化所有最新型的机器提供的信息，其速度至少要与这些机器一样快（或者，在某些情况下必须同步完成）。米罗斯基指出，这种未来的经济学利用计量经济学推断来贯彻混合理性观念（Mirowski，2002，p. 451）。朝着这种前景进发的经济学家显然将保持对物理上可能的机器运用何种方法来计算出均衡这一问题的兴趣，至于认知科学和行为科学就演化出来的各种真实系统（既包括个体，也包括社会）实时计算的东西到底是什么进行研究得到的结论，他们反而是不会在意的。无论如何，抽象的可计算性概念至少给了我们一个系统化所有纯粹的统计—规范理论的基准点，这本身也是饶有兴味的课题。但是，米罗斯基说，所有这些都只有极其有限的实证意义，他是对的。这也是我这本书的主题所要强调的。在第 8 章中，我指出，随着社会的不断发展，

随着接触面变得越来越广泛，对自我的活动进行记录的工具越来越发
达，处于被汲取货币的威胁之下的自我越来越类似于简单的经济主体。 390
但是，尽管如此，这也不意味着社会本身也将变得近似于这种主体。社会以经济信息处理者的身份去计算的是复杂的动态讨价还价的结果；而且，能够最小化各种社会偏好之间的循环的效用函数并不存在（Hardin，2004）。从宏观经济学的角度来看，萨缪尔森的福利经济学必须参照行为科学进行大规模的改造——事实上它正经历这种转变（Bowles，2003）。

那么，复杂的特定市场的情况又会如何？交易者可能有动机去聘请博弈论专家根据计算机给出的最佳数据来为自己提供建议。或许追求“贾德的复仇”这种未来的人并不能得到最令他们满意的理想结果（就方法论上的意向立场功能主义式的分析的目标而言）？这种做法最突出的领域是各种金融资产市场，这些市场是不是会演化为完美的均衡计算者？来自行为金融学领域的现有经验证据（Barberis and Thaler，2002）并不能提供多少令人鼓舞的证明。质疑它们能够成为完美的均衡计算者至少有三个理由。第一个理由实质上是米罗斯基提出来的：终极的精炼是不可能计算出来的。第二个理由是：金融市场不是而且也不可能是完全与更广泛的社会博弈隔绝开来的，因为没有任何人、没有任何东西有动机去这样做。第三个理由是：如同博弈论专家在其中发展了支配性作用的那些市场（比如说电信带宽拍卖市场）近来的发展历史所表明的，在不同机制设计者之间的“军备竞赛”启动之后，博弈论专家们自身的行为也倾向于暗中破坏帕累托改进的可能性——他们在拍卖中哄抬价格（Lane，1999，pp. 308－313）。（作为出色的博弈论专家，除了这个之外，他们又能做什么呢?）第三个理由实际上是第二个理由的一个具体制度性表现。

这些理由解释了我为什么会赞同我在第 1 章中引述过的米罗斯基的如下观点：根据目前经济学界的人力资源的配置情况来看，这种活动至少将成为未来经济学的一部分，这一点应该不会有什么疑问。如果它支配了经济学的未来，那么与建立在别的基本观念基础上的其他可能的经济学前景相比，这一种未来经济学最值得“自豪”的一个方面将表现在它与其他相关的邻近学科相互分离的彻底性上。但是经济学走上这种道路后将使它与自身之外所有相关的东西完全分离，其中甚至包括真实的人类经济本身。

2.“刘易斯归来”（Lewis redux），这是以理论经济学家阿兰·刘

易斯的名字来命名的。米罗斯基从刘易斯的著作中总结出来的结论是，经济学形式上的不完全性具有决定性的重要意义，这是他特别强调的。在这种未来的经济学世界中，经济学家大量地应用计算理论，却在相当大的程度上忽视了认知科学的其他内容。(这种做法的一种掩饰或许是：
391 他们认为计算理论原本就不属于认知科学整体中的一部分。）这些经济学家利用函数理论和拓扑学构建出一条绕着哥德尔定理前行的小径。米罗斯基把肯尼思·阿罗持有的观点看做这种思路的主要代表；此外，斯卡夫设计出了一个从近似值推演出一般均衡的斯卡夫过程（Scarf，1973)，也令阿罗等人深受鼓舞、信心倍增。米罗斯基本人从哥德尔不完全定理的角度出发，在他自己所描绘的各种经济学前景中，对这种前景最为担忧。在本书中，我一直没有说明是否赞同他的这种担忧，而且也没有说明原因；不过，在本书第 8 章中讨论扬（Young，1998）等人给出的演化博弈论研究进路的适当性时，我已经有所暗示。一个真实市场如果是相对地独立于其他市场的，那么在此范围内，它将收敛为一个局部均衡，而无须市场各参与者去计算出这个均衡，这是演化分析能够告诉我们的限度。没有任何理由去阻止经济学家就这种过程构造抽象的可计算模型——他们可能更像应用计算科学家一些。他们已经发展出了多种不同层次的颇具潜力的分析技术。其中一种是“群集智能”（swarm intelligence）模型，它描述的是数量极大的缺乏远见的主体组成的网络当中的学习过程（Kennedy and Eberhart，2001）。此外还有在工程领域中把定理证明程序免于因形式上的不完整性而陷于瘫痪的各种非正规的强大证明技术（比如说，“切割函数”等，请参见 Lloyd (1984))。但是，读者需要注意的是，虽然各种可计算性模型都是被用来模拟演化学习的——比如说群集智能模型，但是它们却都逐渐趋向米罗斯基所称的第二种经济学前景。只要计算主义者继续保持对定理证明与一般均衡的一贯关注，他们就会面临自我隔绝于经验科学的危险，这和参与米罗斯基所称的“贾德的复仇”的那些经济学家的情况如出一辙。

3.“仿真者西蒙”（simulatin' Simon）。在这种假想中的未来经济学的世界里，经济学研究大规模地与人工智能研究结合起来，以达到这一计划的发起者（西蒙）的目标。……这种研究思路的动机是很直接的：如果我们假设生物学上的各种大脑是主导着经济行为的根本原因，那么通过在各种抽象水平上模拟大脑，应该可以去观察它们在特定的限制条件下完成些什么。我在第 1 章中评价米罗斯基对于这种前景的态度时说过，米罗斯基并不怀疑，经济学要想以任何一种形式为增进我们对行为的理解做出贡献，经济学与认知科学以上述这种方式的融合都是必不可少的一部分。只有对生物系统的观察再加上某种自上而下的理论不可能造就真正的行为科学。不过，米罗斯基进一步强调说，经济学不可能只由这类研究组成。接下来我扩展了米罗斯基这个观点，指出单纯依赖仿 392
真还会导致的另外一个问题是，它试图去发现行为模式的基础，而这些行为模式却被认为是从动态过程中涌现出来的，甚至可以分解还原为仿真系统的模块化内部组成成分。根据我们在第 8 章中讨论过的神经元经济学与微观经济学的关系，我们现在可以对这一点进行更详细的说明。我们有充分的理由期待对大脑进行模拟研究在推进神经科学与行为科学（包括行为经济学）方面可以发挥越来越大的作用（Camerer，2003a）。在对诸如国家和社会等不可还原的意向系统进行方法论上的意向立场功能主义建模时，神经元经济学可以提供经验基础。在这里，群集智能模型很值得我们注意：肯尼迪和艾伯哈特（Kennedy and Eberhart，2001，pp. 370 - 381）试图通过为最大化局部预期效用的简单行为单元指定一定任务，来为所研究的联结主义系统找到适当的学习模型假说，他们在这样做的时候就有效地利用了神经元经济学得到的结果。根据格莱姆齐的研究，肯尼迪和艾伯哈特的上述结论与生物学上的大脑直接相关，这可能是他们自己没有注意到的。不过，他们自己也已经充分地认识到（ibid.，pp. 255 - 263），有关社会现象的意识模型不可能都是自下而上的，正如它们不可能都是自上而下的一样。在我看来，这意味着必须坚持对意向系统进行方法论上的意向立场功能主义分解与本体论上的意向立场功能主义分解的非同构性。米罗斯基所描述的第三种经济学前景揭示了经济学理论与认知科学之间的重要伙伴关系，但未来也不可能就是这个样子。

4. “丹尼特的危险观念”（Dennett's dangerous idea）。在这种未来的经济学中，经济学理论与演化认知科学主流研究前沿真正地、完全地融合到了一起。它不仅运用人工计算设备去模拟生物主体，还对这些主体进行建模，就像它们确实就是可计算设备一样。当然，这种说法恰恰表达了我在前面几章中一直在着力描述的经济学理论与认知科学之间的伙伴关系，不过它只是一种极其简洁的概括。此外，我对“丹尼特的危险观念”的描述与米罗斯基的刻画并不相同。我认为，它绝不会像米罗斯基所说的那样“抹掉自我”，使之只剩下“主体”。在第 1 章中，我曾引述米罗斯基的一个结论：“丹尼特的危险观念”坚持“一切人类行为

393 就是无论如何也要实现约束条件下的最大化”。①他说得很对，但是这只是在如下这种深刻转折的背景下才是正确的：虽然人是实现约束条件下的最大化的压力的产物，但是生物演化和文化演化所构建出来的复杂组织的各个不可还原的层次之间的大量权衡会阻止他们完全实现约束条件下的最大化。（我相信，这样说并不是在指责人。我并不认为人应该去尝试或希望赶超虫子；但是同时我也不得不承认，正是由于人不能超越虫子，人才会经常使自己陷入窘境而不可自拔。）经济学理论的任务就是要确定各种实际系统在不同环境下可以在何种限度内实现约束条件下的最大化。昆虫与神经元能够可靠地完成最大化任务。但是，人却置身于不断上升的社会压力之下（其结果既有好的一面，也有坏的一面），在信息网络扩展后才能做好这件事。而要让整个社会来完成这项任务的话，最终可能会导致一场闹剧或一场悲剧，这取决于当时的政治和道德倾向，对此我们将在下一卷中进行详尽的考察。

5.“标卖冯·诺依曼”（vending von Neumann）。这种未来的经济学将非常看重市场分类观念。市场类型包括或涉及瓦尔拉斯的均衡调整、夏普里-舒比克（Shapely-Shubik）联盟、各种类型的单边统一准拍卖、双边票据交换所式的拍卖等，对这些市场类型要应用不同形式的计算工具。在有关计算理论的数学中，不同类型的工具根据其逻辑力量的大小分别归属于不同的层次等级。我们知道，在乔姆斯基的著作中，不同类型的语法单位要根据形式语言学的规则纳入一个生成能力等级体系当中。同样，我们也可以尝试提出一个一般理论体系，它可以告诉我们哪一种市场类型能够模拟或生成其他市场类型，并对这些市场类型进行比较，同时还可以比较它们在信息处理能力和在给定特殊资源配置问题上体现出来的效率。也就是说，经济学理论可以发展为一种市场计算理论。这确实称得上一个非常令人激动和向往的前景。从总体上看，这种前景已经摆脱了还原主义的冲动，其拥护者显然认识到了微观经济学与宏观经济学之间的接缝的人为性——至少在被研究的意向性单元并不

① 附带着参考一下我引用的米罗斯基的话的下一句是合适的，他说：“理性选择理论（它可能是简单的最优化理论，也可能是博弈论）被不自觉地当成了生物有机体和机器信息处理的范式……”这种说法既对又不对。如果我们对期望效用理论的各种可能替代理论都持宽容大度的立场——不管我们在经验上有什么动机，那么只要你愿意，确实可以把理性选择的数理理论称为意向立场功能主义的范式。但是，在这个标签中，“选择”一词有非常深刻的误导性。根据我的解释，昆虫是原型性的经济主体；至于通常流行的“选择”观念，昆虫几乎没有或根本没有。

是可以利用加性函数加总起来的简单经济主体的那些地方。我这个研究计划的下一卷的主要任务之一，就是要充分地阐述经济学的这种前景，着重考虑它与行为宏观经济学的关系。在本书第 1 章中，我还说过，米罗斯基所描述的这种冯·诺依曼式的未来经济学并不会像他想象的那样将成为“丹尼特的危险观念”引导下的那种未来经济学的竞争对手，恰恰相反，它们是完全相容的。事实上，根据我和我的同事的研究，丹尼 394
特的意向行为物理学理论（theory of intentional behavior physics）与社会科学和自然科学是完全一致的（Ross，2000；Ross and Spurrett，2004a；Ross et al. forthcoming）。我的目标是要证明：如果我们接受丹尼特的自我理论和意向行为理论，同意宾默尔关于市场兴起的广义社会动力学博弈模型，那么“标卖冯·诺依曼”这种经济学前景将会变得更成功、更美好。因此，我将把米罗斯基的第四种未来和第五种未来融合为一个综合的经济学理论模型，并使之成为一门统一科学的组成部分。到现在为止，这个目标仍然没有实现，但是读者应该至少已经可以明白为什么丹尼特对人的解释契合于市场的微观结构理论了，而且读者也应该清楚它们是怎样协调一致起来的。米罗斯基（在与我的个人通信中说他）并不欢迎我提出的建议——把他所描述的第四种经济学前景与第五种前景融合到一起。他说，“我当然不承认冯·诺依曼可以被纳入到丹尼特-宾默尔研究纲领之中。(他们根本就没有搞明白，这怎么可能会发生呢?)”《经济学理论与认知科学》的第二卷将阐述为什么这是可能发生的——事实上它已经发生了。

参考文献

Addleson, M. 1997. *Equilibrium versus Understanding*. London: Routledge.

Ainslie, G. 1992. *Picoeconomics.* Cambridge: Cambridge University Press.

Ainslie, G. 2001. *Breakdown of Will.* Cambridge: Cambridge University Press.

Ainslie, G. 2003. Uncertainty as wealth. *Behavioral Processes* 64: 369-385.

Aizenberg, J., A. Tkachenko, S, Weiner, L. Addadi, and G. Hendler. 2001. Calcitic microlenses as part of the photoreceptor system in brittlestars. *Nature* 412: 819-822.

Amit, D. 1989. *Modeling Brain Function.* Cambridge: Cambridge University Press.

Anderson, J. 1983. *The Architecture of Cognition*. Cambridge, Mass.: Harvard University Press.

Aristotle. 1992. *The Politics*. T. Sinclair, ed. and trans. Harmondsworth: Penguin.

Aristotle. 1998. *Nicomachean Ethics*. D. Ross ed., W. D. Ross, trans. Oxford: Oxford University Press.

Arnett, D. 1986. *Supernovae and Nucleosynthesis*. Princeton, N. J.: Princeton University Press.

Aune, B. 1977. *Reason and Action*. Dordrecht: Reidel.

Baars, B. 1988. *A Cognitive Theory of Consciousness*. Cambridge: Cambridge University Press.

Barberis, N., and R. Thaler. 2002. A survey of behavioral finance. NBER working paper no. 9222. http://www.papers.nber.org/papers/W9222.

Barwise, J., and J. Seligman. 1997. *Information Flow: The Logic of Distributed Systems*. Cambridge: Cambridge University Press.

Batterman, R. 2000. Multiple realizability and universality. *British Journal for Philosophy of Science* 51: 115 - 145.

Baumol, W. 1972. *Economic Theory and Operations Analysis*. 3rd edition. Englewood Cliffs, N. J.: Prentice Hall.

Becker, G. 1976. *The Economic Approach to Human Behavior*. Chicago, Ill.: University of Chicago Press.

Becker, G. 1981. *A Treatise on the Family*. Cambridge, Mass.: Harvard Univer- 414
sity Press.

Beer. R. 1990. *Intelligence as Adaptive Behavior*. San Diego, Calif.: Academic Press.

Bell, W. 1991. *Searching Behaviour*. London: Chapman and Hall.

Ben-Nur, A., and L. Putterman, eds. 1998. *Economics, Values, and Organization*. Cambridge: Cambridge University Press.

Bentham, J. 1859/1954. The psychology of economic man. In W. Stark, ed., *Jeremy Bentham's Economic Writings*, pp. 421 - 450. London: Allen and Unwin.

Benzion, U., A. Rapaport, and J. Yagil. 1989. Discount rates inferred from decisions: An experimental study. *Management Science* 35: 270 - 284.

Bergson, A. 1938. A reformulation of certain aspects of welfare economics. *Quarterly Journal of Economics* 52: 310 - 334.

Berns, G. 2003. Neural game theory and the search for rational agents in the brain. *Behavioral and Brain Sciences* 26: 155 - 156.

Binmore, K. 1987 - 1988. Modeling rational players I and II. *Economics and Philosophy* 3: 179 - 214 and 4: 9 - 55.

Binmore, K. 1992. *Essays on the Foundation of Game Theory*. Oxford: Blackwell.

Binmore, K. 1994. *Game Theory and the Social Contract, volume 1: Playing Fair*. Cambridge, Mass.: MIT Press.

Binmore, K. 1998. *Game Theory and the Social Contract, volume 2: Just Playing*. Cambridge, Mass.: MIT Press.

Binmore, K. 2004. Review of *Machine Dreams*. By Philip Mirowski. *Journal of Economic Methodology* 11: 477 - 483.

Bishop, J. 1989. *Natural Agency*. Cambridge: Cambridge University Press.

Blaug, M. 1980. *The Methodology of Economics*. Cambridge: Cambridge University Press.

Blaug, M. 1985. *Economic Theory in Retrospect*. 4th edition. Cambridge: Cambridge University Press.

Block, N. 1993. Review of *Consciousness Explained*. By Daniel Dennett. *Journal of Philosophy* 90: 181 - 193.

Boal, J. 1991. Complex Learning in Octopus bimaculoides. *American Malacological Bulletin* 9: 75 - 80.

Boden, M. ed. 2001. *The Philosophy of Artificial Life*. Oxford: Oxford University Press.

Border, K. 1992. Revealed preference, stochastic dominance, and the expected utility hypothesis. *Journal of Economic Theory* 56: 20 - 42.

Bowles, S. 2003. *Microeconomics: Behavior, Institutions, and Evolution*. Princeton, N. J.: Princeton University Press.

Breiter, H., I. Aharon, D. Kahneman, A. Dale, and P. Shizgal. 2001. Functional imaging of neuronal responses to expectancy and experience of monetary gains and losses. *Neuron* 30: 619 - 639.

415 Brinck, I., and P. Gärdenfors. 2003. Co-operation and communication in apes and humans. *Mind and Language* 18: 484 - 501.

Brook, A. 1994. *Kant and the Mind*. Cambridge: Cambridge University Press.

Brook, A., and D. Ross, eds. 2002. *Daniel Dennett*. New York: Cambridge University Press.

Brooks, R. 2002. *Robot*. Harmondsworth: Penguin.

Broome, J. 1990. Should a rational agent maximize expected utility? In K. Cook and M. Levi, eds., *The Limits of Rationality*, pp. 132 - 145. Chicago, Ill.: University of Chicago Press.

Broome, J. 1991. Rationality and the sure-thing principle. In G. Meeks, ed., *Thoughtful Economic Man*, pp. 74 - 102. Cambridge: Cambridge University Press.

Brown, J. 2001. Fit of form and function, diversity of life, and procession of life as an evolutionary game. In S. Orzack and E. Sober, eds., *Adaptationism and Opti-*

mality, pp. 114 – 160. Cambridge: Cambridge University Press.

Buchanan, R. 1979. *What Should Economists Do?* Indianapolis, Ind.: Liberty Press.

Burge, T. 1986. Individualism and psychology. *Philosophical Review* 95: 3 – 45.

Byrne, R., and A. Whiten, eds. 1988. *Machiavellian Intelligence: Social Expertise and the Evolution of Intellect in Monkeys, Apes, and Humans*. Oxford: Oxford University Press.

Caldwell, B. 1982. *Beyond Positivism: Economic Methodology in the Twentieth Century*. London: Unwin.

Caldwell, B. 2003. Hayek and cultural evolution. In U. Mäki, ed., *Fact and Fiction in Economics*, pp. 285 – 303. Cambridge: Cambridge University Press.

Camerer, C. 1995. Individual decision making. In J. Kagel and A. Roth, eds., *The Handbook of Experimental Economics*, pp. 587 – 703. Princeton, N. J.: Princeton University Press.

Camerer, C. 2003a. Strategizing in the brain. *Science* 300: 1673 – 1675.

Camerer, C. 2003b. *Behavioral Game Theory*. Princeton, N. J.: Princeton University Press.

Camerer, C. 2003c. Behavioral game theory: Plausible formal modes that predict accurately. *Behavioral and Brain Sciences* 26: 157 – 158.

Candland, D. 1993. *Feral Children and Clever Animals*. Oxford: Oxford University Press.

Cartwright, N. 1989. *Nature's Capacities and Their Measurement*. Oxford: Oxford University Press.

Castañeda, H. - N. 1975. *Thinking and Doing*. Dordrecht: Reidel.

Chalmers, D. 1996. *The Conscious Mind*. Oxford: Oxford University Press.

Cheney, D. and R. Seyfarth. 1990. *How Monkeys See the World*. Chicago, Ill.: University of Chicago Press.

Chew, S., and K. MacCrimmon. 1979. Alpha-nu choice theory: A generalization of expected utility theory. Working paper no. 686, University of Columbia Faculty of Commerce and Business Administration.

Chomsky, N. 2000. *New Horizons in the Study of Language and Mind*. New York: Cambridge University Press.

Chung, J. W. 1994. *Utility and Production Functions*. Oxford: Blackwell. *416*

Churchland, P. 1979. *Scientific Realism and the Plasticity of Mind*. Cambridge: Cambridge University Press.

Churchland, P. 1981. Eliminative materialism and the propositional attitudes. *Journal of Philosophy* 78: 67 – 90.

Churchland, P. 1988. *Matter and Consciousness*. 2nd edition. Cambridge, Mass.: MIT Press/Bradford.

Churchland, P. 1995. *The Engine of Reason, The Seat of the Soul*. Cambridge, Mass.: MIT Press/Bradford.

Clark, A. 1989. *Microcognition*. Cambridge, Mass.: MIT Press/Bradford.

Clark, A. 1997. *Being There*. Cambridge, Mass.: MIT Press/Bradford.

Clark, A. 2002. That special something. In A. Brook and D. Ross, eds., *Daniel Dennett*, pp. 187-205. New York: Cambridge University Press.

Coase, R. 1988. *The Firm, the Market, and the Law*. Chicago, Ill.: University of Chicago Press.

Collier, J. 1986. Entropy in evolution. *Biology and Philosophy* 1: 5-24.

Collier, J. 1988. Supervenience and reduction in biological hierarchies. In M. Matthen and B. Linsky, eds., *Philosophy and Biology*, pp. 209-234. Calgary: University of Calgary Press.

Collier, J. 2002. What is autonomy? *International Journal of Computing Anticipatory Systems* 12: 112-121.

Collier, J., and C. Hooker. 1999. Complexly organised dynamical systems. *Open Systems and Information Dynamics* 6: 111-136.

Collier, J. and S. Muller. 1998. the dynamical basis of emergence in natural hierarchies. In G. Farre and T. Oksala, eds., *Emergence, Complexity, Hierarchy, and Organization: Selected and Edited Papers from the ECHO 3 Conference, Acta Polytechnica Scandinavica*, MA91. Helsinki: Finnish Academy of Technology.

Colman, A. 2003a. Cooperation, psychological game theory, and limitations of rationality in social interaction. *Behavioral and Brain Sciences* 26: 139-153.

Colman, A. 2003b. Beyond rationality: Rigor without mortis in game theory. *Behavioral and Brain Sciences* 26: 180-192.

Constantinides, G. 1988. Habit formation: A resolution of the equity-premium puzzle. Unpublished working paper, Graduate School of Business, University of Chicago.

Conway Morris, S. 2003. *Life's Solution*. Cambridge: Cambridge University Press.

Cook, K., and M. Levi, eds. 1990. *The Limits of Rationality*. Chicago, Ill.: University of Chicago Press.

Cox, J., and S. Epstein. 1988. Preference reversals without the independence axiom. *American Economic Review* 79: 408-426.

Cubitt, R. and R. Sugden. 2001. On money Pumps. *Games and Economic Behavior* 37: 121-160.

Cummins, R. 1975. *The Nature of Psychological Explanation*. Cambridge, Mass.: MIT Press/Bradford. 417

Damasio, A. 1994. *Descartes's Error*. New York: Putnam.

Danielson, P. 1992. *Artificial Morality*. London: Routledge.

Dasgupta, P. 2002. Modern economics and its critics. In U. Mäki, ed., *Fact and Fiction in Economics*, pp. 57 – 89. Cambridge: Cambridge University Press.

Davidson, D. 1980. *Essays and Actions and Events*. Oxford: Oxford University Press.

Davidson, D., J. Mckinsey, and P. Suppes. 1955. Outlines of a formal theory of value. *Philosophy of Science* 22: 140 – 160.

Davis, J. 2003. *The Theory of the Individual in Economics*. London: Routledge.

Dawkins, R. 1976. *The Selfish Gene*. Oxford: Oxford University Press.

Dawkins, R. 1982. *The Extended Phenotype*. Oxford: Oxford University Press.

De Mille, J. 1888/1969. *A Strange Manuscript Found in a Copper Cylinder*. Toronto: McClelland and Stewart.

Debreu, G. 1959. *Theory of Value*. New York: Wiley.

Debreu, G. 1974. Excess demand functions. *Journal of Mathematical Economics* 1: 15 – 23.

Dennett, D. 1969. *Content and Consciousness*. London: Routledge.

Dennett, D. 1978. Artificial intelligence as philosophy and as psychology. In D. Dennett, *Brainstorms*, pp. 109 – 126. Montgomery, Vt.: Bradford.

Dennett, D. 1981. Three kinds of intentional psychology. In R. Healey, ed., *Reduction, Time, and Reality*. Cambridge: Cambridge University Press. Reprinted in Dennett 1987, pp. 43 – 81.

Dennett, D. 1987. *The Intentional Stance*. Cambridge, Mass.: MIT Press/Bradford.

Dennett, D. 1991a. Real patterns. *Journal of Philosophy* 88: 27 – 51.

Dennett, D. 1991b. *Consciousness Explained*. Boston, Mass.: Little Brown.

Dennett, D. 1993. Back from the drawing board. In B. Dahlbom, ed., *Dennett and His Critics*, pp. 203 – 235. Oxford: Blackwell.

Dennett, D. 1994. Cognitive science as reverse engineering: Several meanings of "top-down" and "bottom-up". In D. Prawtiz, B. Skyrms, and D. Westerstahl, eds., *Logic, Methodology and Philosophy of Science*, pp. 679 – 689. Amsterdam: Elsevier Science BV.

Dennett, D. 1995. *Darwin's Dangerous Idea*. New York: Simon and Schuster.

Dennett, D. 2000. With a little help from my friends. In D. Ross, A. Brook, and D. Thompson, eds., *Dennett's Philosophy: A Comprehensive Assessment*, pp.

327 - 388. Cambridge, Mass: MIT Press/Bradford.

Dennett, D. 2003. *Freedom Evolves*. New York: Viking.

Dennett, D. Forthcoming. Holding a mirror up to Dupré. *Philosophy and Phenomenological Research*.

418 Dixit, A., and S. Skeath. 1999. *Games of Strategy*. New York: Norton.

Dowding, K. 2002. Revealed preference and external reference. *Rationality and Society* 14: 259 - 284.

Dowding, K. Forthcoming. A defence of revealed preference analysis. *Economics and Philosophy*.

Dretske, F. 1988. *The Explanation of Behavior*. Cambridge, Mass.: MIT Press/Bradford.

Dugatkin, L., and H. Reeve, eds. 1998. *Game Theory and Animal Behavior*. Oxford: Oxford University Press.

Dukas, R., ed. 1998. *Cognitive Ecology*. Chicago: University of Chicago Press.

Dumouchel, P. 1999. *Emotions: Essai sur le corps et le social*, second revised edition. Paris: Synthelabo.

Dupré, J. 1993. *The Disorder of Things*. Cambridge, Mass.: Harvard University Press.

Dupré, J. 2001. *Human Nature and the Limits of Science*. Oxford: Oxford University Press.

Edgeworth, F. 1881/1932. *Mathematical Psychics*. London: London School of Economics.

Elster, J. 1979. *Ulysses and the Sirens*. Cambridge: Cambridge University Press.

Elster, J. 1985. *Making Sense of Marx*. Cambridge: Cambridge University Press.

Elster, J. 1999. *Alchemies of the Mind*. Cambridge: Cambridge University Press.

Elster, J. 2000. *Ulysses Unbound*. Cambridge: Cambridge University Press.

Epstein, J. and R. Axtell. 1996. *Growing Artificial Societies*. Cambridge, Mass.: MIT press.

Ewert, J. -P. 1987. Neuroethology of releasing mechanisms: Prey-catching behavior in toads. *Behavioral and Brain Sciences* 10: 337 - 368.

Fisher, I. 1982. *Mathematical Investigations in the Theory of Value and Price*. New Haven, Conn.: Yale University Press.

Flanagan, O. 2002. *The Problem of the Soul*. New York: Basic Books.

Fodor, J. 1975. *The Language of Thought*. Cambridge, Mass.: Harvard University Press.

Fodor, J. 1980. Methodological solipsism considered as a research strategy in cognitive science. *Behavioral and Brain Sciences* 3: 63 - 73.

Fodor, J. 1983. *The Modularity of Mind*. Cambridge, Mass. : MIT press/Bradford.

Fodor, J. 1987a. Modules, frames, fridgeons, sleeping dogs, and the music of the spheres. In Z. Pylyshyn, ed. , *The Robot's Dilemma*, pp. 139 – 149. Norwood, N. J. : Ablex.

Fodor, J. 1987b. *Psychosemantics*. Cambridge, Mass. : MIT press/Bradford.

Fodor, J. 1994. *The Elm and the Expert*. Cambridge, Mass. : MIT press/Bradford.

Fordor, J. 1996. Deconstructing Dennett's Darwin. *Mind and Language* 11: 246 – 262.

Frank, R. 1988. *Passions within Reason*. New York: Norton.

Frank, R. 2004. In defense of sincerity detection. *Rationality and Society* 16: 287 – 305.

Frank, R. , T. Gilovich, and D. Regan. 1993. Does studying economics inhibit cooperation? *Journal of Economic Perspectives* 7: 159 – 171. *419*

Friedman, M. 1953. *Essays in Positive Economics*. Chicago, Ill. : University of Chicago Press.

Friedman, M. 1999. *Reconsidering Logical Positivism*. Cambridge: Cambridge University Press.

García-Arrarás, J. E. , M. Rojas-Soto, L. Jimenez, and L. Diaz-Miranda. 2001. The enteric nervous system of echinoderms: Unexpected complexity revealed by neurochemical analysis. *Journal of Experimental Biology* 204: 865 – 873.

Gardner, E. 1997. Brain reward mechanisms. In J. Lowinson, P. Ruiz, R. Millman, and J. Langrod, eds. , *Substance Abuse: A Comprehensive Textbook*, pp. 51 – 85. Baltimore, Md. : Wilkins and Wilkins.

Gardner, E. 1999. The neurobiology and genetics of addiction: Implications of the "reward deficiency syndrome" for therapeutic strategies in chemical dependency. In J. Elster, ed. , *Addiction: Entries and Exits*, pp. 57 – 119. New York: Russell Sage.

Gauthier, D. 1986. *Morals by Agreement*. Oxford: Oxford University Press.

Giere, D. 1988. *Explaining Science*. Chicago, Ill. : University of Chicago Press.

Gigerenzer, G. , P. Todd, and the ABC Research Group. 1999. *Simple Heuristics That Make Us Smart*. Oxford: Oxford University Press.

Gilbert, M. 1989. *On Social Facts*. Princeton N. J. : Princeton University Press.

Gintis, H. 2000. *Game Theory Evolving*. Princeton N. J. : Princeton University Press.

Gintis, H. 2003. A Critique of team and Stackelberg reasoning. *Behavioral and Brain Sciences* 26: 160 – 161.

Glimcher. P. 2003. *Decisions, Uncertainty, and the Brain*. Cambridge, Mass.: MIT Press.

Godfrey-Smith, P. 1996. *Complexity and the Function of Mind in Nature*. Cambridge: Cambridge University Press.

Godfrey-Smith, P. 2001. Three kinds of adaptationism. In S. Orzack and E. Sober, eds., *Adaptationism and Optimality*, pp. 335-357. Cambridge: Cambridge University Press.

Goodie, A. and E. Fantino. 1995. An experimentally derived base-rate error in humans. *Psychological Science* 6: 101-106.

Goodin, R. 1990. De gustibus non est explanandum. In K. Cook and M. Levi, eds., *The Limits of Rationality*, pp. 217-221. Chicago, Ill.: University of Chicago Press.

Gould, S. J., and R. Lewontin. 1979. The Spandrels of San Marco and the Panglossian paradigm: A critique of the adaptationist program. *Proceedings of the Royal Society of London B: Biological Sciences* 205: 581-598.

Green, E., and K. Osbard. 1991. A revealed preference theory for expected utility. *Review of Economic Studies* 58: 577-596.

Greenspan, P. 2000. Emotional strategies and rationality. *Ethics* 110: 469-487.

Grether, D., and C. Plott. 1979. Economic theory of choice and the preference reveal phenomenon. *American Economic Review* 75: 623-638.

420 Griffiths, P. 1997. *What Emotions Are*. Chicago, Ill.: University of Chicago Press.

Guala, F. 2000. Artefacts in experimental economics. *Economics and Philosophy* 16: 47-75.

Hacking, I. 1983. *Representing and Intervening*. Cambridge: Cambridge University Press.

Hacking, I. 1999. *The Social Construction of What?* Cambridge, Mass.: Harvard University Press.

Hampton, J. 1986. *Hobbes and the Social Contract Tradition*. Cambridge: Cambridge University Press.

Hardin, R. 2004. *Indeterminacy and Society*. Princeton, N. J.: Princeton University Press.

Harsanyi, J. 1977. *Rational Behavior and Bargaining Equilibrium in Games and Social Situations*. New York: Cambridge University Press.

Hartl, J., and E. Fantino. 1996. Choice as a function of reinforcement ratios in delayed matching to sample. *Journal of Experimental Analysis of Behavior* 66: 11-27.

Hausman, D. 1992. *The Inexact and Separate Science of Economics*. Cambridge:

Cambridge University Press.

Hausman, D. 2000. Revealed preference, belief, and game theory. *Economics and Philosophy* 16: 99-115.

Hayek, F. 1960. *The Constitution of Liberty*. Chicago, Ill.: University of Chicago Press.

Hayes, P. 1979. The naïve physics manifesto. In D. Michie, ed., *Expert Systems in the Microelectronic Age*, pp. 242-270. Edinburgh: Edinburgh University Press.

Heilbroner, R., and W. Milberg. 1995. *The Crisis of Vision in Modern Economic Thought*. Cambridge: Cambridge University Press.

Heinrich, J., R. Boyd, S. Bowles, C. Camerer, E. Fehr, H. Gintis, and R. McElreath. 2001. In search of homo economicus: Behavioral experiments in fifteen small-scale societies. *AEA Papers and Proceedings* 91: 73-78.

Herrnstein, R. 1961. Relative and absolute strengths of response as a function of frequency of reinforcement. *Journal of the Experimental Analysis of Behavior* 4: 267-272.

Hicks, J. 1939. The foundations of welfare economics. *Economic Journal* 49: 696-712.

Hicks, J., and R. Allen. 1934. A reconsideration of the theory of value. *Economica* 1: 52-76, 196-219.

Hogarth, R., and M. Reder, eds. 1986. *Rational Choice*. Chicago, Ill.: University of Chicago Press.

Hollerman, J., L. Trembley, and W. Schultz. 1998. Influence of reward expectation on behavior-related neuronal activity in primate striatum. *Journal of Neurophysiology* 80: 947-963.

Hollis, M. 1998. *Trust within Reason*. Cambridge: Cambridge University Press.

Hoover, K. 1998. *The New Classical Macroeconomics*. Oxford: Blackwell.

Hoover, K. 2002. Econometrics and reality. In U. Mäki, ed., *Fact and Fiction in Economics*, pp. 152-177. Cambridge: Cambridge University Press.

Houthakker, H. 1950. Revealed preference and the utility function. *Economica* 17: 421
159-174.

Houthakker, H. 1961. the present state of consumption theory. *Econometrica* 29: 704-740.

Hull, D. 1988. *Science as a Process*. Chicago, Ill.: University of Chicago Press.

Hutchins, E. 1995. *Cognition in the Wild*. Cambridge, Mass.: MIT Press/Bradford.

Jaynes, J. 1976. *The Origins of Consciousness in the Breakdown of the Bicameral*

Mind. New York: Houghton Mifflin.

Jevons, W. S. 1871. *The Theory of Political Economy*. London: Macmillan.

Johnson, S. 1994. Extraocular sensitivity to polarized light in an echinoderm. *Journal of Experimental Biology* 195: 281-291.

Johnson, S. 2001. *Emergence*. New York: Scribner.

Johnson-Laird, P. 1988. *The Computer and the Mind*. Cambridge, Mass.: Harvard University Press.

Joyce, R. 2001. *The Myth of Morality*. Cambridge: Cambridge University Press.

Juarrero, A. 1999. *Dynamics in Action*. Cambridge, Mass.: MIT Press/Bradford.

Kagel, J., and A. Roth, eds, 1995. *The Handbook of Experimental Economics*. Princeton, N. J.: Princeton University Press.

Kahneman, D., P. Slovic, and A. Tversky. 1982. *Judgment under Uncertainty: Heursitics and Biases*. Cambridge: Cambridge University Press.

Kahneman, D., and A. Tversky. 1979. Prospect theory: An analysis of decision under risk. *Econometrica* 47: 263-291.

Kalai, E. 1990. Bounded rationality and strategic complexity in repeated games. In T. Ichiishi, A. Neyman, and Y. Tauman, eds., *Game Theory and Applications*, pp. 131-157. San Diego, Calif.: Academic Press.

Kaldor, N. 1939. Welfare propositions in economics and interpersonal comparisons of utility. *Economic Journal* 49: 549-551.

Karmiloff-Smith, A. 1992. *Beyond Modularity*. Cambridge, Mass.: MIT Press/Bradford.

Karni, E. and Z. Safra. 1987. "Preference reversal" and the observability of preferences by experimental methods. *Econometrica* 55: 675-685.

Kavka, G. 1991. Is individual choice less problematic than collective choice? *Economics and Philosophy* 7: 143-165.

Keller, E. 1985. *Reflections on Gender and Science*. New Haven, Conn.: Yale University Press.

Keller, E. 2001. *The Century of the Gene*. Cambridge, Mass.: Harvard University Press.

Kennedy, J., and R. Eberhart. 2001. *Swarm Intelligence*. San Fransisco, Calif.: Morgan Kauffman.

Kim, J. 1998. *Mind in a Physical World*. Cambridge, Mass.: MIT Press/Bradford.

Kincaid, H. 1997. *Individualism and the Unity of Science*. Lanham, Md.: Rowman and Littlefield.

422 Kincaid, H. 2004. Development theory and the philosophies of science. In M. Ayogu

and D. Ross, eds., *Development Dilemmas*, pp. 107 – 144. London: Routledge.

Kirby, K. and R. Herrnstein. 1995. Preference reversals due to myopic discounting of delayed reward. *Psychology Science* 6: 83 – 89.

Kitcher, P. 1976. Explanation, conjunction, and unification. *Journal of Philosophy* 73: 207 – 212.

Kitcher, P. 1981. Explanatory unification. *Philosophy of Science* 48: 507 – 531.

Kitcher, P. 1982. *Abusing Science*. Cambridge, Mass.: MIT Press.

Kitcher, P. 1984. 1953 and all that: A tale of two sciences. *Philosophical Review* 93: 335 – 373.

Kitcher, P. 1989. Explanatory unification and the causal structure of the world. In P. Kitcher and W. Salmon, eds., *Scientific Explanation*, pp. 410 – 505. Minneapolis: University of Minnesota Press.

Krebs, J., and N. Davies. 1984. *Behavioral Ecology: An Evolutionary Approach*, second edition. Sunderland: Sinauer.

Kreps, D. 1990a. *Game Theory and Economic Modeling*. Oxford: Oxford University Press.

Kreps, D. 1990b. *A Course in Microeconomics Theory*. Princeton, N. J.: Princeton University Press.

Kripke, S. 1972. *Naming and Necessity*. Cambridge, Mass.: Harvard University Press.

LaCasse, C., and D. Ross. 1998. Morality's last chance. In P. Danielson, ed., *Modeling Rationality, Morality, and Evolution*, pp. 340 – 375. Oxford: Oxford University Press.

Ladyman, J. 2004. Supervenience: Not local and not two-way. *Behavioral and Brain Sciences*. in press.

Lane, P. ed. 1999. *Economics: Making Sense of the Modern Economy*. London: The Economist.

Langton, C. ed. 1995. *Artificial Life: An Overview*. Cambridge, Mass.: MIT Press.

Lawson, T. 1997, *Economics and Reality*. London: Routledge.

Levy, S. 1992. *Artificial Life*. New York: Pantheon.

Lewin, S. 1996. Economics and psychology: Lessons for our own day from the early twentieth century. *Journal of Economic Literature* 34: 1293 – 1323.

Lewis, D. 1969. *Convention*. Cambridge, Mass.: Harvard University Press.

Lichtenstein, S., and P. Slovic. 1971. Reversals of preference between bids and choices in gambling decisions. *Journal of Experimental Psychology* 89: 46 – 55.

Lichtenstein, S., and P. Slovic. 1973. Response-induced reversals of preference in gambling: An extended replication in Las Vegas. *Journal of Experimental Psychology* 101: 16－20.

Lloyd, D. 1989. *Simple Minds*. Cambridge, Mass.: MIT Press/Bradford.

Lloyd, J. 1984. *Foundations of Logic Programming*. Berlin: Springer Verlag.

423 Loewenstein, G. 1988. Frames of mind in intertemporal choice. *Management Science* 34: 200－214.

Loomes, G., C. Starmer, and R. Sugden. 1991. Observing violations of transitivity by experimental methods. *Econometrica* 59: 425－439.

Loomes, G., and C. Taylor. 1992. Non-transitive preferences over gains and losses. *Economic Journal* 102: 357－365.

Luce, D. 1959. *Individual Choice Behavior: A Theoretical Analysis*. Westport, Conn.: Greenwood.

Lyons, W. 1986. *The Disappearance of Introspection*. Cambridge, Mass.: MIT Press/Bradford.

Machina, M. 1982. Expected utility analysis without the independence axiom. Econometrica 50: 277－323.

Maes, P. 1991. A bottom-up mechanism for behavior selection in an artificial creature. In J. -A. Meyer and S. Wilson, eds., *From Animals to Animats*, pp. 238－246. Cambridge, Mass.: MIT Press/Bradford.

Mäki, U. 1986. Rhetoric at the expense of coherence: A reinterpretation of Milton Friedman's methodology. In W. Samuels, ed., *Research in the History of Economic Thought and Methodology*, volume 4. pp. 127－143. Greenwich, Conn.: JAI Press.

Mäki, U. 1992. Friedman and realism. In W. Samuels and J. Biddle, eds., *Research in the History of Economic Thought and Methodology*, volume 10, pp. 171－195. Greenwich, Conn.: JAI Press.

Malik, K. 2000. *Man, Beast, and Zombie*. London: Weidenfeld and Nicolson.

Mandler, J. 1984. *Stories, Scripts, and Scenes: Aspects of Schema Theory*. Hillsdale, N. J.: Lawrence Erlbaum.

Mandler, M. 1999. *Dilemmas in Economic Theory*. Oxford: Oxford University Press.

Mantel, R. 1974. On the characterization of aggregate excess demand. *Journal of Economic Theory* 7: 348－353.

Mantel, R. 1976. Homothetic preferences and community excess demand functions. *Journal of Economic Theory* 12: 197－201.

Marr, D. 1982. *Vision*. San Francisco, Calif.: Freeman.

Marras, A. 2002. Kim on reduction. *Erkenntnis* 57: 231－257.

Marshall, A. 1890. *The Principles of Economics*. London: Macmillan.

May, L. M. Friedman, and A. Clark, eds. 1996. *Mind and Morals*. Cambridge, Mass.: MIT Press/Bradford.

Maynard Smith, J. 1982. *Evolution and the Theory of Games*. Cambridge: Cambridge University Press.

McClamrock, R. 1995. *Existential Cognition*. Chicago, Ill.: University of Chicago Press.

McFarland, D. 1992. Animals as cost-based robots. *International Studies in the Philosophy of Science* 6: 133 - 153.

McFarland, D., and A. Houston. 1981. *Quantitative Ethology: The State-Space Approach*. London: Pitman. 424

McGeer, V. 2001. Psycho-practice, psycho-theory, and the contrastive case of autism. *Journal of Consciousness Studies* 8: 109 - 132.

Meikle, S. 1995. *Aristotle's Economic Thought*. Oxford: Oxford University Press.

Meikle, S. 2001. Quality and quantity in economics: The metaphysical construction of the economic realm. In U. Mäki, ed., *The Economic World View*, pp. 32 - 54. Cambridge: Cambridge University Press.

Meyering, T. 2000. Physicalism and downward causation in psychology and the special sciences. *Inquiry* 43: 181 - 202.

Miller, R. 1987. *Fact and Method*. Princeton, N. J.: Princeton University Press.

Millero, F. J. 2001. *The Physical Chemistry of Natural Waters*. New York: Wiley-Interscience.

Millikan, R. 1984. *Language, Thought, and Other Biological Categories*. Cambridge, Mass.: MIT Press/Bradford.

Minsky, M. 1985. *The Society of Mind*. New York: Simon and Schuster.

Mirowski, P. 1989. *More Heat Than Light*. New York: Cambridge University Press.

Mirowski, P. 2002. *Machine Dreams: Economics Becomes a Cyborg Science*. Cambridge: Cambridge University Press.

Montague, P. R., and G. Berns. 2002. Neural economics and the biological substrates of valuation. *Neuron* 36: 265 - 284.

Muller, J. 1993. *Adam Smith in His Time and Ours*. New York. Free Press.

Nagel, T. 1974. What is it like to be a bat? *Philosophical Review* 83: 435 - 450.

Nagel, T. 986. *The View from Nowhere*. Oxford: Oxford University Press.

Needham, P. 2002. The discovery that water is H_2O. *International Studies in the Philosophy of Science* 16: 205 - 226.

Newelll, A., and H. Simon. 1976. Computer science as empirical inquiry: Symbols and search. *Communications of the Association for Computing Machinery* 19：113 - 126.

Noë, R. , J. van Hooff, and P. Hammerstein, eds. 2001. *Economics in Nature*. Cambridge：Cambridge University Press.

North, D. 1990. *Institutions, Institutional Change, and Economic Performance*. Cambridge：Cambridge University Press.

Nussbaum, M. 1981. *The Fragility of Goodness*. Cambridge：Cambridge University Press.

Nussbaum, M. 1994. *The Therapy of Desire*. Princeton, N. J. ：Princeton University Press.

O'Hara, M. 199. *Market Microstructure Theory*. Oxford：Blackwell.

Oppenheim, P. , and H. Putnam. 1958. Unity of science as a working hypothesis. In H. Feigl, M. Scriven, and G. Maxwell, eds. , *Minnesota Studies in the Philosophy of Science*, volume 2, pp. 3 - 36. Minneapolis：University of Minnesota Press.

425 Ordeshook, P. 1997. The spatial analysis of elections and committees：Four decades of research. In D. Mueller, ed. , *Perspectives on Public Choice*, pp. 247 - 270. Cambridge：Cambridge University Press.

Ormerod, P. 1994. *The Death of Economics*. New York：Wiley.

Orzack, S. , and E. Sober, eds. 2001. *Adaptationism and Optimality*. Cambridge：Cambridge University Press.

Oyama, S. 2000. *Evolution's Eye*. Chapel Hill, N. C. ：Duke University Press.

Pareto, V. 1909/1971. *Manual of Political Economy*. New York：Augustus Kelley.

Paul, E. , F. Miller, and J. Paul, eds. 1997. *Self-Interest*. Cambridge：Cambridge University Press.

Peacocke, C. 1979. *Holistic Explanation：Action, Space, Interpretation*. Oxford：Oxford University Press.

Pettit, P. 1993. *The Common Mind*. Oxford：Oxford University Press.

Pettit, P. 2001. the virtual reality of Homo economicus. In U. Mäki, ed. , *The Economic World View*, pp. 75 - 97. Cambridge：Cambridge University Press.

Pinker, S. 1994. *The Language Instinct*. New York：Morrow.

Pinker, S. 1997. *How the Mind Works*. New York：Norton.

Platt, M. , and P. Glimcher. 1999. Neural correlates of decision variables in parietal cortex. *Nature* 400：233 - 238.

Polanyi, L. 1989. *Telling the American Story*. Cambridge, Mass. ：MIT Press/Bradford.

Ponce, V. 2003. *Rethinking Natural Kinds*. Doctoral dissertation, Duke University.

Putnam, H. 1975. *Mind, Language, and Reality*. Cambridge: Cambridge University Press.

Pylyshyn, Z. 1987. *The Robot's Dilemma*. Norwood, N. J.: Ablex.

Quartz, S., and T. Sejnowski. 2002. *Liars, Lovers, and Heroes*. New York: William Morrow.

Quiggin, J. 1982. A theory of anticipated utility. *Journal of Economic Behavior and Organization* 3: 323 - 343.

Quine, W. V. 1953. Two dogmas of empiricism. In W. V. Quine, *From a Logical Point of View*, pp. 20 - 46. Cambridge, Mass.: Harvard University Press.

Quine, W. V. 1969. Epistemology naturalized. In W. V. Quine, *Ontological Relativity and Other Essays*, pp. 69 - 90. New York: Columbia University Press.

Quine, W. V. 1991. Two dogmas in retrospect. *Canadian Journal of Philosophy* 21: 265 - 274.

Rabin, M. 1998. Psychology and economics. *Journal of Economic Literature* 36: 11 - 46.

Rawls, J. 1971. *A Theory of Justice*. Cambridge, Mass.: Harvard University Press.

Ray, T. 1992. An approach to the synthesis of life. In C. Langton, C. Taylor, J. D. Farmer, and S. Rasmussen, eds., *Artificial Life II*, pp. 371 - 408. Redwood City, Calif.: Addison-Wesley.

Redman, D. 1997. *The Rise of Political Economy as a Science*. Cambridge, Mass.: MIT Press.

Reichenbach, H. 1957. *The Philosophy of Space and Time*. New York: Dover. 426

Ritzman, R. 1984. The cockroach escape response. In R. Eaton, ed., *Neural Mechanisms of Startle Behavior*, pp. 93 - 131. New York: Plenum Press.

Robbins, L. 1935. *An Essay on the Nature and Significance of Economic Science*, second edition. London: Macmillan.

Robbins, L. 1938. Interpersonal comparisons of utility: A comment. *Economic Journal* 43: 635 - 641.

Robbins, L. 1998. *A History of Economic Thought*. Princeton, N. J.: Princeton University Press.

Roberts, C. 1996. *The Logic of Historical Explanation*. University Park: Pennsylvania State University Press.

Robertson, D. 1957. *Lectures on Economic Principles*, volume 1. London: Staples Press.

Romanos, G. 1983. *Quine and Analytic Philosophy*. Cambridge, Mass.: MIT Press/Bradford.

Rosenberg, A. 1983. If economics isn't science, what is it? *Philosophical Forum* 14: 296 - 314.

Rosenberg, A. 1992. *Economics: Mathematical Politics or Science of Diminishing Returns?* Chicago, Ill.: University of Chicago Press.

Rosenberg, A. 1994. *Instrumental Biology, or The Disunity of Science*. Chicago, Ill.: University of Chicago Press.

Ross, D. 1991. Hume, resemblance, and the foundations of psychology. *History of Philosophy Quarterly* 8: 343 - 356.

Ross, D. 1993a. Quining qualia Quine's way. *Dialogue* 32: 439 - 459.

Ross, D. 1993b. *Metaphor, Meaning, and Cognition*. New York: Peter Lang.

Ross, D. 1994a. Dennett's conceptual reform. *Behavior and Philosophy* 22: 41 - 52.

Ross, D. 1994b. Real patterns and the ontological foundations of microeconomics. *Economics and Philosophy* 11: 113 - 136.

Ross, D. 1997. Critical notice of Existential Cognition, by R. McClamrock. *Canadian Journal of Philosophy* 14: 163 - 168.

Ross, D. 1998. Review of *Equilibrium versus Understanding*, by M. Addleson. *Economics and Philosophy* 14: 163 - 168.

Ross, D. 1999. *What People Want: The Concept of Utility from Bentham to Game Theory*. Cape Town: University of Cape Town Press.

Ross, D. 2000. Rainforest realism: A Dennettian theory of existence. In D. Ross, A. Brook, and D. Thompson, eds., *Dennett's Philosophy: A Comprehensive Assessment*, pp. 147 - 168. Cambridge, Mass.: MIT Press/Bradford.

Ross, D. 2002a. Dennettian behavioral explanation and the roles of the social sciences. In A. Brook and D. Ross, eds., *Daniel Dennett*, pp. 140 - 183. New York: Cambridge University Press.

427 Ross, D. 2002b. Dennett and the Darwin wars. In A. Brook and D. Ross, eds., *Daniel Dennett*, pp. 271 - 293. New York: Cambridge University Press.

Ross, D. 2002c. Why people are atypical agents. *Philosophical Papers* 31: 87 - 116.

Ross, D. 2004. Meta-linguistic signaling for coordination amongst social agents. *Language Sciences* 26: 621 - 642.

Ross, D., and F. Bennett. 2001. The possibility of economic objectivity. In U. Mäki, ed., *The Economic World View*, pp. 246 - 272. Cambridge: Cambridge University Press.

Ross, D., and P. Dumouchel 2004a. Emotions as strategic signals. *Rationality and Society* 16: 251 - 286.

Ross, D., and P. Dumouchel 2004b. Sincerity is just consistency: Reply to Frank. *Rationality and Society* 16: 307 - 318.

Ross, D., and C. LaCasse. 1995. Towards a new philosophy of positive economics. *Dialogue* 35: 1 - 27.

Ross, D., J. Ladyman, D. Spurrett, and J. Collier. forthcoming. *What's Wrong with Things: Information-Topological Structural Realism*. Oxford: Oxford University Press.

Ross, D., and D. Spurrett. 2004a. What to say to a skeptical metaphysician: A defense manual for cognitive and behavioral scientists. *Behavioral and Brain Sciences*.

Ross, D., and D. Spurrett. 2004b. The cognitive and behavioral sciences: Real patterns, real causes, real unity but no supervenience. *Behavioral and Brain Sciences*, in press.

Ross, D., and T. Zawidzki. 1994. Information and teleosemantics. *Southern Journal of Philosophy* 32: 393 - 420.

Roth, A. 1995. Introduction to experimental economics. In J. Kagel and A. Roth, eds., *The Handbook of Experimental Economics*, pp. 3 - 109. Princeton, N. J.: Princeton University Press.

Rothschild, E. 2002. *Economic Sentiments: Adam Smith, Condorcet, and the Enlightenment*. Cambridge, Mass.: Harvard University Press.

Ryle, G. 1949. *The Concept of Mind*. London: Hutchinson.

Salmon, W. 1984. *Scientific Explanation and the Causal Structure of the World*. Princeton, N. J.: Princeton University Press.

Samuelson, P. 1938. A note on the pure theory of consumer's behavior. *Economica* 5: 61 - 72.

Samuelson, P. 1947. *Foundations of Economic Analysis*. Enlarged edition, 1983. Cambridge, Mass.: Harvard University Press.

Samuelson, P. 1972. Maximum principles in analytical economic. *American Economic Review* 62: 249 - 262.

Sartre, J. -P. 1943. *L'être et le néant*. Paris: Galimard.

Satz, D., and J. Ferejohn. 1994. Rational choice and social theory. *Journal of Philosophy* 91: 71 - 87.

Savage, L. 1954. *The Foundations of Statistics*. New York: Wiley.

Scarf, H. 1973. *The Computation of Economic Equilibria*. New Haven, Conn.: 428
Yale University Press.

Schank, R., and R. Abelson. 1977. *Scripts, Plans, Goals, and Understanding*. Hillsdale, N. J.: Lawrence Erlbaum.

Schelling, T. 1960. *The Strategy of Conflict*. Cambridge, Mass.: Harvard University Press.

Schelling, T. 1978. Economics, or the art of self-management. *American Economic Review* 68: 290 - 294.

Schelling, T. 1980. The intimate contest for self-command. *Public Interest* 60: 94 - 118.

Schelling, T. 1984. Self-command in practice, in policy, and in a theory of rational choice. *American Economic Review* 74: 1 - 11.

Schlick, M. 1933/1979. Positivism and realism. In H. Mulder, ed., *Moritz Schlick: Philosophical Papers, volume II* (1925—1936), pp. 259 - 284. Dordrecht: Kluwer.

Schrödinger, E. 1943. *What Is Life?* Cambridge: Cambridge University Press.

Schultz, W., P. Dayan, and P. Montague. 1997. A neural substrate of prediction and reward. *Science* 275: 1593—1599.

Searle, J. 1980. Minds, brains, and programs. *Behavioral and Brain Sciences* 3: 417 - 458.

Searle, J. 1992. *The Rediscovery of the Mind*. Cambridge, Mass.: MIT Press/Bradford.

Searle, J. 1997. *The Construction of Social Reality*. New York: Free Press.

Sen, A. 1969. Quasi-transitivity, rational choice, and collective decisions. *Review of Economic Studies* 36: 381 - 393.

Sen, A. 1971. Choice functions and revealed preference. *Review of Economic Studies* 38: 307 - 317.

Sen, A. 1973. Behavior and the concept of preference. *Economica* 40: 241 - 259.

Sen, A. 1977. Rational fools. *Philosophy and Public Affairs* 6: 317 - 344.

Sen, A. 1979. *Collective Choice and Social Welfare*. Amsterdam: North-Holland.

Sen, A. 1987. *On Ethics and Economics*. Oxford: Blackwell.

Sen, A. 1999. *Development as Freedom*. New York: Random House.

Seyfarth, R., and D. Cheney. 2002. Dennett's contribution to research on the animal mind. In A. Brook and D. Ross, eds., *Daniel Dennett*, pp. 117 - 139. New York: Cambridge University Press.

Shackleford, J. 1989. Neural data structures: Programming with Neurons. *Hewlett Packard Journal* (June): 69 - 78.

Shannon, C. 1948. The Mathematical theory of communication. *Bell System Technical Journal* 27: 37 - 423, 623 - 656.

Shizgal, P., and K. Canover. 1996. On the neural computation of utility. *Current Directions in Psychological Science* 5: 37 - 43.

Sibly, R., and D. McFarland. 1976. On the fitness of behavior sequences. *American Naturalist* 110: 601 - 617.

Sigmund, K. 2003. "Was you ever bit by a dead bee?" —evolutionary games and dominated strategies. *Behavioral and Brain Sciences* 26: 175 - 176. 429

Simon, H. 1947. *Administrative Behavior*. New York: Macmillan.

Simon, H. 1978. Rationality as process and as product of thought. *American Economic Review* 68: 1 - 16.

Skog, O. -J. 1999. Rationality, irrationality, and addiction—Notes on Becker's and Murphy's theory of addiction. In J. Elster and O. -J. Skog, eds., *Getting Hooked*, pp. 173 - 207. Cambridge: Cambridge University Press.

Skyrms, B. 1996. *Evolution of the Social Contract*. Cambridge: Cambridge University Press.

Skyrms, B. 2002. Signals, evolution, and the explanatory power of transient information. *Philosophy of Science* 69: 407 - 428.

Skyrms, B. 2004. *The Stag Hunt and the Evolution of Social Structure*. Cambridge: Cambridge University Press.

Slovic, P., D. Griffin, and A. Tversky. 1990. Compatibility effects in judgment and choice. In R. Hogarth, ed., *Insights in Decision Making: Theory and Applications*, pp. 5 - 27. Chicago, Ill.: University of Chicago Press.

Sober, E. 1984. *The Nature of Selection*. Cambridge, Mass.: MIT Press/Bradford.

Sober, E., and D. Wilson. 1998. *Unto Others*. Cambridge, Mass.: Harvard University Press.

Sonnenschein, H. 1972. Market excess demand functions. *Econometrica* 40: 549 - 563.

Sonnenschein, H. 1973. Do Walras identity and continuity characterize the class of excess demand functions? *Journal of Economic Theory* 6: 345 - 354.

Spurrett, D. 2000. *The Completeness of Physics*. Doctoral dissertation, University of Natal (Durban), now University of KwaZulu-Natal. Available at http://cogprints.ecs.soton.ac.uk/archive/00003379/.

Starmer, C., and R. Sugden. 1991. Does the random-lottery incentive system elicit true preferences? *American Economic Review* 81: 971 - 978.

Stein, E. 1996. *Without Good Reason*. Oxford: Oxford University Press.

Stich, S. 1990. *The Fragmentation of Reason*. Cambridge, Mass.: MIT Press/Bradford.

Stigler, G., and G.. Becker. 1977. De gustibus non est disputandum. *American Economic Review* 67: 76 - 90.

Stratmann, T. 1997. Logrolling. In D. Mueller, ed., *Perspectives on Public Choice*, pp.

322 - 341. Cambridge: Cambridge University Press.

Sugden, R. 2000. Team preferences. *Economics and Philosophy* 16: 175 - 204.

Sugden, R. 2001. The evolutionary turn in game theory. *Journal of Economic Methodology* 8: 113 - 130.

Sugden, R. 2002. Beyond sympathy and empathy: Adam Smith's concept of fellow feeling. *Economics and Philosophy* 18: 63 - 87.

430 Sunder, S. 1995. Experimental asset markets: A survey. In J. Kagel and A. Roth, eds., *The Handbook of Experimental Economics*, pp. 445 - 500. Princeton, N. J.: Princeton University Press.

Sutton, J. 2000. *Marshall's Tendencies*. Cambridge, Mass.: MIT Press.

Taylor, C. 1989. *The Sources of the Self*. Cambridge: Cambridge University Press.

Thagard, P. 1992. *Conceptual Revolutions*. Princeton, N. J.: Princeton University Press.

Thaler, R. 1981. Some empirical evidence on dynamic inconsistency. *Economic Letters* 8: 201 - 207.

Thaler, R. 1992. *The Winner's Curse*. New York: Free Press.

Thurstone, L. 1931. The indifference function. *Journal of Social Psychology* 2: 139 - 167.

Tommasi, M., and K. Ierulli, eds. 1995. *The New Economics of Human Behavior*. Cambridge: Cambridge University Press.

Tooby, J., and Cosmides. 1992. The psychological foundations of culture. In J. Barkow, L. Cosmides, and J. Tooby, eds., *The Adapted Mind*, pp. 19 - 136. Oxford: Oxford University Press.

Tversky, A., P. Slovic, and D. Kahneman. 1990. The causes of preference reversal. *American Economic Review* 80: 204 - 217.

Van Brakel, J. 2000. The nature of chemical substances. In N. Bhushan and S. Rosenfeld, eds., *Of Minds and Molecules: New Philosophical Perspectives on Chemistry*, pp. 162 - 184. Oxford: Oxford University Press.

Van Fraassen, B. 1980. *The Scientific Image*. Oxford: Oxford University Press.

Wallace, D. 2004. Protecting Cognitive science from quantum theory. *Behavioral and Brain Sciences*, in press.

Wallis, W., and M. Friedman. 1942. The empirical derivation of indifference functions. In O. Lange, ed., *Studies in Mathematical Economics and Econometrics*, pp. 175 - 189. Chicago, Ill.: University of Chicago Press.

Walras, L. 1874/1954. *Elements of Pure Economics*. W. Jaffé, trans. London: Richard Irwin.

Wegner, D. 2002. *The Illusion of Conscious Will*. Cambridge, Mass.: MIT Press/

Bradford.

Weibull, J. 1995. *Evolutionary Game Theory*. Cambridge, Mass. : MIT Press.

Wheeler, Q. , and R. Meier, eds. 2000. *Species Concepts and Phylogenetic Theory*. New York: Columbia University Press.

Whiten, A. , and R. Byrne. 1997. *Machiavellian Intelligence* 2. Cambridge: Cambridge University Press.

Wicksteed, P. 1910. *The Common Sense of Political Economy*. London: Macmillan.

Willams, B. 1976. Persons, Character, and morality. In A. Rorty, ed. , *The Identities of Persons*, pp. 184 - 205. Berkeley: University of California Press.

Wittgenstein, L. 1953. *Philosophical Investigation*. Oxford: Blackwell.

Wong, S. 1978. *The Foundations of Paul Samuelson's Revealed Preference Theo-* 431
ry. London: Routledge.

Wooldridge, D. 1968. *Mechanical Man: The Physical Basis of Intelligent Life*. New York: McGraw Hill.

Yaari, M. 1987. The dual theory of choice under risk. *Econometrica* 55: 95 - 115.

Young, H. P. 1998. *Individual Strategy and Social Structure*. Princeton, N. J. : Princeton University Press.

索　引

A

B

C

F

G

H

I

M

N

O

P

Q

R

T

U

V

W

Y

Z

译后记

新古典经济学的基石——“理性人假设”面临着来自行为经济学和实验经济学领域提出的大量“反例”的系统性冲击，似乎“最主流”的经济学家也不得不承认这一事实了。然而，一个有意思的情形是，主流经济学界虽然不再公开否认这种冲击，却也没有多少人愿意郑重其事地为主流经济学进行辩护；与此同时，一些雄心勃勃的行为—实验经济学家，则开始着手建立一个更宽泛的、能够容纳新古典经济学并将之作为一个特例的“新经济学”。在这种情形之下，唐·罗斯这本著作反而显得有些“反潮流”，因为它力图证成的是，经济学要成为“统一的社会科学”，就不能放弃新古典主义的核心见解。

唐·罗斯在本书中采取了“元理论”研究的方法，大体上，他的论证线索有两条。第一条是哲学上的，他站在丹尼尔·丹尼特的意向立场功能主义的立场上，从澄清哲学概念入手，否定了内省主义、人道主义（和“半人道主义”）、个人主义、人类中心主义、还原主义，以及取消主义等观念作为经济学哲学基础的可能性，强调经济学解释是意向立场上的解释适应主义。第二条是经济学思想史上的，在概略地考察了新古典主义发展历史后，他对批评（甚至包括扩展）新古典主义的各种经济学思想进行了回应，指出新古典主义受到的冲击在某种意义上是一种被误解的表象。在批评、对照其他学者的思想的基础上，唐·罗斯试图勾勒出经济学的统一性或作为统一科学的经济学的完整图景，这种经济学应该能够解释神经元、动物、人、社会组织、国民经济等各种主体的（意向性）行为。因此，从根本上说，这是一部经济哲学著作。

同时兼具哲学家和经济学家两个身份，唐·罗斯教授在论证经济哲学问题时有着他人所难以企及的优势。如果接受其哲学立场，他的论辩就是相当有说服力的。他指出，基本上所有反新古典主义的经济学理论，无论是人道主义经济学，还是行为—实验经济学，它们所得到的结论无非是说人不是简单的经济主体；但是，经济理论的有效性本身就要求我们不去假设经济主体等同于真实的人（或有人格的自我），这样一来，经济主体等价于由行为模式清楚地显露出来的偏好有序集这一新古典主义核心见解就远远没有失效。那么，如何确定经济主体？唐·罗斯强调，这需要我们采取意向立场，这是将行为科学（包括经济学）与认知科学系统化至关重要的一步，意向立场在世界中揭示出来的各种对象之一就是相对稳定的主体。意向系统有各种层次，神经元、动物、人、社会组织、国民经济等都可以模型化为经济主体，但是它们未必是简单经济主体。人（包括社会性动物）都不是简单经济主体，这类“复杂主体”要维持行为的稳定性和内聚性，必须依赖于外在的支撑框架。罗斯说，人生活在需要他们解决协调博弈问题的压力的情境当中，就不得不把演化出来的公共信号传递系统作为自己的支撑框架，这样最终导致了作为行为稳定装置的自我叙事建构（即自我）的出现。

因此，对于微观经济学来说，关键的基础性问题就是：如何将经济学以一种有充分经验理由的、富有成效的方式应用于自我？唐·罗斯进一步指出，这个问题可以从两种途径来剖析。第一，经济学如何应用于人的内在动态过程？第二，经济学如何应用于人与人之间的互动过程？而这样也就引出了微观经济学和宏观经济学之间的关系问题。

唐·罗斯认为需要把宏观经济学与微观经济学之间的关系作为一个（非还原主义的）本体论问题来研究。这是因为，从丹尼特等人的意向立场功能主义出发，自我可以（而且应该）模型化为经济主体组成的社群，因此如果宏观经济学不仅可以用来分析人与人之间的互动，也适用于分析主体之间的互动，而且正是（某种类型的）主体之间的动态互动构成了人，也就是说，可以把人模型化为市场。这样一来，微观经济学不会优先于宏观经济学，它们是彼此内置的，而不是相互独立的模块。

由此可见，本书的目标非常宏大。但是它仍然是一部“未完成的著作”：唐·罗斯在本书开篇就说它只是“第一卷”。我非常期待第二卷（即“宏观解释”）能够早日面世，到那时我们就可以看得更清楚：作者的目标究竟实现了没有？因为就这“第一卷”而言，我觉得作者的承诺并没有完全兑现，比如说，书中对“认知科学”的探讨比较薄弱（请记住，本书以“经济学理论与认知科学”为名）。特别是“支撑框架”如何“认知地”进入“经济主体”以及主体的决策过程，这个问题就没有交代清楚。

这本书是用科学哲学语言写成的，虽然我对哲学一直都抱有很浓厚的兴趣，但却缺乏专门的科学哲学训练，因此在翻译过程中我的知识储备面临着极大的挑战。不过从另一个角度看，翻译此书虽然艰苦，却也是一个难得的学习机会。使本书的翻译变得更“痛苦”的是作者的行文习惯。唐·罗斯似乎非常喜欢使用长句，而且显得对专业术语与特殊缩写情有独钟，这样一来，他这本著作原文就非常难以读懂，而要将它译为中文，困难就更大了——几乎每个句子都是一场“搏斗”。因此，在漫长的翻译过程中，我只有不停地设想，等到最终完成那天，我会如何欢呼雀跃，以此来为自己打气。现在回过头去看，确实有不少感慨。

幸运的是，我得到了亲人和师友的关爱，若无他们的帮助，我是无法完成这项工作的。希望读者不会对下面这个稍显冗长的致谢名单觉得不耐烦，因为在这里我实在不想免俗。

首先要感谢我的妻子傅瑞蓉。她与我两地分居，同时还要上班，是她一人承担了抚育幼儿的重任，让我得以安心从事本书的翻译；她还是本书的第一读者，发现并解决了译稿中存在的不少问题。感谢岳父傅美峰、岳母蒋仁娟和妻妹傅晓燕、妻弟傅瑞飞，他们为我的宝宝付出了很多。我还要特别感谢宝贝儿子贾岚晴，他是真正的快乐之源，即便是捣乱，也往往可以激发我的灵感。

我的导师汪丁丁教授博闻强记、学贯中西，正是在他的鼓励下，我才敢于进入各个不同的学科领域中求索。另一位导师叶航教授在学术上极具大局感和前瞻性，他是一位至情至性之人，在研究工作和日常生活中都给了我很大支持。还有罗卫东教授，机敏睿智，他的教诲也是我永远不会忘记的。学友陈叶烽、李欢、丁剑峰、童乙伦、何志星、昌明、纪云东、郑衡、王国梁、马驰等人，经常给予我无私帮助，本书的翻译得益于和他们的讨论。同时还要感谢何永勤、余仲望、虞伟华、杜旭亮、何震、丁希阳、邱彩芳、陈贞芳、楼霞、商瑜、李旭玲等朋友对我和我妻子的关心。

感谢李华芳，多亏他的推荐，我才有机会翻译本书。

本书的翻译还得到了浙江大学“211三期”建设项目“转型期法治理论、制度和实证研究”子项目“法治秩序的模拟仿真与实验”的支持，在此一并致谢。

贾拥民

Economic Theory and Cognitive Science: Microexplanation
ISBN: 978-0-262-68168-1

图书在版编目（CIP）数据

经济学理论与认知科学：微观解释/（美）罗斯著；贾拥民译.
北京：中国人民大学出版社，2010
（行为和实验经济学经典译丛）
ISBN 978-7-300-12943-3

Ⅰ.①经…
Ⅱ.①罗…②贾…
Ⅲ.①经济学-研究②认知科学-研究
Ⅳ.①F0②B842.1

中国版本图书馆CIP数据核字（2010）第211119号

行为和实验经济学经典译丛
经济学理论与认知科学：微观解释
［美］唐·罗斯　著
贾拥民　译
Jingjixue Lilun yu Renzhi Kexue：Weiguan Jieshi

出版发行	中国人民大学出版社		
社　址	北京中关村大街31号	**邮政编码**	100080
电　话	010－62511242（总编室）		010－62511398（质管部）
	010－82501766（邮购部）		010－62514148（门市部）
	010－62515195（发行公司）		010－62515275（盗版举报）
网　址	http://www.crup.com.cn		
	http://www.ttrnet.com（人大教研网）		
经　销	新华书店		
印　刷	北京联兴盛业印刷股份有限公司		
规　格	155 mm×235 mm　16开本	**版　次**	2011年1月第1版
印　张	28.75 插页2	**印　次**	2011年1月第1次印刷
字　数	479 000	**定　价**	48.00元